ZURBARÁN

AL MUSEU NACIONAL D'ART DE CATALUNYA

ZURBARÁN

AL MUSEU NACIONAL D'ART DE CATALUNYA

CATÀLEG

AUTORS

Trinidad de Antonio
Cap del Departament de Pintura espanyola del segle XVI,
Museu del Prado, MadrID

Peter Cherry
Professor d'Història de l'Art, Trinity College, Dublín

Maria Margarita Cuyàs
Conservadora en cap del Departament d'Art del Renaixement
i del Barroc, Museu Nacional d'Art de Catalunya, Barcelona

Odile Delenda
Investigadora en cap, Wildenstein Institute, París

Gabriele Finaldi
Conservador de Pintura espanyola i italiana del segle XVII,
National Gallery, Londres

William B. Jordan
Historiador de l'Art

Juan José Junquera Mato
Catedràtic d'Art Hispanoamericà,
Universidad Complutense, Madrid

José Milicua
Catedràtic d'Història de l'Art,
Universitat Pompeu Fabra, Barcelona

Benito Navarrete Prieto
Professor associat d'Història de l'Art,
Universidad de Alcalá de Henares

Alfonso E. Pérez Sánchez
Catedràtic d'Història de l'Art,
Universidad Complutense, Madrid.

Francesc Quílez
Conservador del Departament d'Art del Renaixement i
del Barroc, Museu Nacional d'Art de Catalunya, Barcelona

Joan Sureda
Catedràtic d'Història de l'Art, Universitat de Barcelona

Enrique Valdivieso
Catedràtic d'Història de l'Art, Universidad de Sevilla

COORDINACIÓ CIENTÍFICA
Maria Margarita Cuyàs

COORDINACIÓ EDITORIAL I PRODUCCIÓ
Departament de Publicacions del MNAC

DOCUMENTACIÓ
Biblioteca General d'Història de l'Art del MNAC
Departament d'Art del Renaixement i del
Barroc del MNAC
Departament de Documentació i Registre
d'Obres d'Art del MNAC
Departament de Publicacions del MNAC

CORRECCIÓ CATALÀ/CASTELLÀ
Josep Lluís Sotorra

TRADUCCIONS
Carme Geronès
Andrew Langdon-Davies
Josep Lluís Sotorra

DISSENY GRÀFIC
Tere Moral

FOTOMECÀNICA I FILMACIÓ
Retoscan s.a.

IMPRESSIÓ
Quorum Gràfic s.l.

Primera edició: març de 1998
ISBN: 84-8043-035-4
Dipòsit legal: B-5880-98

SUMARI

PRESENTACIÓ

Ara que es compleix el quart centenari del naixement de Francisco de Zurbarán, el Museu Nacional d'Art de Catalunya vol retre homenatge al mestre extremeny, que va ser denominat un dia «pintor gòtic del segle XVII» i que figura entre els grans de la pintura espanyola de l'anomenat Segle d'Or. La nostra col·lecció, coneguda mundialment per la riquesa dels seus fons d'art català medieval i modernista, gaudeix, a més a més, del privilegi de ser l'única al món que posseeix, d'un total de set zurbarans, dues natures mortes de Francisco i altres dues del seu fill Juan, una singularitat que ens honra i augmenta el valor de la col·lecció de Renaixement i Barroc. Ara fa gairebé un segle, als llunyans anys 1904 i 1905 van ingressar al Museu els dos primers zurbarans com a fruit d'una política d'adquisicions intel·ligent practicada per l'antiga Junta de Museus, que va comprar per a nosaltres l'anomenat llavors «monjo» de Francisco de Zurbarán i la *Natura morta amb fruita i cadernera* reconeguda avui com a obra indiscutible de Juan de Zurbarán. Amb els anys i gràcies als ingressos procedents de la col·lecció Gil i dels generosos llegats de Santiago Espona, Francesc Cambó i Agustí Montal, som actualment un lloc de referència obligat per a qualsevol estudiós o aficionat zurbaranista i per aquest motiu volem avui oferir al públic l'exposició *Zurbarán al Museu Nacional d'Art de Catalunya*. No entraria dins la línia del Museu una exposició antològica de Zurbarán, però sí, una mostra a l'entorn d'aquells temes cultivats pel pintor que informen les obres que el nostre Museu posseeix d'aquest artista.

Des d'aquí volem expressar el nostre agraïment sincer a l'Excel·lentíssim Capítol de la catedral de San Salvador de Jerez de la Frontera, Instituto Gómez-Moreno de la Fundación Rodríguez-Acosta de Granada, Museo de Bellas Artes de Bilbao, Museo del Prado de Madrid, Museo de Bellas Artes de Sevilla, Kieskij Musej de Kíev, The Gösta Serlachius Fine Art Foundation de Mänttä, The National Gallery de Londres, Wildenstein Institute de París, Plácido Arango, Helena Cambó de Guardans, Banco Central Hispano, Emilio Ferré, Enrique G. de Calderón, Antonia Gil Arias, Michel i Francine Lung, Conchita Romero, José Antonio de Urbina, José Luis Várez Fisa, hereus de Santiago Espona, d'Agustí Montal i a tots els col·leccionistes d'Espanya, Estats Units, França i Suïssa, que prefereixen restar a l'anonimat i que de manera tan generosa ens han prestat les seves obres, així com a totes aquelles persones que amb la seva ajuda han fet realitat el nostre projecte.

Eduard Carbonell i Esteller
DIRECTOR GENERAL DEL MUSEU NACIONAL D'ART DE CATALUNYA

EL MUSEU NACIONAL D'ART DE CATALUNYA
I FRANCISCO I JUAN DE ZURBARÁN

Maria Margarita Cuyàs

Des dels dies de la revaloració de Francisco de Zurbarán durant la primera meitat del segle passat pels romàntics francesos i de la primera exposició que l'any 1905 li va dedicar el Museo del Prado, la difusió i la fortuna crítica de Zurbarán han crescut tant que actualment ja gaudeix de categoria universal. De moment, s'han publicat a Alemanya, Espanya, Estats Units, França i Gran Bretanya més d'una vintena de monografies de Zurbarán i algunes de les quals són pràcticament un catàleg raonat. A tot això, s'hi afegeixen les exposicions que es van fer, en primer lloc, l'any 1953 al Palacio de Carlos V de Granada, les commemoratives del tercer centenari de la mort de l'artista el 1964-1965 a la Real Academia de Bellas Artes de Santa Isabel de Hungría de Sevilla i al Casón del Buen Retiro de Madrid; i les més recents, ara fa una dècada, el 1987-1988, organitzades des del Metropolitan Museum of Art de Nova York, les Galeries Nationales du Grand Palais de París i el Museo del Prado de Madrid.

La primavera de 1965, i com a extensió de la mostra madrilenya, es va poder contemplar a la ciutat de Barcelona una selecció antològica de vint-i-cinc quadres del mestre en el marc incomparable del Saló del Tinell i la capella de santa Àgata contigua. El llavors Museu d'Art de Catalunya hi va ser present amb les seves pintures com ja ho havia fet en les exposicions esmentades abans. Ara, és el Museu Nacional d'Art de Catalunya mateix el que cedeix davant la fascinació de l'artista de Fuente de Cantos i acull en la seva seu remodelada un conjunt d'obres seves i del seu fill Juan de Zurbarán juntament amb les de la seva propietat i que són patrimoni de Catalunya. La mostra d'avui és una exposició de vint-i-sis peces i caràcter temàtic amb la intenció de proporcionar plaer estètic al públic en general i poder facilitar aportacions científiques i estudis comparatius útils als experts, a partir d'aspectes concrets existents en els quadres catalans. És una selecció que abandona el criteri antològic i se centra en coincidències estilístiques, iconogràfiques o cronològiques amb les nostres obres, al mateix temps que mira d'ampliar el tòpic de Francisco de Zurbarán com a pintor auster de vida monàstica amb un discurs expositiu el fil conductor del qual es basa en cinc temes. Els tres primers il·lustren el seu paper com a intèrpret del pensament religiós de la Contrareforma a Espanya, ni cortesà ni oficial, i són dedicats a **La Immaculada Concepció**, al **Crist a la creu** i a les **Imatges franciscanes**; el segueix un altre de caràcter més general que s'orienta cap a l'anomenada **Poètica de quietuds** i comprèn aquells aspectes en els quals Francisco de Zurbarán apareix com a pintor de valors plàstics abstractes i naturals, com a il·lustrador de devocions íntimes, de vida quotidiana, i com a autor excepcional de natures mortes, pare i mestre d'un dels millors realitzadors del gènere de la natura morta que va donar el territori peninsular: **Juan de Zurbarán** que va morir en el cim de la seva carrera durant l'epidèmia de pesta de 1649, protagonista únic del cinquè i darrer àmbit de la mostra.

14

Cat. núm. 1, detall.

La Immaculada Concepció

Una peça emblemàtica de les col·leccions del Museu és la *Immaculada Concepció* (cat. núm. 1) amb dos joves col·legials orants signada i datada el 1632, una de les primeres i més excelses creacions del tema sortides del pinzell de Francisco de Zurbarán, llegada el 1958 pel mecenes català Santiago Espona. Maria s'hi representa com una adolescent amb la mirada intercessora cap al cel i a manera de columna estàtica, simbolitza la dona de l'Apocalipsi descrita per sant Joan i va vestida de color rosa segons l'antiga tradició sevillana. Amb aquesta tela es poden comparar dos exemplars més, del mateix tema, molt bells, els dos signats i datats pel mestre. La *Immaculada Concepció* (cat. núm. 2) que porta la data de 1636 i que va poder pintar-se per a l'església de Nuestra Señora de la Granada de Llerena i ser una de les obres vistes pel mariscal Soult durant la invasió napoleònica; avui dia es troba en una col·lecció particular i s'exposa per primera vegada al públic. Es tracta d'una versió que difereix considerablement de l'anterior, en la qual Maria que quasi aparenta l'edat adulta, va vestida de color blanc i blau amb el mantell lleugerament agitat per una brisa que l'empeny i des del seu vol eteri dirigeix la mirada a l'espai terrenal. La tercera i darrera *Immaculada Concepció* (cat. núm. 3) és signada el 1656, pertany a la col·lecció Arango i com en la del Museu, Maria és quasi una nena amb la mirada aixecada, per bé que en aquesta versió va vestida de color blanc i blau, mentre que una multitud de petits angelots completament nus i amb aire profà joguineja amb els peus a terra.

Crist a la creu

El *Crist crucificat* (cat. núm. 4) llegat al Museu el 1966 per Agustí Montal és una rèplica puntual de l'exemplar conservat al Museo de Bellas Artes de Sevilla. D'un clarobscur violent, gust escultòric i del tipus de quatre claus aixeca el cap implorant. L'existència d'aquest quadre en les col·leccions del Museu permet la inclusió de la que s'ha de considerar entre les estrelles de l'exposició. L'esplèndid *Crist a la creu amb la Mare de Déu, la Magdalena i sant Joan al peu* (cat. núm. 5) d'una col·lecció particular és una tela inèdita l'atribució de la qual al mestre és una aportació que enriqueix el seu catàleg i que apareix com a primícia. De factura extraordinària és signada i datada el 1655 i d'aquesta manera es corona el brillant elenc de Crucifixs d'un dels màxims creadors d'aquesta temàtica.

Imatges franciscanes

Sant Francesc d'Assís va ocupar un lloc excepcional en l'obra de Francisco de Zurbarán que va ser, després d'El Greco, el millor intèrpret espanyol del *poverello*. Una obra dedicada al sant va ser precisament el primer quadre seu que va ingressar a les col·leccions del Museu, es va adquirir l'any 1905 com un «monjo», fruit d'una sàvia i encertada decisió de l'antiga Junta de Museus. És, en efecte, una peça corprenedora coneguda, avui dia, com *Sant Francesc d'Assís segons la visió del papa Nicolau V* (cat. núm. 7), una imatge franciscana de cap a 1640 que representa la mòmia del cadàver del sant segons la descripció del jesuïta Pedro de Ribadeneyra: «*estava de pie, derecho... tenía los ojos abiertos como de persona viva y alzados hacia el cielo.*» L'existència d'aquesta obra inquietant en els fons del Museu permet al seu torn la presència d'unes altres cinc dedicades a la personalitat del sant d'Assís i als seus seguidors, obres que totes revelen la immensa riquesa del missatge franciscà com és el cas del *Sant Francesc d'Assís en oració* de la National Gallery de Londres (cat. núm. 6), un quadre el trasllat temporal del qual a Barcelona és motiu d'orgull per a l'exposició i per al Museu.

Els dos quadres d'altar distants en la cronologia però que proporcionen dues imatges del sant, són també d'interès marcat, tots dos pertanyen a col·leccions privades i no hi ha cap notícia de la seva exhibició pública al llarg dels darrers trenta anys. El *Sant Francesc d'Assís* (cat. núm. 8) que va estar a Barcelona a casa de Lluís Plandiura i que va ser adquirit durant la dècada dels anys seixanta per Álvaro Gil, avui retorna a la ciutat comtal gràcies al generós préstec dels seus propietaris actuals. És una obra exquisida que proporciona una visió global de la personalitat de Francesc com l'«Alter Christus», amb un entorn de paisatge impregnat d'una atmosfera i una llum misterioses que evoquen l'escena paral·lela viscuda pel Crist mateix a la vigília de la seva Passió a l'Hort de les Oliveres de Getsemaní. L'*Aparició de la Mare de Déu amb el Nen a sant Francesc d'Assís a Santa Maria dels Àngels de la Porciúncula* (cat. núm. 9) signat i datat el 1661, s'exhibeix per primera vegada públicament. És un quadre que conté elements comuns a altres obres, com ara la nota amb les flors escampades pel graó en què descansa sant Francesc o el Nen Jesús, exemple de la malaptesa freqüent del pintor, i el model del qual sembla que és el mateix que el de la *Mare de Déu amb el Nen i sant Joanet* (cat. núm. 17) signat i datat el 1662.

L'àmbit franciscà s'estén a dos olis del Museo del Prado que representen sants molt coneguts de la branca conventual de l'orde, el teòleg *Sant Antoni de Pàdua* (cat. núm. 10) i l'humil germà llec *Sant Dídac d'Alcalá i el miracle de les flors* (cat. núm. 11) que reviu l'episodi sobrenatural que va convertir el menjar dels pobres en flors, un flaix fotogràfic que conté tota la màgia i l'encant primitius de Zurbarán.

POÈTICA DE QUIETUDS

Aquest conjunt d'obres s'agrupa entorn de l'amor de Francisco de Zurbarán per les escenes íntimes i les coses quotidianes, la bellesa de tot allò inanimat i els detalls accessoris. Aspectes existents en les seves composicions religioses com a complement però que es poden aïllar sense cap desmèrit fins a guanyar l'abstracció. Aquest és el cas de les fruites modelades entre la llum i la penombra del fragment d'una altra composició més gran que es coneix com a *Natura morta amb codonys* (cat. núm. 19) un dels emblemes d'aquesta exposició propietat del Museu, on va ingressar el 1922 amb el dipòsit de la col·lecció Gil; fins avui es creia contemporani del que va ser signat pel mestre el 1633, actualment a la Norton Simon Foundation de Pasadena, tot i que des d'aquí se li proposa una cronologia més tardana que abraça el període de 1658-1664 i l'apropa a l'etapa madrilenya del pintor. Juntament amb aquesta obra, la dita «poètica de quietuds» es respira de manera molt plausible en l'escena devocional d'aire domèstic de la *Mare de Déu amb el Nen i sant Joanet* (cat. núm. 17) propietat del Museo de Bellas Artes de Bilbao que mostra un plat semblant amb peres i pomes, una tela delicada, la composició de la qual deriva de Dürer i enclou un sentit argumental profund ple de simbolisme.

No molt lluny hi ha el *Nen de l'Espina* (cat. núm. 12), en meditació sobre el misteri de la seva Passió després de punxar-se en l'acte de trenar una corona d'espines, un tema inspirat a la doctrina teresiana i molt volgut a tota l'Amèrica espanyola. Les imatges dedicades a la Mare de Déu nena no són menys tendres, de les quals s'han seleccionat tres: dos exemplars bessons de la *Mare de Déu nena adormida* (cat. núm. 13 i 14) vestida de color vermell intens, propietat de la col·lecció del Central Hispano i del Capítol de la Catedral de San Salvador a Jerez de la Frontera, respectivament, que s'exposen junts per primera vegada i que permeten l'estudi comparatiu d'un fenomen ja conegut en la producció de Zurbarán, és a dir, les versions anàlogues o les repeticions sortides de la mà del mestre per motius del mercat, un exercici de virtuositat que posa a prova les possibilitats pròpies de l'artista. Són temes de devoció íntima plens de candor que permeten al pintor la inclusió de natures mortes com ara la tassa de porcellana xinesa amb flors que descansa sobre el plat de metall o la labor de costura abandonada a la falda de la Nena Maria mentre fa una pausa en l'oració (cat. núm. 15), cedida per l'Instituto Gómez-Moreno de la Fundación Rodríguez-Acosta de Granada.

El món de fantasia que envolta el *Sant Miquel Arcàngel* (cat. núm. 16) propietat del Central Hispano és molt llunyà. La seva imatge, amb indumentària i aspecte ampul·lós, de guerrer en cap de les milícies celestes i vencedor de Lucifer abillat amb una armadura de qualitats metàl·liques exquisides, va captivar amb el seu encant la societat indígena i mestissa de l'Amèrica espanyola, la qual cosa donà pas a la producció de sèries dels famosíssims arcàngels arcabussers criolls.

Les natures mortes exemptes de Zurbarán són ben poques tot i que les conegudes el revelen com un creador excepcional. La *Natura morta d'atuells* (cat. núm. 18) llegada per Francesc Cambó al Museu, l'execució de la qual se situa avui dia entre 1658-1664 és d'un gust misteriós, sense cap indici de natura viva i enmig d'un silenci intens, l'artista disposa atuells i recipients ordenats en fila, de manera que s'ha arribat a evocar el ritual litúrgic d'un altar.

JUAN DE ZURBARÁN

Juan de Zurbarán va desenvolupar una personalitat pròpia que, tot i que acusa l'herència familiar, mostra un sensualisme de gust profà, d'estil més avantguardista i independent del del seu pare. La *Natura morta amb plat de raïm* (cat. núm. 20) signada i datada el 1639, pertany a la mateixa col·lecció particular des de fa ja més d'un segle, a més a més, és la primera obra signada d'un adolescent que es va consagrar als seus divuit anys com un autèntic virtuós; la seva presència a Espanya és un esdeveniment memorable pel fet d'estar acompanyat per primera vegada de les altres dues úniques natures mortes signades per l'artista: la *Natura morta amb servei de xocolata* (cat. núm. 22) del Kieskij Musej, Kíev, Ucraïna, signada i datada el 1640 i la *Natura morta amb panera de fruita i cards* (cat. núm. 23) signada i datada el 1643, propietat de la Gösta Serlachius Fine Arts Foundation, Mänttä, Finlàndia. Companyes seves són la *Natura morta amb fruita i cadernera* (cat. núm. 21) que va ser el primer dels zurbarans del Museu, adquirit per l'antiga Junta de Museus el 1904, una preciosa pintura atribuïda, ara fa poc temps, a l'artista a partir de la seva semblança amb la signada el 1639; i la *Natura amb panera de pomes, codonys i magranes* (cat. núm. 24) una obra tardana quan el jove Zurbarán actuava ja com a professional independent. Al costat seu la *Natura morta amb panera de pomes, plat de magranes i pitxer* recentment subhastada a Christie's de Nova York (cat. núm. 25) i adquirida per la col·lecció Várez Fisa i la *Natura morta amb codonys, raïm, figues i prunes* (cat. núm. 26) que també pertany a una col·lecció particular. Un àmbit monogràfic que tanca l'exposició amb l'esperança d'aportar noves llums al catàleg del jove Zurbarán.

I per acabar, cal afegir unes línies a propòsit del volum que acompanya l'exposició, un llibre que aplega estudis introductoris i fitxes catalogràfiques a càrrec d'un grup extens d'estudiosos zurbaranistes de primer ordre, alhora que inclou la cronologia de la vida i els fets contemporanis al pintor amb inclusió dels esdeveniments artístics paral·lels que es van donar a Catalunya i la posada al dia de la bibliografia que concerneix l'artista. Amb la publicació es vol retre un homenatge no solament a Francisco de Zurbarán en el quart centenari del seu naixement, sinó també recordar el treball de tots els experts que no són presents aquí i que directament i indirecta van fer i fan avui possible el coneixement i la comprensió del seu art.

Francisco de Zurbarán, *Sant Gabriel*.
Musée Fabre, Montpeller.
Fotografia: Institut Amatller d'Art Hispànic

EL PENSAMENT RELIGIÓS DEL SEGLE D'OR
I FRANCISCO DE ZURBARÁN

Odile Delenda

L'INTÈRPRET IDEAL DE LA REFORMA CATÒLICA

L'Espanya del Segle d'Or, baluard de la Reforma catòlica entaulada en el concili de Trento (1545-1563), anhela poder encarnar la Jerusalem celestial en les seves ciutats. Nombroses esglésies, oratoris, capelles, convents i monestirs han fet de les comunitats urbanes veritables «ciutats-convents». Sevilla, amb les seves seixanta-sis institucions religioses, va immediatament darrere de Madrid.[1] Els monjos, la majoria dels quals erudits, tenen l'afany de dotar les seves esglésies i els seus convents de decorats nous i més afins a les directrius pedagògiques posttridentines. La importància dels retaules andalusos, veritables homilies d'imatges adreçades als clergues i als feligresos, no solament ocupa l'espai sinó que desenvolupa una funció òbviament didàctica. Ideat a manera de façana o teatre sagrat, el retaule barroc revela una arquitectura moltes vegades complexa, enriquida amb estucats i guixeries, escultures i pintures destinats tant a embellir el conjunt com a instruir el poble. En altres zones dels monestirs, com ara els claustres, sagristies o biblioteques hi ha sèries importants de quadres d'històries que relaten la vida dels sants fundadors o de les glòries de l'orde. Aquest desig de renovar la decoració pintada de les institucions dóna lloc a encàrrecs dels nombrosos artistes de Sevilla, sobretot per part dels convents masculins, més adinerats. Zurbarán, foraster i sense haver-se examinat com ho exigia el gremi en acabar el seu aprenentatge sevillà amb Pedro Díaz de Villanueva (1614-1617), complirà de manera magistral, entre 1626 i 1655, amb els encàrrecs de quasi tots els ordes religiosos de la capital andalusa.

Dominics, franciscans, mercedaris, trinitaris, jesuïtes, cartoixans i jerònims li proporcionaran contractes importants, amb la qual cosa justifica el seu sobrenom de «pintor dels monjos». La seva ben coneguda obediència a les consignes dels clients,[2] no és una explicació del tot vàlida del seu èxit amb els monjos. En estudiar les fonts escripturàries de les seves obres, hem pogut demostrar, amb motiu de l'exposició *Zurbarán* de 1987-1988,[3] que el pintor extremeny destaca com l'intèrpret més fidel del pensament religiós del seu país i del seu temps, bon coneixedor del llenguatge al·legòric que prorroga i amplia la «lliçó» d'un quadre. Si es comparen, sistemàticament, les fonts textuals possibles i els temes pintats per Zurbarán, es pot comprovar fins a quin punt les seves composicions s'adeqüen perfectament als escrits hagiogràfics o místics contemporanis. Força sovint, l'artista resulta que és el millor, i també el més innovador (d'una manera especial quan ensopega amb escenes sense antecedents iconogràfics) dels intèrprets de la Reforma catòlica.[4] La seva pintura clara, llegible i monumental i el seu naturalisme senzill es troben tan completa-

---

1. A. Domínguez Ortiz, *La Sevilla del siglo XVII*, 3a ed., Sevilla, 1991, p. 68 i 69.

2. El jove Zurbarán, en els seus primers contractes sevillans, es mostra humilment disposat a interpretar els encàrrecs tal com els concebeixen els pares comanditaris: el 17 de gener per als vint-i-un quadres del convent dominic de San Pablo el Real (C. López Martínez, *Notas para la historia del arte: Desde Martínez Montañés hasta Pedro Roldán*, Sevilla, 1932, p. 217); el 28 d'agost de 1628 per als vint-i-dos quadres de la Merced Calzada (C. López Martínez, *Notas para la historia del arte: Desde Martínez Montañés hasta Pedro Roldán*, Sevilla, 1932, p. 221 i 222).

3. Exposició *Zurbarán*, Nova York, Metropolitan Museum of Art, 22 de setembre - 13 de desembre de 1987; París, Galeries Nationales du Grand Palais, 14 de gener - 12 d'abril de 1988; i Madrid, Museo del Prado, 3 de maig - 30 de juliol de 1988.

4. O. Delenda, «Zurbarán interprète idéal de la Contre-Réforme» a *Revue du Louvre et des Musées de France*, París, febrer de 1988, p. 117-126.

ment al servei del seu discurs didàctic que explica el seu èxit extraordinari a la Sevilla del segon quart del segle XVII. Tot partint de la base de les obres que es presenten aquí, voldríem posar l'accent en el prodigiós impacte de la seva pintura religiosa.

LA IMMACULADA CONCEPCIÓ

Mentre corrien els anys d'aprenentatge de Zurbarán a Sevilla, la capital andalusa es lliurava a un ingent culte marià que no podia sinó impressionar profundament el jove. Tota la ciutat es va dedicar a defensar i honorar el «gloriós privilegi» de la Mare de Déu, i d'aquesta manera va contribuir a la creació d'una nova imatge: la transcripció en una tela d'un concepte pur, el dogma de la concepció immaculada de la Puríssima, tan entranyable per al poble sevillà, dos segles i mig abans de la seva proclamació oficial pel papa.[5]

Des de l'edat mitjana, Espanya es trobava molt pel davant de la resta de països catòlics pel zel que mostrava a defensar la Immaculada Concepció. Tan aviat com el 1398, Joan I, rei d'Aragó, va posar el seu regne sota la protecció de la Puríssima mitjançant carta solemne. La reina Isabel la Catòlica patrocinava, el 1489, la fundació d'un orde religiós, el de la Concepción de Nuestra Señora, creat en honor a la Immaculada per la beata Beatriz da Silva. Mentre a Sevilla seguien la seva formació Zurbarán, Velázquez i Cano, tres dels més importants pintors del segle, els reis Felip III i, després, Felip IV van fer una infinitat de diligències per aconseguir de la Santa Seu la proclamació del dogma per part del papa. En efecte, la declaració del concili de Trento a favor de l'exempció de Maria del pecat original (1546, 5a. sessió, 1r. decret) no havia definit el dogma malgrat la insistència dels pares espanyols. L'antiga querella entre els partidaris de la Immaculada Concepció de Maria i el dominics que mantenien la doctrina de la *sanctificatio in utero* (com ara el Baptista, la Verge Santíssima hauria estat absolta, però no exempta del pecat original, en el si de la seva mare) va reviure a Espanya, sobretot a Sevilla, amb un fervor i una violència que, difícilment, es poden imaginar avui dia. Calia esborrar el greuge fet a la Puríssima, atacada des del púlpit per un dominic, el 8 de setembre de 1613, al convent Regina Angelorum. Al llarg de l'any 1614 van tenir lloc diverses manifestacions de fervor popular, com ara processons, festes o visites als santuaris. Els artistes, els pintors o els poetes, van prendre part en aquesta reacció popular, de la qual els franciscans, principals defensors del privilegi marià, tenien les regnes.

Una gran *Apoteosi de la Immaculada Concepció* (Museo de la Pasión, Valladolid) pintada per a Felip III per Juan de las Roelas el 1616, commemora els festeigs de reparació organitzats el 29 de juny de 1615 per la majoria dels convents sevillans. L'esmentat quadre és un veritable reportatge en pintura d'un esdeveniment en el qual, Zurbarán, probablement, devia participar, i recrea perfectament el clima de fervor marià que, aleshores, banyava Sevilla. Totes les comunitats, les associacions o les germandats de Sevilla es van unir a la jura de la doctrina de la Immaculada Concepció.

El regne d'Espanya va pregar al papa que sentenciés i Pau V va publicar la constitució *Sanctissimus* el 13 de setembre de 1617, que prohibia mantenir públicament la tesi dominica. El 4 de juny de 1622, Gregori XV va ordenar que no s'ensenyés l'esmentada tesi encara que fos en privat. El dogma encara no s'havia proclamat però els espanyols, sobretot els sevillans, van creure que havia estat així i es van dedicar a transcriure en pintura aquest concepte pietós.[6]

5. El dogma de la Immaculada Concepció és proclamat el 8 de desembre de 1858, per l'encíclica *Innefabilis Deus* del papa Pius IX.
6. O. Delenda, «L'art au service du dogme. Contribution de l'école sévillane et de Zurbarán à l'iconographie de l'Immaculée Conception» a *Gazette des Beaux-Arts*, París, abril de 1988, CXI, p. 239-248.

CAPITVLO TERCERO DE
la Conception Immaculada de la madre de Dios.

Alonso Villegas Selvago, *Flos Sanctorum*, Barcelona, 1589.
Bibliothèque Nationale de France, París.
Cliché Bibliothèque nationale de France

Francisco Pacheco (1564-1644), *La Immaculada Concepció amb Miguel del Cid*, 1616-1617. Catedral de Sevilla, Sevilla.
Fotografia: Institut Amatller d'Art Hispànic

L'elaboració iconogràfica del tema s'havia fet a poc a poc al llarg del segle XVI sobre la base de la visió apocalíptica de sant Joan: una dona vestida de sol, els peus recolzats a la Lluna, una corona formada per dotze estels[7] al cap, rodejada dels símbols marians trets de les *Letanías de la Virgen de Loreto*, la forma actual de les quals data de 1576. El prototip iconogràfic més complet va aparèixer simultàniament a França i a Espanya cap a l'any 1500 a manera de talles repartides durant tot el segle XVI.[8] Els contemporanis de Zurbarán podien trobar-hi una inspiració fàcil ja que un gravat molt semblant il·lustra el capítol de la Concepció de Maria en el famós *Flos Sanctorum* de Villegas, de 1589. En el seu *De picturis et imaginibus sacris*, l'erudit exegeta Molanus anomena aquesta interpretació artística «troballa aprimorada».[9] Com tots els pintors sevillans, l'ancià Pacheco, íntim del Sant Ofici, va pintar moltes Immaculades Concepcions, conformes, sens dubte, a les consignes que preconitza en el seu *Arte de la pintura*: «*Hase de pintar [...] en la flor de su edad, de doce a trece años, hermosísima niña, lindos y graves ojos, nariz y boca perfectísima y rosadas mexillas, los bellisimos cabellos tendidos, de color de oro; [...] vestida de sol, un sol ovado de ocre y blanco, que cerque toda la imagen, unido dulcemente con el cielo; coronada de estrellas, doce estrellas compartidas en un círculo claro entre resplandores, sirviendo de punto la sagrada frente [...]. Una corona imperial adorne su cabeza que no cubra las estrellas; debaxo de los piés, la luna que, aúnque es un globo solido, tomó licencia para hacello claro, transparente sobre los países; por lo alto, más clara y visible la media luna con las puntas abaxo [...]. Los atributos de tierra se acomodan acertadamente, por país y los del cielo, si quieren entre nubes. Adornase con serafines y con angeles enteros que tienen algunos de los atributos.*»[10]

---

7. Apocalipsi 12, 1.
8. S. Stratton, «La Inmaculada Concepción en el Arte Español» a *Cuadernos de Arte e Iconografía*, Madrid, 1988, I, 2, p. 3-127.
9. J. Molanus, *De historia SS. imaginum et picturarum*, París, 1996 [1568], p. 472.
10. F. Pacheco, *Arte de la pintura*, Sevilla, 1649 (ed. B. Bassegoda, Madrid, 1990), p. 576 i 577.

Pedro de Valpuesta (1614-1668), *Felip IV jurant defensar la doctrina de la Immaculada Concepció*. Museo Municipal de Madrid, Madrid.
© Museo Municipal de Madrid

Francisco de Zurbarán, *Visió del beat Alonso Rodríguez*. Museo de la Real Academia de Bellas Artes de San Fernando, Madrid.
© Museo de la Real Academia de Bellas Artes de San Fernando

En les seves primeres Immaculades, fetes entre 1616 i 1621, Pacheco retrata la Mare de Déu vestida, la majoria de vegades, amb el rosa moradenc tradicional a l'escola andalusa, model refet amb geni per Velázquez cap a 1619-1620. Quan, al seu torn, Zurbarán tracta aquest tema, a partir de 1630, la polèmica anti-dominica ha minvat: els frares predicadors encarreguen, el 1631, la colossal i esplèndida *Apoteosi de sant Tomàs d'Aquino* («*alegoría triunfal del Doctor angélico, con todos los ingredientes gloriosos de la Contrarreforma*»).[11] El pintor de Fuente de Cantos, molt abans que Murillo i al llarg d'una carrera tan perfectament adequada amb el pensament religiós del seu temps, brindarà exemples, múltiples i variats, del tema de la Immaculada Concepció, tan volgut pels andalusos.

En la seva tesi fonamental sobre *La Inmaculada Concepción en el Arte Español*, Stratton ha notat, amb molt d'encert: «*A Zurbarán, cuya obra habitualmente se considera conservadora desde los puntos de vista iconográfico y compositivo, se deben de hecho las variaciones más audaces sobre el tema durante este período.*»[12] Una de les primeres versions de Zurbarán, *La Immaculada Concepció*, de 1632 (cat. núm. 1) que analitzem detalladament al catàleg, expressa de forma exquisida la tònica tan personal de la devoció andalusa la marca principal de la qual és un desig de comunicació directa, intimitat i apropament sensible entre el devot i l'objecte de la seva devoció. Aquesta peculiaritat iconogràfica es deu, sens dubte, a un encàrrec precís, així com la sorprenent presència d'un cor en lloc de la Lluna sota els peus de la Mare de Déu a la tela del retaule de sant Pere, a la catedral de Sevilla. Ja sabem que la petita *Immaculada Concepció* del Museo del Prado (vegeu reproducció a

11. J. Fernández López, *Programas iconográficos de la pintura barroca sevillana del siglo XVII*, Sevilla, 1991, p. 67.
12. S. Stratton, *cit. supra*, n. 8, p. 76 i 77.

la fitxa cat. núm. 1) va ser pintada per Zurbarán per al col·legi, ara ja desaparegut, de les Esclavas Concepcionistas del Divino Corazón. En una altra banda, hem demostrat que, a Europa, la devoció als Sagrats Cors de Jesús i Maria existia força temps abans de les aparicions a Marguerite Marie Alacoque a Paray-le-Monial (1675). La Companyia de Jesús ja feia gala d'aquest culte. Així doncs, la *Visió del beat Alonso Rodríguez*, pintat per Zurbarán el 1630 per als jesuïtes de Sevilla, il·lustra perfectament aquesta nova temàtica i la Immaculada participa, sens dubte, d'una mateixa devoció.[13]

En una versió tardana, la *Mare de Déu Immaculada amb dues figures al·legòriques*, de la National Gallery of Ireland de Dublín, Maria, vestida de color blanc, és rodejada a l'esquerra per una dona els ulls de la qual són tapats per un bocí de mantell blau que, probablement, al·ludeix a la ceguesa dels qui rebutgen el privilegi marià, i a la dreta per una imatge de l'Esperança, tradicionalment recolzada en una àncora, dels qui esperen la proclamació del dogma.

La major part de les vegades adolescents, tal com ho aconsellava Pacheco, a vegades més dones (cat. núm. 2), les Immaculades tardanes de Zurbarán es tornen nenes aprimorades (cat. núm. 3) a les quals ja no cal afegir els símbols de les lletanies. Per a Espanya, la pintura d'una concepció sense màcula és ja, sens dubte, assentada: una imatge d'infància senzilla, símbol de puresa, vestida de blau i blanc, aureolada de llum solar i que ja n'hi ha prou per il·lustrar tot allò inexpressable.

LES SANTES INFÀNCIES

Zurbarán destaca quan representa nens, el seu aspecte íntim i tens, oposat i complementari de les tan realistes i tan «baroNívoles» representacions de les comunitats monàstiques masculines austeres.

Des de l'origen de l'era cristiana, la curiositat commovedora dels feligresos en tot allò que tocava la infància de Crist i la vida de la Mare de Déu no es pot satisfer amb els passatges dels textos canònics tan curts. Així és com la parquedat dels Evangelis va ser remeiada per escrits apòcrifs i contes pietosos amb detalls propis per nodrir la imaginació dels pintors. Durant els segles XVI i XVII, els escriptors místics reviuen aquests textos, trets dels *Evangelis apòcrifs de la Infància*, redactats durant els primers segles, la *Llegenda Daurada* de Jacobus de Voragine (segle XIII), les *Meditacions sobre la vida de Crist* del Pseudo-Bonaventura (darreria del segle XIII) o també la *Vita Christi* de Ludolf el Cartoixà (segle XIV), els reforcen, afegint a vegades episodis inèdits, capaços de nodrir la pietat. El fervor dels devots cap a edicions reduïdes a les anècdotes de la Infància, on la il·lustració gravada, tan important per als pintors espanyols, supleix la inòpia dels textos.[14]

Arran de les orientacions posttridentines i de les consignes pastorals, fomentades essencialment pels jesuïtes, les manifestacions de l'art barroc es reflecteixen, a Espanya, en la imitació dels textos i l'al·legoria moralitzadora, alhora que feia més fàcil el joc retòric de la pluralitat dels sentits. La meditació de la Passió per mitjà dels patiments del Nen Jesús es fa, d'aquesta manera, una devoció notable del segle XVII. El jesuïta sevillà Arias va escriure: «*No va voler esperar a sofrir fins a ser adult; així va començar des de la seva Nativitat.*»[15] En la commovedora representació de l'*Adoració dels pastors* (Musée de Grenoble), ja hi apareix la idea del sacrifici necessari a la Redempció. A l'inrevés de la dona jueva que tapa el seu fill amb la seva roba, Maria se separa d'Ell a l'acte: el presenta al món, nu, reclinat en una tela blanca, prefiguració del Sant Sudari. El 1633, el pintor Vicente Carducho recomana les representacions de l'anyell com a metàfora de Crist.[16] Així és com un anyell amb les potes travades és col·locat simbòlicament als peus de Jesús, veritable *Agnus Dei* lliurat per salvar-nos.

13. O. Delenda, *Velázquez peintre religieux*, París, 1993, p. 129-132.

14. Vegeu per exemple *Iesu Christi Dei Domini Salvatoris NRI Infantia*, per J. Wierix (vegeu reproducció a la fitxa cat. núm. 14) (M. Mauquoy-Hendrickx, *Les Estampes des Wierix conservées au Cabinet des Estampes de la Bibliothèque Royale Albert 1er*, Brussel·les, 1978, I, núm. 407-414).

15. F. Arias, *Traicté de l'Imitation de Jésus-Christ*, París, 1625, p. 77.

16. V. Carducho, *Diálogos de la Pintura: su defensa, su origen, esencia, definición, modos y diferencias*, Madrid, 1633 (ed. F. Calvo Serraller, Madrid, 1979), p. 348.

Francisco de Zurbarán, *Casa de Natzaret*. The Cleveland
Museum of Art, Cleveland, Ohio.
Fotografia: Institut Amatller d'Art Hispànic

L'art posttridentí va inventar unes altres imatges procedents de pietoses meditacions. «Maria, Jesús, Josep. És una Trinitat a la terra que, de cap manera, ostenta la representació de la Santíssima Trinitat» segons sant Francesc de Sales. Els artistes han aconseguit plasmar aquests pensaments en pintura d'una manera excel·lent: Jesús nen, camina entre Maria i Josep; Déu Pare, per damunt de la Santa Família, com un ancià (Dn 7, 9) i l'Esperit Sant, en forma de colom, representen la Trinitat celestial que protegeix la Trinitat terrenal. Sant Josep, associat a la Redempció com a espòs de Maria i protector de Jesús, arriba a ser un dels sants preferits de l'art catòlic reformat. La imatge que Zurbarán va pintar l'any 1644 al retaule de Zafra és molt difosa, la qual il·lustra un passatge del llarg poema èpic dedicat al «patriarca» per José de Valdivieso:

> «Verá una nueva Trinidad que admira,
> De un solo Dios y tres personas bellas,
> De quien la Trinidad de Dios se mira,
> Gozosa en la beldad que mira en ellas.»[17]

La devoció al Nen Jesús sembla vinculada al culte del seu pare nutrici. El *Passeig del Nen Jesús* (església de Saint-Médard, París), com si dimanés de la Trinitat terrenal, en el qual es veu el Crist, de petit, confiat, que dóna la mà a un sant Josep jove i formós, imatge típica, així mateix, del Segle d'Or espanyol, semblant a les representacions de l'àngel de la guarda. La sorprenent semblança del pare terrenal de Jesús amb els crists

17. J. de Valdivieso, *Vida, excelencias y muerte del gloriosísimo patriarca San Joseph*, Madrid, 1604 (ed. Rivadeneyra, 1864), p. 223.

adults pintats per Zurbarán a la mateixa època, s'explica per les descripcions del carmelita descalç Jerónimo Gracián de la Madre de Dios, que puntualitza que sant Josep era «*el hombre más semejante a Cristo [...] en rostro, habla y complexión*».[18]

Amb prou feines l'Evangeli ens deixa entreveure Jesús entre la tornada d'Egipte (Mt 2, 19-21) i el moment quan el van a buscar al temple, als dotze anys (Lc 2, 40-52). Això no obstant, als artistes, els va agradar de pintar-lo en la seva infantesa, tal com Ana de San Agustín, carmelita reformada per santa Teresa d'Àvila, afavorida amb visions del Nen Jesús, entre els tres i els set anys, i que insistia en les seves meditacions sobre els «*favores conseguidos gracias a las imagenes del Niño Jesús*». Ella mateixa «*cada día más prendada del Señor*», componia per a Ell càntics molt semblants als de la literatura preciosa del segle xvii:

«*Niño no esteis descuidado*
Del corazón que heristeis
Pues amando lo rompisteis
Amando ha de ser curado.»[19]

El desig dels exegetes del segle xvii era més aviat fer partícip Maria dels patiments acceptats pel seu Fill diví. Per a aquest tema, Zurbarán va idear un quadre amb èxit desmesurat, si es té en compte el nombre de rèpliques, còpies o interpretacions de la *Casa de Natzaret*, Cleveland Museum of Art, en el qual el Nen, ja jovenet, trena una corona d'espines amb la qual es fa mal mentre la Mare de Déu interromp el seu brodat en vista d'un presagi tan evident i una llàgrima li llisca cara avall. Diversos objectes donen encara més força al simbolisme d'aquesta obra mestra de la pintura devota, que evoquen la Redempció (fruites), la puresa immaculada de Maria (assutzena, gerra d'aigua pura), l'amor i el rosari (roses), l'estudi i la labor (llibre, cosidor). Dos coloms recorden la presentació de Jesús al temple quan Maria s'assabenta per l'ancià Simeó que «una espasa travessarà la seva ànima» (Lc 2, 35). En els seus comentaris de l'Evangeli, Villegas, membre de l'erudita acadèmia sevillana, de la qual Pacheco era acadèmic eminent, especifica que el pietós Simeó s'estima més morir abans de veure «*estas manitas atravesadas por clavos y la cabeza malherida por espinas*».[20] La Mare de Déu de Zurbarán que «conservava aquestes coses al cor» (Lc 2, 19 i 51), medita, malenconiosa, sobre el Martiri del seu Fill prefigurat a la ferida. El Nen, banyat en un feix lluminós daurat, és, sens dubte, la «Llum que il·luminarà les nacions» anunciada per Simeó mateix (Lc 2, 32). El pintor transcriu en una escena naturalista una visió prou versemblant, amb un fort poder evocador, en la qual interpreta sense ser primmirat una meditació proposada, sens dubte, per un client devot. L'èxit d'aquesta obra va ser considerable. Així és com imatges del *Nen de l'Espina* (cat. núm 12) representat sol, van sortir en més quantitat del taller de Zurbarán, copiades poc després pel de Murillo i àmpliament difoses a les colònies americanes.

La temàtica de la santa infància no es limita a Crist per al pintor extremeny que produeix nombroses Mares de Déu nena resant, en èxtasi o adormides, infinitament commovedores i mereixedores d'un gran èxit popular. *La Mare de Déu nena amb sant Joaquim i santa Anna* (col·lecció particular, Madrid) deu ser l'origen d'aquesta aprimorada teoria de petites Mares de Déu. Els textos més antics referents a la infància de Maria, relataven que els seus pares la van consagrar a Déu i la van dur al Temple quan amb prou feines tenia tres anys, tradició que va ser aprovada pels exegetes de la Reforma catòlica. L'actitud del vell Joaquim, el cap reclinat en el seu colze, reflecteix una triple significació: «somni» inspirat per Déu, «meditació» sobre les virtuts de Maria i «malenconia» davant la propera separació. Anna, potser més resignada, abraça la nena i li ofereix fruites, símbols de redempció, en un bonic plat d'estany. Als peus de la nena, la cistella plena de roba blan-

18. J. Gracián de la Madre de Dios, *Josephina, summario de las excelencias del Glorioso S. Joseph, esposo de la Virgen María, recopilado de diversos autores*, Brussel·les, 1609 [1597], p. 128. Vegeu també O. Delenda, «Les Répresentations de Saint Joseph et l'Enfant Jésus dans l'art de la Contre-Réforme» a *Sedes Sapientiae*, 1990, 31, p. 3-14.

19. Alonso de San Gerónimo, *Vida, virtudes y milagros de la prodigiosa Ana de san Agustín, carmelita descalza...*, Madrid, 1668, fol. 34 v.

20. A. de Villegas, *Quinta parte de «Flos Sanctorum...»*, Barcelona, 1594, fol. 24.

Francisco de Zurbarán, *Sant Bonaventura en el concili de Lió.*
Musée du Louvre, París.
©Photo RMN

Francisco de Zurbarán, *Passeig del Nen Jesús.* Església de
Saint-Médard, París.
Fotografia: Institut Amatller d'Art Hispànic

ca que, en l'obra de Zurbarán, acompanya sovint la Mare de Déu, complementa el sentit de la natura morta simbòlica, col·locat damunt una tauleta, com si es tractés d'un altar: en un plat de metall amb reflexos brillants, hi ha una delicada rosa amb una tassa de dues nanses, veritable emblema marià, ja posat pel pintor en el *Guariment miraculós del beat Reginald d'Orleans* (església de la Magdalena, Sevilla) i utilitzat una altra vegada en la *Natura morta amb panera de taronges* sublim de 1633 (The Norton Simon Foundation, Pasadena). El caràcter intimista d'aquesta *Família de la Mare de Déu* apareix indissolublement vinculat a les magnífiques natures mortes del pintor, i es torna a trobar el plat d'estany amb fruites a totes les Mares de Déu amb Nen ja tardanes (cat. núm. 17).

D'aquesta representació poètica, Zurbarán representa la nena, sola, a la *Mare de Déu nena en èxtasi* del Metropolitan Museum of Art de Nova York. Interrompuda en la seva labor, aixeca la seva careta molt commovedora cap al cel tal com se la imagina el poeta místic Nieva Calvo «*en belleza de Niña pura [...] bordando del Templo los sagrados ornamentos [...] no impedía el tiempo así gastado el meditar con alma santa y pura, gran rato en la lección de la Escritura*».[21] És emmarcada per les cortines pesades del temple, ajustades en la seva meditació, i rodejada de diversos objectes simbòlics (sumptuós gerro amb roses i assutzenes, cistella de roba blanca, gobelet de fang ple d'aigua virginal). La *Mare de Déu nena resant* (Staatliche Ermitage, Sant Petersburg) (vegeu reproducció a la fitxa cat. núm. 15) simplifica aquesta representació sense treure-li res de la infinita poesia: en un fons voluntàriament abstracte, la bonica nena sembla que es comunica amb el cel per mitjà de l'oració, les seves manetes juntes en un gest de pietat sobre la labor abandonada. La *Mare de Déu nena adormida* de la catedral de Jerez (cat. núm. 14), potser la més aprimorada, sembla com si sortís d'un dels nombrosos càntics o poemes compostos a Sevilla durant els segles XVI i XVII en honor a la Mare de Déu:

21. S. de Nieva Calvo, *La mejor Muger, Madre y Virgen: sus excelencias, vida y grandezas repartidas por sus fiestas todas*, Madrid, 1625, fol. 54-60.

Francisco de Zurbarán, *Aparició de Crist i la Mare de Déu a sant Francesc d'Assís a Santa Maria dels Àngels de la Porciúncula*. Museo de Cádiz, Cadis.
© Giraudon

«Soy niña morena
Y soy más hermosa
Que lirio ni rosa
Ni flor de azucena.»[22]

Aquí tenim una bonica il·lustració del Càntic dels Càntics: «Tenim una germana petita» (8, 8) i també «dormint jo, el meu cor vetllava» (5, 2). Les altres nenes repartien el temps entre el brodat i l'oració extàtica, en aquest quadre, Maria ja no és sinó abrasament d'amor diví amb el seu vestit vermell carmesí. Tres espècies de flors complementen el sentit de la imatge: l'assutzena, innocència i puresa; les roses, amor pur; i els clavells, símbol d'amor filial. Per compondre aquesta exquisida imatge, s'inspira sense vacil·lar en un model extret d'una sèrie de divuit làmines de gran bellesa, gravades cap a 1585-1586 per Antoine Wierix i publicades amb el títol de *Cor Iesu amanti sacrum* (vegeu reproducció a la fitxa cat. núm. 14). També figuren aquestes il·lustracions en les meditacions pietoses dels jesuïtes francesos Luzvic i Binet en la seva obra *Le Coeur dévot*, Douai, 1627, referent a la preparació de l'ànima per al diví hoste, llibret d'una gran difusió, traduït al llatí el 1628.

El *Sant Gabriel* de Montpeller, pintat, el més probable, per als dominics, pertany també a la sèrie de les «santes infàncies». Com les Mares de Déu petites, aixeca els ulls cap al cel per contemplar els misteris de la fe. El seu aspecte molt juvenil, relatat pels místics i imposat per Pacheco, és inspirat, potser, per les processons del *Corpus Dei* a Sevilla, quan coristes, disfressats d'àngels dansaven: «*Los niños Seyses lucidamente adornados de vistosas galas y plumas [...] a trecho ivan repartidas las danças que unas graves y otras festivas discurían por todo el cuerpo de la procesión.*»[23]

S'han atribuït a Zurbarán moltes i boniques santes però, de fet, poques d'aquestes figures han estat pintades del tot pel mestre. *Santa Casilda nena* (col·lecció particular, Barcelona), la qual és autògrafa, segurament, pertany també al món de la infància, pintada per l'artista amb veritable emoció. Joveneta que camina, aturada un instant per a la imatge, potser en va ser el model una de les filles del pintor. Amb exquisida elegància porta un sumptuós vestit vermell, gala de teatre, copiat probablement d'una processó o d'un acte sacramental, i subjecta a la seva faldilla ampla i arremangada les roses miraculoses, la qualitat pictòrica de les quals demostra una altra vegada la prepotència de Zurbarán en el camp de la natura morta.

Els temes franciscans

Aquestes imatges infinitament poètiques de gràcia i infància s'oposen, de veritat, als pobres monjos franciscans tan sovint retratats per Zurbarán? Pot ser que no si hom es recorda del paper de sant Francesc i els seus deixebles en la renovació de la iconografia medieval, originat en la tendra devoció a la humanitat de Crist. Amb excepció de les representacions del *poverello* aïllat en èxtasi, la majoria de les escenes de la seva vida pintades per Zurbarán són plenes de flors precioses, que tornarem a trobar en els retrats dels tan populars sant Antoni de Pàdua o sant Dídac d'Alcalá.

En el seu desig primordial d'ajustar la seva vida a l'ideal de pobresa evangèlica, els frares menors no donaven tanta importància a l'estudi com els frares predicadors. Això no obstant, el concili de Trento havia decidit restaurar les ciències eclesiàstiques per imposar l'autoritat de l'Església davant els protestants. A Sevilla, els franciscans conventuals funden, doncs, un col·legi sota l'advocació de sant Bonaventura exaltat a la dignitat de Doctor de l'Església per Sixt V el 1588. Aquest Colegio de la Sagrada Escritura y Teología de la Orden Franciscana, fundat el 1603, per desgràcia, va desaparèixer i solament en queda l'església edificada entre 1622 i 1626.[24]

---

22. Diego Contes, Madrid, 1592, esmentat per F. López Estrada, «Pintura y literatura: una consideración estética en torno de la "Santa Casa de Nazaret" de Zurbarán» a *Archivo Español de Arte*, Madrid, 1966, XXXIX, p. 34.

23. F. de la Torre Farfán, *Fiestas de la Sta. Iglesia [...] de Sevilla*, Sevilla, 1671, p. 319 i 320.

Zurbarán, que tot just acabava d'arribar a Sevilla el 1629, va tenir l'encàrrec de completar la decoració que havia estat en un principi encarregada a Herrera el Viejo que, al final, només va pintar-ne quatre quadres, situats al costat esquerre de la nau. Uns altres quatre quadres fets per Zurbarán hi eren penjats a la dreta. Un cop arribats aquí, és interessant recalcar que els dos artistes es van trobar amb temes sense cap antecedent iconogràfic conegut i, per força, supeditats al vistiplau dels veedors del Sant Ofici. L'elecció molt limitada dels episodis desitjats (joventut del sant per a Herrera, maduresa i mort per a Zurbarán) no té res de casual i és treta de les Lliçons del Breviari romà per a les celebracions del Doctor seràfic. El pintor representa Bonaventura molt jove, personatge atractiu per la seva puresa, per mor de la seva innocència alabada pel seu mestre, Alexandre de Hales.[25] Una de les pintures va ser destruïda a Berlín el 1945 i datava de l'any 1629, dues més són, avui dia, al Musée du Louvre, i la darrera és a la Gemäldegalerie de Dresden.

Les nombroses branques de la família franciscana, conventuals, observants, caputxins, alcantarins o recol·lectes i clarisses, les més presents a Espanya, es valien totes de sant Francesc. Encara que no rebés més encàrrecs importants per als franciscans, a Zurbarán li van demanar moltes vegades que pintés el seu sant patró vestit de l'hàbit específic, però sempre sota el nou aspecte dut des d'Itàlia per El Greco i característic de la Reforma catòlica. A la darreria del segle XVI, un concepte innovador atribueix una nova iconografia a sant Francesc, «*porque se conforme mejor con lo que dice la historia*» segons diu Pacheco. El poeta bondadós i alegre que sabia parlar amb els ocells deixa pas a un asceta anacoreta, eixut i de pell citrina, esgotat per les experiències místiques. Els franciscans, i sobretot els reformats, volen dels pintors un *poverello* que inviti a una penitència rigorosa. Zurbarán ho pintarà tal com ho descriu Ribadeneyra, autor del *Flos sanctorum* que ha desbancat la *Llegenda Daurada*, tan popular antany. «*Aviendo sido en vida algo moreno y consumido por muchos trabajos, asperezas y enfermedades.*»[26] L'esmentat aspecte posttridentí és així més semblant a les descripcions del seu primer biògraf, Tomàs de Celano.

Des de l'impressionant *Sant Francesc d'Assís en oració* de la National Gallery de Londres (cat. núm. 6) fins al sant, més assossegat, de la col·lecció Arango, datat el 1659, Zurbarán va fer prou positures i abillaments per al sant aïllat. En principi, els frares menors portaven un saial de color cendra, en forma de creu, cenyit amb una soga amb nusos, de la qual penjava una caputxa punxeguda. Més tard, la caputxa pren una forma arrodonida i és separada de l'hàbit en el qual fa de coll rodó, dit muceta. Quan van aparèixer els caputxins (1525) els artistes van començar a vestir sant Francesc amb un saial sense muceta, però amb una caputxa molt punxeguda, característica, amb barba i descalç, com aquesta branca reformada. Els alcantarins, frares menors «de la més regular observança» portaven, a Espanya, «un hàbit estret i apedaçat». El *Sant Francesc d'Assís en oració* de Londres, vestit amb un saial molt bast, fet de pedaços, devia estar pintat, sens dubte, per a una comunitat d'aquells descalços, reformats per sant Pere d'Alcántara (mort el 1562) que havia retornat a la primitiva observança, d'una austeritat tremenda. És estrany que els ulls del sant estiguin tapats per la caputxa, però pot ser que això recordi el tracoma contret pel sant a Egipte i que l'obligava a protegir-se els ulls de la llum.[27]

Sant Bonaventura, com el *Sant Francesc d'Assís amb calavera* de la Alte Pinakothek de Munic, porta el saial gris burell i la caputxa curta amb muceta, dels conventuals, mentre que els *Sant Francesc d'Assís a la Porciúncula* (Museo de Cádiz) porten la caputxa punxeguda dels caputxins. L'esmentat episodi de la vida del sant d'Assís es representava més aviat poc abans de concili de Trento. Al segle XVII ja és corrent, com per justificar les indulgències, blanc de la Reforma. Zurbarán aconseguia meravellosament les aparicions del món celestial, banyat en llum daurada, contrastat amb el món terrenal on llum i ombra s'oposen amb feresa. A la versió de Cadis, pintada, sens dubte, a la darreria dels anys trenta per als caputxins de Jerez, Crist, adult, lliura a Francesc el text de la indulgència, en presència de la Mare de Déu, agenollada, i d'una multi-

24. Bon estat de la qüestió dins J. Fernández López, *cit. supra*, n. 11, p. 69-73.
25. O. Delenda, a J. Baticle, *Zurbarán*, París, 1988, p. 110-113 (catàleg d'exposició, Nova York, 1987 i París, 1988).
26. P. de Ribadeneyra, *Primera parte del Flos sanctorum o libro de las vidas de los santos*, Madrid, 1624 [1599], p. 683.
27. C. Frugoni, *Saint François d'Assise*, París, 1997, p. 165.

Thomas de Leu, *El papa Nicolau V descobrint el cos de sant Francesc d'Assís.*
Bibliothèque Nationale de France, Cabinet des Estampes et de la Photographie, París.
Cliché Bibliothèque nationale de France

tud d'àngels esbossada en un núvol d'or darrere el sant de genolls (la capella de la Porciúncula es deia Mare de Déu dels Àngels). Zurbarán va procedir de la mateixa manera en la *Visió del beat Alonso Rodríguez*, voluntàriament, segons el nostre parer –i no per malaptesa com s'ha escrit alguna vegada– amb la finalitat de recalcar l'aspecte irreal de la visió. A la *Porciúncula* tardana (cat. núm. 7), de 1661, l'aparició és bastant diferent: la Mare de Déu sosté en braços el nen Jesús beneint, tots dos en la nebulosa daurada, però, aquesta vegada el diàleg entre el sant i tot allò diví es fa molt més proper i íntim. Així sembla que Zurbarán, com ja ho hem demostrat, al final de la seva carrera, crea un nou tipus iconogràfic.[28]

L'artista ha representat poc la famosa escena de les llagues de sant Francesc d'Assís. Per la qual cosa, el quadre, poc conegut, de col·lecció particular i encarregat, pel que es veu, per a un convent caputxí i feliçment exposat aquí (cat. núm. 8), serveix per complementar el cicle de la vida del sant. Com sempre, Zurbarán deixa al misteri tota la seva càrrega de suggeriment, amb la presència, amb prou feines esbossada, del serafí crucificat a l'angle superior esquerre del quadre. Al costat oposat a l'aparició, l'arbre mort que torna a florir en la llum celestial, és una prova més de com el pintor sap fer servir amb encert els símbols antics.

Una de les imatges més sorprenents nascudes del pinzell de Zurbarán és la de *Sant Francesc d'Assís*, del Musée des Beaux-Arts de Lió (vegeu reproducció a la fitxa cat. núm. 7), de la qual es coneixen nombroses ver-

28. O. Delenda, «Zurbarán à Madrid, 1658-1664» a *L'Œil*, París, 1995, 471, p. 37 i 38.

sions, com ara l'excel·lent del Museu Nacional d'Art de Catalunya de Barcelona (cat. núm. 7). Aquesta imatge del sant, trobat intacte en el seu sepulcre pel papa (escena molt ben gravada per Thomas de Leu, al principi del segle xvii) la van confinar, al segle xviii, les germanes Colinettes de Lió, a la golfa com a «objecte esborronador». Ribadeneyra també la descriu amb precisió: «*Estava en pié derecho [...] tenía los ojos abiertos como de persona viva y alçados hazia el cielo moderadamente [...] Tenía las manos cubiertas con las mangas del hábito delante de los pechos como las acostumbran traer los frayles menores.*»[29]

Evidentment, Zurbarán també retrata el dolç *Sant Antoni de Pàdua* que dialoga tendrament amb el Nen Déu que té en braços (cat. núm. 10). Així mateix se li encarreguen d'altres figures populars espanyoles de l'orde dels menors. L'humil *Sant Dídac d'Alcalá* (cat. núm. 11), germà llec canonitzat el 1588, comparteix amb *Santa Isabel de Portugal*, aleshores acabada de canonitzar (1625) el miracle de les roses (tots dos al Museu del Prado). Tant el sant com la santa es dediquen als desvalguts, i, d'amagat els duen pans miraculosament transformats en roses perquè es lliurin de la ira del pare guardià del convent o del regi espòs de santa Isabel.

CRIST A LA CREU

El primer quadre signat conegut de Zurbarán, *Crist a la creu*, de 1627 (The Art Institute, Chicago) (vegeu reproducció a la fitxa cat. núm. 5), pintat per als dominics de San Pablo el Real, és, sens dubte, el més impressionant dels nombrosos Crucificats que l'artista va pintar. Ara sabem, gràcies a la troballa recent i apassionant de Garraín a l'arxiu de Llerena, que se li va encarregar a Zurbarán, el 1624, un *Crist a la creu* esculpit pels mercedaris d'Azuaga.[30] Aquest tema tornarà sense parar a l'obra de Zurbarán i del seu taller. Dissortadament, l'escassetat de les Crucifixions, datades o documentades, ofereix poques dades segures per establir-ne una cronologia. En canvi, es poden classificar aquests Crists a la creu, seguint-ne la tipologia reduïda, pel que és essencial, a dos models iconogràfics, alhora que exclou els primeríssims, arcaics encara en comparació amb els models de Pacheco que plasmen, per molt de temps, l'ortodòxia del tema a l'escola sevillana.

Així que, ara, el primer *Crist a la creu*, documentat el 1624 resulta que és l'escultura d'Azuaga, seguit pel de Chicago de l'any 1627 i del qual Palomino afirma que se'l prenia per escultura. El crucifix descobert a la tela gran de *Sant Bonaventura i sant Tomàs d'Aquino davant el crucifix*, destruïda a Berlín, amb els peus encreuats i clavats a la fusta amb un únic clau, el cos retorçat i el rostre desfigurat pel patiment, sembla que reprodueix, igualment, un Crist esculpit executat d'una manera ja arcaïtzant el 1629.

Després segueix una sèrie el prototip de la qual ha de ser el formós *Crist* de l'església de Motrico, pintat cap a 1630, sèrie a la qual pertany el del Museu Nacional d'Art de Catalunya de Barcelona, presentat aquí (cat. núm. 4). Crist amb «quatre claus», cames dretes al suport, correspon a la positura pregonada per Pacheco, d'acord amb els criteris de decència molt volguts per l'ancià teòric. El Crist expirant alça els ulls cap al cel en una darrera pregària al seu pare. En coneixem diverses versions, però no totes de la mateixa qualitat.

Una mica més tard, un altre grup de Crucifixions també és representat en diverses teles. El Museu del Prado acaba d'adquirir un *Crist a la creu amb donant*, d'aquest estil, datat el 1640. Després d'haver acceptat i ofrenat ell mateix la seva mort, el crucificat «acotant el cap, va lliurar la seva ànima» (Jo 19, 30). Els dos prototips, han estat copiats molt sovint[31] atesa la seva perfecta adequació als desigs dels comendataris de la Reforma catòlica, i demostren, una vegada més, fins a quin punt, Zurbarán, intèrpret genial de les consignes que se li donaven ha estat molt per damunt dels pintors religiosos del seu temps per un quart de segle.

29. P. de Ribadeneyra, *cit. supra*, n. 26, p. 684.

30. O. Delenda i L. Garraín Villa, «Zurbarán sculpteur. Aspects inédits de sa carrière et de sa biographie» a *Gazette des Beaux-Arts*, París, març de 1997.

31. Vegeu M.L. Caturla i O. Delenda, *Zurbarán*, París, 1994, p. 47-53.

Francisco de Zurbarán, *Natura morta amb panera de taronges*.
The Norton Simon Foundation, Pasadena, Califòrnia.
© The Norton Simon Foundation, Pasadena, CA

LES NATURES MORTES
DE FRANCISCO I JUAN DE ZURBARÁN

Alfonso E. Pérez Sánchez

Tot i que el nombre de veritables teles de bodegons o de natures mortes que conservem obra de Francisco de Zurbarán és més aviat escàs, el seu nom i la seva visió severa i poètica de la realitat ja han romàs com a prototípics, i quan es parla de la natura morta espanyola, és el nom del gran mestre de Fuente de Cantos el que ve a la memòria, només acompanyat, potser, pel del cartoixà Sánchez Cotán.

Tots dos encarnen, als ulls de tothom, les virtuts i les característiques de la manera «espanyola», o millor, «castellana», d'apropar-se a tot allò que és immediat de la realitat circumdant: els objectes quotidians, els aliments més simples i naturals, la bellesa senzilla de tot allò familiar, ordenada d'una manera severa i quasi ritual, que fascina tot just per la seva immediata i directa força visual.

A propòsit de Zurbarán, Rafael Alberti ha escrit versos d'una profunditat[1] meravellosa que transposen a la màgia de les paraules, la pregona emoció dels objectes abandonats a si mateixos, evidenciats per la llum, i oferts als ulls de qui els mira amb tota la seva poderosa càrrega de realitat i misteri:

> «Piensa el tabique, piensa el pergamino
> del volumen que alumbra la madera;
> El pan que se abstrae y se ensimisma el vino
> sobre el mantel que enclaustra la arpillera.
> Y es el membrillo un pensamiento puro
> que concentra el frutero en claroscuro.
>
> Ora el plato, y la jarra, de sencilla,
> humildemente persevera muda,
> y el orden que descansa en la vajilla
> se reposa en la luz que la desnuda.
> Todo el callado refectorio reza
> una oración que exalta la certeza.»

Des de ben aviat, a les obres perfectament documentades del mestre, s'hi pot veure, en les seves composicions religioses, la presència d'objectes complementaris, tractats amb amorosa complaença que, sense cap mena de dificultat, podrien aïllar-se de l'escena a la qual pertanyen i constituir, als nostres ulls, «natures mortes» perfectes. Cal pensar, sobretot, en l'exquisit plat de metall amb una tassa i una rosa que hi ha al costat d'una poma sobre la modesta taula de fusta que omple l'angle inferior dret a la tela d'altra banda tan desmanyotada d'el *Guariment miraculós del beat Reginald d'Orleans*, pintada el 1626 per al convent dominic sevillà de San Pablo, els llibres i els bonets que acompanyen, recolzats en sumptuoses teles vermelles, els mercedaris de l'Academia de San Fernando de cap a 1628-1630, la prodigiosa tiara papal sobre una plàtera daurada davant la qual prega sant Bonaventura en la prodigiosa tela de la Gemäldegalerie de Dresden, pin-

---

1. R. Alberti, *A la pintura (Poema del color y la línea)* a *Obras Completas, II. Poesía 1939-1963*, Madrid, 1988, p. 333 (edició, introducció, bibliografia i notes de L. García Montero).

tada el 1629 per a la mateixa sèrie a la qual pertanyia la tela destruïda de *Sant Bonaventura i sant Tomàs d'Aquino davant el crucifix*, on la biblioteca, la imatge de Crist en la seva fornícula amb cortinetes i els llibres damunt la taula, constituïen, per ells mateixos, una superba natura morta de *vanitas*.

En obres posteriors i d'una manera molt especial en les composicions de delicat sentit devocional, com ara l'*Educació de la Mare de Déu*, la *Mare de Déu nena*, o la *Sagrada Família*, les petites i delicades fruiteres, els pitxers, els atuells de fang, els cosidors o les flors escampades, sempre ocupen un lloc molt destacat i mostren una complaença molt especial per part de l'artista, que sembla que es recrea en aquestes delicades meravelles.

I no es pot oblidar, tampoc, la importància que aquests accessoris tenen en les grans composicions del seu moment més encertat al voltant dels anys 1635-1640, en les grans teles de la Cartuja de Jerez, avui al Musée de Grenoble, o en les de la Sacristía de Guadalupe. La taula d'escriptori del *Pare Gonzalo de Illescas*, la cistella de pans del *Pare Martín de Vizcaya*, o la taula d'altar de la *Missa del pare Pedro de Cabañuelas* (vegeu reproducció a la fitxa cat. núm. 8) són, per si soles, superbes natures mortes, que compten entre les més sòlides de la història de la nostra pintura.

Aquesta mestria en el tractament de les coses immòbils de la «vida quieta» dels objectes porta, necessàriament, a la consideració de les teles que només són això: natures mortes, i de Francisco de Zurbarán són ben poques les que poden, amb seguretat, considerar-se com a tals.

Només una, signada i datada, ens pot servir per conèixer i definir la manera com el pintor es va apropar al gènere: la bellíssima que va formar part de la col·lecció Contini Bonacossi i que, avui dia, es conserva a la Norton Simon Foundation a Pasadena.

Signada el 1633, mostra, arrenglerats damunt una taula o un tauler de fusta, una panera de vímet amb taronges i, a cada costat, plats metàl·lics que suporten, a la dreta, una tassa i una rosa anàlogues a les que ja va fer servir a la tela del *Guariment miraculós del beat Reginald d'Orleans*, i a l'esquerra, unes rotundes llimones, o millor poncems, i tot vist sota una llum intensa dirigida i modeladora, que ve de l'esquerra i que accentua el sever i escultòric volum dels objectes.

La disposició, tan simètrica i equilibrada, recorda vivament les natures mortes que Juan Van der Hamen pintava a la cort uns quants anys enrere. Zurbarán no sembla que hagués viatjat a Madrid abans d'aquesta data –tot just ho faria l'any següent, el 1634–, però és possible que hagués pogut conèixer obres del pintor madrileny en alguna casa sevillana.

La noblesa de la disposició i la seva severitat ritual han fet, més d'una vegada, veure-hi alguna cosa religiosa, i fins i tot se l'ha volgut interpretar[2] com una explícita ofrena a Maria. Potser els contemporanis de l'artista van assimilar mentalment el significat simbòlic dels elements de la tela, com podien fer-ho els teòlegs o els poetes davant els objectes mateixos en la realitat, però no sembla, a través dels testimonis literaris contemporanis, que aquesta tela, o les de caràcter anàleg fossin concebudes d'una altra manera que com a exercicis d'un virtuosisme tècnic prodigiós i potser com a desafiament als pintors de l'antiguitat, que, segons Plini, havien aconseguit amb la seva perfecta imitació de la realitat, enganyar, fins i tot, els ocells amb les seves fruites fingides.

En aquesta meravellosa tela hi ha, com ja hem dit abans, el plat amb la tassa i la rosa que ja havia pintat el 1626 en una tela per als dominics de San Pablo. Però també el trobem en el quadre de la *Família de la Mare de Déu*, avui a la col·lecció Abelló, i fins i tot en una petita tela que va ser de la col·lecció de l'historiador Kenneth Clark, recentment adquirida per la National Gallery londinenca, on es mostra aïllat. Com ha suposat Jordan[3] és quasi segur que Zurbarán disposava de petits estudis del natural que li servien de models per inserir-los, després, en les seves grans composicions, amb lleugeríssimes variants.

2. J. Gállego, *Visión y símbolos en la pintura española del Siglo de Oro*, Madrid, 1972, p. 239.

3. W.B. Jordan i P. Cherry, *El bodegón español de Velázquez a Goya*, Londres, 1995, p. 101-105 (catàleg d'exposició, Londres, 1995) i W.B. Jordan, *An Eye on Nature. Still-Life Paintings from Sánchez Cotán to Goya*, Londres, 1997, p. 92-98 (catàleg d'exposició, Londres i Nova York, 1997).

Francisco de Zurbarán, *Tassa i rosa en un plat.*
The National Gallery, Londres.
© National Gallery, London

Francisco de Zurbarán, *Família de la Mare de Déu.*
Col·lecció Abelló.
Fotografia: Institut Amatller d'Art Hispànic

La radiografia de la gran *Natura morta amb panera de taronges* de Pasadena ha revelat que, sota el que avui s'hi veu, hi ha la presència d'un plat amb dolços o de fruites confitades, que després va ser cancel·lat per subratllar millor la solemne simetria esmentada. Curiosament, també es coneix una tela petita, actualment de propietat privada, que presenta, aïllat, aquest mateix plat de dolços, tractat amb un exquisit refinament i frescor d'execució, i així es confirma l'existència d'aquests models directes, després diversament combinats.

Una altra natura morta amb una cistella de pomes, en l'atribució de la qual a Zurbarán s'ha insistit recentment, repeteix l'esquema de simetria de la gran tela Contini, que acabem de comentar, amb més rigor si és possible. De proporcions més quadrades, presenta la cistella al centre i a cada costat una poma, pintades amb una precisió absoluta. L'estat de conservació de la tela, que ha sofert neteges excessives que li han fet perdre una bona part del seu refinat acabat, no permet cap afirmació rotunda pel que fa a l'atribució a Zurbarán, però és evident que reflecteix la seva sensibilitat. Una intervenció recent, ha «restaurat la poderosa plasticitat de les fruites tan subtilment modelades i ha restablert l'equilibrada relació entre les formes de la taula i l'espai circumdant» segons Jordan,[4] el qual, sens dubte, l'atribueix a Zurbarán. Sense conèixer directament l'abast d'aquesta intervenció cal, això no obstant, recordar que Pedro de Camprobín reprèn, uns quants anys més tard, motius zurbaranians en obres signades en les quals es repeteixen textualment motius que aquí són presents, cosa que obliga a mantenir una prudent reserva.

Sembla que és diferent el cas de la composició coneguda per dos exemplars anàlegs en tot, l'un és el que hi ha al Museo del Prado i l'altre el del Museu Nacional d'Art de Catalunya (cat. núm. 18), tots dos provinents de la col·lecció Cambó. L'exhibició contínua d'un d'ells al Museo del Prado n'ha afavorit la difusió i el coneixement, en perjudici de l'exemplar de Barcelona que, de fet, no té res a envejar a l'altre. Exhibits junts, a l'exposició de 1988,[5] es va evidenciar la identitat de caràcter entre tots dos, i es va apuntar la hipòtesi, segurament la més versemblant, que ens trobem davant un cas de repetició puntual d'una obra, a requeriment d'una clientela privada i capriciosa, en els darrers anys de la seva carrera, en el seu darrer període madrileny entre els anys 1658-1664.

4. W.B. Jordan, *cit. supra*, n. 3.

Francisco de Zurbarán, *Agnus Dei*.
San Diego Museum of Art, San Diego, Califòrnia.
Fotografia: Institut Amatller d'Art Hispànic

Sens dubte, són obres tardanes, molt distants de la *Natura morta amb panera de taronges* de 1633, ja que són mancades de la rotunditat i la monumentalitat d'aquella, tot i que hi ha analogies evidents en la disposició horitzontal i en el sentit i la direcció de la llum.

Això no obstant, ha desaparegut el sever sentit de simetria pel que fa a un eix, que hi subratllava la gran cistella central. Aquí, els objectes representats són quatre, simples atuells de taula i de cuina que contraposen les seves qualitats i colors amb un cert ritme alternant. Metall, fang blanc, fang vermell i fang blanc sobre plat metàl·lic, s'ordenen amb una simplicitat quasi ritual que, segons l'admirable intuïció de Longhi, evoca la disposició dels objectes litúrgics sobre la taula de l'altar. Si a la *Natura morta* Contini, forçant la interpretació, es podia veure una ofrena mariana, aquí es fa molt difícil de buscar un sentit simbòlic davant elements tan senzills. Només la seva bellesa plàstica els justifica, i la seva presència s'imposa «*sin dramatismo ni opulencia*» com deia Camón Aznar,[6] que afegeix: «*Con serena quietud, digamos que símbolos del* sosiego *castellano. Irradiantes sólo de paz, de conceptual calma y espíritu.*»

La presència de l'atuell de fang vermell, anàleg a un altre que hi ha en una natura morta de Francisco Palacios, signada el 1648[7] i que no surt als bodegons andalusos, reforça la hipòtesi que es tracti d'una composició concebuda a Madrid i allí repetida i, a això, hi contribueix la presència de l'atuell de la dreta –l'únic que no és idèntic en els dos exemplars– que apareix a la *Mare de Déu de l'Anunciació* de la col·lecció March de Ciutat de Palma a Mallorca, obra, sens dubte, també del seu període final.

Res més no pot atribuir-se amb seguretat al pintor extremeny, entre les moltes natures mortes que li han estat atribuïdes. L'esplèndida *Natura morta amb codonys* (cat. núm. 19) del Museu Nacional d'Art de Catalunya que és, sens dubte, seva, no és sinó un fragment d'una altra composició més gran, com sembla que assegura la presència del drap blanc tallat de manera tan abrupta a l'angle inferior dret.

5. A.E. Pérez Sánchez, dins el catàleg *Zurbarán*, Madrid, 1988, p. 440-446, cat. núm. 117 i 118(catàleg d'exposició, Madrid, 1988).
6. J. Camón Aznar, *La pintura española del siglo XVII*, Madrid, 1977, p. 261-265 (Summa Artis, XXV).
7. Vegeu W.B. Jordan i P. Cherry, *cit. supra*, n.3, p. 95, núm. 34; Pérez Sánchez 1983a.

I els Anyells o *Agnus Dei* coneguts per diversos exemplars, difícilment poden, en rigor, considerar-se «natures mortes», ja que l'animal amb decidida significació religiosa (com en l'exemplar del San Diego Museum of Art), o com a simple model del natural per ser fet servir després en l'obrador diverses vegades (com és, segurament, l'exemplar del Museo del Prado) es troba lluny del que, habitualment, acostumem a considerar natura morta encara que serveixi, també, un cop més, per subratllar la mestria del pintor en la representació de la textura de les coses en abandonament i repòs.

Però juntament amb Francisco de Zurbarán ha anat prenent cos en els darrers anys la personalitat del seu fill Juan de Zurbarán, mort en plena joventut, abans de complir els trenta anys, en ocasió de la terrible epidèmia de 1649.

Fins fa pocs anys, Zurbarán «fill», era amb prou feines un nom enigmàtic al qual només es podien atribuir dues obres signades, una el 1639 i una altra el 1640.[8] La primera, un plat metàl·lic amb raïm (cat. núm. 20), i la segona una *Natura morta amb servei de xocolata* (cat. núm. 22), mostren l'empremta del seu pare de manera clara, tot i que s'adverteixen ja prou diferències per evidenciar una sensibilitat una mica diferent que s'ha anat perfilant posteriorment, tot i que cal reconèixer que les atribucions s'han anat encadenant les unes a les altres i potser d'una manera una mica precipitada en els darrers temps.

La *Natura morta amb plat de raïm* (cat. núm. 20) de 1639, de col·lecció particular, és pintat amb una minúcia i un preciosisme quasi nòrdics, a la qual cosa contribueix també el fet de ser realitzat sobre coure. El turgent raïm i la manera com s'anoten les clivelles i els cops a les lleixes de pedra en què es recolza el plat són, com assenyala Jordan, aliens a la sensibilitat del seu pare.

A la *Natura morta amb servei de xocolata* (cat. núm. 22) de 1640 del museu de Kíev, s'hi pot observar una disposició dels elements ben diversa a la manera de Zurbarán pare, que busca en front de la senzilla ordenació frontal i paral·lela d'aquest una agrupació escalonada en profunditat i en vertical, i que trenca del tot amb el sentit de simetria i que introdueix, amb el molinet de xocolata que sobresurt de la taula, un element d'enganyifa, que trenca l'espai pintat i s'introdueix a l'espai real, a la manera de certs caravaggistes romans i nòrdics. Les ombres, també, són més dures i els contorns més secs, i encara que s'hagin alterat els tons foscos del fons, l'efecte és d'un tenebrisme més violent que és mancat de la refinada subtilesa de la gran *Natura morta amb panera de taronges* de Francisco, a la Norton Simon Foundation de Pasadena. Una tercera *Natura morta amb panera de fruita i cards* (cat. núm. 23), propietat de la fundació finlandesa Gösta Serlachius, a Mänttä, que va aparèixer a l'exposició de *La Natura Morta italiana*, que va tenir lloc a Nàpols el 1964, atribuïda aleshores al romà Michelangelo di Campidoglio (1610-1670) després d'haver-ho estat al napolità Luca Forte (documentat cap a 1625-1655), va revelar l'existència d'una signatura de Juan de Zurbarán i la data de 1643 (llegida a vegades com 1645).

Aquesta nova natura morta va subratllar un cert canvi en la sensibilitat del pintor, que s'hi mostra com un decidit admirador de la manera napolitana de concebre la natura morta, amb un tenebrisme d'èmfasi dramàtic, i una composició acumulativa que té ben poc a veure amb el serè equilibri de les del seu pare.

Aquesta manera, nova i efectista, de compondre i la seva manera poderosa i naturalista de tractar la matèria pictòrica, a través d'una pinzellada pastosa i densa que accentua encara més la plasticitat dels elements, s'allunya definitivament de la serenitat poètica i misteriosa del seu pare.

La tela finlandesa ha permès a Jordan atribuir de manera convincent a Juan de Zurbarán algunes altres obres de tècnica i caràcter semblant que no havien trobat fins ara un emplaçament adequat.

En primer lloc, la gran *Natura morta amb panera de pomes, codonys i magranes* (cat. núm. 24) del Museu Nacional d'Art de Catalunya, obra de noble bellesa que sembla que se situa en un punt intermedi entre la serena mesura de Francisco i el seu sentit de l'organització plàstica visible en el ritme mesurat de la compo-

8. La personalitat de Juan de Zurbarán, ha estat traçada en allò biogràfic a partir de diversos documents, i especialment a través de la investigació de Caturla («Don Juan de Zurbarán» a *Boletín de la Real Academia de la Historia*, Madrid, CXLI, 1, 1957, p. 269-286). La reconstrucció de la seva obra l'ha intentada Jordan dins *Spanish Still Life in the Golden Age 1600-1650*, Fort Worth, 1985, p. 222-234 (catàleg d'exposició, Fort Worth/Toledo (Ohio), 1985).

sició, tendent a la compensació de masses, i l'intens dramatisme lluminós, la robusta plasticitat i un cert barroquisme en la disposició dels elements que s'organitzen en diferents termes i que ofereixen plans il·luminats en diversos graus. Després de la *Natura morta* de Barcelona, se n'han incorporat al catàleg de Juan dues més, de mides i caràcter molt semblants: una, de la col·lecció Masaveu, exhibida a Sevilla, Madrid i Oviedo el 1996-1997,[9] i una altra adquirida recentment per a la col·lecció Várez Fisa (cat. núm. 25),[10] concebudes totes dues de manera semblant, tot i que la segona sigui una mica més complexa per la seva disposició en diversos plans que, curiosament, remunten el seu esquema compositiu a models de Van der Hamen, encara que el tractament de fruites i flors sigui del tot el que reconeixem com a propi de Juan de Zurbarán.

Les tres natures mortes s'ordenen al voltant d'una gran cistella de vímet que se sobreïx de fruites de consistència rotunda. En la que centra la tela de Barcelona, hi apareixen pomes, codonys i magranes; en la de Várez Fisa només pomes, i en la de Masaveu, pomes, codonys, albercocs i bacores. Els elements que acompanyen aquestes paneres també varien. A Barcelona s'adverteixen, caiguts, uns codonys, una poma partida i, a la dreta, unes magranes, una de les quals mostra, oberta, els seus grans vermells. En la de la col·lecció Várez Fisa hi ha una poma caiguda al costat de la cistella, i als dos costats, uns daus de pedra, sobre els quals es veuen, a l'esquerra un plat d'estany amb magranes obertes, i a la dreta un pitxer de vidre amb flors (roses i lliris especialment) d'una exquisida qualitat i moviment del tot nous. En la de la col·lecció Masaveu, hi ha, en el mateix pla que la panera, a l'esquerra, un plat de metall amb una tassa de porcellana decorada; davant, en primer terme, quatre albercocs i, a la dreta, tres magranes obertes i encara unides a una branca de magraner.

En les tres, la il·luminació que prové de l'esquerra és d'una intensitat que subratlla el caràcter fortament tenebrista del conjunt i hi apareixen unes branquetes de fulles verdes que s'intercalen entre les fruites de la cistella central i animen la composició.

A aquestes natures mortes tan semblants de caràcter, s'hi uneix també una altra, de to més refinat, però pintada amb tècnica anàloga: l'exquisida conservada a l'Art Institute de Chicago que mostra una *Natura morta amb peres en un bol de porcellana xinesa*,[11] que abans havia estat atribuïda a Francisco. La intensitat de la llum, l'enèrgic modelat de les fruites i la manera delicada com es delineen les flors que les acompanyen, i que es retallen elengantíssimament sobre el fons fosc i dens, permeten atribuir-la amb una certa seguretat al jove mestre malaguanyat.

D'altres obres atribuïdes a Juan de Zurbarán potser no poden ser-ho amb tanta seguretat, tot i que es poden inserir amb una certa probabilitat en el que podem imaginar que va ser la seva breu carrera d'encara no deu anys.

Amb relació a la *Natura morta amb servei de xocolata* (cat. núm. 22) de Kíev, de l'any 1640, s'han posat algunes obres com ara la *Natura morta amb xocolatera* de la barcelonina col·lecció Bertran, la *Natura morta de vaixella* del Musée des Beaux-Arts de Bensançon, i la *Natura morta de postres* que va ser de la col·lecció Brossa, totes les quals molt properes a la signada el 1640, tot i que una mica més rudes i seques que aquella, però que es poden inscriure, sens dubte, si són seves, en un primer moment en què, dins les maneres del seu pare, intenta una composició independent i més lliure en les disposicions espacials.

Una sèrie de petites natures mortes que mostren plats de metall –plata o peltre– amb fruites ha de correspondre a una etapa més avançada en la seva brevíssima carrera, les quals sembla que prolonguen la composició de la *Natura morta amb plat de raïm* (cat. núm. 20) de 1639, però que donen pas a una tècnica més segura i d'un efecte modelador més intens, aconseguida amb els recursos de forta influència napolitana ja comentats. En la *Natura morta amb fruita i cadernera* (cat. núm. 21) del Museu Nacional d'Art de Catalunya, el raïm

9. A.E. Pérez Sánchez i B. Navarrete Prieto, *Pintura española recuperada por el coleccionismo privado*, Sevilla, 1996, p. 146-147, núm. 52 (catàleg d'exposició Sevilla, 1996-1997 i Madrid, 1997); A.E. Pérez Sánchez, *Pinturas recuperadas*, Oviedo, 1997, núm. 33.

10. A. Crichton-Stuart, «A Zurbarán masterpiece» a *Christie's International Magazine*, gener-febrer de 1997, p. 18-19.

11. Va ser de les col·leccions de José de Madrazo, del marquès de Salamanca i del comte de Montarco, i és a Chicago des de l'any 1947. Va ser Pemán el primer que va atribuir-la a Juan de Zurbarán, tot i que creient en la col·laboració del pare (C. Pemán, «Juan de Zurbarán» a *Archivo Español de Arte*, Madrid, XXXI, 1958), p. 201-202.

Juan de Zurbarán, *Natura morta amb panera de pomes, albercocs, codonys, bacores i bernegal.* Col·lecció Masaveu.
Fotografia: Institut Amatller d'Art Hispànic

Juan de Zurbarán (?), *Natura morta amb xocolatera.* Col·lecció Bertran.
Fotografia: Institut Amatller d'Art Hispànic

de la qual s'agermana amb el del quadre del *Plat de raïm*, tot i que en aquesta obra la resta de fruites (el codony, la magrana oberta, bacores, pomes i d'altres) es modela amb força i intensitat noves, hi apareixen uns elements no habituals, com ara l'ocell que picoteja el raïm, la papallona que liba a les flors, o la diminuta vespa que es posa al raïm, que després seran essencials en les obres de Pedro Camprobín. Aquest, sens dubte, va haver d'aprendre molt del jove Zurbarán, ja que en alguna de les seves peces signades repeteix i reprèn motius que apareixen en obres seves i, fins i tot, del seu pare Francisco, però amb una sensibilitat diferent, de menys èmfasi tenebrista, i tot resolt amb una delicada i quasi envellutada interpretació de la llum, com correspon a un artista que viu fins a l'any 1674, en un moment en què els intensos contrastos de llum i ombra de la primera meitat del segle han cedit el pas a una il·luminació més difusa i a una més lliure i joiosa interpretació de l'espai.

Les últimes obres de Juan, pintades necessàriament entre 1643 (data de la tela de Mänttä) i la seva mort el 1649, hauran de ser, potser, els petits plats metàl·lics amb figues, prunes, o pomes, de diverses col·leccions particulars, que es van donant a conèixer en aquests darrers anys i que poden acceptar-se com a seus de manera provisional, tot seguint les reflexions de Jordan. Un *Plat de figues*, un altre de prunes i un altre de codonys, raïm, figues i prunes (cat. núm. 26), tots de col·lecció particular i de dimensions molt properes,

Juan de Zurbarán, *Peres en un bol de porcellana xinesa.*
The Art Institute of Chicago, Chicago, Illinois.
Fotografia: Institut Amatller d'Art Hispànic

tractats amb tècnica molt semblant a la de les teles comentades, permeten de suposar que una bona part de l'activitat del malaguanyat jove Zurbarán va haver d'abocar-se en aquesta direcció de la tela petita, ben propícia per a la decoració de l'ambient acomodat en què sembla haver-se desenvolupat el seu autor.

Amb tot això, els dos zurbarans, pare i fill, s'integren en la història de la natura morta espanyola en un lloc absolutament excepcional, i l'evident precocitat del fill, que segurament va haver de treballar àmpliament al taller patern, potser obligui a reconsiderar, a la llum dels estudis recents que tenen tendència a assenyalar la col·laboració de mans molt diverses en la producció sortida de l'obrador de Francisco, la possibilitat que uns certs detalls de natura morta del caràcter dels comentats al començament d'aquest text, integrats en les composicions posteriors a 1629-1639, quan Juan tenia divuit o dinou anys, poguessin ser obra d'aquest darrer. Penso, sobretot, en la prodigiosa cistella de pans del germà Vizcaíno a la tela de Guadalupe de l'any 1639, i que ja és tractat amb la força i intensitat que s'adverteix a les cistelles ja comentades del jove mestre.

Potser mai no es podrà saber amb precisió el volum de la col·laboració de tots dos en aquests anys anteriors a la breu independització de Juan que, casat el 1641, pot ser que comencés aleshores a treballar pel seu compte. El 1644 contractava ja teles religioses per a Carmona i seria en aquestes dates quan aconseguia el seu llenguatge independent, ja que la *Natura morta* de Finlàndia és, com ja hem vist, de l'any 1643.

En aquests anys es reforçava la presència a Espanya d'obres napolitanes que van poder desvetllar-hi el desig d'accentuar els recursos tenebristes. S'ha recordat que el 1647 dues *Fruiteres* de Luca Forte es descriuen en l'inventari de l'Almirante de Castilla. Eren «*un cuadro de cidras, naranjas y flores de mano de Lucas Fuerte*» i «*un cuadro de cestas de uvas y otras [frutas] sin marco, de mano de Lucas Forte*». Es podrien dir, sense aquesta precisió atributiva, obres del nostre artista. En obres semblants va haver de prendre impuls per distanciar-se de la lírica i serena poètica del seu pare, que es va moure, amb tota la seva grandesa, en la línia una mica més arcaica de Van der Hamen i, al lluny, de Sánchez Cotán. I, fins i tot, en els models llombards dels primers anys del segle que, cal no oblidar-ho, també van servir segurament de punt de partida a Caravaggio.

CRONOLOGIA
DE FRANCISCO I JUAN DE ZURBARÁN

Francesc Quílez
amb la col·laboració d'Isidre Estévez

* Apareixen en negreta els fets que corresponen a Catalunya.

FRANCISCO DE ZURBARÁN I JUAN DE ZURBARÁN	ART	CULTURA	HISTÒRIA
1598	1598	1598	1598
Francisco de Zurbarán neix a Fuente de Cantos (Badajoz). Cinquè fill del matrimoni format pel comerciant, d'origen basc, Luis de Zurbarán i Isabel Márquez. 7 de novembre. És batejat a l'església parroquial de Nuestra Señora de la Granada de Fuente de Cantos.	•Neix Gian Lorenzo Bernini. **•El madrileny Francisco López s'encarrega de pintar i daurar el retaule del monestir de Montserrat.** **•Francesc Ribalta s'estableix a València.**	•Félix Lope de Vega, *La Arcadia*.	•Mor Felip II d'Espanya i el succeeix en el tron Felip III. •Pau de Vervins entre França i Espanya. •Edicte de Nantes que posa fi a les guerres de religió a França.

1599

14 de novembre. Acta de confirmació de Francisco de Zurbarán i de la seva germana María a l'església de Nuestra Señora de la Granada de Fuente de Cantos.

ART

• Neixen Anton van Dyck, Francesco Borromini i Diego Velázquez.
• Michelangelo Merisi da Caravaggio realitza la sèrie sobre la vida de sant Mateu a la capella Contarelli de l'església de San Luigi dei Francesi de Roma (1599-1601).
• **Joan Desi contracta el retaule de la Mare de Déu dels Procuradors a la Casa del Consell de Tortosa.**
• **Pere Blai comença a treballar en el projecte de l'església parroquial de Santa Maria de Cornudella de Montsant.**

CULTURA

• Edició de la primera part de *Guzmán de Alfarache*, novel·la picaresca de Mateo Alemán.
• Jacopo Peri compon *Eurídice*, l'òpera més antiga conservada.
• Romano Alberti, *Origine e progresso dell'Accademia del disegno di Roma*.
• Francisco Pacheco, *Libro de descripción de verdaderos retratos, de ilustres y memorables varones*.
• Pedro de Ribadeneyra, *Flos sanctorum o Libro de las vidas de los santos*.
• El cardenal Bernardo Sandoval y Rojas és nomenat arquebisbe de Toledo.

HISTÒRIA

• Matrimoni de Felip III d'Espanya amb Margarida d'Àustria.
• Francisco de Sandoval y Rojas, duc de Lerma, esdevé el privat de Felip III.

1600

ART

• Neixen Juan Rizzi i Claude Lorrain.
• Caravaggio pinta *La crucifixió de sant Pere* i *La conversió de sant Pau* per a la capella Cerasi de l'església de Santa Maria del Popolo de Roma.
• Francisco Pacheco i Alonso Vázquez contracten la realització de la sèrie de pintures per al gran claustre del convent de Nuestra Señora de la Merced Calzada de Sevilla.

CULTURA

• Neix Pedro Calderón de la Barca.
• William Shakespeare, *El somni d'una nit d'estiu*.
• William Shakespeare, *El mercader de Venècia*.
• Giordano Bruno és acusat d'heretgia per la Inquisició romana i condemnat a morir a la foguera.
• William Gilbert dóna a conèixer la seva teoria del magnetisme terrestre a *De magnete magneticisque corporibus et de magno magnete tellure*.
• Cap a aquest any s'inventa a Holanda el telescopi, que es patentarà el 1608.
• Gaspar Gutiérrez de los Ríos, *Noticia general para la estimación de las artes*.

HISTÒRIA

• Fundació a Anglaterra de la Companyia de les Índies Orientals.
• Victòria holandesa sobre Espanya a Nieuwpoort.

1601

ART

• Neix Alonso Cano.
• **Llàtzer Cisterna dissenya la façana de l'església de Sant Feliu, a Girona, realitzada entre 1605 i 1610 per Joan Jausí i Felip Regí.**
• **Pere Blai fa el projecte per a l'església parroquial de Santa Maria d'Igualada, realitzada per Rafael Plansó i, a partir de 1617, per Pau Ginestar.**

CULTURA

• Juan de Mariana escriu la *Historia general de España*.
• Neix Baltasar Gracián.

HISTÒRIA

• Trasllat de la cort espanyola a Valladolid.

	ART	CULTURA	HISTÒRIA

1602

1602 1602 1602

	ART	CULTURA	HISTÒRIA
	•Neix Philippe de Champaigne. •Juan Enríquez de Herrera mana construir la capella de Sant Dídac d'Alcalá a l'església romana de San Giacomo degli Spagnoli. **•Cap a aquest any s'acaben els treballs de la façana del Palau de la Generalitat a Barcelona.**	•Félix Lope de Vega, *Rimas humanas*. •Tomasso Campanella escriu la seva *Città del sole* on exposa una visió utòpica de l'estat, d'influència platònica. •Galileo Galilei descobreix les lleis de la gravetat.	•Fundació a Holanda de la Companyia de les Índies Orientals.

1603

1603 1603 1603

	ART	CULTURA	HISTÒRIA
	•Rubens visita la cort de Felip III a Valladolid i realitza el retrat eqüestre del duc de Lerma. •Intent de creació d'una Acadèmia de pintura a Madrid. •Francisco Pacheco comença la decoració pictòrica dels sostres del palau sevillà dels ducs d'Alcalá, conegut com a Casa de Pilatos. **•Llàtzer Cisterna projecta la realització del claustre del convent del Carme, a Olot, i que va acabar ja ben entrat el segle XVII.** **•Josep Rovira com a arquitecte i Agustí Pujol II com a escultor signen el contracte per al retaule de l'església de Vilanova de Cubelles, avui Vilanova i la Geltrú.** **•Pere Blai fa la visura del teatre Principal o de la Santa Creu de Barcelona.** **•Neix Josep Tremulles.** **•Claudi Perret, Miquel Rubiol i Francesc Robió treballen en el retaule major de l'església de Santa Maria de Cervera.**	•Es funda a Roma l'Accademia dei Lincei, dedicada a les Ciències Naturals. •Cesare Ripa, *Nova Iconologia*. •William Shakespeare, *Hamlet*.	•A la mort d'Isabel I d'Anglaterra la corona passa al fill de Maria, Jaume I d'Anglaterra.

	ART	CULTURA	HISTÒRIA
1604			
	•Annibale Carracci finalitza la decoració pictòrica de la volta de la galeria del Palau Farnese de Roma i comença a treballar a la capella de Sant Dídac d'Alcalá a l'església de San Giacomo degli Spagnoli a Roma. •Juan de las Roelas pinta el retaule major de la Casa Profesa dels jesuïtes de Sevilla. •Juan Sánchez Cotán professa a la cartoixa de Granada.	•Mateo Alemán, *Vida del pícaro Guzmán de Alfarache II*. •Félix Lope de Vega, *El peregrino en su patria*. •Francisco de Quevedo, *La vida del Buscón llamado don Pablos*, primera versió. •Pablo de Céspedes, *Discurso de la comparación de la antigua y moderna pintura y escultura*. •Carel Van Mander, *El llibre de la pintura*.	•Fundació del Consell de l'Índia a Portugal. •Ambrogio Spinola conquesta Ostende. •Tractat de pau entre Jaume I d'Anglaterra i Felip III d'Espanya.
1605			
	•Entre 1605 i 1607 El Greco manté un plet amb l'Hospital de la Caritat d'Illescas, en relació als seus honoraris. •Neix Pedro de Camprobín. •**Comencen els treballs de reedificació de l'antic convent de la Mercè, a Barcelona, que conclouran el 1653.** •**Neix Llàtzer Tremulles el Major.**	•Miguel de Cervantes publica la primera part d'*El ingenioso hidalgo Don Quijote de la Mancha*. •Fra Pedro José de Sigüenza, *Tercera parte de la Historia de la Orden de San Jerónimo*. •Federico Zuccaro, *Lettera a prencipi et signori amatori del disegno, pittura, scutura et architettura...*	•Naixement de Felip IV d'Espanya.
1606			
	•Neixen Rembrandt van Rijn i Laurent de La Hyre. •Caravaggio deixa Roma. •Contracte d'arrendament entre un grup de pintors i el convent dels mínims de la Victòria per tal de disposar d'un espai destinat a les reunions de l'*Academia del Arte de la Pintura del Señor San Lucas*, a Madrid.	•Estrena del *Rei Lear*, de William Shakespeare. •Neix el poeta i dramaturg Pierre Corneille.	•Retorn de la cort espanyola a Madrid.
1607			
	•Carlo Maderno comença la façana de la basílica de Sant Pere del Vaticà. •Constitució a València del Col·legi de pintors.	•Claudio Monteverdi compon l'òpera *Orfeu*. •Federico Zuccaro, *L'idea dei pittori, scultori et architetti*. •J. Nadal, *Imágenes de la Història Evangélica*.	•Naixement de l'infant Carles, fill de Felip III d'Espanya.

44

	ART	CULTURA	HISTÒRIA

1608

1608   1608   1608

ART	CULTURA	HISTÒRIA
•Moren els pintors Pablo de Céspedes, Juan Pantoja de la Cruz, Bartolomé Carducho i els escultors Pompeo Leoni i Jean de Boulogne. •**Els cartoixans demanen a Pau V que Lluís Pascual i Gaudí decori una de les capelles de la basílica romana de Santa Maria la Maggiore.** •**Neixen els escultors Joan Grau i Domènec Rovira el Major.** •**Pere Blai realitza a la catedral de Tarragona el sepulcre de l'arquebisbe Joan Terés, mort el 1603.**	•Federico Zuccaro, *Passagio per l'Italia.*	•Naixement de la infanta Maria, futura reina d'Hongria. •Elecció de l'arxiduc Maties com a rei d'Hongria. •L'elector palatí Frederic IV organitza la Unió Evangèlica, lliga que reuneix els prínceps protestants d'Alemanya.

1609

1609   1609   1609

ART	CULTURA	HISTÒRIA
•Moren Annibale Carracci i Federico Zuccaro. •Vicente Carducho ocupa la plaça de pintor del rei que ocupava el seu germà Bartolomé.	•**Jeroni Pujades**, *Crònica universal del Principat de Catalunya.* •Es publica *Astronomia nova* de Johannes Kepler, on s'exposen les lleis primera i segona del moviment dels planetes. •Galileo Galilei construeix el seu primer telescopi ocular divergent.	•Naixement de l'infant Ferran, fill de Felip III. •Expulsió dels moriscs. •Treva dels Dotze Anys entre Espanya i les Províncies Unides. •Formació de la Lliga Catòlica a Alemanya.

1610

1610   1610   1610

ART	CULTURA	HISTÒRIA
•Mor Michelangelo Merisi da Caravaggio. •Peter Paulus Rubens pinta *L'erecció de la Creu* (catedral d'Anvers). •**Francesc Ribalta és cridat a Barcelona per valorar les pintures contractades pel cartoixà Lluís Pascual i Gaudí per a la capella gran del Palau de la Generalitat.** •**Agustí Pujol, pare i fill, contracten el retaule de Martorell.** •**Josep Malet treballa en el retaule de la Verge del Claustre per a la confraria de la Immaculada de Manresa.**	•Sebastián de Covarrubias Horozco, *Emblemas morales.* •Galileo Galilei publica *Sidereus Nuntius,* on exposa les seves investigacions astronòmiques fetes gràcies al telescopi. •Johann Fabricius descobreix les taques solars i la rotació de l'eix solar.	•Assassinat d'Enric IV de França i regència de Maria de Mèdici. •**Expulsió dels moriscs de Catalunya.**

FRANCISCO DE ZURBARÁN I JUAN DE ZURBARÁN	ART	CULTURA	HISTÒRIA

1611

	ART	CULTURA	HISTÒRIA
	• Velázquez ingresa al taller de Pacheco com a aprenent, segons un contracte signat el mes de desembre de 1610. • Neix Antonio de Pereda. • Juan Martínez Montañés talla el *Sant Jeroni penitent* (Museo de Bellas Artes, Sevilla). • El Greco rep a Toledo la visita de Francisco Pacheco, que en el seu *Arte de la pintura* descriu alguns detalls del viatge.	• William Shakespeare, *La Tempesta*. • Sebastián de Covarrubias Horozco, *Tesoro de la lengua castellana o española*. • Edició de *Dioptrice*, on Johannes Kepler descriu el telescopi astronòmic. • Mor Juan de Ribera, arquebisbe de València.	• Mor de part la reina Margarida d'Àustria, esposa de Felip III. • Gustau II Adolf rei de Suècia.

1612

	ART	CULTURA	HISTÒRIA
	• Juan Bautista Maino contracta amb els monjos dominics de l'església de San Pedro Mártir de Toledo la realització del retaule de les Quatre Pasqües (1612-1614). • Guido Reni pinta *L'Aurora* al Palau Rospigliosi de Roma (1612-1614). **• Francesc, Jaume i Jacint Rubió treballen en el retaule del Roser de l'església parroquial d'Esparreguera.**	• Luis de Góngora escriu *Fábula de Polifemo y Galatea* i la primera *Soledad*. • Félix Lope de Vega comença a escriure *Fuenteovejuna*, que acaba el 1614. • Galileo Galilei, *Carta a Lodovico Cigoli*. • Antonio Neri, *Ars Vetraria*.	• Tractat matrimonial entre Espanya i França: Anna d'Àustria, filla de Felip III, es casarà amb Lluís XIII de França i Isabel de Borbó, filla d'Enric IV de França, amb el príncep Felip, futur Felip IV d'Espanya.

1613

	ART	CULTURA	HISTÒRIA
19 de desembre. Luis de Zurbarán signa un poder notarial pel qual autoritza el sevillà Pedro Delgueta Rebolledo a cercar un mestre de pintura per al seu fill Francisco.	• Josep de Ribera apareix documentat com a membre de l'Accademia romana di San Luca. • Juan Bautista Maino ingressa a l'orde dels dominics. • Neix André Le Nôtre.	• Miguel de Cervantes, *Novelas ejemplares*. • Luis de Góngora, *Las soledades*. • William Shakespeare estrena *Enric VIII*. • Cap a aquest any Francisco de Quevedo comença a escriure *El buscón*.	• Inici de la dinastia Romanov a Rússia.

1614

	ART	CULTURA	HISTÒRIA
15 de gener. Pedro Díaz de Villanueva, pintor d'imatgeria i germà del *tracista* i constructor de retaules Jerónimo Velázquez, accepta fer-se càrrec del jove aprenent Francisco de Zurbarán per un període de tres anys.	• Neixen Francisco Rizzi, Juan Carreño de Miranda i Juan de Arellano. • Mor Doménikos Theotokópoulos, dit El Greco. • Francisco de Herrera el Viejo contracta la realització d'una sèrie de dotze escenes sobre la història de la *Vera Creu*, encarregades per la germandat de la Vera Creu per a la seva capella del convent de San Francisco de Sevilla.	• Félix Lope de Vega, *Peribáñez y el Comendador de Ocaña*.	• Reunió dels estats generals a França, els darrers que es convoquen fins a la Revolució de 1789.

FRANCISCO DE ZURBARÁN I JUAN DE ZURBARÁN	ART	CULTURA	HISTÒRIA

1615

	ART	CULTURA	HISTÒRIA
	•Neix Francisco Camilo. •Giraldo de Merlo i Jorge Manuel Theotokópoulos realitzen el retaule major del monestir de Guadalupe (Càceres). •Juan Ribalta treballa a València en el taller patern i de manera independent.	•Miguel de Cervantes, *Don Quijote II*. •Felipe de Nunes, *Arte poetica, e de la pintura e symetria, com principios de perspectiva*. •Diego López, *Declaración magistral sobre los emblemas de Andrés Alciato*.	•Matrimoni del príncep Felip, futur Felip IV amb Isabel de Borbó i de la infanta Anna d'Àustria amb Lluís XIII de França.

1616

	ART	CULTURA	HISTÒRIA
	•Peter Paulus Rubens realitza el *Judici Final* (Alte Pinakothek, Munic). •Josep de Ribera es trasllada a Nàpols, on contreu matrimoni amb Catalina Azzolini. •Pedro Orrente pinta el *Sant Sebastià* per a la capella dels Covarrubias a la catedral de València. •Alonso Cano ingressa al taller de Pacheco. •Juan de las Roelas es trasllada a Madrid i ocupa la plaça de capellà reial a la cort de Felip III. •Francisco Pacheco realitza el *Sant Sebastià atès per santa Irene* per a l'hospital del sant a Alcalá de Guadaira. •Iñigo Jones comença la construcció de la Queen's House a Londres.	•Mort de Miguel de Cervantes i William Shakespeare. •Es condemnen a Roma les teories de Nicolau Copèrnic i Galileo Galilei.	•Armand Jean Du Plessis, cardenal de Richelieu, és nomenat secretari d'estat a França.

1617

FRANCISCO DE ZURBARÁN	ART	CULTURA	HISTÒRIA
15 de gener. Francisco de Zurbarán finalitza el seu aprenentatge a Sevilla, però no se sotmet a l'examen gremial per a l'obtenció del títol de mestre. Contreu matrimoni a Llerena (Badajoz) amb María Páez.	•Velázquez supera l'examen que el capacita per a exercir com a pintor. •Neix Bartolomé Esteban Murillo. •Juan Gómez de Mora construeix la plaça Mayor de Madrid. •Juan Gómez de Mora i Juan Bautista Crescenzi realitzen el panteó dels reis a El Escorial. •**Cap a aquest any Agustí Pujol II realitza el retaule de la Mare de Déu del Roser de la catedral de Barcelona.** •**Lluís Gaudín pinta les taules del retaule major de l'església parroquial de Sant Martí de Teià.** •**Jaume Galí és designat cònsol del gremi de pintors de Barcelona.**	•El papa Pau V publica la constitució *Sanctissimus* que prohibeix mantenir públicament la tesi dominica de la *Sanctificatio in utero*, segons la qual la Mare de Déu no era exempta del pecat original. •Miguel de Cervantes, *Los trabajos de Persiles y Segismunda*. •**Fra Miquel Agustí, *Llibre dels secrets d'agricultura, casa rústica i pastoril*.** •Joannes Molanus, *De historia sacrorum imaginum et picturarum pro verso earum usu contra abuso*. •Giulio Mancini, *Considerazioni sulla pittura* (1617-1621).	•Tractat de Praga: Felip III d'Espanya renuncia als seus drets sobre Bohèmia en favor de l'arxiduc Ferran d'Estíria. •Prohibició del catolicisme a Suècia.

1618

1618   1618   1618

22 de febrer. Bateig de la primera filla de Francisco de Zurbarán, Maria, a l'església parroquial de Llerena.
12 d'octubre. El Consell Municipal de Llerena fa un pagament de set rals al pintor Francisco de Zurbarán per la realització del dibuix d'una font que s'havia de llaurar a Sevilla.

• Velázquez contreu matrimoni amb Juana, filla de Francisco Pacheco.
• Francisco Pacheco és nomenat visurador d'imatges sagrades del tribunal de la Santa Inquisició sevillana.
• Velázquez pinta *Vella fent ous ferrats* (National Gallery of Scotland, Edimburg) i *Crist a casa de Marta* (National Gallery, Londres).
• Juan Ribalta signa i data el *Sant Jeroni* (Museu Nacional d'Art de Catalunya, Barcelona).
• Gian Lorenzo Bernini realitza l'*Enees i Anquises* (Galleria Borghese, Roma).
• **Cap a aquest any el cartoixà Lluís Pascual i Gaudí i Jaume Galí realitzen les pintures per a la capella gran del Palau de la Generalitat.**

• Juan Martínez de Jáuregui, *Rimas*.
• Vicente Espinel, *La vida del escudero Marcos de Obregón*.
• Mor Bernardo Sandoval y Rojas, arquebisbe de Toledo.

• Caiguda del duc de Lerma, privat de Felip III d'Espanya.
• Ascens de Baltasar de Zúñiga.
• Inici de la Guerra dels Trenta Anys.

48

1619

1619   1619   1619

5 de novembre. El pintor de Fuente de Cantos rep l'import del pagament d'un quadre per a la porta de Nuestra Señora de Villagarcía. Es tracta d'una de les portes de la muralla de la ciutat de Llerena.

• Els pintors sevillans denuncien Francisco de Herrera el Viejo perquè contractava obres i tenia aprenents sense haver-se examinat.
• Velázquez pinta l'*Adoració dels reis* (Museo del Prado, Madrid).
• Iñigo Jones comença la construcció del Banqueting Hall del palau de Whitehall de Londres.
• Neix Charles Le Brun.
• Bernini comença el *David* (Galleria Borghese, Roma).
• **Aquest any són pràcticament acabades les obres d'ampliació del Palau de la Generalitat, iniciades el 1597.**
• **Comencen els treballs de construcció del claustre del convent de Sant Francesc a Barcelona, que seria decorat amb una sèrie de quaranta pintures de Francesc Gassen i Pere Cuquet.**
• **Claudi Perret comença a treballar en el retaule de *Sant Joan* de Perpinyà.**
• **Agustí Pujol II realitza el projecte del retaule de *Sant Vicenç* de Sarrià.**

• Félix Lope de Vega, *Fuenteovejuna* i *La viuda valenciana*.
• Paolo Sarpi, *Istoria del concilio Tridentino*.

• Visita de Felip III a Portugal.
• Felip III decreta l'expulsió de les comunitats gitanes de Castella.

FRANCISCO DE ZURBARÁN I JUAN DE ZURBARÁN	ART	CULTURA	HISTÒRIA

1620

23 de juny. Neix a Llerena el segon fill de Francisco, el també pintor Juan de Zurbarán que és batejat el 19 de juliol a l'església de Santiago.

- Cap a aquest any Francesc Ribalta realitza les pintures per al convent dels caputxins de València.
- Neix Francisco de Solís.
- **Cap a aquest any mor Agustí Pujol I.**

- Francis Bacon, *Novum organum*.
- **El papa permet obrir una universitat a Solsona.**

- Ambrogio Spinola ocupa el Palatinat.
- Ocupació espanyola de la Valtellina.
- Emigració de puritans anglesos a Nova Anglaterra a bord del Mayflower.

1621

- Guercino pinta *L'Aurora* en el sostre del Casino Ludovisi de Roma.
- Gianlorenzo Bernini finalitza el grup *Rapte de Prosèrpina* i comença *Apol·lo i Dafne*.
- **Moren Claudi Perret, escultor proper a la línia d'Ordóñez, l'arquitecte Pere Blai i el pintor cartoixà Lluís Pascual i Gaudí.**
- Juan Ribalta contracta les portes del retaule d'Andilla.
- **L'escultor Pedro Fernández comença a treballar en el retaule major de l'església del Carme de Manresa.**
- **Antoni i Miquel Vidal inicien la realització del retaule de la Verge del Claustre a la seu de Solsona.**

- Mort de Felip III i ascensió al tron de Felip IV.
- Fi de la treva dels Dotze Anys.
- Es dissol la Unió Evangèlica.
- **La noblesa entra al govern de la ciutat de Barcelona.**

1622

25 de febrer. Francisco de Zurbarán contracta amb Cristóbal Navarro, majordom de la confraria de la Mare de Déu de Fuente de Cantos, la realització de la pintura i del daurat d'uns tabernacles per a la Verge de la Confraria.
28 d'agost. Francisco de Zurbarán contracta, conjuntament amb Francisco González Morato, escultor domiciliat a Mèrida, als hereus testamentaris d'Alonso García del Corro, l'execució de quinze misteris del rosari per al retaule de la capella del Roser de l'església parroquial de Fuente de Cantos.

- Velázquez viatja per primera vegada a Madrid on, per encàrrec del seu sogre, Francisco Pacheco, realitza el retrat del poeta Luis de Góngora (Museum of Fine Arts, Boston).
- Neix Juan de Valdés Leal.

- Canonització de santa Teresa de Jesús, sant Ignasi de Loiola i sant Francesc Xavier.
- Neix Jean-Baptiste Poquelin, conegut com a Molière.
Francisco Pacheco, *A los profesores del Arte de la Pintura*.

- Privadesa de Gaspar de Guzmán y Pimentel, comteduc d'Olivares, privat de Felip IV.
- Ambrogio Spinola conquesta Jülich.

1623

13 de juliol. Bateig a Llerena d'Isabel Paula, tercera filla de Francisco de Zurbarán.
7 de setembre. Enterrament a l'església de Santiago de Llerena de María Páez, primera dona del pintor.

• Velázquez es trasllada a Madrid per segona vegada i és nomenat pintor del rei Felip IV.
• **Agustí Pujol II comença a treballar la imatge de la Immaculada per al retaule de Verdú.**
• **Agustí Pujol II treballa en el** *Retaule del Roser* **de l'església parroquial de Sant Esteve a Vilanova del Vallès.**
• **Miquel Vidal culmina la seva intervenció al** *Retaule del Roser* **de Cardona.**

• Francis Bacon, *De dignitate et augmentis scientiarum.*
• Galileo Galilei, *Il saggiatore.*

• Espanya accedeix a abandonar la Valtellina.
• Visita del príncep de Gal·les, futur Carles I d'Anglaterra, a Madrid per demanar la mà de la infanta Maria.
• Dieta de Ratisbona.

1624

Els mercedaris d'Azuaga encarreguen a Francisco de Zurbarán una imatge escultòrica del *Crist a la creu.*

• Mor Luis Tristán.
• Gian Lorenzo Bernini i Francesco Borromini comencen la construcció del baldaquí de la basílica de Sant Pere del Vaticà.

• Claudio Monteverdi escriu *Combattimento di Tancredi e Clorinde.*
• Louis Savot, *Architecture françoise.*

• El comte-duc d'Olivares redacta *El Gran Memorial.*
• Expulsió dels espanyols del Japó.
• El cardenal Richelieu és nomenat cap del consell de França.
• Els holandesos conquesten Bahia, al Brasil.

1625

Francisco de Zurbarán contreu segones núpcies amb Beatriz de Morales.
Març. Realitza una pintura per al retaule de l'església de Montemolín i cobra un total de 440 rals en dos pagaments.

• Francesc Ribalta i el seu taller contracten i realitzen les pintures del retaule major de la cartoixa de Portacoeli de València.
• Francisco Pacheco s'instal·la a la cort, on viurà fins al 1626.
• Mor el pintor Juan de las Roelas.
• Neix Carlo Maratta.
• Nicolas Poussin pinta *Mort de Germànic* (Institute of Arts, Minneapolis).
• **Martí d'Abaria enllesteix la traça de la façana de la seu de Tortosa.**

• Francisco de Praves tradueix el llibre primer de l'*Arquitectura* d'Andrea Palladio.
• Federico Borromeo, *De pittura sacra, libri duo.*

• Victòria espanyola a Breda.
• Les tropes castellanoportugueses recuperen Bahia de Brasil de mans holandeses.
• Atac angloholandès contra Cadis.
• Mort de Jaume I d'Anglaterra i ascensió al tron de Carles I.

1626

1626 1626 1626

17 de gener. Francisco de Zurbarán contracta amb fra Diego de Bordas, prior del convent dominic de San Pablo el Real de Sevilla, la realització de 21 quadres per un preu de 4.000 rals i en un temps de 8 mesos.

- Vicente Carducho comença el cicle de 56 pintures per a la cartoixa del Paular. Hi treballarà fins al 1632.
- El papa Urbà VII atorga a Josep de Ribera l'hàbit de l'orde del Crist de Portugal.
- Orazio Grassi comença la construcció de l'església de San Ignazio a Roma.
- **Neix fra Josep de la Concepció.**
- **Fundació del convent de carmelites de la Mare de Déu de Gràcia. El projecte de l'església, coneguda amb el nom d'Els Josepets, va ser realitzat per fra Josep de la Concepció.**
- **Agustí Pujol II comença a treballar en el retaule major de Reus.**

- Francisco de Quevedo, *Vida del buscón llamado don Pablos*.
- Juan Alonso de Butrón, *Discursos apologéticos en que se defiende la ingenuidad del arte de la pintura*.
- Juan Alonso de Butrón, *Epístola dirigida al Rey suplicando protección para la Academia de los pintores*.
- Arriben a Madrid el cardenal Francesco Barberini i el seu secretari Cassiano del Pozzo.
- Mor Francis Bacon.

- Felip IV declara inaugurada la Unió d'Armes.
- **Les corts catalanes, reunides a Barcelona, es neguen a concedir el quinto, el delme i la Unió d'Armes.**
- Pau de Montsó entre Espanya i França.

1627

1627 1627 1627

Signa i data una *Crucifixió* (Art Institute de Chicago) que es trobava a l'oratori de la sagristia del convent dominic de San Pablo el Real de Sevilla.

- Velázquez guanya el concurs per a la realització d'una pintura sobre l'expulsió dels moriscs. També hi participen Eugenio Cajés, Angelo Nardi i Vicente Carducho.
- Neix Francisco de Herrera el Mozo.
- Mor Juan Sánchez Cotán.
- Francisco de Herrera el Viejo contracta sis pintures sobre la vida de sant Bonaventura per al col·legi franciscà de San Buenaventura de Sevilla.
- Diego Velázquez ocupa el lloc d'uixer de cambra a la cort de Felip IV.
- **Neix l'escultor Andreu Sala.**
- **Arriba, al monestir de Montserrat, el pintor Juan Rizzi que professarà com a monjo l'any 1628.**

- Tirso de Molina, *Comedias*.
- Francisco de Quevedo, *Los Sueños*.
- Mort de Luis de Góngora.
- Pablo Espinosa de los Monteros, *Historia, antigüedades y grandezas de la... ciudad de Sevilla*.

- Aliança franco-espanyola contra Anglaterra.
- Mor el Duc de Màntua, Vicenzo II.

1628

5 de juliol. Els habitants de Llerena intenten recuperar les donacions fetes al rei. Francisco de Zurbarán figura a la relació amb 30 rals. 29 d'agost. Francisco de Zurbarán contracta 22 quadres sobre la història de sant Pere Nolasc, amb fra Juan de Herrera, mestre comanador del convent de Nuestra Señora de la Merced Calzada (Sevilla), per decorar el segon claustre. Es compromet a enllestir-los en un any i per 16.500 rals que cobrarà en tres terminis. D'aquest grup és el *Sant Serapi* (Wadsworth Atheneum, Hartford), signat i datat el 1628.
Francisco Cruz rep 300 rals avançats per al pagament d'una pintura de Francisco de Zurbarán per a l'església de Montemolín.
Entre 1628 i 1629 pinta 4 olis per a l'església del col·legi franciscà de San Buenaventura (Sevilla) que en completen 6 encarregats a Francisco de Herrera el Viejo, el 27 de desembre de 1627 i de la qual només en va fer 4. L'únic signat i datat és *Sant Bonaventura i sant Tomàs d'Aquino* al museu de Berlín i destruït el 1945.

•Moren Francesc Ribalta i el seu fill Juan.
•Diego Velázquez és escollit pintor de cambra del rei Felip IV.
•Segona visita de Peter Paulus Rubens a la cort de Felip IV, on romandrà fins al mes de maig de 1629.
•Gian Lorenzo Bernini comença la tomba d'Urbà VIII a la basílica de Sant Pere del Vaticà.
•Neix Pedro de Mena.
•**El fuster Josep Sayós treballa en la decoració del Saló de Cent de Barcelona, dissenyada per Agustí Pujol II.**
•**Mor a Reus Agustí Pujol II.**

•William Harvey, *Exercitatio anatomica de motu cordis et sanguinis in animalibus.*

•L'almirall holandès Heyn captura la flota espanyola a Matanzas (Cuba).
•El Parlament anglès presenta la *Bill of Rights* davant Carles I.

1629

27 de juny. Rodrigo Suárez proposa, en nom del Consejo de los Veinticuatro, la instal·lació definitiva de Francisco de Zurbarán a Sevilla.
26 de setembre. Rep l'encàrrec d'intervenir en el retaule de sant Josep que el pintor i daurador Pedro Calderón havia concertat amb el convent de la Trinidad Calzada (Sevilla) per 5.390 rals.
Signa i data *Aparició de sant Pere crucificat a sant Pere Nolasc* (Museo del Prado, Madrid) que formava part de la sèrie de Nuestra Señora de la Merced Calzada de Sevilla, iniciada el 1628.

•El mes d'agost Diego Velázquez surt de Barcelona en direcció a Gènova per realitzar el seu primer viatge a Itàlia.
•**Mor Antoni Tremulles I.**

•J. de la Quintana, *A la muy antigua, noble y coronada Villa de Madrid, Historia de su Antigüedad, Nobleza y Grandeza.*
•Francisco Caro de Torres, *Historia de los órdenes militares de Santiago, Calatrava y Alcántara.*
•S'estrena a Madrid *La dama duende* de Pedro Calderón de la Barca.
•Arribada a Nàpols del virrei Fernando Enríquez Afán de Ribera, tercer duc d'Alcalá, que es tranforma en un dels principals clients de Josep de Ribera.

•Naixement del príncep Baltasar Carles, hereu i primogènit de Felip IV i del seu fill natural, Joan Josep d'Àustria.
•Motins a Santarém i Porto contra els espanyols a causa de l'augment dels impostos.
•Els francesos derroten l'exèrcit espanyol a Milà.
•Carles I d'Anglaterra dissol el Parlament anglès i inicia un govern absolutista.

1630

1630

23 de maig. La Corporación de Pintores de Sevilla exigeix la presentació de Francisco de Zurbarán, en tres dies, a l'examen de mestratge.

24 de maig. Francisco de Zurbarán demana al Consejo Municipal de Sevilla el seu suport.

29 de maig. Alonso Cano requereix al Consejo Municipal que Francisco de Zurbarán passi l'examen de mestratge.

29 de maig. Carta de Francisco de Zurbarán a Diego Hurtado de Mendoza, vescomte de Corzana, on es compromet a finalitzar el quadre que aquest li havia encarregat per a la sagristia de San Pablo de Sevilla.

8 de juny. Diego Hurtado de Mendoza, en nom del Consejo Municipal de Sevilla, encarrega a Francisco de Zurbarán una *Immaculada Concepció* per a la Sala Llarga de l'Ajuntament.

La parròquia del poble de Bienvenida sol·licita la intervenció de Francisco de Zurbarán en les pintures per al retaule de l'església. El pintor excusa la seva presència, però s'ofereix a enviar el seu millor oficial i pintar, ell mateix, el rostre del sant Francesc que havia de presidir el retaule.

Signa i data *La presentació de la imatge de la Mare de Déu del Puig al rei Jaume I d'Aragó* (The Cincinnati Art Museum, Cincinnati), obra realitzada per al claustre del convent de Nuestra Señora de la Merced Calzada (Sevilla).

Signa i data per als jesuïtes de Sevilla la pintura de la *Visió del beat Alonso Rodríguez* (Real Academia de Bellas Artes de San Fernando, Madrid).

1630

• Els magistrats del consell d'Hisenda disposen l'exempció d'impostos per als pintors que fagin la venda dels seus propis quadres.

1630

• Tirso de Molina, *El burlador de Sevilla* (primera edició).
• Bartolomé Leonardo de Argensola continua els *Anales de la corona de Aragón*, començats per Jerónimo de Zurita.
• Fra Andrés de Miguel, *Tratado de Arquitectura y otros escritos*.
• Giulio Mancini, *Tratatto della pittura*.

1630

• Pau de Londres entre Espanya i Anglaterra.
• Conquesta holandesa de Pernambuco.
• Gustau II Adolf de Suècia envaeix Alemanya.

53

FRANCISCO DE ZURBARÁN I JUAN DE ZURBARÁN	ART	CULTURA	HISTÒRIA

1631

21 de gener. Francisco de Zurbarán i l'escultor Jerónimo Velázquez, contracten amb fra Alonso Ortiz Sambrano, prior i rector del col·legi de San Tomás de Aquino de l'orde de predicadors de Sevilla la realització d'una gran pintura, l'*Apoteosi de sant Tomàs d'Aquino* (Museo de Bellas Artes, Sevilla), destinada a presidir la capella del col·legi dominic. Francisco de Zurbarán es compromet a fer-lo en cinc mesos i per un preu de 400 ducats.

• Mor Juan Van der Hamen y León.
• Finalitza el primer periple de Velázquez per terres italianes.
• Per encàrrec del duc d'Alcalá, Virrei de Nàpols, Josep de Ribera realitza el retrat de *Magdalena Ventura amb el seu marit i el seu fill* (Museo Fundación Duque de Lerma, Toledo).
• Mor Antonio Rizzi, pare de Francisco i Juan Rizzi.
• Iñigo Jones comença la construcció de la plaça del Covent Garden, a Londres.
• Massimo Stanzione comença la decoració de la capella de Sant Bru per a la cartoixa de San Martino a Nàpols.
• **Neix el pintor cartoixà fra Joaquim Juncosa i Domadel.**

• Galileo Galilei, *Dialogo sopra i due massimi sistemi del mondo, tolemaico e copernicano.*
• Gonzalo de Céspedes y Meneses, *Historia de Felipe IV.*

• Motí de la sal a Biscaia.
• Finalitza la guerra de Màntua.

1632

Francisco de Zurbarán signa i data *La Immaculada Concepció* (Museu Nacional d'Art de Catalunya, Barcelona cat. núm. 1).

• Neixen Jan Vermeer van Delft i Luca Giordano.
• Rembrandt pinta la *Lliçó d'anatomia* (Mauritshuis, la Haia).
• Alonso Carbonell fa el palau del Buen Retiro de Madrid.
• Fins al 1640 Diego Velázquez treballa en la decoració pictòrica del palau del Buen Retiro.
• Anton van Dyck és nomenat pintor de Carles I d'Anglaterra.

• Félix Lope de Vega, *La Dorotea.*
• Neixen John Locke i Baruch Spinoza

• **Catalunya nega el subsidi al comte-duc d'Olivares.**
• Mort de Gustau II Adolf de Suècia a la batalla de Lützen.

1633

Francisco de Zurbarán signa i data l'obra *Natura morta amb panera de taronges* (The Norton Simon Foundation de Pasadena). Signa i data una imatge de *Sant Pere* (Museu Nacional de Arte Antiga, Lisboa) que formava part d'un apostolat probablement provinent del convent lisboeta de Sant Vicenç de Fora.

• Juan Martínez del Mazo contreu matrimoni amb Francisca, la filla gran de Velázquez.
• La sala d'Apel·lació determina la total erradicació de l'impost de l'alcabala.
• Peter Paulus Rubens pinta *El jardí de l'amor* (Museo del Prado, Madrid).
• Pietro da Cortona comença la pintura de la *Glorificació d'Urbà VIII* a la volta del saló principal del palau Barberini de Roma.

• Juan Pérez de Montalbán, *Índice de los ingenios de Madrid*, apèndix a *Para todos, exemplos morales, humanos y divinos.*
• La Inquisició obliga Galileo a retractar-se de la seva defensa del sistema copernicà, prohibit el 1616, i el condemna a reclusió perpètua a casa seva.
• Vicente Carducho, *Diálogos de la pintura, su defensa, origen, esencia, definición, modos y diferencias.*
• Félix Lope de Vega, *Rimas humanas y divinas del licenciado Tomás de Burguillos.*

• Mor la infanta Isabel Clara Eugènia, filla de Felip II.
• El cardenal-infant Ferran d'Àustria nou governador dels Països Baixos.

ART

CULTURA

HISTÒRIA

1634

9 de juny. Jerónimo de Villanueva, protonotari de la Corona d'Aragó, encarrega a Francisco de Zurbarán la realització de dotze quadres dels treballs d'Hèrcules per al saló del palau del Buen Retiro de Madrid.

12 de juny. Signa un rebut per 200 ducats, a compte dels 1.100 que ha de rebre per pintar les obres del Buen Retiro. Rep idèntics pagaments el 9 d'agost i el 6 d'octubre.

13 de novembre. Rep 500 ducats més que completen els 1.100 establerts. El document de liquidació especifica que Francisco de Zurbarán va realitzar 10 quadres dels treballs d'Hèrcules i dos més del Socorro de Cadis. L'única obra conservada amb aquest tema és *Defensa de Cadis contra els anglesos* (Museo del Prado, Madrid).

Signa i data *La rendició de Sevilla* (col·lecció del duc de Westminster, Gran Bretanya), obra per al claustre del convent de Nuestra Señora de la Merced Calzada de Sevilla.

• Mor Jean Valentin de Boulogne.
• Es comença a treballar en el conjunt pictòric per a decorar el saló de Reinos, principal sala de cerimònies del palau del Buen Retiro.
• Juan Martínez del Mazo és nomenat uixer de cambra de Felip IV.
• **Neix Antoni Guerra, el Jove.**
• **Antoni Tremulles II realitza el retaule de Mont-roig.**
• **Miquel Vidal apareix documentat com a mestre del retaule major de la Seu de Solsona.**

• Félix Lope de Vega, *El mejor alcalde, el rey*.
• Richelieu funda l'Acadèmia francesa, reconeguda oficialment per Lluís XIII el 1635.
• Rodrigo Caro, *Antigüedad y Principado de la Ilustrísima Ciudad de Sevilla*.

• La Junta de Ejecución substitueix al Consell d'Estat.
• Victòria hispano-imperial a Nördlingen.

1635

Cap a aquest any Francisco de Zurbarán realitza el retrat signat d'Alonso Verdugo de Albornoz (Staatliche Museen de Berlín), fill d'Alonso Verdugo de la Cueva, un dels 24 membres del Consell Municipal de Sevilla.

• Neix José Antolínez.
• Cap a aquest any Antonio de Pereda pinta *Vanitas* (Kunsthistoriches Museum, Viena).
• El taller de Peter Paulus Rubens realitza un gran conjunt pictòric per a la decoració de la Torre de la Parada.
• Entre 1635 i 1640 Velázquez realitza diverses obres per a la decoració del pavelló de caça de la Torre de la Parada.
• Alonso Cano fa el *Sant Joan evangelista i la seva visió de Jerusalem* per a l'església conventual de Santa Paula(Sevilla).
• Gian Lorenzo Bernini executa el *Bust de Costanza Buonarelli* (Museo Nazionale del Bargello, Florència).
• Juan Gómez de Mora realitza les traces de la remodelació de la desapareguda Torre de la Parada de Madrid.

• Pedro Calderón de la Barca, *La Vida es sueño*.
• Mor Félix Lope de Vega.
• Marin Mersenne determina la velocitat del so.
• Diego de Covarrubias y Leyva, *Elogios al Palacio del Buen Retiro, escritos por algunos ingenios de España*.
• *Ponegírico y descripción del Palacio del Buen Retiro en un romance de cien coplas*.

• Richelieu declara la guerra a Espanya per evitar l'hegemonia dels Habsburg a l'Europa central.

1636

19 d'agost. Valorat en un import de 34.800 rals, Francisco de Zurbarán signa un contracte per a un retaule destinat a l'església de Nuestra Señora de la Granada de Llerena. Per a aquest treball, en el qual també participa l'escultor Jerónimo Velázquez, no cobra cap honorari.
Aquest mateix any signa i data les obres de *Sant Llorenç* (Staatliche Ermitage, Sant Petersburg) i *Sant Antoni Abat* (col·lecció particular), totes dues pintades per a l'església del convent merce-dari descalç de San José de Sevilla i una Immaculada Concepció de col·lecció particular (cat. núm.2).

1636

•Moren Stefano Maderno i Gregorio Fernández.
•Juan Martínez Montañés i Alonso Cano realitzen els retaules menors del convent de Santa Paula de Sevilla.
•**Pere Cuquet contracta el** *Retaule de sant Feliu* **per a l'església de Sant Feliu de Codines.**

1636

•Pierre Corneille, *Le Cid*.
•Juan de Montalbán, *Fama, póstuma a la vida y muerte de fray Lope Félix de Vega Carpio*.

1636

•L'exèrcit espanyol envaeix França.
•L'Emperador Ferran II declara la guerra a França.

1637

20 de febrer. Francisco de Zurbarán és designat expert en la demanda d'estimació dels treballs realitzats pel mestre pintor i daurador, Lázaro de Pantoja a l'església de San Lorenzo de Sevilla.
26 de maig. Signa un con-tracte amb Fernando Gil Moreno, vicari del convent de les clarisses d'Arcos de la Frontera (Cadis), per a la realització d'un retaule per a l'altar major. Cobra la quan-titat de 4.000 rals.
Sèrie de nou pintures per a la sagristia de l'església de San Juan Bautista de Marchena que es conserva al Museo Parroquial. Per l'encàrrec rep la suma de 900 rals.
7 de novembre. Al costat d'Alonso Cano i l'escultor Francisco de Arce, Francisco de Zurbarán avala l'escultor d'origen flamenc, José de Arce, a qui li havien estat encomanades, el 31 d'octubre de 1637 i per un import de 3.000 ducats, les escultures del retaule major de l'esglé-sia de la cartoixa de Nuestra Señora de la Defensión de Jerez de la Frontera.

1637

•Peter Paulus Rubens comença a pintar obres ins-pirades en *Les Metamorfosis* d'Ovidi per a la Torre de la Parada.
•José de Arce realitza el retaule major de la cartoixa de Nuestra Señora de la Defensión de Jerez de la Frontera (Cadis).
•**Jacint Massachs contracta la fàbrica del retaule de** *Sant Cosme i sant Damià* **per a l'església del Carme a Manresa.**
•**El mestre d'obres Jaume Granger comença els treballs del claustre del convent de la Mercè de Barcelona.**
•**El pintor fra Agustí Leonardo comença a treba-llar en la decoració del con-vent de la Mercè.**

1637

•Baltasar Gracián, *El héroe*.
•René Descartes, *Discurs del mètode*.
•Mor el tercer duc d'Alcalá, Fernando Enríquez Afán de Ribera, destacat col·leccionista i client del pintor Ribera.
•Franciscus Junius, *De pictu-ra Veterum libri tres*.

1637

•Motí d'Évora a Portugal.
•**Pragmàtica** *Princeps namque* **per la qual Felip IV imposa la mobilització de la noblesa catalana.**
•Tractat de Milà: Espanya renuncia al pas per la Valtellina.
•Conquesta holandesa de Breda.

1638

1638   1638   1638

5 de març. Matrimoni de María, filla de Francisco de Zurbarán, amb José Gassó a la parròquia del Sagrario de Sevilla.

Signa i data l'obra *Crist beneint* (Museo del Prado, Madrid) i per a l'església de San Román de Sevilla, la imatge de *Sant Romà i sant Barulas* (Art Institute de Chicago), aquesta darrera només datada.

10 d'abril. Fracisco de Zurbarán atorga un poder a Antonio de Velasco, habitant de Lima, per a cobrar els deutes pendents.

17 de juliol. Pagament a Francisco de Zurbarán de 914 rals per la participació en la decoració del vaixell "El Santo Rey Don Fernando" que la municipalitat de Sevilla regala a Felip IV.

27 d'agost. Juan Fernández de Espinosa, visitador general de religioses de l'arquebisbat, efectua un pagament de 422 rals al pintor Francisco de Zurbarán, a part dels 7.000 convinguts per la realització del retaule del convent de l'Encarnación d'Arcos de la Frontera.

Entre 1638 i 1639 realitza les pintures per al retaule major de la cartoixa de Nuestra Señora de la Defensión de Jerez. Una de les pintures, *L'Adoració dels pastors*, la signa i data el 1638 i una segona, *La Circumcisió*, el 1639. Totes dues obres es conserven al Musée de Grenoble.

• Mor Vicente Carducho.
• Alonso Cano es traslllada a Madrid, on és cridat pel comte-duc d'Olivares per a treballar com a pintor i ajudant de cambra.
• Josep de Ribera contracta diverses obres per al monestir de la gran cartoixa de San Martino de Nàpols. Un encàrrec que s'estendrà fins a l'any 1651, a causa de la malaltia del pintor.
• Anton van Dyck pinta *El rei Carles I d'Anglaterra de caça* (Musée du Louvre, París).
• Francesco Borromini comença la construcció de San Carlo alle Quattro Fontane a Roma.
• Cap a aquest any s'edifica la sagristia del monestir de Guadalupe (Càceres).
• **Neix Francesc Grau, fill de Joan Grau.**
• **Els valencians Eloi Camanyes i Agustí Roda realitzen el Gran Tron i Custòdia de la catedral de Tortosa.**

• Fra Hortensio Félix de Paravicino y Aliaga, *Oraciones evangélicas o discursos panegíricos y morales*.
• Galileo Galilei, *Discorsi e dimostrazione matematiche intorno a due nuove scienze*.

• Victòria espanyola sobre França a Fuenterrabía.
• **Pau Claris és nomenat president de la Generalitat de Catalunya.**
• Forces espanyoles i portugueses s'enfronten als holandesos al Brasil.
• Escòcia defensa les seves llibertats religioses en el Covenant de 1638.

1639

18 de febrer. Fra Juan de San José, procurador principal del monestir de Nuestra Señora de Guadalupe, atorga un poder a fra Felipe de Alcalá, vicari del convent de San Jerónimo de Buenavista de Sevilla, pel qual encarrega a Francisco de Zurbarán unes pintures per al monestir de Guadalupe.

2 de març. Signa un contracte amb fra Felipe de Alcalá per a la realització de set quadres per a la sagristia del monestir jerònim de Guadalupe. El contracte estableix una quantitat de 7.350 rals per la totalitat de l'encàrrec. Un dels vuit quadres conservats la *Missa de fra Pedro de Cabañuelas*, del 1638 es considera com la pintura de prova.

28 de maig. A l'església de la Magdalena de Sevilla és enterrada Beatriz de Morales, segona muller del pintor.

8 d'octubre. Francisco de Zurbarán escriu al marquès de las Torres, superintendent dels palaus reials, confirmant-li l'enviament d'onze obrers dauradors provinents de Sevilla.

Signa i data les pintures del *Sant Francesc d'Assís* (National Gallery, Londres) i el *Sopar d'Emaús* (Museo San Carlos, Mèxic).

Juan de Zurbarán pinta *Plat de raïm* (col·lecció particular cat. núm. 20).

•Decoració pictòrica del saló Dorado o de Las Comedias del palau de l'Alcázar.

•Francisco de Herrera el Viejo pinta la *Visió de sant Basili* per al col·legi del sant a Sevilla (Museo de Bellas Artes, Sevilla).

•Pedro Orrente pinta el *Martiri de sant Jaume el Menor* (Museu de Belles Arts, València).

•**Josep i Llàtzer Tremulles es fan càrrec del retaule de l'església parroquial de Valls, que havia estat iniciat per Agustí Pujol, pare i fill, i per Onofre Fuster.**

•**Antoni Tremulles II contracta el retaule major de l'església de Sant Joan, a Valls, associat amb els seus fills Josep i Llàtzer.**

• Giovanni Baglione, *Le nove chiese di Roma*.

•Els francesos capturen Salses.

•El cardenal Richelieu funda la Companyia de les Illes Americanes.

FRANCISCO DE ZURBARÁN
I JUAN DE ZURBARÁN

ART

CULTURA

HISTÒRIA

59

CRONOLOGIA

1640

Març. Francisco de Zurbarán interposa un plet contra el capità Diego de Mirafuentes per incompliment del compromís de venda d'un carregament de quadres realitzat l'any 1636 i amb destinació a Portobello. En el plet declaren, entre d'altres, José Durán, Diego Muñoz Naranjo, Alonso de Flores i Ignacio de Ries, antics ajudants del pintor.

12 de juliol. Francisco de Zurbarán concedeix un poder global a Antonio de Arguijo que se'n va cap a Lima, perquè intenti cobrar tot el que pugui de les obres que l'any 1636 havia traslladat Diego de Mirafuentes al Perú.

Francisco de Zurbarán realitza l'obra datada *Crist a la creu amb donant* (Museo del Prado, Madrid).

Juan de Zurbarán realitza *Natura morta amb servei de xocolata* (Kieskij Musej, Kíev cat. núm. 22).

1640

• Alonso Cano i Diego Velázquez realitzen un viatge per Castella a la recerca d'obres per al palau del Buen Retiro.
• Mor Peter Paulus Rubens.
• **Cap a aquest any mor l'escultor Antoni Tremulles II.**

1640

• Diego de Saavedra Faajardo, *Idea de un príncipe político christiano, representada en cien empresas.*
• Cornelis Jansen escriu *Agustinus*, denunciada pels teòlegs jesuïtes i condemnada per Urbà VIII el 1642.

1640

• **Revolta de Catalunya.**
• **Corpus de Sang a Barcelona: els segadors maten el virrei de Catalunya Dalmau de Queralt, marquès de Santa Coloma.**
• Els diputats catalans presenten una demanda de protecció militar a Lluís XIII de França per defensar-se de l'exèrcit de Felip IV.
• Separació de Portugal.
• Pèrdua definitiva de Pernambuco.
• Enfrontament entre el Parlament i Carles I d'Anglaterra.
• El duc de Braganza és proclamat rei de Portugal amb el nom de Joan IV.
• Sublevació d'Escòcia.

1641

4 de maig. Francisco de Zurbarán atorga poder al seu associat, Jerónimo Velázquez, perquè cobri de l'església parroquial de Llerena la quantitat de 17.325 rals, per l'execució del retaule major de l'església.

18 d'agost. El seu fill i ajudant, Juan de Zurbarán, contreu matrimoni amb Mariana de Quadros, filla d'un procurador de la reial audiència de Sevilla, a la parròquia de Santa Cruz de Sevilla.

1641

• Mor Anton Van Dyck.
• **Neix l'escultor Antoni Riera.**

1641

• Luis Vélez de Guevara, *El diablo cojuelo.*
• René Descartes, *Meditationes de prima philosophia.*
• Félix Lope de Vega, edició pòstuma de *Peribáñez y el comendador de Ocaña.*

1641

• **Lluís XIII de França és proclamat comte de Barcelona.**
• **Les tropes francocatalanes derroten l'exèrcit castellà a la batalla de Montjuïc.**
• **Mor Pau Claris.**
• El Parlament Llarg s'oposa a Carles I d'Anglaterra i executa el comte d'Strafford, principal conseller del rei.
• Sublevació d'Irlanda contra Anglaterra.

1642

1642 1642 1642

10 de febrer. Paula de
Zurbarán emprèn una acció
jurídica contra el seu pare
per haver venut el 1640,
sense el seu consentiment,
les cases principals de
Morales a la localitat de
Llerena.
11 de juliol. Pagament al pin-
tor d'una quantitat de 1.000
rals per les pintures de l'es-
glésia del monestir de Santa
Paula de Sevilla.
20 de setembre. Bateig de
Francisco Máximo, primer
fill de Juan de Zurbarán i
primer nét del pintor
Francisco de Zurbarán.
Juan de Zurbarán dedica un
sonet a Juan de Esquivel
Navarro, publicat a Sevilla en
el llibre *Discursos sobre el arte
del danzado* escrit per
Esquivel.

• Neix Claudio Coello.
• Mor Guido Reni.
• Francesco Borromini
comença la construcció de
Sant'Ivo della Sapienza de
Roma.
• Rembrandt pinta *La ronda
de nit* (Rijksmuseum,
Amsterdam).
• **Joan Grau contracta el**
Retaule del Roser **per a l'esglé-
sia de Sant Pere Màrtir de
Manresa.**

• Blaise Pascal inventa una
màquina aritmètica per
calcular.
• Thomas Hobbes comença
Elementa philosophiae.
• Pedro Calderón de la Barca,
El alcalde de Zalamea.
• Giovanni Baglione, *Le vite
de' pittori, scultori ed architetti*.
• Carlo Ridolfi, *Vita del
Tintoretto*.
• **José Pellicer de Tovar,** *Idea
del Principado de Cataluña.
Recopilación de sus monumen-
tos antiguos y modernos y exa-
men de sus privilegios. Primera
parte.*
• Neix Isaac Newton.
• Baltasar Gracián, *Arte de
ingenio*.

• **Les tropes franceses con-
questen el Rosselló i la
Cerdanya.**
• **Tropes de Felip IV posen
setge a la ciutat de Lleida.**
• Mort de Richelieu.
• Inici de la guerra civil
anglesa.

1643

1643 1643 1643

Pagament a Francisco de
Zurbarán de 449 rals per les
pintures realitzades per a la
sagristia del monestir de
Guadalupe.
Juan de Zurbarán pinta
*Natura morta amb cistella
de fruita i card* (The Gösta
Serlachius Fine Arts
Foundation, Mänttä
[Finlàndia] cat. núm. 23).

• Velázquez és nomenat
ajudant de cambra del rei
Felip IV i superintendent
d'obres particulars.
• Giovanni Lanfranco
comença la decoració pictòri-
ca de la cúpula de la capella
del Tresor de la catedral de
Nàpols.
• **L'escultor Llàtzer Tramulles
es trasllada a Perpinyà, on
realitza el** *Retaule del Roser* **a
l'església de Sant Jaume.**
• **Josep Tremulles comença a
treballar en el retaule de l'es-
glésia parroquial de Santa
Maria a Vilanova i la Geltrú.**

• Evangelista Torricelli mesu-
ra la pressió atmosfèrica.
• Franzini, *Roma antica e
moderna*.

• Caiguda del comte-duc
d'Olivares i nomenament de
Luis Méndez de Haro y
Guzmán com a darrer privat
de Felip IV.
• Mort de Lluís XIII de
França i regència d'Anna
d'Àustria i del cardenal
Mazarino.
• **Els francesos conquesten la
ciutat de Lleida.**

ART

CULTURA

HISTÒRIA

1644

29 de gener. Juan de Zurbarán testifica en l'expedient matrimonial del tercer matrimoni del seu pare amb Leonor de Tordera. Afirma que resideix a la parròquia sevillana de Santa Cruz i que exerceix l'ofici de pintor.
30 de gener. Bateig d'Antonia segona filla del pintor Juan de Zurbarán.
7 de febrer. Francisco de Zurbarán contreu matrimoni, per tercera vegada, amb Leonor de Tordera.
Realitza el retaule datat de la capella de Nuestra Señora de los Remedios per a la col·legiata de Zafra.
2 d'abril. Juan de Zurbarán realitza dues pintures que representen els miracles de sant Domènec per a la confraria del Rosario de Carmona.

- Mor Francisco Pacheco.
- Mor assassinada la dona d'Alonso Cano. L'artista és considerat un dels principals sospitosos.

- René Descartes, *Principia philosophiae.*

- **Felip IV recupera Lleida i presta jurament solemne a Montsó i Lleida de respectar els furs i les lleis de Catalunya.**
- Mort d'Isabel de Borbó, primera esposa de Felip IV.
- Joan IV de Portugal derrota els espanyols a Montijo.
- Derrota de Carles I d'Anglaterra davant els parlamentaris a la batalla de Marston Moor.

1645

Entre 1645 i 1655 Francisco de Zurbarán bateja un total de sis fills, dels quals únicament sobreviu María, nascuda el 1650 i coneguda en els documents com a Manuela per a no confondre-la amb la seva germanastra més gran.
Pagament a Francisco de Zurbarán de 2.960 rals per un quadre de sant Miquel per al monestir de Nuestra Señora de Guadalupe.

- Mor Pedro Orrente.
- Cap a aquest any Bartolomé Esteban Murillo realitza el seu primer gran encàrrec: la sèrie d'onze quadres per al convent de San Francisco el Grande de Sevilla.
- Alonso Cano comença a treballar en el *Retaule de la Mare de Déu de la Pau* i en el *Retaule del Nen Jesús* de l'església de la Magdalena de Getafe (Madrid).
- Entre 1645 i 1648 Diego Velázquez supervisa la decoració de la peça Ochavada del palau de l'Alcázar.
- Gian Lorenzo Bernini inicia el grup de *L'Èxtasi de santa Teresa* per a la capella Cornaro de l'església de Santa Maria della Vittoria de Roma.
- François Mansart comença l'església del convent de Val-de-Grâce de París.
- **Josep Tremulles comença a treballar en el retaule de la parròquia de la** *Mare de Déu de l'Alegria,* **a Tiana.**
- **El taller dels Tremulles treballa en el** *Retaule del Roser* **de Tiana.**

- Mor Francisco de Quevedo.
- Cap a aquest any Pedro Calderón de la Barca escriu *El gran teatro del mundo.*
- Vicencio Juan de Lastanosa, *Museo de medallas desconocidas españolas.*
- Abraham Bosse, Traicté des manières de graver en taille-douce.

- Mort del comte-duc d'Olivares.
- L'exèrcit comandat per Oliver Cromwell venç el de Carles I d'Anglaterra a la batalla de Naseby.

FRANCISCO DE ZURBARÁN I JUAN DE ZURBARÁN	ART	CULTURA	HISTÒRIA

62

1646

22 de gener. Francisco de Zurbarán reconeix haver rebut un import total de 17.050 rals per daurar i pintar el retaule de Nuestra Señora de la Granada de Llerena.
Pagament de 662 rals a Francisco de Zurbarán per un quadre d'àngels destinat a Nuestra Señora de Guadalupe.

ART:
• Antonio Arias realitza l'obra *La moneda del Cèsar.* (Museo del Prado, Madrid)

CULTURA:
•**Alexandre de Ros**, *Cataluña desengañada.*
• *Vida de Estebanillo González.*
• Simon Guillain dibuixa i grava la *Vita di San Diego dipinta nella capella di S. Giacomo de´spagnuoli in Roma da Annibale Carracci*, Roma, 1646.
• Carlo Ridolfi, *Vita di Paolo Veronese.*
• Neix Gottfried Wilhelm Leibniz.

HISTÒRIA:
•Mort del príncep Baltasar Carles, hereu i primogènit de Felip IV.
•Revolta a Navarra.
•Derrota espanyola a Dunkerque.
•Empresonament de Carles I d'Anglaterra.

1647

22 de maig. Francisco de Zurbarán signa un document a Juan de Valverde, pel qual accepta l'encàrrec de realitzar unes pintures per a l'església del convent de l'Encarnación de la Ciudad de los Reyes (Lima). Juan de Valverde lliura 16.000 rals al pintor.
25 de maig. Francisco de Zurbarán signa un rebut a Luis López de Chabura pel cobrament de 8.000 rals per l'import d'unes pintures venudes a Lima.
13 de setembre. Extracte de comptes de la parròquia de Nuestra Señora de la Granada de Llerena fent referència al pagament de 17.050 rals a Francisco de Zurbarán per la realització del retaule de l'església.
23 de setembre. Francisco de Zurbarán dóna un poder a Antonio de Alarcón, veí de Lima, pel cobrament de dotze cèsars a cavall que va lliurar al capità Andrés Martínez per a ser venuts a Lima.
23 de setembre. Francisco de Zurbarán signa un rebut al capità Juan de Valverde per 2.400 rals a compte de la comanda del 22 de maig de 1647. El 3 de novembre signa un rebut a Valverde per 1.600 rals.

ART:
•**L'escultor Josep Tremulles contracta el retaule de Santes Creus.**
•**Jaume Granger i els escultors Josep Ratés i Pere Serra inicien els treballs de la porta d'ingrés al Saló de Cent.**

CULTURA:
•S'estableix a Oxford la Royal Society amb l'objectiu de fomentar les ciències exactes, físiques i naturals.
• J.F.A. de Uztarroz, *Descripción de las antigüedades y jardines de Don Vicencio Juan de Lastanosa.*

HISTÒRIA:
•Gran epidèmia de pesta que es propaga des de València fins a Andalusia i que origina una notable pèrdua de població.
•Insurreccions a Nàpols i Sicília contra el domini espanyol.
•Oliver Cromwell ocupa Londres.

FRANCISCO DE ZURBARÁN I JUAN DE ZURBARÁN	ART	CULTURA	HISTÒRIA
1648	1648	1648	1648
4 de febrer. Petició de Francisco de Zurbarán als administradors dels Reales Alcázares de Sevilla per allargar, després de la seva mort, l'usdefruit de la casa llogada l'any 1645, en benefici dels seus hereus. 3 de desembre. Francisco de Zurbarán cobra 1.152 rals de Lorenzo de Cárdenas, comte de la Puebla de Maestre, per uns quadres realitzats i venuts en una època anterior. El comte era governador reial de Sevilla.	•Segon viatge de Velázquez a Itàlia amb la missió de comprar pintures i escultures per a la decoració de l'Alcázar. •Ribera pinta el *Retrat de Joan Josep d'Àustria* (Palacio Real, Madrid). •Es funda a París l'Acadèmia Reial de Pintura i Escultura. •Gian Lorenzo Bernini comença la font dels Quatre Rius a la plaça Navona de Roma. •Cap a aquest any Eustache Le Sueur realitza diverses històries de la vida de sant Bru (Musée du Louvre, París).	•Baltasar Gracián, *Agudeza y arte de ingenio*. •Mor Francisco de Rojas Zorrilla. •Carlo Ridolfi, *Le meraviglie dell'arte, overo le vite degl'illustri pittori veneti è dello stato*.	•Tractat de Münster entre Holanda i Espanya. •Inici de la Fronda a França. •Pau de Westfàlia que posa fi a la Guerra dels Trenta Anys. •Mort de Cristian IV de Dinamarca.
1649	1649	1649	1649
28 de febrer. Felipe de Atienza i Álvaro Gómez de Santa María, corresponsals de Francisco de Zurbarán a Buenos Aires, signen un rebut al capità Jorge de Castro que fa referència a les obres enviades i venudes per l'artista. Es tracta de 15 Verges màrtirs, 15 reis i homes cèlebres, 24 sants i patriarques i 9 paisatges holandesos. 8 de juny. Mort de Juan de Zurbarán.	•Moren els pintors Juan Bautista Maino i Simon Vouet i l'escultor Juan Martínez Montañés. •Diego Velázquez arriba a Roma el mes d'abril i roman a la ciutat fins al 1651. •Alonso Carbonell realitza les traces de l'altar, portalada i escala del Panteón de los Reyes del monestir de San Lorenzo el Real d'El Escorial.	•Mor Tirso de Molina. •Francisco Pacheco, *Arte de la pintura, su antigüedad y grandezas*. •Abraham Bosse, *Sentiments sur la distinction des diverses manières de peinture, dessein et gravure*.	•Matrimoni de Felip IV amb Marianna d'Àustria, filla de l'emperador Ferran III. •Execució de Carles I d'Anglaterra, a la torre de Londres. •Proclamació de la República i govern de Cromwell.
1650	1650	1650	1650
28 de març. Pablo Guisarte, administrador d'impostos de la vila d'Alcalá de Guadaira, realitza un pagament de 600 rals a Francisco de Zurbarán, per uns retrats dels fills del marquès de Villanueva del Río. Signa i data una *Anunciació* (Philadelphia Museum of Art) per a Gaspar de Bracamonte, comte de Peñaranda.	•El secretari d'estat pontifici escriu des de Roma al nunci a Madrid, i li dóna instruccions per tal que doni suport a les pretensions de Diego Velázquez de ser nomenat cavaller. •Louis Le Vau comença els treballs destinats a completar la Cour Carrée del Louvre, segons les directrius de Jacques Lemercier. •Nicolas Poussin pinta *Pastors de l'Arcàdia* (Musée du Louvre, París). •**S'inicia la construcció de la Casa Dalmases a Barcelona, que acabarà el 1700.** •**El Llibre de Deliberacions del Consell de 66 jurats de Barcelona recull, d'una banda, la separació de les feines del daurador i estofador i, d'altra banda, les del pintor de taules, teles i cuir.**	•Estrena de *Del rey abajo, ninguno*, de Francisco de Rojas. •**Francesc Fontanella escriu** *Lo desengany*. •Roland Fréart de Chambray, *Parallèle de l'architecture antique avec la moderne*. •Mor René Descartes.	•Felip IV dóna suport a la Fronda francesa. •Coronació de la reina Cristina de Suècia.

FRANCISCO DE ZURBARÁN I JUAN DE ZURBARÁN	ART	CULTURA	HISTÒRIA

1651

30 de juny. Jerónimo de Tordera declara que el seu gendre Francisco de Zurbarán és absent de la ciutat de Sevilla.

- Alonso Cano és nomenat prebendat de la catedral de Granada.
- Velázquez finalitza el seu segon viatge a Itàlia.
- Francisco Camilo pinta *Ascensió de Crist* (Museu Nacional d'Art de Catalunya, Barcelona).

- Baltasar Gracián, *El Criticón I*.
- Thomas Hobbes, *Leviathan*.

- Neix la infanta Margarida, filla de Felip IV i Marianna d'Àustria.
- Carles II és coronat com a rei d'Anglaterra però la seva derrota davant Cromwell a Worcester el porta a l'exili.
- Cromwell estableix l'Acta de Navegació anglesa.
- Exili de Mazarino vençut per la Fronda.

1652

4 de gener. Tot i ser declarat absent de la ciutat, Francisco de Zurbarán és nomenat germà de la confraria de la Santa Caridad de Sevilla.
24 de març. De tornada a Sevilla, Francisco de Zurbarán participa a la processó del diumenge de Rams.

- Alonso Cano és nomenat canonge de la catedral de Granada i comença les seves intervencions a la mateixa catedral.
- Diego Velázquez és nomenat «*aposentador de palacio*».
- Bartolomé Esteban Murillo realitza la *Immaculada Concepció amb fra Juan de Quirós* (Museu de Bellas Artes, Sevilla), per a la capella de San Francisco el Grande de la germandat de la Vera Creu de Sevilla. Es tracta de la seva primera interpretació del tema.
- Moren els pintors Josep de Ribera i Georges de la Tour.

- Gian Domenico Ottonelli i Pietro da Cortona, *Tratatto della pittura e scultura, uso et abuso loro*.

- **Capitulació de Barcelona i acabament de la Guerra dels Segadors.**
- Reconquesta de Dunkerque i de Casale per les tropes hispanes.

1653

Francisco de Zurbarán signa i data el *Crist amb la Creu* de la catedral d'Orleans.

- Francisco Rizzi és nomenat mestre pintor de la catedral de Toledo, càrrec que ocuparà fins al 1685.
- Ignacio de Ríes pinta *l'Arbre de la Vida* per a la capella del capità Pedro de Contreras a la catedral de Segòvia.

- Baltasar Gracián, *El Criticón II*.
- El papa Innocenci X condemna la doctrina del jansenisme.

- Cromwell dissol el Parlament anglès i estableix el Protectorat.
- Retorn de Mazarino al poder.
- Acabament de la Fronda.
- **La Generalitat de Catalunya reconeix Felip IV i aquest confirma els furs catalans.**

FRANCISCO DE ZURBARÁN
I JUAN DE ZURBARÁN

ART

CULTURA

HISTÒRIA

65

CRONOLOGIA

1654

•Entre 1654 i 1656 Velázquez s'encarrega de supervisar les obres de millora realitzades a El Escorial.
•Francisco de Herrera el Mozo contracta la realització de l'altar major dels carmelites descalços de San Hermenegildo a Madrid. L'obra central és *El triomf de san Hermenegildo* (Museo del Prado, Madrid).
•Mor Francisco de Herrera el Viejo.
•**Pere Cuquet signa el contracte per a realitzar sis escenes del** *Retaule del Carme* **de Manresa.**

•Fra Juan Rizzi, *Tratado de la pintura sabia* (1654-1662).

•Abdicació de Cristina de Suècia en favor de Carles Gustau X de Suècia.

1655

En un protocol de l'any 1749 redactat pel pare cartoixà José María Rincón s'afirma que el 1655, sota el priorat del pare Blas Domínguez, es va fer venir el pintor Zurbarán perquè realitzés el conjunt pictòric de la cartoixa sevillana de Las Cuevas. Signa i data l'obra *Crist a la creu amb la Mare de Déu, la Magdalena i sant Joan al peu*, de col·lecció particular (cat. núm. 5).

•Mor Eustache Le Sueur.
•Francisco de Herrera el Mozo pinta *Al·legoria de l'Eucaristia* per a la nova sala capitular de la catedral de Sevilla.
•Neix el pintor i tractadista d'art Acisclo Antonio Palomino.
•**Llàtzer Tremulles realitza el projecte per al retaule del convent de Sant Francesc a Perpinyà.**
•**S'inicia la construcció de la Casa de la Convalescència de l'antic Hospital de la Santa Creu de Barcelona, tot i que la primera pedra s'havia col·locat el 1629.**

•Thomas Corneille, *Timòcrates*.
•Antoine de Brunel, *Voyage d'Espagne curieux, historique et politique*.
• C.A. Cabrera, *Iuzio de artes y sciencias*.

•Els anglesos s'apoderen de Jamaica.

1656

Francisco de Zurbarán signa i data *la Immaculada Concepció* (col·lecció Arango, cat. núm. 3. Madrid).

•Francisco Rizzi obté el títol de pintor del rei. N'és el primer ocupant des de la mort de Vicente Carducho, divuit anys abans.
•Bartolomé Esteban Murillo realitza per a la catedral de Sevilla la *Visió de sant Antoni de Pàdua*.
•Louis Le Vau i André Le Nôtre projecten els jardins i el castell de Vaux-le-Vicomte, prop de Melun (França).
•Gian Lorenzo Bernini comença la realització de la plaça de Sant Pere del Vaticà.
•**Mor Llàtzer Tremulles el Major.**

•Cap a aquest any el matemàtic, astrònom i físic Christiaan Huygens escriu el primer tractat sobre càlcul de probabilitats.
•Lázaro Díaz del Valle, *Origen yllustración del nobilísimo y real arte de la pintura y dibuxo con un epílogo y nomenclatura de sus más yllustres más insignes y más afamados professores (...)*.

•Mazarino comença les converses de pau amb Espanya.
•Carles Gustau X de Suècia i l'elector Frederic Guillem de Brandemburg envaeixen Polònia.

FRANCISCO DE ZURBARÁN I JUAN DE ZURBARÁN	ART	CULTURA	HISTÒRIA
1657			
15 d'octubre. Francisco de Zurbarán signa com a testimoni del codicil del testament del mestre apotecari, Diego López Bastas.	• Juan de Valdés Leal realitza el grup de pintures per al convent jeroni de la Buena Vista de Sevilla. • Alonso Cano torna a la cort madrilenya, on residirà fins al 1660. • Francisco de Herrera el Mozo pinta l'*Apoteosi de sant Francesc* per a l'altar de la catedral de Sevilla. • Gian Lorenzo Bernini comença la construcció de Sant'Andrea al Quirinale de Roma i la Càtedra de sant Pere per a la basílica de Sant Pere del Vaticà. **• Cap a aquest any Domènec Rovira comença a treballar en el retaule major de l'església conventual benedictina de Sant Feliu de Guíxols.**	• Baltasar Gracián, *El Criticón III*. • Francisco de los Santos, *Descripción del Monasterio del Escorial*.	• Robert Blake ataca la flota espanyola refugida a Santa Cruz de Tenerife. • Polònia renuncia a la seva sobirania sobre Prusia.
1658			
Es trasllada a Madrid a la darreria del mes de maig. 23 de desembre. Testifica en favor del seu amic Diego de Silva Velázquez perquè aconsegueixi l'ingrés a l'orde de Santiago. Signa i data *La Verge, el Nen Jesús i sant Joan* (Fine Arts Gallery, San Diego) i *La Verge de la Humilitat* (Museo Nacional de Escultura, Valladolid). Francisco de Zurbarán participa en la realització del cicle pictòric de la capella de Sant Dídac d'Alcalá, iniciat per Alonso Cano, per al convent franciscà de Santa María de Jesús a Alcalá de Henares. Cap a aquest any Zurbarán realitza dues obres signades, *Sant Bonaventura rebent la visita de sant Tomàs d'Aquino* (Basílica de San Francisco el Grande, Madrid) i *Sant Jaume de la Marca* (Museo del Prado, Madrid). Lletra autògrafa de Francisco de Zurbarán a Bartolomé Esteban Murillo trobada al revers d'un dibuix d'una *Immaculada Concepció* realitzat per Murillo, on li comunica l'enviament d'una suma de diners (1658-1664).	• Alonso Cano és ordenat capellà a Salamanca. • Alonso Cano, Bartolomé Esteban Murillo i Juan Carreño testifiquen en les proves de concessió de l'hàbit de cavaller de Santiago a Diego Velázquez. • Felip IV proposa el nom de Diego Velázquez com a cavaller de l'Orde de Santiago. • Arriben a Madrid els decoradors italians Angelo Colonna i Agostino Mitelli per a treballar en la decoració dels sostres del palau de l'Alcázar. **• Andreu Sala és documentat a Barcelona com a aprenent al taller de Francesc Santacruz.**	• Mor Baltasar Gracián. • Alonso Nuñez de Castro, *Sólo Madrid es corte*.	• Un exèrcit anglofrancès derrota els espanyols a la batalla de les Dunes i conquesta Dunkerque. • Restabliment de les relacions entre Espanya i Gènova. • Mort de Cromwell. • Carles Gustau de Suècia envaeix Dinamarca.

1659

1 d'agost. Jerónimo de Tordera s'ocupa del plet que el convent de San Jerónimo, propietari de la casa del sevillà carrer del Rosario, interposa contra Francisco de Zurbarán per l'impagament de la renda de 160 ducats anyals. En nom del pintor i la seva dona es reconeix un deute de 6.000 rals fins al mes de juny i es demana una moratòria fins al desembre, oferint com a garantia una sèrie de pintures que són béns de Francisco de Zurbarán mateix i que estaven en poder del pare fra Sebastián de Villanueva, apoderat del convent. Eren un total de vint quadres entre els quals es trobava la sèrie dels Dotze patriarques.
Realitza diverses obres signades i datades: *Descans en la fugida a Egipte* (Szépmüvészeti Múzeum, Budapest); *Sant Francesc penitent* (col·lecció Arango, Madrid); *Sant Pere penedit* (Museo José Luis Bello, Puebla, Mèxic).

• Després d'obtenir una dispensa papal que excusés l'artista de la seva no provada noblesa, el 28 de novembre es produeix l'ingrés de Diego Velázquez a l'orde de Santiago.
• S'inicia la decoració del Salón de los Espejos del madrileny palau de l'Alcázar. Hi col·laboren Francisco Rizzi i Juan Carreño sota la supervisió de Diego Velázquez.
• **Neix a Perpinyà Jacint Rigau-Ros, que més tard adoptarà el nom de Hyacinthe Rigaud.**
• **Joan Grau treballa, amb l'ajut dels seus fills Francesc i Josep, en les cambres sepulcrals dels ducs de Cardona-Sogorb al monestir de Santa Maria de Poblet.**

• Lázaro Díaz del Valle, *Epílogo y nomenclatura de algunos artífices que por famosos y aventajados en el nobilísimo y rdo. Arte de la pintura y dibuxo han sido por los mayores principes del orbe honrados (...).*

• Els portuguesos derroten l'exèrcit espanyol a la batalla d'Elvas.
• **Tractat dels Pirineus entre Espanya i França: Felip IV cedeix els comtats del Rosselló i la Cerdanya als francesos.**

1660

28 de setembre. Francisco de Zurbarán dóna poders a Martín Rico de Cazereta, que es disposava a anar al Perú, perquè s'ocupi del cobrament dels quadres enviats a Buenos Aires el 28 de febrer de 1649.

• Francisco de Herrera el Mozo i Bartolomé Esteban Murillo funden l'acadèmia de dibuix a Sevilla. També hi figura Juan de Valdés Leal com a diputat.
• Velázquez decora l'arquitectura efímera de l'acte final del tractat dels Pirineus que té lloc a l'illa dels Faisans.
• Mor Diego Velázquez.
• Entre 1660 i 1661 Bartolomé Esteban Murillo pinta el *Naixement de la Verge* (Musée du Louvre, París) per a la capella de la Immaculada Concepció de la catedral de Sevilla.
• **Pere Sunyer comença a treballar en el retaule major de Sant Joan d'Oló.**

• Baruch Spinoza comença a treballar en la seva obra *Ethica more geometrico demostrata.*
• Marco Boschini, *Carta del navegar pitoresco.*
• André Felibien, *L'origine de la peinture.*

• Matrimoni de Lluís XIV de França amb la infanta Maria Teresa d'Àustria.
• Carles II d'Anglaterra retorna del seu exili als Països Baixos i és proclamat rei d'Anglaterra.

1661

Signa i data diverses obres: *Crist recollint les vestidures després de la flagel·lació* (Jadraque (Guadalajara), església parroquial); dues *Immaculades Concepcions* del Szépmüvészeti Múzeum de Budapest i de l'església de Saint Gervais et Saint Protais de Langon (França) i un *Sant Francesc d'Assís a la Porciúncula* (col·lecció particular cat. núm. 9).

• Juan Bautista Martínez del Mazo és nomenat pintor de Cambra de Felip IV.
• Sebastián de Llanos substitueix Bartolomé Esteban Murillo com a president de l'acadèmia sevillana de dibuix. De Llanos ocuparà el càrrec fins al 1663.
• Juan de Pareja pinta *La Vocació de Sant Mateu*, (Museo del Prado, Madrid).
• Louis Le Vau dirigeix les obres de Versalles i comença la construcció de la galeria d'Apol·lo del Louvre.
• André Le Nôtre comença els jardins del palau de Versalles.

• El papa Alexandre VII publica la bula *Solitudo*, on prohibeix qualsevol oposició al culte de la Immaculada Concepció.
• Marcello Malphigi descobreix la circulació capil·lar de la sang.
• Juan de Torija, *Breve tratado sobre todo género de bóvedas.*

• Naixement de Carles II, futur rei d'Espanya.
• Mort de Mazarino i inici del regnat personal de Lluís XIV de França.
• Joan Josep d'Àustria, fill natural de Felip IV, és nomenat comandant en cap dels exèrcits que lluiten a Portugal.

1662

2 de gener. Carta de Francisco de Zurbarán a l'hereu de Jerónimo Rodríguez (canonge ?) de la catedral de Badajoz que li havia encarregat diverses pintures. Es compromet a lliurar les obres un cop realitzades i demana un preu més alt.
17 d'octubre. Testament d'Ana María Robredo, esposa de Cristóbal Galán, mestre de la capella reial del palau del Buen Retiro, en favor de la seva filla d'un primer matrimoni. Els seus executors testamentaris són Cristóbal Galán i Francisco de Zurbarán, resident a la cort.
Signa i data *Mare de Déu amb el Nen i sant Joan Baptista* (Museo de Bellas Artes, cat. núm. 17, Bilbao), es tracta de l'última obra signada que es conserva de Zurbarán.

• José Antolínez pinta *L'ambaixador Leerche i els seus amics* (Staten Museum for Kunst, Copenhaguen).
• Rembrandt pinta *Els síndics del pany* (Rijksmuseum, Amsterdam).

• Robert Boyle descobreix la llei de la pressió i volum dels gasos.
• Roland Fréart de Chambray, *Idée de la perfection de la peinture.*

• *Act of Uniformity* que suposa la restauració de l'església anglicana a Anglaterra.

FRANCISCO DE ZURBARÁN I JUAN DE ZURBARÁN	ART	CULTURA	HISTÒRIA
1663	1663	1663	1663

1 de maig. Francisco de Zurbarán i la seva muller es declaren veïns de Madrid i atorguen un poder a María de Zurbarán, filla del primer matrimoni del mestre i veïna de Sevilla, perquè en el seu nom renunciés al dret que tenien sobre les cases principals localitzades al carrer de los Abades de la ciutat de Sevilla.

•Juan de Valdés Leal és elegit president de l'Acadèmia sevillana de dibuix, càrrec que ocuparà fins a l'any 1666.
•Charles Le Brun és nomenat director de la manufactura reial de mobles de la corona, la fàbrica dels Gobelins de París.
•Pedro de Mena realitza un *Sant Pere d'Alcàntara* per al convent de les trinitàries de Madrid.

• Marco Boschini, *Funeral fato della pittura Venetiana.*

•Joan Josep d'Àustria conquesta Évora i Alcacer do Sal i és derrotat pels portuguesos a la batalla d'Ameixial.

1664

28 de febrer. Francisco de Zurbarán i Francisco Rizzi taxen els quadres deixats per Francisco Frechel del Castillo, escrivà casat amb Jerónima de Neira.
26 de juny. Encàrrec de taxació de les pintures de la testamentaria d'Alonso de Santander y Mercado, encara que no arriba a taxar-les.
24 de juliol. Francisco de Zurbarán taxa les pintures de Francisco Bivoni, ambaixador de Polònia, però no pot concloure el treball.
26 d'agost. Testament redactat a Madrid.
27 d'agost. Mor el pintor Francisco de Zurbarán.
28, 29 o 30 d'agost. Leonor de Tordera, vídua i executora testamentària de Francisco de Zurbarán demana l'inventari i estimació dels béns del seu marit.
1 de setembre. L'alcalde Miguel Muñoz ordena l'inventari dels béns i la hisenda deixats per Francisco de Zurbarán.
3 de setembre. A petició de la vídua es fa l'inventari dels béns deixats per Francisco de Zurbarán, però la taxació no es realitza fins l'onze d'agost de 1665.

•Gian Lorenzo Bernini comença la construcció de l'Scala Regia del palau vaticà.
•Concurs d'idees per a la realització de la façana est del Louvre (París).
•Alonso Cano realitza les traces de la façana de la catedral de Granada.
•Pedro de Mena realitza la *Magdalena penitent* per als jesuïtes de la Casa Profesa de Madrid, avui al Museo Nacional de Escultura de Valladolid.
•**Josep Moretó fa la traça de l'església de la Pietat de Vic.**
•**Neix Pau Costa, important autor de retaules.**

•Molière, *Tartuffe.*
•François la Rochefoucauld, *Réflexions ou sentences et maximes morales.*
•Marco Boschini, *Le minere della pittura veneziana.*

•Jaume II d'Anglaterra, duc de York, conquesta Nova Amsterdam que passa a denominar-se Nova York.
•Fundació de la Companyia Francesa de les Índies Orientals i Occidentals.

69

CRONOLOGIA

La Immaculada Concepció
CAT. NÚM. 1, DETALL

La Immaculada Concepció

La Immaculada Concepció

1632

Oli sobre tela

252 x 170 cm

Signat i datat: «*FRANco DE ZURBARAN.FACIE.1632*» sobre fons fosc al centre de l'extrem inferior.

Barcelona, Museu Nacional d'Art de Catalunya, llegat Espona (MNAC/MAC 65578)

HISTÒRIA: ubicació original desconeguda; Pedro Aladro, Jerez de la Frontera, cap a 1900; vídua d'Almocadén Domecq; Santiago Espona, Barcelona; llegat de Santiago Espona ingressat al Museu Nacional d'Art de Catalunya el 1958.

EXPOSICIONS: *Legado Espona*, Barcelona, Saló del Tinell, 1958; *Legados y donativos a los Museos de Barcelona 1952-1963*, Barcelona, Palau de la Virreina, desembre de 1963 - gener de 1964; *Zurbarán en el III Centenario de su muerte*, Madrid, Casón del Buen Retiro, novembre de 1964 - febrer de 1965; *Zurbarán*, Barcelona, Saló del Tinell, 1965; *L'època dels genis. Renaixement/Barroc. Tresors del Museu d'Art de Catalunya*, Girona, Museu d'Història de la Ciutat, 1987; Barcelona, Palau de la Virreina, 27 de juliol - 17 de setembre de 1989; *Zurbarán*, Madrid, Museo del Prado, 3 de maig - 30 de juliol de 1988; *Capolavori dal Museo d'Arte della Catalogna*, Roma, Accademia Spagnola di Storia, Archeologia e Belle Arti, 22 d'octubre de 1990 - 9 de gener de 1991; *Prefiguració del Museu Nacional d'Art de Catalunya*, Barcelona, Museu Nacional d'Art de Catalunya, 27 de juliol - 30 de novembre de 1992; *L'esplendor de la pintura del Barroc. Mecenatge català al Museu Nacional d'Art de Catalunya*, Barcelona, Museu Nacional d'Art de Catalunya, 16 de maig - 17 de novembre de 1996.

BIBLIOGRAFIA: Cascales 1911, p. 190-192; Kehrer 1918, p. 61; Mayer 1928b, p. 171; Romero de Torres 1934, I, p. 440; II, fig. 418-419; Soria 1944a, p. 45; Trens 1946, p. 175, fig. p. 177; Gaya Nuño 1948, p. 44, núm. 71; Pemán 1948, p. 170-172; Soria 1953, p. 21 i 146, núm. 59, fig. 34; Barcelona 1958, p. 11, cat. núm. 77; Caturla 1960b, p. 463-470; Guinard 1960a, p. 209, núm. 6, fig. 34-36; Torres Martín 1963, p. LXXI, núm. 78; Barcelona 1963, p. 16; Ainaud 1964, p. 42-44; Olivar 1964, p. 156, fig. 155; Sanz-Pastor 1964, p. 130, cat. núm. 33; Barcelona 1965; Ainaud 1967, p. 16, 29 i 86; Angulo 1971, p. 136, fig. 112; Ainaud 1974; Gaya Nuño/Frati 1974, p. 93, núm. 95; Brown 1976, p. 90-91; Gállego/Gudiol 1976, p. 31 i 180, núm. 82, fig. 84; Alcolea/Moreno 1983, p. 22 i 88; Sevilla 1983b, fig. p. 45; Girona 1987, cat. núm. 21; Baticle 1988d, p. 190; Sureda 1988a, p. 180-187, núm. 21; Delenda 1988b, p. 243; Serrera 1988b, p. 346-347, cat. núm. 80; Alcolea 1989, p. 12, fig. 25; Barcelona 1989, p. 41, cat. núm. 21; Stratton 1989, p. 76; Sureda 1990b, p. 43-46, cat. núm. 8; Cuyàs 1992, p. 376-378, cat. núm. 109; Caturla/Delenda 1994, p. 87, 88, 90, 92, 108, 197, 215, 248 i 274; Pérez Sánchez 1995a, p. 6 i 40, fig. p. 7; Cuyàs 1996, p. 34 i 52-53, cat. núm. 16.

Malauradament, desconeixem l'emplaçament primitiu d'aquest magnífic quadre, conegut des de fa menys de cent anys i la iconografia original del qual obeeix, sens dubte, a un encàrrec molt precís. Aquesta *Immaculada Concepció* va aparèixer per primera vegada, esmentada i reproduïda, el 1911 a la monografia de Cascales y Muñoz. En aquell temps, estava a Jerez de la Frontera, a la col·lecció de Pedro Aladro, «*príncipe de Albania*», d'aquí ve el nom de *Virgen de Aladro* a la literatura antiga. El quadre va passar després a la col·lecció Almocadén Domecq també a Jerez i va ser adquirida per Santiago Espona de Barcelona, el qual, en morir el 1958, va llegar el quadre al MNAC.

La Immaculada Concepció

Pemán, atret per la particularitat dels dos nois resant presentats com a donants, va imaginar que el quadre havia pogut ser encarregat per dos orfes d'una família de l'aristocràcia ben acomodada, que havia fet representar el més gran amb vestit civil a l'esquerra, i el petit amb hàbits religiosos a la dreta. Si es deixa de banda la gran dificultat per distingir les vestidures dels joves, el gran format de la tela (un dels més grans de Zurbarán amb aquest tema abordat sovint per ell) ha de correspondre segurament a un quadre d'altar, probablement executat per a l'església d'un col·legi sevillà.

Soria, un dels primers que es va interessar pel paper desenvolupat per les estampes en les composicions de Zurbarán, havia comparat el quadre de Barcelona amb una *Immaculada Concepció* gravada el 1605 per Rafael Sadeler que segons sembla és l'origen de la petita *Immaculada Concepció* del Museo del Prado lleugerament anterior. L'artista reprèn aquí la posició de la Mare de Déu rodejada de símbols marians, però la composició general està modificada per les vestidures, menys voluminoses i, sobretot, per la presència simètrica dels dos orants a la part de baix, i a dalt per dos àngels que sostenen sengles plaques de marbre amb inscripcions extretes del Càntic dels Càntics.

La Puríssima, molt jove, es cenyeix als criteris ortodoxos definits per Pacheco (vegeu el meu article «El pensament religiós del Segle d'Or i Francisco de Zurbarán» en el present catàleg). Adolescent, amb el rostre ingenu; ple d'innocència i recolliment, ajunta les seves mans i aixeca la seva mirada cap al cel, el contrari que d'altres Immaculades contemporànies que inclinen suaument el seu cap amb la mirada baixa, com les de Pacheco i Velázquez. Aquesta posició pròpia de Zurbarán, il·lustra el text que apareix a les mans dels angelets: «*QUAE EST ISTA*» i «*AURORA CONSURGENS*», del versicle «*quae est ista quae progeditur quasi aurora consurgens*» (qui és aquesta que sorgeix com l'alba) del Càntic (8, 6). El seu vestit, d'un rosa pàl·lid violaci, i el seu mantell blau verdós, estan disposats sòbriament amb plecs emmidonats que evoquen clarament l'art de l'escultor. El coll, acuradament brodat amb una rica passamaneria guarnida de perles, es tanca amb un penjoll impressionant, símbol de la fermesa, en el qual les pedres precioses formen les inicials AVM de la salutació mariana. La Mare de Déu reposa sobre una lluna transparent que deixa entreveure un grup de querubins que formen un pedestal i està ben «vestida de sol» (Apocalipsi 12, 1). Excepcionalment, Zurbarán reparteix les estrelles de la corona «*entre resplandores*», és a dir, entre raigs, com ho desitja Pacheco[1] i, en la seva aplicació per seguir les consignes dels seus comitents, pinta fins a tretze i no dotze estrelles. Destaca, en canvi, la representació del nimbe format per caps d'angelets esbossats, pintats en tonalitats daurades diferents.

Els símbols marians es reparteixen acuradament als dos costats de la Mare de Déu, com en els gravats del segle xvi i del començament del segle xvii. El 1632 no sempre es representaven els atributs celests, però en nom d'una millor comprensió per part del poble, els exegetes van recomanar que els símbols de les lletanies marianes fossin representats a cada costat de la Mare de Déu. Per exemple, quan el 1615 van tenir lloc les solemnes festes de la Limpia Concepción pels frares del monestir de San Francisco a Sevilla, es va instal·lar a l'altar major una imatge de la *Immaculada Concepció*. Vestida de seda blanca i blava, es recolzava sobre petits serafins i un quart creixent de lluna amb les banyes cap a dalt (el tractat del pare Alcázar que recomana que les banyes apuntessin cap a baix no es va publicar fins a l'any 1618). Apareixia coronada per dotze estrelles, i duia la seva cabellera solta. Als dos costats es disposaven cinc dels seus atributs i portava joies sumptuoses com al quadre de Zurbarán.[2]

En aquesta tela, sostinguts per àngels, apareixen primer la Rosa sense espines i el Lliri sense taca (format per tres flors que simbolitzen la virginitat abans, durant i després de la maternitat divina). Entre els núvols apareixen la Porta del cel, l'Escala de Jacob (Gènesi 28, 12 i 17), l'Estel del matí (Eclesiàstic 50, 6) i el Mirall immaculat (Saviesa 7, 26). Sota els peus de la Mare de Déu, en un paisatge pintat a contrallum, es poden distingir la Torre de David (Càntics 4, 15), el Xiprer i la Palmera (Eclesiàstic 24, 13-14), finalment el Jardí tancat, la Font segellada i el Pou d'aigües vives (Càntic 4, 12 i 15).

1. Pacheco 1649 (ed. Bassegoda 1990), p. 576-577.

2. Lugones 1616, fol. 8-9.

Sempre per cenyir-se a un encàrrec precís, Zurbarán inscriu textos que surten de la boca dels dos nois, a la manera medieval. A l'esquerra, el jove resa «*MOSTRA TE ESSE MATREM*» (Mostreu que sou la meva mare), a la dreta l'altre implora «*MITES FAC ET CASTOS*» (Retorna'ns casts i bons). Els versicles són extrets de l'antic himne *Ave Maris Stella*, atribuït a Fortunat, bisbe de Poitiers el segle VI. Aquestes oracions es recitaven a les Vespres de l'ofici de la Mare de Déu, mentre que els versicles sostinguts pels angelets es recitaven a l'ofici de Prima. Per tant, aquí es veuen reunides múltiples indicacions de devoció mariana, amb un gran encert poètic, malgrat les restriccions imposades pels comitents. Encara que aquesta presentació simètrica amb els quatre nens (donants i àngels) que forma un quadrat al voltant de Maria pugui semblar arcaica al 1632, la composició assoleix una gran força de comunicació. Zurbarán encerta magníficament en l'expressió de candor de tot allò infantil. La potent volumetria del vestit de la petita Mare de Déu dreta i amb els seus plecs escultòrics, se suavitza per la delicadesa de la túnica rosa, accentuada pel color de les roses i la banda dels angelets. Les mirades dels donants aixecades cap a la nena pura, unides a la seva mirada, formen un triangle ascendent. Tot això és obra observada del natural quotidià i transcendent. Aquí, com sempre, Zurbarán es mostra l'intèrpret ideal d'una imatge de puresa que no cau en l'amanerament.

RAFAEL SADELER, *LA IMMACULADA CONCEPCIÓ*, 1605. BIBLIOTHÈQUE NATIONALE DE FRANCE, CABINET DES ESTAMPES ET DE LA PHOTOGRAPHIE, PARÍS. Cliché Bibliothèque nationale de France

FRANCISCO DE ZURBARÁN, *LA IMMACULADA CONCEPCIÓ*. MUSEO DEL PRADO, MADRID. Fotografia: Institut Amatller d'Art Hispànic

ODILE DELENDA

La Immaculada Concepció

1636

Oli sobre tela
203 x 158 cm
Signat i datat: «...*De Zurbaran facie/1636*» en un cartell a l'esquerra.
Col·lecció particular

HISTÒRIA: ubicació original desconeguda; retaule de Nuestra Señora de la Granada, Llerena ?; col·lecció particular.

BIBLIOGRAFIA: Gállego/Gudiol 1976, p. 85, núm. 117, fig. 123 i 509; Alcolea 1989, p. 13, fig. 31, p. 126; Caturla/Delenda 1994, p. 168 i 249, fig. p. 133; Delenda/Garraín Villa 1995, p. 8, fig. 14.

Aquesta *Immaculada Concepció* va ser publicada per primera vegada a la monografia de Gállego i Gudiol de 1976. Es desconeix l'emplaçament original d'aquesta gran tela, segurament un retaule important per les seves dimensions. Va estar en un castell francès com moltes de les pintures portades pels oficials de Napoleó. Sembla possible, com ja ho vam suggerir el 1995, que *La Immaculada Concepció*, signada i datada el 1636, formés part del retaule encarregat a Zurbarán per a Nuestra Señora de la Granada de Llerena, precisament el 1636. El contracte, descobert per Caturla el 1953, signat el 19 d'agost de 1636 pel majordom de la fàbrica, precisa que Zurbarán «*como Hijo desta Ciudad y tan deboto de la Virgen, se ha ofrecido a hacer toda la pintura sin yntereses*». En les «*condiciones que se han de guardar y cumplir en la obra de retablo de nuestra señora de la Granada de la Yglesia mayor de la ciudad de Llerena*» s'estableixen diverses obligacions entre les quals: «*Yten la Pintura de quadros a de ser la que fuera pedida y toda de mano del Insigne Pintor Francisco de Çurbarán el qual a de poner en ella su nombre dandole memoria de los santos que ayan de ser*».[1] Malauradament va desaparèixer la memòria, però en una església sota l'advocació de la Mare de Déu no és gens estranya la presència d'una Immaculada i tant la signatura com la data concorden bé. També se sap que les tropes del mariscal Soult van estar a Llerena la primavera de 1811.[2] El *Crist amb la creu*, pintat a la porta del sagrari, avui conservat al Museu de Bellas Artes de Badajoz, va pertànyer al retaule i el seu estil allargat es pot comparar amb el d'aquesta *Puríssima*.

Zurbarán va pintar aquest tema des dels seus primers anys sevillans fins als seus últims anys madrilenys, i és, amb anterioritat a Murillo, «el pintor de les Immaculades». La primera datada és precisament la que es conserva al Museu Nacional d'Art de Cataluya, del 1632 (cat. núm. 1), aquesta versió que comentem és la segona, pintada quatre anys més tard. En aquests pocs anys, s'evidencien les diferències tant estilístiques com iconogràfiques. El pintor abandona ja en aquestes dates el rigorós tenebrisme dels seus primers anys. L'estil, més allargat com ja hem dit, també deixa la presentació estrictament frontal i geomètrica de les *Immaculades* del Museu del Prado (vegeu reproducció a la fitxa cat. núm. 1) i del MNAC (cat. núm. 1). El cos de la Mare de Déu s'inclina lleument, i està harmoniosament circumscrit en l'arc d'un cercle, les mans, més fines, s'ajunten amb elegància i el cap s'inclina sobre l'espatlla dreta, mirant cap avall com la *Immaculada* coneguda com la *Cegueta* de Martínez Montañés (1629-1631, Sevilla, catedral) i la majoria de les Immaculades anteriors a l'any 1635.

Zurbarán intenta aquí variar la presentació dels atributs marians que ja no apareixen tan definits com en les primerenques Puríssimes, deutores de les de Pacheco on pinta els «*atributos de tierra se acomodan, acertadamente, por país y las del cielo, si quieren entre nubes*».[3] La

1. Caturla/Delenda 1994, p. 299-300, doc. 72.

2. Gotteri 1991, p. 349-350.

3. Pacheco 1649 (ed. Bassegoda 1990), p. 577.

CAT. NÚM. 2

Francisco de Zurbarán,
Crist amb la creu, porta del
sagrari de Nuestra Señora de
la Granada de Llerena.
Museo de Bellas Artes.
Badajoz.
Fotografia: Institut Amatller d'Art
Hispànic

Juan de las Roelas,
*La Immaculada Concepció
amb el venerable Fernando
de Mata*, 1612. Staatliche
Museen zu Berlin, Berlín.
© Staatliche Museen zu Berlin

composició és menys geomètrica que les anteriors: el pintor aquí fa servir, per presentar les advocacions a Maria, dos grups d'angelets juganers situats a cada costat. Aquesta mena de nens s'inspiren en l'art italià com ho va apuntar Pérez Sánchez en dues altres teles l'*Adoració dels pastors* del Musée de Grenoble del 1639 i la *Immaculada Concepció* del 1656 (cat. núm. 3). La relació entre el grupet dels quatre nens asseguts i els de la *Coronació de la Mare de Déu* de Guido Reni, que Zurbarán va poder veure a l'Alcázar de Madrid el 1634, és evident.[4]

Els símbols de les lletanies en les arts visuals romanen quasi constants en nombre i caràcter, però els exegetes immaculistes van continuar desenvolupant la panòplia de les lloances a Maria. És el cas d'Alonso Bonilla, el tractat del qual *Nombres y atributos de la impecable siempre Virgen María, Nuestra Señora*, publicat a Baeza l'any 1624, mostra l'èxit popular d'aquestes lletanies. En aquest quadre els àngels de l'esquerra presenten la Rosa sense espines i el Ram d'olivera, símbol de pau (Gènesi 8, 11) i també figuració de l'arbre de Jessè d'on sortia Crist (Isaïes 11, 1) en les representacions de la *Tota Pulchra* del segle XVI. Un detall graciós, ja fet servir per Roelas, i més tard per Murillo i Valdés Leal en les seves Immaculades, és el nen que es mira estranyat al Mirall sense taca. A la dreta una parella d'angelets abraçats sosté el Lliri de tres flors i una palma que anirà reemplaçant la Palmera dels quadres anteriors. Al costat seu, un nen commovedor resa amb les seves manetes juntes; un altre prova de pujar al que serà l'Escala de Jacob. Per sota de Maria, Zurbarán va pintar un bell paisatge on apareixen la Torre de David, la caravel·la Socors dels navegants i la Ciutat de Déu.

Aquí la Mare de Déu duu un vestit blanc amb l'escot guarnit amb pedres precioses. Fins a la dècada de 1630, els artistes sevillans solien representar la Puríssima amb una túnica de color rosa. Aquest vestit va ser substituït gradualment per «*la vestidura blanca [...] y encima un manto color de cielo*», roba que portava Maria quan s'apareixia a la darreria del segle XV a

4. Pérez Sánchez 1965c, p. 273;
Pérez Sánchez 1993, p. 126.

BARTOLOMÉ ESTEBAN MURILLO,
*LA IMMACULADA CONCEPCIÓ
AMB SANT JOAN DE QUIROS,*
1652, DETALL. PALAU
ARQUEBISBAL, SEVILLA.
© Palacio Arzobispal de Sevilla

CAT. NÚM. 2, DETALL.

la beata Beatriz de Silva, fundadora de l'Orden de la Concepción de Nuestra Señora, de regla
franciscana, destinada a honorar la Immaculada.[5] Justament el 1636 el procés de beatifica-
ció de Beatriz va recordar als fidels les seves visions. Això permet a Zurbarán de lliurar-se a
un meravellós exercici de policromia amb els tons blancs i blaus de la Mare de Déu que des-
taquen en el fons daurat. El sol sembla situat darrere Maria per la qual cosa sembla irradiar
la llum que il·lumina el fons. Presentada al públic per primera vegada, aquesta magnífica
tela és una fita interessantíssima en la història de les pintures de la Immaculada Concepció,
no només de Zurbarán, sinó de tota l'escola andalusa del segle XVII.

5. Bivar 1618, fol. 3.

ODILE DELENDA

La Immaculada Concepció

1656

Oli sobre tela
193 x 156 cm
Signat i datat: «*Franc co De Zurbaran fac./1656*» en un cartell a baix a l'esquerra.
Madrid, col·lecció Arango

HISTÒRIA: ubicació original desconeguda; col·lecció Deán López Cepero, Sevilla; col·lecció Mariano López Cepero, Sevilla; Vicente López Cepero, Sevilla, 15-30 de maig de 1860, núm. 66; col·lecció Dolores Muñi, vídua de López Cepero, Sevilla, 1911; col·lecció Fernando Labrada, Madrid; col·lecció Félix Valdés, Bilbao; Madrid, adquirit per Plácido Arango el 1985.

EXPOSICIONS: *Exposición de las obras de Francisco de Zurbarán*, Madrid, Museo Nacional de Pintura y Escultura, 1905; *Zurbarán*, Nova York, Metropolitan Museum of Art, 22 de setembre - 13 de desembre de 1987; París, Galeries Nationales du Grand Palais, 14 de gener - 11 d'abril de 1988; *Zurbarán*, Madrid, Museo del Prado, 3 de maig - 30 de juliol de 1988; *La Pintura Sevillana de los Siglos de Oro*, Sevilla, Hospital de los Venerables Sacerdotes, novembre de 1991 - gener de 1992.

BIBLIOGRAFIA: Viniegra 1905, cat. núm. 31; Tormo 1905b, p. 5; Cascales 1911, p. 103-104; Mayer 1911, p. 147 i 150-151; Tormo 1914, p. 192; Kehrer 1918, p. 32-33; Mayer 1947, p. 328; Soria 1953, núm. 1; Guinard 1960a, núm. 3; Torres Martín 1963, núm. 1; Gudiol 1967, col. 969; Brown s.d. (1974), p. 17-18; Guinard/Frati 1975, núm 1; Gállego/Gudiol 1976, núm. 1; Merchán 1979, p. 74-76; Baticle 1987b, p. 296-298, cat. núm. 64; Madrid 1988, p. 352-354, cat. núm. 83; Stratton 1989, p. 76; Valdivieso 1991b, p. 92-93, cat. núm. 31; Caturla/Delenda 1994, p. 25, 28, 87 i 330, fig. p. 23; Pérez Sánchez 1995a, p. 117, fig. p. 114.

1. Ponz 1772-1774, VI, p. 151.

A les Cases Reials del Senyor Infant Lluís a Villaviciosa (Madrid), apunta Ponz, entre les principals «*obras apreciables*» «*de Zurbarán, es una Concepción Niña*»,[1] Baticle, al catàleg de l'exposició *Zurbarán* de 1987-1988 es va preguntar si podia ser aquesta *Immaculada nena* la que va pertànyer a la famosa col·lecció del canònic sevillà Manuel López Cepero. Va figurar al catàleg de l'esmentada col·lecció entre el 15 i el 30 de maig de 1860 (núm. 66) però va quedar en possessió de la seva família. Va ser venut el 1911 per Dolores Muñi, vídua de López Cepero, a l'acadèmic de Belles Arts Fernando Labrada de qui el va adquirir el col·leccionista bilbaí Félix Valdés. El 1985 la va comprar Plácido Arango per a la seva col·lecció madrilenya.

Des de l'exposició *Zurbarán* de l'any 1905 en la qual va figurar amb el número 31 com a «La Concepción; *primera obra (conocida) de Zurbarán*», el quadre no va ser examinat per molts estudiosos. Fins a l'exposició de 1987-1988, aquesta tela va ser considerada com la primera obra feta per Zurbarán, perquè una deplorable restauració va repintar un 1 damunt el 5 de la data reproduïda amb la signatura al catàleg de Madrid de 1905. Devem a Baticle la clara demostració de la data tardana d'aquesta *Immaculada nena* que va aparèixer en tots els corpus al començament del catàleg de les pintures de Zurbarán. Alguns especialistes com ara Angulo Íñiguez o Gudiol, van expressar els seus dubtes pel que fa a la data de 1616 per raons estilístiques. Veurem que la iconografia del quadre, molt peculiar, també és impossible en dates tan primerenques.

CAT. Núm. 3

Francisco de Zurbarán,
*La Immaculada Concepció
nena*. Szépmüvészeti Múzeum,
Budapest.
Fotografia: Institut Amatller d'Art
Hispànic

La petita Mare de Déu, molt nena, de sis o set anys, que bé podria ser el retrat de la
filla de Zurbarán i Leonor de Tordera, María Manuela, nascuda el 1650 és representada
amb els ulls alçats com la promesa del Càntic dels Càntics. És la «Que puja del desert» (3,
6) «que sorgeix com l'alba, bella com la lluna, esplendorosa com el sol» (6, 10). Hem vist
com el 1632, per expressar la mateixa idea, el pintor ha de presentar angelets que porten
uns petits taulers en els quals apareixen fragments dels Càntics. Entre núvols també es
veien, molt evidents, els símbols de la lletania mariana (cat. núm. 1). Aquí, el fons de
lluentor solar, amb la seva glòria oval d'or pur, en té prou per expressar la idea essencial:
eternament present en el pensament de Déu, Maria va existir abans que la creació emer-
gís de res. «Va ser formada en un passat llunyà, abans dels orígens de la terra» (Proverbis
8, 23), com diu aquest text a l'epístola de la missa de la Immaculada.

Les últimes Puríssimes de Zurbarán són nenes, exquisides imatges de candor i sensi-
bilitat, adoptades més endavant per Murillo. La que admirem aquí és, com hem vist, la més
infantil de totes per expressar la puríssima idea divina. Estàtica i recollida, creua les seves
manetes damunt el pit suspesa en un núvol d'angelets daurats amb prou feines esbossats
al cel. Com de costum, es recolza en un pedestal de capets de nens, sense ales (són els sants
innocents?) sobre una lluna plena; sura damunt un fris d'àngels nens músics.

L'Església va celebrar a Sevilla per primera vegada el 1654 la Gran octava de la
Puríssima Concepció. Des de feia mig segle els pintors multiplicaven les representacions
del misteri predilecte del poble andalús. Els fidels el coneixien bé i ja no necessitaven
veure els laudes marians per comprendre-ho. La imatge pura de la infantesa era en aques-
tes dates prou explícita. Sant Bernat, en el seu *Sermo Domenica intra octavam Assumptionis*
va identificar la dona apocalíptica descrita per sant Joan a Patmos amb la Mare de Déu
mateixa i va considerar que el versicle «Va aparèixer un gran senyal al cel: una dona ves-
tida de sol, amb la lluna als seus peus i una corona de dotze estrelles sobre el seu cap»

Francisco de Zurbarán,
La Immaculada Concepció.
Museo Diocesano de Arte
Antiguo, Sigüenza.
Fotografia: Institut Amatller
d'Art Hispànic

(Apocalipsi 12, 1) representava la victòria de Maria sobre el pecat. El resplendor del sol il·lumina, aquí, la petita Mare de Déu i la seva túnica, d'un blanc argentí, quasi lunar, destaca sobre el seu mantell d'un blau pissarra. Les referències a la corona de dotze estrelles proliferen en els escrits pietosos del segle XVII. Aquí els astres ressalten com a punts brillants sobre un halo gris blavenc més pàl·lid que forma una aurèola circular. Stratton va indicar com els termes *corona* i *rosarium* es consideraven com a sinònims encara en els segles XVI i XVII, per la qual cosa la devoció immaculista es va manifestar per la pràctica de la recitació del rosari davant les imatges d'aquesta mena.[2]

2. Stratton 1989, p. 97-107.

Aquesta Mare de Déu, infantil i ingènua, que sura en l'aire daurat sobre un cor angèlic de *putti* fermament assentat a terra, no admet comparació amb cap de les representacions conegudes del tema. Ben segur que resulta d'un encàrrec específic. El fris de nens músics alats, ha estat sovint posat en relació amb models italians. Soria aconsella la comparació amb la *Bacanal* de Tiziano del Museo del Prado i un gravat de 1517, *Dotze nens dansaires*, de Domenico Campagnola. Zurbarán també es va poder inspirar en el monumental xilogravat de Tiziano, *El triomf de Crist*, datat per Vasari el 1508, però que la crítica moderna creu que és una mica posterior.[3] Per als angelets asseguts al centre, Zurbarán va fer servir un detall de la *Coronació de la Mare de Déu* de Reni que es conserva al Museo del Museo del Prado, com va assenyalar Pérez Sánchez (vegeu el comentari de la fitxa cat. núm. 2). Quan Zurbarán fa servir models recollits en pintures i, sobretot, en gravats, no treballa com un mer copista, sinó que insufla una vitalitat molt personal a les figures, una força i una realitat inconfusibles. Aquesta *Immaculada nena* és un exemple entre molts de com l'extremeny encerta a convertir en una cosa pròpia la utilització de models aliens.

3. Muraro/Rosand 1976, p. 74-76, fig. 6.

Odile Delenda

CRIST A LA CREU

Crist crucificat

Oli sobre tela

166 x 108 cm

Barcelona, Museu Nacional d'Art de Catalunya, llegat Montal (MNAC/MAC 71676)

Francisco de Zurbarán, *Crist en la creu*. Museu de Bellas Artes de Sevilla, Sevilla. Fotografia: Institut Amatller d'Art Hispànic

HISTÒRIA: llegat d'Agustí Montal, ingressat el 1966.

EXPOSICIONS: *L'esplendor de la pintura del Barroc. Mecenatge català al Museu Nacional d'Art de Catalunya*, Barcelona, Museu Nacional d'Art de Catalunya, 16 de maig - 17 de novembre de 1996.

BIBLIOGRAFIA: Guinard 1960a, p. 220, núm. 100; Gállego/Gudiol 1976, núm. 303, fig. 296. p.306; Guinard/Ressort 1988, p. 220, núm. 100; Pemán 1989, p. 49; Caturla/Delenda 1994, p. 52; Cuyàs 1996, p. 54, cat. núm. 17.

1. Gudiol/Gállego 1976, núm. 303.
2. Guinard 1960a, núm. 100 i 102; Guinard/Ressort 1988, núm. 100 i 102.

3. Guinard 1960a, núm. 100; Guinard/Ressort 1988, núm. 100; Cuyàs 1996, núm. 17.

4. Izquierdo/Muñoz 1990, p. 136.

Va ingressar al Museu el 1966 i formava part del llegat d'Agustí Montal. Segons Gudiol[1] abans havia pertangut a la col·lecció Antonio Suárez Inclán de Madrid, indicació amb la qual rectificava implícitament Guinard,[2] en el catàleg del qual, els dos col·leccionistes hi surten registrats com a propietaris de sengles *Crucifixs*, com si fossin peces diferents. Gudiol va catalogar lacònicament el quadre Montal entre les obres de Zurbarán pertanyents al període 1641-1658, sense justificar aquesta col·locació cronològica, la qual no és convincent; el prototip d'aquesta versió de Crist viu amb el cap inclinat cap a la seva esquerra troba, segons el meu parer, un lloc millor durant els anys trenta, com ja han assenyalat d'altres estudiosos. Guinard i Cuyàs[3] estimen amb raó que el quadre barceloní és una obra de taller, ja que és cert que la seva qualitat de factura, tot i que estimable, queda distant del nivell de les pintures indiscutiblement autògrafes del mestre. Es coneixen mitja dotzena d'exemplars zurbaranians de valor diferent que reiteren aquesta mateixa invenció amb lleugeres divergències en la disposició anatòmica, el drap de puresa, el *titulus* i d'altres detalls. El millor quadre d'aquesta sèrie segurament que és el del Museo de Bellas Artes de Sevilla, que Guinard va proposar de situar una mica després de l'any 1630, i Izquierdo i Muñoz[4] cap a 1630-1640. D'altres espècimens són els de la catedral de Sevilla; Museu Thyssen-Bornemisza, ara exposat al monestir de Pedralbes; i els que hi ha o hi ha hagut en col·leccions privades de Cadis, Lima, Barcelona (aquest darrer, pel que sembla, inèdit). En les dues teles sevillanes la penombra del fons s'entreobre a un paisatge molt baix, on apareixen algunes arquitectures fantasmals (Jerusalem). En el quadre de Barcelona, també s'entreveu un horitzó d'aspecte imprecís que es trenca sota un cel moradenc. És quan «des de l'hora de sexta es van estendre les tenebres sobre tota la terra fins a l'hora de nona», a l'instant cimer que aquí veiem representat en el qual Jesús exclama «Déu meu, Déu meu, per què m'has desemparat?» (Mateu 27, 45-46).

JOSÉ MILICUA

CAT. Núm. 4

Crist a la creu amb la Mare de Déu, la Magdalena i sant Joan al peu

1655

Oli sobre tela
212 x 163 cm
Signat i datat: «*Fran^co de / Zurbaran / 1655*» a la part de baix de la creu.
Col·lecció particular

HISTÒRIA: col·lecció marquès d'Almeida, Rio de Janeiro; col·lecció particular, Nova York.

Aquesta important obra de Zurbarán és inèdita, fins avui dia ha romàs del tot desconeguda a la bibliografia especialitzada. Segons ens comunica el prestador del quadre per a aquesta exposició, prové de la col·lecció del marquès d'Almeida, de Rio de Janeiro, sense cap acompanyament de dades sobre la seva trajectòria anterior. Aquesta ubicació en terra sud-americana planteja automàticament la conjectura de si potser es tracta d'alguna de les moltes pintures que Zurbarán va fer destinades a l'Amèrica espanyola, d'una manera especial al Perú; però en les seves trameses, de les quals tenim documentació, no hi consta cap quadre que pel seu tema o per qualsevol altra raó permeti de proposar-ne la identificació amb aquesta obra. D'altra banda, com se sap, en el nostre segle, el Brasil s'ha enriquit, sobretot després de la Segona Guerra Mundial, amb força pintura antiga vinguda d'Europa, incloses peces molt importants d'escola espanyola. La procedència, en suma, no es pot remuntar per ara més enllà de la seva darrera localització a la capital brasilera.

La tela ha estat netejada i restaurada recentment a Nova York per Marco Grassi. Aquesta operació ha permès comprovar que els menyscabaments que ha patit la capa pictòrica afecten sobretot el mantell de la Mare de Déu a la part que cobreix el cap, en alguns punts del mantell de sant Joan i en zones irrellevants del fons i de les vores, mentre que les carnacions, llevat d'alguns bocins del tòrax i de les cames de Crist, s'han mantingut sense gaires gastaments de matèria. L'estat de conservació permet, així en conjunt, una lectura satisfactòria de l'obra.

De Francisco de Zurbarán, fets en part amb la col·laboració del seu taller o, fins i tot, fets del tot per deixebles tot seguint models del mestre, es coneixen actualment almenys 25 *Crucifixs* (el nombre exacte no és fàcil de determinar, ja que no tots han estat objecte d'una publicació adequada, i hi ha exemplars esmentats a la bibliografia antiga que no són identificables del cert amb cap dels coneguts avui). És el tema més freqüent en la producció total de l'artista. I es pot afirmar que cap altre pintor espanyol, ni cap dels pintors europeus destacats de la seva època va produir una tal quantitat de *Crucifixs*, que a més a més, llevat d'alguna excepció, són de dimensions grans, amb la figura més o menys de mida natural. Aquí, no és possible analitzar el context sociològic, devocional i de mercat artístic que va propiciar l'excepcional demanda a Zurbarán de quadres de mida gran amb la representació del símbol major de la fe cristiana però, sens dubte, el punt de partida d'aquest èxit va consistir en la qualitat artística, en la tremenda força impactant que el realisme zurbaranià va imbuir a aquestes imatges. Presentats sobre un fons de negror total, atacats per una poderosa ràfega de llum de tipus caravaggià que talla les formes en contrastos de clar i fosc, els seus millors Crists crucificats posseeixen una fulgurant força de presència. Hi concorden la convincent visió directa de tot allò real i l'aspecte monumental. Tot això amb un efecte volumètric que sembla un repte a les imatges de talla (recordeu que són temps, els de Martínez Montañés, «*el dios de la madera*», de Juan de Mesa, d'Alonso Cano, de gran floriment de l'escultura sevillana; i que la vella controvèrsia desen-

CAT. NÚM. 5

volupada a la Itàlia manierista del segle anterior al voltant de «Paragone», a la disputa sobre la supremacia entre l'escultura i la pintura, era viva a Sevilla, com ho acredita la llarga dissertació que dedica a aquest tema el llibre de Pacheco).

El primer *Crucifix* de Zurbarán va ser fet el 1627 per a l'església del convent de San Pablo de Sevilla i avui és a l'Art Institute de Chicago. Es tracta, alhora, de la primera obra coneguda en la qual l'extremeny va posar signatura i data, i és indiscutiblement una de les seves creacions més excelses, digna d'entrar en l'antologia més exigent del realisme europeu del segle XVII. En aquest exemple superb, el nostre pintor va representar Crist clavat amb quatre claus i amb subpedani, com ho va fer sempre a partir d'aleshores (amb alguna excepció), segons podem veure també en el Crist de 1655 que aquí es publica. Pacheco, com exposa àmpliament en el seu *Arte de la pintura*, havia promogut a Sevilla una àmplia enquesta entre teòlegs de diversos ordes religiosos sobre la iconografia de la Crucifixió, enquesta en la qual s'arribava, segons sembla, majoritàriament a la conclusió que Jesús devia ser clavat a la creu amb quatre claus. Pacheco mateix va pintar diversos *Crucifixs* de mida petita (el primer dels quals és datat el 1614) tot seguint aquesta opinió. Sobre la influència que aquests *Crucifixs* de Pacheco van exercir en l'àrea sevillana, i concretament en els de Velázquez, Cano i Zurbarán, sobre la qual cosa Gómez Moreno[1] va cridar l'atenció per primera vegada, són importants les puntualitzacions i les limitacions fetes darrerament per Navarrete Prieto,[2] qui entre altres coses ha demostrat que Pacheco s'havia basat per a aquests *Crucifixs* en una estampa d'Albrecht Dürer. Pel que fa al Crucifix de 1627 de Zurbarán cal observar que, un any abans, el nostre artista havia rebut l'encàrrec de pintar per al mateix convent una extensa sèrie de teles, algunes de les quals eren d'un tema extraordinàriament infreqüent, com el de *Sant Domènec a Soriano* i *La mort del beat Reginald d'Orleans*, que els dos quadres que es conserven encara a la mateixa església i que expliquen dos episodis miraculosos de la vida conventual dominicana molt rarament representats en art, especialment el segon; sens dubte, els frares van haver d'assessorar iconogràficament el pintor per al plantejament d'aquestes escenes, en les quals tenen un paper principal la Mare de Déu i diverses santes. I, en principi, cal creure que també el *Crucifix* el va pintar Zurbarán d'acord amb els que el van encarregar, tenint en compte la singularitat del trànsit que es va escollir per a la representació: el Redemptor ha mort, del baix ventre cap dalt el seu cos es desvia de l'eix de la creu i s'inclina marcadament cap a la dreta, i el cap, amb la pal·lidesa de mort, també ha caigut cap a aquest costat, encara amb més inclinació. És un moment culminant de la meditació del cristià, plasmat amb unes solucions formals concretes que l'artista no tornarà a fer servir (llevat en derivacions directes d'aquest original, com la de mida petita que es conserva a l'Hospital de la Caridad de Sevilla) a cap versió posterior del Crucificat, el que sembla indici que, en efecte, aquí va haver de seguir decisions dels qui l'hi encarregaren. Però per a aquest cas, excepcionalment, disposem d'un element informatiu extern que ajuda decisivament a la lectura del quadre. El Mestre fra Vicente Durango, prior del convent de San Pablo, va escriure l'abril de 1629 a Pacheco una aprovació que aquest transcriu en el seu *Arte de la pintura*; s'hi raona al voltant de la qüestió dels quatre claus, i s'arriba a la conclusió que aquesta és la solució iconogràfica més aconsellable, afegint a més a més el passatge de sant Bernat següent: «La Creu va ser el pes de dues balances, en una hi havia la misèria i quan Crist va estar aixecat a la Creu, el cos dret, les balances estaven igual, que ni penjaven més cap a una part que cap a l'altra; va arribar a inclinar el cap i, aleshores, va inclinar el pes a la part on hi havia la balança de la nostra misèria i va caure.» Són paraules que ens revelen de cop el sentit profund d'aquest *Crucifix*. Sens dubte, fra Vicente Durango o algun altre teòleg de la comunitat devia indicar a l'artista com a pauta espiritual de la imatge aquest escrit de sant Bernat. Lamento no haver-me adonat de l'interès d'aquesta aprovació del pare Durango quan, en el ja llunyà 1953, vaig tenir el privilegi de donar a conèixer aquest *Crucifix*, el parador del qual s'ignorava des del

1. Gómez Moreno 1916.

2. Navarrete Prieto 1995.

CAT. NÚM. 5, DETALL.

començament del segle XIX; és una dada que també s'ha escapat de l'atenció dels qui després s'han anat ocupant d'aquesta esplèndida obra d'art.

Deixant de banda la subjecció amb quatre claus (decisió iconogràfica que també era, com hem vist, la que afavoria el prior Durango, i que per tant ben bé va poder ser que Zurbarán l'adoptés per indicació del convent), cap altre particular en el *Crucifix* de San Pablo apunta com a font els exemples de Pacheco. Les divergències, en canvi, són molt importants. Mentre que Pacheco corona la figura amb una aurèola de disc calat vista en perspectiva (i, Velázquez, en el seu cèlebre *Crist de San Plácido*, ho farà amb un halo lluminós), Zurbarán prescindeix d'aquest i de qualsevol altre atribut convencional al·lusiu a la naturalesa divina del Crucificat, amb tot el que això suposa per a la comunicació emocional amb l'espectador. I en lloc de la creu de taulons de fuster perfectament escairats que pren Pacheco (en el que el seguirà el seu il·lustre gendre), el mestre extremeny s'estima més la rústica creu de troncs, que fa memòria de l'Arbre de la Vida.

Amb poques excepcions, Zurbarán sempre s'atendrà als trets iconogràfics fonamentals de la seva primera versió. Només una vegada va efigiar Crist clavat amb tres claus, i això no en una tela autònoma, sinó com a representació d'una imatge de talla que s'inclou en l'escenificació d'una història religiosa, *Sant Bonaventura i sant Tomàs davant el Crucifix* (1629; quadre del museu de Berlín destruït el 1945), és a dir, com un *Crucifix* formulat «arqueològicament», com a cosa pertanyent al passat.

El conjunt dels *Crucifixs* que aniran sortint del taller de Zurbarán, amb més o menys participació seva, pot dividir-se en dos grups. Un d'aquests ens presenta Crist mort, amb el cos sense apartar-se de la vertical i el cap enfonsat endavant sense cap desviació lateral,

Francisco de Zurbarán,
Crucifix de l'església del
convent de San Pablo de
Sevilla. The Art Institute
of Chicago, Chicago,
Illinois.
Fotografia: Institut Amatller d'Art
Hispànic

Francisco de Zurbarán,
Crucifix. Museo de Bellas
Artes de Asturias,
col·lecció Pedro Masaveu,
Oviedo.
Fotografia: Institut Amatller d'Art
Hispànic

una cosa molt diferent al quadre de San Pablo i que, en canvi, està emparentat amb el model de Pacheco i amb l'estampa de Dürer. D'aquesta composició, se'n coneixen almenys set exemplars, que poden qualificar-se de repeticions amb petites variants d'una mateixa invenció, entre els quals cal destacar per la seva qualitat de factura les adquirides recentment pel Museo del Prado (abans col·lecció Valdés), que inclou la figura d'un donant, i per la col·lecció Masaveu (abans col·lecció Lezama-Leguizamón); totes dues són signades i datades, la primera el 1640, la segona en un any no llegible, segons el meu parer, amb seguretat. El segon grup és el dels Crists vius, d'expressió angoixada, la boca entreoberta, el cap inclinat cap a un costat, la mirada suplicant dirigida cap a dalt; entre tots, potser, el del Museo de Bellas Artes de Sevilla, procedent del convent de caputxins, és el més bonic. D'aquesta classificació sumària s'escapa l'emocionant *Crucifix amb sant Lluc* del Museo del Prado, l'únic que representa Jesús en diàleg espiritual amb un adorant, en aquest cas un pintor amb la paleta a la mà (l'evangelista sant Lluc, patró dels pintors, en el qual s'ha volgut veure, amb escassa versemblança, un autoretrat del mestre); sense subpedani, amb els peus creuats i el drap de puresa molt obert, reflecteix l'ascendent de Martínez Montañés.

L'esplèndid *Crucifix* de Zurbarán ara descobert aporta interessants novetats. És la quarta i darrera obra d'aquest tema que porta signatura i data, després de les ja esmentades de l'any 1627, 1640 i l'any no ben desxifrable del quadre de la col·lecció Masaveu (que en tot cas reitera una invenció de cap a mitjan anys trenta). Les fites temporals segures d'aquest sector temàtic zurbaranià queden, d'aquesta manera, molt considerablement ampliades. Es tracta, d'altra banda, de l'únic exemplar de Crist a la creu amb assistència de la Mare de Déu, la Magdalena i sant Joan al peu, allò que se'n sol dir un Calvari.

La data 1655, que es llegeix clarament, és confirmable a més a més aproximadament per comparació estilística amb altres quadres del mateix decenni, en els quals hi ha bons

Francisco Pacheco,
Crucifix. Instituto Gómez-
Moreno de la Fundación
Rodríguez-Acosta.
Fotografia: Institut Amatller d'Art
Hispànic

Albrecht Dürer, Calvari,
cap a 1523, detall. The
British Museum, Londres.
© The British Museum

paral·lels per als rostres de la Mare de Déu i la Magdalena (per exemple en la *Immaculada Concepció* de 1656, col·lecció Plácido Arango, cat. núm. 3) i per a la descripció delicadíssima del patètic cap de Jesucrist en llums i ombres i mitges tintes. La iconografia s'até aquí als usos ja comentats: quatre claus amb subpedani, en aquest cas amb els peus molt estirats cap avall, quasi amagant el suport; creu de troncs amb els extrems del travesser rebaixats al biaix; el *titulus* blanc rectangular subjectat per dos claus i amb inscripció en hebreu, llatí i grec també segons el que és habitual (cal dir que les inscripcions del *Crucifix* de San Pablo, en les quals falta la línia d'hebreu, van ser refetes sense massa contemplacions a l'Art Institute de Chicago).

figura de Jesús entra per la seva expressió de congoixa infinita i que clama al cel
... ntat més amunt, però sense cap repetició puntual d'allò anterior,
... matisos nous en l'actitud i la definició anatòmica. El fons ja no
... cat sinó que es mou en part com si es desfés en nuvolades i, a
... la tènue il·luminació vermellenca de capvespre contra la qual
... n paisatge. L'autor es val d'aquesta dramàtica il·luminació per
... at esquerre del cos del Natzarè, i per desenganxar del fons les figu-
... e les dues dones ploroses. La Magdalena s'embolica en un xal de
... at amb franges i serrells, de sabor popular net, molt al gust de
... que sant Joan vesteix un mantell vermell a to amb la seva captivada
... est vermell i el blau de la Mare de Déu (ara prou esmorteït) tanquen
pels ... de la base del quadre. Mentre que en el centre exacte de la tela resplendeix el blanc del drap de puresa.

JOSÉ MILICUA

Sant Francesc d'Assís
CAT. NÚM. 8. DETALL

IMATGES FRANCISCANES

Sant Francesc d'Assís prostrat esperant ansiosament i quieta la mort

Cap a 1630? (la National Gallery el data de 1635-1640)

Oli sobre tela
152 x 99 cm
Londres, The National Gallery

HISTÒRIA: ubicació original desconeguda; galeria Espanyola de Lluís Felip, Musée Royal au Louvre, París, 1838-1848; venda Louis-Philippe, Londres, 6 de maig de 1853, núm. 50; adquirit per Unwins R.A. per 265 lliures; adquirit per la National Gallery de Londres el 1853.

EXPOSICIONS: *El Greco to Goya. The Taste for Spanish Painting in Britain and Ireland,* Londres, Royal Academy of Arts, 16 de setembre - 29 de novembre de 1981; *Zurbarán,* Nova York, The Metropolitan Museum of Art, 22 de setembre - 13 de desembre de 1987; París, Galeries Nationales du Grand Palais, 14 de gener - 11 d'abril de 1988; *Zurbarán,* Madrid, Museo del Prado, 3 de maig - 30 de juliol de 1988.

BIBLIOGRAFIA: Galerie Espagnole 1838, núm. 346 (1a ed.), núm. 356 (4a ed.); Waagen 1839-1857, III (1854), p. 67; Stirling-Maxwell 1848, III, p. 927; Ford 1853; Gueulette 1863, p. 38-39; Blanc 1869, p. 5-6; Soria 1953, núm. 166; Guinard 1960a, núm. 354; Salas 1964c, p. 37; MacLaren/Braham 1970, p. 137-138, núm. 230; Gaya Nuño/Frati 1974, p. 99, núm. 169; Guinard/Frati 1975, núm. 169; Gállego/Gudiol 1976, núm. 258; Baticle/Marinas 1981, núm. 356; Braham 1981, cat. núm. 33; Baticle 1987b, p. 271-273, cat. núm. 53; Madrid 1988, p. 402-405, cat. núm. 103; Caturla/Delenda 1994, p. 225, fig. p. 227; Pérez Sánchez 1995a, p. 80, fig. p. 118.

L'art contrareformista va convertir el Francesc d'Assís de les *Fioretti*, el sant tot amor que es complaïa predicant a les aus, el sant ple d'ardor seràfic que segons Dante (*La Divina Comèdia. El Paradís,* cant 11) va ser enviat a la terra per la Providència perquè l'Església caminés cap al seu Amat i que se sentís segura i més fidel, en un asceta emmagrit que apartat de la vida meditava a la vista d'una calavera sobre el destí final de l'home, la mort, i sobre la grandesa i l'amor de Déu.

El tipus del sant Francesc, tendre i humà, creat per Giotto i els pintors italians del «tres-cents» va deixar pas a l'*alter Christus,* un ésser distingit entre tots els humans pels senyals divins, un ésser solitari i visionari que mirant no veia ni escoltant no sentia, que transitava per la vida sense viure i per la mort sense morir, que tenia Crist a tot el cos, un cos en ruïnes, un ésser en un rapte continu, com escriu (1246-1247) fra Tomàs de Celano a la *Vida Segona de sant Fracesc* (LXIV): «Sovint, se sentia captivat per aquesta dolcesa en la contemplació que, esvalotat fora de si, no podia revelar a ningú el que sentia, ja que era superior a tot allò que el sentit humà pot experimentar», i com es pot llegir a *Actus Beati Francisci et Sociorum eius,* les famoses *Fioretti:* «Tan bon punt va rebre aquesta revelació es va recollir immediatament en si mateix i es va dedicar a meditar el misteri que tancava. De llavors ençà va començar a assaborir amb més freqüència les dolceses de la divina contemplació, lliurat a l'oració contínua, en la qual moltes vegades era captivat en Déu, de manera que els companys el veien corporalment alçat de la terra i enartat fora de si (*Consideració segona*).»

CAT. NÚM. 6

1. Mayer 1911.

2. Angulo 1981, II, núm. 1911.

3. Young 1988.

Aquest veure'l «corporalment alçat de la terra», és a dir, el que es podria entendre com a veritable èxtasi de sant Francesc, no el va pintar, que coneguem, Zurbarán, ni el tema és habitual en la pintura espanyola barroca, tot i que alguna vegada, com fa Vicente Carducho (capella de l'Orden Tercera de Madrid) s'hi apropi. Això no obstant, Mayer[1] va considerar de Zurbarán un Sant Francesc que havia pertangut a la col·lecció madrilenya de Francisco Javier Quinto y Cortés, comte de Quinto, atribuït a Murillo, atribució que va conservar en ingressar (1862), amb altres quadres de la col·lecció madrilenya, en els fons del museu que John i Josephine Bowes tenien previst de fundar a Barnard Castle («Le Nº 107 –escriu al començament del mes de juliol de 1862 Benjamin Gogué a John Bowes des de París tot referint-se a l'esmentat Sant Francesc– est réellement très beau de peinture bien conservé et [vraiment] de Murillo. Il a pour défaut n'être pas un sujet très gracieux.») L'atribució a Murillo es va mantenir en inaugurar-se el museu el 1892, tot i que en el catàleg de 1939 va aparèixer ja com de Zurbarán. Posteriorment, Harris i Soria van posar en dubte aquesta darrera atribució, i tornaven a l'entorn de Murillo i, fins i tot, plantejaven el de Ribera. Angulo en el seu Catálogo crítico de Murillo[2] situa el quadre en l'apartat d'obres discutibles, i el considera «posiblemente napolitano; no imposible madrileño» i Young en el Catalogue of Spanish Paintings in the Bowes Museum[3] l'inscriu una altra vegada en el cercle de Francisco de Zurbarán.

Si tinguéssim en consideració aquest «cercle de Zurbarán» mantingut per Young, es podria pensar en un Sant Francesc en èxtasi o en levitació del pintor extremeny desconegut actualment. Encara que no sigui així, atès el difícil que és acceptar com de Zurbarán la invenció de Barnard Castle, aquest quadre serveix per advertir l'abisme iconogràfic que separa l'«èxtasi» del sant Francesc «corporalment alçat de terra» del tema del quadre que ens ocupa, l'anomenat, a vegades, Sant Francesc en èxtasi, que la National Gallery de Londres va adquirir uns quants anys abans que els Bowes compressin el seu (1853).

En el Sant Francesc de la National Gallery de Londres, Zurbarán concep una estança d'arquitectura quasi inexistent determinada per la línia del terra, el mur del fons i la llum, en la qual aquesta darrera no solament configura en el mínim un espai d'austeritat geomètrica absoluta, fruit de la trobada entre allò perpendicular i allò paral·lel, sinó que recupera, de la foscor, un frare caputxí prostrat, que pels estigmes reconeixem com a sant Francesc.

La figura del sant, que amb la seva sola presència omple el densament i matisat buit negre de la tela, que s'il·lumina tènuement a la part dreta, trenca l'ortogonalitat de l'espai.

El fet de posar-se de genolls a terra crea una línia, que s'endinsa obliquament en el fingit espai, sobre la qual s'alça el, per les seves formes gruixudes, potent cos de sant Francesc.

Zurbarán enfronta aquest cos a la foscor, al no-res de la immediatesa i al tot de la transcendència, una transcendència que fa que el pobret d'Assís giri el cap, enclaustrat amb una invenció singular en la profunda fornícula que és la caputxa, en direcció a l'espectador. Però aquest, a diferència del *Sant Francesc segons la visió del papa Nicolau V* (cat. núm. 7), és absent de l'obra, ja que el cap anhelós, en el seu gir sobre l'eix del cos, s'atura abans d'arribar a la frontalitat.

Sant Francesc alça els seus ulls, que segons fra Marcos de Lisboa els tenia negres i tranquils i que aquí són enfosquits per l'ombra de la caputxa irregular, i els eleva sol·lícits i ansiosos cap amunt en diàleg amb els d'Aquell que l'ha de rebre a la Glòria. La seva boca entreoberta sembla que recita l'*Infelix ego, ¿quis me liberabit de corpore mortis hujus?* del carmelita descalç i exquisit historiador contemporani (1587-1589) de Zurbarán fra Jerónimo de San José:

> «*¡Triste infeliz de mí!, ¿quién, oh Dios mío,*
> *me librará del cuerpo de esta muerte?*
> *¿Quién del lazo cruel, del yugo fuerte*
> *con quien oprimido gime el albedrío?*
>
> *¡Ay Dios!, ¿y quién podrá del desvarío*
> *con que a su ley la carne me convierte*
> *ponerme en libertad, y a su mejor suerte*
> *reducir su pasión, domar su brío?*
>
> *Más ¿quién ha de poder, sino la gracia*
> *de Dios, por Jesucristo merecida,*
> *por Jesucristo dada en eficacia?*
>
> *Cese, pues, tu dolor, alma afligida,*
> *cese el temor, pues cesa la desgracia,*
> *y en ti, mi Dios, espere agradecida.*»

Com un «*Narciso a lo divino*» que fuig dels plaers de la vida en la veritat que només l'Amat és digne del pensament de l'home, el monjo de Zurbarán s'enamora sense cap font pel mig, que no sigui la de la fe, pura a les veritats, forta i clara, neta d'errors i formes naturals com assenyala sant Juan de la Cruz en el seu *Cántico* (B 12, 3), s'enamora, diem, de la imatge del seu rostre que no és cap més que la calavera –calavera pròpia i calavera d'Adam– que amb les seves mans entrellaçades prem amb força contra el pit.

No hi ha cap rastre de temor davant la mort en la figura pintada per Zurbarán; només hi ha la queixa de la durada de la vida corporal i del cansament d'aquest món. És el revers del dubitatiu Hamlet de William Shakespeare davant l'alternativa del viure o el morir: «Ser o no ser: aquest és el problema: / Saber si, a l'esperit, li és més noble sofrir / els cops i els dards de la ultratjant Fortuna, / o alçar-se en armes contra un mar d'afliccions, i eliminar-les combatent. Morir, dormir; / res més que això. [...].»[4]

El *Sant Francesc* de la National Gallery de Londres desitja amb devoció ardent la condició de la mort ja que, si mor el cos, l'ànima assoleix la visió clara de Déu: «captivat en el fervor del seu esperit en aquella malaltia tan greu, que semblava que compendiava tota mena de mals –va escriure sant Bonaventura a la *Llegenda de sant Francesc* (14, 3)– es va postrar nu al terra [...]. Prostrat així al terra, i despullat del seu tosc hàbit, va elevar, segons era el seu costum, el rostre cap al cel, i posat el seu pensament en la glòria celestial, va cobrir amb la mà esquerra la llaga del costat dret».

4. Shakespeare 1603 (ed. Oliva 1986), p. 83.

Francesc Ribalta, *Sant Francesc d'Assís*. Museo del Prado, Madrid.
Fotografia: Institut Amatller d'Art Hispànic

Zurbarán no pinta, com no ho havia abans fet El Greco ni cap dels qui el van seguir, sant Francesc nu, però sí que fidel a la seva Senyora, la Santa pobresa, la pobresa de la seva túnica i del cordó predicada pels caputxins en la seva voluntat de remuntar-se a les fonts franciscanes: «I tots els frares es vesteixin de vestidures vils –es pot llegir a la *Primera regla dels frares menors* (cap. II)– i puguin apedaçar-les de sac i altres peces amb la benedicció de Déu.»

La procedència d'aquest *Sant Francesc prostrat esperant ansiosament i quieta la mort* no es coneix, tot i que probablement el va adquirir a Espanya el baró Taylor per a Lluís Felip, rei de França, entre la darreria de 1835 i el començament de 1837 ja que va ser una de les cent deu obres que sota l'autoria de Zurbarán es van presentar el 7 de gener de 1838 a la galeria de Lluís Felip exposada a les sales de la Colonnade del Musée du Louvre.

La fortuna crítica de l'obra des del moment del seu «descobriment», marcat per l'interès que va desvetllar en literats com ara Théophile Gautier, que li va dedicar versos encesos i significatius («*Tes moines Le Sueur près de ceux-là sont / fades / Zurbaran de Sévilla à mieux rendu que toi / Leurs yeux plombés d'extase et leurs têtes / malades*») i per la polèmica entre defensors acèrrims, com ara Richard Ford, i no menys tenaços detractors que va desvetllar a Londres quan va ser adquirida per la National Gallery (1853), fins a mitjan segle XX és prou coneguda i escassament significativa per insistir-hi.

Només cal destacar sobre això que el *Sant Francesc* de la National Gallery no va representar el mateix per als estudiosos estrangers que per als espanyols. L'actitud dels primers queda perfectament reflectida en el comentari que Gillet fa del quadre dins *La Peinture. XVIIe et XVIII Siècles*:[5] «*Zurbaran est une gloire récente. Son nom, avant 1838, était à peu près inconnu. C'est alors que s'ouvrit le musée espagnol, prête au Louvre par Louis-Philippe. On y voyait ce* Moine *en prières, aujourd'hui à Londres, et qui, une tête de mort entre les mains, dans son froc rapiécé, dan le jour souffrant de sa cellule, du fond de l'entonnoir plein d'ombre de sa cagoule, lève au ciel ses regards dilatés et sa face phtisique. C'était, dans une gamme triste, sévère jusqu'à l'austérité, sans nulle mise en scène sans l'ombre d'un ornement, une aparition d'un autre âge et d'un autre monde. Du jour au landemain, Zurbaran fut célèbre.*»

5. Gillet 1913.

FRANCISCO DE ZURBARÁN,
SANT FRANCESC D'ASSÍS.
THE NATIONAL GALLERY,
LONDRES.
© National Gallery, London

De la nit al dia, per a la generalitat dels estudiosos forans, Zurbarán es va fer cèlebre gràcies al monjo de la National Gallery de Londres. Per als espanyols, això no obstant, el monjo es va convertir en una de les causes que la pintura de l'extremeny, i, per tant, d'una bona part dels pintors del Segle d'Or, es considerés melangiosa i terrible: «*El famoso* Monje en meditación *[...] de la National Gallery de Londres* —escriu Araújo y Sánchez dins *Los Museos de España*—,[6] *es también una figura sentida que impresiona y sirve a los extranjeros para afirmar el concepto que tienen de lo sombrío y taciturno del misticismo de nuestros pintores; pero no deja de ser una excepción en la obra del autor. Zurbarán no se complace, como Ribera, en escenas horribles de martirio; pinta la vida del claustro, que es grave y reposada: éxtasis y visiones de santos ante apariciones celestiales; pero no busca nunca ni lo dramático ni lo que tenga gran movimiento.*»

6. Araújo y Sánchez 1875, p. 6.

La pretensió d'Araújo de fer excepció del monjo de la National Gallery de Londres en l'obra de Zurbarán és inútil. Quan el 1947 Sérullaz publica una correcta però tòpica *Evolution de la peinture espagnole des origines a nos jours* el primer que esmenta quan parla de la bellesa de les visions monacals del pintor extremeny són els recurrents versos de Gautier: «*Moines de Zurbaran, fantômes qui dans l'ombre/ glissez silencieux sur les dalles des morts / murmurant des pater et des Ave sans nombre...*»

Com ja s'ha assenyalat, malgrat aquest important, tot i que, per la fixació de la seva interpretació romàntica, paper distorsionador jugat pel *Sant Francesc* de la National Gallery de Londres en el reconeixement de l'art de Zurbarán, el quadre gairebé no va ser tingut en compte com a problema crític en les monografies —poques i escassament afortunades, per cert— i en els estudis puntuals que es van publicar del pintor durant la primera meitat del segle XX.

A la segona meitat de segle, les anàlisis ja obliden les apreciacions del segle XIX i se centren en tot allò crític. L'any 1953, Soria recorda breument el paper que va desenvolupar l'obra (núm. 166) en la consideració del seu autor («*For the past hundred years the picture, more than any other, has represented Zurbarán's art, giving critics and the public the impression thas his mood was sinister, tormented, dark, unhappy and morose*») i la centra i relaciona amb

7. Caturla/Delenda 1994, p. 225.

l'altre *Sant Francesc d'Assís en meditació* que posseeix la National Gallery de Londres, aquesta obra era signada i datada («*Franco Dezurbará /faciebat/ 1639*»), al voltant de 1639. Aquesta data variarà poc en els estudis posteriors i, en tot cas, s'ampliarà la seva cronologia al període 1635-1640, és a dir, a l'època de plenitud de l'artista. Caturla[7] és una excepció en aquest sentit ja que endarrereix l'obra, fins i tot reconeix el seu tenebrisme evident, fins al 1659.

La qüestió del tenebrisme o del caravaggisme no és menor per intentar situar la pintura en la trajectòria artística de Zurbarán. En la corresponent fitxa del catàleg de la darrera gran exposició de Zurbarán que ha tingut lloc fins ara, la que es va fer, entre 1987 i 1988, a Nova York, París i Madrid, Baticle afirma que no «es pot parlar de tenebrisme pròpiament dit, ja que Sant Francesc està representat de genolls a la penombra d'una església o d'una cel·la. Aquesta penombra és transparent, quasi blavosa i deixa endevinar la profunditat. El contrari de les obres del primer període que mostren constrastos violents d'ombres negres opaques i de claredat lívida, el quadre de Londres ostenta un modelat, ja en *sfumato*, que degrada subtilment els colors des de l'ombra fins a la claredat».

Certament, en el *Sant Francesc* de Londres hi ha penombres transparents i degradacions, però el que forma la composició i la presència del sant en l'espai buit és el fort i, en algun moment, molt atrevit contrast entre llum i ombra. La llum que il·lumina la figura de Londres no és llum mística o espiritual, com sol esdevenir en els èxtasis o les visions del sant d'Assís, des del sant Francesc socorregut per un àngel que transita entre la vida i la mort en el moment que rep els estigmes de Crist pintat amb una singular invenció pel primerenc Caravaggio (Wadsworth Atheneum, Hartford) fins al que va pintar Ribera el 1642 (monestir de San Lorenzo d'El Escorial, Madrid) tot passant pel *Sant Francesc* confortat per un àngel músic que Francesc Ribalta va fer cap a 1620 (Museo del Prado, Madrid).

El *Sant Francesc* de Londres no està il·luminat per la llum de l'esperit, sinó per la de la matèria, una llum que irromp bruscament des de l'esquerra en la foscor de l'estança –podria ser la llum d'una finestra baixa– i en el seu recorregut sorprèn el sant agenollat tot esperant que li sigui concedida la gràcia de la mort. La llum il·lumina amb intensitat la caputxa, converteix el seu esquivament quasi en línia i la seva absència talla el profund i quiet buit en què s'empotra, tan sols s'endevina, el cap. Zurbarán fa sorgir de la foscor un triangle atrevit de llum que descobreix el nas, la boca i la barbeta de sant. La llum rescata de les tenebres, amb menys intensitat ja que els seus raigs es converteixen en oblics, l'ocre terrós de la musclera dreta de l'hàbit i, intensament, les imitacions de sac beix clar, quasi blancs, de la màniga i el faldó.

Sens dubte, Zurbarán juga amb la llum pròpia del color blanc per accentuar el contrast entre allò clar i allò fosc, contrast que es torna absolutament modelador del volum en la corresponent bocamàniga i que esclata amb qualitat caravaggesca a les mans que entrecreuen els seus dits com entrecreuen la llum i la penombra fins que s'amaguen en la densa ombra de l'hàbit. En aquesta ombra només la calavera, com a la caputxa ho fa el triangle que té per vèrtex el nas, adquireix paradoxalment presència i acaricia els ossos il·luminats i es perd en els ossos i els buits que resten en el silenci, quasi molt quiet a l'estil de Miguel de Molinos, del no-res.

Al faldó del saial la llum retorna a la geometria de la caputxa però si en aquest el tall segueix la precisió de tot allò corb, en el faldó és la línia vertical de la plomada la que separa el que es veu del que s'endevina, un veure's que té el seu punt més intens en el doblec del genoll i es perd cap als peus ajudat pel joc dels plecs, el més intens dels quals corre d'aquesta manera quasi en paral·lel a la línia de terra, el qual de la foscor de la zona de l'esquerra passa a l'alternança de franges d'ombra i llum tènue per rebre el cordó franciscà, exemple humil del que pot fer la pintura per animar allò inaminat.

Difícilment es pot associar aquest tractament caravaggesc de la llum a la darrera etapa de Zurbarán, la del *Sant Francesc* que va ser de la col·lecció Aureliano de Beruete datat el

CAT. NÚM. 6, DETALL.

1659, ni tan sols al quinquenni d'esplendor, en el qual s'inclou el *Sant Francesc* datat el 1639 de la National Gallery de Londres. Creiem que cal retrocedir fins a les primeres obres sevillanes de l'artista per trobar alguna cosa semblant.

Les pintures per a San Pablo el Real de Sevilla, especialment el *Crist crucificat*, avui a l'Art Institute de Chicago (vegeu reproducció a la fitxa cat. núm. 5), identificat amb el tan elogiat a les fonts documentals de l'època pel professor Milicua, les del col·legi franciscà de San Buenaventura, les de la Trinidad Calzada i les de la Merced Calzada –entre les quals, el *Sant Serapi* del Wadsworth Atheneum de Hartford– constitueixen el marc cronològic en què segurament s'ha de situar el *Sant Francesc prostrat* de la National Gallery de Londres, marc que tindria el seu límit en la natura morta de la col·lecció Contini Bonacossi (*Natura morta amb panera de taronges*, vegeu reproducció a l'article «Les natures mortes de Francisco i Juan de Zurbarán» en el present catàleg), avui a la Norton Simon Foundation de Pasadena datada el 1633. En qualsevol cas ens inclinem més cap al límit alt d'aquest marc, és a dir, cap al 1630.

JOAN SUREDA I PONS

FRANCISCO DE ZURBARÁN

Sant Francesc d'Assís segons la visió del papa Nicolau V

Cap a 1640

Oli sobre tela
177 x 108 cm
Barcelona, Museu Nacional d'Art de Catalunya (MNAC/MAC 11528)

HISTÒRIA: ubicació original desconeguda; col·lecció José Fernández Pintado; adquirit per la Junta de Museus el 1905.

EXPOSICIONS: *Exposición de obras de arte e historia. Adquisiciones y restauraciones 1939-1947*, Barcelona, Casa de la Ciudad, Antiguo Palacio Real Mayor, gener - febrer de 1947; *Zurbarán*, Granada, Palacio de Carlos V, juny de 1953; *L'Âge d'Or espagnol. La peinture en Espagne et en France autour du caravaggisme*, Bordeus, Musée et Galerie des Beaux-Arts, 16 de maig - 31 de juliol de 1955; *Stora Spanska Mästere*, Estocolm, Nationalmuseum, 12 de desembre de 1959 - 13 de març de 1960; *Zurbarán en el III Centenario de su muerte*, Madrid, Casón del Buen Retiro, novembre de 1964 - febrer de 1965; *Zurbarán*, Barcelona, Saló del Tinell, 1965; *L'època dels genis. Renaixement/Barroc. Tresors del Museu d'Art de Catalunya*, Girona, Museu d'Història de la Ciutat, 1987; Barcelona, Palau de la Virreina, 27 de juliol - 17 de setembre de 1989; *Zurbarán*, Madrid, Museo del Prado, 3 de maig - 30 de juliol de 1988; *Capolavori dal Museo d'Arte della Catalogna*, Roma, Accademia Spagnola di Storia, Archeologia e Belle Arti, 22 d'octubre de 1990 - 9 de gener de 1991; *L'esplendor de la pintura del Barroc. Mecenatge català al Museu Nacional d'Art de Catalunya*, Barcelona, Museu Nacional d'Art de Catalunya, 16 de maig - 17 de novembre de 1966.

BIBLIOGRAFIA: Catàleg Barcelona 1906, p. 75, núm. 283; Catàleg Barcelona 1915, p. 20; Catàleg Barcelona 1930, p. 65; Catàleg Barcelona 1936, p. 173, núm. 9; Barcelona 1947; Gaya Nuño 1948, núm. 244; Caturla 1953, p. 67, cat. núm. 42, làm. 37; Soria 1953, núm. 185; Catàleg Barcelona 1954, p. 52, fig. p. 53; Martin-Méry 1955, cat. núm. 83; Gaya Nuño 1955, p. 89, fig. 9. p. 909; Estocolm 1959, cat. núm. 117; Guinard 1960a, núm. 375; Torres Martín 1963, p. LXXVI, núm. 207; Sanz-Pastor 1964, p. 197-198, cat. núm. 104; Barcelona 1965; Gaya Nuño/Frati 1974, p. 113, núm. 370 bis; Brown 1976, p. 134; Gállego/Gudiol 1976, p. 39, 96 i 267, núm. 233, fig. 245; Gállego 1984a, n. 37; Girona 1987, p. 192-198, cat. núm. 23; Baticle 1987b, p. 308; Serrera 1988a, p. 63-85; Serrera 1988b, p. 400-402, cat. núm. 102; Sureda 1988a, p. 192-198, núm. 23; Barcelona 1989, p. 41, cat. núm. 23; Sureda 1990b, p. 47-49, cat. núm. 9; Caturla/Delenda 1994, p. 225, 226 i 240; Pérez Sánchez 1995a, p.122, fig. p. 123; Cuyàs 1996, p. 34 i 50-51, cat. núm. 15.

El concili de Trento va aportar a l'art de la darreria del segle XVI i al de l'època barroca una nova religiositat en què el patiment, el martiri i la mort del cos s'entenien com a camí de salvació i de llum per a l'ésser humà. La figuració dels sants, l'honra i la veneració dels quals havien injuriat «els heretges», devia mostrar als fidels l'anhel ardent d'aquells per Déu, el seu desig de dolor en el viure quotidià i el seu viure amb l'Amat després que la mort els hagués assetjat, una mort que no convertia el seu cos en ossos secs, en pols i en cendres, sinó en relíquies de la vida veritable.

Els sepulcres de la mort fosca no eren abismes en què les despulles de la carn estaven tancades per sempre ni llacs tenebrosos i ombrívols deixats de la mà de Déu, sinó temples

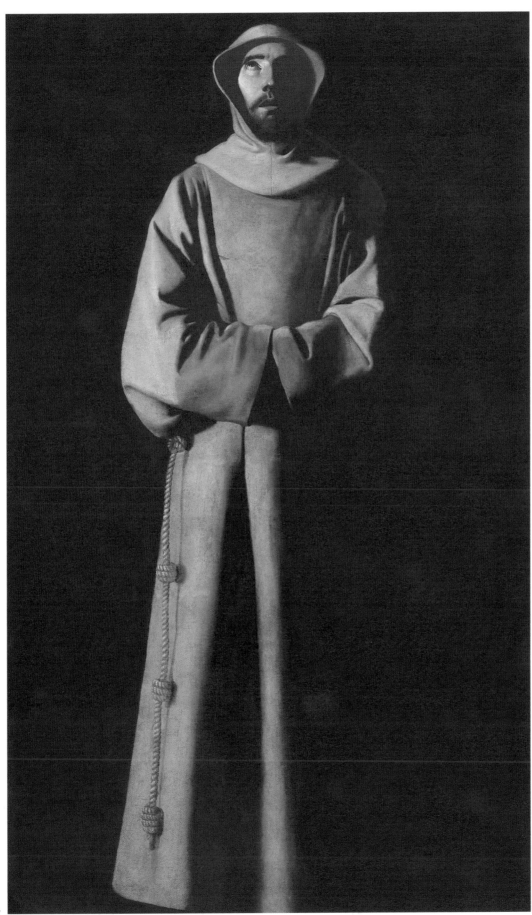

que convenien a la resurrecció que s'espera. La contrareforma va obrir els sepulcres i va mostrar, incorruptes, els cossos dels sants, com incorrupte va veure el cos de sant Francesc el papa humanista i reformador Nicolau V, segons va relatar el cardenal Austergius, assistent a l'esdeveniment, a l'abat Iacopo de Cavallina, després bisbe d'Ariano, quan el pontífex va descendir el 1449 a la cripta de la basílica d'Assís per contemplar els estigmes del sant, els quals, per humilitat, aquest mai no havia mostrat en vida.

Pel que sembla, Iacopo de Cavallina va donar a conèixer per carta la notícia del descobriment del cos incorrupte al duc d'Adria i aquest a Gonzalo Fernández de Córdoba, el Gran Capità. La carta de l'abat, això no obstant, va trigar a ser difosa. Ho va fer fra Marcos de Lisboa en la seva *Chronica* (1562): «[el sant] *estaba de pie* –es pot llegir a la *Chronica*–, *derecho, no allegado ni recostado a parte alguna, ni de mármol ni de pared, ni en otra cosa. Tenía los ojos abiertos, como de persona viva, y alzados contra el cielo moderadamente. Estaba el cuerpo sin corrupción alguna de ninguna parte, con el color blanco y colorado, como si estuviera vivo. Tenía las manos cubiertas con las mangas del hábito delante de los pechos, como las acostumbran a traer los frailes menores; y viéndole así el Papa [...] alzó el hábito de encima de un pie, y vio él y los que allí estábamos que en aquel santo pie estaba la llaga con la sangre tan fresca y reciente, como si en aquella hora se hiciera*». L'episodi miraculós va ser propagat posteriorment per Luis de Rebolledo en la seva *Chronica de nuestro seráfico padre San Francisco* (1598), pel jesuïta Pedro Ribadeneyra en el *Flos sanctorum o Libro de las vidas de los santos* (1599) i pel franciscà escotista Luke Wadding en els seus *Annales Ordinis Minorum* (1625).

La família franciscana dividida des de 1517, per gràcia de la butlla *Ite et vos* del papa Mèdici Lleó X, en diverses branques, entre les quals la dels caputxins –que va obtenir la independència definitiva dels conventuals el 1619–, va veure acomplert, en aquesta narració, el seu anhel de mostrar al món el seu fundador com un nou Crist, com aquell que viu entre els vius després de mort, i des de la darreria del segle XVI i, sobretot, al llarg del segle XVII, gravadors com ara Thomas de Leu (vegeu reproducció a l'article «El pensament religiós del Segle d'Or i Francisco de Zurbarán» en el present catàleg), al començament de segle, i pintors, com el való Gérard Douffet (1627) i el parisenc Laurent de La Hyre (1630), es van disposar a representar-lo.

En aquestes representacions del miracle, el que importa més als artistes és el fet de la invenció del cos-relíquia de sant Francesc i no el seu significat o la seva possible interpretació religiosa. Així, a la tela de dimensions considerables que Laurent de La Hyre va realitzar per a la capella de Sant Francesc de l'església dels caputxins de Marais (Musée du Louvre) el grup format pel papa Nicolau V i els seus acompanyants –entre els quals hi ha el cardenal Austergius– i fins i tot l'entorn arquitectònic capten més l'atenció de l'espectador que la imatge-estàtua del sant d'Assís del qual el pintor amb prou feines destaca amb emoció continguda el rostre, les mans i un peu il·luminats per la torxa que porta un frare.

Pel que fa a l'art espanyol, Pacheco en el seu *Arte de la pintura* (edició pòstuma 1649) en parlar de quina manera s'ha de pintar el «*seráfico padre San Francisco*» esmenta un *Sant Francesc* «*aventajadamente pintado de mano de Eugenio Cajés*» a la primera estació del claustre de San Francisco el Grande de Madrid «*como está milagrosamente en Asís, en pie después de tantos años, como si estuviera vivo*». Aquest *Sant Francesc* devia ser anterior a 1613 ja que en aquest any Pedro Rens va obligar Eugenio Cajés a pintar un *Sant Francesc* segons la visita de Nicolau V al sepulcre del sant, tal com ho havia fet per al claustre de San Francisco de Madrid. Perdudes les dues obres, es conserva un dibuix, segurament preparatori de la primera, en la Graphische Sammlung Albertina de Viena. Segons Pérez Sánchez,[1] podria ser una còpia de la pintura de Cajés, un *Sant Francesc* de la parròquia del poble madrileny de Fuente del Saz i derivació amb variants seves, una pintura conservada antany a la catedral de Wloclaw (Polònia).

Derivat del de Cajés hauria pogut ser també el *Sant Francesc* que va pintar Alejandro de Loarte per als caputxins de Toledo (1626). Però si s'ha de jutjar pel dibuix de la Graphische Sammlung Albertina, els dos pintors interpreten el tema d'una manera molt diferent.

1. Angulo/Pérez Sánchez 1969, p. 247, núm. 169.

Mentre que Cajés representa en sentit estricte l'episodi del papa Nicolau V –com ho havien fet o ho farien, entre d'altres, Thomas de Leu i Laurent de La Hyre, tot i que amb la diferència respecte a aquests que el sant figurava en posició frontal– Loarte pinta només l'efígie de sant Francesc. El sant emergeix d'una foscor amb prou feines il·luminada per dues llums; cobert amb un saial esparracat alça la seva mirada cap dalt i mostra ostensiblement els estigmes amb què Crist el va distingir.

Zurbarán, quan s'enfronta al tema, segueix el model de Loarte i no el de Cajés. No escenifica el descobriment de sant Francesc per Nicolau V, representa únicament i exclusiva el cos incorrupte del sant, sense cap parafernàlia, sense cap anècdota. El pintor extremeny converteix el fidel en papa, veu allò que aquell va veure. Zurbarán, de la mateixa manera com ho fan els místics espanyols del segle xvii, no distingeix entre cos i esperit, entre allò natural i allò sobrenatural, entre allò humà i allò diví; com fan els literats no separa la realitat de la il·lusió, allò fingit d'allò veritable.

Qui il·lumina la que hauria de ser mòmia de sant Francesc, i no és sinó el seu tot, la seva ànima i el seu cos, no és el papa; és el fidel, som tots nosaltres els qui ho fem amb les nostres teies, i la llum d'aquestes és la que fa que, en el mur del fons, l'ombra de la matèria esquinci el no-res del tenebrós buit de la mort, i l'humil saial es converteixi en dura pedra tallada:

> «*Para venir a gustarlo todo,*
> *no quieras tener gusto en nada;*
> *para venir a poseerlo todo,*
> *no quieras poseer algo en nada;*
> *para venir a serlo todo,*
> *no quieras ser algo en nada [...]*
> *para venir a lo que no eres,*
> *has de ir por donde no eres.*»

Laurent de La Hyre, *El papa Nicolau V descobreix la mòmia de Sant Francesc d'Assís.* Musée du Louvre, París.
©Photo RMN

Eugenio Cajés, *El papa Nicolau V descobreix la mòmia de Sant Francesc d'Assís.* Graphische Sammlung Albertina, Viena.
© Graphische Sammlung Albertina, Wien

Francisco de Zurbarán,
Sant Francesc d'Assís.
Musée des Beaux-Arts, Lió.
Fotografia: Institut Amatller
d'Art Hispànic

Francisco de Zurbarán,
Sant Francesc d'Assís.
Museum of Fine Arts,
Boston, Massachusetts.
Fotografia: Institut Amatller
d'Art Hispànic

Pedro de Mena, *Sant
Francesc d'Assís*. Catedral
de Toledo, capella de Sant
Pere, Toledo.
Fotografia: Institut Amatller
d'Art Hispànic

2. Sánchez Cantón 1926,
p. 38 i ss.

3. Orueta 1914.

Conclouen els avisos i les regles de sant Juan de la Cruz en el Llibre I de *Subida al Monte Carmelo*.

La mòmia, que no és res sinó tot, de sant Francesc pintada per Zurbarán està governada per la perfecció de l'ordre de tot allò geomètric. L'eix de la pintura, que és el del cos, divideix la matèria i l'esperit en llum i en penombra. La sobrietat formal del saial, només assaltada per la fluixesa del cordó de quatre nusos (l'ortodòxia dicta tres com a símbol dels vots de pobresa, castedat i obediència) i que amb prou feines deixa veure el peu dret que s'avança tímidament a la caiguda de l'hàbit per mostrar el darrer segell que va rebre de Crist, no és diferent de la que modela, alternant claredat i foscors, el rostre del sant. El rostre del sant, que sorgeix de la cavitat del nínxol petri que sembla ser la caputxa, el perímetre triangular de la qual és dibuixat per un filet que passa de la llum a la foscor, no és el d'una mòmia sinó el d'un ésser que lliura la seva existència al més enllà; la boca entreoberta exhala un sospir suplicant que es fa etern; els ulls girats cap dalt, tocats potser pel reflex de llum divina, són signes patents de la glòria de sant Francesc que es presenta davant el fidel com el nou Crist en l'instant suprem de la seva creu.

En la historiografia contemporània espanyola, la correcta interpretació iconogràfica del tema de sant Francesc momificat va ser duta a terme per Sánchez Cantón[2] qui es va estendre sobre la seva significació amb relació al *Sant Francesc* de Pedro de Mena del tresor de la catedral de Toledo, que, certament, com assenyala Sánchez Cantón, sembla una transcripció escultòrica del *Sant Francesc* pintat per Zurbarán que coneix a través de la versió del Musée des Beaux-Arts de Lió.

Anteriorment, el tema s'havia interpretat com sant Francesc en èxtasi com fa, entre d'altres, Orueta dins *La Vida y la Obra de Pedro de Mena y Medrano*[3] tot acudint a les fonts de la mística espanyola: «*[...] el santo se encuentra en un momento de éxtasis absoluto, abstraído de cuanto le rodea, transportado a otras regiones, en este estado en el que al decir de Santa Teresa, el amor suavísimo de nuestro Dios se entra en el alma y es con gran suavidad y la contenta y satisface y no puede entender cómo ni por donde entra aquel bien: QUERRÍA NO PERDERLE, QUERRÍA NO MENEARSE, NI HABLAR, NI AUN MIRAR, porque no se le fuese».*

El *Sant Francesc* de Pedro de Mena també havia provocat sentides descripcions que sense entrar en la precisió del moment o de l'afer representat són molt properes al seu sentit original: «*Sentí casi escalofríos* –explica el pintor i escriptor Santiago Rusiñol dins *Impresiones de arte*–.[4] *A la impresión de la obra maestra que teníamos delante, juntábase el vago terror que me inspiraba aquel raro consorcio de místico realismo [...]. Aquella figura sufría, se moría, sentía el estorbo de un cuerpo sirviendo solamente de mortaja a un espíritu queriendo huir de la tierra; su boca tenía ya las ansias de la otra vida, y sus ojos clavados y abiertos de un modo vago miraban hacia un más allá deseado ardientemente, de un más allá que se lanza a lo infinito, con toda la angustia del que atraviesa una llanura de espinas esperando encontrar al final de la jornada el limbo de gloria soñado, el imán que atre su fuego, la calma definitiva.*»

Es conserven tres versions del tema que s'atribueixen a Zurbarán: la del Museu Nacional d'Art de Catalunya, la del Musée des Beaux-Arts de Lió i la del Museum of Fine Arts de Boston. A més d'aquestes versions, se'n poden esmentar dues rèpliques de bona qualitat, potser del taller del mestre. Una de les quals pertany al castell de Villandry (col·lecció Carvallo) i l'altra al convent de les Descalzas Reales de Madrid, tot i que en aquest cas el rostre es veu lleugerament de tres quarts, i mira cap a l'esquerra.

La primera versió coneguda per la crítica va ser la de Lió, que acabada d'entrar al museu al començament del segle xix[5] va ser tinguda per obra de Ribera. En el catàleg del museu de 1847, potser pel coneixement que es va tenir de Zurbarán gràcies a les pintures de la galeria de Lluís Felip, ja era atribuïda al pintor extremeny. Si bé el nom de Zurbarán es va silenciar en els catàlegs del museu de Lió corresponents a 1852 i 1870, l'autoria de Zurbarán ja no va ser seriosament posada en dubte. La versió de Boston va ser comprada com de Zurbarán el 1823 per l'ambaixador anglès a Madrid, el baró Heytesbury, juntament amb les dues teles de dimensions semblants dedicades a sant Benet i a sant Jeroni, la qual cosa va fer pensar a alguns historiadors que l'obra pogués pertànyer a un cicle de pintures de fundadors d'ordes, en què la visió de sant Francesc substituís la més característica del sant en oració o èxtasi. La versió de Barcelona, ingressada al Museu d'Art de Catalunya el 1905, va ser tinguda durant molt de temps com a rèplica de taller, fins que una oportuna restauració li va retornar el seu caràcter d'autògrafa.

Si comparem les tres versions del *Sant Francesc momificat* amb el *Sant Francesc agenollat* (vegeu reproducció a la fitxa cat. núm. 8), primer de la col·lecció d'Aurelià de Beruete (Madrid) i posteriorment de la de Plácido Arango, Guinard[6] va opinar que la seva cronologia es devia centrar al voltant de 1659, datació que posteriorment ha estat acceptada per diversos estudiosos, entre els quals, amb matisos (1650-1660), per Baticle.[7] Això no obstant, la concepció escultòrica del sant no concorda amb el tractament que reben les darreres obres del pintor concebudes amb formes més dinàmiques i menys denses pictòricament. La sèrie dels *Sant Francesc segons la visió del papa Nicolau V*, creiem que és propera al *Sant Francesc agenollat* de la National Gallery de Londres, datat el 1639, i amb altres pintures d'aquest període, com ara les de la cartoixa de Nuestra Señora de la Defensión a Jerez de la Frontera i les del monestir de Guadalupe. Tot i que no necessàriament les tres versions s'han de considerar de la mateixa data, la de 1640 sembla que és la més adequada per centrar la seva cronologia.

Joan Sureda i Pons

4. Rusiñol s.d, p. 23.

5. Artaud 1808, p. 16.

6. Guinard 1960a, p. 85.

7. Baticle 1987b.

Sant Francesc d'Assís

Cap a 1630-1640

Oli sobre tela
224 x 181 cm amb marc
Col·lecció particular

HISTÒRIA: ubicació original desconeguda; col·lecció particular, Jerez de la Frontera; col·lecció Linares, Madrid, fins a 1945; col·lecció Lluís Plandiura, Barcelona; col·lecció Álvaro Gil, Madrid; col·lecció particular.

EXPOSICIONS: *Zurbarán en el III Centenario de su muerte*, Madrid, Casón del Buen Retiro, novembre de 1964 - febrer de 1965.

BIBLIOGRAFIA: Guinard 1960a, p. 69, núm. 335; Sanz-Pastor 1964, p. 170-171, cat. núm. 75; Camón Aznar 1965a, p. 308; Sutton 1965, p. 323-324; Pinturas españolas 1966, p. 12, làm. V; Gaya Nuño/Frati 1974, núm. 307; Gállego/Gudiol 1976, p. 44 i 97, núm. 249; Alcolea 1989, p. 16, núm. 69.

Sant Francesc d'Assís (1181-1226) ocupa un lloc d'excepció en l'obra de Francisco de Zurbarán que va ser, després de Doménikos Theotokópoulos, El Greco (1540/1541-1614), el millor intèrpret espanyol del *poverello* al llarg del Segle d'Or. El pintor extremeny va representar el seu patró moltes vegades i de moltes maneres: sol, acompanyat d'un germà, en episodis que segueixen literalment la llegenda de la seva vida i també conreant aspectes abstractes que són un ajut inestimable per comprendre la doctrina franciscana.

En el bell quadre que avui s'exposa i que ens ocupa, Francesc hi apareix jove sense arribar a la trentena (va morir a l'edat de quaranta-cinc anys) tal com el descriuen els seus biògrafs: de cara angulosa i ossuda, barba i bigoti negres poc poblats. Està agenollat en un terra rocós, i al costat seu, un llibre gruixut tancat recolzat en una calavera presideix el centre inferior de la composició, mentre que l'esfinx impertèrrit d'un germà encaputxat roman aliè al que passa. Com a escenari, un paisatge amb vegetació i, al fons, gairebé amagada en una arbreda, s'hi erigeix una minúscula capella o ermitatge. El sant d'Assís omplert d'Amor diví i amb les mans esteses en un gest de generositat i disposició incondicional es dirigeix cap al cel amb expressió absorta. L'espectador només percep la seva vivència espiritual a través de l'atmosfera misteriosa impregnada d'una llum que incideix particularment en el rostre i les mans del sant, en la figura del seu company i en el tronc que es dreça darrere seu. Té la boca entreoberta però la seva mirada no es perd en el buit, no sembla que estigui patint els efectes d'un èxtasi, ni de la bogeria, és una mirada humana i generosa que va més enllà de la súplica, un gest de candor i confiança absoluta cap a l'Amat.

No ens trobem davant un episodi concret de la vida del sant, ni pot assegurar-se tampoc exactament que es tracti de la «Impressió de les llagues», el fet meravellós que va tenir lloc el 14 de setembre de 1224, en el dia de la festa de l'Exaltació de la Creu, quan Francesc retirat al Mont Alvèrnia es va convertir en l'*Alter Christus*: la imatge viva de Jesucrist. Zurbarán dibuixaria aquí la personalitat global del sant, a partir de la fusió dels temes de l'«Estigmatització» i de l'«Èxtasi», tot fent desaparèixer els raigs estigmàtics per insistir en

CAT. NÚM. 8

Francisco de Zurbarán,
Sant Bonaventura resant.
Gemäldegalerie, Dresden.
Fotografia: Institut Amatller d'Art
Hispànic

Francisco de Zurbarán,
*La missa del pare Pedro de
Cabañuelas.* Monasterio de
Nuestra Señora de
Guadalupe, Guadalupe.
Fotografia: Institut Amatller d'Art
Hispànic

Francisco de Zurbarán,
Sant Francesc d'Assís, detall.
Col·lecció Arango.
Fotografia: Institut Amatller d'Art
Hispànic

1. Vegeu, fra Tomàs de Celano,
Vida Primera (26, 10) a Guerra
1980, p. 157-158.

l'efecte dramàtic de la llum. Si calgués buscar la font argumental que va inspirar el pintor en el seu discurs, aquesta es podria situar en un relat de fra Tomàs de Celano (m. 1260), en la seva *Vida Primera* escrita entre 1228-1229:[1]

«Una vegada, mentre admirava la misericòrdia del Senyor, en tants beneficis com li havia concedit alhora que desitjava que Déu li mostrés com havien de procedir en la seva vida ell i els seus, es va retirar a un lloc d'oració, tal com feia moltíssimes vegades. Com si romangués molt de temps amb temor i tremolor davant del Senyor de tota la terra, i reflexionés amb amargura d'ànima sobre els anys malgastats i repetís moltes vegades aquelles paraules: *Oh Déu, sigues propici a mi, pecador!,* va començar a escampar-se a poc a poc en la intimitat del seu cor una indicible alegria i una immensa dolcesa. Va començar també a sentir-se fora de si; un cop continguts els sentiments i foragitades les tenebres que s'havien anat establint al seu cor per por del pecat, li va ser infosa la certesa del perdó de tots els pecats i se li va donar la confiança que estava en gràcia. Després, enartat i absort del tot en una llum, i dilatat l'horitzó de la seva ment, va contemplar clarament el que havia de passar.»

Es tracta, sens dubte, de transmetre una trobada personal amb Déu, un moment únic d'emoció intensa, enmig d'una quietud espiritual que s'accentua amb la presència de la llum màgica tal com la defineix el cronista. L'artista sembla que entén a la perfecció el contingut del text literari i es comporta com l'intèrpret idoni del missatge franciscà.

D'altra banda, l'aspecte de sant Francesc dista molt d'aquell embadalit d'altres creacions zurbaranianes com ara el del rostre alienat del protagonista de la *Missa del pare Pedro de Cabañuelas* a la sagristia del monestir de Guadalupe de 1638 o el del *Sant Bru en èxtasi* del mateix moment, avui al Museo de Cádiz; sant Francesc, en el seu misticisme, és aquí un sant humanitzat, és una altra vegada el *poverello* medieval i no un asceta contrareformista; tot allunyant-se del gust posttridentí, el pintor li restitueix aquí la seva condició tradicional de joglar.

Cal assenyalar, a més a més, alguns signes inequívocs de la iconografia franciscana que emfasitzen el significat d'aquesta creació formosa, com ara la petita ermita que hi ha al fons, símbol de la coneguda església de Santa Maria dels Àngels, denominada en italià *Porziuncula* (porció petita) restaurada per les pròpies mans de sant Francesc, dos anys abans d'abraçar la vida evangèlica el 1208 i que va ser la seva casa predilecta i a la qual va voler ser traslladat abans del seu traspàs nu damunt la terra, un senyal que recorda l'origen i el final de la missió de Francesc d'Assís. Aquest humil ermitatge envoltat de matolls

és freqüent en les representacions del sant, sortides de les mans de Zurbarán, com ara el del *Sant Francesc d'Assís en meditació*, signat i datat el 1639 de la National Gallery de Londres (vegeu la reproducció a la fitxa cat. núm. 6) o el del posterior, signat i datat el 1659 que va ser propietat d'Aureliano de Beruete i actualment forma part de la col·lecció Arango. I a tot això s'afegeix el llibre, testimoni de la Revelació, al llenguatge de la qual només accedeixen els nets de cor com Francesc.

L'ambientació del paisatge és un entorn natural partícip de l'esdeveniment sagrat que enllaça amb l'espiritualitat franciscana del *Càntic a les Criatures*[2] i pot suggerir un nou paral·lelisme de Francesc amb Crist mateix, per analogia a l'escenari de l'oració de Jesús a l'Hort de les Oliveres a Getsemaní la vigília de la seva Passió. I, a propòsit d'aquest assumpte, sembla que és adequat assenyalar una estampa de Nicolo Boldrini (segle XVI) tot seguint una invenció de Tiziano (1488/1490-1576), una idea que va ser al mateix temps interpretada per Doménikos Theotokópoulos, El Greco, en el període italià, i per, Josep de Ribera (vegeu reproducció a la fitxa cat. núm. 6).

De procedència desconeguda, la tipologia de l'hàbit dels dos monjos indica una comitència per part d'algun membre franciscà de la branca caputxina. El quadre va ser publicat per primera vegada per Guinard (1960a) quan era propietat de Lluís Plandiura a Barcelona i des d'aleshores, ningú no ha qüestionat la seva autoria; l'estudiós francès va proposar una cronologia al voltant de l'any 1639. La tela va passar després al mercat d'art i va ser adquirida pel col·leccionista Álvaro Gil, es va exposar al públic per primera i última vegada a Madrid el 1965 i, actualment, es conserva a la col·lecció particular que generosament l'ha cedit per a aquesta exposició. Gállego i Gudiol (1976) van assenyalar que la positura i les faccions d'aquest *Sant Francesc* eren semblants al *Sant Bonaventura resant* pintat el 1629, avui a la Gemäldegalerie de Dresden. Alcolea (1989) va proposar un marge d'execució entre 1631 i 1640, a la qual cosa cal afegir alguna semblança estilístico-conceptual amb el *Sant Antoni de Pàdua* del Museu de Arte de São Paulo (vegeu reproducció a la fitxa cat. núm. 10) d'una data propera a l'any 1629.

TIZIANO VECELLIO I GIOVANNI BRITTO O NICOLO BOLDRINI, *ESTIGMATITZACIÓ DE SANT FRANCESC D'ASSÍS*. COL·LECCIÓ PARTICULAR.
© Royal Academy of Arts, London

EL GRECO, *ESTIGMATITZACIÓ DE SANT FRANCESC D'ASSÍS*. ISTITUTO SUOR ORSOLA BENINCASA, NÀPOLS.
Fotografia: Institut Amatller d'Art

2. Vegeu, *Escritos de San Francisco. Oraciones: Cántico a las criaturas* a Guerra 1980, p. 48-50.

MARIA MARGARITA CUYÀS

FRANCISCO DE ZURBARÁN

Aparició de la Mare de Déu amb el Nen a sant Francesc d'Assís a Santa Maria dels Àngels de la Porciúncula

1661

Oli sobre tela
198 x 155 cm
Signat i datat: «*Franco de Zurbarán 1661*» en un cartell al centre de l'extrem inferior.
Col·lecció particular

114

HISTÒRIA: ubicació original desconeguda; baró de Northwick, Moreton-in-Marsh, Gloucestershire, 1864; E.G. Spencer Churchill, 1904; subhasta Christie's, 1965; col·lecció Greswell; col·lecció particular.

BIBLIOGRAFIA: Soria 1955a, núm. 237; Guinard 1960a, núm. 333; Torres Martín 1963, núm. 272; Gudiol/Gállego 1976, p. 119, núm. 521; Cartula/Delenda 1994, p. 234; Pérez Sánchez 1995a, p. 109.

BARTOLOMÉ ESTEBAN MURILLO, *APARICIÓ DE CRIST I LA MARE DE DÉU A SANT FRANCESC D'ASSÍS A SANTA MARIA DELS ÀNGELS DE LA PORCIÚNCULA.* MUSEO DEL PRADO, MADRID. © Museo del Prado, Madrid.

Les aparicions que va tenir sant Francesc a la capella de la Porciúncula, que ell mateix havia fet construir, van ser dues. La primera de les quals es va esdevenir l'estiu de 1216, quan Crist i la Mare de Déu li van concedir una indulgència plenària que seria aplicada a tots aquells que, confessats i contrits, visitessin la capella. Aquesta escena va ser representada per Zurbarán a la pintura feta el 1630 i que avui dia pertany al Museo de Cádiz. La segona visió va tenir lloc al gener de 1217. En aquesta aparició Crist i la Mare de Déu van confirmar a sant Francesc la concessió de la indulgència, i van establir per obtenir-la el dia 2 d'agost, festivitat de l'alliberament de sant Pere.

En aquesta pintura són la Mare de Déu i el Nen els qui s'apareixen a sant Francesc, i és una altra de les moltes visions que el sant va tenir a la capella de la Porciúncula; hi va ser reconfortat per la divina presència de Maria i el seu fill, i s'hi configurava una escena plena de goig místic i d'emoció espiritual intensa.

Pel fet que aquesta pintura correspon a la maduresa de Zurbarán i per estar feta ja durant l'estada madrilenya, s'hi poden advertir unes característiques particulars que són pròpies de l'època en què va ser executada; en principi s'hi pot constatar que el seu dibuix és molt més refinat que el que el pintor feia servir en dècades anteriors, aquest aspecte es reflecteix d'una manera ben clara en les figures de la Mare de Déu amb el Nen, així com en la de sant Francesc. L'any en què aquesta pintura és signada ha desaparegut ja de l'obra de Zurbarán tota mena de sobrietat volumètrica, característica del seu període sevillà i les formes són més dolces i amables des del punt de vista expressiu. També el seu colorit s'ha tornat més fluid i és menys contundent en els matisos dels seus tons. En el vestuari de la Mare de Déu apareixen els tradicionals tons blaus i vermells per a la túnica i el mantell i s'hi adverteixen contrastos subtilíssims. D'altra banda, l'aurèola de tons daurats que envolta les figures de la Mare de Déu i el Nen determina un contrast marcat amb l'atmosfera en penombra que regna a la capella. També, el tractament de l'humil hàbit franciscà que porta el sant és molt acurat.

En la pintura destaca l'expressió vehement del rostre de sant Francesc amb els seus ulls alçats cap a les figures celestials. S'hi reflecteix una complaença espiritual immensa, i el gest coincideix amb l'actitud de les seves mans, les quals assenyalen amb humilitat la immerescuda recompensa de l'aparició.

En la composició, no hi manquen detalls típicament zurbaranians com ara les roses repartides per l'estrada que havien de perfumar l'àmbit de la visió.

CAT. NÚM. 9

És habitual que Zurbarán utilitzés una columna al fons, disposada sobre un pedestal alt, efecte que l'artista fa servir per solemnitzar l'ambient de l'escena i també per marcar un segon pla darrere dels seus protagonistes. D'aquesta manera, contribueix a crear un efecte de marcada profunditat que es reforça amb el paisatge llunyà que es percep a través de l'arc que hi ha al fons, el qual és inundat per les llums malenconioses del capvespre.

Caturla va assenyalar la relació d'aquesta pintura amb l'estil que tenia Murillo en aquella època i que, això no obstant, advertia que en l'obra no hi ha influència d'aquest mestre. En efecte, les dues aparicions de la Porciúncula pintades per Murillo són uns quants anys posteriors a aquesta versió de Zurbarán. En aquest sentit remarcarem que si bé és possible afirmar que l'esperit de Murillo va influir en la darrera època de la vida de Zurbarán, va ser també l'ambient més obert i amable que imperava a l'esperit religiós de la cort el que va repercutir en el mestre de Fuente de Cantos.

ENRIQUE VALDIVIESO

FRANCISCO DE ZURBARÁN

Sant Antoni de Pàdua

Cap a 1650

Oli sobre tela
148 x 108 cm
Madrid, Museo del Prado

HISTÒRIA: és probable que fos fet per a una església o un convent de Manzanilla (Huelva); col·lecció particular, Manzanilla (Huelva), segle XVIII; Salvador Cumplido, Sevilla, 1905; Alfonso Grosso, Sevilla; adquirit el 1958 pel Ministerio de Educación Nacional per al Museo del Prado.

EXPOSICIONS: *Exposición de las obras de Francisco de Zurbarán*, Madrid, Museo Nacional de Pintura y Escultura, 1905; *Exposición Ibero-Americana*, Sevilla, Pabellón Mudéjar, 1929-1930; *Principales adquisiciones del Museo del Prado (1958-1968)*, Madrid, Museo del Prado, 1969; *Du Greco à Goya. Chefs-d'oeuvre du Prado et des collections espagnoles*, Ginebra, Musée d'Art et d'Histoire, juny - setembre de 1989; *El segle d'or de la pintura espanyola al Museo del Prado*, Andorra, Vegueria Episcopal, 1991; *Pintura mexicana y española de los siglos XVI al XVIII*, Mèxic, Palacio Nacional de Exposiciones, 1991; *Capolavori per Sant'Antonio*, Pàdua, Museo al Santo, 9 d'abril - 9 de juliol de 1995.

BIBLIOGRAFIA: Viniegra 1905, p. 29, cat. núm. 41; Kehrer 1918, p. 151; Sevilla 1930, sala IV, cat. núm. 17; Pantorba 1946, fig. XXIII; Guinard 1946-1949, XX (1947), p. 201; Soria 1953, p. 19-20, 22, 25, 183 i 184; Guinard 1960a, p. 86 i 254; Sánchez Cantón 1962, p. 312; Torres Martín 1963, p. 255; Madrid 1969, p. 55; Gaya Nuño/Frati 1974, p. 110, núm. 340; Gállego/Gudiol 1976, p. 30, 61 i 115; Lafuente Ferrari 1978, p. 115; Catàleg Prado 1985, p. 792; Alcolea 1989, p. 17; Ginebra 1989, p. 74; Andorra 1991, s. p.; Mèxic 1991; Sureda 1995, p. 56, cat. núm. 19; Catàleg Prado 1996, p. 459.

El sant hi surt agenollat, de perfil, amb el cap inclinat cap al Nen Jesús, al qual sosté als seus braços. La seva figura es retalla sobre un fons dividit en dues zones: paisatge lluminós en la meitat dreta del quadre –on es pot veure a la llunyania una construcció conventual, amb una façana amb coronament barroc i una torre medieval alta, potser com a al·lusió imaginària al primitiu monestir de Pàdua on va residir sant Antoni–, i una zona rocosa, més fosca, en la qual hi ha un ram d'assutzenes i un llibre recolzat a terra, prop els genolls del sant.

Sant Antoni de Pàdua és el sant franciscà més popular, després de sant Francesc mateix. Va néixer a Lisboa el 1195, tot i que el seu nom es troba unit a la ciutat italiana de Pàdua, on va passar els dos últims anys de la seva vida i hi va morir el 1231, als trenta-sis anys. Va estudiar a Coïmbra, al convent de Santa Creu, i va ingressar el 1220 a l'orde dels Germans Menors. Taumaturg famós i gran predicador, va ensenyar teologia a Bolonya i va assistir el 1227 al Capítol General d'Assís, i el 1230 al trasllat de les restes de sant Francesc. Va ser canonitzat el 1232, un any després de la seva mort. Sempre se'l representa amb l'hàbit de la seva orde, marró o grisenc, i jove i imberbe, amb una àmplia tonsura monacal. Acostuma a anar acompanyat, com en aquest cas, per un ram d'assutzenes, símbol de puresa, i per un llibre i el Nen Jesús, en al·lusió a la seva aparició miraculosa a la cel·la del sant. La iconografia del sant amb el Nen va ser feta servir especialment des de la darreria del segle XVI, a partir de la Contrareforma.

CAT. NÚM. 10

Els franciscans van ser protagonistes freqüents de l'obra monàstica de Zurbarán, el qual va entrar en contacte amb l'orde el 1629, quan va rebre l'encàrrec de continuar la sèrie sobre la vida de sant Bonaventura, que havia començat Herrera el Viejo per al col·legi de franciscans de Sevilla. Des d'aquell moment fins als darrers anys de vida, que va passar a Madrid, on cap a 1658 va pintar sant Jaume de la Marca (Museo del Prado, Madrid, núm. 2472), les seves representacions de sants franciscans van ser nombroses, tot i que no especialment en el cas de sant Antoni de Pàdua, potser un dels menys tractats per l'artista.

La imatge del sant, monumental i estàtica com és habitual en el millor estil del pintor extremeny, presenta una expressió plena de dolçor i una aparença blana, de tècnica una mica curosa, malgrat el perfil angulós de la figura i del disseny trencat dels plecs. En la seva concepció és evident l'existència d'una voluntat «dulcificant» per part de l'artista, relacionada, sens dubte, amb el desig de renovar el seu llenguatge pictòric per adequar-lo a l'evolució de la pintura dels anys centrals del segle, més amable i lluminosa, un cop oblidats ja els rigors contrareformistes i, d'aquesta manera, es dóna resposta a l'art de Murillo, qui amb una fórmula estètica plena de dolçor i delicadesa el va anar desplaçant gradualment del favor públic a partir de la dècada dels anys quaranta. Aquest quadre, que Guinard va datar entre 1635 i 1640, és considerat actualment com a obra tardana si se segueixen les opinions de Soria i Gudiol que el van datar cap a 1650, període en què l'art de Zurbarán, tot i que va mantenir la senzillesa i el caràcter devocional propis del seu estil habitual, va evolucionar des d'un naturalisme tenebrista interessat per la plasticitat formal al llenguatge més dolç i delicat que s'aprecia en aquesta obra.

Francisco de
Zurbarán, *Sant Antoni
de Pàdua*, Museu de
Arte, São Paulo.
Fotografia: Institut Amatller
d'Art Hispànic

Un dels primers exemples conegut dins la producció de Zurbarán dedicat a aquest tema és el *Sant Antoni de Pàdua en èxtasi* (Museu de Arte de São Paulo), de cap a 1630, publicat per Longhi i Guinard, tot i que aquesta vegada el sant no sembla acompanyat pel Nen Jesús. Guinard i Angulo situen, a la col·lecció Émile Huart de Cadis, una altra obra del mateix tema, amb el Nen representat dret damunt el llibre, i aquesta és una de les representacions més habitual de la iconografia del sant. Guinard, també va donar a conèixer una composició semblant, amb algunes variants més grans, existent a Sevilla a la col·lecció Gómez Castillo, que ell considera una rèplica posterior de l'obra del Museu del Prado.

Procedent d'alguna església o convent de Manzanilla (Huelva), aquest quadre, pel que sembla, va romandre en aquesta localitat fins al segle XIX, i és poc probable, com s'ha suposat alguna vegada, que sigui el *Sant Antoni i el Nen* que Amador de los Ríos esmenta dins la seva *Sevilla pintoresca* (1844) que pertany a la col·lecció sevillana de Julian Williams. El 1905 formava part de la col·lecció de Salvador Cumplido, també a Sevilla, per passar posteriorment a la d'Alfonso Grosso. Va ser adquirit per al Museo del Prado el 1958 pel Ministerio de Educación Nacional a Russel B. Steerluss de Boston.

TRINIDAD DE ANTONIO

FRANCISCO DE ZURBARÁN

Sant Dídac d'Alcalá i el miracle de les flors

1658-1664

Oli sobre tela
93 x 99 cm
Madrid, Museo del Prado

HISTÒRIA: ubicació original desconeguda; col·lecció José Luis de Sola, Cadis, 1905; col·lecció Emilio de Sola, Cadis, 1932; ingressat al Museu del Prado el 24 de desembre de 1936.

EXPOSICIONS: *Exposición de las obras de Francisco de Zurbarán*, Madrid, Museo Nacional de Pintura y Escultura, 1905; *Treasures of Spanish Art*, San Antonio (Texas), Hemisfair '68, 1968; *Pintura española de los siglos XVI al XIX*, Las Palmas de Gran Canaria, Casa de Colón, 1973; *Del Greco a Goya*, Mèxic, Palacio de Bellas Artes, novembre - desembre de 1978; *Panorama de la pintura española desde los Reyes Católicos a Goya*, Buenos Aires, Palacio del Concejo Deliberante, 1980; *Del Greco a Goya*, Belgrad, Galeria Nacional, 1981; *Velázquez en Zijn Tija*, Amsterdam, Rijksmuseum, 1985; *Zurbarán*, Madrid, Museo del Prado, 3 de maig - 30 de juliol de 1988.

BIBLIOGRAFIA: Viniegra 1905, cat. núm. 80; Pemán 1934, núm. 5; Mayer 1942; Catàleg Prado 1942, p. 746, núm. 2442; Soria 1944a, p. 169; Soria 1953, núm. 54; Guinard 1960a, núm. 390; Torres Martín 1963, núm. 65; Pantorba 1964, p. 23; Hernández Perera 1965, p 238-239; San Antonio 1968; Las Palmas de Gran Canaria 1973, cat. núm. 35; Gaya Nuño/Frati 1973, p. 108, núm. 311; Gállego/Gudiol 1976, p. 121, núm. 537; Mèxic 1978, cat. núm. 109; Buenos Aires 1980, p. 64, làm. 65; Angulo 1981, II, p. 7-8; Belgrad 1981, cat. núm. 48; Amsterdam 1985, cat. núm. 16; Catàleg Prado 1988, núm. 2442; Guinard/Ressort 1988, p. 255, núm. 390; Serrera 1988b, p. 410-411, cat. núm. 106; Caturla/Delenda 1994, p. 26 i 36, fig. p. 37, n. 53.

Sant Dídac d'Alcalá, nascut a San Nicolás del Puerto (Sevilla) cap a 1400, va ser un germà llec que va servir com a hortolà, almoiner, infermer i, sobretot, com a cuiner i porter en els convents franciscans de frares menors d'Arruzafa (Còrdova) i Alcalá de Henares (Madrid), lloc on va morir el 1463. El rei Felip II va sentir, per ell, una devoció especial i li va atribuir el guariment d'un accident que va tenir el seu primogènit Carles.

A instàncies del monarca espanyol el papa francíscà Sixt V el va elevar als altars el 2 de juliol de 1588. El fet de ser molt popular a Castella al llarg del segle XVI i posteriorment a Andalusia, Canàries i a tot el continent americà, va donar nom a ciutats com la californiana San Diego. La seva vida és rica en miracles que van tenir lloc, majoritàriament, quan era cuiner i porter del seu convent i, entre els que gaudeixen ja d'una iconografia pròpia és mereixedor d'esment, el de la metamorfosi que pateixen les viandes convertides en flors i que correspon a l'escena de la pintura que s'exposa aquí. Es tracta d'un miracle molt comú a les llegendes de vides de sants com ara els que van experimentar santa Isabel d'Hongria o de Turíngia (1207-1231), la seva neboda néta santa Isabel d'Aragó, reina de Portugal (1271-1326) i santa Casilda (segle XI), filla del rei moro de Toledo, totes elles figures immortalitzades pels pinzells de Zurbarán amb el seu atribut floral a la falda.

FRANCISCO DE ZURBARÁN, *Santa Casilda*. FUNDACIÓ COL·LECCIÓ THYSSEN-BORNEMISZA, MADRID. © Fundación Colección Thyssen-Bornemisza, Madrid

FRANCISCO DE ZURBARÁN, *Sant Dídac d'Alcalá*. ESGLÉSIA DE LAS MARAVILLAS, MADRID. Fotografia: Institut Amatller d'Art Hispànic

FRANCISCO DE ZURBARÁN, *Sant Dídac d'Alcalá*. MUSEO LÁZARO GALDIANO, MADRID. Fotografia: Institut Amatller d'Art Hispànic

1. La reproducció de l'estampa apareix al llibre *De vita et miraculis*, Roma, 1589, editat amb motiu de la canonització del sant, va ser publicada per Angulo 1961a, p. 1-23, làm. 5, fig. 8 i a Angulo 1981, III, làm. 651.

El tema d'aquesta obra il·lustra l'instant precís en què el Pare Guardià del monestir sorprèn sant Dídac en flagrant delicte a la porteria del convent quan, després de desobeir les seves ordres, portava d'amagat el menjar als pobres; en aquell moment just el superior li ordena que li ensenyi el contingut del davantal i hi van aparèixer miraculosament unes roses. Zurbarán presenta la humil figura de sant Dídac en tres quarts, el cap lleugerament inclinat, la mirada cap a l'espectador, tot i que absent i una tènue aurèola de santedat pel damunt del seu cap; mostra les flors a un Pare Guardià que contempla atònit el miracle i fa un gest amb la seva mà dreta per verificar la realitat tàctil del que veuen els seus ulls. Les dues figures, el petit paisatge de muntanyes i arbres i l'ampli cel del fons es troben immersos en una atmosfera de llum daurada. A l'esquena del Pare Guardià, com si quedessin fora de l'escena i gairebé en la penombra, apareixen tímidament els caps de dos companys de convent. Zurbarán està transmetent l'encant del miracle, un moment màgic que respira un clima de tranquil·litat absoluta, com si ens trobéssim davant un flaix fotogràfic, un exercici exquisit de quietud poètica que només el pintor de Fuente de Cantos és capaç d'aconseguir.

Si bé l'autoria del quadre no ha estat qüestionada per part de la crítica, sí que hi ha discrepàncies respecte a la seva cronologia. Soria (1944) el va considerar de 1628-1633; Guinard (1960a) el va creure de cap a 1640; Gállego/Gudiol (1976) de 1658-1664 i Serrera (1988b) va proposar considerar-lo de cap a 1658. Es desconeix la procedència de l'obra, l'origen de la qual va poder ser el banc o l'àtic d'un retaule i la primera notícia que se'n té és la seva presència el 1902 en una col·lecció gaditana on va romandre fins al seu ingrés el 1932 al Museo del Prado.

Hi ha altres representacions del llec d'Alcalá de Henares amb les flors a la falda, sortides de la mà de Zurbarán si bé aquesta és l'única coneguda en la qual apareixen el Pare Guardià i els seus companys. En la que hi ha avui a l'església madrilenya de Las Maravillas de 1633-1634, i que va estar a l'antiga església dels Santos Justo y Pastor, el sant llec figura de cos sencer a l'estil de les santes abans esmentades. La del Museo Lázaro Galdiano és una obra tardana que va ser atribuïda en un altre temps a Bartolomé Esteban Murillo (1616-1682) i el sant apareix també aïllat però aquesta vegada de mig cos.

Serrera (1988b), va fer notar la possibilitat d'una font gravada per al rostre de sant Dídac segons una estampa d'un tal Pena o Pegna.[1] I tot recordant models per a la iconografia de sant Dídac sembla adequat esmentar-ne un que va ser especialment significatiu per a la seva difusió, ens referim als frescos que Annibale Carracci (1560-1609) va dis-

Annibale Carracci i col·laboradors, *Sant Dídac d'Alcalá i el miracle de les flors*. Museu Nacional d'Art de Catalunya, Barcelona.
© Servei Fotogràfic del MNAC (Calveras/Mérida/Sagristà)

Giovan Andrea Podestà, *Sant Dídac d'Alcalá i el miracle de les flors*. Biblioteca Nacional, Madrid.
© Biblioteca Nacional

senyar per a la capella que Juan Enríquez de Herrera va voler dedicar a sant Dídac d'Alcalá el 1602 a l'església de San Giacomo degli Spagnoli de Roma i que arrencats del seu emplaçament original i traspassats a tela es troben, avui, repartits entre el Museo del Prado de Madrid i el Museu Nacional d'Art de Catalunya.[2] La totalitat de les escenes amb els fets més destacats de la vida del sant d'aquesta capella va ser dibuixada i gravada per Simon Guillain a Roma el 1646. Del *Miracle de les flors* es coneix, a més a més, un aiguafort de Giovanni Andrea Podestà (actiu el 1630-1640) obert a Roma cap a 1630 i que va servir a Alonso Cano (1601-1667) per al compartiment cimal del retaule i l'altar reliquiari que va projectar per a la capella que havia d'acollir les relíquies de sant Dídac en el convent d'Alcalá de Henares.[3] També Murillo va fer servir la font gravada de Podestà per a la tela del *Miracle de les flors* que va pertànyer a la sèrie de la vida de sant Dídac del claustre petit del convent de San Francisco de Sevilla i que Angulo va donar a conèixer a la col·lecció Rohl de Caracas.[4] L'italià Giovanni Francesco Guerrieri (1589-1657) es va inspirar directament en l'escena del *Miracle de les flors* dels frescos romans dedicats a sant Dídac per representar sant Nicola da Tolentino vivint la mateixa experiència que sant Dídac (el quadre pintat el 1614 és avui a l'església de Santa Maria del Ponte del Piano, capella de Sant Nicolau de Tolentino, Sassoferrato).

És quasi probable que Francisco Zurbarán conegués les estampes dels frescos de Carracci, si bé no se'n detecta un seguiment literal en la pintura que aquí es comenta. A diferència de Guerrieri, Cano i Murillo que sí que les van fer servir, Zurbarán en aquest *Miracle de les flors* obvia els fons arquitectònics i els detalls de crònica social, com ara el grup de pobres a la porta del convent, per crear un entorn que es podria qualificar d'abstracte amb les figures de mig cos on el que predomina és la sorpresa i la fascinació d'un encantament.

Maria Margarita Cuyàs

2. Sobre les pintures murals de la capella Herrera, dedicada a sant Dídac d'Alcalá, d'Annibale Carracci i col·laboradors conservades al Museo del Prado i al Museu Nacional d'Art de Catalunya, vegeu Cuyàs 1992, p. 361-369.

3. El dibuix preparatori per al retaule de cap a 1649-1650 es troba en una col·lecció particular florentina i va ser esmentat per Pérez Sánchez 1986, p. 224 i posteriorment publicat pel mateix autor l'any 1988 (Pérez Sánchez 1988b), p. 330-331.

4. Angulo 1961b, p. 324.

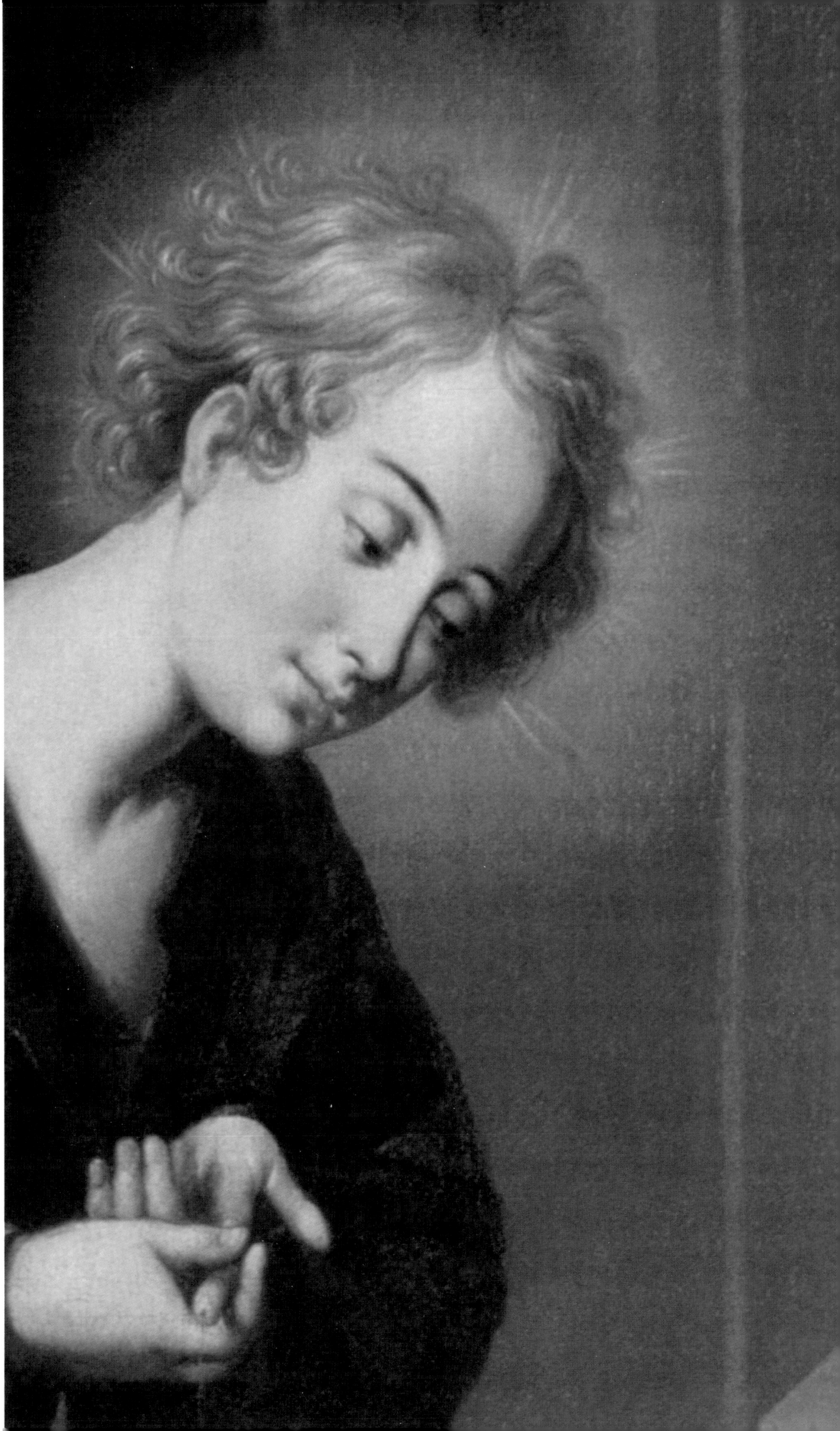

El Nen de l'Espina
CAT. NÚM. 12, DETALL

El Nen de l'Espina

Cap a 1630

Oli sobre tela
128 x 85 cm
Sevilla, Museo de Bellas Artes

HISTÒRIA: cartoixa de Santa María de las Cuevas, Sevilla, segons Ceán Bermúdez, 1800; col·lecció Aniceto Bravo, Sevilla, núm. 938, 1837; col·lecció Sánchez Pineda, Sevilla; col·lecció Sánchez Ramos, Sevilla; donat al Museo de Bellas Artes de Sevilla el 1981.

EXPOSICIONS: *Exposición de las obras de Francisco de Zurbarán*, Madrid, Museo Nacional de Pintura y Escultura, 1905; *Exposición Ibero-Americana*, Sevilla, Pabellón Mudéjar, 1929-1930; *Exposición homenaje a Zurbarán en el III Centenario de su muerte*, Sevilla, Museo Provincial de Bellas Artes, 1964; *Zurbarán en el III Centenario de su muerte*, Madrid, Casón del Buen Retiro, novembre de 1964 - febrer de 1965; *Zurbarán*, Barcelona, Saló del Tinell, 1965; *El Siglo de Oro de la pintura sevillana*, Lima, Casa de Osambela, 1985; *El niño y el joven en las artes sevillanas*, Sevilla, Sala Villasís, El Monte, 1985; *Zurbarán*, Madrid, Museo del Prado, 3 de maig - 30 de juliol de 1988; *Pintura española de bodegones y floreros*, Tokyo, The National Museum of Western Art, 11 de febrer - 12 d'abril de 1992; Nagoya, Nagoya City Art Museum, 21 d'abril - 31 de maig de 1992; *Zurbarán 1598-1998. Exposición Conmemorativa del IV Centenario del Nacimiento de Zurbarán*, Còrdova, Museo Obispado Caja Sur de Bellas Artes, 30 d'octubre - 9 de desembre de 1997; Marchena, església parroquial de San Juan Bautista, 12 - 19 de desembre de 1997; Cadis, Museo de Cádiz, 22 de desembre de 1997 - 1 de febrer de 1998.

BIBLIOGRAFIA: Ceán Bermúdez 1800, VI, p. 49; Viniegra 1905, cat. núm. 33; Kehrer 1918, p. 63; Sevilla 1930, Sala I, cat. núm. 23; Cascales 1931, làm. XII; Serra Pickman/Hernández Díaz 1934, p. 23-33 i 45-49; Soria 1944a, p. 43; Gaya Nuño 1948, núm. 40; Guinard 1946-1949, XXII (1949), p. 5-6; Cuartero 1950-1954, II (1954), p. 16-17 i 627; Soria 1955a, núm. 20, làm. 6; Guinard 1960a, núm. 61; Torres Martín 1963, núm. 59; Bravo/Pemán 1963b, p. 5-13; Caturla 1964e, p. 19; Sanz-Pastor 1964, p. 24, cat. núm. 24; Salas 1964a, p. 129-138; Barcelona 1965; Gudiol 1965, p. 148-151; Hernández Díaz 1967, núm. 160; Caturla 1968; Brown s.d. (1974), p. 19; Gaya Nuño/Frati 1974, p. 90, núm. 64; Gállego/Gudiol 1976, p. 79, núm. 57; Bernales 1985, cat. núm. 39; Sevilla 1985, p. 43; Serrera 1988b, p. 317-319, cat. núm. 73; Pérez Sánchez 1992a, p. 102, cat. núm. 23, fig. p. 47; Caturla/Delenda 1994, p. 37, 38, 40 i 42; Pérez Sánchez 1995a, p. 119, fig. p. 97; Còrdova 1997, p. 26, cat. núm. 2.

1. Hernández Díaz 1967, núm. 176. Guinard 1960a, p. 216-217, recull nou variants (núm. 63-70).
2. Tela, 123 x 83 cm. Procedeix de Jerez de la Frontera on el va adquirir el pare del propietari actual. Caturla 1953, p. 49.

Aquesta tela s'identifica amb una que, recollida en un inventari a l'antiga biblioteca del duc de T'Serclaes, va descriure Ceán Bermúdez al vestíbul de la cel·la del prior de la cartoixa sevillana de Santa María de las Cuevas.

A més del quadre que va formar part de la col·lecció Sánchez Ramos hi ha nombroses variants i còpies, entre d'altres, una del Museo de Bellas Artes de Sevilla que procedeix de la mateixa cartoixa, aquesta còpia era propietat el 1837 d'Aniceto Bravo.[1]

La millor rèplica és, sens dubte, la de la col·lecció particular que va figurar a l'exposició de Granada amb el número 3,[2] la qual es diferencia de la tela exposada ja que és mancada de

CAT. NÚM. 12

TALLER DE PEDRO ORRENTE, *TALLER DE NATZARET*. MUSEO LÁZARO GALDIANO, MADRID. © Museo Lázaro Galdiano, Madrid

3. Serrera 1988b, p. 317-318.

4. López Estrada 1966, p. 25-50.

5. Delenda s.d., p. 38-40; Rodríguez Gutiérrez de Ceballos 1989, p. 97-105.
6. Valdivieso 1604 (ed. Rivadeneyra 1864) p. 229-234.

fons arquitectònic. Aquesta arquitectura va ser copiada per Zurbarán d'un gravat de *Les bodes de Canà* de Cornelis Cort (1577), segons una composició del bolonyès Lorenzo Sabatini.[3]

Tant en els Nen de l'Espina com en les Casa de Natzaret, s'hi ha volgut veure un tema d'origen cartoixà[4] que estaria inspirat en la *Vita Christi* de Ludolf el Cartoixà (cap a 1295-1371), obra traduïda el 1537 i publicada a Sevilla per fra Ambrosio Montesinos. Una de les meditacions que proposa el Cartoixà ofereix la figura del Nen Jesús jugant amb els símbols de la Passió i al·ludeix a la bellesa de Crist, «*mozo elegante y muy hermoso*», idea que reforça López Estrada amb uns versos de Sebastián de Nieva Calvo. Per la seva banda, Delenda com Rodríguez G. de Ceballos esmenten com a possible origen literari el poema de J. de Valdivieso *Vida, excelencias y muerte del gloriosísimo patriarca San José*.[5] El mestre Valdivieso en el cant XXII del seu poema èpico-religiós, titulat *De algunas alabanzas de San Josef y de la pasión de nuestro Redentor*,[6] ens presenta sant Josep meditant sobre la futura passió del Senyor mentre treballa al seu banc de fuster:

«*La mujer fuerte, madre de la vida,*
Que buscó cuidadosa lino y lana,
En tejer y labrar entretenida,
Redime el tiempo y la comida gana;
Guisa a los dos humildes la comida,
Y con amor y gracia más que humana
Sirve y regala a los que trabajando
Dulcemente le están enamorando.

Ase un cuarton el rico carpintero
Y ase del luego el Hijo que le ayuda,
Y puesto al hombro del hombre verdadero,
Donde le manda el cuarton muda;
Asierran luego el rígido madero
Suda Josef y el Hijo eterno suda;
Josef, aunque trabaja no se cansa,
Y Cristo trabajando en él descansa.

Si hace el oficial santo alguna cama,
De la cruz se le acuerda, en que deshecho
Ha de morir el que sirve y ama,
A su esposa sacando de su pecho;
Si alguna mesa labra, en Dios se inflama,
Y un horno regalado de amor hecho,
La del altar contempla en que su amado
Hará el amor de amor dulce bocado.»

Com en aquestes estrofes, en la resta de les del cant, és sant Josep qui presagia la Passió i no el Nen com passa en l'obra de Zurbarán. Només en els quatre versos que va espigolar Rodríguez G. de Ceballos podem intuir alguna llunyana relació:

«*Cual voz porque su Madre no le vea*
Della y de Joseph se aparta y vase luego
A los maderos, donde se recrea,
Que son leña de su dulce fuego...»

El *Taller de Natzaret* o la *Casa de Natzaret*, seria el quadre del qual Zurbarán, segons Caturla,[7] prendria una part de la composició per fer el seu *Nen de l'Espina*.

El tema del Taller de Natzaret ha estat tractat àmpliament en la pintura espanyola[8] i, especialment a l'escola valenciana.

En principi res no ens fa suposar l'aspecte tràgic que adquirirà en l'obra de Zurbarán. És una escena de família gràcies a la qual, lentament, sant Josep va cobrant protagonisme. En principi, és situat, amb el seu banc, al fons del quadre, així com passa a la taula de Miguel Esteve[9] del Museo de Bellas Artes de València; posició que manté a l'obra la *Sagrada Família amb santa Anna* de Nicolás Borrás del mateix museu.[10] El Nen Déu apareixerà treballant al banc amb el patriarca al *Taller del fuster*, de Joan de Joanes de la Gemäldegalerie de Berlín. Una veritable escena domèstica en la qual veiem Jesús jugant en primer terme, seguit, des del seu banc, per l'atenta mirada del sant mentre Maria, al fons, cus. Aquesta és la representació que Cristóbal Lloréns fa al *Retaule d'Alaquàs*, de 1612, lluny també del profund sentiment religiós del pintor de Fuente de Cantos.

7. Caturla 1953, p. 28-29, opinió compartida per Guinard (Guinard 1960a).
8. Sánchez Cantón 1948, p. 167-174.
9. Madrid 1996, p. 40-41.
10. Garín 1955, núm. 433.

Oració de recolliment i
Oració de quietud,
il·lustracions d'*Idea
Vitae Teresianae*.
© Museo Camon Aznar

Sembla que aquesta és la manera més habitual de representar el tema com ho assevera la tela d'Orrente de las Salesas Nuevas de Madrid, del qual hi ha una variant de taller al Museo Lázaro Galdiano.[11] Segons Angulo i Pérez Sánchez tindria el seu antecedent en dibuixos de Cambiasso.

Ribera va pintar, també, aquest «serè» *Taller de Natzaret* els anys 1632-1639 (Museo de Santa Cruz, Toledo; Sovrana Militare Ordine di Malta, Roma).[12] Hi ha un gravat de J. Wierix amb el mateix tema que, copiat a Amèrica, insisteix també en l'aspecte tranquil·lament domèstic de la *Casa de Natzaret*.[13]

El tema es va difondre amb la Contrareforma i el van pintar artistes de l'entorn de Caravaggio. D'això n'és una prova la *Sagrada Família al taller del fuster*, del Wadsworth Atheneum, Hartford, Connecticut, que ha estat atribuïda a Carlo Saraceni i a Jean Le Clerc.[14] Però fins ara no coneixem ni cap gravat ni cap text que expliqui satisfactòriament els aspectes profundament religiosos que s'aprecien en l'obra de Zurbarán. La seva Casa de Natzaret així com els Nens de l'Espina o les seves Mares de Déu nena en meditació o èxtasi, no sembla que responguin a les font al·ludides.[15]

La profunda abstracció en què, tant Jesús com Maria, se'ns mostren, podria respondre a noves formes d'espiritualitat derivades de santa Teresa i, més probablement, dels seus seguidors francesos. Potser l'impuls literari que subjeu en aquestes teles de Zurbarán pot procedir d'algun escrit de Quintanadueñas o de Bérulle.[16] Tot veient Jesús i Maria en els quadres de l'extremeny sembla que es trobi l'eco que santa Teresa anomena «*oración de recogimiento*», a mig camí entre la meditació i la quietud: «*Llámase recogimiento, porque recoge el alma todas las potencias y se entra dentro de sí con su Dios, y viene con más brevedad a enseñarla a su divino Maestro, y a dar la oración de quietud, que de ninguna otra manera. Porque allí metida consigo misma, puede pensar en la Pasión, y representar allí al Hijo, y ofrecerle al Padre, y no cansar el entendimiento andándole buscando en el monte Calvario, y al Huerto y a la Columna*».[17]

Segons la santa la quietud pot arribar a durar molt de temps, fins i tot en les ocupacions ordinàries. A les *Relaciones* dirà: «*Desta oración suele proceder un sueño que llaman de las potencias, que ni están absortas, ni tan suspensas que se pueda llamar arrobamiento... Está*

11. Angulo/Pérez Sánchez 1972, p. 310, núm. 237 i 237a, làm. 224 i 225.

12. Pérez Sánchez/Spinosa 1992, p. 344-345.

13. En dec el coneixement a B. Navarrete. La còpia, atribuïda a Diego Quispe Tito, pertany a la col·lecció Orihuela, Lima.

14. Spear 1975, p. 161.

15. Sí que sembla encertada la suposició de Pita Andrade d'un possible origen de la composició de la Mare de Déu en meditació en el gravat de la *Malenconia* de Dürer. Pita Andrade 1965, p. 242-248; Moyssén 1975, p. 49-58.

16. Junquera 1976, p. 79.

17. Cepeda 1565-1570 (ed. Santullano 1942), p. 288-289.

empleada toda (la voluntad) en Dios, y que ve el alma la falta de poder estar ni obrar en otra cosa; y las otras dos potencias están libres para negocios y obras del servicio de Dios. En fin, andan juntas Marta y María».[18]

Els coloms, les flors i els objectes que surten en les obres de Zurbarán també tenen la seva corresponent explicació teresiana.

El coneixement que la santa anomena *«pura contemplación»* és fundat en l'amor de la voluntat i aquesta pot veure torbada la seva quietud com *«palomas que no se contentan con el cebo que les da el dueño del palomar sin trabajarlo ellas».*[19]

Zurbarán, possiblement dejú de coneixements místics, va poder seguir, a través de les làmines, les explicacions que els seus clients —monges carmelites?— li donessin sobre el text de la *Idea vitae teresiane iconibus symbolicis expressa, in quinque partes divisa. Prima figurat sui cognitionem, secunda sui mortificationem, tertia virtutum acquisitionem, quarta mentalem orationem, quinta divina contemplationem,* llibre anònim publicat a Anvers al començament del segle XVII.[20]

Al llibre es plasma en imatges eloqüents el patrimoni místic de la doctrina teresiana. N'assenyalarem les més properes a l'obra de Zurbarán com ara són les al·legories de l'oració de recolliment, l'oració de quietud, la penetració divina, els olors celestials i el desmai de l'ànima.[21] Hi veiem actituds, siluetes, objectes i les flors que després trobarem a les teles de l'extremeny.

PENETRACIÓ DIVINA I DESMAI DE L'ÀNIMA, IL·LUSTRACIONS D'*IDEA VITAE TERESIANAE.* © Museo Camon Aznar

18. Cepeda 1560-1579 (ed. Santullano 1942), p. 208.

19. Cilveti 1974, p. 212-213. L'explicació dels símbols de la *Casa de Natzaret* és dins Francis 1961, p. 48-52.

20. Sebastián López 1982, p. 15-68. Les il·lustracions, que també publica íntegres S. Sebastián, fan servir els símbols continguts a la *Iconologia* de Ripa (Ripa 1603).

21. Fig. 81, 83, 89, 90 i 93, respectivament.

JUAN JOSÉ JUNQUERA

FRANCISCO DE ZURBARÁN

La Mare de Déu nena adormida

Oli sobre tela
110 x 93 cm
Madrid, col·lecció Central Hispano

CAT. NÚM. 13

HISTÒRIA: ubicació original desconeguda fins al seu ingrés a la col·lecció del Central Hispano.

BIBLIOGRAFIA: Pérez Sánchez 1996, p. 54-55.

FRANCISCO DE ZURBARÁN

La Mare de Déu nena adormida

Oli sobre tela
109 x 90 cm
Jerez de la Frontera, capítol de la catedral de San Salvador

CAT. NÚM. 14

HISTÒRIA: ubicació original desconeguda; col·lecció de Catalina de Zurita y Riquelme, Jerez de la Frontera, 1722; Colegiata de Jerez (actual catedral), 1756.

EXPOSICIONS: *Zurbarán en el III Centenario de su muerte*, Madrid, Casón del Buen Retiro, novembre de 1964 - febrer de 1965; *Zurbarán*, Barcelona, Saló del Tinell, 1965; *Obras restauradas*, Madrid, 1965-1966; *Splendeurs d'Espagne et les villes belges 1500-1700*, Brussel·les, Palais des Beaux-Arts, 25 de setembre - 22 de desembre de 1985; *Zurbarán*, Madrid, Museu del Prado, 3 de maig - 30 de juliol de 1988.

BIBLIOGRAFIA: Mayer 1928a, p. 181; Romero de Torres 1934, I, p. 405; Trens 1946, p. 136, làm. 1; Soria 1953, núm. 18; Guinard 1960a, núm. 27; Torres Martín 1963, núm. 16a; Sanz-Pastor 1964, cat. núm. 8; Torres Martín 1964b, p. 47; Barcelona 1965; Gudiol 1965, p. 151; Díaz Padrón 1968, p. 138, cat. núm. 40; Gregori/Frati 1973, núm. 33; Gaya Nuño/Frati 1974, núm. 33; Guinard/Frati 1975, núm. 33; Gállego/Gudiol 1976, núm. 30; Díaz Padrón 1985, cat. núm. C56; Madrid 1988, p. 368-369, cat. núm. 89; Pérez Sánchez 1995a, p. 119, fig. p. 115.

Porcelana xinesa de
Jingdezhen.

Anton Wierix, *Cor Iesu
amanti sacrum*. Bibliothèque
Nationale de France, Cabinet
des Estampes et de la
Photographie, París.
Cliché Bibliothèque nationale de
France

ss.

3. Mauquoy-Hendrickx
1978-1984, I, núm. 438.

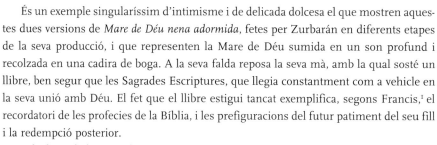

És un exemple singularíssim d'intimisme i de delicada dolcesa el que mostren aquestes dues versions de *Mare de Déu nena adormida*, fetes per Zurbarán en diferents etapes de la seva producció, i que representen la Mare de Déu sumida en un son profund i recolzada en una cadira de boga. A la seva falda reposa la seva mà, amb la qual sosté un llibre, ben segur que les Sagrades Escriptures, que llegia constantment com a vehicle en la seva unió amb Déu. El fet que el llibre estigui tancat exemplifica, segons Francis,[1] el recordatori de les profecies de la Bíblia, i les prefiguracions del futur patiment del seu fill i la redempció posterior.

A la dreta de la Mare de Déu hi ha una tauleta o bufet amb un calaix obert, sobre la qual reposa un bol de porcellana xinesa de Jingdezhen (Jiangxi) en blau i blanc, que pertany al grup d'obres conegut com a Kraak-porselein, executada en l'època de l'emperador Wanli (1573-1619).[2] Aquesta porcellana, de parets fines i amb revestiment molt vitrificat, apareix decorada pel seu exterior i interior i reparteix la decoració en panells segmentats i dividits per filets blaus, entremig i inscrits en cercles hi ha caps de cervatells o daines, i branques florejades, elements habituals en aquesta mena de porcellana xinesa de cap a 1580-1600. Aquestes peces eren articles preats i objectes comercials que fabricats a la Xina s'importaven des de Manila, tot passant per Amèrica i amb destinació a Sevilla. S'han localitzat peces molt semblants a la que acompanya la Mare de Déu de Zurbarán al galió San Diego, i que corroboren l'interès en aquesta mena de ceràmica i la seva existència a la Sevilla del moment, ja que aquesta mena de porcellana és feta servir també per Zurbarán en la seva obra de *Sant Hug visitant el refectori*.

Aquestes dues versions de la *Mare de Déu nena adormida*, ara reunides per primera vegada, ens ofereixen la possibilitat d'estudiar la mecànica de treball de Zurbarán i de poder veure la qualitat de la seva pintura. És probable que el model primigeni que va seguir l'artista per configurar l'esquema iconogràfic de la Mare de Déu nena és el de l'estampa d'Anton Wierix que representa el Nen Jesús dormint plàcidament dins un cor assaltat per una tempesta i que pertany a la sèrie del *Cor humà conquerit pel Nen Jesús*.[3] El gravat esmentat, a més a més, és una reflexió sobre el poder del veritable amor que no és destruït ni per la força del vent ni per les tempestes. Aquest mateix caràcter, absent i

reflexiu, que mostra el model de l'estampa és el que serveix a Zurbarán per a la seva imatge, i és idèntica tant la positura com l'actitud. El més interessant és assenyalar que aquest model, però invertit, és l'utilitzat pel pintor de Fuente de Cantos per fer la Mare de Déu que acompanya el nen en les versions existents del *Taller de Natzaret*, d'aquí que s'agermanin aquestes pintures, no solament en l'aspecte formal sinó també per l'esperit malenconiós que evidencien.

S'ha assenyalat també[4] un possible simbolisme en la presència d'unes flors al bol de porcellana xinesa: la rosa l'amor, l'assutzena la puresa i el clavell la fidelitat.

És probable que la primera versió executada per Zurbarán fos la conservada al Banco Central Hispano, recentment donada a conèixer per Pérez Sánchez.[5] Aquesta obra presenta la particularitat d'evidenciar més el coixí sobre el qual se situa la Mare de Déu, a més a més de tenir una major precisió en el dibuix i un modelatge més precís de les faccions. La il·luminació sembla que és més tenebrista i els plecs de les teles s'acusen encara més trencats, la qual cosa fa pensar en una data propera als anys 1630-1635. L'obra de la catedral de Jerez, això no obstant, presenta un modelatge molt més suau i vaporós, característic de l'obra de Zurbarán més avançada i incorpora la característica aurèola de querubins i una major lluminositat, el que, sens dubte, redunda en una major serenitat i transcendència. Els plecs de les teles no hi són tan acusats i en el mantell blau de la Mare de Déu s'adverteixen detalls de refinament extrem com ara són les randes de fil d'or que reafirmen la major qualitat i finesa en aquesta segona pintura.

Com en el cas de la *Mare de Déu nena resant* (cat. núm. 15) de l'Instituto Gómez-Moreno de la Fundación Rodríguez-Acosta, és freqüent la repetició de models pel mestre, bé per desig de la clientela davant l'èxit d'unes certes obres, bé per exprés desig de perfeccionament i superació de l'artista mateix que amb noves versions ens ajuda també a veure la gradual fluïdesa i suavitat de la seva pinzellada. L'èxit d'aquests temes va dur artistes i imitadors a copiar els models més destacats. Una prova del fet que aquesta obra va ser coneguda en la seva època i que va ser copiada, és la matussera imitació que hi ha a la casa Teresiana de Madrid, feta per un modest imitador del mestre que es queda només amb l'esquema i és incapaç d'infondre el candor i la serenitat presents en aquestes dues versions.

FRANCISCO DE ZURBARÁN, *CASA DE NATZARET*, DETALL. THE CLEVELAND MUSEUM OF ART, CLEVELAND, OHIO. Fotografia: Institut Amatller d'Art Hispànic

IMITADOR DE FRANCISCO DE ZURBARÁN, *MARE DE DÉU NENA ADORMIDA*. CASA TERESIANA, MADRID. © Benito Navarrete

4. Pérez Sánchez 1996, p. 54.

5. Pérez Sánchez 1996, p. 54-55.

BENITO NAVARRETE PRIETO

La Mare de Déu nena resant

Cap a 1655-1660

Oli sobre tela

81,1 x 54,1 cm

Granada, Instituto Gómez-Moreno de la Fundación Rodríguez-Acosta

HISTÒRIA: convent indeterminat, Medina del Campo, Valladolid; col·lecció Gómez-Moreno, Madrid; llegada a l'Instituto Gómez-Moreno de la Fundación Rodríguez-Acosta de Granada, des de l'any 1972.

EXPOSICIONS: *Stora Spanska Mästere*, Estocolm, Nationalmuseum, 12 de desembre de 1959 - 13 de març de 1960; *Zurbarán en el III Centenario de su muerte*, Madrid, Casón del Buen Retiro, novembre de 1964 - febrer de 1965; *El legado Gómez-Moreno*, Granada, Galería de Exposiciones Banco de Granada, 1973; *Zurbarán*, Madrid, Museo del Prado, 3 de maig - 30 de juliol de 1988; *La Pintura Sevillana de los Siglos de Oro*, Sevilla, Hospital de los Venerables Sacerdotes, novembre de 1991 - gener de 1992.

BIBLIOGRAFIA: Lafuente Ferrari 1946, p. 173; Gaya Nuño 1948, núm. 234; Soria 1953, núm. 212; Estocolm 1959, cat. núm. 122; Guinard 1960a, núm. 29; Torres Martín 1963, núm. 39a; Sanz-Pastor 1964, p. 194, cat. núm. 101; Camón Aznar 1965b, p. 320; Guinard 1967a, núm. 29; Gómez-Moreno 1973, p. 92, cat. núm. 16; Gregori/Frati 1973, núm. 475; Gállego/Gudiol 1976, p. 104, núm. 312; Gómez-Moreno 1982, núm. 29; Serrera 1988b, p. 366, fig. p. 367, cat. núm. 88; Valdivieso 1991, p. 96, fig. p. 97 cat. núm. 33.

Un dels temes més personals en la producció de Francisco de Zurbarán i, sens dubte, on més s'evidencia la seva tendresa i delicadesa –en paraules de Caturla– és en les Mares de Déu nenes, tema predilecte de l'artista i del qual conservem diferents variants, en les quals es reflecteix la completa solitud de la mare de Crist, que tan sols troba refugi en l'oració i en la seva relació amb Déu.

Zurbarán sol acompanyar la Mare de Déu d'elements quotidians com ara el cosidor, algun estri ceràmic o un gerro amb flors, i cortinatges que, a manera dels d'un escenari, enquadren i descobreixen el fet místic o la visió íntima i recollida. Així es mostra en la variant que conserva el Metropolitan Museum of Art de Nova York i en una versió inèdita de col·lecció particular, que es diferencia del seu model en la seva major duresa i colorit. Això no obstant, en l'obra ara estudiada el que fa l'artista és reduir l'escena a la visió de la Mare de Déu nena resant i asseguda en una cadireta de boga, amb la simple afegidura del petit fus amb la seva costura. D'aquesta obra, se'n conserva una altra versió, probablement més antiga per la seva major precisió i clarobscurisme, conservada al Staatliche Ermitage de Sant Petersburg. Aquesta última obra presenta els ulls de la Mare de Déu més baixos que els de la versió de Granada i diferències en el brodat de la sanefa del coll. L'obra de l'Instituto Gómez-Moreno de la Fundación Rodríguez-Acosta presenta, a més a més, una intensitat més gran en l'expressió del rostre de la Mare de Déu. A les radiografies fetes a aquesta tela quan va ser restaurada al Museo del Prado, amb motiu de l'exposició de 1988, s'hi va poder descobrir una esmena del pintor que va aixecar l'altura dels ulls de la Mare de Déu. Aquesta obra, que es pot datar cap a 1655-1660, reflecteix d'una manera magistral, com ja s'ha assenyalat més amunt, la completa solitud de la Mare de Déu que segons ens

CAT. NÚM. 15

indica l'*Apòcrif de la Nativitat* va ser deixada al temple pels seus pares i presa per Déu amb qui tenia tracte cada dia. Tant a *La llegenda daurada* com al *Pseudo-Mateu* s'insisteix a explicar quina va ser l'activitat de la Mare de Déu des dels tres anys en què va ser presentada al temple als catorze quan va contreure matrimoni. *La llegenda daurada* ens diu:

«Acabat l'oferiment, Joaquim i Anna van deixar la seva filla al temple incorporada al grup de les donzelles que hi vivien, i van tornar a casa seva. Dia a dia creixia la Mare de Déu en santedat i virtuts assistida pels àngels que diàriament la visitaven, i gaudia de quotidianes visions.

»Diu Sant Jeroni en una carta que va escriure a Cromaci i a Heliodor, que la Benaurada Maria es va marcar a ella mateixa aquest pla: Des de l'alba fins a l'hora de tèrcia, oració contínua; des de l'hora de tèrcia fins a la nona, treball manual que consistia a teixir; a l'hora de nona reprenia l'oració i perseverava en ella fins que un àngel li duia el menjar.»

Tot i que aquestes llegendes sobre la vida dels sants van ser desautoritzades pel concili de Trento, van ser molts els comitents que van voler tenir pintures que reflectissin aquests fets, i que reafirmessin, d'altra banda, tant el deure de l'oració com la dedicació al treball. Així no és gens estrany que aquesta pintura procedeixi d'un convent de Medina del Campo, ja que aquest tema és especialment predilecte a la sensibilitat monàstica femenina, que en la solitud i l'oració s'identifiquen fàcilment amb aquesta iconografia.

López Estrada[1] vincula aquests assumptes amb una religiositat popular patrocinada pels cartoixans, els quals van potenciar aquests temes. D'altra banda, Juan Miguel Serrera va relacionar aquestes representacions de Zurbarán amb una estampa de Vouillemont, sobre composició de Guido Reni, datada el 1606 que reflecteix precisament aquest instant però en el moment del treball manual. És probable que el gravat, com tantes altres vegades, donés l'esquema iconogràfic, però Zurbarán expressa el moment en què la Mare de Déu roman en unió directa amb Déu mitjançant l'oració.

1. López Estrada 1966, p. 41.

Francisco de Zurbarán,
La Mare de Déu nena resant.
Staatliche Ermitage, Sant
Petersburg.
Fotografia: Institut Amatller d'Art
Hispànic

A la pintura, hi destaca la suavitat del rostre de la Mare de Déu, així com l'aprimorat del brodat de la sanefa del coll i les mànigues i, sobretot, l'aurèola daurada que inunda la composició i que banya la Mare de Déu nena que es troba en contacte directe amb Déu. A la tela ressalta l'ús d'una pinzellada lluminosa i sedosa característica de Zurbarán en el darrer període madrileny, on fa servir uns models dulcificats i delicats presos probablement de models italians i de la pintura madrilenya del seu temps i no de Murillo, amb qui erròniament se l'ha volgut identificar en aquesta mena d'obres.

Benito Navarrete Prieto

Sant Miquel Arcàngel

Oli sobre tela
224 x 126 cm
Madrid, col·lecció Central Hispano

140

HISTÒRIA: convent de clausura de les Mercedarias Asuncionistas, Sevilla (?); col·lecció
A. Domínguez (?); col·lecció particular, Madrid (?); col·lecció Banco Urquijo, Madrid;
col·lecció Central Hispano, Madrid.

EXPOSICIONS: *El fil d'Ariadna, com entendre la pintura. Col·lecció del Grup Banco Hispano
Americano*, Barcelona, Palau Moja, maig - juny de 1984; *El Greco, Rubens, Van Dyck,
Zurbarán, Ricci, Cano y Goya en la colección del Banco Hispanoamericano,*Gijón,
Fundación Evaristo Valle, Somio, agost de 1984; *Pintura Española del Siglo de Oro,*
Tokyo, Seibu Museum, setembre - octubre de 1985; Osaka, novembre - desembre de
1985; *Colección Grupo Banco Hispano Americano. Renacimiento y Barroco,* Toledo, Museo
de Santa Cruz, 9 d'abril - 31 de maig de 1987; *Tesoros de la Colección Grupo Banco
Hispano Americano,* Lleó, Hostal de San Marcos, setembre - octubre de 1988; *Colección
Banco Hispano Americano. Renacimiento y Barroco,* Madrid, Fundación Central Hispano,
20 de setembre - 22 de desembre de 1991; *Pintura barroca en la Colección Central
Hispano,* Santander, Museo Municipal de Bellas Artes, 1 - 31 d'agost de 1992.

BIBLIOGRAFIA: Torres Martín 1963, núm. 127; Colección Banco Urquijo 1982, p. 56-57,
núm. 342; Barcelona 1984, p. 86; Gijón 1984, p. 18; Tokyo/Osaka 1985; Toledo 1987, p.
58-59, cat. núm. 10; Lleó 1988, p. 26; Madrid 1991, p. 40; Santander 1992;
Caturla/Delenda 1994, p. 168, n. 69; Díaz Padrón 1996, p. 52-53 i 300-301.

Àngels i arcàngels van ser objecte de gran devoció a la Contrareforma i presa molt
freqüent en la plàstica, molt especialment en el món hispànic. A l'Amèrica espanyola es
van convertir, atesa la seva assimilació a les forces de la natura i als mites indígenes, en
un mitjà d'evangelització utilíssim en potenciar el seu valor sincrètic.

Ja eren presents a la Bíblia,[1] sant Pau és dels primers a parlar de les jerarquies angè-
liques. Se n'ocupen sant Agustí i Dionisi Areopagita qui en el seu tractat *La Jerarquia
Celestial*, els classifica en nou cors compostos per tres ordes diferents. Especialment
venerats per l'Església d'Orient, sant Gregori Magne va divulgar el seu culte a Occident.

Per mitjà del Pseudo-Dionisi es van introduir alguns apòcrifs que es van representar
freqüentment a Amèrica.[2] Sant Tomàs d'Aquino els va dedicar un tractat en la seva
Summa Theologica. Però va ser el pare Nieremberg qui, gràcies a la seva *Devoció i
Patrocini de sant Miquel Arcàngel, Príncep dels Àngels*, divulga en la Contrareforma espa-
nyola el culte al sant patró dels gots. Pacheco[3] s'ocupa de la seva iconografia i, moderna-
ment, Mâle reflecteix l'extensió de la seva devoció.[4]

Dionisi Areopagita els havia agrupat en tríades que, a l'edat mitjana, es van fer
correspondre amb cadascuna de les tres divines persones de la Santíssima Trinitat. Al
segle XVI, Wierix va representar en el gravat els set arcàngels i Gérard de Jode va obrir al
segle XVII tres estampes amb tres àngels cadascuna.

1. Tobies XII, 15; Enoc; Esdres;
Apocalipsi I, 4.

2. Gamboa 1993; Gamboa
1996; Madrid 1997.

3. Pacheco 1649 (ed. Sánchez
Cantón 1956), II, p. 201.
4. Mâle 1932, p. 302; Díaz
Vaquero 1989, p. 265 i ss.

Francisco de Zurbarán,
Sant Miquel Arcàngel.
Catedral de Jaén, capella
de Sant Miquel.
© José Fernández López

5. Sant Joan XII, 7-9.
6. Díaz Padrón 1996, p. 53.

7. Caturla/Delenda 1994, p.
150; Fernández López 1995,
p. 157-173, fig. 3.
8. Sevilla 1983a, cat. núm.
10. El del Pozo Santo va ser
atribuït per Hernández Díaz
a Bernabé de Ayala:
Hernández Díaz 1973, p. 63-
71. Per al de Lima, vegeu
Caracas 1988, p. 82. fig. 29;
AA.DD. 1989, p. 76.

En el quadre exposat es representa sant Miquel com a cap de les milícies celestials vencedores de Llucifer i els seus: abillament guerrer i una espasa flamígera en la qual es recullen les paraules de sant Joan: «*Quis sic tu Deus*».[5]

Díaz Padrón[6] assenyala la semblança dels seus pòmuls pronunciats i nas correcte amb els de la Mare de Déu de l'*Adoració dels pastors* i *Epifania*, avui al Musée de Grenoble; i que confirma els trets amb els del *Sant Joan Baptista* i l'*Arcàngel* del Museo de Cádiz.

Caturla-Delenda assenyalen la seva semblança amb el *Sant Miquel* «zurbaranià» avui a la catedral de Jaén. Aquest va formar part d'una sèrie de deu arcàngels de procedència desconeguda i que s'atribueix, amb reserves, a José Cobo de Guzmán (Jaén 1666-Còrdova 1746).

Es podria relacionar amb el *Sant Miquel*, desaparegut, pintat el 1646 per al retaule de la capella de los Ángeles del monestir de Guadalupe que fra Arturo Álvarez va identificar amb la de Sant Jeroni,[7] tot i que s'ha assenyalat que el model sembla anterior a la data del pintat per al cenobi. En qualsevol cas, va ser model d'èxit ja que trobem uns altres exemplars semblants al monestir de la Concepción de Lima[8] i altres, anònims, a

Francisco de Zurbarán, *Sant Miquel Arcàngel*. Monestir de La Concepción, Lima.
Fotografia: Institut Amatller d'Art Hispànic

l'Ajuntament de Sevilla, Robledo de Chavela (Madrid) i l'Hospital del Pozo Santo de Sevilla. Va servir com a model, a vegades molt llunyà, a nombrosos quadres populars de Cuzco, a Amèrica del Sud.

Entre les derivacions americanes cal assenyalar el pintat per Gregori Vàzquez de Arce y Ceballos (1638-1771) (Tunja, Colòmbia, església de San Miguel), els arcàngels de Sopó i els de Subachoque. Adscrits els d'aquestes dues esglésies colombianes a un conegut com «Maestro de Sopó», són obra, sens dubte, sevillana, d'un col·laborador o continuador del mestre extremeny.[9]

Pintats en tela europea de lli, les vestidures són més tardanes que les de Zurbarán; els seus rostres tenen una certa semblança amb els del Pozo Santo mentre que les seves cames presenten el ritme curvilini que Díaz Padrón remarca en l'exposat en comparar-lo amb el *Sant Ferran* de l'església de San Esteban de Sevilla.[10]

Les teles colombianes revelen una preparació d'ocre rogenc a la qual se superposa una capa, més prima, de color negre-gris[11] i al revers la inscripció B G a.[12]

9. Vegeu n. 2.

10. Madrid 1991, p. 40.

11. Gamboa 1996, p. 135.

12. Gamboa 1996, p. 138.

Juan José Junquera

FRANCISCO DE ZURBARÁN

La Mare de Déu amb el Nen Jesús i sant Joanet
1662

Oli sobre tela
169 x 127 cm
Signat i datat: «*Francisco de Zurbarán, 1662*» en un cartell al costat de l'Anyell.
Bilbao, Museo de Bellas Artes

HISTÒRIA: col·lecció comte de Comillas, Madrid; col·lecció José de Madrazo, Madrid, 1856; venda de la col·lecció marquès de Salamanca, París, 1867; col·lecció marquès de Camarines, Madrid; col·lecció marquès de Nerva, Madrid; col·lecció María Martín de Oliva, Madrid; ingressat al Museo de Bellas Artes de Bilbao el 1940.

EXPOSICIONS: *Zurbarán*, Granada, Palacio de Carlos V, juny de 1953; *L'Âge d'Or espagnol. La peinture en Espagne et en France autour du caravaggisme*, Bordeus, Musée et Galerie des Beaux-Arts, 16 de maig - 31 de juliol de 1955; *Zurbarán*, Nova York, The Metropolitan Museum of Art, 22 de setembre - 13 de desembre de 1987; París, Galeries Nationales du Grand Palais, 14 de gener - 11 d'abril de 1988; *Zurbarán*, Madrid, Museo del Prado, 3 de maig - 30 de juliol de 1988; *Capolavori dal Museo di Bellas Artes di Bilbao*, Pàdua, Palazzo della Ragione, abril - juny de 1991; Roma, Palazzo delle Esposizioni, juliol - setembre de 1991.

BIBLIOGRAFIA: Madoz 1845-1850, X (1847), p. 861; Madrazo 1856, núm. 450; Catàleg venda Salamanca 1867, núm. 50; Mayer 1928a, p. 181; Angulo 1944, p. 7-9; Soria 1953, núm. 223; Caturla 1953, cat. núm. 52; Martin-Méry 1955, cat. núm. 86; Guinard 1960a, núm. 52; Torres Martín 1963, núm. 226; Brown s. d. (1974), p. 154-155; Gaya Nuño/Frati 1974, p. 116, núm. 504; Guinard/Frati 1975, núm. 504; Gállego/Gudiol 1976, p. 19, 40 i 359, núm. 525, fig. 461; Luna 1986, p. 15; Baticle 1987b, p. 311-314, cat. núm. 71; Madrid 1988, p. 374-376, cat. núm. 92; Sureda 1991, p. 32-34, cat. núm. 9.

Apareix documentat des de mitjan segle XIX en col·leccions particulars de Madrid, algunes de les quals són molt importants, com la de José de Madrazo, que va ser director del Museo del Prado, i la del marquès de Salamanca, fins al seu ingrés al Museu el 1940. És signat i datat en un paper en *trompe-l'oeil* que simula haver estat adherit a la superfície de la tela, segons un ús freqüent en l'obra de Zurbarán. En la bibliografia moderna sobre l'artista és considerat unànimement i amb raó com un original excel·lent, i d'un interès històrico-crític especial per ser l'últim de data segura de tota la seva producció coneguda, pintat dos anys abans de la seva mort a Madrid.

El 1658 Zurbarán havia abandonat Sevilla per traslladar-se a la capital del regne. No sabem del cert què va fer-lo decidir a mudar-se de residència quan ja tenia 60 anys d'edat. Però una de les causes, i és probable que fos la principal, devia de ser d'ordre professional, una preocupant disminució de demanda per al seu art a la ciutat que havia enriquit amb tantes pintures meravelloses, i en la qual vivia amb poques absències durant els darrers trenta anys. Era una caiguda dels encàrrecs atribuïble a la confluència de dos factors: d'una banda, la crisi econòmica que darrerament es feia sentir a Sevilla; d'altra banda, la transformació gradual del gust pictòric, transformació que hi tenia el seu impulsor més immediat en l'ascens d'una nova estrella, Bartolomé Esteban Murillo, qui des de la segona meitat dels anys quaranta s'anava afirmant, cada vegada més, com el pintor

CAT. NÚM. 17

dominant d'Andalusia. En l'ambient madrileny, l'art últim de Zurbarán semblaria, sens dubte en aquestes alçades, que estigués impregnat de sabor arcaic, no alineat amb les direccions per les quals evolucionava la pintura local. Era, en efecte, el moment en què l'escola madrilenya s'obria decididament a la fase del Barroc final, seduïda pel color, la sumptuositat matèrica dels grans mestres venecians i per l'exuberància formal i la pompa de Rubens, a més a més de l'exemple magistral de Velázquez (cal tenir present que quan Zurbarán va arribar a Madrid el seu amic Don Diego havia aconseguit ja els cims de *Las Meninas* i *Les filadores*). Tota aquesta cultura pictòrica riquíssima, carregada d'un potencial fecundador infinit, havia trobat un eco molt escàs en la inventiva i la manera de fer del mestre extremeny, llevat d'unes certes solucions compositives que sovint havia pres sense dissimular-ho d'estampes flamenques. Això no obstant, si bé la informació fefaent de què disposem sobre la seva darrera etapa és escassa, hi ha motius per creure que a Madrid no li va faltar l'estimació dels afeccionats. Entre els quadres que va fer durant aquest temps n'hi ha que, pel seu tema i la seva mida, podem inferir que és probable que fossin fets per a alguna institució religiosa, com passa, per exemple, amb *La Porciúncula* de 1661 que figura en aquesta exposició (cat. núm. 9); i és cert que per a un convent, el de San Diego d'Alcalá de Henares, va fer el *Sant Jaume de la Marca* i el *Sant Bonaventura*, ara del Museo del Prado, i potser també el *Sant Dídac d'Alcalá* (cat. núm. 11) del mateix museu. Però el que és més significatiu de la producció de Zurbarán datada o que es pot datar entre 1658 i 1664 és el considerable augment, en comparació amb l'època anterior, de pintures de devoció destinades, sens dubte, a compradors privats: de 1658 són la *Mare de Déu de la llet* del Museu Puškin de Moscou i la *Mare de Déu amb el Nen i sant Joanet* del San Diego Museum of Art (EUA), aquesta última inspirada, en part, en una composició de Murillo de la dècada anterior;[1] el 1659 pinta la *Mare de Déu amb el Nen adormit* de la col·lecció Antonio Barnuevo, Madrid, i la *Sagrada Família* del Szépmüvészeti Múzeum de Budapest; i encara que en la seva signatura no hi hagués la data, a aquest període pertanyen indubtablement la *Mare de Déu amb el Nen* que va ser de la col·lecció Cintas i la *Mare de Déu amb el Nen i sant Joanet* abans de la col·lecció Berliz. I encara cal afegir que entre els catorze quadres deixats per Zurbarán a la seva mort, el corresponent inventari-taxació registra un dels *Esposoris místics de santa Caterina* i un altre d'una *Mare de Déu amb el Nen, sant Joan i sant Josep* que entren dins el mateix grup. Per cert que aquesta darrera tela, del parador de la qual no hi ha rastre, tenia dues vares d'alt i es va taxar en 440 rals, el segon preu més alt de tot l'inventari (el primer va ser una *Assumpció de la Mare de Déu* valorada en 550 rals); la qual cosa ens indica quina era aproximadament la valoració crematística coetània del quadre del Museo de Bellas Artes de Bilbao, el qual igualment mesura dues vares d'alt, i és el més gran de tots els d'aquesta classe que avui coneixem.

Els catàlegs de Zurbarán només donen cabuda a un quadre que sigui anterior a 1658 i que inclogui la representació conjunta dels dos Sants Nens: *La Sagrada Família amb sant Joan, santa Isabel i sant Zacaries* (segons s'ha repetit darrerament, crec que amb menys fonament, els dos últims personatges serien santa Anna i sant Joaquim) de la col·lecció Perinat, pintat probablement al començament dels anys trenta. Això posa en relleu fins a quin punt eren un tret nou en la seva producció aquestes teles del darrer temps madrileny que incideixen sobre un dels assumptes més amables de la iconografia cristiana. Serà Murillo, qui, en l'àmbit sevillà, deixarà més i més visions pictòriques variades d'aquesta relació infantil i, com ja he recordat, el seu exemplar més primerenc va trobar ressonàncies en el de Zurbarán de 1658. Però aquest tema tenia darrera una llarga història dins el repertori de l'art europeu.

Els Evangelis no diuen res sobre una trobada de Jesús amb Joan que hagués tingut lloc abans del Baptisme al Jordà. Però, parents com eren i destinats des del seu naixement a convergir en virtut de les seves missions sobrenaturals respectives, no era il·lògic, per a la reflexió devota, de suposar que hi va haver d'existir entre tots dos algun tracte ja durant la infantesa. I a partir de la darreria del segle XIII la literatura religiosa i l'art figuratiu ani-

1. Angulo 1981.

ran imaginant l'episodi amb varietat de circumstàncies, des d'una reunió de santa Isabel i el seu fill Joan amb la Mare de Déu i Jesús, que pel que sembla va ser la idea iconogràfica primera, a manera d'una Visitació invertida, fins a l'ampliació o la reducció de participants (poden intervenir fins i tot àngels), la diversificació d'accions concretes, els canvis d'escenari (a casa, al taller de fuster, en plena natura) o la reducció al nucli essencial dels dos Nens. És a la Florència del «Quatre-cents» on aquest tema s'havia desenvolupat profusament, com a conseqüència «de l'amor dels toscans pels seus alegres *putti* i, al mateix temps, del culte al Baptista, el seu sant patró. Reduir-lo a nen i, com a nen, apropar-lo al petit Jesús, satisfeia uns certs desitjos que els florentins van ser els primers europeus del Renaixement a sentir».[2] Els altíssims models de Rafael i d'altres mestres del ple Renaixement, molt difosos per còpies i reproduccions gravades, van estendre llargament el tema per Europa. És probable que Zurbarán veiés algunes de les interpretacions més o menys influïdes pel cercle de Leonardo que el Divino Morales va fer d'aquesta iconografia, el més il·lustre pintor que abans d'ell havia donat Extremadura. Però si va veure aquestes obres, no van deixar-li cap empremta apreciable en el seu art. Al segle XVII, alguns dels mestres italians que van obrir horitzons estilístics de gran seguiment a la pintura, com ara Annibale Carracci i Guido Reni, també van fer diverses composicions d'aquesta història que van ser multiplicades pels gravadors, i de les quals Zurbarán, demostradament un gran aprofitador d'estampes, en va poder conèixer, almenys, unes quantes. Però de totes maneres, i pel que fa al quadre del Museo de Bellas Artes de Bilbao, hi ha en ell ben poca cosa que no s'expliqui des del llenguatge del mestre mateix.

A les teles de tema dramàtic, com en dóna testimoni, sense anar més lluny, el *Crucifix* de 1655 que aquí s'exposa (cat. núm. 5), el pintor mantenia en gran manera, amb propòsits expressius, l'antiga cruesa de la partició de llums. Però en una història d'intimitat domèstica i afable com aquesta, entesa amb una tendresa típicament seva, el tractament lluminós s'ablaneix de contrastos, es fa ara més envoltant i acariciador en la definició de les carns. En els plecs de la túnica de la Mare de Déu que venen a primer terme, i en la

Francisco de Zurbarán, *Mare de Déu amb el Nen i sant Joan Baptista*. San Diego Museum of Art, San Diego, Califòrnia. Gift of Anne R. and Amy Putnam.
© San Diego Museum of Art

Francisco de Zurbarán, *Mare de Déu amb el Nen i sant Joan Baptista*. Abans a la col·lecció Berliz.
Fotografia: Institut Amatller d'Art Hispànic

2. Berenson 1947; Aromberg 1955.

Francisco de Zurbarán,
*Sagrada Família amb
sant Joan, santa Isabel
i sant Zacaries.*
Col·lecció Perinat, Madrid.
Fotografia: Institut Amatller
d'Art Hispànic

cartel·la de la signatura, es potencia la il·luminació, generadora d'ombres fortes; mentre que l'humil natura morta de pomes i peres ens fascina amb la seva meravellosa simplicitat estructural, el frec de la llum, els reflexos sobre el metall del plat. Però seria injust insistir en la bellesa d'aquest fragment, tan zurbaranià, tan del gust modern. És en la totalitat d'aquesta pintura on es fa palès que l'autor, al final de la seva vida, continuava sent un gran mestre. Vestit amb pells de camell cenyides per un cinturó, que és el vestit habitual del Baptista adult, el nen Joan s'ha apropat al seu cosí. A la mà esquerra té una creu petita, anunci de la passió que el futur reserva a Jesús, a qui besa la mà. Al seu torn, Jesús li posa la mà al cap en signe de benedicció. La Mare, que llegia un llibre, els mira pensativa: ha captat el presagi. El preciós anyellet que és als peus de Joan, el seu atribut corrent, confirma el cruent sacrifici venidor: és l'«Anyell de Déu». Aquest és el significat iconogràfic substancial de l'escena. Aquest intercanvi d'òscul i benedicció entre els Nens, i la mirada entristida de Maria, és a dir, el sentit bàsic de la invenció, té precedents en la versió de Guido Reni, datada el 1606, del Musée du Louvre, de la qual es van fer nombrosos tiratges d'estampes,[3] però que és desenvolupada amb solucions de detall diferents (Jesús beneeix a mà alçada; el bes és al peu), com és totalment diferent la composició general. Cal dir, d'altra banda, que el petó a la mà i la contrapartida de la imposició de la destra sobre el cap, un ritual heretat del rendiment de vassallatge medieval, no és gens estrany en un altre context temàtic molt freqüent, l'*Adoració dels reis*. Així ho veiem, sense sortir del sevillà, en la versió d'aquest últim episodi per Juan de las Roelas (1619).[4] I també en Zurbarán mateix, en una obra que es pot datar cap a 1630.[5]

3. Pepper 1984, fig. 20.

4. Valdivieso/Serrera 1985, fig. 115.

5. Gállego/Gudiol 1976, fig. 32.

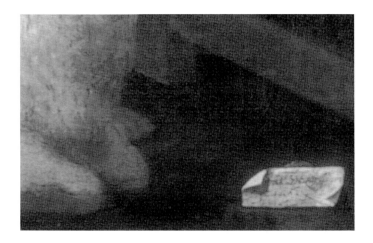

CAT. NÚM 17, DETALL.

CAT. NÚM 17, DETALL.

POÈTICA DE QUIETUDS

Les fruites del plat, especialment les pomes, al·ludeixen a la Mare Déu com a «nova Eva», que ens redimeix del mal originat per la primera dona. Sureda[6] ha assenyalat que el llibre que Maria té a la seva mà esquerra serà l'Antic Testament, en correlació amb l'acció de la destra, que subjecta el Nen, el protagonista del Nou Testament; la Mare de Déu quedaria efigiada d'aquesta manera com a pern entre els dos temps de la Història Sagrada.

6. Sureda 1991.

L'escena s'esdevé en un interior sense cap element arquitectònic que pugui ajudar a definir-lo espacialment. Mentre que el pla més proper és afirmat vigorosament mitjançant la presència en línia de l'anyell, la cartel·la i el tros vermell de mantell, la funció d'establir l'abast de la profunditat del lloc queda confiada a la dimensió de la taula, sobre la qual llueix, solitària, la fruitera. Aquí, l'efecte ambiental creat per l'àmplia irradiació lluminosa que emana de la Mare de Déu, en comparació amb altres escenes seves d'interior, és notable. Angulo[7] va advertir que, sorprenentment, la posició del cap d'aquesta darrera es basa en l'estampa d'Albrecht Dürer dita la *Mare de Déu del mico*. Sospito que aquest moviment vivaç i desequilibrat del Nen Jesús, no molt coincident amb les preferències del nostre artista, també va poder ser depenent d'alguna invenció aliena. En tot cas, és un moviment compositivament eficaç que acompanya en paral·lel i que reforça la disposició inclinada del cos matern. La figura de sant Joan convergeix amb la massa obliqua constituïda d'aquesta manera, en un esquema de totalitat triangular, de caire clàssic, rematat en el vèrtex pel cap de la Mare de Déu.

7. Angulo 1981.

JOSÉ MILICUA

Natura morta d'atuells

Cap a 1650-1660 (el Museu Nacional d'Art de Catalunya el data de 1635-1640)

Oli sobre tela
46,5 x 79 cm
Barcelona, Museu Nacional d'Art de Catalunya, llegat Cambó (MNAC/MAC 64994)

HISTÒRIA: ubicació original desconeguda; llegat de Francesc Cambó, 1949.

EXPOSICIONS: *III Bienal Hispanoamericana de Arte*, Barcelona, Palau Municipal d'Exposicions, Saló del Tinell i Capella de Santa Àgata, 24 de setembre de 1955 - 6 de gener de 1956; *Legados y donativos a los museos de Barcelona 1952-1963*, Barcelona, Palau de la Virreina, desembre de 1963 - gener de 1964; *Zurbarán*, Barcelona, Saló del Tinell, 1965; *Von Greco bis Goya: Vier Jahrhunderte spanische Malerei*, Munic, Haus der Kunst, 20 de febrer - 25 d'abril de 1982; Viena, Künstlerhaus, 14 de maig - 11 de juliol de 1982; *L'època del Barroc*, Barcelona, Palau Reial de Pedralbes, 8 de març - 10 d'abril de 1983; *Da El Greco a Goya: I secoli d'oro della pittura spagnola*, Florència, Palazzo Vecchio, 25 de setembre - 14 de desembre de 1986; *Zurbarán*, Nova York, The Metropolitan Museum of Art, 22 de setembre - 13 de desembre de 1987; París, Galeries Nationales du Gran Palais, 14 de gener - 11 d'abril de 1988; *Zurbarán*, Madrid, Museo del Prado, 3 de maig - 30 de juliol de 1988; *Colección Cambó*, Madrid, Museo del Prado, 9 d'octubre de 1990 - 13 de gener de 1991; Barcelona, Sala Sant Jaume de la Fundació Caixa de Barcelona, 31 de gener - 31 de març de 1991; *La Pintura Sevillana de los Siglos de Oro*, Sevilla, Hospital de los Venerables Sacerdotes, novembre de 1991 - gener de 1992; *Pintura española de bodegones y floreros*, Tokyo, The National Museum of Western Art, 11 de febrer - 12 d'abril de 1992; Nagoya, Nagoya City Art Museum, 21 d'abril - 31 de maig de 1992; *Da Velázquez a Murillo. Il "Siglo de Oro" in Andalusia*, Venècia, Fondazione Giorgio Cini, 27 de març - 27 de juny de 1993; *L'esplendor de la pintura del Barroc. Mecenatge català al Museu Nacional d'Art de Catalunya*, Barcelona, Museu Nacional d'Art de Catalunya, 16 de maig - 17 de novembre de 1996; *La Col·lecció Cambó del Museu Nacional d'Art de Catalunya*, Barcelona, Museu Nacional d'Art de Catalunya, a partir del 30 d'abril de 1997.

BIBLIOGRAFIA: Seckel 1946, p. 287-288; Soria 1953, p. 150, núm. 74; Ainaud 1955, p. 295, cat. núm. 31; Sánchez Cantón 1955a, p. 82-84, núm. 31; Sánchez Cantón 1955b, p. 161; Pemán 1958, p. 203-204 i 208; Soria 1959a, p. 273-280; Guinard 1960a, p. 281, núm. 610; Torres Martín 1963, p. 83, núm. 108; Barcelona 1963, p. 13, cat. núm. 31; Angulo 1964c, p. 80; Barcelona 1965; Buendía 1965, p. 278; Guinard 1967a, p. 281, núm. 610; Gaya Nuño/Frati 1974, p. 9 i 94, núm. 104; Gállego/Gudiol 1976, p. 121, núm. 542; Munic/Viena 1982, p. 300, cat. núm. 100; Pérez Sánchez 1982, núm. 17; Triadó 1982; Barcelona 1983, p. 20, cat. núm. 4; Pérez Sánchez 1983a, p. 76 i 86; Jordan 1985, p. 222-223; Ajuntament de Barcelona 1986, p. 11, núm. 31; Mena 1986, cat. núm. 46; Baticle 1987b, p. 246-247, cat. núm. 42; Pérez Sánchez 1988a, p. 440-442, cat. núm. 118; Pérez Sánchez 1990, p. 371-380, cat. núm. 39; Sureda 1990a, p. 86, 87 i 115, n. 78; Buendía/Ávila 1991, p. 22-23; Valdivieso 1991b, p. 90-91, cat. núm. 30; Pérez Sánchez 1992a, p. 101-102, cat. núm. 21; Valdivieso 1993, p. 84-85, cat. núm. 12; Caturla/Delenda 1994, p. 127; Cuyàs 1996, p. 35 i 68-69, cat. núm. 24; Jordan/Cherry 1995a, p. 105; Cherry 1996; Barcelona 1997, p. 106-107, cat. núm. 29.

CAT. NÚM. 18

CAT. NÚM. 18, RADIOGRAFIA

Francisco de Zurbarán,
Natura morta d'atuells.
Museo del Prado, Madrid.
Fotografia: Institut Amatller d'Art
Hispànic

La *Natura morta d'atuells* de Francisco de Zurbarán és una de les seves obres més famoses. El seu atractiu principal consisteix avui en els valors aparentment «moderns» que sembla que van motivar l'artista. Els objectes autònoms es mostren en una composició clara, com si fos un fris, que permet una major concentració en les seves propietats formals i un reconeixement de la varietat de recipients de diferents tipus, formes, mides i materials. El fons obscur i la llum tenebrista potent en dramatitza les formes i el punt de vista baix els atorga una certa monumentalitat. Sembla que aquests objectes corrents han estat trets del seu context mundà, de cada dia, i s'han convertit en un pretext per mostrar l'artifici del pintor. Si es mira enrere del segle xx estant, fins i tot podria semblar que Zurbarán té afinitats amb els artistes moderns, per als quals la modesta natura morta es va convertir en un vehicle experimental en la pintura d'avantguarda.

La datació tardana de la pintura es basa en el seu estil i en la prova circumstancial que trobem un atuell de ceràmica blanc molt semblant al que hi ha a la dreta de la *Natura morta d'atuells* al quadre de Zurbarán de la *Mare de Déu de l'Anunciació* (Ciutat de Palma a Mallorca, Col·lecció March), pintura que per la seva banda deriva de l'*Anunciació* (Museum of Art de Filadèlfia), signada i datada el 1650. El tema de la pintura en certa manera és poc usual per a l'època, per tal com està centrada en els recipients artesanals, sense fruita ni altres elements comestibles, que normalment s'incloïen a les natures mortes. Zurbarán tenia la capacitat extraordinària de pintar el que veia. En les seves pintures religioses inclou detalls de natures mortes observats directament de la vida, i a vegades va pintar natures mortes a part, que se situen entre les principals obres mestres del gènere a Espanya durant el segle xvii (*Natura morta amb panera de taronges*, Francisco de Zurbarán, 1633, avui a la Norton Simon Foundation de Pasadena; vegeu reproducció a l'article «Les natures mortes de Francisco i Juan de Zurbarán» en el present catàleg). Sens dubte, els atuells van oferir a un pintor de natures mortes amb la cura i la meticulositat de Zurbarán el temps suficient per assolir un nivell alt d'acabat. Probablement Zurbarán els va pintar tan sols pel seu atractiu visual i no va pretendre cap interpretació simbòlica del tema. Això no obstant, malgrat l'elecció de Zurbarán d'uns recipients atractius, la nostra admiració no se centra en el tema *per se* sinó en l'ha-

bilitat de Zurbarán per a la representació. A la vida real, els objectes del quadre els van fer terrissaires i argenters, mentre que la pintura que admirem és de Zurbarán, l'obra d'un artista i no d'un artesà.

Els atuells que tria Zurbarán són els relativament corrents, d'ús quotidià a les cases de l'època. Hi trobem dos atuells (botiges) blancs, un gerro d'argila vermella sud-americà o portuguès, una tassa (*bernegal*) de plata daurada i dos platets de peltre polit. Tots aquests atuells s'utilitzaven per guardar i beure aigua. La boteruda botija de la dreta és plena d'aigua fins a dalt. Aquests atuells es feien amb argila blanca i fina i de vegades no es vidraven a fi que el seu cos porós pogués «suar» i permetre que l'aigua es mantingués fresca, com es fa avui amb el càntir. Els reflexos que pinta Zurbarán a les seves dues botiges suggereixen que aquests dos atuells són exemplars vidriats i que no s'ha acumulat aigua en el platet sobre el qual hi ha un dels recipients. Part del sentit del quadre procedeix probablement de la cultura de l'aigua de l'època a Andalusia, tema també bàsic en *L'aiguader* de Velázquez. A les regions caloroses d'Espanya, l'aigua sempre ha tingut fama com a element refrescant, pur i necessari.

Zurbarán va ser un gran pintor de relleus, molt hàbil en la creació d'una il·lusió de tridimensionalitat en les seves pintures. La seva *Natura morta d'atuells* constitueix una mostra perfecta de la seva capacitat en aquest sentit. L'estil tenebrista de Zurbarán és bàsic per a la consecució d'aquesta mena d'efectes, en utilitzar una forta il·luminació lateral i un modelatge de les formes basat en uns contrastos pronunciats de llum i ombra. No obstant això, Zurbarán també ha potenciat al màxim la impressió de volum dels atuells d'altres maneres. Zurbarán ha aconseguit, per exemple, un contrapunt en formes il·luminades i fosques, una estratègia visual elemental per a la creació del relleu que ell utilitza habitualment en la pintura de figures; d'aquesta manera, la part esquerra fortament il·luminada de l'atuell de la dreta queda contrastada amb l'interior fosc del plat de peltre que té a sota, mentre que la part ombrejada de la dreta de l'atuell contrasta amb l'interior il·luminat del plat. Les textures de la superfície i la decoració dels recipients subratllen, així mateix, els efectes de relleu de la pintura; Zurbarán ha observat atentament, per exemple, el joc de la llum en la decoració gravada amb corbes de l'atuell

FRANCISCO DE ZURBARÁN, *NATURA MORTA D'ATUELLS*, RADIOGRAFIA. MUSEO DEL PRADO, MADRID.
© Museo del Prado, Madrid.

de la dreta, a fi d'expressar la il·lusió de volum de l'objecte. Tots els atuells tenen dues nanses que són orientades cap a direccions diferents, i no tan sols per raons de varietat, sinó per permetre a l'observador d'imaginar com giren en l'espai fictici que ocupen. Els atuells pintats són de grandària natural i, evidentment, una part important de l'atractiu de la pintura consisteix en la impressió que fa creure que l'observador pot estirar el braç i agafar-los. En aquest sentit, Zurbarán evoca la lliçó de *L'aiguader* de Velázquez, en què els atuells de terrissa queden tan destacats i on la gerra d'aigua pintada constitueix un sorprenent detall *trompe-l'oeil*.

Uns aspectes desconcertants de la representació ens demostren que és impossible que Zurbarán hagués pintat la *Natura morta d'atuells* a partir d'aquesta disposició exacta dels atuells en un relleix o taula situats davant seu. Les clares contradiccions en el punt de vista, la posició i la il·luminació dels elements insinuen que cada motiu es va acabar per separat, tant si era a partir del natural com d'un model pintat. Seria una cosa molt fàcil de fer en una composició tan formal d'elements independents. Tot i que els objectes reben la llum de l'esquerra, no es projecten ombres entre ells. I el més clar és que l'ombra projectada per l'ampli i rotund cos de l'alta botija no afecta el gerro de terrissa vermella que té al costat. Els atuells dels costats, sobre els platets, són vistos des d'un punt de vista més alt que els del centre. El dibuix dels elements també és una mica estrany en termes reals. La botija alta s'aparta del centre. Els dos platets no estan dibuixats en una perspectiva correcta, i el seu escorç no s'adiu amb el de formes circulars. El platet de la dreta sembla massa «pla» i l'altre s'inclina d'una manera estranya cap a l'esquerra. L'el·lipsi de l'atuell de l'extrem dret apunta cap als «costats» de l'obertura i també s'inclina avall cap a l'esquerra, fet que, en realitat, comportaria el risc de vessar l'aigua.

Francisco de Zurbarán va pintar dues vegades la *Natura morta d'atuells* i en cap de les dues versions no es corregeixen les incoherències que hem esmentat. No coneixem les raons que el van moure a repetir la pintura. Potser en va fer una segona versió per a ell mateix o, més probable encara, per a algun admirador de la seva obra. Les còpies de natures mortes eren corrents al segle XVII. A més, era una pràctica artística normal dels pintors copiar motius d'altres pintures a les natures mortes. Per bé que aquests motius s'havien tret al principi del natural, es reciclaven en altres pintures sense pèrdua de convicció quant al seu naturalisme evident.

És impossible saber quina pintura és la primera versió. Són idèntiques quant a mida i motius. Hi trobem unes lleugeríssimes diferències en la situació relativa dels objectes; la distància entre la botija alta i blanca i l'atuell vermell, per exemple, és una mica més gran a la pintura del Museu Nacional d'Art de Catalunya de Barcelona i la forma de les ombres projectades és una mica diferent en una i altra. Tanmateix, la pintura dels objectes és exactament la mateixa en cadascuna d'elles. L'examen tècnic ha demostrat que totes dues pintures van ser executades de la mateixa manera i que ambdues són obra de Zurbarán. Un estudi de les radiografies de cada pintura descobreix el mètode de Zurbarán de pintar directament els objectes, a través del qual es tracen amb vigor els contorns precisos amb el pinzell i es modelen fermament les formes. Cap document no revela l'existència de *pentimenti*, fet que no sorprèn en una composició d'una simplicitat com aquesta i en el cas d'un artista tan segur de si mateix.

La versió més exposada i reproduïda de la *Natura morta d'atuells* és la del Museo del Prado. No obstant això, la més ben conservada és, sens dubte, la del Museu Nacional d'Art de Catalunya de Barcelona. La superfície d'aquesta pintura està en millor estat, i això té com a conseqüència òbvia que s'hi puguin apreciar més bé els subtils efectes de llum i el modelatge de les formes. La llum no sembla tan crua com a la pintura del Prado i cau amb més suavitat. En el modelatge de les formes, els mitjos tons que s'han conservat a la versió de Barcelona, i que li confereixen una tonalitat rica, han desaparegut a la pintura del Museo del Prado, i això ha tingut com a conseqüència la pèrdua de la il·lusió de volum i una impressió molt més esquemàtica de l'intricat joc de llum en les superfícies opaques i reflectores dels objectes. L'estat de conservació relativament bo de la pintura de Barcelona significa, així mateix, que la decoració de la superfície dels atuells continua estant ben definida. La direcció del motiu gravat de la botija de la dreta és prou diferent en les dues pintures, si bé això es deu al cobriment dels buits i a les noves capes de pintura de la part deteriorada de la tela de la versió de Madrid, que es veu clarament a la radiografia. L'aparent «modernitat» de la *Natura morta d'atuells* del Museo del Prado, que van observar altra vegada els crítics quan es va exposar a la National Gallery de Londres el 1995, segur que té més a veure amb el seu estat de conservació del que s'havia comptat. La seva composició com de fris, la seva relativa monotonia i la pronunciada definició de les «vores» dels objectes a la pintura del Prado són trets que sembla que no han estat intencionats, al contrari, que s'han exagerat pel mal estat de la pintura.

PETER CHERRY

Natura morta amb codonys

Cap a 1658-1664 (el Museu Nacional d'Art de Catalunya el data cap a 1633)

Oli sobre tela
Tela original, 25 x 29 cm; dimensions actuals amb afegits, 35 x 40,5 cm
Barcelona, Museu Nacional d'Art de Catalunya (MNAC/MAC 10092)

HISTÒRIA: col·lecció Gil, dipositat el 1922, adquirit el 1946.

EXPOSICIONS: *Stora Spanska Mästere*, Estocolm, Nationalmuseum, 12 de desembre de 1959 - 13 de març de 1960; *Zurbarán en el III Centenario de su muerte*, Madrid, Casón del Buen Retiro, novembre de 1964 - febrer de 1965; *Zurbarán*, Barcelona, Saló del Tinell, 1965; *La nature morte de Brueghel à Soutine*, Bordeus, Galerie des Beaux-Arts, 5 de maig - 1 de setembre de 1978; *Pintura española de bodegones y floreros. De 1600 a Goya*, Madrid, Museo del Prado, novembre de 1983 - gener de 1984; *Du Greco à Picasso. Cinq siècles d'art espagnol*, París, Musée du Petit Palais, 10 d'octubre de 1987 - 3 de gener de 1988; *Zurbarán*, Madrid, Museo del Prado, 3 de maig - 30 de juliol de 1988; *L'època dels Genis. Renaixement/Barroc. Tresors del Museu d'Art de Catalunya*, Girona, Museu d'Història de la Ciutat, 1987; Barcelona, Palau de la Virreina, 27 de juliol - 17 de setembre de 1989; *Capolavori dal Museo d'Arte della Catalogna*, Roma, Accademia Spagnola di Storia, Archeologia e Belle Arti, 22 d'octubre de 1990 - 9 de gener de 1991; *Pintura española de bodegones y floreros*, Tokyo, The National Museum of Western Art, 11 de febrer - 12 d'abril de 1992; Nagoya, Nagoya City Art Museum, 21 d'abril - 31 de maig de 1992; *Still Leben*, Estocolm, Nationalmuseum, 16 de febrer - 1 de maig de 1995; *L'esplendor de la pintura del Barroc. Mecenatge català al Museu Nacional d'Art de Catalunya*, Barcelona, Museu Nacional d'Art de Catalunya, 16 de maig - 17 de novembre de 1996.

BIBLIOGRAFIA: Catàleg Barcelona 1954, p. 52; Gaya Nuño 1955, p. 90; Pemán 1958, p. 208, núm. 123, làm. 3; Estocolm 1959, cat. núm. 116; Guinard 1960a, p. 281, núm. 599; Torres Martín 1963, p. LXXXV, núm. 111; Sanz-Pastor 1964, p. 134, cat. núm. 37; Barcelona 1965; Ainaud 1967, p. 86, fig. 80 i p. 16, fig. 4; Torres Martín 1971, p. 29, fig. 4; Gaya Nuño/Frati 1974, p. 93, núm. 99, làm. XXIV A; Gállego/Gudiol 1976, p. 50, 121 i 382, núm. 545, fig. 488; Camón Aznar 1977, p. 263, fig. 16; Bordeus 1978, p. 124-125, cat. núm. 85; Monreal 1981, p. 60-61, núm. 78; Pérez Sánchez 1983a, p. 87, cat. núm. 58; Gállego 1984a, p. 201; Girona 1987, p. 40, cat. núm. 22; París 1987, p. 255-256, fig. p. 257, cat. núm. 71; Pérez Sánchez 1988a, p. 438-439, cat. núm. 116; Sureda 1988a, p. 188-191, núm. 22; Barcelona 1989, p. 41, cat. núm. 22; Sureda 1990b, p. 50-51, cat. núm. 10; Pérez Sánchez 1992a, p. 102, cat. núm. 22; Cavalli-Björkman/Nilsson 1995, p. 71, cat. núm. 157; Cuyàs 1996, p. 36 i 70-71, cat. núm. 25.

Aquesta natura morta és un fragment extret d'una pintura més gran, tal com es pot veure a la radiografia. S'hi van afegir en una data no especificada unes tires de tela als quatre extrems per donar a la pintura les seves dimensions actuals. La tira que segueix a la part inferior va ser pintada perquè fes la impressió de ser el cantell davanter d'una taula, i es va ampliar una part de la roba blanca de l'extrem dret inferior de la tela original (que sembla que és de mà de Zurbarán) per fer l'efecte que es doblega al caire de la taula. La pintura avui és emmarcada d'una manera que fa que la major part d'aquestes tires de tela quedin dissimulades.

CAT. NÚM. 19

CAT. NÚM 19, RADIOGRAFIA

S'ha acceptat universalment la seva atribució a Zurbarán, des que es publicà per primera vegada l'any 1954. S'ha reconegut en general la naturalesa fragmentària de l'obra (si bé Guinard[1] no hi fa cap referència), i això n'ha dificultat la datació. La major part d'experts la situen prop de l'única natura morta signada i datada de Zurbarán, la *Natura morta amb panera de taronges* de 1633 (vegeu reproducció a l'article «Les natures mortes de Francisco i Juan de Zurbarán» en el present catàleg), que és a la Norton Simon Foundation de Pasadena, i assenyala la similitud entre la disposició dels codonys al plat i la de les grans llimones a la pintura americana. Aquí s'hi proposa una data diferent.

Les fruites representades són, sens dubte, uns grans codonys, tot i que un eminent estudiós els identifiqués com a «zamboas» (una mena de llimona).[2] Aquesta és l'única representació de codonys que coneixem de Francisco de Zurbarán, per bé que el seu fill, Juan, en va incloure en algunes de les seves natures mortes. El codony és una fruita d'hivern, i en general a Espanya no es menjava cru sinó que se'n feien compotes, gelea o codonyat i melmelada. El famós pastisser Juan de la Mata, que descrivia el codony com «*una de las frutas más caseras*» en presenta una sèrie de receptes en el seu *Arte de reposteria*.[3] En pintures religioses, s'utilitza el codony com a símbol de la Resurrecció (ja que, segons Plini, si es planta un esqueix de codonyer pot produir un altre codonyer, i Giovanni Bellini, per exemple, l'inclou en diverses pintures de la Mare de Deu i l'Infant.[4] És impossible respondre la qüestió de si els codonys, en l'obra que ens ocupa, es pretenia que s'interpretessin de manera simbòlica, ja que no sabem a quina obra correspon el fragment.

Pemán assenyala que Zurbarán utilitza motius semblants en obres com ara *La Mare de Deu i l'Infant amb sant Joan Baptista* de 1658, del San Diego Museum of Art (vegeu reproducció a la fitxa cat. núm.17) i Pérez Sánchez[5] planteja que és molt probable que la pintura sigui un fragment d'una composició d'aquesta mena. És interessant ressaltar que és sobretot en les últimes obres religioses pintades durant els anys d'estada de l'artista a Madrid (1658-1664) on es troben detalls de natures mortes de fruites en un plat

1. Guinard 1960a, p. 280.

2. Gállego 1984, p. 201.

3. Mata 1755.

4. Levi 1977, p. 324-325.

5. Pérez Sánchez 1983a i Pérez Sánchez 1988a.

Francisco de Zurbarán, *Mare de Déu amb el Nen i sant Joan Baptista*. San Diego Museum of Art, San Diego, Califòrnia. Gift of Anne R. and Amy Putnam. © San Diego Museum of Art

metàl·lic, les quals habitualment juguen algun tipus de paper simbòlic o al·lusiu.[6] El caracter monumental dels codonys es pot comparar amb el de les pomes en primer pla a la pintura de San Diego, i la tonalitat càlida que empra aquí Zurbarán l'allunya una mica dels tons més freds i de la resolució més compacta de la fruita a la natura morta de 1633. Una comparació de la radiografia de l'obra que ens ocupa amb les de les natures mortes pintades a la darreria de la dècada de 1620 i principi de la de 1630 (la pintura de la Norton Simon Foundation de Pasadena, la *Tassa i rosa en un plat* de la National Gallery [vegeu reproducció a l'article «Les natures mortes de Francisco i Juan de Zurbarán» en el present catàleg], així com el *Cistella de pomes i préssecs damunt una taula*, antigament a la col·lecció Lafitte, restaurada recentment i exposada a Nova York)[7] mostra que aquí les formes no estan tan densament modelades i que l'artista ha abandonat la utilització de les línies de contorn traçades amb gran cura al voltant de les formes. Això ens suggereix una data més tardana per a l'execució de l'obra, possiblement durant l'últim període madrileny.

S'ha dit[8] que la monumentalitat dels codonys és tan gran que ens permet contemplar la possibilitat que sigui un fragment d'una natura morta més gran. Tanmateix, la juxtaposició del plat i la tela blanca no té parangó amb cap de les natures mortes pures de Zurbarán; en efecte, els motius d'aquestes natures mortes mai no es sobreposen. Per tant, és més probable que el motiu hagi estat tallat d'una pintura devocional, potser de mig cos o tres quarts. La radiografia mostra que s'ha tallat la tela tan a prop dels objectes com a estat possible, probablement amb la intenció d'eliminar qualsevol rastre de les formes que hi havia al costat i fent-la passar per una natura morta independent. El rectangle blanc de l'extrem superior a la dreta a la radiografia no representa una porció de la tela original que hagi estat eliminada amb precisió, sinó una part de la tela original que s'ha repintat al damunt amb pigment blanc de plom, opac als raigs X, potser per encobrir part d'una forma que podria indicar que la pintura era un fragment. La roba blanca del primer terme s'hi va deixar, per tal com podia passar com a part d'una natura morta independent, tot i que originàriament podia haver sigut part de la vestimenta d'una figura.

GABRIELE FINALDI

6. Gállego/Gudiol 1976, núm. 513, 515, 518, 525, 538 i 540.

7. Jordan 1997, p. 98-103, cat. núm. 12.

8. Sureda 1988a, p. 188-191 i Sureda 1990b, p. 50-51.

Natura morta amb plat de raïm
CAT. NÚM. 20, DETALL

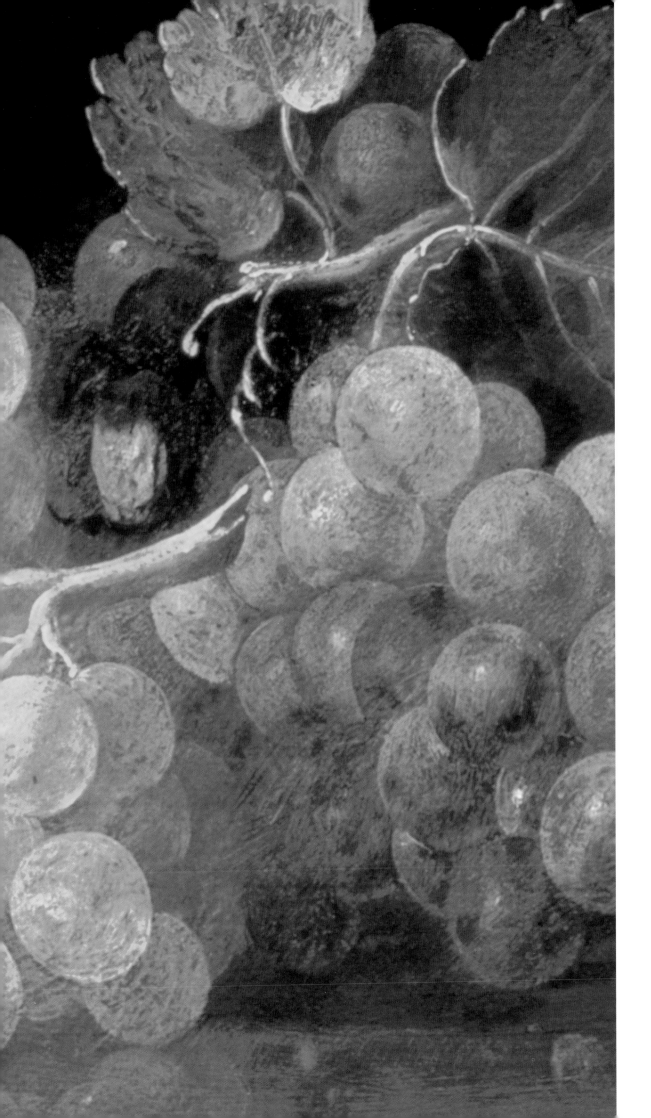

JUAN DE ZURBARÁN

Natura morta amb plat de raïm

1639

Oli sobre coure
28 x 36 cm
Signat i datat: «*Juan de Zurbaran façie.../ 1639*» a la part inferior esquerra.
Col·lecció particular

HISTÒRIA: ubicació original desconeguda.

EXPOSICIONS: *L'Âge d'Or espagnol. La peinture en Espagne et en France autour du caravaggisme*, Bordeus, Musée et Galerie des Beaux-Arts, 16 de maig - 31 de juliol de 1955; *Spanish Still Life from Velázquez to Goya*, Londres, The National Gallery, 22 de febrer - 21 de maig de 1995.

BIBLIOGRAFIA: Martin-Méry 1955, cat. núm. 93 bis; Pemán 1958, p. 193-211, làm. I; Soria 1959a, p. 275; Guinard 1960a, p. 282, cat. núm. 613, làm. I; Pemán 1964c, p. 85; Gállego/Gudiol 1976, p. 69; Pérez Sánchez 1983a, p. 77; Jordan 1985, p. 224-225, fig. XV.2; Pérez Sánchez 1987, p. 95 i 98, làm. 84; Jordan/Cherry 1995a, p. 104, 106, 109, III i 214, cat. núm. 39; Jordan 1997, p. 105, 107 i 108, fig. 13.1

1. Pemán 1958.

2. Pérez Sánchez 1983a.

Aquest important quadre, que pertany a la mateixa col·lecció d'ençà de mitjan segle XIX, no va ser conegut pels especialistes fins que no es va mostrar a l'exposició *L'Âge d'Or espagnol*, que va tenir lloc a Bordeus, el 1955. Té una qualitat tan elevada que almenys un estudiós[1] va afirmar que en realitat l'havia pintat el pare, tot i que està clarament signat amb el nom del fill. Juan el va pintar quan només tenia dinou anys, és la primera de les seves tres obres signades i constitueix, alhora, un punyent testimoni de la rigorosa formació que el jove artista va rebre del seu pare i de la independència intel·lectual i d'esperit que el jove presenta a l'ombra d'un pare famós.

Si bé al primer cop d'ull és similar al motiu dels plats de la famosa *Natura morta amb panera de taronges* (vegeu reproducció a l'article «Les natures mortes de Francisco i Juan de Zurbarán» en el present catàleg), pintada per Francisco de Zurbarán el 1633, i té detalls anàlegs de les seves composicions historiades en què la natura morta és una part de la composició general, la *Natura morta amb plat de raïm* de Juan de Zurbarán revela una visió prou diferent. Pérez Sánchez[2] va observar que, als seus ulls, el caràcter terrenal i sensual del tema es posa en relleu a la manera dels pintors holandesos. Però, l'obra, en el seu preciosisme, potser s'acosta encara més a l'esperit d'artistes llombards com ara Panfilo Nuvolone (documentat el 1581-1631), del qual començaven a sorgir petites natures mortes de fruita en col·leccions espanyoles del voltant d'aquesta època. A la pintura del jove Zurbarán, l'atenta observació dels detalls de la fruita i el seu reflex a la vora del plat de metall té el seu paral·lelisme en els grans esforços que l'artista va haver de fer per representar les escletxes i les esquerdes a l'extrem del relleix de pedra on reposa el plat. Aquesta concentració en els detalls accidentals no tenia res a veure amb la sensibilitat del pare, les formes i les composicions del qual s'inclinen cap al pur i el conceptual. Efectivament, tot i que la puresa formal de les natures mortes del pare han mogut alguns a buscar-hi un significat religiós, la rica i matisada visió del detall en l'obra del fill simplement posa en relleu la profanitat essencial que el gènere té per a ell. Podria ser que no hi hagués aquest abisme d'intenció entre l'un i l'altre, sinó més aviat un canvi generacional, que es fa palès

CAT. Núm. 20

en l'atracció que sent Juan per les obres de moda d'Itàlia, les quals en el seu realisme semblava que encarnessin un sentit més gran de modernitat.

Es tendeix a vincular la utilització del coure com a suport per a les pintures a l'oli amb altres escoles, a més a més de l'espanyola –sobretot la flamenca–, però a Itàlia era corrent (en efecte, era corrent entre els pintors de natures mortes llombards com ara Nuvolone), i resultava de bon tros més atractiu als espanyols del que normalment s'ha cregut. Les pintures sobre coure atreien sobretot col·leccionistes sofisticats que assaborien la super-fície suau i acabada de les pintures com aquesta. Però el coure va proporcionar un suport ideal per a un ús més sensual tant de la pintura com de les veladures. Artistes com ara El Greco, Maino, Ribera, Caxés, Van der Hamen, Murillo, Claudio Coello i molts d'altres van treballar alguna vegada sobre coure, tot i que a Espanya es van pintar ben poques natures mortes sobre metall. Es tractava d'un luxe, i Juan de Zurbarán, en aquesta petita *Natura morta amb plat de raïm* va pintar clarament un article de luxe que qualsevol col-leccionista associaria mentalment amb obres similars procedents de Flandes i d'Itàlia. William B. Jordan

Natura morta amb fruita i cadernera

Cap a 1639-1640

Oli sobre tela
40 x 57 cm
Barcelona, Museu Nacional d'Art de Catalunya (MNAC/MAC 5671)

HISTÒRIA: adquirit el 1904 per la Junta de Museus.

EXPOSICIONS: *L'època dels Genis. Renaixement/Barroc. Tresors del Museu d'Art de Catalunya*, Girona, Museu d'Història de la Ciutat, 1987 (com a obra de Pedro de Camprobín); Barcelona, Palau de la Virreina, 27 de juliol - 17 de setembre de 1989; *Spanish Still Life from Velázquez to Goya*, Londres, The National Gallery, 22 de febrer - 21 de maig de 1995; *L'esplendor de la pintura del Barroc. Mecenatge català al Museu Nacional d'Art de Catalunya*, Barcelona, Museu Nacional d'Art de Catalunya, 16 de maig - 17 de novembre de 1996.

BIBLIOGRAFIA: Catàleg Barcelona 1906, p. 83, núm. 305; Girona 1987, p. 43, cat. núm. 27; Barcelona 1989, p. 42, cat. núm. 25; Jordan/Cherry 1995a, p. 106-107 i 214, cat. núm. 40; Cuyàs 1996, p. 36 i 72-73, cat. núm. 26.

Aquesta preciosa natura morta s'ha atribuït recentment i encertadament a Juan de Zurbarán partint de la seva similitud amb la *Natura morta amb plat de raïm* signada i datada el 1639 de col·lecció particular (cat. núm. 20) i deu ser aproximadament de la mateixa època. Totes dues obres es van exposar juntes a la National Gallery de Londres el 1995 i, malgrat tenir suports diferents (la *Natura morta amb plat de raïm* és sobre coure), la seva factura és idèntica. El raïm presenta el mateix grau de translucidesa, per tal com sembla que la llum quedi tancada en els seus pàl·lids volums i els reflexos en el plat de plata estan curosament estudiats en cada pintura.

Els quadres de fruita són les primeres natures mortes que es coneixen a Espanya i arreu d'Europa, i la tria d'aquest tema es feia com a emulació de les obres llegendàries de l'antiguitat clàssica. Francisco de Zurbarán va pintar com a mínim una petita natura morta de productes comestibles en un plat de plata, la *Natura morta amb dolços* (col·lecció particular, Espanya), datada cap a 1633 i Juan, en l'escala i el format, devia haver seguit les obres d'aquest tipus del seu pare. La pintura s'ha enfosquit amb el temps, i això n'ha exagerat el tenebrisme pronunciat. Juan de Zurbarán va aprendre aquest estil tenebrista del seu pare, així com un elevat sentit dels contorns dels objectes, un tret característic de l'obra d'ambdós artistes. Això no obstant, si es compara la seva pintura amb la *Natura morta amb panera de taronges* (The Norton Simon Foundation de Pasadena; vegeu reproducció a l'article «Les natures mortes de Francisco i Juan de Zurbarán» en el present catàleg) de Francisco, veiem que Juan assoleix un sentit intens del volum en el modelatge dels seus objectes, en enfosquir les ombres, i que manipula la pintura amb més fruïció que no pas el seu pare.

Natura morta amb fruita i cadernera és una pintura de petites dimensions, tot i que la fruita s'hi representa a mida natural, prop de l'observador, seguint les convencions predominants en les natures mortes de l'època. Malgrat la mida, s'hi representa una gran varietat de fruita. Una magrana madura s'ha esberlat per mostrar-nos el seu interior

CAT. NÚM. 21

sucós, i la seva flor acaba d'intensificar l'atractiu de la imatge. La mirada atenta de l'observador es veu recompensada amb els exquisits detalls, com ara la papallona que s'acosta a la flor de la magrana i la vespa que s'ha posat sobre el raïm blanc. Aquest gust pel detall ens recorda les natures mortes flamenques, com les de Jan Bruegel dit «dels Velluts» (1568-1625). Pacheco esmenta Bruegel com a un dels més famosos pintors de flors en el seu *Arte de la pintura*,[1] i probablement es coneixien a Sevilla algunes pintures seves i dels seus seguidors, sobretot entre la colònia de mercaders flamencs que residien a la ciutat.

1. Pacheco 1649.

En primer pla es presenta una cadernera que menja raïm, amb la cua que s'encavalca de manera il·lusionista en el caire frontal de la superfície de la taula. Aquest detall destacat fa al·lusió a la coneguda història de l'antic pintor de natures mortes Zeuxis, que pintava uns raïms tan naturalistes que s'hi acostaven els ocells per mirar de menjar-se'ls. Zurbarán, en un esperit de competició amb els antics, convenç l'observador sobre quina d'aquestes natures mortes és la més destacada, ja que inclou de fet un ocell que es menja el raïm. Malgrat la condició relativament modesta de la natura morta a Espanya, on constituïa en general un gènere decoratiu, queda clar que Juan de Zurbarán comptava que l'observador es miraria més de prop la seva obra, que n'estudiaria minuciosament els detalls i n'admiraria l'ampli ventall de qualitats visuals que constitueix un *tour de force* de la seva tècnica de representació.

PETER CHERRY

Natura morta amb servei de xocolata

1640

Oli sobre tela

48 x 75 cm

Signat i datat: «*Juan deZurbaran fati…/ 1640*» a la part inferior esquerra.

Kíev (Ucraïna), Kieskij Musej

HISTÒRIA: col·lecció Khanenko, Sant Petersburg, 1916.

EXPOSICIONS: *Spanish Still Life from Velázquez to Goya*, Londres, The National Gallery, 22 de febrer - 21 de maig de 1995.

BIBLIOGRAFIA: Voinov 1916, p. 1; Wit, 1924, p. 52; Cavestany 1936-1940, p. 77; Ghilarov 1938, p. 190; Seckel 1946, p. 289-290, fig. 9-10; Seckel 1947, p. 62, núm. 8; Soria 1955a, p. 177, fig. 122; Pemán 1958, p. 193-211, làm. I; Soria 1959a, p. 274-275; Guinard 1960a, p. 282, làm. I; Pérez Sánchez 1983a, p. 77, il·lus.; Jordan 1985, p. 225-227, fig. XV.3; Pérez Sánchez 1987, p. 94 i 98, làm. 83; Jordan/Cherry 1995a, p. 104, 106-108 i 214, cat. núm. 41; Harris 1995, p. 331; Jordan 1997, p. 105-107, fig. 13.2.

Aquesta consumada natura morta, pintada per Juan de Zurbarán quan tenia vint anys, potser uns mesos després de la *Natura morta amb plat de raïm* (cat. núm. 20) de 1639 és, malgrat la seva joventut, l'obra d'un artista completament format, amb una personalitat prou independent de la del seu pare. Tanmateix, quan es va publicar per primera vegada el 1916, mentre continuava a la col·lecció Khanenko de Sant Petersburg, es creia que pertanyia a Francisco de Zurbarán. Fins a l'any 1938, després de la neteja de la pintura, no es va publicar una transcripció completa de la signatura. Fins aleshores ningú no tenia consciència que el fill de Zurbarán havia estat un pintor de natures mortes, i aquest descobriment va constituir una fita en la història del gènere. Tot i així, no se'n van comprendre totes les implicacions fins a dècades més tard. El 1958, Pemán va publicar, per primera vegada, un facsímil de la signatura. Durant la preparació del catàleg de l'exposició *Spanish Still Life from Velázquez to Goya*, que va tenir lloc a Londres el 1995, el museu de Kíev va indicar que la signatura ja no es veia, detall que es va publicar en la primera edició del catàleg. Això no obstant, un cop la pintura va haver arribat a Londres i després de l'examen sota una llum forta, la signatura va quedar perfectament visible a la part inferior esquerra, com ho havia estat des de 1938. Es va fer la correcció a les següents edicions del catàleg.

Si bé en el cas d'aquest petit *Plat de raïm* (cat. núm. 20) es pot comprendre la independència estilística de Juan de Zurbarán, únicament en termes de la tècnica delicada i sensual de la pintura i del suport de coure, l'ambiciosa composició de la *Natura morta amb servei de xocolata* de Kíev ens ofereix moltes més possibilitats de valorar la personalitat del jove artista. L'escena és summament fosca. La llum brillant que dóna relleu a les formes ni penetra en les ombres ni defineix un espai lluminós, com en el cas de la *Natura morta amb panera de taronges* de Francisco de Zurbarán, de 1633 (vegeu reproducció a l'article «Les natures mortes de Francisco i Juan de Zurbarán» en el present catàleg). Els objectes de la natura morta de Kíev –un plat de plata, unes tasses de porcellana d'importació, una gerreta de plata i una altra de ceràmica vidriada blanca, una caixeta de fusta de confitura, unes tovalles acolorides, un bol de carbassa mexicana, una xocolatera i una cullera–

sorgeixen de la foscor en una disposició que sembla més equilibrada intuïtivament que no pas conformada a l'ordre de simetria predeterminat i jeràrquic. Les formes s'encavalquen, bo i aconseguint un disseny global cohesionat que proporciona a l'artista l'oportunitat d'estudiar els reflexos i les sensuals característiques superficials d'una sèrie de motius i materials molt acostats entre ells. Ho aconsegueix amb unes pinzellades curtes, contundents, fetes amb un pinzell més aviat encarcarat, que deixa la superfície del pigment amb una textura rica. Els reflexos sobre les tasses de porcellana i les gerretes s'indiquen mitjançant unes pinzellades aïllades, agosarades, de gruixut *impasto* blanc. El delicat joc colorista del blau amb blancs freds i càlids, la plata, el llautó i la fusta atorguen al quadre una sòbria elegància.

El jove Juan de Zurbarán mai no hauria arribat a aquest estil coherent i precoç basant-se únicament en els seus coneixements sobre la pintura espanyola de natures mortes d'èpoques precedents. L'únic artista espanyol que es va acostar a aquest estil abans de 1640 va ser Antonio de Pereda, però Pereda no va assolir, de fet, tot el seu potencial fins a la dècada de 1650. Malgrat que Juan devia conèixer natures mortes italianes i flamenques d'aquest estil que fins potser havien influït Pereda, la talla de l'artista ens la dóna el fet que no puguem afirmar quines podien haver estat. El que ens ofereix a una edat tan jove sembla que és el resultat de la seva pròpia i complexa resposta al món canviant del seu voltant.

S'han atribuït a Juan de Zurbarán unes quantes natures mortes sense signar d'aquest tipus, però tanmateix la major part té una execució bastant seca i no n'hi ha cap que aconsegueixi la riquesa i la qualitat que es fan paleses aquí. Alguns crítics s'inclinen per la indulgència davant la feblesa d'aquestes obres, parlant de la irregularitat d'un pintor jove. No obstant això, cap natura morta signada per aquest pintor no revela cap tipus de feblesa ni manca de tècnica. Val a dir que l'obra que ha sobreviscut de Juan continua sent molt reduïda però, sens dubte, ens trobem davant un talent singular, la tècnica i la inventiva del qual com a pintor de natures mortes superen les de la majoria de coetanis seus. És lògic que tingués imitadors, de la mateixa manera que en va tenir el jove Velázquez. Al capdavall, les natures mortes del jove Zurbarán eren tan noves i imitables a la Sevilla de 1640 com les natures mortes de Velázquez el 1617.

WILLIAM B. JORDAN

Natura morta amb panera de fruita i cards

1643

Oli sobre tela
74,5 x 106 cm
Signat i datat: «*DJuan de Zurbaran, faciebat/1643*» a la part inferior esquerra (amb les
dues primeres lletres en lligadura).
The Gösta Serlachius Fine Arts Foundation, Mänttä (Finlàndia)

HISTÒRIA: adquirit per Gösta Serlachius al marxant Louis Richter, Estocolm, 1938; The Gösta
Serlachius Fine Arts Foundation, Mänttä (Finlàndia).

EXPOSICIONS: *La natura morta italiana*, Nàpols, Palazzo Reale, octubre - novembre de
1964; *Spanish Still Life in the Golden Age 1600-1650*, Fort Worth, Kimbell Art Museum, 11
de maig - 4 d'agost de 1985; Toledo (Ohio), The Toledo Museum of Art, 8 de setembre - 3
de novembre de 1985.

BIBLIOGRAFIA: Causa 1964, p. 67-68, fig. 59b; Causa 1972, p. 1051; Jordan 1985, p. 227,
230-232, 234 i 239, làm. 43, cat. núm. 43; Pérez Sánchez 1987, p. 100, 232, n. 86 i làm.
86, p. 96; Jordan/Cherry 1995a, p. 108-109, fig. 80; Jordan 1997, p. 107-108, fig. 13.3.

El fet que a l'exposició de natures mortes espanyoles que va tenir lloc a Fort Worth, l'any
1985, es reconegués en general aquesta pintura com a obra de Juan de Zurbarán va constituir
un progrés comparable al del descobriment de la signatura a la natura morta de Kíev (cat.
núm. 22). Tanmateix, l'obra s'havia exposat i publicat vint anys abans, bo i atribuint-la a
Michelangelo da Campidoglio (1610-1670). Aquest reconeixement tan tardà del seu veritable
autor reflecteix el fet que fins no fa gaire es coneixia ben poca cosa sobre Juan de Zurbarán.

El col·leccionista finlandès Gösta Serlachius va comprar la pintura el 1938 al marxant
d'Estocolm Louis Richter. Sembla que en aquella època la signatura era visible, però, tot i que
el mateix any es va descobrir la signatura completa de la natura morta de Kíev, no se'n va publi-
car un facsímil fins vint anys més tard.[1] A causa de les característiques italianitzants de la
pintura, es considerava que la signatura era falsa, el Nationalmuseum d'Estocolm la va atribuir
al pintor napolità Giovanni Battista Ruoppolo (1629-1693). En un intercanvi de cartes entre el
propietari de la pintura i Causa el 1958, el preeminent historiador de l'art napolità opinava que
la pintura era obra de Luca Forte (actiu entre 1625 i 1655). El 1964, Causa va incloure la natu-
ra morta a l'exposició *La natura morta italiana*, que va organitzar al Palazzo Reale de Nàpols,
la qual va viatjar, així mateix, a Zuric i Rotterdam. Aleshores, Causa ja havia deixat de banda
l'atribució a Luca Forte i havia proposat el nom de Campidoglio, del qual no tenim notícia que
hagi sobreviscut cap natura morta signada. Causa no esmentava en la seva fitxa del catàleg, ni
que fos per qüestionar-ho, que a l'obra figurava una inscripció amb el nom de Juan de
Zurbarán i una data de la dècada de 1640. El 1972, Causa ja havia reconegut l'existència i l'au-
tenticitat de la signatura, si bé aquestes dades no les van recollir els historiadors de l'art espa-
nyols fins al 1987, quan les anota Pérez Sánchez. Això no obstant, dos anys abans, al catàleg
de l'exposició de Fort Worth, s'hi publicava un detall de la signatura. Partint d'una fotografia,
havia estat impossible llegir amb precisió la data, i provisionalment es va donar la de 1645 com
a aproximada. Ara bé, l'examen acurat amb una llum més forta durant l'exposició va demos-
trar de manera inqüestionable que la data era la de 1643.

En disposar d'una data precisa de la pintura, es pot començar a comprendre el desenvolu-
pament estilístic de Juan de Zurbarán. Evidentment, durant uns quants anys, havia tingut la
vista posada a Itàlia, si bé, de totes les pintures signades per ell o que se li atribueixen, aques-

1. Pemán 1958.

CAT. Núm. 23

ta és la que té l'empremta de la influència napolitana més marcada. Les fosquíssimes ombres de què emergeixen les formes sensuals només podien haver estat inspirades pels seguidors de Caravaggio. L'analogia que estableix Causa amb l'obra de Luca Forte resulta encertada pel fet d'aquesta utilització de la llum i l'ombra. A més, sabem que les natures mortes de Forte i d'altres napolitans van començar a figurar a les col·leccions espanyoles com a mínim cap a la dècada de 1640. Tanmateix, la tècnica amb què s'executa la pintura és prou diferent de l'aplicació relativament suau de pigment utilitzada per Forte. El pigment s'hi aplica amb capes gruixudes i s'hi noten les pinzellades minúscules i repetides amb què l'artista va treballar la superfície. Els reflexos, com els de la poma i la magrana dins la cistella, s'indiquen mitjançant pinzellades gruixudes fetes amb *impasto* blanc, de la mateixa manera que a l'obra de Kíev (cat. núm. 22). A la *Natura morta amb panera de pomes, codonys i magranes* (cat. núm. 24), trobem una manera quasi idèntica de pintar la fruita i la mateixa utilització de la llum i l'ombra en una pintura l'origen nacional de la qual mai no s'ha qüestionat.

Avui ens és difícil d'apreciar quin deuria haver estat l'aspecte original de la *Natura morta amb panera de fruita i cards* de Juan de Zurbarán. Les ombres s'han intensificat, a causa de canvis químics, i les veladures riques en oli amb què es modela la fruita han agafat un cert to marronós. Així doncs, s'ha alterat l'equilibri original de llum i ombra. Ara bé, per la monumentalitat de la seva composició, pels contorns ben perfilats de la fruita i pel modelatge tan ric de les formes, té la mateixa qualitat de les obres napolitanes que la deurien inspirar. Atès l'interès del jove Juan per les coses de moda o en voga, no és gens estrany que se sentís atret per un estil més «modern» que el del seu pare. Potser el més interessant que això revela, tanmateix, és una idea de l'atmosfera cosmopolita de Sevilla en una dècada en què la ciutat era el bressol dels principals pintors barrocs que havien d'assolir la més gran i definitiva esplendor de l'Escola de Sevilla durant el Segle d'Or. Ben segur que l'efímer i alhora brillant Juan de Zurbarán hi va tenir més a veure del que havíem sospitat. WILLIAM B. JORDAN

Natura morta amb panera de pomes, codonys i magranes

Cap a 1643-1645

Oli sobre tela
77 x 108,5 cm
Barcelona, Museu Nacional d'Art de Catalunya (MNAC/MAC 24259)

170

HISTÒRIA: col·lecció Gil, Barcelona, dipositat, 1922; adquirit, 1944.

EXPOSICIONS: *Pintura española de bodegones y floreros. De 1600 a Goya*, Madrid, Museo del Prado, novembre de 1983 - gener de 1984; *Spanish Still Life in the Golden Age 1600-1650*, Fort Worth, Kimbell Art Museum, 11 de maig - 4 d'agost de 1985; Toledo (Ohio), The Toledo Museum of Art, 8 de setembre - 3 de novembre de 1985; *L'època dels genis. Renaixement/Barroc. Tresors del Museu d'Art de Catalunya*, Girona, Museu d'Història de la Ciutat, 1987; Barcelona, Palau de la Virreina, 27 de juliol - 17 de setembre de 1989.

BIBLIOGRAFIA: Oriol, 1916; Catàleg Barcelona 1936, p. 184, núm. 9; Soria 1959a, p. 279, fig. 4; Torres Martín 1971, p. 99, làm. 12; Pérez Sánchez 1983a, p. 91, làm. 65; Jordan 1985, p. 230-234 i 238-239, làm. 44; Girona 1987, p. 43, cat. núm. 32; Pérez Sánchez 1987, p. 100; Barcelona 1989, p. 43, cat. núm. 31; Jordan/Cherry 1995a, p. 108-109, fig. 82; Jordan 1997, p. 107.

Aquesta composició monumental va desconcertar durant anys els estudiosos i s'ha atribuït a diversos artistes que treballaven a Andalusia. De tota manera, cap de les atribucions no resultava convincent, i en una exposició de natures mortes que va tenir lloc a Madrid el 1983-1984 es va mostrar com a obra d'un artista sevillà anònim.

1. Soria 1959a.

Sòria[1] relacionava la pintura amb l'obra de Pedro de Camprobín (1605-1674) pel fet que s'assemblés tant a l'espectacular *Natura morta amb peres en un bol de porcellana xinesa* de l'Art Institute de Chicago (vegeu reproducció a l'article «Les natures mortes de Francisco i Juan de Zurbarán» en el present catàleg), obra que en aquell moment ell creia que havia estat pintada per Camprobín. Si bé l'observació que les dues pintures són bastant semblants era vàlida, l'estil de Camprobín, tal com l'entenem ara, no presenta el dramàtic naturalisme de cap d'aquestes obres.

2. Cavestany 1936-1940.

Soria apuntava així mateix que la pintura podia ser obra de l'artista sevillà Pedro de Medina Valbuena (cap a 1620-1691). Aquesta hipòtesi es basava en la comparació amb una natura morta més gran i signada, amb data de 1682, que contenia un gran bol de porcellana ple de fruita, envoltat de plats i més fruita, amb un paisatge al fons. Aquesta pintura, de la qual hem perdut la pista, es reproduïa en una mala fotografia de Cavestany.[2] En la seva complexa composició no hi ha res que tingui cap relació amb la grandesa senzilla de la *Natura morta amb panera de pomes, codonys i magranes*. Ni tampoc l'estil de les obres conegudes i signades per Medina, no té cap semblança amb l'apagat naturalisme d'aquesta obra.

El punt clau per a l'atribució de la *Panera de pomes, codonys i magranes* el va constituir el descobriment de l'obra signada *Natura morta amb panera de fruita i cards* (cat. núm. 23). Totes dues pintures s'exhibien juntes a l'exposició de 1985 que va tenir lloc a Fort Worth, on es va proposar per primera vegada l'atribució a Juan de Zurbarán. Aquesta atribució la va acceptar Pérez Sánchez el 1987 i, d'aleshores ençà, tots els estudiosos. Per bé que les dues natures mortes estan organitzades de manera similar tan sols en els trets més generals, l'o-

CAT. NÚM. 24

bra de Barcelona està executada gairebé amb una tècnica idèntica de modelatge amb riques veladures. La forta llum i les fosquíssimes ombres de totes dues pintures atorguen una plasticitat emfàtica a la fruita; seria difícil aconseguir més similitud amb els codonys de la part inferior esquerra de cada composició. Hi ha una sorprenent congruència en la definició de les magranes i en la manera en què es reflecteix la llum a la superfície de les fulles. Totes dues pintures comparteixen una visió terrenal de la realitat, pròpia de Juan de Zurbarán.

Atesa la similitud d'aquestes dues obres, podríem suposar que la natura morta de Barcelona hauria d'estar datada aproximadament durant el mateix període dins la carrera de l'artista, o una mica més tard, és a dir, entre 1643 i 1645. Un cop identificada com a obra de Juan de Zurbarán, aquesta pintura constitueix una gran ajuda a l'hora d'establir les atribucions al pintor d'altres imponents pintures, com ara la *Natura morta amb peres en un bol de porcellana xinesa* de l'Art Institute of Chicago i la *Natura morta amb panera de pomes, albercocs, codonys, bacotes i bernegal* de la col·lecció Masaveu (vegeu reproduccions a l'article «Les natures mortes de Francisco i Juan de Zurbarán» en el present catàleg); així com la *Natura morta amb panera de pomes, plat de magranes i pitxer* (cat. núm. 25) actualment a la col·lecció Várez Fisa. Totes aquestes, sobretot les dues darreres, representen probablement un estadi posterior dins la carrera de l'artista, és a dir, entre 1645 i 1649.

WILLIAM B. JORDAN

Natura morta amb panera de pomes, plat de magranes i pitxer

1643-1649

Oli sobre tela
81,3 x 109,2 cm
Madrid, col·lecció Várez Fisa

172

HISTÒRIA: col·lecció Denys Sutton, Londres; hereus Denys Sutton; venda Christie's, 31 de gener de 1997; col·lecció Várez Fisa, Madrid.

BIBLIOGRAFIA: Crichton-Stuart 1997, p. 18-19; Jordan 1997, p. 107, fig. 13.4; Catàleg venda Christie's 1997, núm. 218.

Aquesta noble natura morta, inèdita virtualment fins a la seva sortida al mercat d'art de Nova York, es pot considerar, sense cap mena de reserva, com una de les obres més notables feta per Juan de Zurbarán, la producció conservada del qual, com se sap, és molt escassa. La seva importància consisteix, a més a més de la seva evident bellesa, en l'excel·lent estat de conservació en què es troba.

Gràcies a les investigacions de Jordan en ocasió de l'exposició *Spanish Still Life in the Golden Age 1600-1650*, Fort Worth i Toledo (Ohio), 1985, va poder ser precisada la signatura i la data de la natura morta de la Gösta Serlachius Fine Arts Foundation a Mänttä, Finlàndia (cat. núm. 23), obra clau en la producció de l'artista, que havia estat atribuïda prèviament al pintor napolità Luca Forte (cap a 1625-1655) i al romà Michelangelo di Campidoglio (1610-1670). Després de saber que la signatura d'aquesta obra era la de Juan de Zurbarán, i que era datada el 1643, Jordan va atribuir a aquest artista, de manera del tot convincent, la *Natura morta amb panera de pomes, codonys i magranes* (cat. núm. 24) del Museu Nacional d'Art de Catalunya, obra que, juntament amb la que s'acaba de donar a conèixer de la col·lecció Masaveu[1] (vegeu reproducció a l'article «Les natures mortes de Francisco i Juan de Zurbarán» en el present catàleg), reafirma encara més la seguretat en l'atribució d'aquesta mena de natures mortes, la paternitat de les quals és evident que és zurbaraniana, encara que molt més modernes en el seu tractament i composició.

1. Pérez Sánchez/ Navarrete Prieto 1996b, p. 146-147, cat. núm. 52.

La natura morta estudiada ara presenta al centre una cistella de vímet amb pomes, la qual és idèntica a la que hi ha a la de la col·lecció Masaveu; a la dreta, damunt un muret semblant als que feia servir Van der Hamen, s'aixeca un majestuós pitxer de vidre amb lliris, roses i esperons de cavaller. A l'esquerra, i damunt un altre muret semblant, reposa un plat de peltre amb unes magranes obertes la qualitat de les quals és molt semblant a les de la natura morta signada de Finlàndia.

Les magranes esmentades obertes amb els seus grans vermells i brillants són elements comuns amb les altres natures mortes de l'artista, també ho són les pomes i les fulles que es retallen a l'espai fosc, al fons, i que en primer terme, sobresurten del fil del muret i la cistella que crea un intel·ligent efecte d'artifici. El tractament lumínic, d'una gran violència clarobscurista, és un altre element clau per a aquestes natures mortes fetes entre 1643-1649, a la darrera etapa del malaguanyat artista, que com se sap va ser víctima de l'epidèmia de pesta que va assolar Sevilla el 1649.

L'efecte de llum dirigida, el tipus de fulles turgents retallades en l'espai i la manera de fer les fruites, agermanen fortament aquesta mena d'obres amb la *Natura morta amb peres en un bol de porcellana xinesa* (vegeu reproducció a l'article «Les natures mortes de

CAT. NÚM. 25

Francisco i Juan de Zurbarán» en el present catàleg) del Chicago Art Institute, també obra de Juan, i recorden models napolitans com ara els de Luca Forte que eren presents a les col·leccions espanyoles[2] i que, sens dubte, serien estudiats per Juan de Zurbarán. És, tot just, aquest to napolità, juntament amb la seva més complexa disposició d'elements, allò que distancia el pintor de l'obra del seu pare, molt més equilibrada, ordenada i sense la complexitat compositiva que mostren algunes natures mortes de Juan. Un exemple d'aquesta barroquització dels elements és la que s'aprecia al pitxer de vidre, en comparar-lo amb el que hi ha a l'obra del seu pare del *Nen de l'Espina* (cat. núm. 12) del Museo de Bellas Artes de Sevilla. En aquesta darrera pintura les flors s'ordenen d'una manera del tot simètrica i rítmica, mentre que el pitxer de l'obra de Juan, és tot un precedent de l'esperit vibrant que mou les flors del madrileny Juan de Arellano que, en aquella mateixa època, començava la seva activitat.

2. Jordan/Cherry 1995b, p. 108.

ALFONSO E. PÉREZ SÁNCHEZ

BENITO NAVARRETE PRIETO

Natura morta amb codonys, raïm, figues i prunes

Cap a 1645

Oli sobre tela
33,5 x 47 cm
Madrid, col·lecció particular

HISTÒRIA: ubicació original desconeguda.

EXPOSICIONS: *Spanish Still Life from Velázquez to Goya*, Londres, The National Gallery, 22 de febrer - 21 de maig de 1995; *An Eye on Nature. Spanish Still-Life Paintings from Sánchez Cotán to Goya*, Londres, Matthiessen Gallery, 1997; Nova York, Stair Sainty Matthiensen Inc., 1997.

BIBLIOGRAFIA: Jordan/Cherry 1995a, p. 109 i 214, cat. núm. 42; Jordan 1997, cat. núm. 13.

Aquesta natura morta es troba extraordinàriament ben conservada, per tal com no ha sofert restauracions agressives en el passat i les textures de la superfície es mantenen en un estat excepcionalment impecable. La pintura presenta una tonalitat global daurada a causa de la veladura marronenca que va utilitzar Zurbarán per al modelatge de les formes, la qual s'ha mantingut intacta en l'obra. Hi veiem clarament la cura amb què l'artista va modelar amb precisió la fruita, amb una espessa trama de pinzellades curtes. L'extraordinari estat de conservació de la pintura ens permet apreciar plenament la subtilesa de la factura i el detall, trets distintius de l'obra.

Juan de Zurbarán va compondre aquest tema modest en una disposició simètrica sobre el plat i va estudiar a fons la fruita per plasmar les seves observacions amb un grau notable de naturalisme descriptiu. Els circells del cep, la gota a la fulla superior i els nervis i les vores dentades de les fulles han estat pintats amb una minuciosa atenció en els detalls. A més, les fulles que encara estan adherides a la fruita insinuen que aquesta és acabada de collir. Les característiques de la superfície de les diferents fruites han estat detallades fins a un grau extrem, i l'artista, per exemple, ha representat el borrissó blau d'una pruna en contrast amb la translucidesa del raïm. Juan de Zurbarán ha establert la diferència entre els tres codonys petits quant a la forma i la posició i nogensmenys quant a les macadures, les masegades i el descoloriment de la pell, específics de cadascuna de les fruites. Tanmateix, els colors de la fruita es reflecteixen en el cantell lluent del plat de plata com a joc de llum abstracte.

El contrast d'estil entre *Natura morta amb fruita i cadernera* (cat. núm. 21) i l'intensificat tenebrisme de *Natura morta amb codonys, raïm, figues i prunes* insinua una data posterior de la pintura, quan l'interès de l'artista per les natures mortes napolitanes era al seu apogeu. Zurbarán va situar el raïm blanc a l'esquerra del plat, més a prop de la font de llum, i el raïm negre a l'altra banda, perdut gradualment en l'ombra, com a mitjà adient d'articular la profunditat il·lusionista en la pintura. Zurbarán aconsegueix un sentit convincent de profunditat en la seva disposició de la fruita; l'observador és conscient de l'espai d'enmig del plat entre els tres codonys i de la posició relativa dels elements, evidenciats per les ombres que projecta el raïm sobre el codony del fons i una fruita sobre l'altra. Va aconseguir la intensa il·lusió del volum en els codonys mitjançant la força dels contrastos clarobscurs i amb l'afermament de les ombres amb l'afegit del negre. Malgrat la utilització d'unes ombres fosquíssimes i de la mínima llum reflectida en el modelatge de la fruita, Zurbarán no perd de vista els contorns de les seves formes. En el codony situat en primer pla a

CAT. NÚM. 26

l'esquerra del plat, per exemple, Zurbarán juxtaposa un to de llum contrastat amb la part que queda a l'ombra a fi de mantenir la claredat de la forma i intensificar l'efecte del relleu. El modelatge intern de la fruita li confereix el punyent aspecte tridimensional, i això, alhora, queda clarament limitat mitjançant un «perfil» precís i clar, trets que caracteritzen, així mateix, l'obra del seu pare (Francisco de Zurbarán, *Natura morta amb panera de taronges* de la Norton Simon Foundation de Pasadena, vegeu reproducció a l'article «Les natures mortes de Francisco i Juan de Zurbarán» en el present catàleg). Peter Cherry

BIBLIOGRAFIA

a càrrec de Magda Bernaus i Francesc Quílez

176

AA. DD. 1927-1946
AA. DD, *Documentos para la historia del arte en Andalucía*, 10 vol, Sevilla, 1927-1946.

AA. DD. 1960
AA. DD, *Velázquez. Homenaje en el tercer centenario de su muerte*, Madrid, 1960.

AA. DD. 1961
AA. DD, «Número extraordinario dedicado a Francisco de Zurbarán» a *Revista de Estudios Extremeños*, Badajoz, XVII, 1961.

AA. DD. 1963
AA. DD, *Velázquez son temps, son influence. Actes du Colloque tenu à la Casa de Velázquez (1960)*, París, 1963.

AA. DD. 1988
AA. DD, *L'època dels genis. Renaixement/Barroc. Tresors del Museu d'Art de Catalunya*, Girona, 1988.

AA. DD. 1989
AA. DD, *Pintura en el Virreinato del Perú*, Lima, 1989.

AA. DD. 1990a
AA. DD, *La España del Conde-Duque de Olivares*, Valladolid, 1990.

AA. DD. 1990b
AA. DD, *Relaciones artísticas entre la Península Ibérica y América. Actas del V Simposio Hispano-Portugés de Historia del Arte (11-13 de maig de 1989)*, Valladolid, 1990

AA. DD. 1990c
AA. DD, *Relaciones artísticas entre España y América*, Madrid, 1990.

AA. DD. 1991a
AA. DD, *El Siglo de Oro de la Pintura Española*, Madrid, 1991.

AA. DD. 1991b
AA. DD, *Velázquez y el arte de su tiempo. V Jornadas de Arte*, Madrid, 1991.

AA. DD. 1996
AA. DD, *Colección Central Hispano. Del Renacimiento al Romanticismo*, Madrid, 1996.

Acta Sanctorum 1643-1940
Acta Sanctorum quotquot toto urbe coluntur, 67 vol, Anvers-Brussel·les, 1643-1940.

Aguado 1989
AGUADO DE LOS REYES, J, «La Peste de 1649: las colaciones de Santa Cruz y San Roque» a *Archivo Hispalense*, Sevilla, 1989, LXXII, p. 45-46.

Aguerri/Salas 1989
AGUERRI MARTÍNEZ, A, SALAS VÁZQUES, E, *Catálogo del Gabinete de Estampas del Museo Municipal de Madrid. Estampas Extranjeras (ca 1513-1820)*, 2 vol, Madrid, 1989.

Agulló 1975
AGULLÓ COBO, M, «El Monasterio de San Plácido y su fundador, el madrileño don Jerónimo de Villanueva, Protonotario de Aragón» a *Villa de Madrid*, Madrid, 1975, I, 45-46, p. 59-68, i II, 47, p. 37-50.

Agulló 1978
AGULLÓ COBO, M, *Noticias sobre pintores madrileños de los siglos XVI i XVII*, Granada, 1978.

Agulló/Pérez Sánchez 1981
AGULLÓ COBO, M, PÉREZ SÁNCHEZ, A.E, «Francisco de Burgos Mantilla» a *Boletín del Seminario de Estudios de Arte y Arqueología*, Valladolid, 1981, XLVII, p. 359-382.

Aigrain 1930
AIGRAIN, R, *Encyclopedie populaire des connaissances liturgiques*, París, 1930.

Ainaud 1955
AINAUD, J, «Legado Cambó» a *III Bienal Hispanoamericana de Arte. Catálogo oficial*, Barcelona, 1955, p. 291-296 (catàleg d'exposició, Barcelona, 1955-1956).

Ainaud 1964
AINAUD, J, «El Museo de Arte de Cataluña» a *El Gran Libro de la Pintura*, Barcelona, 1964, p. 29-44.

Ainaud 1967
AINAUD, J, *Museo de Arte de Cataluña*, Buenos Aires, 1967 (El Mundo de los Museos).

Ainaud 1974
AINAUD, J, «Caravaggio y Velázquez» a *Atti del colloquio sul tema Caravaggio e i Caravaggeschi (Roma, 1973)*, Roma, 1974.

Ajuntament de Barcelona 1986
AJUNTAMENT DE BARCELONA, *Col·lecció Cambó*, Barcelona, 1986.

Alberich 1976
ALBERICH, J, *Del Támesis al Guadalquivir. Antología de viajeros ingleses en la Sevilla del siglo XIX*, Sevilla, 1976.

Alberti 1988
ALBERTI, R, «A la pintura. Poema del color y de la línea» a *Obras Completas, II, Poesía 1939-1963*, Madrid, 1988 (edició, introducció, bibliografia i notes de L. García Montero).

Albocacer 1918
ALBOCACER, F.A. de, «San Francisco y Zubarán», a *Coleccionismo*, Madrid, 1918.

Albocacer 1928
ALBOCACER, F.A. de, «Influencia de la reforma capuchina en el modo de representar a San Francisco en la pintura» a *Liber Memorialis ordinis fratrum minorum S. Francisci capuccinorum*, Roma, 1928, supl. a XLIV, p. 174-229.

Alcolea 1989
ALCOLEA BLANCH, S, *Zurbarán*, Barcelona, 1989.

Alcolea 1991
ALCOLEA BLANCH, S, *Chefs-d'oeuvre du Prado*, Barcelona, 1991.

Alcolea/Moreno 1983
ALCOLEA BLANCH, S, MORENO, J, *Zurbarán*, Madrid, 1983.

Aldea 1961
ALDEA VAQUERO, Q, *Iglesia y estado en la España del siglo XVII*, Comillas, 1961.

Aldea 1982
ALDEA VAQUERO, Q, «Iglesia y estado en la época barroca» a MENÉNDEZ PIDAL, R. (dir.), *La España de Felipe IV*, Madrid, 1982 (Historia de España, 25).

Alejandro 1964
ALEJANDRO, F, «¿Pintor místico, pintor de la mística?» a *Mundo Hispánico*, Mèxic-Buenos Aires-Madrid, 1964, 197, p. 86-87.

Alfaura 1670
ALFAURA, V.J, *Omnium Domorum Ordinis Cartusiani...origines, series, chronographica...ex variis ipsius ordinis cartusiani monumentis*, València, 1670.

Alonso 1974
ALONSO GAMO, J, *Zurbarán. Poemas*, Madrid, 1974.

Álvarez 1917
ÁLVAREZ, *Las pinturas de la Academia*, Mèxic, 1917.

Álvarez 1964a
ÁLVAREZ, A, «¿Por qué no se llevaron los zurbaranes de Guadalupe en el siglo XIX?» a *Guadalupe*, 1964, XLVII, s. p.

Álvarez 1964b
ÁLVAREZ, A, «Madurez de un arte. Los lienzos de Guadalupe» a *Mundo hispánico*, Mèxic-Buenos Aires-Madrid, 1964, 197, p. 51-57.

Álvarez 1964c
ÁLVAREZ, A, *Guadalupe. Arte, historia y devoción mariana*, Madrid, 1964.

Álvarez Miranda 1849
ÁLVAREZ MIRANDA, V, *Glorias de Sevilla en armas, letras, ciencias, artes, tradiciones, monumentos, edificios, caracteres, costumbres, estilos, fiestas y espectáculos*, Sevilla, 1849.

Amador de los Ríos 1844
AMADOR DE LOS RÍOS, J, *Sevilla pintoresca o descripción de sus más célebres monumentos artísticos*, Sevilla, 1844 (ed. facsímil, Sevilla, 1979).

Amalric 1993
AMALRIC, J.P. (ed.), *Pouvoirs et société dans l'Espagne Moderne*, Tolosa de Llenguadoc, 1993.

Amato 1988
AMATO, P, «Figurativa e spiritualità certosiana» a *Certose e Certosini in Europa. Atti del Convegno alla Certosa di San Lorenzo (Pàdua, 22-24 de setembre de 1988)*, p. 59-64.

Amorós 1927
AMORÓS, J, «Bodegones de Zurbarán» a *Boletín de la Sociedad Española de Excursiones*, Madrid, 1927, 35, p. 138-142.

Amsterdam 1985
Velázquez en Zijn Tija, Amsterdam, 1985 (catàleg d'exposició, Amsterdam, 1985).

Andorra 1991
El segle d'or de la pintura espanyola al Museu del Prado, Andorra, 1991 (catàleg d'exposició, Andorra 1991).

Andrews 1947
ANDREWS, J.G, *San Diego. The Fine Arts Gallery. Catalogue of European Paintings 1300-1870*, San Diego, 1947.

Angulo 1931
ANGULO IÑÍGUEZ, D, «Una estampa de Cornelio Cort en el taller de Zurbarán» a *Archivo Español de Arte y Arqueología*, Madrid, 1931, VII, p. 65-67.

Angulo 1935
ANGULO IÑÍGUEZ, D, *La Academia de Bellas Artes de México y sus pinturas españolas*, Sevilla, 1935.

Angulo 1936
ANGULO IÑÍGUEZ, D, «La Academia de Bellas Artes de Méjico y sus pinturas españolas» a *Arte en América y Filipinas*, Sevilla, 1936, I, p. 1-75.

Angulo 1941
ANGULO IÑÍGUEZ, D, «Francisco de Zubarán. Mártires Mercedarios. San Carlos Borromeo» a *Archivo Español de Arte*, Madrid, 1941, 46, p. 365-376.

Angulo 1944
ANGULO IÑÍGUEZ, D, «Cinco nuevos cuadros de Zurbarán» a *Archivo Español de Arte*, Madrid, 1944, XVII, 61, p. 1-9.

Angulo 1945a
ANGULO IÑÍGUEZ, D, «El Apostolado de Zurbarán, de Lisboa» a *Archivo Español de Arte*, Madrid, 1945, XVIII, p. 233-235.

Angulo 1945b
ANGULO IÑÍGUEZ, D, «Varia» a *Archivo Español de Arte*, Madrid, 1945, XVIII, p. 234-235.

Angulo 1947
ANGULO IÑÍGUEZ, D, «Tres nuevos mártires mercedarios del taller de Zurbarán» a *Archivo Español de Arte*, Madrid, 1947, XX, p. 146.

Angulo 1949
ANGULO IÑÍGUEZ, D, «El apostolado zurbaranesco de Santo Domingo, en Guatemala» a *Archivo Español de Arte*, Madrid, 1949, XXII, p. 169-170.

Angulo 1950a
ANGULO IÑÍGUEZ, D, *Historia del arte hispano-americano*, 3 vol, Barcelona, 1950.

Angulo 1950b
ANGULO IÑÍGUEZ, D, «Una variante de Agnus Dei del Museo de San Diego en los Estados Unidos» a *Archivo Español de Arte*, Madrid, 1950, XXIII, 89, p. 77-78.

Angulo 1951
ANGULO IÑÍGUEZ, D, *Pedro de Campaña*, Madrid, 1951.

Angulo 1954
ANGULO IÑÍGUEZ, D, «Algunos cuadros españoles en museos franceses» a *Archivo Español de Arte*, Madrid, 1954, XXVII, 108, p. 315-325.

Angulo 1961a
ANGULO IÑÍGUEZ, D, «Miscelánea Murillesca. La serie del Claustro de San Francisco de Sevilla» a *Archivo Español de Arte*, Madrid, 1961, XXXIV, p. 1-24.

Angulo 1961b
ANGULO IÑÍGUEZ, D, «El milagro de las flores de San Diego de Murillo» a *Archivo Español de Arte*, Madrid, 1961, XXXIV, p. 324.

Angulo 1962
ANGULO IÑÍGUEZ, D, «Murillo. Varios dibujos de la Concepción y de Santo Tomás de Villanueva» a *Archivo Español de Arte*, Madrid, 1962, XXXV, p. 231-236.

Angulo 1964a
ANGULO IÑÍGUEZ, D, «*Concepción* de Zurbarán de 1661, de la colección de Aniceto Bravo» a *Archivo Español de Arte*, Madrid, 1964, XXXVII, p. 313-314.

Angulo 1964b
ANGULO IÑÍGUEZ, D, «El pintor Pedro Núñez. Un contemporáneo castellano de Zurbarán» a *Archivo Español de Arte*, Madrid, 1964, XXXVII, p. 179-184.

Angulo 1964c
ANGULO IÑÍGUEZ, D, «La obra de Zurbarán» a *Francisco de Zurbarán 1598-1664*, Madrid, 1964, p. 67-82 (catàleg d'exposició, Madrid, 1964-1965).

Angulo 1971
ANGULO IÑÍGUEZ, D, *Pintura del siglo XVII*, Madrid, 1971 (Ars Hispaniae, XV).

Angulo 1974
ANGULO IÑÍGUEZ, D, «Zurbarán» a *Atti del colloquio sul tema Caravaggio e i Caravaggeschi (Roma, 1973)*, Roma, 1974, p. 139-147.

Angulo 1981
ANGULO IÑÍGUEZ, D, *Murillo*, 3 vol, Madrid, 1981.

Angulo/Pérez Sánchez 1969
ANGULO IÑÍGUEZ, D, PÉREZ SÁNCHEZ, A.E, *Historia de la pintura española. Escuela madrileña del primer tercio del siglo XVII*, Madrid, 1969.

Angulo/Pérez Sánchez 1972
ANGULO IÑÍGUEZ, D, PÉREZ SÁNCHEZ, A.E, *Historia de la pintura española. Escuela toledana de la primera mitad del siglo XVII*, Madrid, 1972.

Angulo/Pérez Sánchez 1983
ANGULO IÑÍGUEZ, D, PÉREZ SÁNCHEZ, A.E, *Historia de la pintura española. Escuela madrileña del segundo tercio del siglo XVII*, Madrid, 1983.

Angulo/Pérez Sánchez 1985
ANGULO IÑÍGUEZ, D, PÉREZ SÁNCHEZ, A.E, *A Corpus of Spanish Drawings. Volume Three: Seville School 1600-1650*, Oxford, 1985.

Antequera 1992
ANTEQUERA LUENGO, J.J, *La Cartuja de Sevilla*, Madrid, 1992.

Antonio/Orihuela 1995
ANTONIO, T. de, ORIHUELA, M, vegeu *La belleza de lo real. Floreros y bodegones españoles en el Museo del Prado 1600-1800*, Madrid, 1995.

Aparicio 1973
APARICIO, O, *Los bodegones en la pintura del Museo del Prado*, Madrid, 1973.

Arana 1766
ARANA DE VARFLORA, F, *Compendio histórico y descriptivo de la muy noble y leal ciudad de Sevilla*, Sevilla, 1766 (Sevilla, 1978).

Arana 1791
ARANA DE VARFLORA, F, *Hijos de Sevilla ilustres en santidad, letras, armas, artes o dignidad*, Sevilla, 1791.

Araújo y Sánchez 1875
ARAÚJO Y SÁNCHEZ, C, *Los Museos de España*, Madrid, 1875.

Arias 1589
ARIAS, F, *Libro de la imitación de Christo Nuestro Señor*, 2 vol, Sevilla, 1589.

Arias 1625
ARIAS, F, *Traicté de l'Imitation de Jésus-Christ*, París, 1625.

Arias 1630
ARIAS, F, *Traicté de l'Imitation de Nostre Dame la glorieuse Marie Mère de Dieu*, Rouen, 1630, 1656 (ed. amb 10 capítols adicionals).

Arias Montano 1575
ARIAS MONTANO, B, *Monumenta humanae salutis*, Anvers, 1575.

Ariño 1867
ARIÑO, F, *Sucesos de Sevilla de 1592 a 1604*, Sevilla, 1867.

Aromberg 1955
AROMBERG LAVIN, M, «Giovanno Battista: a Study in Renaissance Religious Symbolism» a *The Art Bulletin*, Nova York, 1955, 37, p. 85-100

Artaud 1808
ARTAUD, F, *Notice des antiquités et tableaux du musée de Lyon*, Lió, 1808.

Askew 1969
ASKEW, P, «The Angelic Consolation of St. Francis of Assisi in Post-Tridentine Italian Painting» a *Journal of the Warburg and Courtauld Institutes*, Londres, 1969, XXXII, p. 280-306.

Assor 1974
ASSOR ROSA, A, *La Cultura della Controriforma*, Bari, 1974.

Astrain 1902-1925
ASTRAIN, A, *Historia de la Compañía de Jesús en la Asistencia de España*, 7 vol, Madrid, 1902-1925.

Atienza 1964
ATIENZA, J. de, «Zurbarán. Sus blasones» a *Mundo hispánico*, Mèxic-Buenos Aires-Madrid, 1964, 197, p. 90.

Ayala 1987
AYALA MALLORY, N, «Notas críticas sobre la pintura de Zurbarán» a *Goya*, Madrid, 1987, 201, p. 156-161.

Ayala 1991
AYALA MALLORY, N, *Del Greco a Murillo. La pintura española del Siglo de Oro*, Madrid, 1991.

Ayala 1995
AYALA MALLORY, N, «El bodegón español: de Velázquez a Goya» a *Goya*, Madrid, 1995, 247-248, p. 90-96.

Azcárate 1966
AZCÁRATE, J.M, «Anales de la construcción del Buen Retiro» a *Anales del Instituto de Estudios Madrileños*, Madrid, 1966, I, p. 99-135.

Azcárate 1987
AZCÁRATE, J.M, «Alegorías y símbolos de Zurbarán» a *Revista de Estudios Extremeños*, Badajoz, 1987, XLIII, p. 65-78.

Bago 1932-1933
BAGO QUINTANILLA, M. de, *Arquitectos, escultores y pintores sevillanos del siglo XVII*, Sevilla, 1932-1933 (Documentos para la historia del arte en Andalucía, V).

Bajou 1989
BAJOU, T, «The Musée Fabre and its Collectors» a *Apollo*, Londres, 1989, CXXIX, p. 3-12.

Banda 1961
BANDA VARGAS, A. de la, «La Sevilla en que vivió Zurbarán» a *Revista de Estudios Extremeños*, Badajoz, 1961, XVII, p. 323-329.

Banda 1970
BANDA VARGAS, A. de la, «El pintor Juan Gui Romano, en Sevilla» a *Archivo Hispalense*, Sevilla, 1970, LII-LIII, 159-164, p. 280-306.

Banda 1990
BANDA VARGAS, A. de la, *Zurbarán*, Badajoz, 1990.

Barcelona 1947
Exposición de obras de arte e historia. Adquisiciones y restauraciones 1939-1947. Itinerario-Guía, Barcelona, 1947 (catàleg d'exposició, Barcelona, 1947).

Barcelona 1958
Legado Espona. Catálogo-Guía, Barcelona, 1958 (catàleg d'exposició, Barcelona, 1958).

Barcelona 1963
Legados y donativos a los museos de Barcelona 1952-1963, Barcelona, 1963 (catàleg d'exposició, Barcelona, 1963-1964).

Barcelona 1965
Vegeu Gich 1965.

Barcelona 1983
L'època del Barroc, Barcelona, 1983 (catàleg d'exposició, Barcelona, 1983).

Barcelona 1984
El fil d'Ariadna, com entendre la pintura. Col·lecció del grup Banco Hispano Americano, Barcelona, 1984 (catàleg d'exposició, Barcelona, 1984).

Barcelona 1989
L'època dels Genis. Renaixement/Barroc. Tresors del Museu Nacional d'Art de Catalunya, Barcelona, 1989 (catàleg d'exposició, Girona, 1987 i Barcelona, 1989).

Barcelona 1997
La col·lecció Cambó del Museu Nacional d'Art de Catalunya, Barcelona, 1997 (catàleg d'exposició, Barcelona, 1997).

Barkoczi 1983
BARKOCZI, I, *Spany ol képek*, Budapest, 1983.

Barocchi 1960-1962
BAROCCHI, P, *Trattati d'arte del Cinquecento, fra Manierismo e Controriforma*, 3 vol, Bari, 1960-1962.

Baronius 1588-1607
BARONIUS, C, *Annales Ecclesiastici*, 12 vol, Roma, 1588-1607.

Baronius 1614
BARONIUS, C, *Les Annales de l'Église, I*, París, 1614.

Bartsch 1982
The Illustrated Bartsch. XLV. Italian Masters of the Seventeenth Century, Nova York, 1982.

Bartsch 1983
The Illustrated Bartsch. XXXVIII. Italian Artists of the Sixteenth Century, Nova York, 1983.

Bassegoda 1989
BASSEGODA, B, «Observaciones sobre *El Arte de la Pintura* de Francisco Pacheco como tratado de iconografía» a *Cuadernos de Arte e Iconografía*, Madrid, 1989, 3, p. 185-196.

Baticle 1958
BATICLE, J, «Les peintres de la vie de saint Bruno au XVIIe siècle: Lanfranc, Carducho, Le Sueur» a *Revue des arts*, París, gener-febrer de 1958, VIII, p. 17-28.

Baticle 1960
BATICLE, J, «Recherches sur la connaissance de Velázquez en France de 1650 à 1830» a GALLEGO BURÍN, A. (ed.), *Varia Velazqueña*, Madrid, 1960, I, p. 532-552.

Baticle 1963
BATICLE, J, *Trésors de la peinture espagnole*, París, 1963 (catàleg d'exposició, París, 1963).

Baticle 1977
BATICLE, J, «Le portrait de la Marquise de Santa Cruz par Goya» a *Revue du Louvre et des Musées de France*, París, 1977, 3, p. 153-163.

Baticle 1981
BATICLE, J, «L'Âge baroque en Espagne, la peinture baroque espagnole de la seconde moitié du XVIe à la fin du XVIIe siècle» a BATICLE, J, ROY, A, *L'Âge baroque en Espagne et en Europe septentrionale*, Ginebra, 1981.

Baticle 1987a
BATICLE, J, «Découvrir Zurbarán» a *Revue du Louvre et des Musées de France*, París, 1987, 5-6, p. 429-431.

Baticle 1987b
BATICLE, J, *Zurbarán*, Nova York, 1987 (catàleg d'exposició, Nova York, 1987 i París, 1988).

Baticle 1988a
BATICLE, J, «Zurbarán ou l'oeil intérieur» a *Connaissance des Arts*, París, gener de 1988, 431, p. 30-43.

Baticle 1988b
BATICLE, J, «Zurbarán méconnu» a *FMR*, Milà, 1988, 12, p. 16-34.

Baticle 1988c
BATICLE, J, «Zurbarán: panorama de su vida y de su obra» a *Zurbarán*, Madrid, 1988, p. 85-106 (catàleg d'exposició, Madrid, 1988).

Baticle 1988d
BATICLE, J, *Zurbarán*, París, 1988 (catàleg d'exposició, Nova York, 1987 i París, 1988).

Baticle 1993
BATICLE, J, vegeu *Mille peintures des musées de France*, París, 1993, p. 308-309, 312-313 i 322-323.

Baticle 1998
BATICLE, J, «Zurbaran vu par Dauzats en 1836» a *Gazette des Beaux-Arts*, París, octubre de 1998 (en premsa).

Baticle/Guinard 1950
BATICLE, J, GUINARD, P, *Histoire de la peinture espagnole*, París, 1950.

Baticle/Marinas 1981
BATICLE, J, MARINAS, C, *La Galerie espagnole de Louis-Philippe au Louvre, 1838-1848*, París, 1981 (Notes et Documents des Musées de France, IV).

Baticle/Roy 1982
BATICLE, J, ROY, A, *L'Âge Baroque en Espagne et en Europe Septentrionale*, Ginebra, 1982.

Baudot/Chaussin 1935-1959
BAUDOT, J, CHAUSSIN, L, *Vies des saints et des bienheureux selon l'ordre du calendrier, avec historique des fêtes*, 13 vol, París, 1935-1959.

Baumann 1928
BAUMANN, E, *Les Chartreux*, París, 1928.

Beaugrand 1893
BEAUGRAND, A, *Sainte Lucie, vierge et martyre de Siracuse. Sa vie, son martyre, ses reliques, son culte*, París, 1893.

Behn 1957
BEHN, I, *Spanische Mystik*, Düsseldorf, 1957.

Belgrad 1981
Del Greco a Goya, Belgrad, 1981 (catàleg d'exposició, Belgrad, 1980).

Benjumea 1972
BENJUMEA FERNÁNDEZ DE ANGULO, J.M, «Descubrimiento en Sevilla de un Zurbarán, un Herrera y un Murillo» a *Bellas Artes*, Madrid, 1972, III, 16, p. 57.

Bennassar 1975
BENNASSAR, B, *L'Homme espagnol*, París, 1975.

Bennassar 1979
BENNASSAR, B, *L'Inquisition Espagnole, XVe-XIXe siècles*, París, 1979.

Bennassar 1983
BENNASSAR, B, *Un siècle d'or espagnol*, Barcelona, 1983 (París, 1982).

Berenson 1947
BERENSON, B, *Metodo e attribuzioni*, Florència, 1947.

Bergström 1970
BERGSTRÖM, I, *Maestros españoles de bodegones y floreros del siglo XVII*, Madrid, 1970.

Bermejo 1989
BERMEJO, E, «Francisco de Zurbarán: exposiciones recientes» a *Archivo Español de Arte*, Madrid, 1989, 246, p. 265-267.

Bernales 1973
BERNALES BALLESTEROS, J, «Mateo Pérez de Alesio, pintor romano en Sevilla y Lima» a *Archivo Hispalense*, Sevilla, 1973, 171-173, p. 221-271.

Bernales 1985
BERNALES BALLESTEROS, J, vegeu *El Siglo de Oro de la pintura sevillana*, Lima, 1985 (catàleg d'exposició, Lima, 1985).

Bernales 1989
BERNALES BALLESTEROS, J, «La pintura en Lima durante el Virreinato» a AA. DD, *Pintura en el Virreinato del Perú*, Lima, 1989, p. 31-107.

Bernis 1982
BERNIS, C, «El "Vestido Francés" en la España de Felipe IV» a *Archivo Español de Arte*, Madrid, 1982, LV, p. 201-208.

Beroqui 1932
BEROQUI, P, «Apuntes para la historia del Museo del Prado» a *Boletín de la Sociedad Española de Excursiones*, Madrid, 1932, 40, p. 7-21, 85-97 i 213-220.

Bivar 1618
BIVAR, F. de, *Historias admirables de las más ilustres, entre las menos conocidas santas que ay en el cielo*, Valladolid, 1618.

Black 1995
BLACK, Ch. M, *Happy Fathers, Holy Families in Golden Age Spain: The imagery of the cult of St. Joseph*, Missouri, 1995.

Blanc 1857
BLANC, Ch, *Le trésor de la curiosité tiré des catalogues de vente*, París, 1857.

Blanc 1869
BLANC, Ch, i altres, *Histoire des peintres de toutes les écoles. École espagnole*, París, 1869.

Blanlo 1665
BLANLO, J, *L'Enfance chrétienne...*, París, 1665.

Blaze 1837
BLAZE, H, *La galerie espagnole au Louvre*, París, 1837.

Bleiberg 1952
BLEIBERG, G. (dir.), *Diccionario de la historia de España*, 1a ed, Madrid, 1952; 3 vol. Madrid, 1963.

Bocchi/Bocchi/Spike 1992
BOCCHI, G, BOCCHI, U, SPIKE, J.T, *Naturalia. Nature morte in collezioni publiche e private*, Torí, 1992.

Bolgiani 1987
BOLGIANI, F, *Mistica e retorica*, Florència, 1987.

Bonet Correa 1964a
BONET CORREA, A, «Obras zurbaranescas en Méjico» a *Archivo Español de Arte*, Madrid, 1964, XXXVII, p. 159-168.

Bonet Correa 1964b
BONET CORREA, A, «Una "Inmaculada" zurbaranesca en el Museo de la Academia de Puebla» a *Archivo Español de Arte*, Madrid, 1964, XXXVI, p. 200-202.

Bonet Correa 1985
BONET CORREA, A, *Arte Barroco*, Barcelona, 1985.

Bonnefoy 1954
BONNEFOY, J.F, *Quand Séville fêtait la «Purísima», 1614-1617*, Quebec, 1954.

Boodro 1990
BOODRO, M, «A Fine Romance. Art and Fashion» a *Art News*, Nova York, 1990, LXXXIX, 7, p. 120-127.

Boone 1993
BOONE, D, *L'Âge d'Or espagnol*, Neuchâtel, 1993.

Bordeus 1978
La nature morte de Brueghel à Soutine, Bordeus, 1978 (catàleg d'exposició, Bordeus, 1978).

Borenius 1921
BORENIUS, T, *A Catalogue of the Collection of Pictures at Northwick Park*, 1921.

Borromeo 1982
BORROMEO, A, «Il Cardenale Cesare Baronio e la corona spagnola» a DIMAIO, R, GIULIA, L, MAZACCANE, A, *Baronio Storico e la Controriforma. Atti del Convegno Internazionale di Studi (Sora, 6-10 d'octubre de 1979)*, Sora, 1982, p. 55-166.

Borromeo 1625 (ed. Castiglioni 1932)
BORROMEO, F, *De pictura sacra*, Milà, 1625 (ed. C. Castiglioni, Sora, 1932).

Bosarte 1804
BOSARTE, I, *Viaje artístico a varios pueblos de España*, Madrid, 1804 (ed. facsímil, Madrid, 1977).

Bossy 1988
BOSSY, J, *Christianity in the West. 1400-1700*, Oxford, 1988.

Bottineau 1956-1958
BOTTINEAU, Y, «L'Alcázar de Madrid et l'inventaire de 1686: Aspects de la cour d'Espagne au XVIIe siècle» a *Bulletin hispanique*, Bordeus, 1956, LVIII, p. 421-452; 1958, LX, p. 30-61, 145-179, 289-326 i 450-483.

Bottineau 1958
BOTTINEAU, Y, «Felipe V y el Buen Retiro» a *Archivo Español de Arte*, Madrid, 1958, XXXI, p. 117-123.

Bottineau 1960
BOTTINEAU, Y, «La Cour d'Espagne et l'oeuvre de Velázquez dans la première moitié du XVIIIe siècle» a GALLEGO BURÍN, A. (ed.), *Varia Velazqueña*, Madrid, 1960, I, p. 553-560.

Bottineau 1962
BOTTINEAU, Y, *L'Art de Cour dans l'Espagne de Philippe V (1700-1746)*, Bordeus, 1962; Madrid, 1986.

Bottineau 1964
BOTTINEAU, Y, *Les Chemins de Saint Jacques*, París, 1964.

Bottineau 1975
BOTTINEAU, Y, «Nouveaux regards sur la peinture espagnole du XVIe et du XVIIe siècle» a *Revue du Louvre et des Musées de France*, París, 1975, 5-6, p. 312-322.

Bottineau 1986a
BOTTINEAU, Y, *L'Art baroque*, París, 1986.

Bottineau 1986b
BOTTINEAU, Y, *L'Art de cour dans l'Espagne des lumières, 1746-1808*, París, 1986.

Bottineau 1987
BOTTINEAU, Y, «On the Critical Fortunes of Francisco de Zurbarán: Reflections and Inquiries» a BATICLE, J, *Zurbarán*, Nova York, 1987, p. 25-35 (catàleg d'exposició, Nova York, 1987 i París, 1988).

Bottineau 1988
BOTTINEAU, Y, «Avatares críticos de Francisco de Zurbarán: reflexiones e interrogaciones» a *Zurbarán*, Madrid, 1988, p. 35-47 (catàleg d'exposició, Madrid, 1988).

Bottineau 1992
BOTTINEAU, Y, «Velázquez: proposition pour un portrait» a *Travaux d'histoire de l'art offerts à Marcel Durliat pour son 75e anniversaire*, Tolosa de Llenguadoc, 1992, p. 541-545.

Bottineau/Bardi 1969
BOTTINEAU, Y, BARDI, P.M, *Tout l'oeuvre peint de Velázquez*, París, 1969.

Bourgoing 1788
BOURGOING, J.-F. de, *Nouveau voyage en Espagne ou Tableau de l'état actuel de cette monarchie*, 3 vol, París, 1788.

Bourgoing 1797
BOURGOING, J.-F. de, *Tableau de l'Espagne moderne*, 2a ed, 3 vol, París, 1797.

Bouza 1990
BOUZA ÁLVAREZ, J.L, *Religiosidad contrarreformista y cultura simbólica del barroco*, Madrid, 1990.

Bover 1845
BOVER, J.M, *Noticia histórico-artística de los museos del eminentísimo Señor Cardenal Despuig existentes en Mallorca*, Palma de Mallorca, 1845.

Braham 1981
BRAHAM, A, *El Greco to Goya. The Taste for Spanish Painting in Britain and Ireland*, Londres, 1981 (catàleg d'exposició, Londres, 1981).

Bravo 1980
BRAVO, L, «La cartuja de Jerez y los cuadros de Zurbarán» a *La voz del sur*, Cadis, 27-28 de març de 1980, p. 1-2, 5 i 7.

Bravo/Pemán 1963a
BRAVO, L, PEMÁN, C, «¿Cuándo pintó Zurbarán los cuadros de la Cartuja de Jerez de la Frontera?» a *Revista de Estudios Extremeños*, Badajoz, 1963, XIX, p. 121-129.

Bravo/Pemán 1963b
BRAVO, L, PEMÁN, C, *¿Cuándo pintó Zurbarán los cuadros de la Cartuja de Jerez de la Frontera?*, Badajoz, 1963.

Brejon de Lavergnée 1979
BREJON DE LAVERGNÉE, A, «La peinture italienne au XVIIe siècle» a *Baroque et classicisme au XVIIe siècle en Italie et en France*, Ginebra, 1979.

Breviarium 1590
Breviarium romanum ex decreto sacrosanti Concilii Tridentini restitutum S. Pie V, jussu editum et Clementiis VIII...Urbani Papae VII auctoritate recognitum insertis novarum festorum officiis, Anvers, 1590 (ed. en francès, París, 1679).

Brigstocke 1978
BRIGSTOCKE, H, *Italian and Spanish Paintings in the National Gallery of Scotland*, Glasgow, 1978.

Bryson 1990
BRYSON, N, *Looking at the overlooked. Four Essays on Still Life Painting*, Londres, 1990.

Brown 1964
BROWN, J, *Painting in Seville from Pacheco to Murillo: a study of artistic transition*, Princeton, 1964.

Brown s. d. (1974)
BROWN, J, *Zurbarán*, Nova York, s. d. (1974).

Brown 1976
BROWN, J, *Zurbarán*, Nova York, 1976 (The Library of Great Painters).

Brown 1978
BROWN, J, *Images and Ideas in Seventeenth-Century Spanish Painting*, Princeton, 1978 (vegeu ed. en castellà a Brown 1980).

Brown 1980
BROWN, J, *Imágenes e ideas en la pintura española del siglo XVII*, Madrid, 1980.

Brown 1982
BROWN, J, «La problemática zurbaranesca» a *Symposium internacional de Murillo y su época (Sevilla, 8-13 de novembre de 1982)*, Sevilla, 1982.

Brown 1985
BROWN, J, «Los retablos del coro alto de Guadalupe: dos obras maestras de Zurbarán olvidadas» a *Boletín del Seminario de Arte y Arqueología*, Valladolid, 1985, LI, p. 387-392.

Brown 1986
BROWN, J, *Velázquez: Painter and Courtier*, New Haven-Londres, 1986.

Brown 1987
BROWN, J, «Patronage and Piety: Religious Imagery in the Art of Francisco de Zurbarán» a BATICLE, J, *Zurbarán*, Nova York, 1987, p. 1-24 (catàleg d'exposició, Nova York, 1987 i París, 1988).

Brown 1988
BROWN, J, «Mecenazgo y piedad: el arte religioso de Zurbarán» a *Zurbarán*, Madrid, 1988, p. 13-33 (catàleg d'exposició, Madrid, 1988).

Brown 1990a
BROWN, J, *The Golden Age of Painting in Spain*, Londres, 1990 (vegeu ed. en castellà a Brown 1990b).

Brown 1990b
BROWN, J, *La Edad de Oro de la pintura en España*, Madrid, 1990.

Brown 1991
BROWN, J, *Francisco de Zurbarán*, Nova York, 1991 (Masters of Art).

Brown/Elliott 1980
BROWN, J, ELLIOTT, H, *A Palace for the King: The Buen Retiro and the Court of Philipp IV*, New Haven-Londres, 1980 (vegeu ed. en castellà a Brown/Elliott 1985).

Brown/Elliott 1985
BROWN, J, ELLIOTT, H, *Un palacio para el rey: el Buen Retiro y la corte de Felipe IV*, Madrid, 1985.

Brown/Kagan 1987
BROWN, J, KAGAN, R.L, «The Duke of Alcalá: His Collection and Its Evolution» a *The Art Bulletin*, Nova York, juny de 1987, LXIX, 2, p. 231-255.

Buendía 1965
BUENDÍA, J.R, «La estela de Zurbarán en la pintura andaluza» a *Goya*, Madrid, 1965, 64-65, p. 276-283.

Buendía/Ávila 1991
BUENDÍA, J.R, ÁVILA, A, *Velázquez*, Madrid, 1991.

Buenos Aires 1980
Panorama de la pintura española desde los Reyes Católicos a Goya, Buenos Aires, 1980 (catàleg d'exposició, Buenos Aires, 1980).

Bulwer 1644
BULWER, J, *Chiroligia, or, The Natural Language of the Hand...Chironomia; or, The Art of Manuall Rethoricke...*, Londres, 1644.

Burger 1857
BURGER, W, *Trésors d'art exposés à Manchester en 1857*, París, 1857.

Burke 1984
BURKE, M.B, *Private collections of Italian Art in Seventeenth-Century Spain*, Nova York, 1984.

Buser 1986
BUSER, T, «The Supernatural in Baroque Religious Art» a *Gazette des Beaux-Arts*, París, 1986, CVIII, p. 38-42.

Bustamante 1993
BUSTAMANTE GARCÍA, A, *El Siglo XVII. Clasicismo y Barroco*, Madrid, 1993.

Caballero 1991
CABALLERO BONALD, J.M, *Sevilla en tiempos de Cervantes*, Barcelona, 1991.

Cabanis 1986
CABANIS, J, *Le Musée espagnol de Louis-Philippe: Goya*, París, 1986.

Cabello 1918
CABELLO LAPIEDRA, L.M, «La Cartuja de Jerez» a *Boletín de la Sociedad Española de Excursiones*, Madrid, 1918, 26, p. 241-254.

Cabra/Santiago 1988
CABRA LOREDO, M.D, SANTIAGO PÁEZ, E.M, *Iconografía de Sevilla 1400-1650, I*, Madrid, 1988.

Cadogan/Mahoney/Kubler/Felton 1991
CADOGAN, J.K, MAHONEY, M.R, KUBLER, G, FELTON, G, *Wadsworth Atheneum Paintings. II. Italy and Spain. Fourteenth through Nineteenth Centuries*, Hartford, 1991.

Caetano 1995
CAETANO, J.O, «Piombo e Zurbarán no Prado: o elogio das pequenas exposicões» a *Artes & leilões*, juny de 1995, VI, 30, p. 35-40.

Cahier 1867
CAHIER, Ch, *Caractéristiques des saints dans l'art populaire; énumérées et expliquées*, 2 vol, París, 1867.

Calabrese 1995
CALABRESE, O, «La Véronique de Zurbarán: un rituel figuratif» a *Part de l'oeil*, París, 1995, 11, p. 17-29.

Calvo Castellón 1982
CALVO CASTELLON, A, *Los fondos arquitectónicos y el paisaje en la pintura barroca andaluza*, Granada, 1982.

Calvo Castellón 1988
CALVO CASTELLÓN, A, «Iconografía del Antiguo Testamento en la obra de grandes maestros de la pintura barroca andaluza» a *Cuadernos de Arte e Iconografía*, Madrid, 1988, I, p. 135-158.

Calvo Serraller 1981
CALVO SERRALLER, F, *La teoría de la pintura en el Siglo de Oro*, Madrid, 1981.

Calvo Serraller 1995
CALVO SERRALLER, F, *La imagen romántica de España. Arte y arquitectura del siglo XIX*, Madrid, 1995.

Calvo Serraller/González 1981
«Visión de San Pedro Nolasco por Zurbarán (Madrid, 1835-1836)» a CALVO SERRALLER, F, GONZÁLEZ GARCÍA, A. (ed.), *El Artista*, 3 vol, Madrid, 1981, II, p. 282-284.

Calzada/Santa Marina 1929
CALZADA, A.M, SANTA MARINA, L, *Estampas de Zurbarán*, Barcelona, 1929.

Camard 1991
CAMARD, F, «Plácido Arango» a *Galeries Magazine*, París, febrer-març de 1991, 41, p. 121-129.

Camón Aznar 1945
CAMÓN AZNAR, J, «El estilo trentino» a *Revista de Ideas Estéticas*, Madrid, 1945, 12, p. 429-442.

Camón Aznar 1947
CAMÓN AZNAR, J, «La iconografía en el arte trentino» a *Revista de Ideas Estéticas*, Madrid, 1947, 20, p. 385-394.

Camón Aznar 1964
CAMÓN AZNAR, J, «Zurbarán. Los cuadros de la Academia de Bellas Artes y del Museo Galdiano» a *Mundo hispánico*, Mèxic-Buenos Aires-Madrid, 1964, 197, p. 79-82.

Camón Aznar 1965a
CAMÓN AZNAR, J, «Modernidad de Zurbarán» a *Goya*, Madrid, 1965, 64-65, p. 306-311.

Camón Aznar 1965b
CAMÓN AZNAR, J, «Casi todo Zurbarán» a *Goya*, Madrid, 1965, 64-65, p. 316-329.

Camón Aznar 1972
CAMÓN AZNAR, J, «San José en el Arte español» a *Goya*, Madrid, març-abril de 1972, 107, p. 306-313.

Camón Aznar 1977
CAMÓN AZNAR, J, *La pintura española del siglo XVII*, Madrid, 1977 (Summa Artis, XXV).

Campoy 1964
CAMPOY, A.M, «Francisco de Zurbarán, un buen burgués» a *Mundo hispánico*, Mèxic-Buenos Aires-Madrid, 1964, 197, p. 14-16.

Canones 1564
Canones et Decreta, Concilii Tridentini, Roma, 1564.

Cañedo 1982
CAÑEDO AGÜELLES, C, *Arte y Teoría: la Contrarreforma y España*, Oviedo, 1982.

Caracas 1988
Zurbarán en los conventos de América, Caracas, 1988 (catàleg d'exposició, Caracas, 1988).

Carderera 1848
CARDERERA, V, «Francisco de Zurbarán» a *Semanario Pintoresco Español*, Madrid, 5 de novembre de 1848, 25.

Carducho 1633 (ed. Calvo Serraller 1979)
CARDUCHO, V, *Diálogos de la pintura: su defensa, su origen, esencia, definición, modos y diferencias*, Madrid, 1633 (ed. F. Calvo Serraller, Madrid, 1979).

Caro 1634
CARO, R, *Antigüedad y principado de la ilustríssima ciudad de Sevilla*, Sevilla, 1634.

Caro Baroja 1985
CARO BAROJA, J, *Las formas complejas de la vida religiosa (siglos XVI y XVII)*, Madrid, 1985.

Carrascal 1973
CARRASCAL MUÑOZ, J.M, *Francisco de Zurbarán*, Madrid, 1973.

Carrascal 1995
CARRASCAL MUÑOZ, J.M, «La Merced Descalza de Sevilla: noticias sobre su historia y las pinturas de Zurbarán» a *Goya*, Madrid, 1995, 247, p. 12-25.

Carrascal 1997
CARRASCAL MUÑOZ, J.M, «Visión mística y éxtasis en la pintura de Zurbarán» a *Goya*, Madrid, abril de 1997, 257, p. 289-302.

Carrasco García 1985
CARRASCO GARCÍA, A, *La Plaza Mayor de Llerena y otros estudios*, Madrid, 1985.

Carrasco Llanes 1974
CARRASCO LLANES, V, «Los pueblos tras su historia. Bienvenida» a *Revista de Estudios Extremeños*, Badajoz, 1974, XXX, p. 287-292.

Carriazo 1929
CARRIAZO, J. de M, «Correspondencia de Don Antonio Ponz con el Conde de Aguila» a *Archivo Español de Arte y Arqueología*, Madrid, 1929, V, p. 157-183.

Carrillo 1949
CARRILLO, G.A, *Las galerías de pinturas de la Academia de San Carlos*, Mèxic, 1949.

Cascales 1905
CASCALES Y MUÑOZ, J, «Francisco de Zurbarán y la Exposición de sus cuadros» a *La España Moderna*, Madrid, 1905, XVII, p. 5-23.

Cascales 1911
CASCALES Y MUÑOZ, J, *Francisco de Zurbarán: Su época, su vida y sus obras*, Madrid, 1911 (ed. en anglès, Nova York, 1918).

Cascales 1929
CASCALES Y MUÑOZ, J, *Las bellas artes plásticas en Sevilla*, Toledo, 1929.

Cascales 1931
CASCALES Y MUÑOZ, J, *Francisco de Zurbarán: Su época, su vida y sus obras*, 2a ed, Madrid, 1931.

Castillo 1949
CASTILLO, A. del, «La Anunciación de Zurbarán en la sala Parés» a *Diario de Barcelona*, Barcelona, 29 de desembre de 1949, p. 4.

Castón 1947
CASTÓN, F, «Zurbarán y la casa de los Morales-Llerena» a *Revista de Extremadura*, Badajoz, 1947, III, p. 438-439.

Castro 1845
CASTRO, A. de, *Historia de Xerez de la Frontera*, Cadis, 1845.

Catàleg Barcelona 1906
Catálogo del Museo de Bellas Artes, Barcelona, 1906.

Catàleg Barcelona 1915
Museus d'Art i d'Arqueologia de Barcelona. Guia sumària, Barcelona, 1915.

Catàleg Barcelona 1930
Museo de Arte Decorativo y Arqueológico. Guía-Catálogo, Barcelona, 1930.

Catàleg Barcelona 1936
Catàleg del Museu d'Art de Catalunya, primera part, Barcelona, 1936.

Catàleg Barcelona 1954
Guía de los Museos de Arte, Historia y Arqueología de la Provincia de Barcelona, Barcelona, 1954.

Catàleg Bravo 1837
Memoria de los cuadros de D. Aniceto Bravo, Sevilla, 1837.

Catàleg Cadis 1876
Catálogo del museo de pinturas y grabados formado...1876...(edición oficial), Cadis, 1876.

Catàleg Chartres 1931
Musée des Beaux-Arts de Chartres. Catalogue, Chartres, 1931.

Catàleg Chartres 1954
Musée des Beaux-Arts de Chartres. Catalogue sommaire, Chartres, 1954.

Catàleg Chicago 1961
Paintings in the Art Institute of Chicago: A Catalogue of the Picture Collection, Chicago, 1961.

Catàleg Cleveland 1982
The Cleveland Museum of Art Catalogue of Paintings. Part Three. European Paintings of the 16th, 17th and 18th Centuries, Cleveland, 1982.

Catàleg col·lecció Banco Hispano Americano 1991
Colección Banco Hispano Americano, Madrid, 1991.

Catàleg Estocolm 1990
Stockholm. Illustrerad Katalog över äldre utländskt maleri. Illustrated Catalogue. European Paintings, Estocolm, 1990.

Catàleg Grenoble 1911
Catalogue des tableaux, statues, bas-reliefs et objets d'art exposés dans les galeries du Musée de Peinture et de Sculpture, Grenoble, 1911.

Catàleg Madrazo 1856
Catálogo de la Galería de Cuadros del Excmo. Sr. Madrazo, Madrid, 1856.

Catàleg Madrid 1819
Catálogo de los cuadros, estatuas y bustos que existen en la Real Academia de San Fernando en este año de 1819..., Madrid, 1819.

Catàleg Marismas 1839
Catalogue des tableaux des écoles espagnole, flamande, hollandaise, allemande, française, exposés dans la Galerie du Marquis de las Marismas, París, 1839.

Catàleg Montpensier 1866
Catálogo de los cuadros, dibujos y esculturas pertenecientes a la galería de los Duques de Montpensier, en su palacio de Sanlúcar de Barrameda, Sevilla, 1866.

Catàleg Northwick Park 1864
A Catalogue of the Collection of Pictures at Northwick Park, 1864.

Catàleg Prado 1942
Museo del Prado. Catálogo de los cuadros, Madrid, 1942.

Catàleg Prado 1985
Museo del Prado. Catálogo de pinturas, Madrid, 1985.

Catàleg Prado 1988
Museo del Prado. Catálogo de pinturas, Madrid, 1988.

Catàleg Prado 1996
Catálogo del Museo del Prado, Madrid, 1996.

Catàleg Sevilla 1868
Catálogo de los cuadros y estatuas que existen en la actualidad en el Museo Provincial de Sevilla, Sevilla, 1868.

Catàleg Sevilla 1929
Catálogo-Guía de la Exposición Mariana, Sevilla, 1929

Catàleg Standish 1842
Catalogue des tableaux et gravures de la collection Standish légués au roi, París, 1842.

Catàleg venda Altamira 1827
A Catalogue of the Select Pictures by Italian, Spanish and Dutch Masters, from the Celebrated Altamira Collection, Londres, catàleg de la venda de l'1 de juny de 1827.

Catàleg venda Christie's 1997
Christie's New York. Important Old Master Paintings, Nova York Christie's, catàleg de la venda del 31 gener de 1997.

Catàleg venda Clifden 1893
Collection of Viscount Clifden, Londres, catàleg de la venda del 6 de maig de 1893.

Catàleg venda López Cepero 1860
Catálogo de los cuadros y esculturas que componen la Galería formada por el Excmo. Sr. Doctor D. Manuel López Cepero... que a voluntad de sus herederos se sacará a pública subasta en los días del 15 al 30 de mayo del presente año en la casa nº 7 de la plaza de Alfaro en la ciudad de Sevilla, Sevilla, catàleg de la venda del 15 al 30 de maig de 1860.

Catàleg venda López Cepero 1868
Catalogue des tableaux anciens de la Galerie de feu Son Excellence M. López Cepero de Séville...dont la vente aux enchères publiques aura lieu...le 14 février 1868, París, catàleg de la venda del 14 de febrer de 1868.

Catàleg venda Louis-Philippe 1853
Pictures Forming the Celebrated Spanish Gallery of His Majesty the Late King Louis-Philippe, Londres, Christie's, catàleg de la venda del 6 al 21 de maig de 1853.

Catàleg venda Marcille 1876
Catalogue des tableaux et dessins formant la collection de feu Camille Marcille, París, Hôtel Drouot, catàleg de la venda del 6 al 9 de març de 1876.

Catàleg venda Marismas 1843
Catalogue de tableaux anciens des écoles espagnole, italienne, flamande, hollandaise et allemande... composant la galerie de M. Aguado de las Marismas... dont la vente aux enchères aura lieu le 20 mars 1843, París, catàleg de la venda del 20 al 28 de març i del 18 al 22 d'abril de 1843.

Catàleg venda Merlin 1852
Vente des tableaux de la Comtesse de Merlin, 28 de maig de 1852.

Catàleg venda Muñoz de Ortiz 1911
Collection de J. Muñoz de Ortiz de Valence, Berlín, catàleg de la venda del 12 de desembre de 1911.

Catàleg venda Napoléon Prince 1872
Napoleon Prince, Londres, Christie's, catàleg de la venda del 9 a l'11 de maig de 1872.

Catàleg venda Northwick Park Collection 1965
Sale of Pictures from the Northwick Park Collection, the Property of the Late Captain E.G. Spencer-Churchill, M.C, Londres, Christie's, catàleg il·lustrat de la venda del 29 d'octubre de 1960.

Catàleg venda O'Neil 1834
Highly Valuable Collection of Pictures of Charles O'Neil, Esq, Londres, E. Foster&Son, catàleg de la venda del 24 de maig de 1834.

Catàleg venda Oudry 1869
Catalogue des tableaux anciens des écoles italienne, espagnole, hollandaise et flamande, París, Hôtel Drouot, catàleg de la venda del 16 al 17 d'abril de 1869.

Catàleg venda Oudry 1876
Catalogue des tableaux anciens appartenant à la succession Oudry, París, Hôtel Drouot, catàleg de la venda del 10 d'abril de 1876.

Catàleg venda Rollin 1853
Catalogue d'une fort belle collection de tableaux anciens des diverses écoles, París, Laneuville, catàleg de la venda de l'1 al 2 d'abril de 1853.

Catàleg venda Salamanca 1867
Catalogue des tableaux anciens des écoles espagnole, italienne, flamande et hollandaise composant la galerie de M. le Marquis de Salamanca. Vente en son hôtel à Paris, rue de la Victoire, 50, catàleg de la venda del 3 al 6 de juny de 1867.

Catàleg venda Sevilla 1867
Collection de tableaux anciens, surtout de l'école espagnole (de L...A..., Sevilla), París, catàleg de la venda del 20 de desembre de 1867.

Catàleg venda Soult 1852
Catalogue raisonné des tableaux de la galerie de feu M. le Maréchal Général Soult, duc de Dalmatie, dont la vente aura lieu à Paris dans l'ancienne Galerie Lebrun, rue du Sentier, 8, catàleg de la venda del 19, 21 i 22 de maig de 1852.

Catàleg venda Soult 1867
Catalogue des tableaux anciens provenant de la galerie de feu M. le Maréchal Général Soult..., París, Hôtel Drouot, catàleg de la venda del 17 d'abril de 1867.

Catàleg venda Standish 1853
Pictures forming the Celebrated Standish Collection, Londres, Christie's, catàleg de la venda del 28 al 30 de maig de 1853.

Catàleg venda Sutherland 1913
Catalogue of Ancient and Modern Pictures...Duke of Sutehland, Londres, Christie's, catàleg de la venda de l'11 de juliol de 1913.

Catàleg venda Walterstorff 1821
Cabinet de son Exc. le Lieutenant Général Comte Walterstorff, Ministre du Danemark, París, Laneuville, catàleg de la venda del 26 al 27 de març de 1821.

Caturla 1943-1944
CATURLA, M.L, «Borgianni en Valladolid» a *Boletín del Seminario de Arte y Arqueología*, Valladolid, 1943-1944, XXXIV-XXXVI, p. 99-102.

Caturla 1944
CATURLA, M.L, *Arte de épocas inciertas*, Madrid, 1944.

Caturla 1945a
CATURLA, M.L, «New Facts on Zurbarán» a *The Burlington Magazine*, Londres, 1945, LXXXVII, p. 302-304.

Caturla 1945b
CATURLA, M.L, «Zurbarán en el Salón de Reinos» a *Archivo Español de Arte*, Madrid, 1945, XVIII, 71, p. 292-300.

Caturla 1947a
CATURLA, M.L, «Zurbarán at the "Hall of Realms" at the Buen Retiro» a *The Burlington Magazine*, Londres, 1947, LXXXIX, p. 42-45.

Caturla 1947b
CATURLA, M.L, «Zurbarán en Llerena» a *Archivo Español de Arte*, Madrid, 1947, XX, p. 265-284.

Caturla 1947c
CATURLA, M.L, «Pinturas, frondas y fuentes del Buen Retiro» a *Revista de Occidente*, Madrid, 1947, p. 9-50.

Caturla 1947d
CATURLA, M.L, «Los retratos de reyes del "Salón Dorado" en el antiguo Alcázar de Madrid» a *Archivo Español de Arte*, Madrid, 1947, XX, p. 1-10.

Caturla 1948a
CATURLA, M.L, *Bodas y obras juveniles de Zurbarán*, Granada, 1948 (Anejos del Boletín de la Universidad de Granada).

Caturla 1948b
CATURLA, M.L, «Noticias sobre la familia de Zurbarán» a *Archivo Español de Arte*, Madrid, 1948, XXI, p. 125-127.

Caturla 1948c
CATURLA, M.L, «Conjunto de Zurbarán en Zafra» a *ABC*, Madrid, 20 d'abril de 1948.

Caturla 1948d
CATURLA, M.L, «El coleccionista madrileño don Pedro de Arce, que poseyó las *Hilanderas* de Velázquez» a *Archivo Español de Arte*, Madrid, 1948, XXI, p. 292-304.

Caturla 1949
CATURLA, M.L, «Andanzas e infortunios de Juan de Salazar "El Viejo"» a *Boletín de la Real Sociedad Vascongada de amigos del país*, San Sebastián, 1949, V, p. 443-450.

Caturla 1950
CATURLA, M.L, «Lectura» a *ABC*, Madrid, abril de 1950.

Caturla 1951
CATURLA, M.L, «Zurbarán exporta a Buenos Aires» a *Anales del Instituto de Arte Americano e Investigaciones Estéticas*, Buenos Aires, 1951, 4, p. 27-30.

Caturla 1952
CATURLA, M.L, «A Retable by Zurbarán» a *The Burlington Magazine*, Londres, 1952, XCIV, p. 44-49.

Caturla 1953
CATURLA, M.L, *Zurbarán. Estudio y catálogo de la exposición celebrada en Granada en junio de 1953*, Madrid, 1953 (catàleg d'exposició, Granada, 1953).

Caturla 1954
CATURLA, M.L, «La partida de bautismo del pintor Antonio Puga» a *Cuadernos de estudios gallegos*, Santiago de Compostela,1954, IX, p. 251.

Caturla 1955a
CATURLA, M.L, «Zurbarán. By Martin S. Soria» a *The Burlington Magazine*, Londres, 1955, XCVII, p. 89-90.

Caturla 1955b
CATURLA, M.L, «Sobre un viaje de Mazo a Italia hasta ahora ignorado» a *Archivo Español de Arte*, Madrid, 1955, XXVIII, p. 73-75.

Caturla 1956
CATURLA, M.L, «Andrés López Polanco» a *Cuadernos de estudios gallegos*, Santiago de Compostela, 1956, XI, p. 389-405.

Caturla 1957
CATURLA, M.L, «Don Juan de Zurbarán» a *Boletín de la Real Academia de Historia*, Madrid, 1957, CXLI, 1, p. 269-286.

Caturla 1959
CATURLA, M.L, «Ternura y primor de Zurbarán» a *Goya*, Madrid, 1959, 30, p. 342-345.

Caturla 1960a
CATURLA, M.L, «Cartas de pago de los doce cuadros de batallas para el Salón de Reinos del Buen Retiro» a *Archivo Español de Arte*, Madrid, 1960, XXXIII, p. 333-355.

Caturla 1960b
CATURLA, M.L, «Velázquez y Zurbarán» a GALLEGO BURÍN, A. (ed.), *Varia Velazqueña*, Madrid, 1960, I, p. 463-470.

Caturla 1961
CATURLA, M.L, «Zurbarán, las casas de Morales y la pleiteadora Paula» a *Revista de Estudios Extremeños*, Badajoz, 1961, XVII, p. 231-245.

Caturla 1963-1969
CATURLA, M.L, «Documentos en torno a Juan de Espinal, raro coleccionista madrileño» a *Arte Español*, Madrid, 1963-1966, XXV, p. 1-10; 1968-1969, XXVI, p. 5-8.

Caturla 1964a
CATURLA, M.L, *Fin y muerte de Francisco de Zurbarán. Documentos recogidos y comentados por María Luisa Caturla. Ofrecidos en la conmemoración del III centenario*, Madrid, 1964.

Caturla 1964b
CATURLA, M.L, «Sobre la ordenación de las pinturas de Zurbarán en la sacristía de Guadalupe» a *Archivo Español de Arte*, Madrid, 1964, XXXVII, p. 185-186.

Caturla 1964c
CATURLA, M.L, «Zurbarán en San Pablo de Sevilla» a *Revista de Estudios Extremeños*, Badajoz, 1964, XX, p. 289-301.

Caturla 1964d
CATURLA, M.L, «Zurbarán en Llerena ¿Camino de Guadalupe?» a *Guadalupe*, maig-juny de 1964, XLVII, 551, s. p.

Caturla 1964e
CATURLA, M.L, «Vida y evolución artística de Zurbarán» a *Francisco de Zurbarán 1598-1664*, Madrid, 1964, p. 15-57 (catàleg d'exposició, Madrid, 1964-1965).

Caturla 1965a
CATURLA, M.L, «La Santa Faz de Zurbarán: "trompe l'oeil" a lo divino» a *Goya*, Madrid, 1965, 64-65, p. 202-205.

Caturla 1965b
CATURLA, M.L, «Otros dos césares a caballo zurbaranescos» a *Archivo Español de Arte*, Madrid, 1965, XXXVIII, p. 197-201.

Caturla 1968
CATURLA, M.L, *El Conjunto de las Cuevas*, Granada, 1968 (Forma y Color. Los Grandes Ciclos del Arte, 41).

Caturla 1968-1969
CATURLA, M.L, «Documentos en torno a Vicencio Carducho» a *Arte Español*, Madrid, 1968-1969, XXVI, p. 145-221.

Caturla 1971
CATURLA, M.L, «Josefa y Zurbarán» a *Memoriam de João Couto*, Lisboa, 1971, p. 25-29.

Caturla 1978
CATURLA, M.L, «La verdadera fecha del retablo madrileño de San Hermenegildo» a *Actas del XXIII Congreso Internacional de Historia del Arte, Granada, 1973*, Granada, 1978, p. 49-55.

Caturla 1979
CATURLA, M.L, «Dos documentos sobre los descendientes de Zurbarán» a *Academia*, Madrid, 1979, 49, p. 113-119.

Caturla/Delenda 1994
CATURLA, M.L, DELENDA, O, *Francisco de Zurbarán*, París, 1994.

Causa 1964
CAUSA, R, vegeu *La natura morta italiana*, Nàpols, 1964 (catàleg d'exposició, Nàpols, 1964).

Causa 1972
CAUSA, R, «Natura morta a Napoli nel Seicento-Settecento» a *Storia di Napoli*, V, Nàpols, 1972.

Cavalli-Björkman/Nilsson 1995
CAVALLI-BJÖRKMAN, G, NILSSON, B, *Still Leben*, Estocolm, 1995 (catàleg d'exposició, Estocolm, 1995).

Cavestany 1936-1940
CAVESTANY, J, *Floreros y bodegones en la pintura española*, Madrid, 1936-1940 (catàleg d'exposició, Madrid, 1935).

Cavestany 1942
CAVESTANY, J, «Tres bodegones firmados, inéditos» a *Archivo Español de Arte*, Madrid, 1942, XV, p. 97-102.

Ceán Bermúdez 1800
CEÁN BERMÚDEZ, J.A, *Diccionario histórico de los más ilustres profesores de las bellas artes en España*, 6 vol, Madrid, 1800 (ed. facsímil, Madrid, 1965).

Ceán Bermúdez 1804a
CEÁN BERMÚDEZ, J.A, *Descripción artística de la catedral de Sevilla*, Sevilla, 1804 (Sevilla, 1981).

Ceán Bermúdez 1804b
CEÁN BERMÚDEZ, J.A, *Descripción artística del Hospital de la Sangre de Sevilla*, València, 1804.

Ceán Bermúdez 1805
CEÁN BERMÚDEZ, J.A, *Apéndice a la descripción artística de la Catedral de Sevilla*, Sevilla, 1905.

Celano 1228 (ed. Quaracchi 1926)
CELANO, T. da, *Vita prima S. Francisci Assisiensis et eiusdem legenda ad usum chori*, ms. c. 1228 (ed. Quaracchi, 1926).

Cepeda 1565-1570 (ed. Santullano, 1942)
CEPEDA Y AHUMADA, T. (Santa Teresa de Jesús), *Camino de perfección*, 1565-1570 (ed. Santullano, 1942).

Cepeda 1560-1579 (ed. Santullano, 1942)
CEPEDA Y AHUMADA, T. (Santa Teresa de Jesús), *Libro de las Relaciones*, 1560-1579 (ed. Santullano, 1942).

Certeau 1964
CERTEAU, M. de, «Mystique au XVIIe siècle. Le problème du langage mystique» a *L'Homme devant Dieu. Mélanges offerts au Père Henri de Lubac*, París, 1964, II, p. 267-291.

Chacón 1973
CHACÓN TORRES, M, *Arte Virreinal en Potosí. Fuentes para su historia*, Sevilla, 1973.

Chastel 1994
CHASTEL, A, «La Sainte Face» a *FMR*, Milà, 1994, 49, p. 29-50.

Chaunu/Chaunu 1955
CHAUNU, P, CHAUNU, H, *Séville et l'Atlantique (1504-1650)*, París, 1955.

Chavin de Mallan 1842
CHAVIN DE MALLAN, F.E, *La vie et les lettres du bienheureux Henry de Suzo*, París, 1842.

Chenesseau 1925
CHENESSEAU, J.L, *Monographie de la cathédrale d'Orléans, notice historique et guide du visiteur*, Orleans, 1925.

Cherry 1985
CHERRY, P, «The Contract for Francisco de Zurbarán's Paintings of Hyeronymite Monks for the Sacristy of the Monastery of Guadalupe» a *The Burlington Magazine*, Londres, 1985, CXXVII, 987, p. 374-381.

Cherry 1995
CHERRY, P, «Francisco de Zurbarán by María Luisa Caturla» a *The Burlington Magazine*, Londres, setembre de 1995, CXXXVII, 1110, p. 627-628.

Cherry 1996
CHERRY, P, «Bodegón con cuatro vasijas. Francisco de Zurbarán» a *Obras maestras del Museo del Prado*, Madrid, 1996, p. 171-181.

Cherry 1998a
CHERRY, P, «Don Juan de Zurbarán, Sevillian Still-Life Painter» a *Gazette des Beaux-Arts*, París, octubre de 1998 (en premsa).

Cherry 1998b
CHERRY, P, *Zurbarán*, 1998 (en premsa).

Chevalier/Gheerbrant 1982
CHEVALIER, R, GHEERBRANT, A, *Dictionnaire des Symboles*, París, 1982.

Choppy 1991
CHOPPY, E, *L'Annonciation*, Marsella, 1991.

Christian 1981
CHRISTIAN, W.A, *Local Religion in Sixteenth-Century Spain*, Princeton, 1981.

Cid 1625
CID, M, *Coplas de alabanza de la Inmaculada Concepción de la Siempre Virgen María...*, Sevilla, 1625.

Cilveti 1974
CILVETI, A.L, *Introducción a la mística española*, Madrid, 1974.

Cintas 1991
CINTAS DEL BOT, A, *Iconografía del rey San Fernando en la pintura de Sevilla*, Sevilla, 1991.

Clop 1922
CLOP, E, *Saint Bonaventure (1221-1274)*, 2a ed, París, 1922 (Les Saints, 97).

Cloulas 1993
CLOULAS, A, *Greco*, París, 1993.

Coe 1972
COE, R.T, «Zurbarán and Mannerism» a *Apollo*, Londres, desembre de 1972, 96, p. 494-497.

Coe-Wixom 1982
COE-WIXOM, N, vegeu AA. DD, *The Cleveland Museum of Art. European Paintings of the 16th, 17th and 18th Centuries*, Cleveland, 1982.

Coindet 1856
COINDET, J, *Histoire de la peinture en Italie*, París, 1856.

Colección Banco Urquijo 1982
Colección Banco Urquijo. Pintura, Dibujo, Escultura, Madrid, 1982.

Collantes 1884-1889
COLLANTES DE TERÁN CAAMAÑO, F, *Memorias históricas de los establecimientos de caridad de Sevilla*, 2 vol, Sevilla, 1884-1889 (1980).

Collantes de Terán 1970
COLLANTES DE TERÁN DELORME, F, *Patrimonio monumental y artístico del Ayuntamiento de Sevilla*, Sevilla, 1970.

Colón 1841
COLÓN COLÓN, J, *Sevilla artística*, Sevilla, 1841.

Conde 1961
CONDE, F, «La crítica sobre Zurbarán» a *Revista de Estudios Extremeños*, Badajoz, 1961, XVII, 2-3, p. 387-405.

Comes 1964
COMES, F.-T, «250 fichas bibliográficas» a *Mundo hispánico*, Mèxic-Buenos Aires-Madrid, 1964, 197, p. 91-94.

Còrdova 1997
Zurbarán 1598-1998, Còrdova, 1997 (catàleg d'exposició, Còrdova, 1997, Marchena, 1997 i Cadis, 1997-1998).

Cortés 1965
CORTÉS, J, «La exposición Zurbarán en el Tinell» a *La Vanguardia*, Barcelona, 21 de març de 1965.

Corzo 1984
CORZO SÁNCHEZ, R, «La cartuja de Jerez» a *Enciclopedia gráfica gaditana*, 1984, I, 2, p. 17-32.

Courcelles 1990
COURCELLES, D. de, *Les histoires de saints, la prière et la mort en Catalogne*, París, 1990.

Couto 1860-1861 (ed. Toussaint 1947)
COUTO, J.B, *Diálogo sobre la historia de la pintura en México, 1860-1861* (ed. M. Toussaint, Mèxic, 1947).

Couto 1961
COUTO, J, «A proposito do Apostolado de Zurbarán existente no Museu de Arte Antiga de Lisboa» a *Revista de Estudios Extremeños*, Badajoz, 1961, XVII, p. 415-421.

Creighton 1961
CREIGHTON, G, «The Cleveland Zurbarán» a *Arts*, Minneapolis, 1961.

Crichton-Stuart 1997
CRICHTON-STUART, A, «A Zurbarán masterpiece» a *Christie's International Magazine*, gener-febrer de 1997, p. 18-19.

Croche 1984
CROCHE DE ACUÑA, F, *La Colegiata de Zafra (1609-1851). Crónica de luces y sombras*, Zafra, 1984.

Cruz/Perry 1991
CRUZ, A.J, PERRY, M.E. (ed.), *Cultural Encounters: The Impact of the Inquisition in Spain and the New World*, Berkeley, 1991.

Cruz/Perry 1992
CRUZ, A.J, PERRY, M.E. (ed.), *Culture and Control in Counter Reformation Spain*, Minneapolis, 1992.

Cruz Bahamonde 1813
CRUZ BAHAMONDE, N. (conde de Maule), *Viaje de España, Francia e Italia*, Cadis, 1813.

Cruz Isidoro 1997
CRUZ ISIDORO, F, *Arquitectura sevillana del siglo XVII. Maestros mayores de la Catedral y del Concejo Hispalense*, Sevilla, 1997.

Cruz Valdovinos 1975
CRUZ VALDOVINOS, J.M, «Sobre Juan de Arfe y Francisco de Zurbarán» a *Archivo Español de Arte*, Madrid, 1975, XLVIII, p. 271-276.

Cruz Valdovinos 1991
CRUZ VALDOVINOS, J.M, «Sobre el maestro de Zurbarán y su aprendizaje» a *Boletín del Seminario de Estudios de Arte y Arqueología*, Valladolid, 1991, LVII, p. 490-492.

Cruzada 1865
CRUZADA VILLAAMIL, G, *Catálogo provisional, historial, y razonado del Museo Nacional de Pinturas*, Madrid, 1865.

Cruzada 1874
CRUZADA VILLAAMIL, G, vegeu *Revista de Europa*, 1874, II, p. 106-107.

Cuadra 1973
CUADRA, L. de la, *Catálogo-inventario de los documentos del Monasterio de Guadalupe*, Madrid, 1973.

Cuartero 1950-1954
CUARTERO HUERTA, B, *Historia de la Cartuja de Santa María de las Cuevas, de Sevilla, y de su filial de Cazalla de la Sierra*, 2 vol, Madrid, 1950-1954.

Cuéllar 1982
CUÉLLAR CONTRERAS, F. de P, «Testamento e inventario de Francisco Polanco, pintor de imaginería. Año 1651» a *Revista de Arte Sevillano*, Sevilla, 1982, 1, p. 41-43.

Cuenca 1976
CUENCA TORIBIO, J.M, *Historia de Sevilla: del Antiguo al Nuevo Régimen*, Sevilla, 1976.

Cumberland 1782-1787
CUMBERLAND, R, *Anecdotes of eminents painters in Spain*, Londres, 1782-1787.

Cunnar 1988
CUNNAR, E.R, «Jerome Nadal and Francisco Pacheco. A Print and a Verbal Source for Zurbarán's *Circumcisio*, 1639» a *Boletín del Museo e Instituto Camón Aznar*, Saragossa, 1988, XXXIII, p. 105-112.

Cunningham 1951
CUNNINGHAM, Ch.C, «'Saint Serapion' by Francisco de Zurbarán» a *Art Quarterly*, Detroit-Nova York, 1951, 14, 4, p. 354-357.

Curtius 1939
CURTIUS, E.R, «Theologische Kunsttheorie in spanichen Barock» a *Romanische Forschungen*, Frankfurt, 1939, II, p. 145-184.

Cuyàs 1992
CUYÀS, M.M, vegeu *Prefiguració del Museu Nacional d'Art de Catalunya*, Barcelona, 1992 (catàleg d'exposició, Barcelona, 1992).

Cuyàs 1996
CUYÀS, M.M, *L'esplendor de la pintura del Barroc. Mecenatge català al Museu Nacional d'Art de Catalunya*, Barcelona, 1996 (catàleg d'exposició, Barcelona, 1996).

Dabrio 1975
DABRIO GONZÁLEZ, M.T, *Estudio histórico-artístico de la parroquia de San Pedro*, Sevilla, 1975.

Dabrio 1989
DABRIO GONZÁLEZ, M.T, «El retablo en la escuela sevillana del Seiscientos» a *El retablo español*, Múrcia, 1989, p. 187-206.

Dacos 1980
DACOS, N, «Pedro Campaña dopo Siviglia: Arazzi e altri inediti» a *Bollettino d'arte*, Roma, 1980, 8, p. 1-44.

Dagen 1988
DAGEN, Ph, «Un primitif au Siècle d'Or» a *Le Monde*, París, 16 de gener de 1988.

Daniel-Rops 1952
DANIEL-ROPS, H. (ed.), *La Bible apocryphe. Evangiles apocryphes*, París, 1952.

Danton 1876
DANTON, J, *Beaux-Arts. Album de l'exposition retrospective d'Orleans en 1876*, Orleans, 1876.

Dávila 1980
DÁVILA FERNÁNDEZ, M.P, *Los sermones y el arte*, Valladolid, 1980.

Dean 1996
DEAN, S.C, «Copied Carts: Spanish Prints and Colonial Peruvian Paintings» a *The Art Bulletin*, Nova York, març de 1996, LXXVIII, p. 98-110.

Defourneaux 1973
DEFOURNEAUX, M, *La vida cotidiana en España en el Siglo de Oro*, Barcelona, 1973.

Delacroix (ed. Joubin 1931-1932)
DELACROIX, E, *Journal d'Eugène Delacroix, 1822-1863*, París, 1931-1932 (ed. A. Joubin).

Delecluce 1838
DELECLUCE, E.J, «Galerie espagnole au Louvre» a *Journal des débats*, 24 de febrer de 1838, p. 1-2.

Deleito 1964
DELEITO PIÑUELA, J, *El Rey se divierte. Recuerdos de hace tres siglos*, Madrid, 1964.

Delenda 1988a
DELENDA, O, «Zurbarán interprète idéal de la Contre-Réforme» a *Revue du Louvre et des Musées de France*, París, febrer de 1988, p. 117-126.

Delenda 1988b
DELENDA, O, «L'art au service du dogme. Contribution de l'école sevillane et de Zurbarán à l'iconographie de l'Immaculée Conception» a *Gazette des Beaux-Arts*, París, abril de 1988, CXI, p. 239-248.

Delenda 1988c
DELENDA, O, «Les saints de Zurbarán et la propagation de la foi» a *L'Estampille*, París, 1988, 210, p. 36-49.

Delenda 1988d
DELENDA, O, *Zurbarán*, París, 1988 (Le Petit Journal des Grandes Expositions, 177).

Delenda 1988e
DELENDA, O, «Les peintures de Zurbarán, instrument de la réforme dominicaine dans la Séville du Siècle d'Or» a *Sedes Sapientiae*, Sablé-sur-Sarthe, 1988, 24, p. 27-35.

Delenda 1988f
DELENDA, O, vegeu BATICLE, J, *Zurbarán*, París, 1988 (catàleg d'exposició, Nova York, 1987 i París, 1988).

Delenda 1989
DELENDA, O, «Zurbarán et les Chartreuses d'Andalousie» a *Analecta Cartusiana*, Salzburg, 1989, I, 1, p. 61-76.

Delenda 1990
DELENDA, O, «Les Représentations de Saint Joseph et l'Enfant Jésus dans l'art de la Contre-Réforme» a *Sedes Sapientiae*, Sablé-sur-Sarthe, 1990, 31, p. 3-14.

Delenda 1993a
DELENDA, O, *Velázquez peintre religieux*, París, 1993.

Delenda 1993b
DELENDA, O, «Zurbarán et Murillo, peintres pour le Nouveau Monde? (Actes del col·loqui *L'Heure de Dieu sur le nouveau monde*, 21 de novembre del 1992)» a *L'Astrolabe*, 1993, 99, p. 16-24.

Delenda 1995
DELENDA, O, «Zurbarán à Madrid, 1658-1664» a *L'Oeil*, París, 1995, 471, p. 32-38.

Delenda 1996
DELENDA, O, «L'enfance du Christ dans l'art, présage de la Rédemption» a *Sedes Sapientiae*, Sablé-sur-Sarthe, 55, p. 33-48.

Delenda 1998
DELENDA, O, «Zurbarán: dix ans après» a *Gazette des Beaux-Arts*, París, octubre de 1998 (en premsa).

Delenda/Garraín Villa 1995
DELENDA, O, GARRAÍN VILLA, L, «Zurbarán à Llerena» a *Gazette des Beaux-Arts*, París, gener de 1995, CXXV, p. 17-30.

Delenda/Garraín Villa 1997
DELENDA, O, GARRAÍN VILLA, L, «Zurbarán sculpteur. Aspects inédits de sa carrière et de sa biographie» a *Gazette des Beaux-Arts*, París, març de 1997.

Delgado 1956
DELGADO VARELA, J.M, «Sobre la canonización de San Pedro Nolasco» a *Estudios*, Madrid, 1956, XII, 35-36, p. 265-295.

Demerson 1953
DEMERSON, G, «À propos du Saint François d'Assise de Zurbaran au Musée des Beaux-Arts de Lyon» a *Bulletin des musées lyonnais*, Lió, 1953, 4, p. 69-80.

Deslandres 1906
DESLANDRES, P, *Le Concile de Trente et la réforme du clergé catholique au XVIe siècle*, París, 1906.

Desroches 1995
DESROCHES, J.-P, *El San Diego. Un tesoro bajo el mar*, Madrid, 1995 (catàleg d'exposició, Madrid, 1995).

Dezallier 1745-1752
DEZALLIER D'ARGENVILLE, A.J, *Abrégé de la vie des plus fameux peintres*, 3 vol, París, 1745-1752.

Díaz Padrón 1968
DÍAZ PADRÓN, M, *Instituto Central de Consevación y Restauración. Catálogo de obras restauradas, 1964-1966. Sección de pintura*, Madrid, 1968, (catàleg d'exposició, Madrid, 1965-1966).

Díaz Padrón 1981
DÍAZ PADRÓN, M, «Una quinta repetición inédita del "Agnus Dei" de Zurbarán» a *Goya*, Madrid, 1981, 164-165, p. 66-69.

Díaz Padrón 1985
DÍAZ PADRÓN, M, vegeu
DUVOSQUEL, J.M, VANDEVIVERE,
I, *Splendeurs d'Espagne et les villes
belges 1500-1700*, 2 vol, Brussel·les,
1985 (catàleg d'exposició,
Brussel·les, 1985).

Díaz Padrón 1991
DÍAZ PADRÓN, M, vegeu *Colección
Banco Hispano Americano*, Madrid,
1991.

Díaz Padrón 1996
DÍAZ PADRÓN, M, vegeu AA. DD,
*Colección Central Hispano. Del
Renacimiento al Romanticismo*,
Madrid, 1996.

Díaz y Pérez 1884
DÍAZ Y PÉREZ, N, «Francisco de
Zurbarán» a *Diccionario Histórico
Crítico y Bibliográfico de Autores,
Artistas y Extremeños Ilustres*,
Madrid, 1884, II, p. 501-509.

Díaz del Valle 1933
DÍAZ DEL VALLE Y DE LA PUERTA,
L, «Origen y illustración del
Nobilissimo y real arte de la Pintura
y Dibuxo.. (1656)» a SÁNCHEZ
CANTÓN, F.J, *Fuentes literarias para
la historia del arte español*, Madrid,
1933, II, p. 337-393.

Díaz Vaquero 1989
DÍAZ VAQUERO, M, «Tipologías
iconográficas de las Jerarquías
Angélicas...» a *Cuadernos de Arte e
Iconografía*, Madrid, 1989, II, 3,
p. 265 i ss.

Díez Borque 1990
DÍEZ BORQUE, J.M, *La vida
española en el Siglo de Oro según los
extranjeros*, Barcelona, 1990 (Viajes,
países, culturas, 6).

Doctor 1940
DOCTOR Y MUNICIO, A, *La
Catedral de Sevilla*, Barcelona, 1940.

Domínguez 1946
DOMÍNGUEZ ORTIZ, A, *Orto y
ocaso de Sevilla. Estudio sobre la
decadencia de la ciudad durante los
siglos XVI y XVII*, Sevilla, 1946.

Domínguez 1983
DOMÍNGUEZ ORTIZ, A, *El Antiguo
Régimen: Los Reyes Católicos y los
Austrias*, Madrid, 1983.

Domínguez 1991
DOMÍNGUEZ ORTIZ, A, *La Sevilla
del siglo XVII*, 3a ed, Sevilla, 1991.

Domínguez/Aguilar 1976
DOMÍNGUEZ ORTIZ, A, AGUILAR
PIÑAL, F, *El Barroco y la Ilustración*,
Sevilla, 1976 (Historia de Sevilla, IV).

Dorival 1960
DORIVAL, B, «Velázquez et la cri-
tique d'art française aux XVIIe et
XVIIIe siècles» a GALLEGO BURÍN,
A. (ed.), *Varia Velazqueña*, Madrid,
1960, I, p. 526-531.

Dorival 1978
DORIVAL, B, «Obras españolas en
las colecciones francesas del siglo
XVIII» a *Actas del XXIII Congreso
Internacional de Historia del Arte,
Granada, 1973*, Granada, 1978,
XXIII, p. 67-94.

Dorival 1992
DORIVAL, B, *Suppplément au cata-
logue raisonné de l'oeuvre de Philippe
de Champaigne*, París, 1992.

Droulers s. d. (1949)
DROULERS, E, *Dictionnaire des
attributs, allégories, emblèmes et
symboles*, Turnhout, s. d. (1949).

Duchesne 1900
DUCHESNE, L, «Saint-Jacques
en Galice» a *Annales du Midi*,
Tolosa de Llenguadoc, 1900, 46,
p. 145-179.

Duchet-Suchaux/Pastoreau 1990
DUCHET-SUCHAUX, G, PASTOREAU,
M, *La Bible et les saints. Guide icono-
graphique*, París, 1990.

Durán 1953
DURÁN, R.M, *Iconografía española
de San Bernardo*, Poblet, 1953.

Duranty 1877
DURANTY, «Promenades au
Louvre: Remarques sur le geste des
mains dans quelques tableaux» a
Gazette des Beaux-Arts, París, 1877,
XV, p. 172-180.

Duvosquel/Vandevivere 1985
DUVOSQUEL, J.M, VANDEVIVERE,
I, *Splendeurs d'Espagne et les villes
belges 1500-1700*, 2 vol, Brussel·les,
1985 (catàleg d'exposició,
Brussel·les, 1985).

Eisler 1977
EISLER, C, *Paintings from the
Samuel H. Kress Collection. IV.
European Schools Excluding Italian*,
Londres, 1977.

Eisler 1991
EISLER, C, *La peinture au musée de
l'Ermitage*, París, 1991.

Elliott 1965
ELLIOTT, J.H, *La España imperial:
1469-1716*, Barcelona, 1965
(Londres, 1963).

Elliott 1986
ELLIOTT, J.H, *The Count-Duke of
Olivares: The Statesman in an Age of
Decline*, New Haven - Londres, 1986.

Elliott 1991
ELLIOTT, J.H. (ed.), *The Hispanic
World*, Londres, 1991.

Elliott 1992
ELLIOTT, J.H, *Olivares (1587-1645).
L'Espagne de Philippe IV*, París, 1992.

Emiliani/Cellini 1997
EMILIANI, A, CELLINI, M, *Giovanni
Francesco Guerrieri de Fossombrone*,
s. l, 1997 (1991).

Emmrich 1997
EMMRICH, I, *Meisterwerke
spanischer Malerei von Lluis Dalmau
bis Francisco Goya*, Leipzig, 1997.

Esparza 1974
ESPARZA SÁNCHEZ, C, *Compendio
Histórico del Colegio Apostólico de
Propaganda Fide de Nuestra Señora
de Guadalupe de Zacatecas*,
Zacatecas, 1974.

Espinosa de los Monteros 1627-1630
ESPINOSA DE LOS MONTEROS,
P, *Historia, antigüedades y grandezas
de la muy noble y muy leal ciudad de
Sevilla*, 2 vol, Sevilla, 1627-1630.

Espinosa de los Monteros 1635
ESPINOSA DE LOS MONTEROS,
F, *Teatro de la Santa Iglesia
Metropolitana de Sevilla*, Sevilla, 1635.

Esteve 1934
ESTEVE GUERRERO, M, *Notas
extraídas del protocolo primitivo y de
la fundación de la cartuja jerezana*,
Jerez de la Frontera, 1934.

Estocolm 1959
Stora Spanska Mästere, Estocolm,
1959 (catàleg d'exposició,
Estocolm, 1959-1960).

Eusebi 1819
EUSEBI, L, *Catálogo de los cuadros
de Escuela Española que existen en el
Real Museo del Prado*, Madrid, 1819.

Eusebi 1928
EUSEBI, L, *Noticia de los cuadros
que se hallan colocados en la Galería
del Museo del Rey nuestro señor, sito
en el Prado de esta Corte*, Madrid,
1928.

Facchinetti 1921
FACCHINETTI, V, *San Francesco
d'Assisi nella storia, nella leggenda,
nell'arte...*, Milà, 1921 (vegeu ed. en
castellà a Facchinetti 1925).

Facchinetti 1925
FACCHINETTI, V, *San Francisco de
Asís. En la historia. En la leyenda. En
el arte...*, 2 vol, Barcelona, 1925 (1a
ed. en italià, Facchinetti 1921).

Falcón 1980
FALCÓN MÁRQUEZ, T, *La catedral
de Sevilla. Estudio arquitectónico*,
Sevilla, 1980.

Fallay d'Este 1993
FALLAY D'ESTE, L, *Peinture et
théorie à Seville au temps de
Francisco Pacheco. La Nouvelle
Rome*, París, 1993.

Faraldo 1964
FARALDO, R, «La realidad converti-
da en alucinación» a *Mundo his-
pánico*, Mèxic-Buenos Aires-Madrid,
1964, 197, p 17-19.

Farinelli 1942-1944
FARINELLI, A, *Viajes por España y
Portugal desde la edad media hasta
el siglo XX, nuevas y antiguas divaga-
ciones bibliográficas*, 3 vol, Roma,
1942-1944 (Reale Accademia
d'Italia, Studi e documenti, 11).

Faure 1909-1921
FAURE, E, *Histoire de l'Art*, 4 vol,
París, 1909-1921.

Fernández Álvarez 1989
FERNÁNDEZ ÁLVAREZ, M, *La
sociedad española en el Siglo de Oro*,
2 vol, Madrid, 1989.

Fernández Arenas 1982
FERNÁNDEZ ARENAS, J,
Renacimiento en España, Barcelona,
1982 (Fuentes y Documentos para
la Historia del Arte, VI).

Férnandez Baytón 1981
FERNÁNDEZ BAYTÓN, G,
*Testamentaría del Rey Carlos II, 1701-
1703*, Madrid, 1981 (Inventarios
Reales, II).

Fernández García 1997
FERNÁNDEZ GARCÍA, A.M,
*Catálogo de pintura española en
Buenos Aires*, Oviedo, 1997.

Fernández López 1991
FERNÁNDEZ LÓPEZ, J, *Programas
iconográficos de la pintura barroca
sevillana del siglo XVII*, Sevilla, 1991.

Fernández López 1995
FERNÁNDEZ LÓPEZ, J, «Los ánge-
les y los arcángeles de la capilla de
San Miguel de la catedral de Jaén»
a *Laboratorio de Arte*, Sevilla, 1995,
8, p. 157-173.

Ferrand 1953
FERRAND BONILLA, M, «Alonso
Vázquez» a *Anales de la Universidad
Hispalense*, Sevilla, 1953, 12, p. 133-147.

Figueroa 1971
FIGUEROA Y MELGAR, A. de, *Viajeros
románticos por España*, Madrid, 1971.

Finaldi 1994
FINALDI, G, *Zurbarán's Jacob and
his Twelve Sons. A family reunion at
the National Gallery*, Londres, 1994
(catàleg d'exposició, Londres, 1994
i Madrid, 1995).

Finaldi 1995
FINALDI, G, «L'âge d'or de la
nature morte espagnole» a
L'Estampille. L'objet d'art, París,
1995, 289, p. 34-45.

Fiorillo 1806
FIORILLO, J.D, «Geschichte der
Malerei in Spanien» a *Geschichte
der Zeichenden Künste*, Göttingen,
1806, IV.

Fischer 1801
FISCHER, C.A, *Voyage en Espagne,
aux années 1797 et 1798*, 2 vol, París,
1801.

Flynn 1989
FLYNN, M, *Sacred Charity.
Confraternities and Social Welfare in
Spain, 1400-1700*, Cornell, 1989.

Fonseca 1596
FONSECA, C. de, *Primera parte de
la vida de Christo, Señor nuestro*,
Toledo, 1596.

184

Ford 1845
FORD, R, *A Handbook for Travellers in Spain and Readers at Home; Describing the Country and Cities, the Natives and Their Manners...with Notices on Spanish History (1830-1832)*, Londres, 1845 (reed. 3 vol, Arundel, 1966).

Ford 1853
FORD, R, «Sale of Louis-Philippe's Spanish Pictures» a *The Athenaeum*, Londres, 14, 21 i 28 de maig de 1853.

Foucart 1989
FOUCART, B, «Le Baron Taylor ami des arts et des artistes» a *L'Oeil*, París, 1989, 413, p. 50-55.

Foulché-Delbosc 1896
FOULCHÉ-DELBOSC, R, *Bibliographie des voyages en Espagne et en Portugal*, París, 1896.

Francis 1961
FRANCIS, H.S, «Francisco de Zurbarán. The Holy House of Nazareth» a *Bulletin of the Cleveland Museum of Art*, Cleveland, març de 1961, XLVIII, 3, p. 46-50.

Freedberg 1989
FREEDBERG, D, *The Power of Images: Studies in the History and Theory of Response*, Londres, 1989.

Friedländer 1949
FRIEDLÄNDER, M.J, *El arte y sus secretos*, Barcelona, 1949.

Frugoni 1997
FRUGONI, C, *Saint François d'Assise*, París, 1997.

Fry 1933
FRY, R, «A Still Life Painting by Zurbarán» a *The Burlington Magazine*, Londres, 1933, LXII, p. 253.

Fuentenebro 1911
FUENTENEBRO, Q, *Documentos para escribir la biografía de Jovellanos*, Madrid, 1911.

Fuentes 1987
FUENTES, C, «Zurbarán's Theater of Martyrs» a *Art News*, Nova York, 1987, LXXXVI, p. 116-119.

Fumaroli 1994
FUMAROLI, M, *L'Ecole du Silence. Le Sentiment des images au XVIIe siècle*, París, 1994.

Galerie Espagnole 1838
Notice de la Galerie Espagnole, 4a ed, París, 1838.

Gallego 1960
GALLEGO BURÍN, A. (ed.), *Varia Velazqueña. Homenaje a Velázquez en el III centenario de su muerte, 1660-1960*, 2 vol, Madrid, 1960.

Gállego 1965
GÁLLEGO, J, «El color en Zurbarán» a *Goya*, Madrid, 1965, 64-65, p. 296-305.

Gállego 1972
GÁLLEGO, J, *Visión y símbolos en la pintura española del Siglo de Oro*, Madrid, 1972 (París, 1968).

Gállego 1977
GÁLLEGO, J, *El pintor de artesano a artista*, Granada, 1977.

Gállego 1984a
GÁLLEGO, J, *Visión y símbolos en la pintura española del Siglo de Oro*, Madrid, 1984 (París, 1968).

Gállego 1984b
GÁLLEGO, J, «Floreros y bodegones españoles» a *Goya*, Madrid, 1984, 178, p. 190-196.

Gállego 1991
GÁLLEGO, J, *El cuadro dentro del cuadro*, 3a ed, Madrid, 1991.

Gállego/Gudiol 1976
GÁLLEGO, J, GUDIOL, J, *Zurbarán, 1598-1664*, Barcelona, 1976.

Gallegos 1637
GALLEGOS, M. de, *Obras varias al Real Palacio del Buen Retiro*, Madrid, 1637.

Gamboa 1993
GAMBOA HINESTROSA, P, *Los Arcángeles de Sopó*, Bogotà, 1993.

Gamboa 1996
GAMBOA HINESTROSA, P, *La pintura apócrifa en el arte colonial. Los doce arcángeles de Sopó*, Bogotà, 1996.

Garas 1949
GARAS, C, «Un nouveau tableau de Zurbarán au Musée Hongrois des Beaux-Arts» a *Bulletin du Musée Hongrois des Beaux-Arts*, Budapest, setembre de 1949, III, p. 24-27 i 46-47.

García Barriuso 1975
GARCÍA BARRIUSO, P, *San Francisco el Grande de Madrid: Aportación documental para su historia*, Madrid, 1975.

García Caraffa/García Caraffa 1952-1969
GARCÍA CARAFFA, A, GARCÍA CARAFFA, A, *Enciclopedia heráldica y genealógica hispano-americana*, 88 vol, Madrid, 1952-1969.

García Felguera 1981
GARCÍA FELGUERA, M.S, *Imágen romántica de España*, 2 vol, Madrid, 1981.

García Felguera 1991
GARCIA FELGUERA, M.S, *Viajeros, eruditos y artistas. Los europeos ante la pintura española del Siglo de Oro*, Madrid, 1991.

García Fuentes 1980
GARCÍA FUENTES, L, *El comercio español con América 1650-1700*, Sevilla, 1980.

García Gutiérrez 1984
GARCÍA GUTIÉRREZ, P.F, «Los mártires mercedarios de Zurbarán» a *Archivo Español de Arte*, Madrid, 1984, LVII, 226, p. 141-156.

García Gutiérrez 1985
GARCÍA GUTIÉRREZ, P.F, *Iconografía mercedaria. Nolasco y su obra*, Madrid, 1985.

García-Herráiz 1987
GARCÍA-HERRÁIZ, E, «Otra Sagrada Familia madrileña de Zurbarán» a *Archivo Español de Arte*, Madrid, 1987, LXII, p. 75-79.

García-Herráiz 1995
GARCÍA-HERRÁIZ, E, «María Luísa Caturla. Francisco de Zurbarán» a *Goya*, Madrid, juliol-octubre de 1995, 247-248, p. 125.

García de Loaysa 1593
GARCÍA DE LOAYSA, P, *Collectio conciliorum hispaniae*, Madrid, 1593.

García Melero 1978
GARCÍA MELERO, J.E, *Bibliografía de la pintura española*, Madrid, 1978.

García Peña 1989
GARCÍA PEÑA, C, «Santo Domingo en la pintura zurbaranesca. En torno a una nueva obra de tema dominicano» a *Cuadernos de Arte e Iconografía*, Madrid, 1989, II, 3, p. 325-331.

García Tapia 1989
GARCÍA TAPIA, N, *Técnica y poder en Castilla durante los siglos XVI y XVII*, Lleó, 1989.

Garín 1955
GARÍN ORTIZ DE TARANCO, F.M, *Catálogo-Guía del Museo Provincial de Bellas Artes de San Carlos*, València, 1955.

Garnier 1982
GARNIER, F, *Le langage de l'image au Moyen-Âge: signification et symbolique*, París, 1982.

Garraín 1990
GARRAÍN VILLA, J.L, «El llerenense Juan de Zurbarán, pintor» a *Fiestas Mayores Patronales*, Llerena, 1990, s. p.

Garraín 1991
GARRAÍN VILLA, J.L, *Llerena en el siglo XVI. La emigración a Indias*, Madrid, 1991.

Gasco 1981
GASCO SIDRO, A.J, «Los zurbaranes del convento de capuchinas de Castellón» a *Archivo de Arte Valenciano*, València, 1981, 55, LXII, p. 50-53.

Gassier 1956
GASSIER, P, «Découverte de Guadaloupe» a *L'Oeil*, París, 1956, 19-20, p. 36-43.

Gautier 1837a
GAUTIER, T, «Collection de tableaux espagnols» a *La Presse*, 24 d'octubre de 1837.

Gautier 1837b
GAUTIER, T, «Le musée espagnol» a *La Presse*, 24 d'octubre de 1837.

Gautier 1890
GAUTIER, T, *Oeuvres*, París, 1890.

Gautier 1932 (ed. Jasinski)
GAUTIER, T, *Poésies complètes*, 3 vol, París, 1932 (ed. R. Jasinski).

Gaya Nuño 1947
GAYA NUÑO, J.A, «El Museo Nacional de la Trinidad» a *Boletín de la Sociedad Española de Excursiones*, Madrid, 1947, 51, p. 19-77.

Gaya Nuño 1948
GAYA NUÑO, J.A, *Zurbarán*, Barcelona, 1948.

Gaya Nuño 1951
GAYA NUÑO, J.A, *Zurbarán en Guadalupe*, Barcelona, 1951 (Obras Maestras del Arte Español, 9).

Gaya Nuño 1955
GAYA NUÑO, J.A, *Historia y guía de los museos de España*, Madrid, 1955.

Gaya Nuño 1958
GAYA NUÑO, J.A, *La pintura española fuera de España*, Madrid, 1958.

Gaya Nuño 1961
GAYA NUÑO, J.A, «Para una teoría del extremeñismo de Zurbarán» a *Revista de Estudios Extremeños*, Badajoz, 1961, XVII, p. 247-256.

Gaya Nuño 1963-1966
GAYA NUÑO, J.A, «Bibliografía crítica y antológica de Zurbarán» a *Arte español*, Madrid, 1963-1966, XXV, p. 18-68.

Gaya Nuño 1964a
GAYA NUÑO, J.A, «Treinta obras en Norteamérica» a *Mundo Hispánico*, Mèxic-Buenos Aires-Madrid, 1964, 197, p. 64-71.

Gaya Nuño 1964b
GAYA NUÑO, J.A, «Barcelona en la exposición de Zurbarán» a *Diario de Barcelona*, Barcelona, 22 de novembre de 1964, p. 22.

Gaya Nuño 1965
GAYA NUÑO, J.A, «Zurbarán y los Ayala» a *Goya*, Madrid, 1965, 64-65, p. 218-233.

Gaya Nuño 1975
GAYA NUÑO, J.A, *Historia de la crítica de arte en España*, Madrid, 1975.

Gaya Nuño/Frati 1974
GAYA NUÑO, J.A, FRATI, T, *La obra pictórica completa de Zurbarán*, Barcelona-Madrid, 1974 (Clásicos del Arte, 41).

Gazul 1948
GAZUL, A, «Divagaciones sobre la vida y la obra de Zurbarán en Llerena» a *Revista de Ferias y Fiestas*, Llerena, 1948, s. p.

Gazul 1953
GAZUL, A, *Divagaciones sobre la vida y la obra de Zurbarán en Llerena*, Llerena, 1953.

Gazulla 1934
GAZULLA, F, *La Orden de Nuestra Señora de la Merced*, Barcelona, 1934.

Gérard Powell 1988a
GÉRARD POWELL, V, «Zurbarán.
Le génie méconnu» a *Le Figaro*,
París, 19 de gener de 1988.

Gérard Powell 1988b
GÉRARD POWELL, V, «Au paradis
de Zurbarán» a *Beaux Arts
Magazine*, Levallois, febrer de 1988,
54, p. 44-49.

Gérard Powell 1988c
GÉRARD POWELL, V, «Séville au
temps de Zurbarán» a *L'Estampille*,
París, 1988, 210, p. 24-31.

Gestoso 1889-1892
GESTOSO PÉREZ, J, *Sevilla monu-
mental y artística: Historia y descrip-
ción de todos los edificios notables,
religiosos y civiles...*, 3 vol, Sevilla,
1889-1892 (ed. facsímil, Sevilla,
1984).

Gestoso 1890
GESTOSO PÉREZ, J, *El Santo Rey
Don Fernando*, Sevilla, 1890.

Gestoso 1896
GESTOSO PÉREZ, J, *Catálogo de las
obras que formaron la Exposición retrospec-
tiva de la pintura sevillana celebrada
en esta ciudad*, Sevilla, 1896 (catà-
leg d'exposició, Sevilla, 1896).

Gestoso 1899-1908
GESTOSO PÉREZ, J, *Ensayo de un
diccionario de los artífices que
florecieron en Sevilla desde el siglo
XIII hasta el XVIII inclusive*, 3 vol,
Sevilla, 1899-1908 (ed. facsímil,
Sevilla, 1984).

Gestoso 1909
GESTOSO PÉREZ, J, *Una requisa de
cuadros en la catedral de Sevilla*,
Sevilla, 1909.

Gestoso 1910a
GESTOSO PÉREZ, J, *Curiosidades
antiguas sevillanas*, Sevilla, 1910.

Gestoso 1910b
GESTOSO PÉREZ, J, *Catálogo de la
exposición de retratos antiguos cele-
brada en Sevilla en abril de 1910*,
Madrid, 1910.

Gestoso 1912
GESTOSO PÉREZ, J, *Catálogo de las
pinturas y esculturas del Museo
Provincial de Sevilla*, Madrid, 1912.

Ghilarov 1938
GHILAROV, S.A, «Juan de
Zurbarán» a *The Burlington
Magazine*, Londres, 1938, LXXII,
p. 190.

Gich 1965
GICH, J, «La exposición Zurbarán
se inaugura hoy en el Tinell. Como
si usted lo viera» a *Tele/eXpress*,
Barcelona, 10 de març de 1965.

Gijón 1984
*El Greco, Rubens, Van Dyck,
Zurbarán, Ricci, Cano y Goya en la
colección del Banco Hispano
Americano*, Gijón, 1984 (catàleg
d'exposició, Gijón, 1984).

Gillet 1913
GILLET, L, *La Peinture. XVIIe et
XVIIIe siècles*, París, 1913.

Gillet 1929
GILLET, L, «L'Art dans l'Amérique
Latine» a MICHEL, A. (dir.),
Histoire de l'Art, 1929, VII, p. 1062-
1072.

Gilman Proske 1967
GILMAN PROSKE, B, *Juan Martínez
Montañés, Sevillian Sculptor*, Nova
York, 1967.

Ginebra 1989
*Du Greco à Goya. Chefs-d'oeuvre du
Prado et des collections espagnoles*,
Ginebra, 1989 (catàleg d'exposició,
Ginebra, 1989).

Girard 1653
GIRARD, A, *Les Peintures sacrées sur
la Bible*, París, 1653.

Girona 1987
*L'època dels Genis. Renaixement/
Barroc. Tresors del Museu Nacional
d'Art de Catalunya*, Girona, 1987
(catàleg d'exposició, Girona, 1987 i
Barcelona, 1989).

Gisbert 1980
GISBERT, T, *Iconografía y mitos indí-
genas en el Arte*, La Paz, 1980.

Glendinning 1989
GLENDINNING, N, «Nineteenth-
Century British Envoys in Spain and
the Taste for Spanish Art in
England» a *The Burlington Magazine*,
Londres, 1989, CXXXI, p. 117-126.

Gómez 1970
GÓMEZ, I.M, *Escritores cartujanos
españoles*, Montserrat, 1970 (Scripta
et Documenta, 19).

Gómez 1985
GÓMEZ, I.M, *La Cartuja en España*,
Zamora, 1985.

Gómez Castrillo 1950
GÓMEZ CASTRILLO, A, *Bernabé de
Ayala, discípulo de Zurbarán*,
Madrid, 1950.

**Gómez Castrillo/Grosso Sánchez
1950**
GÓMEZ CASTRILLO, A, GROSSO
SÁNCHEZ, A, *Discursos leídos ante
la Real Academia de Bellas Artes de
Santa Isabel de Hungría de Sevilla...
en la recepción pública del primero el
28 de mayo de 1949*, Madrid, 1950.

Gómez Imaz 1896
GÓMEZ IMAZ, M, *Inventario de los
cuadros sustraídos por el gobierno
intruso en Sevilla el año de 1810*,
Sevilla, 1896.

Gómez Moreno 1916
GÓMEZ MORENO, M, «El Cristo
de San Plácido. Pacheco se cobra
un descubierto que tenían con él
Velázquez, Cano y Zurbarán» a
*Boletín de la Sociedad Española de
Excursiones*, Madrid, 1916, p. 177-188.

Gómez-Moreno 1964
GÓMEZ-MORENO, M.E, «Dos
zurbaranes inéditos» a *Archivo
Español de Arte*, Madrid, 1964,
XXXVII, p. 198-199.

Gómez-Moreno 1973
GÓMEZ-MORENO, M.E, *El legado
Gómez-Moreno*, Granada, 1973
(catàleg d'exposició, Granada, 1973).

Gómez-Moreno 1982
GÓMEZ-MORENO, M.E, *Instituto
Gómez-Moreno*, Granada, 1982.

Gómez Piñol 1966
GÓMEZ PIÑOL, E, «Una obra
inédita de Zurbarán: El Niño de la
Espina, de Oñate» a *Archivo
Español de Arte*, Madrid, 1966,
XXXIX, 153, p. 9-23.

Góngora 1890
GÓNGORA, D.J. de, *Historia del
Colegio de Santo Tomás de Sevilla*,
Sevilla, 1890.

González 1991
GONZÁLEZ, M.V. de Caldas
Méndez, «El Santo Oficio en
Sevilla» a *Mélanges de la Casa de
Velázquez*, París, 1991, XXVII, 2,
p. 59-114.

González de León 1844
GONZÁLEZ DE LEÓN, F, *Noticia
artística, histórica y curiosa de todos
los edificios públicos, sagrados y pro-
fanos de esta muy noble, muy leal,
muy heroica e invicta ciudad de
Sevilla y de muchas casas
particulares*, 2 vol, Sevilla, 1844 (ed.
facsímil, 1973).

González Moreno 1982
GONZÁLEZ MORENO, J,
«Documentos para la historia de la
capilla de San Pedro de la catedral
de Sevilla» a *Homenaje al Prof. Dr.
Hernández Díaz*, Sevilla, 1982, p.
213-224.

González de Zárate 1991
GONZÁLEZ DE ZÁRATE, J.M,
Método iconográfico, Vitòria-Gasteiz,
1991.

González Zubieta 1981
GONZÁLEZ ZUBIETA, R, *Vida y
obra del artista andaluz Antonio
Mohedano de la Gutierra (1563?-
1626)*, Còrdova, 1981.

Gotteri 1991
GOTTERI, N, *Soult, maréchal
d'Empire et homme d'Etat*, París, 1991.

Gotteri 1993
GOTTERI, N, «Deux tableaux
offerts au maréchal Soult pour le
chapitre de la cathédrale de Séville»
a *Révue du Louvre et des Musées de
France*, París, 1993, 4, p. 44-52.

Gourdel 1952
GOURDEL, Y, «Le Culte de la très
sainte Vierge dans l'Ordre des
Chartreux» a *Maria: Études sur la
Sainte Vierge*, París, 1952, II.

Grabski 1990
GRABSKI, J, vegeu *Opus Sacrum.
Catalogue of the Exhibition from the
Collection of Barbara Piasecka
Johnson*, Varsòvia, 1990 (catàleg
d'exposició, Varsòvia, 1990).

Gracián 1597
GRACIÁN DE LA MADRE DE DIOS,
J, *Josephina, summario de las exce-
lencias del glorioso S. Joseph, esposo
de la Virgen María, recopilado de
diversos autores*, Brussel·les, 1597.

Granada 1591 (ed. Cuervo 1906)
GRANADA, L. de, *Vita Christi*,
Colònia, 1591 (ed. J. Cuervo, *Obras
de Luís de Granada*, Madrid, 1906).

Gregori/Frati 1973
GREGORI, M, FRATI, T, *L'opera
completa del Zurbarán*, Milà, 1973
(Classici dell'Arte).

Grimal 1951
GRIMAL, P, *Dictionnaire de la
mythologie grecque et romaine*,
París, 1951.

Gruys 1976
GRUYS, A, *Cartusiana: Un instru-
ment heuristique*, París, 1976.

Gudiol 1941
GUDIOL, J, *The Toledo Museum of
Art. Spanish Painting*, 1941.

Gudiol 1960
GUDIOL RICART, J, «Exposición de
pintura española en el Museo
Nacional de Estocolmo» a *Goya*,
Madrid, 1960, 36, p. 373-377.

Gudiol 1965
GUDIOL, J, «Current and
Forthcoming Exhibitions: Francisco
de Zurbarán en Madrid» a *The
Burlington Magazine*, Londres, 1965,
CVII, p. 148-151.

Gudiol 1967
GUDIOL, J, «Zurbarán» a
Encyclopaedia of World Art, Nova
York-Toronto-Londres, 1967, XIV,
col. 969-974.

Guénébault 1850
GUÉNÉBAULT, L.J, *Dictionnaire
iconographique des figures, légendes
et actes des saints...*, París, 1850
(Encyclopédie théologique, 45).

Guerra 1980
GUERRA, J.A. (ed.), *San Francisco
de Asís. Escritos. Biografías.
Documentos de la época*, Madrid,
1980 (Biblioteca de Autores
Cristianos, 399).

Gueulette 1863
GUEULETTE, C, *Les Peintres espag-
nols*, París, 1863.

Guichot y Parody 1882
GUICHOT Y PARODY, J, *Historia de
Sevilla*, 4 vol, Sevilla, 1882.

Guichot y Sierra 1925-1935
GUICHOT Y SIERRA, A, *El Cicerone
de Sevilla, monumentos y artes bellas,
compendio histórico de divulgación*, 2
vol, Sevilla, 1925-1935.

Guinard 1939
GUINARD, P, «Zurbarán et la découverte de la peinture espagnole en France sous Louis-Philippe» a *Hommage à Ernest Martinenche*, París, 1939, p. 22-33.

Guinard 1946-1949
GUINARD, P, «Los conjuntos dispersos o desaparecidos de Zurbarán: Anotaciones a Céan Bermúdez» a *Archivo español de arte*, Madrid, 1946, XIX, p. 249-273; 1947, XX, p. 161-201; 1949, XXII, p. 1-38.

Guinard 1955
GUINARD, P, «Zurbarán: Le ténébrisme et la tradition espagnole» a *Cahiers de Bordeaux*, Bordeus, 1955, II, p. 45-52.

Guinard 1960a
GUINARD, P, *Zurbarán et les peintres espagnols de la vie monastique*, París, 1960 (vegeu ed. en castellà a Guinard 1967a).

Guinard 1960b
GUINARD, P, «Zurbarán. État des problèmes» a *Information d'Histoire de l'Art*, París, 1960, V, 5, p. 127-137.

Guinard 1961
GUINARD, P, «Zurbarán en France» a *Revista de Estudios Extremeños*, Badajoz, 1961, XVII, p. 363-377.

Guinard 1962
GUINARD, P, «Tesoros de la pintura española» a *Goya*, Madrid, 1962, 49, p. 361.

Guinard 1963a
GUINARD, P, «Zurbarán en la exposición de París» a *Goya*, Madrid, 1963, 54, p. 355-364.

Guinard 1963b
GUINARD, P, vegeu BATICLE, J, *Trésors de la peinture*, París, 1963 (catàleg d'exposició, París, 1963).

Guinard 1964a
GUINARD, P, «Aportaciones críticas de obras zurbaranescas» a *Archivo Español de Arte*, Madrid, 1964, XXXVII, p. 115-128.

Guinard 1964b
GUINARD, P, «Zurbarán. La pobreza y la muerte» a *Mundo hispánico*, Mèxic-Buenos Aires-Madrid, 1964, 197, p. 89.

Guinard 1964c
GUINARD, P, «Trois siècles après sa mort, Zurbarán reconnu comme l'égal de Velázquez» a *La Galerie des Arts*, París, 1964, 18, p. 36-40.

Guinard 1964d
GUINARD, P, «El San Francisco zurbaranesco de La Coruña» a *Archivo Español de Arte*, Madrid, 1964, XXXVII, p. 196-197.

Guinard 1965
GUINARD, P, «¿Zurbarán, pintor de paisajes?» a *Goya*, Madrid, 1965, 64-65, p. 206-213.

Guinard 1967a
GUINARD, P, *Zurbarán y la pintura española de la vida monástica*, Madrid, 1967 (1a ed. en francès, Guinard 1960a).

Guinard 1967b
GUINARD, P, *Dauzats et Blanchard, peintres de l'Espagne romantique*, Bordeus, 1967 (Bibliothèque de l'École d'Hautes Études Hispaniques, 30).

Guinard 1970
GUINARD, P, «España, Flandes y Francia en el siglo XVII. Las sibilas zurbaranescas y sus fuentes grabadas» a *Archivo Español de Arte*, Madrid, 1970, XLIII, 170, p. 105-116.

Guinard 1972
GUINARD, P, *Pintura española: del siglo de Oro a Goya*, Barcelona, 1972.

Guinard 1975
GUINARD, P, «À propos de "Saint Bruno et le Pape" de Zurbarán» a *Mélanges de la casa de Velázquez*, París, 1975, XI, p. 585-591.

Guinard/Baticle 1950
GUINARD, P, BATICLE, J, *Histoire de la Peinture Espagnole*, París, 1950.

Guinard/Frati 1975
GUINARD, P, FRATI, T, *Tout l'oeuvre peint de Zurbarán*, París, 1975 (Les Classiques de l'Art).

Guinard/Ressort 1988
GUINARD, P, *Zurbarán et les peintres espagnols de la vie monastique*, París, 1988 (ed. actualitzada per C. RESSORT).

Gurdjian 1991
GURDJIAN, Ph, *Femmes chefs-d'oeuvre*, París, 1991.

Gutiérrez 1886
GUTIÉRREZ, B, *Historia de Jerez de la Frontera*, Jerez de la Frontera, 1886 (ms. 1787).

Gutiérrez Alonso 1992
GUTIÉRREZ ALONSO, L.C, «Las artes decorativas en la obra de Zurbarán» a *Boletín del Museo del Prado*, Madrid, 1992, XIII, p. 11-19.

Gutiérrez de Quijano 1924
GUTIÉRREZ DE QUIJANO LÓPEZ, P, *La cartuja de Jerez*, Jerez de la Frontera, 1924.

Haraszti-Takács 1966a
HARASZTI-TAKÁCS, M, *Szépmüvészeti Múzeum. Spanische Meister*, Budapest, 1966.

Haraszti-Takács 1966b
HARASZTI-TAKÁCS, M, «Berichte: Ungarn, Budapest» a *Pantheon*, 3a sèrie, Munic, 1966, XXIV, p. 62-66.

Haraszti-Takács 1984
HARASZTI-TAKÁCS, M, *Spanish Masters from Zurbarán to Goya*, Budapest, 1984.

Harris 1938
HARRIS, E, *Spanish Painting. From Greco to Zurbarán*, Londres, 1938.

Harris 1963
HARRIS, E, «Spanish Painting in Paris» a *The Burlington Magazine*, Londres, 1963, CV, 724, p. 321-325.

Harris 1967
HARRIS, E, «Spanish Painting at the Bowes Museum» a *The Burlington Magazine*, Londres, 1967, CIX, p. 483-484.

Harris 1988
HARRIS, E, «Paris, Zurbarán» a *The Burlington Magazine*, Londres, 1988, CXXX, p. 252-255.

Harris 1995
HARRIS, E, «Review. Spanish Still Life from Velázquez to Goya» a *The Burlington Magazine*, Londres, 1995, CXXXVII, 1106, p. 330-333.

Hatzfeld 1976
HATZFELD, H, *Estudios literarios sobre mística española*, Madrid, 1976.

Hautecoeur 1926
HAUTECOEUR, L, *Musée National du Louvre. Catalogue des Peintures exposées dans les Galeries. II. École italienne et École espagnole*, París, 1926.

Head 1848
HEAD, E, *A Handbook of the history of the Spanish and French Schools of painting*, Londres, 1848.

Hedén 1958
HEDÉN, K.-G, *Italian and Spanish Painters in the Gothenburg Art Gallery*, Göteborg, 1958.

Hefele/Hergenröther 1855-1890
HEFELE, K.J. VON, HERGENRÖTHER, J.A.G, *Konziliengeschichte*, 10 vol, Friburg de Brisgòvia, 1855-1890.

Hélyot/Bullot 1714-1719
HÉLYOT, P, BULLOT, M, *Histoire des ordres monastiques, religieux et militaires, et des congrégations séculières de l'un et l'autre sexe, qui ont été établies jusqu'à présent*, 8 vol, París, 1714-1719.

Hergenröther 1880-1892
HERGENRÖTHER, J.A.G, *Histoire de l'Église*, 8 vol, París, 1880-1892.

Hermann 1990
HERMANN, C. (ed.), *Le premier âge de l'Etat en Espagne, 1450-1700*, París, 1990.

Hernández Díaz 1933
HERNÁNDEZ DÍAZ, J, *Arte y artistas del Renacimiento en Sevilla*, Sevilla, 1933 (Documentos para la historia del arte en Andalucía, VI).

Hernández Díaz 1937
HERNÁNDEZ DÍAZ, J, *Arte hispalense de los siglos XV y XVI*, Sevilla, 1937 (Documentos para la historia del arte en Andalucía, IX).

Hernández Díaz 1953
HERNÁNDEZ DÍAZ, J, «Los zurbaranes de Marchena» a *Archivo Español de Arte*, Madrid, 1953, XXVI, 101, p. 31-36.

Hernández Díaz 1964
HERNÁNDEZ DÍAZ, J, vegeu *Exposición homenaje a Zurbarán en el III Centenario de su muerte*, Sevilla, 1964 (catàleg d'exposició, Sevilla, 1964).

Hernández Díaz 1967
HERNÁNDEZ DÍAZ, J, *Guía del Museo Provincial de Bellas Artes de Sevilla*, Madrid, 1967 (Guías de los Museos de España, 30).

Hernández Díaz 1972
HERNÁNDEZ DÍAZ, J, «Bernabé de Ayala, pintor» a *Archivo Hispalense*, Sevilla, 1972, 68, p. 1-28.

Hernández Díaz 1973
HERNÁNDEZ DÍAZ, J, «Más sobre el pintor Bernabé de Ayala» a *Estudios de Arte Sevillano*, Sevilla, 1973, p. 63-71.

Hernández Díaz 1980
HERNÁNDEZ DÍAZ, J, «La parroquia sevillana de Santa María Magdalena» a *Boletín de Bellas Artes de la Academia de Santa Isabel de Hungría de Sevilla*, Sevilla, 1980, 8, p. 205-236.

Hernández Díaz/Sancho/Collantes de Terán 1939-1955
HERNÁNDEZ DÍAZ, J, SANCHO CORBACHO, A, COLLANTES DE TERÁN, F, *Catálogo arqueológico y artístico de la provincia de Sevilla*, 4 vol, Sevilla, 1939-1955.

Hernández Perera 1965
HERNÁNDEZ PERERA, J, «Zurbarán y San Diego» a *Goya*, Madrid, 1965, 64-65, p. 232-241.

Herrera 1974
HERRERA CASADO, A, *Monasterios y conventos en la provincia de Guadalajara*, Guadalajara, 1974.

Herrmann 1980
HERRMANN, F, *Selected Paintings at the Norton Simon Museum, Pasadena, California*, Londres-Nova York, 1980.

Hervet 1606
HERVET, G, *Le Sainct, sacré, universal, et général Concile de Trente*, Rouen, 1606.

Herzog 1987
HERZOG, H.-M, [Comentari sobre l'exposició *Zurbarán*, Nova York, 1987] a *Weltkunst*, Munic, desembre de 1987, p. 3604-3605.

Herzog/Schlegel 1960
HERZOG, E, SCHLEGEL, U, «Beiträge zu Francisco de Zurbarán» a *Pantheon*, 3a sèrie, Munic, 1960, XVIII, p. 91-101.

Hoffmann 1961
HOFFMANN, L.F, *Romantique Espagne. L'image de l'Espagne en France entre 1800 et 1850*, París, 1961.

Hohenzollern 1982
HOHENZOLLERN, J.G. von, vegeu *Von Greco bis Goya. Vier Jahrhunderte spanische Malerei*, Munic, 1982 (catàleg d'exposició, Munic/Viena, 1982).

Hoog 1978
HOOG, J, «La Cartuja de Jerez de la Frontera» a *Analecta cartusiana*, Salzburg, 1978, 42, 2.

Hoog 1983
HOOG, J, «La Cartuja de las Cuevas» a *Analecta Cartusiana*, Salzburg, 1983, 47, 3b.

Hornedo 1953
HORNEDO, F, «La pintura de la Inmaculada en Sevilla» a *Miscelánea*, Comillas, 1953, XIX, p. 169-198.

Hornedo 1945
HORNEDO, R.M. de, «El arte de Trento» a *Razón y fe*, Madrid, gener de 1945, 131, p. 203-233.

Interián 1730
INTERIÁN DE AYALA, J, *Pictor christianus eruditus*, 2 vol, Madrid, 1730 (vegeu ed. en castellà a Interián 1782).

Interián 1782
INTERIÁN DE AYALA, J, *El pintor christiano y erudito*, 2 vol, Madrid, 1782.

Inventario 1990-1991
Museo del Prado. Inventario General de Pinturas, 2 vol, Madrid, 1990-1991 (I: La Colección Real; II: El Museo de la Trinidad).

Iovine 1984
IOVINE, J.V, «A Zurbarán emerges» a *The Connoisseur*, Londres, 1984, 874, p. 35.

Izquierdo/Muñoz 1990
IZQUIERDO, R, MUÑOZ, V, *Museo de Bellas Artes. Inventario de pinturas*, Sevilla, 1990.

Jacob 1967
JACOB, S, «Florentinische Elemente in der spanischen Malerei von des frühen 17. Jahrhunderts» a *Mitteilungen des Kunsthistorischen Instituts in Florenz*, Florència, 1967, 13, p. 115-164.

Jacob 1992
JACOB, S, «Florentine influences in early Seventeenth-Century Dutch Painting» a *The Hoogsteder Mercury*, Davaco, 1992, 13-14, p. 14-20.

Jameson 1891
JAMESON, A, *Legends of Monastic Orders*, Londres, 1891.

Jedin 1935
JEDIN, H, «Entsehung und Tragweite des Trienter Dekrets über die Bildverehrung» a *Theologische Quartalschrift*, Munic, 1935, CXVI, p. 143-188 i 404-429.

Jordan 1985
JORDAN, W.B, *Spanish Still Life in the Golden Age 1600-1650*, Fort Worth, 1985 (catàleg d'exposició, Fort Worth/Toledo (Ohio), 1985).

Jordan 1988
JORDAN, W.B, vegeu AA. DD, *L'època dels Genis. Renaixement/Barroc. Tresors del Museu d'Art de Catalunya*, Girona, 1988.

Jordan 1996
JORDAN, W.B, «Juan de Zurbarán» a TURNER, J. (ed.), *The Dictionary of Art*, Ohio, 1996, 33, p. 733.

Jordan 1997
JORDAN, W.B, *An Eye on Nature. Spanish Still-Life Paintings from Sánchez Cotán to Goya*, Nova York, 1997 (catàleg d'exposició, Londres/Nova York, 1997).

Jordan/Cherry 1995a
JORDAN, W.B, CHERRY, P, *Spanish Still Life from Velázquez to Goya*, Londres, 1995 (catàleg d'exposició, Londres, 1995) (vegeu ed. en castellà a Jordan/Cherry 1995b).

Jordan/Cherry 1995b
JORDAN, W.B, CHERRY, P, *El bodegón español de Velázquez a Goya*, Londres, 1995 (catàleg d'exposició, Londres, 1995).

Joubin 1929
JOUBIN, A, *Catalogue du Musée Fabre. Montpellier*, París, 1929.

Jovellanos 1781
JOVELLANOS, G.M. de, *Elogio de las Bellas Artes*, Madrid, 1781.

Jubinal 1837
JUBINAL, A, *Notice sur M. Le Baron Taylor et sur les tableaux espagnols achetés d'après les ordres du roi*, París, 1837.

Junoy 1939
JUNOY, J.M, «Zurbarán» a *Destino*, Barcelona, 16 de setembre de 1939, 113, p. 4.

Junquera 1976
JUNQUERA, J.J, «En torno a la pintura española de género» a *Revista de Occidente*, Madrid, 1976, 9, p. 79.

Junquera 1991
JUNQUERA, J.J, *Spanish Splendor*, Nova York, 1991.

Justi 1883
JUSTI, K, «Das Leben des Hl. Bonaventura gemalt von Herrera d. Ä. und Zurbarán» a *Jahrbuch der preussischen Kunstsammlungen*, 1883, IV, p. 152-162.

Justi 1911
JUSTI, K, «Zurbarán und kein Ende» a *Zeitschrift für bildende Kunst*, 1911, XLVII, p. 25.

Justi 1933
JUSTI, K, *Velázquez und sein Jahrhundert*, Zuric, 1933 (ed. revisada) (vegeu ed. en castellà a Justi 1953).

Justi 1953
JUSTI, K, *Velázquez y su siglo*, Madrid, 1953 (inclou apèndix de J.A. GAYA NUÑO, «Despúes de Justi: Medio siglo de estudios velazquistas»).

Kagané 1989
KAGANÉ, L, «Au musée de l'Ermitage de Leningrad. Un sant Ferdinand de Zurbarán, pendant de la sainte Agathe du musée de Montpellier» a *Revue du Louvre et des Musées de France*, París, 1989, 1, p. 23-28.

Kamen 1965
KAMEN, H, *The Spanish Inquisition*, Londres, 1965 (vegeu ed. en castellà a Kamen 1973).

Kamen 1973
KAMEN, H, *La Inquisición española*, Madrid, 1973 (1a ed. en anglès, Kamen 1965).

Kamen 1985
KAMEN, H, *Inquisition and Society in the Sixteenth and Seventeenth Centuries*, Indiana, 1985.

Kamen 1990
KAMEN, H, *Spain. 1469-1714. A Society of Conflict*, Londres, 1990.

Kamen 1993
KAMEN, H, *The Phoenix and the Flame. Catalonia and the Counter-Reformation*, New Haven, 1993.

Karge 1991
KARGE, H. (dir.), *Vision oder Wirklichkeit. Die spanische Malerei der Neuzeit*, Munic, 1991.

Katz 1992
KATZ, S.T. (ed.), *Mysticism and Language*, Oxford, 1992.

Kehrer 1918
KEHRER, H, *Francisco de Zurbarán*, Munic, 1918.

Kehrer 1920-1921
KEHRER, H, «Neues über Francisco de Zurbarán» a *Zeitschrift für bildende Kunst*, 1920-1921, LV, p. 248-251.

Kehrer 1926
KEHRER, H, *Spanische Kunst von Greco bis Goya*, Munic, 1926.

Kimball 1987
KIMBALL, R, «Francisco de Zurbarán» a *Times. Literary Supplement*, Londres, 27 de novembre - 3 de desembre de 1987.

Kinkead 1982
KINKEAD, D.T, «Francisco de Herrera and the Development of the High Baroque Style in Seville» a *Record of the Art Museum, Princeton University*, Princeton, 1982, 41, 2, p. 12-23.

Kinkead 1983a
KINKEAD, D.T, «Artistic Trade between Seville and the New World in the Mid-17th Century» a *Boletín del Centro de Investigaciones Históricas y Estéticas*, Caracas, 1983, 25, p. 73-101.

Kinkead 1983b
KINKEAD, D.T, «The Last Sevillian Period of Francisco de Zurbarán» a *The Art Bulletin*, Nova York, 1983, 65, p. 305-311.

Kinkead 1984
KINKEAD, D.T, «Juan de Luzón and the Sevillian Painting Trade with the New World in the Second Half of the Seventeenth Century» a *The Art Bulletin*, Nova York, 1984, 66, p. 303-312.

Kinkead 1989
KINKEAD, D.T, «Artistic inventoires in Sevilla: 1650-1699» a *Boletín de Bellas Artes*, Sevilla, 1989, XVII, p. 117-178.

Kirschbaum/Bandmann 1971-1978
KIRSCHBAUM, E, BANDMANN, G. (ed.), *Lexikon der christlichen Ikonographie*, 8 vol, Friburg-Basilea-Roma, 1971-1978.

Kleinschmidt 1926
KLEINSCHMIDT, B, «Das Leben des Hl. Bonaventura in einem Gemäldezyklus von Francisco Herrera dem Älterem und Francisco Zurbarán» a *Archivum Franciscanum Historicum*, Roma, 1926, XIX, p. 3-16.

Konopleva 1923
KONOPLEVA, M.S, *Dom-muzei b. Shuvalovoí*, Moscou, 1923.

Kouznetsova 1986
KOUZNETSOVA, I, *Catalogue sommaire illustré du musée Pouchkine*, Moscou, 1986.

Kowal 1985
KOWAL, D.M, *Ribalta y los ribaltescos*, València, 1985.

Kubler/Soria 1959
KUBLER, G, SORIA, M.S, *Art and Architecture in Spain and Portugal and their American Dominions, 1500 to 1800*, 2a ed, Harmondsworth, 1959.

Labat 1730
LABAT, J.B, *Voyage en Espagne et en Italie. Cadix-Séville I*, París, 1730.

Laborde 1806-1820
LABORDE, A. de, *Voyage pittoresque et historique de l'Espagne*, 4 vol, París, 1806-1820.

Lafond 1909
LAFOND, P, *Ribera et Zurbarán*, París, 1909.

Lafuente Ferrari 1934
LAFUENTE FERRARI, E, «El realismo en la pintura del siglo XVII» a FRIEDLÄNDER, M. (ed.), *El realismo en la pintura del siglo XVII. Países Bajos y España*, Barcelona, 1934, XII, p. 55-143.

Lafuente Ferrari 1935a
LAFUENTE FERRARI, E, *La pintura española del siglo XVII*, Barcelona, 1935.

Lafuente Ferrari 1935b
LAFUENTE FERRARI, E, «La peinture de bodegones en Espagne» a *Gazette des Beaux-Arts*, París, 1935, II, p. 169-182.

188

Lafuente Ferrari 1946
LAFUENTE FERRARI, E, *Breve historia de la pintura española*, 3a ed, Madrid, 1946.

Lafuente Ferrari 1978
LAFUENTE FERRARI, E, *Museo del Prado. Pintura española de los siglos XVII y XVIII*, Madrid, 1978.

Las Palmas de Gran Canaria 1973
Pintura española de los siglos XVI al XIX, Las Palmas de Gran Canaria, 1973 (catàleg d'exposició, Las Palmas de Gran Canaria, 1973).

Lasterra 1969
LASTERRA, *Museo de Bellas Artes de Bilbao. Catálogo descriptivo. Sección de Arte Antiguo*, Bilbao, 1969.

Latour 1855
LATOUR, A, *Etudes sur l'Espagne. Seville et l'Andalousie*, 2 vol, París, 1855.

Lavergne-Durey 1992
LAVERGNE-DUREY, V, *Chefs-d'oeuvre de la peinture italienne et espagnole du musée des Beaux-Arts, Lyon*, París, 1992.

Lavergne-Durey/Buijs 1993
LAVERGNE-DUREY, V, BUIJS, H, *Catalogue sommaire illustré des peintures du musée des Beaux-Arts de Lyon. I. Écoles étrangères. XIIIe-XIXe siècles*, París, 1993.

Lavice 1864
LAVICE, A, *Musées de l'Espagne*, París, 1864.

Le Bras 1979-1980
LE BRAS, G. (ed.), *Les Ordres réligieux: la vie et l'art*, 2 vol, París, 1979-1980.

Le Flem 1982
LE FLEM J.P, i altres, *La frustración de un imperio (1476-1714)*, Barcelona, 1982 (TUÑÓN DE LARA, M. (ed.), Historia de España, 5).

Leepa 1949
LEEPA, A, *The Challenge of Modern Art*, Nova York, 1949.

Lefort 1892
LEFORT, P, «Zurbarán» a *Gazette des Beaux-Arts*, París, 1892, VII, p. 365-382.

Lefort 1893
LEFORT, P, *La peinture espagnole*, París, 1893.

Lemoine 1988
LEMOINE, S, vegeu AA. DD, *Le Musée de Grenoble*, París, 1988, p. 37-38, núm. 39-42.

Lemoine 1990
LEMOINE, S, *Le Musée de Grenoble*, Grenoble, 1990.

León 1984
LEÓN, A, *Los fondos de arquitectura de la pintura barroca sevillana*, Sevilla, 1984.

León 1583
LEÓN, L. de, *De los nombres de Cristo*, Salamanca, 1583.

Lenain 1990
LENAIN, Th, «Y-a-t-il une crise de la représentation dans la peinture classique?» a *Annales d'histoire de l'art et d'archéologie*, Brusel·les, 1990, XII, p. 91-108.

Lepe 1974
LEPE, J.M. de, «Más sobre Zurbarán» a *Fiestas Mayores Patronales*, Llerena, 1974, s. p.

Lepicier 1956
LEPICIER, A.M, *L'Immaculée Conception dans l'art et l'iconographie*, Spa, 1956.

Levi 1977
LEVI D'ANCONA, M, *The Garden of the Renaissance: Botanical Symbolism in Italian Painting*, Florència, 1977.

Libro de Imitación 1589
Libro de Imitación de Christo Nuestro Señor, Sevilla, 1589; París, 1625.

Liedtke 1988
LIEDTKE, W, «Zurbarán's Jerez Altarpiece Reconstructed» a *Apollo*, Londres, 1988, CXXVII, p. 152-162.

Lipschutz 1972
LIPSCHUTZ, I.L, *Spanish Painting and the French Romantics*, Cambridge (Massachusetts), 1972 (ed. en castellà, Madrid, 1988).

Lipschutz 1982
LIPSCHUTZ, I.L, «Théophile Gautier, le musée espagnol et Zurbarán» a *Actes du Colloque International Théophile Gautier. L'Art et l'artiste*, Montpeller, 1982, I, p. 107-120.

Lisboa 1562
LISBOA, M. da, *Primera parte de las chrónicas de los frayles menores...*, Alcalá de Henares, 1562.

Lleó 1988
Tesoros de la Colección Grupo Banco Hispano Americano, Lleó, 1988 (catàleg d'exposició, Lleó, 1988).

Lleó Cañal 1975
LLEÓ CAÑAL, V, *Arte y espectáculo: La fiesta del Corpus Christi en la Sevilla de los siglos XVI y XVII*, Sevilla, 1975.

Lleó Cañal 1976
LLEÓ CAÑAL, V, «El monumento de la catedral de Sevilla durante el siglo XVII» a *Arte Hispalense*, Sevilla, 1976, LIX, p. 97-111.

Lleó Cañal 1979
LLEÓ CAÑAL, V, *Nueva Roma: Mitología y humanismo en el renacimiento sevillano*, Sevilla, 1979.

Loga 1913
LOGA, V. von, «The Spanish Pictures of Sir William Van Horne's Collection in Montreal» a *Art in America*, Nova York, 1913, I, p. 92-104.

Loga 1923
LOGA, V. von, *Die Malerei in Spanien*, Berlín, 1923.

Longhi 1927
LONGHI, R, «Un Santo Tomás del Velázquez e le congiunture italo-spagnole tra il Cinque e il Seicento (1927)» a *Vita artistica*, 1927, I, p. 4-11 (reed. a LONGHI, R, *Saggi e Ricerche, 1925-1928*, Florència, 1967, II, p. 113-127, fig. 88-100).

Longhi 1968
LONGHI, R, «Me Pinxit» e questi caravaggeschi 1928-1934, Florència, 1968.

López Estrada 1966
LÓPEZ ESTRADA, F, «Pintura y literatura: una consideración estética en torno de la "Santa Casa de Nazaret" de Zurbarán» a *Archivo Español de Arte*, Madrid, 1966, XXXIX, p. 25-50.

López Martínez 1928a
LÓPEZ MARTÍNEZ, C, *Notas para la historia del arte: Arquitectos, escultores y pintores vecinos de Sevilla*, Sevilla, 1928.

López Martínez 1928b
LÓPEZ MARTÍNEZ, C, *Notas para la historia del arte: Retablos y esculturas de traza sevillana*, Sevilla, 1928.

López Martínez 1929
LÓPEZ MARTÍNEZ, C, *Notas para la historia del arte: Desde Jerónimo Hernández hasta Martínez Montañés*, Sevilla, 1929.

López Martínez 1932
LÓPEZ MARTÍNEZ, C, *Notas para la historia del arte: Desde Martínez Montañés hasta Pedro Roldán*, Sevilla, 1932.

López Rey 1965
LÓPEZ REY, J, «An Unpublished Zurbarán: The Surrender of Seville» a *Apollo*, Londres, 1965, LXXXII, p. 23-25.

López Rey 1971a
LÓPEZ REY, J, «Zurbarán as a Portrait Painter» a *Apollo*, Londres, 1971, XCIII, p. 120-125.

López Rey 1971b
LÓPEZ REY, J, «Zurbarán retratista, de lo pintado a lo vivo, de lo vivo a lo pintado» a *Archivo Español de Arte*, Madrid, 1971, XLIV, p. 318-326.

López Rey 1979
LÓPEZ REY, C, *Velázquez. The Artist as a Maker*, Lausana-París, 1979 (ed. en francès, Lausana-París, 1981).

López Torrijos 1985
LÓPEZ TORRIJOS, R, *La mitología en la pintura española del siglo de oro*, Madrid, 1985.

Lorente 1964
LORENTE, L.M, «Zurbarán. Filatelia» a *Mundo hispánico*, Mèxic-Buenos Aires-Madrid, 1964, 197, p. 72.

Loyola 1548
LOYOLA, I, *Exercitia spiritualia*, Roma, 1548.

Lozoya 1931-1949
LOZOYA, marqués de, *Historia del arte hispánico*, 4 vol, Barcelona, 1931-1949.

Lozoya 1943
LOZOYA, marqués de, «Zurbarán en el Perú» a *Archivo Español de Arte*, Madrid, 1943, XVI, p. 1-6.

Lozoya 1955
LOZOYA, marqués de, «Cuadros españoles en Roma. El retrato de Pallas Graciani en la Colección Castiella» a *Goya*, Madrid, 1955, 6, p. 323-324.

Lozoya 1964
LOZOYA, marqués de, «Presencia e influencia en Hispanoamérica» a *Mundo Hispánico*, Mèxic-Buenos Aires-Madrid, 1964, 197, p. 59-63.

Lozoya 1965
LOZOYA, marqués de, «Zurbarán y lo zurbaranesco en las colecciones del Patrimonio Nacional» a *Goya*, Madrid, 1965, 64-65, p. 214-217.

Lozoya 1967
LOZOYA, marqués de, «Más zurbaranes en el Perú» a *Archivo Español de Arte*, Madrid, 1967, XL, p. 84-86.

Luca de Tena/Mena 1984
LUCA DE TENA, C, MENA MARQUÉS, M, *Guide to the Prado*, Madrid, 1984.

Lugones 1616
LUGONES, D. de, *Carta al Ilmo. y Rmo. Señor Cardenal Çapata...dandole cuenta de la solemníssima fiesta que se hizo en el Convento de San Francisco de Sevilla el año 1615 en honra de la Inmaculada Concepción de Nuestra Señora*, Màlaga, 1616.

Luna 1973
LUNA, J.J, «Inventario y almoneda de algunas pinturas de la colección de Isabel de Farnesio» a *Boletín del Seminario de Estudios de Arte y Arqueología*, Valladolid, 1973, XXIX, p. 359-369.

Luna 1986
LUNA, J.J, «Zurbarán en el Museo de Bellas Artes de Bilbao» a *Anuario, Estudios, Crónicas. Urtekaria, Asterlanak, Albistak*, Bilbao, 1986, V, p. 9-17.

Luna 1992
LUNA, J.J, *Carlos IV, mecenas de pintores y coleccionista de pinturas*, Madrid, 1992.

Luna 1993
LUNA, J.J, *Las pinturas y esculturas del Palacio Real de Madrid en 1811*, Madrid, 1993.

Luna Moreno 1971
LUNA MORENO, L, *Museo de Bellas Artes de Sevilla. Nuevas Adquisiciones y restauraciones*, Sevilla, 1971.

MacLaren 1952
MacLAREN, N, *National Gallery Catalogues. The Spanish School*, Londres, 1952.

MacLaren/Braham 1970
MacLAREN, N, BRAHAM, A, *National Gallery. London. The Spanish School*, Londres, 1970.

MacLarnon 1990
MacLARNON, K, «William Bankes and his collection of Spanish Paintings at Kingston Lacy» a *The Burlington Magazine*, Londres, 1990, CXXXII, p. 114-124.

Madariaga 1596
MADARIAGA, J. de, *Vida del seráfico padre San Bruno, patriarca de la cartuxa; con origen y el principio y costumbres desta sagrada religión*, València, 1596.

Madoz 1845-1850
MADOZ, P, *Diccionario geográfico-estadístico-histórico de España y sus posesiones de Ultramar*, 16 vol, Madrid, 1845-1850.

Madrazo 1856
MADRAZO, J. de, *Catálogo de la galería de cuadros del Excmo. Señor Madrazo*, Madrid, 1856.

Madrazo 1920
MADRAZO, P, *Catálogo del museo del Prado*, Madrid, 1920.

Madrazo 1872
MADRAZO KUNTZ, P. de, *Catálogo descriptivo e histórico de los cuadros del Museo del Prado en Madrid, I. Escuelas italianas y españolas*, Madrid, 1872.

Madrid 1927
Catálogo de la Exposición Franciscana, Madrid, 1927 (catàleg d'exposició, Madrid, 1927).

Madrid 1969
Principales adquisiciones del Museo del Prado (1958-1968), Madrid, 1969 (catàleg d'exposició, Madrid, 1969).

Madrid 1988
Zurbarán, Madrid, 1988 (catàleg d'exposició, Madrid, 1988).

Madrid 1991
Colección Banco Hispanoamericano. Renacimiento y Barroco, Madrid, 1991 (catàleg d'exposició, Madrid, 1991).

Madrid 1996
Cinco siglos de pintura valenciana. Obras del Museo de Bellas Artes de Valencia, Madrid, 1996 (catàleg d'exposició, Madrid, 1996).

Madrid 1997
El retorno de los ángeles, Madrid, 1997 (catàleg d'exposició, Madrid, 1997).

Maigreto 1624
MAIGRETO, G, *Vie de Saint Augustin*, París, 1624.

Mailes 1854
MAILES, J. de, *Histoire de la domination des Arabiens et des Maures*, París, 1854.

Mainstone/Mainstone 1981
MAINSTONE, M, MAINSTONE, R, *The Seventeenth Century*, Cambridge, 1981 (vegeu ed. en castellà a Mainstone/Mainstone 1985).

Mainstone/Mainstone 1985
MAINSTONE, M, MAINSTONE, R, *El siglo XVII*, Barcelona, 1985 (1a ed. en anglès, Mainstone/Mainstone 1981).

Maio 1976
MAIO, R. DI, «Vasari, Pacheco e la controrriforma spagnola» a *Il Vasari storiografo e artista*, Florència, 1976, p. 449-457.

Mâle 1908
MÂLE, E, *L'Art religieux de la fin du Moyen Âge en France*, París, 1908.

Mâle 1932
MÂLE, E, *L'Art religieux de la fin du XVIe siècle et du XVIIe siècle, et du XVIIIe siècle. Étude sur l'iconographie après le Concile de Trente. Italie-France-Espagne-Flandres*, París, 1932.

Mâle 1958
MÂLE, E, *Les saints compagnons du Christ*, París, 1958.

Malitzkaya 1930
MALITZKAYA, K, «Zurbarán in the Moscow Museum of Fine Arts» a *The Burlington Magazine*, Londres, 1930, LVII, p. 16-21.

Malitzkaya 1947
MALITZKAYA, K, *Ispanskaya Shiwopis*, Moscou, 1947.

Malitzkaya 1964
MALITZKAYA, K, «Zurbarán en los museos rusos» a *Archivo Español de Arte*, Madrid, abril-juny de 1964, XXXVII, p. 107-114.

Mann 1986
MANN, R.G, *El Greco and his Patrons. Three Major Projects*, Cambridge, 1986 (vegeu ed. en castellà a Mann 1994).

Mann 1994
MANN, R.G, *El Greco y sus patronos. Tres grandes proyectos*, Madrid, 1994 (1a ed. en anglès, Mann 1986).

Manzano 1947
MANZANO GARÍAS, A, «Aportación a la biografía de Zurbarán: Nuevos y curiosos documentos» a *Revista de Extremadura*, Badajoz, supl. a l'any 1947, p. 20-21.

Manzano 1949
MANZANO GARÍAS, A, «Zurbarán en Extremadura ¿Cuadros suyos en la iglesia de Bienvenida?» a *Badajoz*, Badajoz, 6 de desembre de 1949.

Manzano 1961
MANZANO GARÍAS, A, «¿Zurbarán en la iglesia de Bienvenida?» a *Revista de Estudios Extremeños*, Badajoz, 1961, XVII, p. 404-414.

Marañón 1936
MARAÑÓN, G, *El conde-duque de Olivares, la pasión de mandar*, Madrid, 1936.

Maravall 1975
MARAVALL, J. A, *La cultura del barroco. Análisis de una estructura histórica*, Barcelona, 1975.

Marco 1960
MARCO DORTA, E, *Fuentes para la historia del arte hispanoamericano, II*, Sevilla, 1960.

María de Jesús 1670
MARÍA DE JESÚS, Sor, *Mística ciudad de Dios...*, 3 vol, Madrid, 1670 (Madrid, 1970).

Mariátegui 1951
MARIÁTEGUI OLIVA, R, *Pintura cuzqueña del siglo XVII*, Lima, 1951.

Martí-Alanis 1969
MARTÍ-ALANIS, A, *La Retórica sacra en el Siglo de Oro*, Barcelona, 1969.

Martín 1908
MARTÍN, J.B, *Histoire des églises et chapelles de Lyon*, Lió, 1908.

Martín González 1965
MARTÍN GONZÁLEZ, J.J, «La composición en Zurbarán» a *Goya*, Madrid, 1965, 64-65, p. 258-265.

Martín González 1970a
MARTÍN GONZÁLEZ, J.J, *Inventario artístico de Valladolid y su provincia*, Valladolid, 1970.

Martín González 1970b
MARTÍN GONZÁLEZ, J.J, «La Santa Faz: A propósito de un inédito de Zurbarán» a *Goya*, Madrid, 1970, 97, p. 11-12.

Martín González 1973a
MARTÍN GONZÁLEZ, J.J, «Las ideas artísticas de la reina Bárbara de Braganza» a *Bracara Augusta*, Braga, 1973, XXVII, 64.

Martín González 1973b
MARTÍN GONZÁLEZ, J.J, «Un Crucifijo con dos cartujos, de Zurbarán» a *Boletín del Seminario de Arte y Arqueología*, Valladolid, 1973, XXXIX, p. 465-469.

Martín González 1984
MARTÍN GONZÁLEZ, J.J, *El artista en la sociedad española del siglo XVII*, Madrid, 1984.

Martín González 1988
MARTÍN GONZÁLEZ, J.J, «Acerca del trampantojo en España» a *Cuadernos de Arte e Iconografía*, Madrid, 1988, I, 1, p. 27-38.

Martín González/Plaza 1987
MARTÍN GONZÁLEZ, J.J, PLAZA SANTIAGO, F.J. de la, *Monumentos religiosos de la ciudad de Valladolid (conventos y seminarios)*, Valladolid, 1987.

Martin-Méry 1955
MARTIN-MÉRY, G, *L'Âge d'Or espagnol. La peinture en Espagne et en France autour du caravaggisme*, Bordeus, 1955 (catàleg d'exposició, Bordeus, 1955).

Martin-Méry 1965
MARTIN-MÉRY, G, «Una Inmaculada de Zurbarán, recobrada» a *Archivo Español de Arte*, Madrid, 1965, XXXVIII, p. 203-206.

Martin-Méry 1966
MARTIN-MÉRY, G, «Le dernier Zurbarán découvert» a *Connaissance des Arts*, París, novembre de 1966, 177, p. 5.

Martín Morales 1986
MARTÍN MORALES, F.M, «Aproximación al estudio del mercado de cuadros en la Sevilla barroca (1600-1670)» a *Archivo Hispalense*, Sevilla, 1986, 210, p. 137-160.

Martínez Barbeito 1957
MARTÍNEZ BARBEITO, C, *Museo Provincial de Bellas Artes de la Coruña*, la Corunya, 1957.

Martínez Ripoll 1976
MARTÍNEZ RIPOLL, A, *La iglesia del Colegio de San Buenaventura. Estilo e iconografía*, Sevilla, 1976.

Martínez Ripoll 1978
MARTÍNEZ RIPOLL, A, *Francisco de Herrera "el Viejo"*, Sevilla, 1978.

Masterpieces 1989
Masterpieces from the Norton Simon Museum, Pasadena, 1989.

Mata 1755
MATA, J. de la, *Arte de la repostería*, Madrid, 1755.

Mata Arévalo 1961
MATA ARÉVALO, H, «Interesantes documentos sobre Zurbarán» a *Revista de Estudios Extremeños*, Badajoz, 1961, p. 257-269.

Mateo 1995
MATEO GÓMEZ, I, «Exposición. Zurbarán: Las doce tribus de Israel» a *Archivo Español de Arte*, Madrid, 1995, LXVIII, 269, p. 102-105.

Matilla 1983
MATILLA TASCÓN, A, «Testamento de D. Francisco Zurbarán» a *Testamento de cuarenta y tres personajes del Madrid de los Austrias*, Madrid, 1983, p. 225-227.

Matrod 1922
MATROD, H, «Deux tableaux espagnols au Musée du Louvre» a *Chronique des arts et de la curiosité*, París, 3 de desembre de 1922, I, p. 164-165.

Matute 1886-1887
MATUTE GAVIRIA, J, *Adiciones y correcciones a los hijos de Sevilla señalados en santidad, letras, armas, artes ó dignidad de Fermín Arana de Varflora*, 2 vol, Sevilla, 1886-1887.

Matute 1886-1888
MATUTE GAVIRIA, J, «Adiciones y correcciones de D. Justino Matute al tomo IX del Viaje de España por D. Antonio Ponz, anotadas nuevamente por D. Gestoso y Pérez» a *Archivo Hispalense*, Sevilla, 1886, 1-2; 1887, 3 i 1888, 4.

190

Matute 1887
MATUTE GAVIRIA, J, *Anales ecle-siásticos y seculares de la muy noble y muy leal ciudad de Sevilla...desde el año 1701...hasta el de 1800...*, 3 vol, Sevilla, 1887.

Maugham 1950
MAUGHAM, W. Somerset, «Zurbarán» a *The Cornhill Magazine*, 1950.

Maugham 1952
MAUGHAM, W. Somerset, «Zurbarán» a *The Vagrant Mood: Six Essays*, Londres, 1952, p. 51-90.

Mauquoy-Hendrickx 1978-1984
MAUQUOY-HENDRICKX, M, *Les estampes des Wierix conservées au Cabinet des Estampes de la Bibliothèque Royale Albert Ier. Catalogue raisonné, enrichi de notes prises dans diverses autres collections*, 4 vol, Brussel·les, 1978-1984.

Mayer 1911
MAYER, A.L, *Die Sevillaner Malerschule*, Leipzig, 1911.

Mayer 1916a
MAYER, A.L, «Die Sammlung Sir William Van Horne in Montreal» a *Der Cicerone*, Leipzig, 1916, 8, p. 1-9.

Mayer 1916b
MAYER, A.L, «Zurbarán in America» a *Arts and Decoration*, març de 1916, 6, p. 219-222.

Mayer 1922
MAYER, A.L, *Geschichte der spanische Malerei*, Leipzig, 1922.

Mayer 1924
MAYER, A.L, «The Education of the Virgin by Zurbarán» a *The Burlington Magazine*, Londres, 1924, XLIV, p. 212.

Mayer 1926a
MAYER, A.L, «A Still Life by Zurbarán» a *The Burlington Magazine*, Londres, 1926, IL, p. 55.

Mayer 1926b
MAYER A.L, *La pintura española*, Barcelona, 1926.

Mayer 1927a
MAYER, A.L, «Notas sobre algunas pinturas en museos provinciales de Francia» a *Boletín de la Real Academia de Historia*, Madrid, 1927, 89, p. 32.

Mayer 1927b
MAYER, A.L, «Still Lifes by Zurbarán and Van Der Hamen» a *The Burlington Magazine*, Londres, 1927, LI, p. 320.

Mayer 1927c
MAYER, A.L, «Unbekannte Werke Zurbaráns» a *Zeitschrift für bildende Kunst*, 1927.

Mayer 1928a
MAYER, A.L, «Some unknown works by Zurbarán» a *Apollo*, Londres, 1928, VII, p. 180-181.

Mayer 1928b
MAYER, A.L, *Historia de la pintura española*, Madrid, 1928 (1a ed. en alemany, Mayer 1922).

Mayer 1930
MAYER, A.L, «The Contini-Bonacossi Collection of Old Spanish Masters» a *Apollo*, Londres, 1930, XII, p. 4-8.

Mayer 1936
MAYER, A.L, «Anotaciones a cuadros de Velázquez, Zurbarán, Murillo y Goya en el Prado y en la Academia de San Fernando» a *Boletín de la Sociedad Española de Excursiones*, Madrid, 1936, 44, p. 41-46.

Mayer 1942
MAYER, A.L, *Historia de la pintura española*, 2a ed, Madrid, 1942 (1928).

Mayer 1947
MAYER, A.L, *Historia de la pintura española*, 3a ed, Madrid, 1947 (1928).

Mayer/Longhi 1930
MAYER, A.L, LONGHI, R, *Los antiguos pintores españoles de la colección Contini-Bonacossi: Catálogo crítico*, Roma, 1930 (catàleg d'exposició, Roma, 1930).

Mazón 1977
MAZÓN DE LA TORRE, M.A, *Jusepe Leonardo y su tiempo*, Saragossa, 1977.

Medina de Vargas 1988
MEDINA DE VARGAS, R, *La luz en la pintura. Un factor plástico en el siglo XVII*, Barcelona, 1988.

Melida 1925-1926
MELIDA, J.R, *Catálogo monumental de España. Provincia de Badajoz*, 3 vol, Madrid, 1925-1926.

Memoria convento Merced 1732
Memoria de las admirables pinturas que tiene este convento, casa grande de Ntra. Sra. de la Merced, redentora de cautivos de la ciudad de Sevilla, Sevilla, 1732 (còpia del 1789 a la Biblioteca Capitular y Colombina, Sevilla).

Mena 1986
MENA MARQUÉS, M.B, *Da El Greco a Goya: I secoli d'oro della pittura spagnola*, Florència, 1986 (catàleg d'exposició, Florència, 1986).

Méndez 1923
MÉNDEZ BEJARANO, M, *Diccionario de escritores, maestros y oradores naturales de Sevilla y su actual provincia*, Sevilla, 1923.

Menéndez Pelayo 1956
MENENDEZ PELAYO, M, *Historia de las ideas estéticas en España*, Madrid, 1956 (1901).

Menéndez Pidal 1971
MENÉNDEZ PIDAL, R, *La leyenda de los Infantes de Lara*, Madrid, 1971.

Mercey 1852
MERCEY, F, «La Galerie du Maréchal Soult» a *Revue des deux mondes*, París, 15 de maig de 1852, 14, p. 807-816.

Merchán 1957
MERCHÁN CANTISÁN, R, *La colección pictórica del Deán López Cepero*, Sevilla, 1957 (tesi de llicenciatura).

Merchán 1979
MERCHÁN CANTISÁN, R, *El Déan López Cepero y su colección pictórica*, Sevilla, 1979.

Merimée 1848
MERIMÉE, P, «Annals of the Artists in Spain» a *La Revue des Deux Mondes*, París, 1848, 24, p. 639-645.

Mesa/Gisbert 1972
MESA, J. de, GISBERT, T, *El pintor Mateo Pérez de Alesio*, La Paz, 1972.

Mesa/Gisbert 1976
MESA, J. de, GISBERT, T, «Las series de ángeles en la pintura vir-reinal» a *Revista Aeronáutica*, La Paz, 1976, 31, p. 61.

Mesa/Gisbert 1977
MESA, J. de, GISBERT, T, *Holguín y la pintura virreinal en Bolivia*, La Paz, 1977.

Mesa/Gisbert 1982
MESA, J. de, GISBERT, T, *Historia de la pintura cuzqueña*, Lima, 1982.

Mesa/Gisbert 1983
MESA, J. de, GISBERT, T, *Los ánge-les de Calamarca*, La Paz, 1983.

Messeguer 1955
MESSEGUER FERNÁNDEZ, J, «La Real Junta de la Inmaculada Concepción» a *Archivo Ibero-Americano*, Madrid, 1955, XV, p. 3-248.

Mèxic 1978
Del Greco a Goya, Mèxic, 1978 (catàleg d'exposició, Mèxic, 1978).

Mèxic 1991
Pintura mexicana y española de los siglos XVI al XVIII, Mèxic, 1991 (catàleg d'exposició, Mèxic, 1991).

Michelet 1959
MICHELET, J, *Journal. I. 1828-1848*, 6a ed, París, 1959.

Mier 1863
MIER, E. de, «Francisco de Zurbarán» a *El arte en España*, Madrid, 1863, II, p. 181-186.

Migne 1844-1865
MIGNE, J.P. (ed.), *Patrologie cursus completus...: Series Graeca...*, 161 vol, París, 1844-1865.

Milicua 1953
MILICUA, J, «El Crucifijo de san Pablo de Zurbarán» a *Archivo Español de Arte*, Madrid, 1953, XXVI, p. 177-186.

Milicua 1955
MILICUA, J, «El legado Cambó» a *Diario de Barcelona*, Barcelona, 7 d'abril de 1955.

Milicua 1958
MILICUA, J, «Observatorio de ángeles. II. Los ángeles de la perla de Zurbarán» a *Archivo Español de Arte*, Madrid, 1958, XXXI, p. 6-16.

Milicua s.d.
MILICUA, J, *Zurbarán*, Barcelona, s.d.

Mireur 1901-1912
MIREUR, H, *Dictionnaire de ventes d'art faites en France et a l'etranger pendant le XVIIème siecle*, París, 1901-1912.

Moffitt 1983
MOFFITT, J.F, «Orientaciones actuales en la investigación sobre arte y cultura del Siglo de Oro español» a *Cuadernos Internacionales de Historia Psicosocial del Arte*, Barcelona, 1983, II, p. 31-43.

Moffitt 1987
MOFFITT, J.F, «Ut Pictura Sermones: Homiletic Reflections of Velázquez's Religious Images» a *Arte Cristiana*, Milà, 1987, 722, p. 295-306.

Moffitt 1990
MOFFITT, J.F, «Francisco de Zurbarán. Saint Francis in his tomb» a VINSON, J. (ed.), *International Dictionary of Art and Artists*, Chicago, 1990, p. 439.

Moffitt 1992
MOFFITT, J.F, «The meaning of "Christ after the flagellation" in Siglo de Oro Sevillan painting» a *Wallraf-Richartz-Jahrbuch*, Colònia, 1992, 53, p. 139-154.

Molanus 1568
MOLANUS, J, *De historia SS. Imaginum et picturarum*, 1568 (París, 1996).

Molanus 1570
MOLANUS, J, *De picturis et imaginibus sacris*, Lovaina, 1570 (reed. a MIGNE, J.P. (ed.), *Theologiae cursus completus*, París, 1843, XXVIII).

Molina 1608
MOLINA, A. de, *Instrucción de sacer-dotes...*, Burgos, 1608.

Molina 1613
MOLINA, A. de, *Exercicios espiri-tuales muy provechosos para per-sonas ocupadas deseosas de su sal-vación*, Burgos, 1613.

Molina 1639 (ed. Penedo 1973-1974)
MOLINA, Tirso de, *Historia general de la Orden de Nuestra Señora de las Mercedes*, Madrid, 1639 (ed. M. Penedo Rey, 2 vol, Madrid, 1973-1974).

Molina 1922-1924
MOLINA, V, «Dos cuadros en la sala del Museo de Bellas Artes, Cadis, 1922-1924, II, 33.

Molinos c. 1680 (ed. Pacho 1988)
MOLINOS, M de, *Defensa de la Contemplación*, c. 1680 (ed. E. Pacho, Madrid, 1988).

Monestier/Poher 1991
MONESTIER, M, POHER, A, *Annuaire international des oeuvres et objet d'art volés*, París, 1991.

Monreal 1981
MONREAL, L, *La pintura en los grandes museos*, Barcelona, 1981.

Monreal 1985
MONREAL, L, *Casa Bertran en San Gervasio*, Barcelona, 1985.

Montalvo 1631
MONTALVO, D. de, *Venida de la Soberana Virgen de Guadalupe a España*, Lisboa, 1631.

Montañer 1987
MONTAÑER LÓPEZ, E, *La Pintura barroca en Salamanca*, Salamanca, 1987.

Montero 1990
MONTERO SANTARÉN, *Llerena*, Llerena, 1990.

Montoto 1921
MONTOTO, S, «Zurbarán: Nuevos documentos para ilustrar su biografía» a *Arte Español*, Madrid, 1921, V, p. 400-404.

Montoto 1922
MONTOTO, S, *Zurbarán, nuevos documentos para ilustrar su biografía*, Sevilla, 1922.

Morales Marín 1985
MORALES MARÍN, J.L, *Barroco y Clasicismo*, Barcelona, 1985.

Morales Martínez 1984
MORALES MARTÍNEZ, A.J, «La Arquitectura en los siglos XVI, XVII y XVIII» a *La Catedral de Sevilla*, Sevilla, 1984, p. 207-215.

Morales Padrón 1981
MORALES PADRÓN, F, *Memorias de Sevilla (1600-1678)*, Còrdova, 1981.

Morales Padrón 1982
MORALES PADRÓN, F, *Los Archivos Parroquiales de Sevilla*, Sevilla, 1982.

Morales/Sanz/Serrera/Valdivieso 1981
MORALES, A.J, SANZ, M.J, SERRERA, J.M, VALDIVIESO, E, *Guía artística de Sevilla y su provincia*, Sevilla, 1981.

Morán 1990
MORÁN SUÁREZ, I, «La influencia de Oriente en el eremitismo cristiano» a *Lecturas de Historia del Arte. Ephialte*, Vitòria-Gasteiz, 1990, II, p. 234-238.

Morán/Portús 1997
MORÁN TURINA, M, PORTÚS PÉREZ, J, *El arte de mirar. La pintura y su público en la España de Velázquez*, Madrid, 1997.

Moranchini 1957
MORANCHINI, G, «Un chef d'oeuvre de l'école de Sevilla, probablement de Zurbarán, conservé dans l'eglise de Campana» a *Etudes Corses*, 1957.

Moreno Mendoza 1993
MORENO MENDOZA, A. (ed.), *Da Velázquez a Murillo. Il «Siglo de Oro» in Andalusia*, Venècia, 1993 (catàleg d'exposició, Venècia, 1993).

Moreno Mendoza 1997
MORENO MENDOZA, A, *Mentalidad y pintura en la Sevilla del Siglo de Oro*, Madrid, 1997.

Moreno Mendoza/Pareja López/Sanz Serrano/Valdivieso 1991
MORENO MENDOZA, A, PAREJA LÓPEZ, E, SANZ SERRANO, M.J, VALDIVIESO, E, *Museo de Bellas Artes de Sevilla. II: Pintura*, Sevilla, 1991.

Morgado 1587
MORGADO, A, *Historia de Sevilla en la cual se contienen sus antigüedades*, Sevilla, 1587.

Mota 1961
MOTA ARÉVALO, H, «Interesantes documentos sobre Zurbarán» a *Revista de Estudios Extremeños*, Badajoz, 1961, XVII, p. 257-269.

Moura 1987
MOURA, C, *Sombra, luz e cromatismo: la pintura e o azulejo a o limiar do barroco*, Lisboa, 1987 (Historia da arte em Portugal, VIII).

Moyssén 1975
MOYSSÉN, X, «La Casa de Nazareth o Los presagios de la Virgen» a *Anales del Instituto de Investigaciones Estéticas*, Mèxic, 1975, XIII, 44, p. 49-58.

Mulcahy 1988
MULCAHY, R, *Spanish Paintings in the National Gallery of Ireland*, Dublin, 1988.

Mulcahy 1996
MULCAHY, R, «Book Review. Francisco de Zurbarán. María Luísa Caturla» a *Apollo*, Londres, 1996, 143, 410, p. 64-65.

Mullet 1984
MULLET, M, *The Counter Reformation and the Catholic Reformation in Early Modern Europe*, Nova York-Londres, 1984.

Munic/Viena 1982
Von Greco bis Goya: Vier Jahrhunderte Spanische Malerei, Viena, 1982 (catàleg d'exposició, Munic/Viena, 1982).

Muñoz Jiménez 1990
MUÑOZ JIMÉNEZ, J.M, «El arquitecto Fray Alonso de San José y la sacristía del monasterio de Guadalupe» a *Goya*, Madrid, 1990, 219, p. 143-148.

Muñoz Manzano 1894
MUÑOZ MANZANO, C, «Zurbarán» a *Adiciones al Diccionario histórico... de D. Juan Agustín Ceán Bermúdez*, Madrid, 1894, IV, p. 71-72.

Muraro/Rosand 1976
MURARO, M, ROSAND, D, *Tiziano e la sigilgrafia veneziana del Cinquecento*, Vicenza, 1976.

Muro 1932
MURO OREJÓN, A, *Artífices sevillanos de los siglos XVI y XVII*, Sevilla, 1932 (Documentos para la historia del arte en Andalucía, IV).

Nalle 1987
NALLE, S.T, «Inquisitors, Priests, and the People during the Catholic Reformation in Spain» a *The Sixteenth Century Journal*, Missouri, 1987, XVIII, 4, p. 557-587.

Nalle 1989
NALLE, S.T, «Literacy and Culture in Early Modern Spain» a *Past and Present*, Oxford, novembre de 1989, 125, p. 65-96.

Nancarrow 1992
NANCARROW TAGGARD, T, «Pintura de Antonio del Castillo en museos norteamericanos» a *Archivo Español de Arte*, Madrid, 1992, LXV, p. 321-334.

Navarrete 1994
NAVARRETE PRIETO, B, «Otras fuentes grabadas utilizadas por Francisco de Zurbarán» a *Archivo Español de Arte*, Madrid, 1994, LXVII, 268, p. 359-376.

Navarrete 1995
NAVARRETE PRIETO, B, «Durero y los cuatro clavos» a *Boletín del Museo del Prado*, Madrid, 1995, XVI, p. 7-10.

Navarrete 1996
NAVARRETE PRIETO, B, «Algo más sobre Zurbarán» a *Goya*, Madrid, 1996, 251, p. 284-290.

Navarrete 1998
NAVARRETE PRIETO, B, «L'usage de l'estampe per les contemporaines de Zurbarán» a *Gazette des Beaux-Arts*, París, octubre de 1998 (en premsa).

Navarro del Castillo 1978
NAVARRO DEL CASTILLO, V, *La epopeya de la raza extremeña en Indias*, Mèrida, 1978.

Navascués 1985
NAVASCUÉS PALACIO, P, *Monasterios de España, I*, Madrid, 1985.

Neret 1990
NERET, G, *L'Erotisme en peinture*, París, 1990.

New Catholic Encyclopedia 1967
New Catholic Encyclopedia, 15 vol, Nova York, 1967.

Nicolle 1929
NICOLLE, M, *La peinture au Musée du Louvre. École Espagnole*, París, 1929.

Nieto 1950
NIETO, B, *La Asunción de la Virgen en el Arte. Vida de un tema iconográfico*, Madrid, 1950.

Nieva 1625
NIEVA CALVO, S. de, *La mejor Muger, Madre y Virgen: sus excelencias, vida y grandezas repartidas por sus fiestas todas*, Madrid, 1625.

Noehles-Doerk 1991
NOEHLES-DOERK, G, «Vision und Natur: Francisco Zurbarán» a *Karge*, 1991, p. 105-121.

Nooteboom 1992a
NOOTEBOOM, C, *Zurbarán & Cees Nooteboom, Musées secrets*, Charenton, 1992.

Nooteboom 1992b
NOOTEBOOM, C, *Désirs d'Espagne. Mes détours vers Santiago*, Amsterdam, 1992.

Norris 1952
NORRIS, C, «The Disaster at Flakturm Friedrichshain; a Chronicle and List of Paintings» a *The Burlington Magazine*, Londres, 1952, XLIV, p. 337-347.

Núñez 1978
NÚÑEZ, M.L, *Museo Nacional de Cuba. Retratos de Fayum y pintura europea*, L'Havana, 1978.

Nyerges 1985
NYERGES, E, vegeu *Capolavori da musei ungheresi: Collection Thyssen-Bornemisza*, Lugano, 1985 (catàleg d'exposició, Lugano, 1985).

Obregón 1964
OBREGÓN, G, «Zurbarán en Méjico» a *Revista de Estudios Extremeños*, Badajoz, 1964, XX, p. 425-438.

Ojeda 1994
OJEDA AGUILERA, «La Inmaculada en la pintura de Murillo y Zurbarán» a *Boletín de la Real Academia de Córdoba*, Còrdova, 1994, 126, p. 105-108.

Okada 1990
OKADA, H, «Zurbarán "Hijo de Llerena"» a *Fiestas Mayores Patronales*, Llerena, 1990, s. p.

Okada 1991
OKADA, H, «La forma de trabajo de los pintores sevillanos en la época de Velázquez. Una aproximación» a AA. DD, *Velázquez y el arte de su tiempo. V Jornadas de Arte*, Madrid, 1991, p. 233-238.

Okada 1994
OKADA, H, «Las imágenes de santas y el control iconográfico por la Iglesia en la Sevilla de la época contrarreformista» a *Bulletin of Arts*, Naruto, 1994, VI, p. 13-32.

Olivar 1964
OLIVAR, M, *Museo de Arte de Cataluña*, Barcelona, Pamplona, 1964 (Museos y Monumentos).

Oliver/Portús/Serrera 1989
OLIVER, A, PORTÚS, J, SERRERA, J.M, *Iconografía de Sevilla, 1650-1790*, Madrid, 1989.

192

Ona 1944
ONA IRIBARREN, G, *Ciento setenta y cinco firmas de pintores tomadas de cuadros de flores y bodegones*, Madrid, 1944.

O'Neal 1833-1834
O'NEAL, A, *A Dictionary of Spanish Painters from the 14th century to the 18th*, Londres, 1833-1834.

Oriol 1916
ORIOL, H, «Els quadres de la col·lecció Gil» a *Vell i Nou*, Barcelona, 1916, 25.

Orozco 1937
OROZCO DÍAZ, E, «Un Zurbarán desconocido» a *Cuadernos de Arte de la Facultad de Letras*, Granada, 1937, II, p. 399-402.

Orozco 1942
OROZCO DÍAZ, E, «Para la interpretación de un tema de la pintura de Zurbarán» a *Arte Español*, Madrid, 1942, XIV.

Orozco 1947
OROZCO DÍAZ, E, «Retratos a lo divino: para la interpretación de un tema de la pintura de Zurbarán» a OROZCO DÍAZ, E, *Temas del barroco*, Granada, 1947, p. 29-36 (ed. facsímil, Granada, 1989).

Orozco 1948
OROZCO DÍAZ, E, «El pintor español de la Contrarreforma» a *Arbor*, Madrid, 1948, 29, p. 69-72.

Orozco 1965
OROZCO DÍAZ, E, «Cotán y Zurbarán. Influjo y afinidad entre un fraile pintor y un pintor de frailes» a *Goya*, Madrid, 1965, 64-65, p. 224-231.

Orozco 1977
OROZCO DÍAZ, E, *Mística, plástica y Barroco*, Madrid, 1977.

Orozco 1981
OROZCO DÍAZ, E, *Manierismo y Barroco*, Madrid, 1981.

Orozco 1993
OROZCO DÍAZ, E, *El Pintor Fray Sánchez Cotán*, Granada, 1993.

Orso 1989
ORSO, S, *Art and Death and the Spanish Habsburg Court. The Royal Exequies for Philip IV*, Missouri, 1989.

Ortega 1904
ORTEGA, Fray A, *La Inmaculada Concepción y los franciscanos*, Loreto, 1904.

Ortiz Lucio 1605
ORTIZ LUCIO, F, *Horas devotíssimas para cualquier Christiano...*, Madrid, 1605.

Ortiz de Zúñiga 1677 (ed. Espinosa 1795-1796)
ORTIZ DE ZÚÑIGA, D, *Annales eclesiásticos y seculares de la muy noble y muy leal ciudad de Sevilla... desde el año de 1246 hasta el de 1671*, Sevilla, 1677 (ed. A. M. Espinosa y Carzel, Madrid, 1795-1796).

Orueta 1914
ORUETA, R.D, *La vida y la obra de Pedro de Mena y Medrano*, Madrid, 1914.

Pacheco 1599 (ed. Angulo 1984)
PACHECO, F, *Libro de descripción de verdaderos retratos de ilustres y memorables varones*, Sevilla, 1599 (ed. D. Angulo Iñíguez, Sevilla, 1984).

Pacheco 1649 (ed. Sánchez Cantón 1956)
PACHECO, F, *Arte de la pintura: su antigüedad y grandezas*, Sevilla, 1649 (ed. F.J. Sánchez Cantón, 2 vol, Madrid, 1956).

Pacheco 1649 (ed. Bassegoda 1990)
PACHECO, F, *Arte de la pintura: su antigüedad y grandezas*, Sevilla, 1649 (ed. B. Bassegoda, Madrid, 1990).

Pacheco Vélez 1985
PACHECO VÉLEZ, C, *Memoria y Utopía de la Vieja Lima*, Lima, 1985.

Pacheco Vélez 1986
PACHECO VÉLEZ, C, «La serie de los hijos de Jacob o de las doce tribus de Israel» a *Pinacoteca de la Venerable Orden Tercera de San Francisco de Lima*, Lima, 1986, p. 69-97.

Palau 1964
PALAU DE NEMES, G, «De Zurbarán y San Juan de la Cruz» a *Insula*, Madrid, 1964, 209, p. 1-12.

Paleotti 1582 (ed. Barocchi 1960-1962)
PALEOTTI, G, *Discorso intorno alle imagine sacre e profane...*, 2 vol, Bolonya, 1582 (reed. a BAROCCHI, P, *Trattati d'arte del Cinquecento*, Bari, 1960-1962, II, p. 117-50).

Palomero 1981
PALOMERO PÁRAMO, J.M, *La imaginería procesional sevillana: Misterios, Nazarenos y Cristos*, Sevilla, 1981.

Palomero 1983
PALOMERO PÁRAMO, J.M, *El retablo sevillano del Renacimiento. Análisis y evolución*, Sevilla, 1983 (Publicaciones de la Excma. Diputación Provincial de Sevilla, sección arte, 18).

Palomero 1989
PALOMERO PÁRAMO, J.M, «La Mayordomía mayor de Guadalupe bajo el Priorato del P. Montalvo: la carta de poder para contratar en Sevilla las pinturas de la Sacristía de Guadalupe» a *Guadalupe*, 1989, 699, p. 140-144.

Palomero 1990a
PALOMERO PÁRAMO, J.M, «Notas sobre el taller de Zurbarán: un envío de lienzos a Portobelo y Lima en el año 1636» a *Extremadura en la evangelización del Nuevo Mundo, Actas y Estudios*, Madrid, 1990, p. 313-330.

Palomero 1990b
PALOMERO PÁRAMO, J.M, *Los Zurbaranes de Guadalupe*, Badajoz, 1990.

Palomero 1990c
PALOMERO PÁRAMO, J.M, «Introducción» a *Fuentes para la Historia del Arte Andaluz. I: Noticias de Pintura*, Sevilla, 1990.

Palomero 1992
PALOMERO PÁRAMO, J.M, vegeu *Magna Hispalensis*, Sevilla, 1992 (catàleg d'exposició, Sevilla, 1992).

Palomino 1715-1724
PALOMINO DE CASTRO VELASCO, A, *Museo Pictórico y Escala Óptica con el Parnaso Español Pintoresco y Laureado*, Madrid, 1724 (Madrid, 1947).

Pantorba 1946
PANTORBA, B. de, *Zurbarán*, Madrid, 1946.

Pantorba 1964
PANTORBA, B. de, «Zurbarán en el Museo del Prado» a *Mundo hispánico*, Mèxic-Buenos Aires-Madrid, 1964, 197, p. 20-28.

Pantorba 1965
PANTORBA, B. de, «Zurbarán y Velázquez» a *Goya*, Madrid, 1965, 64-65, p. 250-257.

Pardo 1965
PARDO CANALIS, E, «Zurbarán. Textos, selección, traducción y notas» a *Revista de Ideas Estéticas*, Madrid, 1965, XXIII, p. 59-76.

Pardo 1989
PARDO, A, *La visión del arte español en los viajeros franceses del siglo XIX*, Valladolid, 1989.

Pareja 1989
PAREJA LÓPEZ, E, «El convento de la Merced Calzada en Sevilla y su colección de obras de arte» a *Temas de Estética y Arte*, Sevilla, 1989, III, p. 81-118.

Pareja 1995
PAREJA LÓPEZ, E, «Francisco Pacheco y la Merced Calzada de Sevilla» a *Temas de Estética y Arte*, Sevilla, 1995, IX, p. 133-148.

París 1921
PARIS, P, «Zurbarán» a MICHEL, A. (dir.), *Histoire de l'Art*, 1921, VI, p. 453-460.

París 1987
Du Greco à Picasso. Cinq siècles d'art espagnol, París, 1987 (catàleg d'exposició, París, 1987-1988).

Pascal 1856
PASCAL, J.B.E, *Institutions de l'art chrétien pour l'intelligence des sujets religieux*, 2 vol, París, 1856.

Pascual 1964
PASCUAL, P, «Visita al refectorio» a *Arriba*, Madrid, 24 de novembre de 1964.

Passavant 1852
PASSAVANT, J.D, *Die Christliche Kunst in Spanien*, Leipzig, 1852.

Passeri 1579
PASSERI, B, *Vita et miracula sanctissimi patris benedicti*, Roma, 1579.

Pemán 1922-1924
PEMÁN, C, «La nueva sala de Zurbarán» a *Boletín del Museo de Bellas Artes de Cadiz*, Cadis, 1922-1924, II, 7, p. 56.

Pemán 1934
PEMÁN, C, *Una colección desconocida. La galería de cuadros de D. Emilio de Sola*, Cadis, 1934.

Pemán 1946
PEMÁN C, «Zurbarán y el arte zurbaranesco en las colecciones gaditanas» a *Archivo Español de Arte*, Madrid, 1946, XIX, p. 160-168.

Pemán 1948
PEMÁN, C, «La serie de los hijos de Jacob y otras pinturas zurbanescas» a *Archivo Español de Arte*, Madrid, 1948, XXI, 83, p. 153-172.

Pemán 1949a
PEMÁN, C, «Linaje vasco de Zurbarán» a *Archivo Español de Arte*, Madrid, 1949, XXII.

Pemán 1949b
PEMÁN, C, «Nuevas pinturas de Zurbarán en Inglaterra» a *Archivo Español de Arte*, Madrid, 1949, XXII, p. 207-213.

Pemán 1950
PEMÁN, C, «La reconstrucción del retablo de la Cartuja de Jerez de la Frontera» a *Archivo Español de Arte*, Madrid, 1950, XXIII, p. 203-227.

Pemán 1951
PEMÁN, C, «Zurbaranistas gaditanos en Guadalupe» a *Boletín de la Sociedad Española de Excursiones*, Madrid, 1951, 55, p. 155-187.

Pemán 1952
PEMÁN, C, *Museo Provincial de Bellas Artes de Cádiz. Catálogo de las pinturas*, Cadis, 1952.

Pemán 1954
PEMÁN, C, «La exposición de Zurbarán en Granada» a *Archivo Español de Arte*, Madrid, 1954, XXVII, p. 358-359.

Pemán 1956
PEMÁN, C, «Nuevos antecedentes grabados de cuadros zurbaranescos» a *Archivo Español de Arte*, Madrid, 1956, XXIX, 116, p. 298-301.

Pemán 1957
PEMÁN, C, «Identificación de un Zurbarán perdido» a *Archivo Español de Arte*, Madrid, 1957, XXX, p. 327-329.

Pemán 1958
PEMÁN, C, «Juan de Zurbarán» a *Archivo Español de Arte*, Madrid, 1958, XXXI, p. 193-211.

Pemán 1959
PEMÁN, C, «Un nuevo Juan de Zurbarán» a *Archivo Español de Arte*, Madrid, 1959, XXXII, p. 319-320.

Pemán 1961a
PEMÁN, C, «Sobre bodegones zurbaranescos» a *Archivo Español de Arte*, Madrid, 1961, XXXIV, p. 274-276.

Pemán 1961b
PEMÁN, C, «Zurbarán en la hora actual» a *Revista de Estudios Extremeños*, Badajoz, 1961, XVII, p. 271-285.

Pemán 1962
PEMÁN, C, «¿Cuándo pintó Zurbarán los cuadros de la Cartuja de Jerez de la Frontera?» a *Revista de Estudios Extremeños*, Badajoz, 1962, XVIII, p. 126-129.

Pemán 1963a
PEMÁN, C, *Zurbarán en la hora actual*, Badajoz, 1963.

Pemán 1963b
PEMÁN, C, «Contestación a Fray Luís Bravo» a *Revista de Estudios Extremeños*, Badajoz, 1963, XIX, p. 127-129.

Pemán 1964a
PEMÁN, C, «Miscelánea zurbaranesca» a *Archivo Español de Arte*, Madrid, 1964, XXXVII, p. 93-105.

Pemán 1964b
PEMÁN, C, *Catálogo del Museo Provincial de Bellas Artes de Cádiz. Pinturas*, Madrid, 1964 (Guías de los museos de España, 18).

Pemán 1964c
PEMÁN, C, «El taller y los discípulos de Zurbarán» a *Francisco de Zurbarán 1598-1664*, Madrid, 1964, p. 83-91 (catàleg d'exposició, Madrid, 1964-1965).

Pemán 1965
PEMÁN, C, «La exposición homenaje a Zurbarán en el Museo de Sevilla» a *Goya*, Madrid, 1965, 64-65, p. 312-315.

Pemán 1989
PEMÁN, C, *Zurbarán y otros estudios sobre pintura del XVII español*, Madrid, 1989.

Peña 1987
PEÑA GÓMEZ, M.P de la, «La Iglesia mayor de la villa santiaguista de Llerena» a *Revista de Estudios Extremeños*, Badajoz, 1987, XLIII, p. 355-416.

Peña 1991
PEÑA GÓMEZ, M.P. de la, *Arquitectura y urbanismo de Llerena*, Càceres, 1991.

Pepper 1984
PEPPER, D.S, *Guido Reni*, Oxford, 1984.

Peraza 1979
PERAZA, L. de, *Historia de Sevilla*, Sevilla, 1979.

Perdrizet 1908
PERDRIZET, P, *La Vierge de Miséricorde. Étude d'un thème iconographique*, París, 1908.

Perera 1949
PERERA, A, «Algunos cuadros poco conocidos II: "Castro Urdiales", "Iglesia de Santa María", "El Cristo de la Agonía"» a *Boletín de la Sociedad Española de Excursiones*, Madrid, 1949, LIII, p. 211-217.

Pérez 1915
PÉREZ, P.N, *San Pedro Nolasco, fundador de la Orden de la Merced (siglo XIII)*, Barcelona, 1915.

Pérez Escolano 1977
PÉREZ ESCOLANO, V, *Juan de Oviedo y de la Bandera (1565-1625). Escultor, arquitecto e ingeniero*, Sevilla, 1977.

Pérez Escolano 1982
PÉREZ ESCOLANO, V, «El Convento de la Merced Calzada de Sevilla a la luz de la Redención de Fray Juan Guerrero (mediados del siglo XVII) y la planta aproximada de 1835» a AA. DD, *Homenaje al Profesor Hernández Díaz*, Sevilla, 1982, I, p. 545-561.

Pérez Guillén 1989
PÉREZ GUILLÉN, I.V, «Nuevas fuentes de la pintura de Zurbarán. La estampa didáctica jesuítica» a *Goya*, Madrid, novembre-desembre de 1989, 213, p. 151-160.

Pérez Sánchez 1964a
PÉREZ SÁNCHEZ, A.E, *Real Academia de Bellas Artes de San Fernando. Inventario de las pinturas*, Madrid, 1964.

Pérez Sánchez 1964b
PÉREZ SÁNCHEZ, A.E, «Nuevas papeletas para el catálogo de Zurbarán» a *Archivo Español de Arte*, Madrid, 1964, XXXVII, p. 193-196.

Pérez Sánchez 1964c
PÉREZ SÁNCHEZ, A.E, «Mateo Gilarte, un casi zurbaranesco» a *Archivo Español de Arte*, Madrid, 1964, XXXVII, p. 139-157.

Pérez Sánchez 1964d
PÉREZ SÁNCHEZ, A.E, *Borgiani, Cavarozzi y Nardi en España*, Madrid, 1964.

Pérez Sánchez 1965a
PÉREZ SÁNCHEZ, A.E, *Pintura italiana del siglo XVII en España*, Madrid, 1965.

Pérez Sánchez 1965b
PÉREZ SÁNCHEZ, A.E, «Dos nuevos zurbaranes» a *Archivo Español de Arte*, Madrid, 1965, XXXVIII, p. 261-263.

Pérez Sánchez 1965c
PÉREZ SÁNCHEZ, A.E, «Torpeza y humildad de Zurbarán» a *Goya*, Madrid, 1965, 64-65, p. 266-275.

Pérez Sánchez 1968
PÉREZ SÁNCHEZ, A.E, «La crisis de la pintura española en torno a 1600» a AA. DD, *España en las crisis del arte europeo*, Madrid, 1968, p. 167-177.

Pérez Sánchez 1973
PÉREZ SÁNCHEZ, A.E, *Caravaggio y el naturalismo español*, Sevilla, 1973 (catàleg d'exposició, Sevilla, 1973).

Pérez Sánchez 1976a
PÉREZ SÁNCHEZ, A.E, vegeu *The Golden Age of Spanish Painting*, Londres, 1976, (catàleg d'exposició, Londres, 1976).

Pérez Sánchez 1976b
PÉREZ SÁNCHEZ, A.E, «Nuevos Zurbaranes» a *Archivo Español de Arte*, Madrid, 1976, IL, p. 73-80.

Pérez Sánchez 1980
PÉREZ SÁNCHEZ, A.E, *El dibujo español en los Siglos de Oro*, Madrid, 1980 (catàleg d'exposició, Madrid, 1980).

Pérez Sánchez 1982
PÉREZ SÁNCHEZ, A.E, *El barroco*, Barcelona, 1982 (Grandes épocas de la pintura).

Pérez Sánchez 1983a
PÉREZ SÁNCHEZ, A.E, *Pintura española de bodegones y floreros. De 1600 a Goya*, Madrid, 1983 (catàleg d'exposició, Madrid, 1983-1984).

Pérez Sánchez 1983b
PÉREZ SÁNCHEZ, A.E, *El niño en el Museo del Prado*, Madrid, 1983 (catàleg d'exposició, Madrid, 1983).

Pérez Sánchez 1985
PÉREZ SÁNCHEZ, A.E, «Une vision nouvelle de la peinture espagnole du siècle d'or» a *Revue de l'art*, París, 1985, 70, p. 53-64.

Pérez Sánchez 1986
PÉREZ SÁNCHEZ, A.E, *Historia del dibujo en España. De la Edad Media a Goya*, Madrid, 1986.

Pérez Sánchez 1987
PÉREZ SÁNCHEZ, A.E, *La nature morte espagnole du XVIIe siècle à Goya*, París, 1987.

Pérez Sánchez 1988a
PÉREZ SÁNCHEZ, A.E, vegeu *Zurbarán*, Madrid, 1988 (catàleg d'exposició, Madrid, 1988).

Pérez Sánchez 1988b
PÉREZ SÁNCHEZ, A.E, «Capilla de San Diego, en el convento Franciscano de Alcalá de Henares» a *Zurbarán*, Madrid, 1988, p. 327-331 (catàleg d'exposició, Madrid, 1988).

Pérez Sánchez 1990
PÉREZ SÁNCHEZ, A.E, vegeu *Col·lecció Cambó*, Madrid-Barcelona, 1990 (catàleg d'exposició, Madrid, 1990-1991 i Barcelona, 1991).

Pérez Sánchez 1992a
PÉREZ SÁNCHEZ, A.E, vegeu *Pintura española de bodegones y floreros*, Tokyo, 1992 (catàleg d'exposició, Tokyo/Nagoya, 1992).

Pérez Sánchez 1992b
PÉREZ SÁNCHEZ, A.E, *Pintura barroca en España: 1600-1750*, Madrid, 1992.

Pérez Sánchez 1992c
PÉREZ SÁNCHEZ, A.E, «Trampantojos a lo divino» a *Lecturas de Historia del Arte. Ephialte*, Vitòria-Gasteiz, 1992, III, p. 139-155.

Pérez Sánchez 1993
PÉREZ SÁNCHEZ, A.E, *De pintura y pintores. La configuración de los modelos visuales en la pintura española*, Madrid, 1993.

Pérez Sánchez 1995a
PÉREZ SÁNCHEZ, A.E, *Zurbarán*, Madrid, 1995 (El arte y sus creadores).

Pérez Sánchez 1995b
PÉREZ SÁNCHEZ, A.E, «Caturla, María Luisa: Zurbarán» a *Archivo Español de Arte*, Madrid, 1995, LXVIII, 269, p. 83-84.

Pérez Sánchez 1995c
PÉREZ SÁNCHEZ, A.E, «El Siglo de Oro de la Pintura Española» a *La pintura española*, Milà, 1995, II, p. 299-385.

Pérez Sánchez 1996
PÉREZ SÁNCHEZ, A.E, vegeu AA. DD, *Colección Central Hispano. Del Renacimiento al Romanticismo*, Madrid, 1996.

Pérez Sánchez 1997
PÉREZ SÁNCHEZ, A.E, *Pinturas recuperadas*, Oviedo, 1997.

Pérez Sánchez 1998
PÉREZ SÁNCHEZ, A.E, «Zurbarán et Velázquez. Deux vies parallèles et divergentes» a *Gazette des Beaux-Arts*, París, octubre de 1998 (en premsa).

Pérez Sánchez/Navarrete Prieto 1996a
PÉREZ SÁNCHEZ, A.E, NAVARRETE PRIETO, B, «Sobre Herrera el Viejo» a *Archivo Español de Arte*, Madrid, 1996, LXIX, 276, p. 365-387.

Pérez Sánchez/Navarrete Prieto 1996b
PÉREZ SÁNCHEZ, A.E, NAVARRETE PRIETO, B, *Pintura española recuperada por el coleccionismo privado*, Sevilla, 1996 (catàleg d'exposició, Sevilla, 1996-1997 i Madrid, 1997).

Pérez Sánchez/Spinosa 1992
PÉREZ SÁNCHEZ, A.E, SPINOSA, N. (dir.), *Ribera 1591-1652*, Madrid, 1992 (catàleg d'exposició, Madrid, 1992).

Pérez Santamaría 1990
PÉREZ SANTAMARÍA, A, «Aproximación a la iconografía y simbología de Santo Tomás de Aquino» a *Cuadernos de Arte e Iconografía*, Madrid, 1990, III, 5, p. 31-54.

Pérez Villanueva 1982
PÉREZ VILLANUEVA, J, «Baronio y la Inquisición española» a *Baronio storico e la Controriforma. Atti del Convegno Internazionale di Studi*, Sora, 1979, Sora, 1982.

Perucho 1965
PERUCHO, J, «Zurbarán en Barcelona» a *Destino*, Barcelona, 20 de març de 1965, 1441, p. 50-51.

Perry 1990
PERRY, M.E, *Gender and Disorder in Early Modern Seville*, Princeton, 1990.

Pétin 1850
PÉTIN, L.M, *Dictionnaire hagiographique; ou Vies des saints et des bienheureux...*, 2 vol, París, 1850 (MIGNE, J.P. (ed.), *Theologiae cursus completus*, XL).

Petrangeli 1974
PETRANGELI PAPINI, F, «Il Dottore Serafico nelle raffigurazioni degli artisti» a *S. Bonaventura 1274-1974. Volumen commemorativum anni septies centenarii a morte S. Bonaventurae Doctoris Seraphici*, Grottaferrata, Roma, 1974.

Phillipe/Mora 1959
PHILIPPE, J, MORA, E, «Le siècle est à la mode du Caravagge à Zurbarán» a *Les Nouvelles Littéraires*, París, 1959.

Picault 1946
PICAULT, J, «Iconographie de Saint Bonaventure» a *Cahier des Cordeliers*, París, 1946, I, p. 51-90.

Pigler 1967
PIGLER, A, *Katalog der Galerie alter Meister. Museum der Bildenden Künste Budapest*, Budapest, 1967.

Piguet 1988
PIGUET, Ph, «Francisco de Zurbarán, une oeuvre paradoxale» a *L'Oeil*, París, 1988, 290-291, p. 36-41.

Pillement 1930
PILLEMENT, G, «Zurbarán» a *L'Amour de l'art*, París, 1930, II, 12, p. 496-502.

Pinette/Soulier-François 1992
PINETTE, M, SOULIER-FRANÇOIS, F, *De Bellini à Bonnard. Chefs d'oeuvre de la peinture du musée des Beaux-Arts et d'Archéologie de Besançon*, París, 1992.

Pinturas españolas 1966
Pinturas españolas. Siglos XVI-XVII: cuadros de colecciones españolas expuestos por Establecimientos Maragall, Barcelona, 1966.

Pita Andrade 1965
PITA ANDRADE, J.M, «El arte de Zurbarán en sus inspiraciones y fondos arquitectónicos» a *Goya*, Madrid, 1965, 64-65, p. 242-248.

Pita Andrade 1981
PITA ANDRADE, J.M, *Museo del Prado: Adquisiciones de 1978 a 1981*, Madrid, 1981 (catàleg d'exposició, Madrid, 1981-1982).

Pita Andrade 1987
PITA ANDRADE, J.M, vegeu *Du Greco à Picasso. Cinq siècles d'art espagnol*, París, 1987 (catàleg d'exposició, París, 1987-1988).

Pita Andrade/Borobia Guerrero 1992
PITA ANDRADE, J.M, BOROBIA GUERRERO, M.M, *Maestros Antiguos del Museo Thyssen-Bornemisza*, Madrid, 1992.

Pizarro 1989
PIZARRO GOMEZ, F.J, «La Sacristía de Guadalupe y el programa iconográfico de Zurbarán. Nuevas aportaciones» a *Cuadernos de Arte e Iconografía*, Madrid, 1989, II, 4, p. 78-83.

Pizarro/Terrón 1989
PIZARRO GÓMEZ, F.J, TERRÓN REYNOLDS, M.T, *Catálogo de los fondos pictóricos y escultóricos de la Diputación Provincial de Cáceres*, Càceres, 1989.

Pla 1939
PLA CARGOL, J, *Ribera y Zurbarán*, Gènova, 1939.

Placer 1977
PLACER, G, «Estampas de San Pedro Nolasco» a *Boletín de la Provincia de Castilla de la Orden de Ntra. Sra. de la Merced*, 1977, XV, p. 53-59.

Pleguezuerlo 1983
PLEGUEZUERLO FERNÁNDEZ, A, vegeu *Sevilla en el siglo XVII*, Sevilla, 1983 (catàleg d'exposició, Sevilla, 1983-1984).

Pleguezuerlo 1990
PLEGUEZUERLO FERNÁNDEZ, A, «Nuevos datos biográficos sobre el pintor Ignacio de Ríes» a *Archivo Hispalense*, Sevilla, 1990, 222, p. 207-211.

Poland/ Andrews 1947
POLAND, R, ANDREWS, J.G, *The fine arts Gallery. A catalogue of European Painting*, San Diego, 1947.

Polentinos 1933
POLENTINOS, conde de, «El Convento de San Hermenegildo, de Madrid» a *Boletín de la Sociedad Española de Excursiones*, Madrid, 1933, 41, p. 36-61.

Poletto 1990
POLETTO, C, *Arts et pouvoirs à l'âge baroque: crise mystique et crise esthétique aux XVIe et XVIIe siècles*, París, 1990.

Pompey 1933
POMPEY, F, «Le sentiment religieux et la personnalité de Zurbarán» a *Revue de l'Art ancien et moderne*, París, novembre de 1933, p. 117-128; desembre de 1933, p. 167-182.

Pompey 1948
POMPEY SALGUEIRO, F, *Zurbarán. Su vida y sus obras*, Madrid, 1948.

Pons Fuster 1991
PONS FUSTER, F, *Místicos, beatos y alumbrados. Ribera y la espiritualidad valenciana del siglo XVII*, València, 1991.

Ponz 1772-1794
PONZ, A, *Viaje de España*, 18 vol, Madrid, 1772-1794 (ed. facsímil, Madrid, 1972).

Ponz 1929
PONZ, A, «Correspondencia con el conde de Aguila» a *Archivo Español de Arte y Arqueología*, Madrid, 1929, 14, p. 159-180.

Porfirio 1992
PORFÍRIO, J.L, *A Pintura no Museu Nacional de Arte Antiga*, Lisboa, 1992.

Portillo 1874
PORTILLO, J, *Cartas a D. Bruno Pérez sobre el Monasterio de Nuestra Señora de la Defensión, que escribió don Joaquín Portillo (Redactadas en 1840)*, Jerez de la Frontera, 1874.

Poutrin 1992
POUTRIN, I, *Le voile et la plume. Mystique et sainteté féminines dans l'Espagne Moderne*, París, 1992.

Puente 1965
PUENTE, J. de la, «La religiosidad plástica de Zurbarán» a *Insula*, Madrid,1965, 220, p. 17.

Quesada 1992
QUESADA, L, *La vida cotidiana en la pintura andaluza*, Sevilla, 1992.

Quesada Valera 1992
QUESADA VALERA, J.M, «La pintura de género en los tratados españoles del Siglo de Oro» a *Boletín del Museo e Instituto Camón Aznar*, Saragossa, 1992, 47, p. 61-81.

Quilliet 1816
QUILLIET, F, *Dictionnaire des peintres espagnols*, París, 1816.

Quin 1823
QUIN, M.J, *A visit to Spain*, Londres, 1823.

Quintana Martínez 1987
QUINTANA MARTÍNEZ, A, *La Biblia en el Museo del Prado, II, Nuevo Testamento*, Madrid, 1987.

Quintana Martínez 1988
QUINTANA MARTÍNEZ, A, *Pintura barroca. El Siglo de Oro. Museo del Prado*, Madrid, 1988.

Quintana Martínez 1991
QUINTANA MARTÍNEZ, A, *La Mitología en el Museo del Prado*, Madrid, 1991.

Quintanadueñas 1637
QUINTANADUEÑAS, A. de, *Santos de la ciudad de Sevilla y de su Arzobispado...*, Sevilla, 1637.

Quintero 1925
QUINTERO ATAURI, P, «La Anunciación de Zurbarán en Arcos de la Frontera» a *Boletín del Museo Provincial de Bellas Artes de Cádiz*, Cadis, 1925, VII, p. 29-31.

Raczynski 1846
RACZYNSKI COUNT, A, *Les Arts en Portugal*, París, 1846.

Rada 1885
RADA Y DELGADO, J. D, *Cuadros selectos de la Real Academia de Bellas Artes de San Fernando*, Madrid, 1885.

Rallón 1640 (ed. 1926)
RALLÓN MERCADO, E, *Historia de Xerez de la Frontera*, ms, abans del 1640 (ed. Jerez de la Frontera, 1926).

Rapetti 1987
RAPETTI, R, *Le Musée des Beaux-Arts de Bordeaux*, Bordeus, 1987.

Réau 1955-1959
RÉAU, L, *Iconographie de l'art chrétien*, 3 vol, París, 1955-1959.

Rebolledo 1598-1603
REBOLLEDO, L. de, *Parte primera (y segunda) de la chrónica de nuestro seráfico padre San Francisco y su apostólica orden*, 2 vol, Sevilla, 1598-1603.

Redondo 1990
REDONDO, A, *Le Corps dans la société espagnole des XVIe et XVII siècles*, París, 1990.

Redondo 1993
REDONDO, A, *La peur de la mort en Espagne au Siècle d'Or. Littérature et iconographie*, París, 1993.

Remón 1618-1633
REMÓN, A, *Historia general de la Orden de Nuestra Señora de la Merced; redención de cautivos...*, 2 vol, Madrid, 1618-1633.

Remón 1627
REMÓN, A, *Discursos elógicos...de San Pedro Nolasco...*, Madrid, 1627.

Repeto 1984
REPETO BETES, J.L, «La Catedral de Jerez» a *Enciclopedia Gráfica Gaditana*, Cadis, 1984, I, 4.

Ressort 1987
RESSORT, C, vegeu *Zurbarán*, Nova York; 1987; París, 1988 (catàleg d'exposició, Nova York, 1987 i París, 1988).

Ressort 1988
RESSORT, C, «La vie et l'oeuvre de Zurbarán» a *L'Estampille*, París, 1988, 210, p. 8-23.

Ressort 1996
RESSORT, C, «Francisco de Zurbarán» a TURNER, J. (ed.), *The Dictionary of Art*, Ohio, 1996, 33, p. 728-733.

Réveil/Duchesne 1828-1833
RÉVEIL, E.A, DUCHESNE, J, *Musée de peinture et de sculpture; ou, Recueil des principaus tableaux, statues, et bas-reliefs des collections particulières et publiques de l'Europe, dessiné et gravé à l'eau-forte par Réveil, avec des notices descriptives, critiques, et historiques par Duchesne, aîné*, 16 vol, París, 1828-1833.

Reverdy 1975
RÉVERDY, J, «L'entretien de Saint Bruno et du Pape Urbain II de Zurbarán. Essai d'analyse» a *Mélanges de la Casa de Velázquez*, París, 1975, XI, p. 578-583.

Revilla 1893
REVILLA, M.G, *El arte en México en la época antigua y durante el gobierno virreinal*, Mèxic, 1893.

Reynaud 1974
REYNAUD, F, «Contribution à l'étude des danseurs et des musiciens des fêtes du Corpus Christi et de l'Assomption à Tolède aux XVI et XVII siècles» a *Mélanges de la Casa de Velázquez*, París, 1974, X, p. 133-168.

Ribadeneyra 1599
RIBADENEYRA, P. de, *Primera parte del Flos Sanctorum; o Libro de las vidas de los santos*, Madrid, 1599.

Rico Verdú 1973
RICO VERDÚ, J, *La retórica española de los siglos XVI y XVII*, Madrid, 1973.

Rincón 1991
RINCÓN GARCÍA, W, *Monasterios de España. II*, Madrid, 1991.

Ríos Martínez 1994
RÍOS MARTÍNEZ, E. de los, «Nuevas aportaciones documentales a la vida y obra de José de Arce en Jerez de la Frontera y en Cádiz» a *Archivo Español de Arte*, Madrid, 1994, 268, p. 377-390.

Ripa 1603
RIPA, C, *Iconologia; overo, Descrittione di diverse imagini cavate dall'antichità et de propria inventione trovate et dichiarate da Cesare Ripa...di nuovo rivista et dal medesimo ampliata di 400 e piu imagini...*, Roma, 1603.

Roa 1617
ROA, M. de, *Santos Honorio, Eutichio, Estevan, patronos de Xerez de la Frontera, nombre, sitio, antigüedad de la ciudad, valor de sus ciudadanos*, Sevilla, 1617.

Roales-Nieto 1992
ROALES-NIETO Y AZAÑÓN, A, «Escenas musicales en tres cuadros de Zurbarán» a *Homenaje al Profesor Hernández Perera*, Madrid, 1992.

Robinson 1936
ROBINSON, F.W, «Notes on a Painting by Zurbarán» a *Bulletin of the Cincinnati Art Museum*, Cincinnati, 1936, VII, 1, p. 16-27.

Robles 1631
ROBLES, J. de, *Primera parte del culto sevillano*, Sevilla, 1631 (Sevilla, 1883).

Roda 1947
RODA, D, *Museo de Bellas Artes de Bilbao*, Bilbao, 1947.

Rodríguez Codolá 1943
RODRÍGUEZ CODOLÁ, M, *Zurbarán*, Barcelona, 1943.

Rodríguez Gutiérrez de Ceballos 1989
RODRÍGUEZ GUTIÉRREZ DE CEBALLOS, A, «Iconografía y Contrarreforma: A propósito de algunas Pinturas de Zurbarán» a *Cuadernos de Arte e Iconografía*, Madrid, 1989, II, 4, p. 97-105.

Rodríguez de Rivas 1932
RODRÍGUEZ DE RIVAS, M, «Autógrafos de artistas españoles» a *Revista Española de Arte*, Madrid, 1932, I, p. 229-238.

Rodríguez-Salgado 1988
RODRÍGUEZ-SALGADO, M.J, *The Changing Face of Empire: Charles V, Philip II and Habsburg Authority, 1551-1559*, Cambridge, 1988.

Rodríguez Zambrano 1986
RODRÍGUEZ ZAMBRANO Y JARAQUEMADA, A, *La Fundación y Patronato del Convento de Santa Ana de Llerena*, Llerena, 1986.

Rogers 1978
ROGERS, M.F, *Spanish Paintings in the Cincinnati Art Museum*, Cincinnati, 1978.

Roma 1982
L'immagine di San Francesco nella Controriforma, Roma, 1982 (catàleg d'exposició, Roma, 1982-1983).

Romero de Torres 1908
ROMERO DE TORRES, E, «Los Zurbaranes del Museo de Cádiz» a *Boletín de la Comisión Provincial de Monumentos de Cádiz*, Cadis, 1908, I, p. 97-108.

Romero de Torres 1934
ROMERO DE TORRES, E, *Catálogo monumental de España. Provincia de Cádiz (1908-1909)*, 2 vol, Madrid, 1934.

Roux 1975
ROUX, L.E, *Du logos à la scène. La dramaturgie de la comédie sainte dans l'Espagne du siècle d'or (1580-1635)*, Lilla, 1975.

Rubio 1926
RUBIO, G, *Historia de Nuestra Señora de Guadalupe*, Barcelona, 1926.

Rudrauf 1956
RUDRAUF, L, *Les Disciples d'Emmaüs. Étude d'un thème plastique*, París, 1956.

Ruíz Alcon 1987
RUÍZ ALCON, M.T, *Monasterio de las Descalzas Reales*, Madrid, 1987.

Ruíz Gomar 1988
RUÍZ GOMAR, R, «La Pintura de la Nueva España en la obra de Diego Angulo Iñíguez» a *Anales del Instituto de Investigaciones Estéticas*, Mèxic, 1988, 59, p. 35-51.

Rusiñol s.d.
RUSIÑOL, S, *Impresiones de arte*, Barcelona, s.d.

Sáez 1965
SÁEZ PIÑUELA, M.J, «Las modas femeninas del siglo XVII a través de los cuadros de Zurbarán» a *Goya*, Madrid, 1965, 64-65, p. 284-289.

Saint-Saëns 1990
SAINT-SAËNS, A, «Apología y denigración del cuerpo del ermitaño en el Siglo de Oro» a *Hispania Sacra*, Madrid, 1990, XLII, 85, p. 169-180.

Saint-Saëns 1991
SAINT-SAËNS, A, *Religion, Body and Gender in Early Modern Spain*, San Francisco, 1991.

Saint-Saëns 1993
SAINT-SAËNS, A, *La nostalgie du désert. L'idéal érémitique en Castille au Siècle d'Or*, San Francisco, 1993.

Saint-Saëns 1994
SAINT-SAËNS, A, «L'ermitage en Espagne au Siècle d'Or: lieu du sacré, lieu du profane» a *Mélanges de la Casa de Velázquez*, París, 1994, XXX, 2, 29-48.

Saint-Saëns 1995
SAINT-SAENS, A, *Art and Faith in Tridentine Spain (1545-1690)*, Nova York, 1995.

Salamanca 1867-1875
SALAMANCA, marqués de, *Sala Catalogue. Hotel Droueot*, París, 1867-1875.

Salas 1950
SALAS, X. de, «Cartas y notas de Richard Ford sobre pinturas españolas» a *Archivo Español de Arte*, Madrid, 1950, XXIII, p. 229-234.

Salas 1954
SALAS, X. de, «Un cuadro de Zurbarán» a *Archivo Español de Arte*, Madrid, 1954, XXVII, p. 332-333.

Salas 1964a
SALAS, X. de, «La fecha de las historias de la Cartuja y alguna otra minucia más sobre Zurbarán» a *Archivo Español de Arte*, Madrid, 1964, XXXVII, p. 129-138.

Salas 1964b
SALAS, X. de, «Crónica» a *Archivo Español de Arte*, Madrid, 1964, XXXVII, p. 362-364.

Salas 1964c
SALAS, X. de, «Proyección en Europa» a *Mundo Hispánico*, Mèxic-Buenos Aires-Madrid, 1964, 197, p. 29-38.

Salas 1974
SALAS, X. de, «Spanish Painting» a *Unesco. An Illustrated Inventory of Famous Dismembered Works of Art. European Painting*, París, 1974.

Salmerón 1646
SALMERÓN, M, *Recuerdos históricos y políticos de los servicios que los generales y varones ilustres de la religión de Nuestra Señora de la Merced, redención de cautivos...*, València, 1646.

Saltillo 1928
SALTILLO, marqués de (Miguel Lasso de la Vega y López de Tejada), «Un retrato del Museo del Emperador Federico, de Berlín, por Zurbarán. Datos para su identificación» a *Investigación y progreso*, Madrid, maig de 1928, 2, p. 33-34.

Saltillo 1933
SALTILLO, marqués de (Miguel Lasso de la Vega y López de Tejada), *Frédéric Quilliet. Comisario de Bellas Artes del gobierno intruso, 1809-1814*, Madrid, 1933.

Saltillo 1956
SALTILLO, marqués de (Miguel Lasso de la Vega y López de Tejada), «El gobierno intruso y la riqueza artística de Sevilla» a *Boletín de la Real Academia Sevillana de Buenas Letras*, Sevilla, 1956, X, 53.

Salvago 1953
SALVAGO DE AGUILAR, J, «El juramento de la Limpia Concepción en Marchena (5 de septiembre de 1616)» a *Archivo Hispalense*, Sevilla, 1953, 57, p. 227-234.

San Antonio 1968
Treasures of Spanish Art, San Antonio (Texas), 1968 (catàleg d'exposició, San Antonio, 1968).

San Cecilio 1669
SAN CECILIO, Fr. P. de, *Anales del Orden de los Descalzos de Nuestra Señora de la Merced*, Barcelona, 1669.

San Gerónimo 1668
SAN GERÓNIMO, A. de, *Vida, virtudes y milagros de la prodigiosa virgen y madre Ana de San Agustín, carmelita descalza...*, Madrid, 1668.

San José de Serra 1950
SAN JOSÉ DE SERRA, marqués de, «Los cuadros del Monasterio de las Cuevas» a *Archivo Hispalense*, Sevilla, 1950, 43-44, p. 209-214.

San José de Serra/Hernández Díaz 1934
SAN JOSÉ DE SERRA, marqués de, HERNÁNDEZ DÍAZ, J, *Discursos leídos ante la Academia de Bellas Artes de Santa Isabel de Hungría de Sevilla*, Sevilla, 1934.

San Joseph 1743
SAN JOSEPH, F. de, *Historia universal de la primitiva y milagrosa imagen de Nuestra Señora de Guadalupe*, Madrid, 1743.

Sánchez Camargo 1964
SÁNCHEZ CAMARGO, M, «Los bodegones: una medida de oro» a *Mundo hispánico*, Mèxic-Buenos Aires-Madrid, 1964, 197, p. 73-78.

Sánchez Cantón 1922
SÁNCHEZ CANTÓN, F.J, «La vida de San Pedro Nolasco. Pinturas del claustro de refectorio de la Merced Calzada de Sevilla» a *La Merced*, 24 de gener de 1922, V, 42, p. 209-216.

Sánchez Cantón 1923-1941
SÁNCHEZ CANTÓN, F.J, *Fuentes literarias para la historia del arte español*, 5 vol, Madrid, 1923-1941.

Sánchez Cantón 1926
SÁNCHEZ CANTÓN, F.J, *San Francisco de Asís en la escultura española*, Madrid, 1926.

Sánchez Cantón 1928
SÁNCHEZ CANTÓN, F.J, «El retrato de un hijo ilegítimo de Felipe IV, pintado por Zurbarán» a *Archivo Español de Arte*, Madrid,1928, IV, p. 160.

Sánchez Cantón 1930
SÁNCHEZ CANTÓN, F.J, *Dibujos españoles*, 5 vol, Madrid, 1930.

Sánchez Cantón 1933
SÁNCHEZ CANTÓN, F.J, *Museo del Prado. Catálogo de los cuadros*, Madrid, 1933.

Sánchez Cantón 1940
SÁNCHEZ CANTÓN, F.J, «Cuatro jícaras más y un molinillo» a *Correo Erudito*, 1940.

Sánchez Cantón 1942
SÁNCHEZ CANTÓN, F.J, «Dos bodegones españoles» a *Archivo Español de Arte*, Madrid, 1942, XV, 231.

Sánchez Cantón 1944
SÁNCHEZ CANTÓN, F.J, *La sensibilidad de Zurbarán*, Granada, 1944.

Sánchez Cantón 1948
SÁNCHEZ CANTÓN, F.J, *Nacimiento e Infancia de Cristo*, Madrid, 1948 (Biblioteca de Autores Cristianos, 34).

Sánchez Cantón 1955a
SÁNCHEZ CANTÓN, F.J, *La colección Cambó*, Barcelona, 1955.

Sánchez Cantón 1955b
SÁNCHEZ CANTÓN, F.J, «El legado de Cambó a Barcelona» a *Goya*, Madrid, novembre-desembre de 1955, 9, p. 154-161.

Sánchez Cantón 1962
SÁNCHEZ CANTÓN, F.J, «Adquisiciones del Museo del Prado (1956-1962)» a *Archivo Español de Arte*, Madrid, 1962.

Sánchez Cantón 1964
SÁNCHEZ CANTÓN, F.J, «Zurbarán. Noticias olvidadas o desconocidas» a *Archivo Español de Arte*, Madrid, 1964, XXXVII, p. 186-192.

Sánchez Mantero 1992
SÁNCHEZ MANTERO, R, *Historia breve de Sevilla*, Madrid, 1992.

Sánchez de Palacios 1964
SÁNCHEZ DE PALACIOS, M, *Zurbarán*, Madrid, 1964.

Sancho Corbacho 1930
SANCHO CORBACHO, H, «Contribución documental al estudio del arte sevillano» a AA. DD, *Documentos para la historia del arte en Andalucía*, Sevilla, 1930, II, p. 227-317.

Sancho Corbacho 1931
SANCHO CORBACHO, H, *Arte sevillano de los siglos XVI y XVII*, Sevilla, 1931 (Documentos para la historia del arte en Andalucía, III).

Sancho Corbacho 1937
SANCHO CORBACHO, A, *Edificios religiosos y objetos de culto*, Sevilla, 1937.

Sancho Corbacho 1955
SANCHO CORBACHO, A, «Francisco Pacheco, tratadista de arte» a *Archivo Hispalense*, Sevilla, 1955, 70, p. 121-146.

Sancho Corbacho 1975
SANCHO CORBACHO, A, *Iconografía de Sevilla*, Sevilla, 1975.

Sancho de Sopranís 1945
SANCHO DE SOPRANÍS, H, «Alejandro de Saavedra, entallador» a *Archivo Hispalense*, Sevilla, 1945, 10, p. 5-75.

Sancho de Sopranís 1964
SANCHO DE SOPRANÍS, H, «La arquitectura jerezana en el siglo XVI» a *Archivo Hispalense*, Sevilla, 1964, 40, p. 9-73.

Sancho de Sopranís 1964-1969
SANCHO DE SOPRANÍS, H, *Historia de Jerez de la Frontera desde su incorporación a los dominios cristianos*, 2 vol, Jerez de la Frontera, 1964-1969.

Sancho de Sopranís 1966
SANCHO DE SOPRANÍS, H, «Más sobre Alejandro de Saavedra, entallador» a *Archivo Hispalense*, Sevilla, 1966, 136, p. 121.

Santander 1992
Pintura barroca en la Colección Central Hispano, Santander, 1992 (catàleg d'exposició, Santander, 1992).

Santoro 1580
SANTORO, J.B, *Flos Sanctorum y la vida de los santos del yermo del Nuevo Testamento*, 2 vol, Bilbao, 1580.

Santos 1945a
SANTOS, R. dos, «El "Apostolado" de Zurbarán en Lisboa» a *Archivo Español de Arte*, Madrid, 1945, XVII, p. 189-192.

Santos 1945b
SANTOS, R. dos, «Zurbarán en Portugal» a *Boletín da Academia Nacional de Belas Artes*, Lisboa, 1945, XIV.

Santos Olivera 1930
SANTOS OLIVERA, B, *Guía ilustrada de la catedral de Sevilla*, Madrid, 1930.

Sanz-Pastor 1964
SANZ-PASTOR, C, «Guía de la exposición» a *Francisco de Zurbarán 1598-1664*, Madrid, 1964, p. 93-198 (catàleg d'exposició, Madrid, 1964-1965).

Sarrazin 1994
SARRAZIN, B, *Catalogue raisonné des peintures italiennes du musée des Beaux-Arts de Nantes*, Nantes, 1994.

Scannelli 1657
SCANNELLI, F, *Il microcosmo della pittura*, 2 vol, Cesena, 1657 (ed. facsímil, Milà, 1966).

Schenone 1951
SCHENONE, H, «Pinturas zurbaranescas y esculturas de escuela sevillana en Sucre, Bolivia» a *Anales del Instituto de Arte Américano e Investigaciones Estéticas*, Buenos Aires, 1951, 4, p. 61-68.

Schiller 1971
SCHILLER, G, *Iconography of Christian Art*, 2 vol, Greenwich, 1971.

Schlosser 1976
SCHLOSSER, J, *La literatura artística*, Madrid, 1976.

Schoonebeek 1700
SCHOONEBEEK, A, *Histoire des ordres religieux de l'un et de l'autre sexe, où l'on voit le temps de leur fondation, la vie en abrégé de leurs fondateurs, et les figures de leurs habits...*, 2a ed, Amsterdam, 1700.

Sebastián Bandarán 1921
SEBASTIÁN BANDARÁN, R.P.J, «Un Zurbarán desconocido» a *Boletín de la Real Academia Sevillana de Buenas Letras*, Sevilla, 1921, V, p. 19-21.

Sebastián Bandarán 1935
SEBASTIÁN BANDARÁN, R.P.J, «La nueva sala de Zurbarán en el Museo de Sevilla» a *Boletín de la Academia de Bellas Artes de Santa Isabel de Hungría*, Sevilla, 1935.

Sebastián Bandarán 1954
SEBASTIÁN BANDARÁN, R.P.J, «Una Inmaculada de Francisco de Zurbarán» a *Archivo Hispalense*, Sevilla, 1954, 64-65, p. 1-3.

Sebastián López 1975
SEBASTIÁN LÓPEZ, S, «Zurbarán se inspiró en los grabados del aragonés Jusepe Martínez» a *Goya*, Madrid, 1975, 128, p. 82-84.

Sebastián López 1976
SEBASTIÁN LÓPEZ, S, «Grabado inspirador de un Zurbarán de la Academia de San Carlos» a *Anales del Instituto de Investigaciones Estéticas*, Mèxic, 1976, 46, p. 67-69.

Sebastián López 1981
SEBASTIÁN LÓPEZ, S, *Contrarreforma y barroco. Lecturas iconográficas e iconológicas*, Madrid, 1981.

Sebastián López 1982
SEBASTIÁN LÓPEZ, S, «Iconografía de la vida mística teresiana. Homenaje en el Cuarto Centenario» a *Boletín del Museo e Instituto Camón Aznar*, Saragossa, 1982, 10, p. 15-68.

Seckel 1946
SECKEL, H.P.G, «Francisco de Zurbarán as Painter of Still Life» a *Gazette des Beaux-Arts*, París, 1946, XXX, p. 277-300.

Seckel 1947
SECKEL, H.P.G, «Appendix» a *Gazette des Beaux-Arts*, París, 1947, p. 62.

Sedulius 1602
SEDULIUS, H, *Imagines sanctorum Francisci et qui ex tribus ordinibus relati sui sunt...eum elogiis*, Anvers, 1602.

Sedulius 1614
SEDULIUS, H, *Imagines Bmi. P. Francisci Assisiatis illustriumq. virorum... repraesentatis*, Anvers, 1614.

Sentenach 1885
SENTENACH CABAÑAS, N, *La pintura en Sevilla*, Sevilla, 1885.

Sentenach 1909
SENTENACH CABAÑAS, N, «Francisco de Zurbarán, pintor del Rey» a *Boletín de la Sociedad Española de Excursiones*, Madrid, 1909, 17, p. 194-198.

Serra 1934
SERRA PICKMAN, C, *Discursos leídos ante la Academia de Bellas Artes de Sta. Isabel de Hungría*, Sevilla, 1934.

Serra 1950
SERRA PICKMAN, C, «Los cuadros del Monasterio de las Cuevas. La fecha en que los pintó Zurbarán» a *Archivo Hispalense*, Sevilla, 1950, 43-44, p. 209-214.

Serra Pickman/Hernández Díaz 1934
SERRA PICKMAN, C, HERNÁNDEZ DÍAZ, J, *Estudio histórico de los cuadros de la Cartuja de Santa Maria de Las Cuevas*, Sevilla, 1934.

Serrano y Ortega 1893
SERRANO Y ORTEGA, M, *Glorias de Sevilla. Noticia histórica de la devoción y culto que Sevilla ha profesado a la Inmaculada Concepción de la Virgen*, Sevilla, 1893.

Serrera 1981a
SERRERA, J.M, «Aldegrever y Zurbarán. Los Evangelistas del Museo de Bellas Artes de Cádiz» a *Gades. Revista del Colegio Universitario de Filosofía y Letras de Cádiz*, Cadis, 1981, 7, p. 107-114.

Serrera 1981b
SERRERA, J.M, «Influencias de grabados germánicos en la pintura española del siglo XVII: Aldegrever y Zurbarán» a *Primer Congreso Español de Historia del Arte, Trujillo, 1977, sección I*, Trujillo, 1981.

Serrera 1983
SERRERA, J.M, *Hernando de Esturmio*, Sevilla, 1983.

Serrera 1984a
SERRERA, J.M, «Pintura y pintores del siglo XVI» a *La catedral de Sevilla*, Sevilla, 1984, p. 353-404.

Serrera 1984b
SERRERA, J.M, «Datos para la historia de la Pentecostés de Zurbarán del Museo de Bellas Artes de Cádiz y su vinculación americanista» a *Archivo Hispalense*, Sevilla, 1984, 203, p. 179-187.

Serrera 1987
SERRERA, J.M, «Vasco Pereira; un pintor portugués en la Sevilla del último tercio del XVI» a *Archivo Hispalense*, Sevilla, 1987, 213, p. 197-239.

Serrera 1988a
SERRERA, J.M, «Zurbarán y América» a *Zurbarán*, Madrid, 1988, p. 63-86 (catàleg d'exposició, Madrid, 1988).

Serrera 1988b
SERRERA, J.M, vegeu *Zurbarán*, Madrid 1988 (catàleg d'exposició, Madrid, 1988).

Serrera 1998
SERRERA, J.M, «La derniere étape de Zurbarán a Madrid: contributions et reflexions» a *Gazette des Beaux-Arts*, París, octubre de 1998 (en premsa).

Sérullaz 1947
SÉRULLAZ, M, *Evolution de la peinture espagnole des origines a nos jours*, París, 1947.

Sevilla 1930
Exposición Ibero-Americana 1929-1930. Catálogo de la sección de arte antiguo, Sevilla, 1930 (catàleg d'exposició, Sevilla, 1929-1930).

Sevilla 1983a
Colección de pinturas. Ayuntamiento de Sevilla, Sevilla, 1983 (catàleg d'exposició, Sevilla, 1983).

Sevilla 1983b
Sevilla en el siglo XVII, Sevilla, 1983 (catàleg d'exposició, Sevilla, 1983-1984).

Sevilla 1985
El niño y el joven en las artes sevillanas, Sevilla, 1985 (catàleg d'exposició, Sevilla, 1985).

Sewell 1957
SEWELL, B, «Zurbarán and Leonardo» a *The Burlington Magazine*, Londres, octubre de 1957, XCIX, 655, p. 348.

Seymour de Ricci 1913
SEYMOUR DE RICCI, *Description raisonnée des peintures du Louvre, I: Italie et Espagne*, París, 1913.

Shakespeare 1603 (ed. Oliva 1986)
SHAKESPEARE, W, *Hamlet*, 1a ed. en català, Barcelona, 1986 (trad. al català per S. Oliva).

Sicroff 1960
SICROFF, A.A, *Les controverses des status de "Pureté de Sang" en Espagne du XVe au XVIIe Siècle*, París, 1960.

Sigüenza 1605
SIGÜENZA, J. de, *Historia de la Orden de San Jerónimo*, 3 vol, Madrid, 1605 (Madrid, 1907-1909).

Smith 1858
SMITH, G.W, *Painting Spanish and French*, Londres, 1858.

Socias Palau 1992
SOCIAS PALAU, J, «Caravaggio y el realismo en la pintura europea del siglo XVII» a *Goya*, Madrid, 1992, 229-230, p. 92-96.

Socrate 1966
SOCRATE, M, «Borrón e pittura di macchia nella cultura letteraria del Siglo de Oro» a *Studi di Letteratura Spagnola*, Roma, 1966, p. 25-70.

Soehner 1956
SOEHNER, H, «Die Geschichte der spanischen malerei mit spiegel der Forschung» a *Zeitschrift für Kunstgeschichte*, 1956, 19, p. 278-302.

Soehner 1963
SOEHNER, H, *Alte Pinakothek München. Gemäldekataloge I. Spanische Meister*, Munic, 1963.

Somoza 1885
SOMOZA, J, *Jovellanos. Nuevos datos para su biografía*, Madrid, 1885.

Soria 1961
SORIA, E.S. de, «Los investigadores de Zurbarán» a *Revista de Estudios Extremeños*, Badajoz, 1961, XVII, p. 402-405.

Soria 1944a
SORIA, M.S, «Francisco de Zurbarán: A Study of his Style» a *Gazette des Beaux-Arts*, París, 1944, XXV, p. 33-48 i 153-174.

Soria 1944b
SORIA, M.S, «Zurbarán: Wright and Wrong» a *Art in America*, Nova York, juliol de 1944, 32, p. 126-141.

Soria 1947
SORIA, M.S, «A Zurbarán for San Diego» a *Art Quarterly*, Detroit-Nova York, 1947, X, p. 66-69.

Soria 1948a
SORIA, M.S, «Sobre una Anunciación de Zurbarán» a *Boletín de la Sociedad Española de Excursiones*, Madrid, 1948, 52, p. 149-151.

Soria 1948b
SORIA, M.S, «Some Flemish Sources of Baroque Painting in Spain» a *The Art Bulletin*, Nova York, 1948, 30, p. 249-259.

Soria 1949a
SORIA, M.S, «Letter to the Editor» [Gravats alemanys com a fonts per Zurbarán]» a *The Art Bulletin*, Nova York, 1949, 31, p. 74-75.

Soria 1949b
SORIA, M.S, *Francisco de Zurbarán. His Life and Works*, tesi de doctorat, Harvard University, 1949.

Soria 1951a
SORIA, M.S, «Zurbarán's Altar of Saint Peter» a *The Art Bulletin*, Nova York, 1951, 33, p. 165-173.

Soria 1951b
SORIA, M.S, «Two early paintings by Zurbarán» a *Art Quarterly*, Detroit-Nova York, 1951, XIV, 3 p. 256-260.

Soria 1953
SORIA, M.S, *The Paintings of Zurbarán*, Londres, 1953.

Soria 1954
SORIA, M.S, «Las lanzas y los retratos ecuestres de Velázquez» a *Archivo Español de Arte*, Madrid, 1954, XXVII, p. 93-108.

Soria 1955a
SORIA, M.S, *The Paintings of Zurbarán*, 2a ed, Londres, 1955 (1953).

Soria 1955b
SORIA, M.S, «Algunas fuentes de Zurbarán» a *Archivo Español de Arte*, Madrid, 1955, XXVIII, p. 339-340.

Soria 1955c
SORIA, M.S, «Zurbarán's Crucifixion» a *Art Institute of Chicago Quarterly*, Chicago, setembre de 1955, 49, p. 48-49.

Soria 1959a
SORIA, M.S, «Notas sobre algunos bodegones españoles del siglo XVII» a *Archivo Español de Arte*, Madrid, 1959, XXXII, p. 273-280.

Soria 1959b
SORIA, M.S, «A Life-Size St. Francis by Zurbarán in the Milwaukee Art Center» a *Art Quarterly*, Detroit-Nova York, 1959, XXII, p. 148-153.

Soria/Kubler 1959
SORIA, M.S, KUBLER, G, *Art and Architecture in Spain and Portugal and their American dominions, 1500-1800*, Nova York, 1959.

Spear 1975
SPEAR, R.E, *Caravaggio and His Followers*, Nova York, 1975.

Standen/Folds 1970
STANDEN, E.A, FOLDS, T.M, *Masterpieces of Painting in the Metropolitan Museum of Art*, Nova York, 1970.

Standish 1840
STANDISH, F.H, *Seville and its Vicinity*, Londres, 1840.

Standish 1842
STANDISH, F.H, *Catalogue des tableaux et gravures...de la collection Standish légués au roi*, París, 1842.

Statsny 1970
STATSNY, F, «Una Crucifixión de Zurbarán en Lima» a *Archivo Español de Arte*, Madrid, 1970, XLIII, p. 83-86.

Statsny 1988
STATSNY, F, vegeu, *Zurbarán en los conventos de América*, Caracas, 1988 (catàleg d'exposició, Caracas, 1988).

Steinberg 1983
STEINBERG, L, *The Sexuality of Christ in Renaissance Art and in Modern Oblivion*, Nova York, 1983.

Steingräber 1985
STEINGRÄBER, E, «Die Grablegung der Heiligen Katharina von Alexandrien auf dem Berg Sinaï von Francesco Zurbarán: Eine Neuerwerbung für die Alte Pinakothek in München» a *Intuition und Darstellung*, 24 de març de 1985, p. 129-131.

Sterling 1952
STERLING, Ch, *La nature morte de l'antiquité à nos jours*, París, 1952.

Stierlin 1994
STIERLIN, H.A, *El arte barroco en España y Portugal*, Barcelona, 1994.

Stirling-Maxwell 1848
STIRLING-MAXWELL, W, *Annals of the Artists of Spain*, 4 vol, Londres, 1848.

Stoichita 1991a
STOICHITA, V.I, «Zurbarán Veronika» a *Zeitschrift für Kunstgeschichte*, Munic, 1991, 54, 2, p. 190-206.

Stoichita 1991b
STOICHITA, V.I, «La Verónica de Zurbarán» a *Norba Arte*, Cáceres, 1991, 11, p. 71-89.

Stoichita 1994
STOICHITA, V.I, «Image and apparition: Spanish painting of the Golden Age and new world popular devotion» a *Res*, Nova York, tardor de 1994, XXVI, p. 32-46.

Stoichita 1995
STOICHITA, V.I, *Visionary Experience in the Golden Age of Spanish Art*, Londres, 1995 (vegeu ed. en castellà a Stoichita 1996).

Stoichita 1996
STOICHITA, V.I, *El ojo místico. Pintura y visión religiosa en el Siglo de Oro español*, Madrid, 1996 (1a ed. en anglès, Stoichita 1995).

Stratton 1988
STRATTON, S, «La Inmaculada Concepción en el arte español» a *Cuadernos de Arte e Iconografía*, Madrid, 1988, I, 2, p. 3-127.

Stratton 1989
STRATTON, S, *La Inmaculada Concepción en el arte español*, Madrid, 1989 (tirada a part de *Cuadernos de Arte e Iconografía*).

Stratton 1994
STRATTON, S, *The Immaculate Conception in Spanish Art*, Cambridge, 1994.

Stubbe 1958
STUBBE, A, *La Madonne dans l'art*, Brussel·les, 1958.

Suárez de Figueroa 1961
SUÁREZ DE FIGUEROA, E, «La Extremadura de Zurbarán» a *Revista de Estudios Extremeños*, Badajoz, 1961, XVII, p. 317-322.

Sullivan 1978
SULLIVAN, E.J, «Josefa de Ayala: A Woman Painter of the Portuguese Baroque» a *Journal of the Walters Art Gallery*, Baltimore, 1978, 37, p. 22-35.

Sullivan/Ayala 1982
SULLIVAN, E.J, AYALA MALLORY, N, *Painting in Spain 1650-1700*, Princeton, 1982.

Sureda 1988a
SUREDA, J, vegeu AA. DD, *L'època dels Genis. Renaixement/Barroc. Tresors del Museu d'Art de Catalunya*, Girona, 1988.

Sureda 1988b
SUREDA, J, «El fons del Renaixement i del Barroc al Museu d'Art de Catalunya» a AA. DD, *L'època dels Genis. Renaixement/Barroc. Tresors del Museu d'Art de Catalunya*, Girona, 1988, p. 13-34.

Sureda 1990a
SUREDA, J, «La col·lecció Cambó. Notes per a una valoració artística» a *Col·lecció Cambó*, Madrid - Barcelona, 1990, p. 67-116 (catàleg d'exposició, Madrid, 1990-1991 i Barcelona, 1991).

Sureda 1990b
SUREDA, J, vegeu *Capolavori dal Museo d'Arte della Catalogna*, Roma, 1990 (catàleg d'exposició, Roma, 1990-1991).

Sureda 1991
SUREDA, J, vegeu *Capolavori dal Museo di Bellas Artes di Bilbao*, Roma, 1991 (catàleg d'exposició, Pàdua / Roma, 1991).

Sureda 1995
SUREDA, J. (ed.), *Capolavori per Sant'Antonio*, Pàdua, 1995 (catàleg d'exposició, Pàdua, 1995).

Sussman 1929
SUSSMAN, V, «Maria mit dem Schutzmantel» a *Marburger Jahrbuch für Kunstwissenschaft*, Marburg, 1929, V, p. 285-381.

Sutton 1965
SUTTON, D, «A Master of Austerity: Francisco de Zurbarán» a *Apollo*, Londres, 1965, LXXXI, 38, p. 322-325.

Székely 1972
SZÉKELY, A, *Spanish Painting*, Bristol, 1972.

Tapié 1957
TAPIÉ, V.L, *Baroque et Classicisme*, París, 1957.

Tassara 1919
TASSARA Y GONZÁLEZ, *Apuntes para la historia de la revolución de 1868: noticias de los templos y conventos derribados*, Sevilla, 1919.

Taylor 1826-1860
TAYLOR, B.I, *Voyage pittoresque en Espagne, en Portugal, et sur la côte d'Afrique*, París, 1826-1860.

Tejada 1987
TEJADA VIZUETE, F, «En torno a Zurbarán. Otros maestros menores» a *Fiestas Mayores Patronales*, Llerena, 1987.

Tejada 1988
TEJADA VIZUETE, F, *Retablos barrocos de la Baja Extremadura. Siglos XVII-XVIII*, Mèrida, 1988.

Ternois 1975
TERNOIS, D, «Les Tableaux des églises et des couvents de Lyon» a *L'Art Baroque à Lyon (col·loqui, 1972)*, Lió, 1975.

Thacher 1937
THACHER, J.S, «The Paintings of Francisco de Herrera, the Elder» a *The Art Bulletin*, Nova York, 1937, 19, p. 325-380.

Thierrat 1850
THIERRAT, A, *Notice des tableaux esposés dans les musées de Lyon*, Lió, 1850.

Thore 1935
THORE, «Zurbarán» a *El Artista*, Madrid, 1935.

Tirso de Molina 1639
TIRSO DE MOLINA, *Historia General de la Orden de Nuestra Señora de las Mercedes*, Madrid, 1639 (Madrid, 1973-1974).

Toajas 1988
TOAJAS ROGER, M.A, «Zurbarán en el monasterio de Santa Paula de Sevilla: Francisco Cubrián, un pintor inexistente» a *Actas. VII Congreso Español de Historia del Arte*, Múrcia, 1988, p. 385-395.

Toajas 1990
TOAJAS ROGER, M.A, «Zurbarán y el retablo del Rosario de Santa Paula de Sevilla o Francisco Cubrián, un pintor inexistente» a *Atrio*, Sevilla, 1990, 2, p. 9-23.

Tokyo/Osaka 1985
Pintura Española del Siglo de Oro, Tokyo, 1985 (catàleg d'exposició, Tokyo/Osaka, 1985).

Toledo 1987
Colección Grupo Banco Hispano Americano. Renacimiento y Barroco, Toledo, 1987 (catàleg d'exposició, Toledo, 1987).

Tomás y Valiente 1982
TOMÁS Y VALIENTE, F, «El gobierno de la monarquía y la administración de los reinos en la España del siglo XVII» a MENÉNDEZ PIDAL, R. (dir.), *La España de Felipe IV*, Madrid, 1982, p. 1-214 (Historia de España, 25).

Tormo 1905a
TORMO MONZÓ, E, *El monasterio de Guadalupe y los cuadros de Zurbarán*, Madrid, 1905.

Tormo 1905b
TORMO MONZÓ, E, [Sense títol] a *La época*, 31 de març de 1905, p. 5.

Tormo 1906
TORMO MONZÓ, E, «Un Zurbarán: El Cristo de Motrico» a *Cultura española*, Madrid, 1906, IV, p. 1140.

Tormo 1909
TORMO MONZÓ, E, «El despojo de los zurbaranes de Cádiz, el viaje de Taylor y la efímera Galería Española del Louvre» a *Cultura Española*, Madrid, 1909, XIII, p. 25-39.

Tormo 1911
TORMO MONZÓ, E, «Carta de D. Elías Tormo y Monzó sobre los *Trabajos de Hércules*. 30 de mayo de 1911» a CASCALES MUÑOZ, J, *Francisco de Zurbarán*, Madrid, 1911, apèndix 3, p. 207-220.

Tormo 1911-1912
TORMO MONZÓ, E, «Velázquez. El Salón de Reinos del Buen Retiro y el poeta del palacio y del pintor» a *Boletín de la Sociedad Española de Excursiones*, Madrid, 1911, 19, p. 22-44, 85-111, 191-217 i 274-313; 1912, 20, p. 60-63.

Tormo 1914
TORMO MONZÓ, E, «La Inmaculada y el arte español» a *Boletín de la Sociedad Española de Excursiones*, Madrid, 1914, 22, p. 108-132 i 173-218.

Tormo 1917
TORMO MONZÓ, E, «Cartillas excursionistas. Guadalajara» a *Boletín de la Sociedad Española de Excursiones*, Madrid, 1917, 25, p. 70-80.

Tormo 1927
TORMO MONZÓ, E, *Las iglesias del antiguo Madrid*, 2 vol, Madrid, 1927.

Tormo 1929
TORMO MONZÓ, E, *La visita a las colecciones artísticas de la Real Academia de San Fernando*, Madrid, 1929 (Cartillas Excursionistas, 7).

Tormo 1937
TORMO MONZÓ E, *Un resumen de Zurbarán*, Roma, 1937.

Tormo 1941
TORMO MONZÓ, E, «Un resumen de Zurbarán. Escrito en Roma para la Enciclopedia Italiana en 1937» a *Boletín de la Sociedad Española de Excursiones*, Madrid, març de 1941, XLIX, p. 1-10.

Tormo 1949a
TORMO MONZÓ, E, «Velázquez: El Salón de Reinos del Buen Retiro y el poeta del palacio y del pintor» a *Pintura, escultura y arquitectura en España. Estudios dispersos de Elías Tormo y Monzó*, Madrid, 1949, p. 127-246.

Tormo 1949b
TORMO MONZÓ, E, «El monasterio de Guadalupe y los cuadros de Zurbarán» a *Pintura, escultura y arquitectura en España. Estudios dispersos de Elías Tormo y Monzó*, Madrid, 1949, p. 45-87.

Torre Farfán 1671
TORRE FARFÁN, F. de la, *Fiestas de la Santa Iglesia[...]de Sevilla al culto nuevamente concedido al Señor Rey San Fernando III de Castilla y León*, Sevilla, 1671.

Torre Revelló 1948
TORRE REVELLÓ, J, «Obras de arte enviadas al Nuevo Mundo en los siglos XVI y XVII» a *Anales del Instituto de Arte Americano e Investigaciones estéticas*, Buenos Aires, 1948, 1, p. 87-96.

Torres Martín 1958a
TORRES MARTÍN, R, «Algo sobre ciertos pintores que rodearon a Zurbarán» a *El Correo de Andalucía*, Sevilla, 1958.

Torres Martín 1958b
TORRES MARTÍN, R, «Zurbaranes aparecidos en Sevilla» a *El Correo de Andalucía*, Sevilla, 28 de gener de 1958.

Torres Martín 1958c
TORRES MARTÍN, R, «Influencia de Ribera en Zurbarán y la escuela sevillana» a *El Correo de Andalucía*, Sevilla, 1 d'agost de 1958.

Torres Martín 1958d
TORRES MARTÍN, R, «El zurbaranismo en Sebastián del Llano y Valdés» a *El Correo de Andalucía*, Sevilla, 13 d'agost de 1958.

Torres Martín 1958e
TORRES MARTÍN, R, «San Francisco en la obra de Zurbarán» a *El Correo de Andalucía*, Sevilla, 3 de setembre de 1958.

Torres Martín 1958f
TORRES MARTÍN, R, «Del parecido entre Pacheco y Zurbarán» a *El Correo de Andalucía*, Sevilla, 18 de novembre de 1958.

Torres Martín 1958g
TORRES MARTÍN, R, «El tema de la Santa Faz en Zurbarán» a *El Correo de Andalucía*, Sevilla, 3 de desembre de 1958.

Torres Martín 1958h
TORRES MARTÍN, R, «La Immaculada en la obra de Zurbarán» a *El Correo de Andalucía*, Sevilla, 18 de desembre de 1958.

Torres Martín 1959a
TORRES MARTÍN, R, «Los crucificados de Zurbarán del Museo de Sevilla» a *El Correo de Andalucía*, Sevilla, 11 de gener de 1959.

Torres Martín 1959b
TORRES MARTÍN, R, «El primitivismo de Zurbarán» a *El Correo de Andalucía*, Sevilla, 12 d'abril de 1959.

Torres Martín 1959c
TORRES MARTÍN, R, «Los bocetos de Zurbarán» a *El Correo de Andalucía*, Sevilla, 28 de novembre de 1959.

Torres Martín 1959d
TORRES MARTÍN, R, «La juventud de Zurbarán» a *El Correo de Andalucía*, Sevilla, 1959.

Torres Martín 1959e
TORRES MARTÍN, R, «La relación ingenua de Sánchez Cotán con Zurbarán» a *El Correo de Andalucía*, Sevilla, 1959.

Torres Martín 1959f
TORRES MARTÍN, R, «Prólogo a la vida de Zurbarán» a *El Correo de Andalucía*, Sevilla, 1959.

Torres Martín 1960a
TORRES MARTÍN, R, «Los retratos de Velázquez» a *El Correo de Andalucía*, Sevilla, 17 de juny de 1960.

Torres Martín 1960b
TORRES MARTÍN, R, «Paul Guinard y Zurbarán» a *El Correo de Andalucía*, Sevilla, 19 de juny de 1960.

Torres Martín 1963
TORRES MARTÍN, R, *Zurbarán, el pintor gótico del siglo XVII*, Sevilla, 1963.

Torres Martín 1964a
TORRES MARTÍN, R, «Algo sobre los discípulos y seguidores de Zurbarán» a *Revista de Estudios Extremeños*, Badajoz, 1964, XX, p. 85-92.

Torres Martín 1964b
TORRES MARTÍN, R, «Zurbarán. Sevilla, su patria artística» a *Mundo hispánico*, Mèxic-Buenos Aires-Madrid, 1964, 197, p. 39-50.

Torres Martín 1965
TORRES MARTÍN, R, «La pintura de Zurbarán en los museos y colecciones de la Gran Bretaña» a *Goya*, Madrid, 1965, 64-65, p. 290-295.

Torres Martín 1971
TORRES MARTÍN, R, *La naturaleza muerta en la pintura española*, Barcelona, 1971.

Torres Martín 1974
TORRES MARTÍN, R, «Blas de Ledesma y el origen del bodegón español» a *Goya*, Madrid, 1974, 118, p. 217-222.

Townsend 1791
TOWNSEND, J, *A Journey through Spain in the Years 1786 and 1787...*, Londres, 1791.

Tramoyeres 1917
TRAMOYERES BLASCO, L, «La Purísima Concepción de Juan de Juanes. Orígenes y vicisitudes» a *Archivo de Arte Valenciano*, València, 1917, III, 1, p. 113-128.

Trapier 1967
TRAPIER, E. du GUÉ, «Zurbarán's Processions of Virgin Martyrs» a *Apollo*, Londres, 1967, 85, p. 414-419.

Trens 1946
TRENS, M, *María. Iconografía de la Virgen en el arte español*, Madrid, 1946.

Trens 1952
TRENS, M, *La Eucaristía en el Arte español*, Barcelona, 1952.

Triadó 1982
TRIADÓ, J. R, *El bodegón en la pintura española del siglo XVII*, tesi de doctorat, Universitat de Barcelona, 1982.

Twiss 1775
TWISS, R, *Travel through Portugal and Spain*, Londres, 1775.

Vacant/Mangenot/Amman 1932-1972
VACANT, A, MANGENOT, E, AMMAN, E. (ed.), *Dictionnaire de théologie catholique*, París, 33 vol, 1932-1972.

Valdivieso 1972
VALDIVIESO, E, «Un florero firmado por Juan Fernández "El Labrador"» a *Archivo Español de Arte*, Madrid, 1972, XLXI, p. 323-324.

Valdivieso 1978a
VALDIVIESO, E, *Juan de Roelas*, Sevilla, 1978.

Valdivieso 1978b
VALDIVIESO, E, «Pinturas de Juan de Roelas para el Convento de la Merced de Sanlúcar de Barrameda» a *Boletín del Seminario de Estudios de Arte y Arqueología*, Valladolid, 1978, XLIV, p. 293-302.

Valdivieso 1978c
VALDIVIESO, E, *Catálogo de las pinturas de la Catedral de Sevilla*, Sevilla, 1978.

Valdivieso 1981
VALDIVIESO, E, «Aportaciones al conocimiento de Juan de Zurbarán» a *Primer Congreso Español de Historia del Arte, Trujillo, 1977, sección I*, Trujillo, 1981.

Valdivieso 1984
VALDIVIESO, E, «La pintura en la catedral de Sevilla: siglos XVII al XX» a *La catedral de Sevilla*, Sevilla, 1984, p. 405-472.

Valdivieso 1985
VALDIVIESO, E, «Descubrimiento y restauración de un Zurbarán» a *ABC*, Madrid, 29 de novembre de 1985.

Valdivieso 1986
VALDIVIESO, E, *Historia de la pintura sevillana*, Sevilla, 1986.

Valdivieso 1987
VALDIVIESO, E, *La pintura en Sevilla*, Sevilla, 1987.

Valdivieso 1988
VALDIVIESO, E, *Francisco de Zurbarán*, Sevilla, 1988.

Valdivieso 1989
VALDIVIESO, E, «Nouvelles perspectives sur Zurbarán» a *Revue du Louvre et des Musées de France*, París, 1989, 39, p. 19-22.

Valdivieso 1991a
VALDIVIESO, E, *La Cathédrale de Séville*, Sevilla, 1991.

Valdivieso 1991b
VALDIVIESO, E, vegeu *La pintura sevillana de los Siglos de Oro*, Madrid, 1991 (catàleg d'exposició, Sevilla, 1991-1992).

Valdivieso 1992
VALDIVIESO, E, «Ángeles sevillanos en Lima» a *Buenavista de Indias*, Sevilla, 1992, 6, p. 35-45.

Valdivieso 1993
VALDIVIESO, E, vegeu *Da Velázquez a Murillo. Il "Siglo de Oro" in Andalusia*, Venècia, 1993 (catàleg d'exposició, Venècia, 1993).

Valdivieso 1998
VALDIVIESO, E, «Zurbarán: problèmes de chronologie et de style» a *Gazette des Beaux-Arts*, París, octubre de 1998 (en premsa).

Valdivieso/Morales Martínez 1980
VALDIVIESO, E, MORALES MARTÍNEZ, A, *Sevilla oculta*, Sevilla, 1980.

Valdivieso/Serrera 1979
VALDIVIESO, E, SERRERA, J.M, *Catálogo de las pinturas del Palacio Arzobispal de Sevilla*, Sevilla, 1979.

Valdivieso/Serrera 1980
VALDIVIESO, E, SERRERA, J.M, *El Hospital de la Caridad de Sevilla*, Sevilla, 1980.

Valdivieso/Serrera 1982
VALDIVIESO, E, SERRERA, J.M, *La época de Murillo. Antecedentes y consecuentes de su pintura*, Sevilla, 1982.

Valdivieso/Serrera 1985
VALDIVIESO, E, SERRERA, J.M, *Pintura sevillana del primer tercio del siglo XVII*, Madrid, 1985.

Valdivieso 1604 (ed. Rivadeneyra 1864)
VALDIVIESO, J. de, *Vida, excelencias y muerte del gloriosísimo patriarca San Joseph*, Madrid, 1604 (ed. M. Rivadeneyra, 1864).

Valencina 1908
VALENCINA, Padre A. de, *Murillo y los Capuchinos*, Sevilla, 1908.

Vallés 1663
VALLÉS, J. de, *Primer instituto de la sagrada religión de la Cartuxa. Fundaciones de los conventos de toda España, mártires de Inglaterra y generales de toda la orden*, Madrid, 1663.

Vallier 1891
VALLIER, G, *Sigilographie de l'Ordre de Chartreux et numismatique de Saint Bruno*, Montreuil-sur-Mer, 1891.

Van de Velde 1965
VAN DE VELDE, C, «The Labours of Hercules, a last series of paintings by Frans Floris» a *The Burlington Magazine*, Londres, 1965, CVII, p. 114-123.

Varela 1990
VARELA, J, *La muerte del Rey. El ceremonial funerario de la monarquía española, 1500-1885*, Madrid, 1990.

Vargas 1619-1622
VARGAS, B. de, *Chronica sacri et militaris ordinis B. Mariae de Mercede redemptionis captivoum*, 2 vol, Palerm, 1619-1622.

Vargas Ugarte 1943
VARGAS UGARTE, R, *El Monasterio de la Concepción de Lima*, Lima, 1943.

Vázquez 1922
VÁZQUEZ, G, «San Pedro Nolasco en Sevilla» a *La Merced*, 24 de gener de 1922, p. 203-204.

Vázquez 1928
VÁZQUEZ, G, «El venerable Miguel Jerónimo Carmelo» a *La Merced*, agost de 1928, p. 328-331.

Vázquez 1929
VÁZQUEZ, G, «Un cuadro inédito de Zurbarán» a *La Merced*, 15 d'agost de 1929, p. 286-289.

Vega 1994
VEGA DÍAZ, F, «Sobre los peregrinos de Emaús de Zurbarán» a *Cuadernos Hispanoamericanos*, Madrid, 1994, 524, p. 85-98.

Véliz 1981
VÉLIZ, Z, «A Painter's Technique: Zurbarán's *The Holy House of Nazareth*» a *Bulletin of the Cleveland Museum of Art*, Cleveland, 1981, LXVIII, p. 271-285.

Vera Camacho 1970
VERA CAMACHO, J.P, «Zurbarán, el pintor revalorizado» a *Revista de Estudios Extremeños*, Badajoz, 1970, XXVI, p. 499-505.

Vetter 1958-1959
VETTER, E.M, «Mulier amicta sole und Mater Salvatoris» a *Münchner Jahrbuch der bildenen Kunst*, Munic, 1958-1959, XXXII, p. 37-71.

Viardot 1839
VIARDOT, L, *Notices biographiques sur les principaux peintres de l'Espagne*, París, 1839.

Viardot 1843
Viardot, L, *Les Musées d'Espagne*, París, 1843.

Viardot 1860
VIARDOT, L, *Les Musées d'Espagne. Guide et memento de l'artiste et du voyageur, suivi de notices biographiques sur les principaux peintres de l'Espagne*, 3a ed, París, 1860.

Vida santa Isabel 1625
Vida de la gloriosa Santa Isabel de Portugal, Madrid, 1625.

Vida Père Reginald 1608
La Vie du bien-heureux Père Reginald...de l'Ordre Sacré de S. Dominique, París, 1608.

Villacampa 1930
VILLACAMPA, Fr. C, «Afinidades entre los cuadros de la Cartuja jerezana y los del Monasterio de Guadalupe» a *Boletín del Museo de Bellas Artes*, Cadis, 1930, p. 60-66.

Villacampa 1953
VILLACAMPA, C. de, *Grandezas de Guadalupe. Estudios sobre la historia y las bellas artes del gran monasterio extremeño*, Madrid, 1953.

Villanueva 1803-1852
VILLANUEVA, J, *Viage literario a las iglesias de España*, 22 vol, Madrid, 1803-1852.

Villegas 1589
VILLEGAS, A. de, *Flos sanctorum, segunda parte; y, Historia general en que se escribe la historia de la Virgen...y de los santos antiguos que fueron antes de la venida de Nuestro Salvador al mundo... va en impresión añadida una tabla muy útil...para los predicadores*, Barcelona, 1589.

Villegas 1593
VILLEGAS, A. de, *Flos sanctorum; y Historia general de la vida y hechos de Iesu Christo Dios y Señor nuestro y de todos los sanctos de que reza y haze fiesta la Iglesia cathólica, conforme al breviario romano reformado por el decreto del Sancto Concilio Tridentino, junto con las vidas de los sanctos proprios de España y de otros extravagantes*, Barcelona, 1593.

Villegas 1594
VILLEGAS, A. de, *Quinta parte del 'Flos Sanctorum...'*, Barcelona, 1594.

Villier, 1932-1980
VILLIER, M, i altres, *Dictionnaire de spiritualité ascétique et mystique, doctrine et histoire*, 15 vol, París, 1932-1980.

Villot 1849
VILLOT, F, *Notice des tableaux exposés dans les galeries du musée national du Louvre: Ecoles d'Italie et d'Espagne*, París, 1849.

Viniegra 1905
VINIEGRA, S, *Catálogo oficial ilustrado de la exposición de las obras de Francisco de Zurbarán*, Madrid, 1905 (catàleg d'exposició, Madrid, 1905).

Vizaña 1889
VIZAÑA, conde de la, *Adiciones al Diccionario histórico de los más ilustres profesores de las Bellas Artes en España de D. Juan Agustín Ceán Bermúdez*, Madrid, 1889.

Vizuete 1988
VIZUETE MENDOZA, J.C, *Guadalupe: un monasterio Jerónimo, 1389-1450*, Madrid, 1988.

Voinov 1916
VOINOV, V, vegeu *Apollon*, París, 1916, p. 1.

Vollmer 1947
VOLLMER, H, «Zurbarán» a THIEME, U, BECKER, F. (ed.), *Allgemeines lexikon. Der Bildenden Künstler*, Leipzig, 1947, XXXVI, p. 600-603.

Vorágine 1260
VORÁGINE, J. de, *Legenda sanctorum quam compilavit*, ms. c. 1260.

Vorágine 1913
VORÁGINE, J. de, *La leyenda dorada*, 2 vol, París, 1913.

Vossler 1941
VOSSLER, K, *Die Poesie der Einsamkeit in Spanien*, Munic, 1941.

Vosters 1990
VOSTERS, S.A, *Rubens y España. Estudio artístico-literario sobre la estética del Barroco*, Madrid, 1990.

Waagen 1838
WAAGEN, G.F, *Works of Art and Artists in Great Britain*, 3 vol, Londres, 1838.

Waagen 1839-1857
WAAGEN, G.F, *Treasures of Art in Great Britain*, 4 vol, Londres, 1839-1857.

Wadding 1625-1654
WADDING, L, *Anales minorum... ab anno 1208 ad annum 1540*, 2a ed, 16 vol, Roma, 1625-1654.

Wagner 1983
WAGNER, I.J.R, *Manuel Godoy, patrón de las artes y coleccionista*, 2 vol, tesi de doctorat, Madrid, Universidad Complutense, 1983.

Waldmann 1995
WALDMANN, S, *Der Künstler und sein Bildnis im Spanien des 17. Jahrhunderts. Ein Beitrag zur spanischen Porträtmalerei*, Frankfurt, 1995.

Warner 1978
WARNER, M, *Alone of all Her Sex: The Myth and Cult of the Virgin Mary*, Londres, 1978.

Waterhouse 1951
WATERHOUSE, E.K, vegeu *Spanish Paintings from El Greco to Goya*, Edimburg, 1951 (catàleg d'exposició, Edimburg, 1951).

Weber 1993
WEBER, A, «Between Ecstasy and Exorcism: Religious Negotiation in Sixteenth-century Spain» a *Journal of Medieval and Renaissance Studies*, Durham, primavera de 1993, p. 221-234.

Wehle 1920
WEHLE, H.B, «A Painting by Zurbarán» a *Bulletin of the Metropolitan Museum of Art*, Nova York, 1920, XV, p. 242-245.

Wehle 1940
WEHLE, H.B, *New York. Metropolitan Museum of Art. A Catalogue of Italian, Spanish and Byzantine Paintings*, Nova York, 1940.

Weisbach 1921
WEISBACH, W, *Der Barock als Kunst der Gegenreformation*, Berlín, 1921.

Weisbach 1941
WEISBACH, W, *Spanish Baroque Art*, Cambridge, 1941.

Weisbach 1942
WEISBACH, W, *El Barroco, arte de la Contrarreforma*, Madrid, 1942.

Weinstein/Bell 1982
WEINSTEIN, D, BELL, R.M, *Saints and Society: The Two Worlds of Western Christendom, 1000-1700*, Chicago, 1982.

Wethey 1953
WETHEY, H.E, «El testamento de Alonso Cano» a *Boletín de la Sociedad Española de Excursiones*, Madrid, 1953, 57, p. 1-11.

Wethey 1983
WETHEY, H.E, *Alonso Cano. Pintor, escultor, arquitecto*, Madrid, 1983 (1a ed, en anglès, Princeton, 1955).

White 1951
WHITE, J, «Developments in Renaissance Perspective II» a *Journal of the Warburg and Courtauld Institutes*, Londres, 1951, XIV, p. 42-69.

Whittington 1808
WHITTTINGTON, G.D, *A Tour Through the Principal Provinces of Spain and Portugal...in 1808*, Londres, 1808.

Witt 1924
WITT, R, «Letter» a *The Burlington Magazine*, Londres, 1924, XLV, p. 52.

Woodfall 1751
WOODFALL, H, *Las ciudades, iglesias y conventos donde hay obras de los Pintores y Estatuarios Eminentes Españoles*, Madrid, 1751.

Wormser 1955
WORMSER, S, *Tableaux espagnols à Paris au XIXe siècle*, tesi de doctorat, Universitat de París, 1955.

Young 1967
YOUNG, E, «Four Centuries of Spanish Painting at the Bowes Museum» a *The Connoisseur*, Londres, setembre de 1967, 166, p. 28-33.

Young 1972
YOUNG, E, «Una desconocida Inmaculada Concepción de Francisco de Zurbarán» a *Archivo Español de Arte*, Madrid, 1972, XLV, p. 161-166.

Young 1973
YOUNG, E, «Shorter Notice. An unknown St. Francis by Francisco de Zurbarán» a *The Burlington Magazine*, Londres, abril de 1973, 115, 841, p. 247.

Young 1976
YOUNG, E, «New perspectives on Spanish still-life painting of the Golden Age» a *The Burlington Magazine*, Londres, 1976, I, LXVIII, p. 203-213.

Young 1978
YOUNG, E, «Zurbarán's Seven Infants of Lara» a *The Connoisseur*, Londres, 1978, 800, p. 100-105.

Young 1982
YOUNG, E, «Spanish Painting: From International Gothic to Goya» a *Apollo*, Londres, 1982, 115, p. 433-439.

Young 1986
YOUNG, E, «The two Trinities in the School of Seville and an unknown version by Zurbarán» a *Apollo*, Londres, 1986, CXXIII, 287, p. 10-13.

Young 1988
YOUNG, E, *Catalogue of Spanish Paintings in the Bowes Museum*, Barnard Castle, 1988.

Zamora 1972
ZAMORA, H, «La capilla de las reliquias en el monasterio de Guadalupe» a *Archivo Español de Arte*, Madrid, 1972, 45, p. 43-54.

Zeri 1957
ZERI, F, *Pittura e controriforma*, Torí, 1957.

Zervos 1927
ZERVOS, Ch, «Révisions: Francisco de Zurbarán» a *Cahiers d'Art*, París, 1927, II, p. 85-92.

Zoido 1961
ZOIDO DÍAZ, A, «El tesoro zurbaranesco de Zafra y María Luísa Caturla, su descubridora» a *Hoy*, Badajoz, 5 de novembre de 1961.

EXPOSICIONS

Amsterdam 1985
Velázquez en Zijn Tija, Amsterdam, Rijksmuseum, 1985.

Andorra 1991
El segle d'or de la pintura espanyola al Museu del Prado, Andorra, Vegueria Episcopal, 1991.

Atlanta 1957
Goya, Zurbarán and Spanish Primitives, Atlanta, Atlanta Art Association Gallery, març de 1957.

Atlanta 1962
The Painting of "Veronica's Veil" by Zurbarán, Atlanta, Atlanta Art Association Gallery, juny de 1962.

Aix-en-Provence 1991
La passion selon Don Juan, Aix-en-Provence, Musée Granet, juliol - setembre de 1991.

Austin 1953
Texas Fine Arts Festival: Masterpieces, Austin (Texas), 18 - 26 d'abril de 1953.

Baden-Baden 1980
Stilleben in Europa, Baden-Baden, Staatliche Kunsthalle, maig - juny de 1980.

Barcelona 1910
Obras pictóricas de los siglos XV al XIX, Barcelona, Salones Pedro Reig e Hijo, abril de 1910.

Barcelona 1947
Exposición de obras de arte e historia. Adquisiciones y restauraciones 1939-1947, Barcelona, Casa de la Ciudad, Antiguo Palacio Real Mayor, gener - febrer de 1947.

Barcelona 1955-1956
III Bienal Hispanoamericana de Arte, Barcelona, Palau Municipal d'Exposicions, Saló del Tinell i Capella de Santa Àgata, 24 de setembre de 1955 - 6 de gener de 1956.

Barcelona 1958
Legado Espona, Barcelona, Saló del Tinell, 1958.

Barcelona 1963-1964
Legados y donativos a los museos de Barcelona 1952-1963, Barcelona, Palau de la Virreina, desembre de 1963 - gener de 1964.

Barcelona 1965
Zurbarán, Barcelona, Saló del Tinell, 1965.

Barcelona 1983
L'època del Barroc, Barcelona, Palau Reial de Pedralbes, 8 de març - 10 d'abril de 1983.

Barcelona 1984
El fil d'Ariadna, com entendre la pintura. Col·lecció del Grup Banco Hispano-Americano, Barcelona, Palau Moja, maig - juny de 1984.

Barcelona 1992
Prefiguració del Museu Nacional d'Art de Catalunya, Barcelona, Museu Nacional d'Art de Catalunya, 27 de juliol - 30 de novembre de 1992.

Barcelona 1996
L'esplendor de la pintura del Barroc. Mecenatge català al Museu Nacional d'Art de Catalunya, Barcelona, Museu Nacional d'Art de Catalunya, 16 de maig - 17 de novembre de 1996.

Barcelona 1997
La col·lecció Cambó del Museu Nacional d'Art de Catalunya, Barcelona, Museu Nacional d'Art de Catalunya, Barcelona, a partir del 30 d'abril de 1997.

Barnard Castle 1967
Four Centuries of Spanish Painting, Barnard Castle, The Bowes Museum, juny - setembre de 1967.

Belgrad 1981
Del Greco a Goya, Belgrad, Galerija decjeg likovnog stvaranja, 1981.

Bordeus 1955
L'Âge d'Or espagnol. La peinture en Espagne et en France autour du caravaggisme, Bordeus, Musée et Galerie des Beaux-Arts, 16 de maig - 31 de juliol de 1955.

Bordeus 1959
La découverte de la lumière des Primitifs aux Impressionnistes, Bordeus, Galerie des Beaux-Arts, maig - juliol de 1959.

Bordeus 1978
La nature morte de Brueghel à Soutine, Bordeus, Galerie des Beaux-Arts, 5 de maig - 1 de setembre de 1978.

Boston 1874
Pictures Belonging to H. R. H. the Duke of Montpensier, and Other Pictures, also Loaned to the Museum of Fine Arts, Boston, Museum of Fine Arts, 1874.

Boston 1970
Masterpieces of Painting in the Metropolitan Museum of Art, Boston, Museum of Fine Arts, agost - octubre de 1970.

Boston 1993
Master European Paintings from the National Gallery of Ireland: Mantegna to Goya, Boston, Museum of Fine Arts, gener - març de 1993.

Brussel·les 1985
Splendeurs d'Espagne et les villes belges 1500-1700, Brussel·les, Palais des Beaux-Arts, 25 de setembre - 22 de desembre de 1985.

Budapest 1919
Exposition d'oeuvres d'art devenues propriété de l'état, Budapest, Szépmüvészeti Múzeum, 1919.

Budapest 1965
Spanyol mesterek. Budapest, Szépmüvészeti Múzeum, agost - octubre de 1965.

Buenos Aires 1934
Arte religioso, Buenos Aires, 1934.

Buenos Aires 1939
Pintura española. De los primitivos a Rosales, Buenos Aires, 1939.

Buenos Aires 1980
Panorama de la pintura española desde los Reyes Católicos a Goya, Buenos Aires, Palacio del Concejo Deliberante, 1980.

Caen 1990/París 1990-1991
Les Vanités dans la peinture au XVIIe siècle, Caen, Musée des Beaux-Arts, juliol-octubre de 1990; París, Musée du Petit Palais, novembre de 1990 - gener de 1991.

Caracas 1968
Grandes Maestros, Caracas, Museo de Bellas Artes, 1968.

Caracas 1981
400 años de pintura española, Caracas, Museo de Bellas Artes, 1981.

Caracas 1988
Zurbarán en los conventos de América, Caracas, Museo de Bellas Artes, maig - juny de 1988.

Chicago 1985
Hispanic Blue-and-White Faience in the Chinese Style, Chicago, The Art Institute, 1985.

Chicago 1992
Master European Paintings from the National Gallery of Ireland: Mantegna to Goya, Chicago, The Art Institute, setembre - desembre de 1992.

Cleveland 1960
Year in Review, Cleveland, Cleveland Museum of Art, desembre de 1960.

Còrdova 1997/Marchena1997/Cadis 1997-1998
Zurbarán 1598-1998. Exposición Conmemorativa del IV Centenario del Nacimiento de Zurbarán, Còrdova, Museo Obispado Caja Sur de Bellas Artes, 30 d'octubre - 9 de desembre de 1997; Marchena, església parroquial de San Juan Bautista, 12 - 19 de desembre de 1997; Cadis, Museo de Cádiz, 22 de desembre de 1997 - 1 de febrer de 1998.

Detroit 1951
Thirty-eight Great Paintings from the Metropolitan Museum of Art, Detroit, Detroit Institute of Arts, 2 - 28 d'octubre de 1951.

Edimburg 1951
Spanish Paintings from El Greco to Goya, Edimburg, National Gallery of Scotland, 19 d'agost - 8 de setembre de 1951.

Estocolm 1959-1960
Stora Spanska Mästere, Estocolm, Nationalmuseum, 12 de desembre de 1959 - 13 de març de 1960.

Estocolm 1995
Still Leben, Estocolm, Nationalmuseum, 16 de febrer - 1 de maig de 1995.

Florència 1986
Da El Greco a Goya: I secoli d'oro della pittura spagnola, Florència, Palazzo Vecchio, 25 de setembre - 14 de desembre de 1986.

Fort Worth/Toledo (Ohio) 1985
Spanish Still Life in the Golden Age 1600-1650, Fort Worth (Texas), Kimbell Art Museum, 11 de maig - 4 d'agost de 1985; Toledo (Ohio), The Toledo Museum of Art, 8 de setembre - 3 de novembre de 1985.

Fukuoka 1984
Masterpieces of European Painting from the Museum of Fine Arts of Boston, Fukuoka, Fukuoka Art Museum, gener de 1984.

Gijón 1984
El Greco, Rubens, Van Dyck, Zurbarán, Ricci, Cano y Goya en la colección del Banco Hispano Americano, Gijón, Fundación Evaristo Valle, Somio, agost de 1984.

Ginebra 1939
Les Chefs-d'oeuvre du Musée du Prado, Ginebra, Musée d'Art et d'Histoire, juny - agost de 1939.

Ginebra 1989
Du Greco à Goya. Chefs-d'oeuvre du Prado et des collections espagnoles, Ginebra, Musée d'Art et d'Histoire, juny - setembre de 1989.

Girona 1987/Barcelona 1989
L'època dels Genis. Renaixement/Barroc. Tresors del Museu d'Art de Catalunya, Girona, Museu d'Història de la Ciutat, 1987; Barcelona, Palau de la Virreina, 27 de juliol - 17 de setembre de 1989.

Granada 1953
Zurbarán, Granada, Palacio de Carlos V, juny de 1953.

Granada 1973
El legado Gómez-Moreno, Granada, Galería de Exposiciones Banco de Granada, gener - febrer de 1973.

Guadalajara 1991
Raíces de Iberoamérica, Guadalajara, Hospicio Cabañas, juliol de 1991.

Hamburg 1935
Alte und neue Spanische Kunst, Hamburg, Kunstverein, agost - setembre de 1935.

Indianapolis/Providence 1963
El Greco to Goya, Indianapolis, John Herron Museum of Art, febrer - març de 1963; Providence, Museum of Art, Rhode Island School of Design, abril - maig de 1963.

Kyoto 1984
Masterpieces of European Painting from the Museum of Fine Arts of Boston, Kyoto, Kyoto Municipal Museum of Art, 1984.

Las Palmas de Gran Canaria 1973
Pintura española de los siglos XVI al XIX, Las Palmas de Gran Canaria, Casa de Colón, 1973.

Lausana 1992-1993
Chefs d'oeuvre du musée de Grenoble. De David à Picasso, Lausana, Fondation de l'Ermitage, octubre de 1992 - març de 1993.

Leeds 1868
National Exhibition of Works of Art, Leeds, Museum of Ornamental Art, 1868.

Leningrad/Moscou 1975
One Hundred Paintings from the Metropolitan Museum, Leningrad, Staatliche Ermitage, 22 de maig - 27 de juliol de 1975; Moscou, Staatliches Puschkin-Museum, 28 d'agost - 2 de novembre de 1975.

Leningrand 1984
Murillo et les peintres andalous du XVIIe siècle dans les collections de l'Ermitage, Leningrad, Staatliche Ermitage, 1984.

Lima 1985
El Siglo de Oro de la pintura sevillana, Lima, Casa de Osambela, 1985.

Lima 1985-1986
Los Zurbaranes del Convento de la Buena Muerte de Lima, Lima, Museo de Arte, desembre de 1985 - gener de 1986.

Lió 1989-1990
Les Muses de Messidor. Peintres et sculpteurs lyonnais de la Révolution à l'Empire, Lió, Musée des Beaux-Arts, novembre de 1989 - gener de 1990.

Lisboa 1991
Josefa de Obidos e o tempo barroco, Lisboa, Galeria de Pintura do Rei D. Luis, juny de 1991.

Lleó 1988
Tesoros de la Colección Grupo Banco Hispano Americano, Lleó, Hostal de San Marcos, setembre - octubre de 1988.

Londres 1895-1896
Exhibition of Spanish Art, Londres, New Gallery, 1895-1896.

Londres 1920-1921
Exhibition of Spanish Painting, Londres, Royal Academy of Arts, novembre de 1920 - gener de 1921.

Londres 1931
An Exhibition of Old Masters by Spanish Artists, Londres, The Spanish Art Gallery, juny de 1931.

Londres 1938
From El Greco to Goya, Londres, The Spanish Art Gallery, 1938.

Londres 1947
An Exhibition of Spanish Painting, Londres, The National Gallery, 11 de febrer - 23 de març de 1947.

Londres 1964-1965
Exhibition of Old Master Paintings and Works of Art from the Northwick Collection, Londres, Christie's, desembre de 1964 - gener de 1965.

Londres 1976
The Golden Age of Spanish Painting, Londres, Royal Academy of Arts, 10 de gener - 14 de març de 1976.

Londres 1981
El Greco to Goya. The Taste for Spanish Painting in Britain and Ireland, Londres, Royal Academy of Arts, 16 de setembre - 29 de novembre de 1981.

Londres 1983
Murillo (1617-1682), Londres, Royal Academy of Arts, gener - març de 1983.

Londres 1994/Madrid 1995
Zurbarán: Jacob & his Twelve Sons, Londres, març - maig de 1994; Madrid, Museo del Prado, 16 de febrer - 30 d'abril de 1995.

Londres 1995
Spanish Still Life from Velázquez to Goya, Londres, The National Gallery, 22 de febrer - 21 de maig de 1995.

Londres/Nova York 1997
An Eye on Nature. Spanish Still-Life Paintings from Sánchez Cotán to Goya, Londres, Matthiesen Gallery, 1997; Nova York, Stair Sainty Matthiesen Inc., 1997.

Los Angeles 1937
Loan Exhibition of International Art, Los Angeles, Los Angeles Art Association, 15 d'octubre - 15 de desembre de 1937.

Los Angeles/San Diego 1960
Spanish Masters, Los Angeles, University of California Art Galleries, 25 de gener - 6 de març de 1960; San Diego, San Diego Fine Arts Gallery, 25 de març - 1 de maig de 1960.

Lugano 1985
Capolavori da musei ungheresi: Collection Thyssen-Bornemisza, Lugano, Villa Favorita, 15 de juny - 15 d'octubre de 1985.

Madrid 1905
Exposición de las obras de Francisco de Zurbarán, Madrid, Museo Nacional de Pintura y Escultura, 1905.

Madrid 1922
Colección de cuadros antiguos de D. Felix Labat, Madrid, Galerías Sagaseta, desembre de 1922.

Madrid 1927
Exposición franciscana. VII centenario de la muerte de San Francisco de Asís, Madrid, Sociedad Española de Amigos del Arte, maig - juny de 1927.

Madrid 1935
Floreros y bodegones en la pintura española, Madrid, Palacio de la Biblioteca Nacional, 11 de maig - 20 de juny de 1935.

Madrid 1964
Conservación y restauración del patrimonio artístico de España, Madrid, Casón del Buen Retiro, maig de 1964.

Madrid 1964-1965a
Zurbarán en el III Centenario de su muerte, Madrid, Casón del Buen Retiro, novembre de 1964 - febrer de 1965.

Madrid 1964-1965b
Pintura. Siglos XV-XVII, Madrid, Galería del Viaducto, novembre de 1964 - gener de 1965.

Madrid 1965-1966
Obras restauradas, Madrid, Instituto Central de Restauración, 1965 - 1966.

Madrid 1966
Colecciones particulares madrileñas, Madrid, Galería Legar, 1966.

Madrid 1969
Principales adquisiciones del Museo del Prado (1958-1968), Madrid, Museo del Prado, 1969.

Madrid 1978-1979
D. Antonio Pereda y la pintura madrileña de su tiempo, Madrid, Palacio de Bibliotecas y Museos, desembre de 1978 - gener de 1979.

Madrid 1981-1982a
Museo del Prado: Adquisiciones de 1978 a 1981, Madrid, Museo del Prado, a partir del 24 d'abril de 1981.

Madrid 1981-1982b
Pintura española de los siglos XVI al XVIII en colecciones centroeuropeas, Madrid, Museo del Prado, desembre de 1981 - gener de 1982.

Madrid 1981-1982c
El arte en la época de Calderón, Madrid, Palacio de Velázquez, desembre de 1981 - gener de 1982.

Madrid 1982
Murillo (1617-1682), Madrid, Museo del Prado, octubre - desembre de 1982.

Madrid 1983
El niño en el Museo del Prado, Madrid, Museo del Prado, 1983.

Madrid 1983-1984
Pintura española de bodegones y floreros. De 1600 a Goya, Madrid, Museo del Prado, novembre de 1983 - gener de 1984.

Madrid 1986
Carreño, Rizi, Herrera y la pintura madrileña de su tiempo (1650-1700), Madrid, Palacio de Villahermosa, gener - març de 1986.

Madrid 1987
Tesoros de las colecciones particulares madrileñas. Pintura desde el siglo XV a Goya, Madrid, Real Acacemia de Bellas Artes de San Fernando, 1987.

Madrid 1988
Zurbarán, Madrid, Museo del Prado, 3 de maig - 30 de juliol de 1988.

Madrid 1989
Obras maestras de la colección Masaveu, Madrid, Palacio de Villahermosa, Museo del Prado, 1989.

Madrid 1989-1990
Tesoros del Museo de Bellas Artes de Bilbao. Pintura: 1400-1939, Madrid, Museo Municipal, novembre de 1989 - gener de 1990.

Madrid 1990
Velázquez, Madrid, Museo del Prado, gener - març de 1990.

Madrid 1990-1991/Barcelona 1991
Col·lecció Cambó, Madrid, Museo del Prado, 9 d'octubre de 1990 - 13 de gener de 1991; Barcelona, Sala Sant Jaume de la Fundació Caixa de Barcelona, 31 de gener - 31 de març de 1991.

Madrid 1991
Colección Banco Hispano-Americano. Renacimiento y Barroco, Madrid, Fundación Central-Hispano, 20 de setembre - 22 de desembre de 1991.

Madrid 1992
Ribera, Madrid, Museo del Prado, 2 de juny - 16 d'agost de 1992.

Madrid 1993-1994
De la Edad Media al Romanticismo, Madrid, Caylus Anticuario, 1993-1994.

Madrid 1994
Obras maestras de la Real Academia de San Fernando. Su primer siglo de historia, Madrid, Real Academia de Bellas Artes de San Fernando, 31 de maig - 31 d'agost de 1994.

Madrid 1995a
El San Diego. Un tesoro bajo el mar, Madrid, 1995.

Madrid 1995b
La belleza de lo real. Floreros y Bodegones españoles en el Museo del Prado 1600-1800, Madrid, Museo del Prado, 21 de juliol - 29 d'octubre de 1995.

Madrid 1996
Cinco siglos de pintura valenciana. Obras del Museo de Bellas Artes de Valencia, Madrid, Sala de Exposiciones de la Fundación Central-Hispano, octubre - desembre de 1996.

Madrid 1997
El retorno de los ángeles, Madrid, Real Academia de Bellas Artes de San Fernando, abril - maig de 1997.

Manchester 1857
Art treasures of the United Kingdom Collected at Manchester, Manchester, City Art Gallery, 1857.

Mänttä 1984
Ars Jubileumsutsällning, Mänttä, The Gösta Serlachius Fine Arts Foundation, 2 de juny - 31 de desembre de 1984.

Mèxic 1978
Del Greco a Goya, Mèxic, Palacio de Bellas Artes, novembre - desembre de 1978.

Mèxic 1991
Pintura mexicana y española de los siglos XVI al XVIII, Mèxic, Palacio Nacional de Exposiciones, 1991.

Mèxic 1993
Juan de Valdés Leal y el arte sevillano del Barroco, Mèxic, Centro Cultural de Arte Contemporáneo, 1993.

Milwaukee 1953
Milwaukee State Show Masterpieces, 7 - 14 de març de 1953.

Minneapolis 1973
Fakes and Forgeries and Other Deceptions, Minneapolis, The Minneapolis Insitute of Art, juliol - setembre de 1973.

Montpeller 1988
De Jean Cousin à Degas, Montpeller, Musée Fabre, 1988.

Montreal 1933
A Selection from the Collection of Paintings of the Late Sir William Van Horne, K.C.M.G, 1843-1915, Montreal, Art Association of Montreal, 16 d'octubre - 5 de novembre de 1933.

Munic 1911
Altspanische Ausstellung, Munic, Galerie Heinemann, gener de 1911.

Munic/Viena 1982
Von Greco bis Goya: Vier Jahrhunderte spanische Malerei, Munic, Haus der Kunst, 20 de febrer - 25 d'abril de 1982; Viena, Künstlerhaus, 14 de maig - 11 de juliol de 1982.

Münster 1979-1980
Stilleben in Europa, Münster, Westfälisches Landesmuseum für Kunst und Kulturgeschichte, novembre 1979 - febrer de 1980.

Nagoya 1992
Pintura española de bodegones y floreros, Nagoya, City Art Museum, abril - maig de 1992.

Nàpols 1964
La natura morta italiana, Nàpols, Palazzo Reale, octubre - novembre de 1964.

New London 1948
Spanish Painting of the XVI to XXth Century, New London, 1948.

Nova York 1934
Exhibition of Paintings: Six Countries and Centuries, Nova York, Lilienfeld Galleries, 11 - 31 de gener de 1934.

Nova York 1956
Religious Paintings 15th-19th Century, Nova York, The Brooklyn Museum, octubre - novembre de 1956.

Nova York 1961
Loan Exhibition of Paintings and Drawings; Masterpieces: A Memorial Benefit for Adele R. Levy, Nova York, The Wildenstein Institute, 6 d'abril - 7 de maig de 1961.

Nova York 1987/París 1988
Zurbarán, Nova York, The Metropolitan Museum of Art, 22 de setembre -13 de desembre de 1987; París, Galeries Nationales du Grand Palais, 14 de gener - 11 d'abril de 1988.

Nova York 1993
Master European Paintings from the National Gallery of Ireland: Mantegna to Goya, Nova York, The IBM Gallery of Science and Art, abril - juny de 1993.

Nova York 1997
An Eye on Nature. Spanish Still-Life Paintings from Sánchez Cotán to Goya, Nova York, Stair Sainty Matthiesen Inc, 1997.

Orleans 1876
Exposition rétrospective de beaux-arts, Orleans, Halle Saint-Louis, 1876.

Pàdua/Roma 1991
Capolavori dal Museo di Bellas Artes di Bilbao, Pàdua, Palazzo della Ragione, abril - juny de 1991; Roma, Palazzo delle Esposizioni, juliol - setembre de 1991.

Pàdua 1995
Capolavori per Sant'Antonio, Pàdua, Museo al Santo, 9 d'abril - 9 de juliol de 1995.

Palos de la Frontera 1992
Los Franciscanos y el Nuevo Mundo, Palos de la Frontera, Monasterio de Santa María de la Rábida, abril - maig de 1992.

París 1925
Exposition d'art ancien espagnol, París, Hôtel Jean Charpentier, 6 de juny - 6 de juliol de 1925.

París 1935
Les Chefs-d'oeuvre du Musée de Grenoble, París, Petit Palais, febrer - abril de 1935.

París 1939
Les Chefs-d'oeuvre du Musée de Montpellier, París, Musée de l'Orangerie, març - abril de 1939.

París 1952
La Nature morte de l'Antiquité à nos jours, París, Musée de l'Orangerie, abril - juny de 1952.

París 1963
Trésors de la peinture espagnole: Églises et musées de France. París, Musée des Arts Decoratifs, gener - abril de 1963.

París 1976
La peinture espagnole au siècle d'or: De Greco à Velázquez, París, Petit Palais, abril - juny de 1976.

París 1982
Collection Thyssen-Bornemisza. Maîtres anciens, París, Petit Palais, gener - març de 1982.

París 1987-1988
Du Greco à Picasso. Cinq siècles d'art espagnol, París, Musée du Petit Palais, 10 d'octubre de 1987 - 3 de gener de 1988.

París 1993
Le triomphe du trompe-l'oeil. Histoire du trompe-l'oeil dans la peinture occidentale du VIe siècle avant J.C. à nos jours, París, Salon des Indépendants, Galeries Nationales du Grand Palais, novembre de 1993.

Roma 1930
Los antiguos pintores españoles de la colección Contini-Bonacossi, Roma, Galleria Nazionale d'Arte Moderna, 1930.

Roma 1982-1983
L'Immagine di San Francesco nella Controriforma, Roma, Calcografia Nazionale, desembre de 1982 - febrer de 1983.

Roma 1990-1991
Capolavori dal Museo d'Arte della Catalogna, Roma, Accademia Spagnola di Storia, Archeologia e Belle Arti, 22 d'octubre de 1990 - 9 de gener de 1991.

Roma 1991-1992
La Pittura madrileña del secolo XVII, Roma, Palazzo delle Esposizioni, desembre de 1991 - gener de 1992.

Santander 1992
Pintura barroca en la Colección Central Hispano, Santander, Museo Municipal de Bellas Artes, 1 - 31 d'agost de 1992.

Saint Louis 1952
Old Masters from the Metropolitan, Saint Louis, City Art Museum of Saint Louis, 14 de gener - 14 de febrer de 1952.

San Antonio 1968
Treasures of Spanish Art, San Antonio (Texas), Hemisfair '68, 1968.

San Diego 1935
California-Pacific International Exposition, San Diego, San Diego Fine Arts Gallery, 29 de maig - 11 de novembre de 1935.

San Diego 1936
Official Art Exhibition, San Diego, San Diego Fine Arts Gallery, 12 de febrer - 9 de setembre de 1936.

San Francisco 1992
Master European Paintings from the National Gallery of Ireland: Mantegna to Goya, San Francisco, The Fine Arts Museum, setembre - desembre de 1992.

Saragossa 1988
Maestros barrocos andaluces, Saragossa, Museo Camón Aznar, 1988.

Seattle 1952
Masterpieces from the Metropolitan Museum of Art, Seattle, Seattle Art Museum, 1 de març - 30 de juny de 1952.

Sevilla 1866
Cuadros, dibujos, y esculturas pertenecientes a la galería del Duque de Montpensier en su palacio de Sanlucar de Barrameda, Sevilla, 1866.

Sevilla 1896
Exposición retrospectiva de la pintura, Sevilla, 1896.

Sevilla 1929-1930
Exposición Ibero-Americana, Sevilla, Pabellón Mudéjar, 1929-1930.

Sevilla 1961
Arte español de la época de Velázquez y algunas obras mencionadas en su libreria, Sevilla, Real Academia de Bellas Artes de Santa Isabel de Hungría, 1961.

Sevilla 1964
Exposición homenaje a Zurbarán en el III Centenario de su muerte, Sevilla, Museo Provincial de Bellas Artes, 1964.

Sevilla 1973
Caravaggio y el naturalismo español, Sevilla, Sala de Armas de los Reales Alcázares, setembre - octubre de 1973.

Sevilla 1982
La época de Murillo. Antecedentes y consecuentes de su pintura, Sevilla, Caja de Ahorros Provincial de San Fernando, maig - juny de 1982.

Sevilla 1983
Colección de pinturas. Ayuntamiento de Sevilla, Sevilla, Reales Alcázares, abril - maig de 1983.

Sevilla 1983-1984
Sevilla en el siglo XVII, Sevilla, Museo de Artes y Costumbres Populares, 1983-1984.

Sevilla 1985
El niño y el joven en las artes sevillanas, Sevilla, Sala Villasís, El Monte, 1985.

Sevilla 1991-1992
La Pintura Sevillana de los Siglos de Oro, Sevilla, Hospital de los Venerables Sacerdotes, novembre de 1991 - gener de 1992.

Sevilla 1992a
Obras maestras del Museo de Bellas Artes de Sevilla. Siglos XV-XVIII, Sevilla, Hospital de los Venerables Sacerdotes, 1992.

Sevilla 1992b
Tesoros del Arte Español, Sevilla, Exposición Universal de Sevilla, Pabellón de España, abril - octubre de 1992.

Sevilla 1992c
La Iglesia en América: Evangelización y cultura, Sevilla, Exposición Universal de Sevilla, Pabellón de la Santa Sede, abril - octubre de 1992.

Sevilla 1992d
Magna Hispalensis, Sevilla, Santa Iglesia Catedral Metropolitana de Sevilla, maig - octubre de 1992.

Sevilla 1995-1996
Tres siglos de dibujo sevillano, Sevilla, Hospital de los Venerables Sacerdotes, novembre de 1995 - febrer de 1996.

Sevilla 1996-1997/Madrid 1997
Pintura española recuperada por el coleccionismo privado, Sevilla, Hospital de los Venerables Sacerdotes, desembre de 1996 - febrer de 1997; Madrid, Real Academia de Bellas Artes de San Fernando, febrer - abril de 1997.

Stuttgart 1988-1989
Meisterwerke der Sammlung Thyssen-Bornemisza. Gemälde des 14-18 Jahrhunderts, Stuttgart, Staatsgalerie, desembre de 1988 - març de 1989.

Syracuse/Atlanta 1957
Goya, Zurbarán and Spanish Primitives, Syracuse, Syracuse Museum of Fine Arts, 3 - 24 de febrer de 1957; Atlanta, Atlanta Art Association Galleries, 10 - 25 de març de 1957.

Tepotzotlán 1992
Pintura novohispana, Tepotzotlán, Museo Nacional del Virreinato, 1992.

Tokyo/Kyoto 1970
Exposición de arte español, Tokyo/Kyoto, The National Museum of Western Art, 1970.

Tokyo/Kyoto 1976
Masterpieces of World Art from American Museums: From Ancient Egyptian to Contemporary Art, Tokyo, The National Museum of Western Art, 11 setembre - 17 d'octubre de 1976, Kyoto, 2 de novembre - 5 de desembre de 1976.

Tokyo 1978
Citizens of the World, Tokyo, The National Museum of Western Art, 1978.

Tokyo 1983
Masterpieces of European Painting from the Museum of Fine Arts, Boston, Tokyo, Isetan Museum of Art, octubre - desembre de 1983.

Tokyo/Nagoya 1992
Pintura española de bodegones y floreros, Tokyo, The National Museum of Western Art, 11 de febrer - 12 d'abril de 1992; Nagoya, Nagoya City Art Museum, 21 d'abril - 31 de maig de 1992.

Tokyo/Osaka 1985
Pintura Española del Siglo de Oro, Tokyo, Seibu Museum, setembre - octubre de 1985; Osaka, novembre - desembre de 1985.

Toledo 1987
Colección Grupo Banco Hispano Americano. Renacimiento y Barroco, Toledo, Museo de Santa Cruz, 9 d'abril - 31 de maig de 1987.

Toledo 1995
Pintores del reinado de Felipe IV, Toledo, Caja Castilla-La Mancha, 1995.

Toledo (Ohio) 1941
Spanish Painting, Toledo (Ohio), Toledo Museum of Art, 16 de març - 27 d'abril de 1941.

Toronto 1951
Art Gallery of Toronto, Toronto, 14 de novembre - 12 de desembre de 1951.

Tolosa de Llenguadoc 1950
L'Espagne des peintres, Tolosa de Llenguadoc, Musée des Augustins, 27 de maig - 1 d'octubre de 1950.

Valladolid 1973
Clásicos de la pintura, Valladolid, Galería de Arte José M. Burgos, 1973.

Varsòvia 1990
Opus Sacrum. Catalogue of the Exhibition from the Collection of Barbara Piasecka Johnson, Varsòvia, Royal Castle, 1990.

Venècia 1991
Capolavori europei dalla Romania, Venècia, Palazzo Ducale, febrer - juny de 1991.

Venècia 1993
Da Velázquez a Murillo. Il "Siglo de Oro" in Andalusia, Venècia, Fondazione Giorgio Cini, 27 de març - 27 de juny de 1993.

Zuric 1946
Aus Museum und Bibliothek der Stadt Grenoble, Zurich, Kunsthaus, juliol - agost de 1946.

TRADUCCIÓN CASTELLANA

PRESENTACIÓN

Al cumplirse el cuarto centenario del nacimiento de Francisco de Zurbarán el Museu Nacional d'Art de Catalunya quiere rendir homenaje al maestro extremeño, que fue denominado un día «pintor gótico del siglo XVII» y que figura entre los grandes de la pintura española del llamado Siglo de Oro. Nuestra colección, conocida mundialmente por la riqueza de sus fondos de arte catalán medieval y modernista, goza además del privilegio de ser la única en el mundo que posee, de un total de siete zurbaranes, dos bodegones de Francisco y otros dos de su hijo Juan, una singularidad que nos honra y acrecienta el valor de la colección de Renacimiento y Barroco. Hace ahora casi un siglo, en los lejanos años de 1904 y 1905 ingresaron en el Museo los dos primeros zurbaranes como fruto de una inteligente política de adquisiciones practicada por la antigua Junta de Museus, que compró para nosotros el entonces llamado «monje» de Francisco de Zurbarán y el *Bodegón con fruta y jilguero* reconocido hoy como una obra indiscutible de Juan de Zurbarán. Con los años y gracias a los ingresos procedentes de la colección Gil y los generosos legados de Santiago Espona, Francesc Cambó y Agustí Montal, somos actualmente un lugar de referencia obligado para cualquier estudioso o aficionado zurbaranista y por este motivo queremos hoy ofrecer al público la exposición *Zurbarán en el Museu Nacional d'Art de Catalunya*. No entraría en la línea del Museo una exposición antológica de Zurbarán, pero sí, una muestra entorno a aquellos temas cultivados por el pintor que informan las obras que de él posee nuestro Museo.

Desde aquí queremos expresar nuestro sincero agradecimiento al Excelentísimo Cabildo de la catedral de San Salvador de Jerez de la Frontera, Instituto Gómez-Moreno de la Fundación Rodríguez-Acosta de Granada, Museo de Bellas Artes de Bilbao, Museo del Prado de Madrid, Museo de Bellas Artes de Sevilla, Kieskij Musej de Kiev, The Gösta Serlachius Fine Arts Foundation de Mänttä, The National Gallery de Londres, Wildenstein Institute de París, Plácido Arango, Helena Cambó de Guardans, Banco Central Hispano, Emilio Ferré, Enrique G. de Calderón, Antonia Gil Arias, Michel y Francine Lung, herederos de Santiago Espona, de Agustí Montal, Conchita Romero, José Antonio de Urbina, José Luis Várez Fisa y a todos los coleccionistas de España, Estados Unidos, Francia y Suiza, que prefieren permanecer en el anonimato y tan generosamente nos han prestado sus obras, así como a todas aquellas personas que con su ayuda han hecho realidad nuestro proyecto.

EDUARD CARBONELL I ESTELLER
Director general del Museu Nacional
d'Art de Catalunya

EL MUSEU NACIONAL D'ART DE CATALUNYA Y FRANCISCO Y JUAN DE ZURBARÁN

Desde los días de la revalorización de Francisco de Zurbarán durante la primera mitad del siglo pasado por los románticos franceses y de la primera exposición que en 1905 le dedicó el Museo del Prado, la difusión y la fortuna crítica de Zurbarán han crecido de tal manera que actualmente goza ya de categoría universal. Por el momento se han publicado en Alemania, España, Estados Unidos, Francia y Gran Bretaña más de una veintena de monografías de Zurbarán y algunas de ellas son prácticamente un catálogo razonado. A todo ello se añaden las exposiciones que se hicieron primero en 1953 en el Palacio de Carlos V de Granada, las conmemorativas del tercer centenario de la muerte del artista en 1964-1965 en la Real Academia de Bellas Artes de Santa Isabel de Hungría de Sevilla y en el Casón del Buen Retiro de Madrid y las más recientes, hace ahora una década, en 1987-1988, organizadas desde el Metropolitan Museum of Art de Nueva York, las Galeries Nationales du Grand Palais de París y el Museo del Prado de Madrid.

En la primavera de 1965, y como extensión de la muestra madrileña, se pudo contemplar en la ciudad de Barcelona una selección antológica de veinticinco cuadros del maestro en el marco incomparable del Saló del Tinell y la contigua capilla de Santa Àgata. El entonces Museu d'Art de Catalunya estuvo allí presente con sus pinturas como ya lo había hecho en las exposiciones anteriormente mencionadas.

Ahora es el propio Museu Nacional d'Art de Catalunya el que cede ante la fascinación del artista de Fuente de Cantos y acoge en su sede remodelada un conjunto de obras suyas y de su hijo Juan de Zurbarán junto a las de su propiedad que son patrimonio de Cataluña. La de hoy es una muestra de veintiséis piezas con la intención de proporcionar placer estético al público en general y facilitar aportaciones científicas y estudios comparativos útiles a los conocedores, a partir de aspectos concretos existentes en los cuadros catalanes. Es una elección que abandona el criterio antológico y se centra en coincidencias estilísticas, iconográficas o cronológicas con nuestras obras, a la vez que intenta ampliar la visión tópica de Francisco de Zurbarán como pintor austero de vida monástica con un discurso expositivo con un hilo conductor basado en cinco temas. Tres de ellos ilustran su rol como intérprete del pensamiento religioso de la Contrarreforma en España, ni cortesano ni oficial, y están dedicados a la **Inmaculada Concepción**, al **Cristo en la cruz** y a las **Imágenes franciscanas**. Un concepto, de carácter más general se orienta hacia la denominada **Poética de quietudes** y comprende aquellos aspectos en los que aparece como pintor de valores plásticos abstractos y naturales, como ilustrador de devociones íntimas, de vida cotidiana, y como bodegonista excepcional, padre y maestro de uno de los mejores realizadores del género de la naturaleza muerta que dio el suelo peninsular: **Juan de Zurbarán** muerto en la cumbre de su carrera durante la epidemia de peste de 1649, protagonista único del quinto y último ámbito de la muestra.

La Inmaculada Concepción

Una pieza emblemática de las colecciones del Museu es la *Inmaculada Concepción* (cat. núm. 1) con dos jóvenes colegiales orantes firmada y fechada en 1632, una de las primeras y más excelsas creaciones del tema salidas del pincel de Francisco de Zurbarán, legada por el mecenas catalán Santiago Espona en 1958. María se representa como una adolescente con la mirada intercesora hacia el cielo y a modo de columna estática, simboliza a la mujer del Apocalipsis descrita por san Juan y viste de rosa según la antigua tradición sevillana.

Con este lienzo pueden compararse otros dos ejemplares, del mismo asunto, muy bellos, ambos firmados y fechados por el maestro. La *Inmaculada Concepción* que lleva la fecha de 1636 (cat. núm. 2), pudo pintarse para la iglesia de Nuestra Señora de la Granada de Llerena y ser una de las obras vistas por el mariscal Soult durante la invasión napoleónica; se encuentra hoy en una colección particular y se expone por primera vez al público. Se trata de una versión que difiere considerablemente de la anterior, en la que María aparenta casi la edad adulta, va vestida de blanco y azul con el manto ligeramente agitado por una brisa que la empuja y desde su vuelo etéreo dirige la mirada al espacio terrenal. La tercera y última *Inmaculada Concepción* (cat. núm. 3) está firmada en 1656, pertenece a la colección Arango y como en la del Museu, María es casi una niña con la mirada alzada, si bien en esta versión viste de blanco y azul, mientras una multitud de pequeños angelotes completamente desnudos y con aire profano juguetea con los pies en tierra.

Cristo en la cruz

El *Cristo crucificado* (cat. núm. 4) legado al Museu en 1966 por Agustí Montal es una réplica puntual del ejemplar conservado en el Museo de Bellas Artes de Sevilla. De un claroscuro violento, gusto escultórico y del tipo de cuatro clavos alza la cabeza implorante. La existencia de este cuadro en las colecciones del Museu permite la inclusión de la que ha de considerarse entre las estrellas de la exposición. El espléndido *Cristo en la cruz con la Virgen, la Magdalena y san Juan al pie* (cat. núm. 5) de una colección particular es un lienzo inédito cuya atribución es una aportación que enriquece el catálogo del maestro y que aparece como primicia. De factura extraordinaria está firmado y fechado en 1655 coronando así el brillante elenco de Crucifijos de uno de los máximos creadores de esta temática.

Imágenes franciscanas

San Francisco de Asís ocupó un lugar de excepción en la obra de Francisco de Zurbarán que fue después del Greco el mejor intérprete español del *poverello*. Una obra dedicada al santo fue precisamente el primer cuadro suyo que ingresó en las colecciones del Museu, se adquirió en 1905 como «un monje», fruto de una sabia y acertada decisión de la antigua Junta de Museus. Es en efecto una pieza escalofriante conocida hoy como *San Francisco de Asís según la visión del papa Nicolás V* (cat. núm. 7), una imagen franciscana de hacia 1640 que representa la momia del cadáver del santo según la descripción del jesuita Pedro de Ribadeneyra: «estava de pie, derecho... tenía los ojos abiertos de persona viva y alzados hacia el cielo». La existencia de esta inquietante obra en los fondos del Museu permite a su vez la presencia de otras cinco dedicadas a la perso-

nalidad del santo de Asís y a sus seguidores, obras todas reveladoras de la inmensa riqueza del mensaje franciscano como es el caso del *San Francisco de Asís en oración* de la National Gallery de Londres (cat. núm. 6), un cuadro cuyo traslado temporal a Barcelona es motivo de orgullo para la exposición y para el Museu.

De marcado interés son también los dos cuadros de altar distantes en cronología pero que proporcionan otras dos imágenes del santo, ambos pertenecen a colecciones privadas y no hay noticia de su exhibición pública a lo largo de los últimos treinta años. El *San Francisco de Asís* (cat. núm. 8) que estuvo en Barcelona en casa de Lluís Plandiura y fue adquirido en la década de los sesenta por Álvaro Gil, hoy regresa a la ciudad condal gracias al generoso préstamo de sus propietarios actuales. Es una obra exquisita que proporciona una visión global de la personalidad de Francisco como el «Alter Christus», con un entorno de paisaje impregnado de una atmósfera y luz misteriosas que viene a evocar la escena paralela vivida por el propio Cristo en la víspera de su Pasión en el Huerto de los Olivos de Getsemaní. La *Aparición de la Virgen con el Niño a san Francisco de Asís en Santa María de los Ángeles de la Porciúncula* (cat. núm. 9) firmado y fechado en 1661, se exhibe por primera vez públicamente. Es un cuadro que contiene elementos comunes a otras obras de la exposición, como la nota con las flores esparcidas por el escalón sobre el que descansa san Francisco o el Niño Jesús, ejemplo de la frecuente torpeza del pintor, y cuyo modelo parece ser el mismo que el de la *Virgen con el Niño Jesús y san Juanito* firmada y fechada en 1662 (cat. núm. 17).

El ámbito franciscano se extiende a dos lienzos del Museo del Prado representando a dos santos muy conocidos de la rama conventual de la orden, el teólogo *San Antonio de Padua* (cat. núm. 10) y el humilde hermano lego *San Diego de Alcalá y el milagro de las flores* (cat. núm. 11) viviendo el episodio sobrenatural que convirtió la comida de los pobres en flores, un flash fotográfico que contiene toda la magia y el encanto primitivos de Zurbarán.

Poética de quietudes

Este conjunto de obras se agrupa en torno al amor de Francisco de Zurbarán por las escenas íntimas y las cosas cotidianas, la belleza de lo inanimado y los detalles accesorios. Aspectos existentes en sus composiciones religiosas como complemento pero que pueden aislarse sin desmerecimiento hasta ganar la abstracción. Tal es el caso de las frutas modeladas entre la luz y la penumbra del fragmento de otra composición mayor que se conoce como *Bodegón de membrillos* (cat. núm. 19) uno de los emblemas de esta exposición, propiedad del Museu donde ingresó en 1922, con el depósito de la colección Gil; hasta hoy se creía contemporáneo del firmado por el maestro en

1633, actualmente en la Norton Simon Foundation de Pasadena, aunque desde aquí se le propone una cronología más tardía que abarca el período de 1658-1664 y lo acerca a la etapa madrileña del pintor. Junto a éste, la llamada «poética de quietudes» se respira de modo muy plausible en la escena devocional de aire doméstico de la *Virgen con el Niño y san Juanito* (cat. núm. 17), propiedad del Museo de Bellas Artes de Bilbao que muestra un plato similar con peras y manzanas, un lienzo delicado, cuya composición deriva de Durero y encierra un sentido argumental profundo lleno de simbolismo.

No muy lejos está el *Niño de la Espina* (cat. núm. 12), en meditación sobre el misterio de su Pasión tras pincharse en el acto de trenzar una corona de espinas, un tema inspirado en la doctrina teresiana y muy querido en toda la América española. No menos tiernas son las imágenes dedicadas a la Virgen niña de las que se han seleccionado tres: dos ejemplares gemelos de la *Virgen niña dormida* (cat. núm. 13 y 14) vestida de rojo intenso, propiedad de la colección del Central Hispano y de la catedral de San Salvador en Jerez de la Frontera, respectivamente, que se exponen juntos por primera vez y permiten el estudio comparativo de un fenómeno ya conocido en la producción de Zurbarán, es decir, las versiones análogas o repeticiones salidas de la mano del maestro por motivos del mercado, un ejercicio de virtuosismo que pone a prueba las propias posibilidades del artista. Son temas de devoción íntima llenos de candor que permiten al pintor la inclusión de naturalezas muertas como la taza de porcelana china con flores descansando sobre el plato de metal o la labor de costura abandonada en el regazo de la Niña María mientras hace una pausa en la oración (cat. núm. 15), cedida por el Instituto Gómez-Moreno de la Fundación Rodríguez-Acosta de Granada.

Muy lejos está el mundo de fantasía que envuelve al *San Miguel Arcángel* (cat. núm. 16) propiedad del Central Hispano. De indumentaria y aspecto ampuloso su imagen de guerrero jefe de las milicias celestes y vencedor de Lucifer tocado de una armadura de exquisitas calidades metálicas, cautivó con su encanto a la sociedad indígena y mestiza de la América española dando así paso a la producción de series de los famosísimos arcángeles arcabuceros criollos.

Son pocos los bodegones exentos de Zurbarán aunque los conocidos lo revelan como un creador excepcional. De gusto misterioso es el *Bodegón de cacharros* (cat. núm. 18) legado por Francesc Cambó al Museu y cuya ejecución se sitúa hoy entre 1658-1664, sin un solo atisbo de naturaleza viva y en medio de un silencio intenso, el artista dispone ordenados en hilera vasijas y recipientes, de tal manera que se ha llegado a evocar el ritual litúrgico de un altar.

Los bodegones de Juan de Zurbarán

Juan de Zurbarán desarrolló una personalidad propia que aunque acusa la herencia familiar muestra un sensualismo de gusto profano, de estilo más vanguardista e independiente del de su padre. El *Bodegón con plato de uvas* (cat. núm. 20) firmado y fechado en 1639, perteneciente a la misma colección particular desde hace ya más de un siglo, es la primera obra firmada de un adolescente que se consagró a sus dieciocho años como un auténtico virtuoso; su presencia en España es un acontecimiento memorable por el hecho de estar acompañado por primera vez de los otros dos únicos bodegones firmados por el artista: el *Bodegón con servicio de chocolate* (cat. núm. 22) del Kieskij Musej, Kiev, Ucrania, firmado y fechado en 1640 y el *Bodegón con cesto de fruta y cardos* (cat. núm. 23) firmado y fechado en 1643, propiedad de la Gösta Serlachius Fine Arts Foundation, Mänttä, Finlandia. Compañeros de todos ellos son el *Bodegón con fruta y jilguero* (cat. núm. 21) que fue el primero de los zurbaranes del Museu, adquirido para él por la antigua Junta de Museus en 1904, una preciosa pintura recientemente atribuida al artista, a partir de su semejanza con el firmado en 1639 y el *Bodegón con cesto de manzanas, membrillos y granadas* (cat. núm. 24) una obra tardía cuando el joven Zurbarán actuaba ya como profesional independiente. Junto a ellos el *Bodegón con cesto de manzanas, plato de granadas y florero* recientemente subastado en Christie's de Nueva York (cat. núm. 25) y adquirido para la colección Várez Fisa y el *Bodegón con membrillos, uvas, higos y ciruelas* (cat. núm. 26) también perteneciente a una colección particular. Un ámbito monográfico que cierra la exposición con la esperanza de aportar nuevas luces al catálogo del joven Zurbarán.

Y para finalizar hay que añadir unas líneas a propósito del volumen que acompaña a la exposición, un libro que reúne estudios introductorios y fichas catalográficas a cargo de un grupo extenso de estudiosos zurbaranistas de primer orden, a la vez que incluye la cronología de la vida y los hechos contemporáneos al pintor con inclusión de los hechos artísticos paralelos que se dieron en Cataluña y la puesta al día de la bibliografía que concierne al artista. Con la publicación quiere rendirse homenaje no sólo a Francisco de Zurbarán en el cuarto centenario de su nacimiento, sino también recordar el trabajo de todos los expertos que no están aquí presentes y que directa e indirectamente hicieron y hacen hoy posible el conocimiento y comprensión de su arte.

MARIA MARGARITA CUYÀS

EL PENSAMIENTO RELIGIOSO DEL SIGLO DE ORO Y FRANCISCO DE ZURBARÁN

El intérprete ideal de la Reforma católica

Baluarte de la Reforma católica entablada en el Concilio de Trento (1545-1563), la España del Siglo de Oro anhela encarnar a la Jerusalén celestial en sus ciudades. Innumerables iglesias, oratorios, capillas, conventos y monasterios han hecho de las comunidades urbanas verdaderas «ciudades-conventos». Con sus sesenta y seis instituciones religiosas, Sevilla viene inmediatamente detrás de Madrid.[1] La mayor parte de ellos eruditos, los monjes tienen afán de dotar sus iglesias y conventos de decorados nuevos y más afines a las directrices pedagógicas postridentinas. La importancia de los retablos andaluces, verdaderas homilías de imágenes dirigidas a los clérigos y feligreses, no sólo ocupa el espacio sino que desempeña una función obviamente didáctica. Ideado a modo de fachada o teatro sagrado, el retablo barroco revela una arquitectura muchas veces compleja, enriquecida de estucados y yeserías, esculturas y pinturas destinados tanto a embellecer el conjunto como a instruir al pueblo. En otras partes de los monasterios, tales como claustros, sacristías o bibliotecas se encuentran importantes series de cuadros de historias que relatan la vida de los santos fundadores o de las glorias de la orden. Tal deseo de renovar la decoración pintada de las instituciones da lugar a encargos a los numerosos artistas de Sevilla, sobre todo por parte de los conventos masculinos, más adinerados. Forastero, y sin haberse examinado tal como lo exigía el gremio al finalizar su aprendizaje sevillano con Pedro Díaz de Villanueva (1614-1617), Zurbarán cumplirá de forma magistral, entre 1626 y 1655, con los encargos de casi todas las órdenes religiosas de la capital andaluza.

Dominicos, franciscanos, mercedarios, trinitarios, jesuitas, cartujos y jerónimos le proporcionaran importantes contratos, justificando así su apodo de «pintor de los monjes». Su bien conocida obediencia a las consignas de los clientes,[2] no es explicación del todo válida de su éxito con los monjes. Al estudiar las fuentes escripturarias de sus obras, hemos podido demostrar, con motivo de la exposición *Zurbarán* de 1987-1988,[3] que el pintor extremeño destaca como el más fiel intérprete del pensamiento religioso de su país y de su tiempo, buen conocedor del lenguaje alegórico que prorroga y amplía la «lección» de un cuadro. Al cotejar sistemáticamente las fuentes textuales posibles y los temas pintados por Zurbarán, se puede comprobar hasta qué punto sus composiciones se adecuan perfectamente a los escritos hagiográficos o místicos contemporáneos. Muy a menudo, el artista resulta ser el mejor, y también el más innovador (en especial cuando tropieza con escenas sin antecedentes iconográfi-

cos) de los intérpretes de la Reforma católica.[4] Su pintura clara, legible y monumental y su naturalismo sencillo están tan completamente al servicio de su discurso didáctico que explica su extraordinario éxito en la Sevilla del segundo cuarto del siglo XVII. Partiendo de la base de las obras aquí presentadas, quisiéramos hacer hincapié en el prodigioso impacto de su pintura religiosa.

La Inmaculada Concepción

Mientras corrían los años de aprendizaje de Zurbarán en Sevilla, la capital andaluza se entregaba a un ingente culto mariano que no podía sino impresionar profundamente al joven. La ciudad entera se dedicó a defender y honrar al «glorioso privilegio» de la Virgen María, contribuyendo así a la creación de una nueva imagen: la transcripción en un lienzo de un concepto puro, el dogma de la concepción inmaculada de la Purísima, tan entrañable para el pueblo sevillano, dos siglos y medio antes de su proclamación oficial por el papa.[5]

Desde la Edad Media, España estaba muy por delante de los demás países católicos por el celo que mostraba en defender a la Inmaculada Concepción. Tan pronto como en 1398, Juan I, rey de Aragon, puso su reino bajo la protección de la Purísima por carta solemne. La reina doña Isabel la Católica patrocinaba, en 1489, la fundación de una orden religiosa, la de la Concepción de Nuestra Señora, creada en honor a la Inmaculada por la beata Beatriz da Silva. Mientras en Sevilla seguían su formación Zurbarán, Velázquez y Cano, tres de los más importantes pintores del siglo. Los reyes Felipe III y, luego, Felipe IV hicieron un sinnúmero de diligencias para conseguir de la Santa Sede la proclamación del dogma por el papa. En efecto, la declaración del Concilio de Trento a favor de la exención de María del pecado original (1546, 5ª sesión, 1er decreto) no había definido el dogma a pesar de la insistencia de los padres españoles. La antigua querella entre los partidarios de la Inmaculada Concepción de María y los dominicos que mantenían la doctrina de la *sanctificatio in utero* (como el Bautista, la Virgen Santísima hubiera sido absuelta, pero no exenta del pecado original, en el seno de su madre) revivió en España, sobre todo en Sevilla, con un fervor y una violencia que, difícilmente, se pueden imaginar hoy en día. Era menester borrar la afrenta hecha a la Purísima, atacada desde el púlpito por un dominico, el 8 de septiembre de 1613, en el convento Regina Angelorum. A lo largo del año 1614 se celebraron varias manifestaciones de fervor popular, tales como procesiones, fiestas o visitas a los santuarios. Los artistas, pintores o poetas, tomaron parte en esa reacción popular, llevando la batuta los franciscanos, principales defensores del privilegio mariano.

Una gran *Apoteosis de la Inmaculada Concepción* (Museo de la Pasión, Valladolid) pintada para Felipe III por Juan de las Roelas en 1616, conmemora los festejos de reparación organizados el 29 de junio de 1615 por la mayoría de los conventos sevillanos. Dicho cuadro resulta un verdadero reportaje en pintura de un acontecimiento en el que, probablemente, Zurbarán habrá participado, y recrea perfectamente el clima de fervor mariano que bañaba entonces Sevilla. Todas las comunidades, asociaciones o hermandades de Sevilla se unieron a la jura de la doctrina de la Inmaculada Concepción.

El reino de España rogó al papa que sentenciara y Pablo V publicó la constitución *Sanctissimus* el 13 de septiembre de 1617, que prohibía mantener públicamente la tesis dominica. El 4 de junio de 1622, Gregorio XV ordenó que no se enseñara dicha tesis aunque fuera en privado. El dogma no se había aún proclamado pero los españoles, sobre todo los sevillanos, estimaron que así había sido y se dedicaron a transcribir en pintura tal piadoso concepto.[6]

La elaboración iconográfica del tema se había realizado despacio a lo largo del siglo XVI en base a la visión apocalíptica de san Juan: una mujer vestida de sol, los pies apoyados en la Luna, una corona formada por doce estrellas[7] en la cabeza, rodeada de los símbolos marianos sacados de las *Letanías de la Virgen de Loreto* cuya forma actual data de 1576. El prototipo iconográfico más completo apareció simultáneamente en Francia y en España hacia 1500 a modo de tallas repartidas durante todo el siglo XVI.[8] Los contemporáneos de Zurbarán podían encontrar en ellas una inspiración fácil ya que un grabado muy parecido ilustra el capítulo de la Concepción de María en el famoso *Flos Sanctorum* de Villegas, de 1589. En su *De picturis et imaginibus sacris*, el erudito exegeta Molanus llama «primoroso hallazgo» a esta interpretación artística.[9] Como todos los pintores sevillanos, el anciano Pacheco, íntimo del Santo Oficio, pintará muchas Inmaculadas Concepciones, conformes, desde luego, a las consignas que preconiza en su *Arte de la pintura*: «Hase de pintar [...] en la flor de su edad, de doce a trece años, hermosísima niña, lindos y graves ojos, nariz y boca perfectísima y rosadas mejillas, los bellísimos cabellos tendidos, de color de oro; [...] vestida del sol, un sol ovado de ocre y blanco, que cerque toda la imagen, unido dulcemente con el cielo; coronada de estrellas; doce estrellas compartidas en un círculo claro entre resplandores, sirviendo de punto la sagrada frente [...]. Una corona imperial adorne su cabeza que no cubra las estrellas; debaxo de los piés, la luna que, aúnque es un globo solido, tomó licencia para hacello claro, transparente sobre los países; por lo alto, más clara y visible la media luna con las puntas abaxo [...]. Los atributos de tierra se acomodan acertadamente, por país y los del cielo, si quieren entre nubes.

Adórnase con serafines y con angeles enteros que tienen algunos de los atributos.»[10]

En sus primeras Inmaculadas, ejecutadas entre 1616 y 1621, Pacheco retrata a la Virgen vestida, la mayoría de las veces, con el rosa cárdeno tradicional en la escuela andaluza, modelo rehecho con genio por Velázquez hacia 1619-1620. Cuando, a su vez, Zurbarán trata este tema, a partir de 1630, la polémica antidominica ha amainado: los frailes predicadores encargan, en 1631, la colosal y espléndida *Apoteosis de santo Tomás de Aquino* («alegoría triunfal del Doctor angélico, con todos los ingredientes gloriosos de la Contrarreforma»).[11] Mucho antes que Murillo y a lo largo de una carrera tan perfectamente adecuada con el pensamiento religioso de su tiempo, el pintor de Fuente de Cantos brindará ejemplos, múltiples y variados, del tema de la Inmaculada Concepción, tan querido por los andaluces.

En su tesis fundamental sobre *La Inmaculada Concepción en el Arte Español*, Stratton ha notado, con mucho acierto: «A Zurbarán, cuya obra habitualmente se considera conservadora desde los puntos de vista iconográfico y compositivo, se deben de hecho las variaciones más audaces sobre el tema durante este período.»[12] Una de las primeras versiones de Zurbarán, *La Inmaculada Concepción*, de 1632 (cat. núm. 1) que analizamos detalladamente en el catálogo, expresa de forma exquisita la tónica tan personal de la devoción andaluza cuya marca principal es un deseo de comunicación directa, intimidad y acercamiento sensible entre el devoto y el objeto de su devoción. Tal peculiaridad iconográfica se debe, sin duda alguna, a un encargo preciso, así como la sorprendente presencia de un corazón en lugar de la Luna debajo de los pies de la Virgen en el lienzo del retablo de san Pedro, en la catedral de Sevilla. Ya sabemos que la pequeña *Inmaculada Concepción* del Museo del Prado (véase reproducción en la ficha cat. núm. 1) fue pintada por Zurbarán para el ahora desaparecido colegio de las Esclavas Concepcionistas del Divino Corazón. En otra parte, hemos demostrado que, en Europa, la devoción a los Sagrados Corazones de Jesús y María existía mucho antes de las apariciones a Marguerite Marie Alacoque en Paray-le-Monial (1675). La Compañía de Jesús hacía ya alarde de este culto. Así, la *Visión del beato Alonso Rodríguez*, pintado por Zurbarán en 1630 para los jesuitas de Sevilla, ilustra perfectamente esta nueva temática y la Inmaculada participa, sin lugar a dudas, de una misma devoción.[13]

En una versión más tardía, la *Virgen Inmaculada con dos figuras alegóricas*, de la National Gallery of Ireland de Dublín, María, vestida de blanco, está rodeada a la izquierda por una mujer cuyos ojos están tapados por un trozo del manto azul –que probablemente alude a la ceguera de los que rechazan el privilegio mariano– y a la derecha por una imagen de la Esperanza

–tradicionalmente apoyada en un áncora– los que están esperando la proclamación del dogma.

La mayoría de las veces adolescentes, tal como lo aconsejaba Pacheco, a veces más mujeres (cat. núm. 2), las tardías Inmaculadas de Zurbarán se vuelven niñas primorosas (cat. núm. 3) a quienes ya no cabe añadir los símbolos de las letanías. Para España, la pintura de una concepción sin mancilla está ya asentada sin lugar a dudas: una sencilla imagen de infancia, símbolo de pureza, vestida de azul y blanco, aureolada de luz solar y que ya basta para ilustrar lo inexpresable.

Las santas infancias

Zurbarán destaca cuando representa a niños, su aspecto íntimo y tenso, opuesto y complementario de las tan realistas y tan «varoniles» representaciones de las austeras comunidades monásticas masculinas.

Desde el origen de la era cristiana, la conmovedora curiosidad de los feligreses en cuanto tocaba a la infancia de Cristo y la vida de la Virgen no se pudo satisfacer con los tan cortos pasajes de los textos canónicos. Así es como la parquedad de los Evangelios fue remediada por escritos apócrifos y cuentos píos con detalles propios para nutrir la imaginación de los pintores. En los siglos XVI y XVII, los escritores místicos reviven tales textos, sacados de los *Evangelios apócrifos de la Infancia*, redactados en los primeros siglos, la *Leyenda Dorada* de Santiago de la Vorágine (siglo XIII), las *Meditaciones sobre la vida de Cristo* del Seudo-Buenaventura (finales del siglo XIII) o también la *Vita Christi* de Ludolfo el Cartujo (siglo XIV), los afianzan, añadiendo a veces episodios inéditos, capaces de nutrir la piedad. El fervor de los devotos hacia ediciones reducidas a las anécdotas de la Infancia, donde la ilustración grabada, tan importante para los pintores españoles, suple la inopia de los textos.[14]

A raíz de las orientaciones postridentinas y de las consignas pastorales, fomentadas esencialmente por los jesuitas, las manifestaciones del arte barroco se reflejan, en España, en la imitación de los textos y la alegoría moralizadora, haciendo más fácil el juego retórico de la pluralidad de los sentidos. La meditación de la Pasión por medio de los sufrimientos del Niño Jesús se hace así una devoción notable del siglo XVII: «No quiso esperar a sufrir hasta ser adulto, así empezó desde su Natividad» escribía el jesuita sevillano Arias.[15] En la conmovedora representación de la *Adoración de los pastores* (Musée de Grenoble), aparece ya la idea del sacrificio necesario a la Redención. Al revés de la mujer judía que tapa a su hijo con su ropa, María se separa de Él en el acto: lo presenta al mundo, desnudo, reclinado en una tela blanca, prefiguración del Santo Sudario. En 1633, el pintor Vicente Carducho recomienda las representaciones del cordero como metáfora de Cristo.[16] Así es como un cordero con las patas trabadas está colocada simbólicamente a los pies de Jesús, verdadero *Agnus Dei* entregado para salvarnos.

El arte postridentino inventó otras imágenes procedentes de piadosas meditaciones. «María, Jesús, José. Es una Trinidad en tierra que, de modo alguno, ostenta la representación de la Santísima Trinidad» según san Francisco de Sales. Los artistas han conseguido plasmar este pensamiento en pintura de excelente manera: Jesús niño, camina entre María y José; por encima de la Santa Familia, Dios Padre como un anciano (Dn 7, 9) y el Espíritu Santo, en forma de paloma, representan a la Trinidad celestial que protege a la Trinidad terrenal. Asociado a la Redención como esposo de María y protector de Jesús, san José llega a ser uno de los santos preferidos del arte católico reformado. Imagen muy difundida, la que pintó Zurbarán en 1644 en el retablo de Zafra, y que ilustra un pasaje del largo poema épico dedicado al «patriarca» por José de Valdivieso:

«Vera una nueva Trinidad que admira,
De un solo Dios y tres personas bellas,
De quien la Trinidad de Dios se mira,
Gozosa en la beldad que mira en ellas.»[17]

La devoción al Niño Jesús parece vinculada al culto de su padre nutricio. Dimanando de la Trinidad terrenal, el *Paseo del Niño Jesús* (iglesia de Saint-Médard, París) en el cual se ve el Cristo, de niño, confiado, cogido de la mano de un san José joven y hermoso, imagen asimismo típica del Siglo de Oro español, parecida a las representaciones del ángel de la guarda. El asombroso parecido del padre terrenal de Jesús con los cristos adultos pintados por Zurbarán en la misma época, se explica por las descripciones del carmelita descalzo Jerónimo Gracián de la Madre de Dios, que puntualiza que san José era «el hombre más semejante a Cristo [...] en rostro, habla y complexion».[18]

Apenas si el Evangelio nos deja vislumbrar a Jesús entre la vuelta de Egipto (Mt 2, 19-21) y el momento cuando lo van a buscar al templo, a los doce años (Lc 2, 40-52). Sin embargo, a los artistas les gustó pintarle en su infancia, tal como Ana de San Agustín, carmelita reformada por santa Teresa de Ávila, favorecida con visiones del Niño Jesús, entre los tres y siete años, y que insistía en sus meditaciones sobre los «favores conseguidos gracias a las imágenes del Niño Jesús». Ella misma «cada día más prendada del Señor», componía para Él cánticos muy a semejanza de la literatura preciosa del siglo XVII:

«Niño no esteis descuidado
Del corazón que heristeis
Pues amando lo rompisteis
Amando ha de ser curado.»[19]

El deseo de los exegetas del siglo XVII era más bien hacer a María partícipe de los sufrimientos aceptados por su divino Hijo. Para este tema, Zurbarán ha ideado un cuadro con éxito desmesurado, si se tiene en cuenta el número de réplicas, copias o interpretaciones de la *Casa de Nazaret*, del Cleveland Museum of Art, en el cual el Niño, ya mocito, trenza una corona de espinas con la cual se lastima mientras la Virgen interrumpe su bordado ante tamaño presagio y una lágrima se desliza por su rostro. Varios objetos dan más fuerza aún al simbolismo de esta obra maestra de la pintura devota, evocando la Redención (frutas), la pureza inmaculada de María (azucena, jarro de agua pura), el amor y el rosario (rosas), el estudio y la labor (libro, costurero). Dos palomas recuerdan la presentación de Jesús al templo cuando María se entera por el anciano Simeón que «una espada traspasará su alma» (Lc 2, 35). En sus comentarios del Evangelio, Villegas, miembro de la erudita academia sevillana, de la cual Pacheco era académico eminente, especifica que el pío Simeón prefiere morir antes de ver «estas manitas atravesadas por clavos y la cabeza malherida por espinas».[20] La Virgen de Zurbarán que «conservaba estas cosas en el corazón» (Lc 2, 19 y 51), medita, melancólica, sobre el Martirio de su Hijo prefigurado en la herida. El Niño, bañado en un dorado haz luminoso, es, no cabe duda, la «Luz que iluminará a las naciones» anunciada por el mismo Simeón (Lc 2, 32). Interpretando sin remilgos una meditación propuesta, sin duda, por un cliente devoto, el pintor transcribe en una escena naturalista una visión asaz verosímil, con un fuerte poder evocador. El éxito de esta obra resultó considerable. Así es como imágenes del *Niño de la Espina* (cat. núm. 12) representado sólo, salieron en mayor número del taller de Zurbarán, copiadas poco después por el de Murillo y ampliamente difundidas en las colonias americanas.

La temática de la santa infancia no se limita a Cristo para el pintor extremeño que produce numerosas Vírgenes niñas rezando, en éxtasis o dormidas, infinitamente conmovedoras y merecedoras de un gran éxito popular. Debe de ser *La Virgen niña con san Joaquín y santa Ana* (colección particular, Madrid) el origen de esta primorosa teoría de pequeñas Vírgenes. Los textos más antiguos referentes a la infancia de María, relataban que sus padres la consagraron a Dios y la llevaron al Templo cuando apenas tenía tres añitos, tradición que fuera aprobada por los exegetas de la Reforma católica. La postura del viejo Joaquín, la cabeza reclinada en su codo, refleja una triple significación: «sueño» inspirado por Dios, «meditación» sobre las virtudes de María y «melancolía» ante la próxima separación. Ana, tal vez más resignada, abraza a la niña y le ofrece frutas, símbolos de redención, en un hermoso plato de estaño. Al pie de la niña, la cesta llena de ropa blanca que, en Zurbarán, acompaña muy a menudo a la Virgen, complementando el sentido del bodegón simbólico, colocado encima de una mesilla, como si de un altar se tratase: en un plato de metal con brillantes reflejos, una delicada rosa con una taza de dos asas, verdadero emblema mariano, ya puesto por el pintor en la *Curación milagrosa del beato Reginaldo de Orleáns* (iglesia de la Magdalena, Sevilla) y utilizado de nuevo en el sublime *Bodegón con cesto de naranjas* de 1633 (The Norton Simon Foundation, Pasadena). El carácter intimista de esta *Familia de la Virgen* aparece indisolublemente vinculado a los magníficos bodegones del pintor, y se vuelve a encontrar al plato de estaño con frutas en todas las Vírgenes con Niño ya tardías (cat. núm. 17).

De esta representación poética, Zurbarán representa a la niña, sola, en la *Virgen niña en éxtasis* del Metropolitan Museum of Art de Nueva York. Interrumpida en su labor, levanta hacia el cielo una carita muy conmovedora tal como se la imagina el poeta místico Nieva Calvo «en belleza de Niña pura [...] bordando del Templo los sagrados ornamentos [...] no impedía el tiempo así gastado el meditar con alma santa y pura, gran rato en la lección de la Escritura».[21] Está enmarcada por las pesadas cortinas del templo, entornadas en su meditación, y rodeada de varios objetos simbólicos (suntuoso jarrón con rosas y azucenas, cesta de ropa blanca, cubilete de barro lleno de agua virginal). La *Virgen niña rezando* (Staatliche Ermitage, San Petersburgo) (véase reproducción en la ficha cat. núm. 15) simplifica esta representación sin quitarle nada de su infinita poesía: en un fondo voluntariamente abstracto, la bonita niña parece comunicar con el cielo por la oración, sus manitas juntas en un gesto de piedad sobre la labor abandonada. La *Virgen niña dormida* de la catedral de Jerez (cat. núm. 14), tal vez la más primorosa, parece salir de uno de los numerosos cánticos o poemas compuestos en Sevilla en los siglos XVI y XVII en honor a la Virgen:

«Soy niña morena
Y soy más hermosa
Que lirio ni rosa
Ni flor de azucena.»[22]

Aquí tenemos una bonita ilustración del Cantar de los Cantares: «Tenemos una hermana pequeña» (8, 8) y también «durmiendo yo, mi corazón velaba» (5, 2). Las otras niñas repartían el tiempo entre el bordado y la oración extática, en este cuadro, María ya no es sino abrasamiento de amor divino con su vestido rojo carmesí. Tres especies de flores complementan el sentido de la imagen: la azucena, inocencia y pureza; las rosas, amor puro; y los claveles, símbolo de amor filial. Para componer esta exquisita imagen, se inspira sin vacilar en un modelo sacado de una serie de dieciocho láminas de gran belleza, grabadas hacia 1585-1586 por Antoine Wierix y publicadas con el título de *Cor Iesu amanti sacrum* (véase reproducción en la ficha cat. núm. 14). También figuran estas ilustraciones en las meditaciones pías de los jesuitas franceses Luzvic y Binet en su obra

Le Cœur dévot, Douai, 1627, referente al apresto del alma para el divino huésped, librito de gran difusión, traducido al latín en 1628.

El *San Gabriel* de Montpellier, pintado, lo más probable, para los dominicos, pertenece también a la serie de las «santas infancias». Como las Virgencitas, levanta los ojos hacia el cielo para contemplar los misterios de la fe. Su aspecto muy juvenil, relatado por los místicos e impuesto por Pacheco, está inspirado, tal vez, por las procesiones del *Corpus Dei* en Sevilla, cuando coristas, disfrazados de ángeles danzaban: «Los niños Seyses lucidamente adornados de vistosas galas y plumas [...] a trecho ivan repartidas las danças que unas graves y otras festivas discurían por todo el cuerpo de la procesión.»[23]

Se le han atribuido a Zurbarán muchas y bonitas santas pero, en realidad, pocas de ellas han sido pintadas enteramente por el maestro. *Santa Casilda niña* (colección particular, Barcelona), autógrafa ésta, seguramente, pertenece también al mundo de la infancia, pintada por el artista con verdadera emoción. Jovencita andando, parada un instante para la imagen, tal vez sea el modelo una de las hijas del pintor. Con exquisita elegancia lleva un suntuoso vestido rojo, gala de teatro, copiado probablemente de una procesión o de un auto sacramental y sujeta en su ancha falda remangada las rosas milagrosas cuya calidad pictórica demuestra, de nuevo, la prepotencia de Zurbarán en el campo del bodegón.

Los temas franciscanos

¿Se oponen, de verdad, estas imágenes infinitamente poéticas de gracia e infancia a los pobres monjes franciscanos tan a menudo retratados por Zurbarán? Puede que no si se acuerda uno del papel de san Francisco y sus discípulos en la renovación de la iconografía medieval, originado en la tierna devoción a la humanidad de Cristo. Con excepción de las representaciones del *poverello* aislado en éxtasis, la mayoría de las escenas de su vida pintadas por Zurbarán están llenas de preciosas flores, que volveremos a encontrar en los retratos de los tan populares san Antonio de Padua o san Diego de Alcalá.

En su deseo primordial de ajustar su vida al ideal de pobreza evangélica, los frailes menores no daban tanta importancia al estudio como los frailes predicadores. Sin embargo, el Concilio de Trento había decidido restaurar las ciencias eclesiásticas para imponer la autoridad de la Iglesia frente a los protestantes. En Sevilla, los franciscanos conventuales fundan, pues, un colegio bajo la advocación de san Buenaventura exaltado a la dignidad de Doctor de la Iglesia por Sixto V en 1588. Este Colegio de la Sagrada Escritura y Teología de la Orden Franciscana, fundado en 1603, desapareció por desgracia y sólo queda la iglesia edificada entre 1622 y 1626.[24]

Apenas llegado a Sevilla en 1629, Zurbarán tuvo el encargo de completar la decoración que había sido en un principio encargada a Herrera el Viejo que, al final, sólo pintará cuatro cuadros, situados al lado izquierdo de la nave. Otros cuatro cuadros ejecutados por Zurbarán estaban colgados a la derecha. Llegados aquí, es interesante recalcar que ambos artistas se encontraron con temas sin antecedentes iconográficos conocidos y, a la fuerza, supeditados al visto bueno de los veedores del Santo Oficio. La elección muy limitada de los episodios deseados (juventud del santo para Herrera, madurez y muerte para Zurbarán) no tiene nada de casual y está sacada de las Lecciones del Breviario romano para las celebraciones del Doctor seráfico. Personaje atractivo por su pureza, el pintor representa a Buenaventura muy joven, por mor de su inocencia alabada por su maestro, Alexandre de Hales.[25] Una de las pinturas fue destruida en Berlín en 1945 y estaba fechada en 1629, dos se encuentran en la actualidad en el Musée du Louvre, y la última está en la Gemäldegalerie de Dresde.

Las numerosas ramas de la familia franciscana, conventuales, observantes, capuchinos, alcantarinos o recoletos y clarisas, las más presentes en España, se valían todas de san Francisco. Aunque no recibiera más encargos importantes para los franciscanos, a Zurbarán le pidieron repetidas veces que pintara a su santo patrono vestido del hábito específico, pero siempre bajo el nuevo aspecto traído de Italia por El Greco y característico de la Reforma católica. A finales del siglo XVI, un concepto innovador atribuye una nueva iconografía a san Francisco, «porque se conforme mejor con lo que dice la historia» dice Pacheco. El bondadoso y alegre poeta que sabía hablar con los pájaros deja paso a un asceta anacoreta, enjuto y de piel cetrina, agotado por las experiencias místicas. Los franciscanos, y sobre todo los reformados, quieren de los pintores un *poverello* que invite a rigurosa penitencia. Zurbarán lo pintará tal como lo describe Ribadeneyra, autor del *Flos sanctorum* que ha desbancado la *Leyenda Dorada*, tan popular antaño. «Aviendo sido en vida algo moreno y consumido por muchos trabajos, asperezas y enfermedades».[26] Dicho aspecto postridentino resulta así más parecido a las descripciones de su primer biógrafo, Tomás de Celano.

Desde el impresionante *San Francisco de Asís en oración* de la National Gallery de Londres (cat. núm. 6) hasta el santo, más sosegado, de la colección Arango, fechado en 1659, Zurbarán realiza bastantes posturas y atuendos para el aislado santo. En un principio, los frailes menores llevaban un sayal color ceniza, en forma de cruz, ceñido con una soga con nudos, de la cual colgaba una capucha puntiaguda. Luego la capucha toma una forma redonda y está separada del hábito en el cual hace de cuello redondo, llamado muceta. Cuando

aparecieron los capuchinos (1525) los artistas empezaron a vestir a san Francisco con un sayal sin muceta, pero sí con una capucha muy puntiaguda, característica, llevando barba y descalzo, como esta rama reformada. Los alcantarinos, frailes menores «de la más regular observancia» llevaban, en España, «un hábito estrecho y remendado». El *San Francisco de Asís en oración* de Londres, vestido de un sayal muy basto, hecho de remiendos, habrá sido pintado, sin duda, para una comunidad de aquellos descalzos, reformados por san Pedro de Alcántara (fallecido en 1562) que habían vuelto a la primitiva observancia, de una austeridad tremenda. Resulta extraño que los ojos del santo estén tapados por la capucha, pero es posible que eso recuerde el tracoma contraído por el santo en Egipto y que le obligaba a proteger sus ojos de la luz.[27]

San Buenaventura, como el *San Francisco de Asís con calavera* de la Alte Pinakothek de Munich, lleva el sayal gris pardusco y la capucha corta con muceta, de los conventuales, mientras que los *San Francisco de Asís en la Porciúncula* (Museo de Cádiz) llevan la capucha puntiaguda de los capuchinos. Dicho episodio de la vida del santo de Asís se representaba más bien poco antes del Concilio de Trento. En el siglo XVII ya es corriente, como para justificar las indulgencias, blanco de la Reforma. Zurbarán consigue de maravillas las apariciones del mundo celestial, bañado en luz dorada, contrastado con el mundo terrenal donde luz y sombra se oponen con fiereza. En la versión de Cádiz, pintada sin duda a finales de los años treinta para los capuchinos de Jerez, Cristo, adulto, entrega a Francisco el texto de la indulgencia, en presencia de la Virgen, arrodillada, y de una muchedumbre de ángeles esbozada en una nube de oro detrás del santo de rodillas (la capilla de la Porciúncula se llamaba Nuestra Señora de los Ángeles). Procede Zurbarán de la misma manera en la *Visión del beato Alonso Rodríguez*, voluntariamente, a nuestro parecer –y no por torpeza como se ha escrito alguna vez– con el fin de recalcar el aspecto irreal de la visión. En la *Porciúncula* tardía (cat. núm. 7), de 1661, la aparición resulta asaz distinta: la Virgen María sostiene en brazos al niño Jesús bendiciendo, ambos en nebulosa dorada, mas, esta vez el dialogo entre el santo y lo divino se hace mucho más cercano e íntimo. Así parece que Zurbarán, como ya lo hemos demostrado, al final de su carrera, crea un nuevo tipo iconográfico.[28]

Poco ha representado el artista la famosa escena de las llagas de san Francisco de Asís. Por lo cual, el poco conocido cuadro de colección particular y encargado, por lo visto, para un convento capuchino y felizmente expuesto aquí (cat. núm. 8), sirve para complementar el ciclo de la vida del santo. Como siempre, Zurbarán deja al misterio toda su carga de sugerencia, con la presencia, apenas esbozada, del serafín crucificado en el ángulo superior izquierdo del cuadro. En el lado opuesto a la aparición, el árbol muerto que vuelve a florecer en la luz celestial, es una prueba más de cuánto el pintor sabe utilizar con acierto los antiguos símbolos.

Una de las imágenes más asombrosas nacidas del pincel de Zurbarán es la de *San Francisco de Asís*, del Musée des Beaux-Arts de Lyon (véase reproducción en la ficha cat. núm. 7), de la cual se conocen numerosas versiones, como la excelente del Museu Nacional d'Art de Catalunya de Barcelona (cat. núm. 7). Esta imagen del santo, encontrado intacto en su sepulcro por el papa (escena grabada de maravilla por Thomas de Leu, a primerísimos del siglo XVII) la confinaron, en el siglo XVIII, las hermanas Colinettes de Lyon, en el desván como «objeto espeluznante». Ribadeneyra también la describe con precisión: «Estava en pié derecho [...] tenía los ojos abiertos como de persona viva y alçados hazia el cielo moderadamente [...] Tenía las manos cubiertas con las mangas del hábito delante de los pechos como las acostumbran traer los frayles menores».[29]

Evidentemente, Zurbarán retrata también al dulce *San Antonio de Padua* dialogando tiernamente con el Niño Dios que tiene en brazos (cat. núm. 10). Asimismo se le encargan otras figuras populares españolas de la orden de los menores. El humilde *San Diego de Alcalá* (cat. núm. 11), hermano lego canonizado en 1588, comparte con *Santa Isabel de Portugal*, entonces recién canonizada (1625) el milagro de las rosas (ambos en el Museo del Prado). Tanto el santo como la santa se dedican a los desvalidos, y, a escondidas les traen panes milagrosamente transformados en rosas para que se libren de la ira del padre guardián del convento o del regio esposo de santa Isabel.

Cristo en la cruz

El primer cuadro firmado conocido de Zurbarán, *Cristo en la cruz*, de 1627 (The Art Institute, Chicago) (véase reproducción en la ficha cat. núm. 5) pintado para los dominicos de San Pablo el Real, es, sin lugar a dudas, el más impresionante de los numerosos Crucificados que pintara el artista. Ahora sabemos, gracias al apasionante y recién hallazgo de Garraín en el archivo de Llerena, que se le encargó a Zurbarán, en 1624, un *Cristo en la cruz* esculpido para los mercedarios de Azuaga.[30] Este tema volverá sin parar en la obra de Zurbarán y de su taller. Desgraciadamente, la escasez de las Crucifixiones, fechadas o documentadas, da pocos hitos seguros para establecer una cronología. En cambio se pueden clasificar estos Cristos en la cruz, siguiendo su tipología, reducida, por lo esencial, a dos modelos iconográficos, excluyendo los primerísimos, arcaicos aún en comparación con los modelos de Pacheco que plasman, por mucho tiempo, la ortodoxia del tema en la escuela sevillana.

Así que, ahora, el primer *Cristo en la cruz*, documentado en 1624 resulta ser la escultura de Azuaga, seguido por el de Chicago de 1627 y del cual Palomino afirma que se le tomaba por escultura. El crucifijo descubierto en el lienzo grande de *San Buenaventura y santo Tomás de Aquino ante el crucifijo*, destruido en Berlín, pies cruzados y clavados a la madera con un único clavo, el cuerpo retorcido y el rostro desfigurado por el sufrimiento, parece igualmente reproducir un Cristo esculpido ejecutado de una forma ya arcaizante en 1629.

Sigue luego una serie cuyo prototipo tiene que ser el hermoso *Cristo* de la iglesia de Motrico, pintado hacia 1630, serie a la cual pertenece el del Museu Nacional d'Art de Catalunya de Barcelona, aquí presentado (cat. núm. 4). Cristo con «cuatro clavos», piernas derechas en el soporte, corresponde a la postura pregonada por Pacheco, conforme a los criterios de decencia muy queridos por el anciano teórico. El Cristo expirante levanta los ojos hacia el cielo en una última plegaria a su padre. Conocemos varias versiones, pero no todas de igual calidad.

Un poco más tarde, otro grupo de Crucifixiones está también representado en varios lienzos. El Museo del Prado acaba de adquirir un *Cristo en la cruz con donante*, de este estilo, fechado en 1640. Después de haber aceptado y ofrendado él mismo su muerte, el crucificado «agachando la cabeza, entregó su alma» (Jn 19, 30). Ambos prototipos, han sido copiados muy a menudo[31] dada su perfecta adecuación a los deseos de los comendatarios de la Reforma católica, y demuestran, una vez más, hasta que punto, Zurbarán, genial intérprete de las consignas que se le daban ha estado muy por encima de los pintores religiosos de su tiempo por un cuarto de siglo.

ODILE DELENDA

1. A. Domínguez Ortiz, *La Sevilla del siglo XVII*, 3a ed., Sevilla, 1991, p. 68 y 69.
2. En sus primeros contratos sevillanos, el joven Zurbarán se muestra humildemente dispuesto a interpretar los encargos tal como los conciben los padres comanditarios: el 17 de enero de los veintiún cuadros del convento dominico de San Pablo el Real (C. López Martínez, *Notas para la historia del arte: Desde Martínez Montañés hasta Pedro Roldán*, Sevilla, 1932, p. 217); el 28 de agosto de 1628 para los veintidós cuadros de la Merced Calzada (C. López Martínez, *Notas para la historia del arte: Desde Martínez Montañés hasta Pedro Roldán*, Sevilla, 1932, p. 221 y 222).
3. Exposición *Zurbarán*, Nueva York, Metropolitan Museum of Art, 22 de septiembre - 13 de diciembre de 1987; París, Galeries Nationales du Grand Palais, 14 de enero - 12 de abril de 1988; Madrid, Museo del Prado, 3 de mayo - 30 de julio de 1988.
4. O. Delenda, «Zurbarán interprète idéal de la Contre-Réforme» en *Revue du Louvre et des Musées de France*, París, febrero de 1988, p. 117-126.
5. Por la encíclica *Innefabilis Deus* del papa Pío IX, el dogma de la Inmaculada Concepción es proclamado el 8 de diciembre de 1858.
6. O. Delenda, «L'art au service du dogme, contribution de l'école sévillane et de Zurbarán à l'iconographie de l'Immaculée Conception» en *Gazette des Beaux-Arts*, París, abril de 1988, CXI, p. 239-248.
7. *Apocalipsis* 12, 1.
8. S. Stratton, «La Inmaculada Concepción en el Arte Español» en *Cuadernos de Arte e Iconografía*, Madrid, 1988, I, 2, p. 3-127.
9. J. Molanus, *De historia SS. imaginum et picturarum*, París, 1996 [1568], p. 472.
10. F. Pacheco, *Arte de la pintura*, Sevilla, 1649 (ed. B. Bassegoda, Madrid, 1990), p. 576 y 577.
11. J. Fernández López, *Programas iconográficos de la pintura barroca sevillana del siglo XVII*, Sevilla, 1991, p. 67.
12. S. Stratton, *cit. supra*, n. 8, p. 76 y 77.
13. O. Delenda, *Velázquez peintre religieux*, París, 1993, p. 129-132.
14. Véase por ejemplo *Iesu Christi Dei Domini Salvatoris NRI Infantia*, por J. Wierix (véase reproducción en la ficha cat. núm. 14) (M. Mauquoy-Hendrickx, *Les Estampes des Wierix conservées au Cabinet des Estampes de la Bibliothèque Royale Albert 1er.*, Bruselas, 1978, I, núm. 407-414).
15. F. Arias, *Traicté de l'Imitation de Jésus-Christ*, París, 1625, p. 77.
16. V. Carducho, *Diálogos de la Pintura: su defensa, su origen, esencia, definición, modos y diferencias*, Madrid, 1633 (ed. F. Calvo Serraller, Madrid, 1979), p. 348.
17. J. de Valdivieso, *Vida, excelencias y muerte del gloriosísimo patriarca San Joseph*, Madrid, 1604 (ed. Rivadeneyra, 1864), p. 223.
18. J. Gracián de la Madre de Dios, *Josephina, summario de las excelencias del Glorioso S. Joseph, esposo de la Virgen María, recopilado de diversos autores*, Bruselas, 1609 [1597], p. 128. Véase también O. Delenda, «Les Répresentations de Saint Joseph et l'Enfant Jésus dans l'art de la Contre-Réforme» en *Sedes Sapientiae*, 1990, núm. 31, p. 3-14.
19. Alonso de San Gerónimo, *Vida, virtudes y milagros de la prodigiosa Ana de San Agustín, carmelita descalza...*, Madrid, 1668, fol. 34 v.
20. A. de Villegas, *Quinta parte de «Flos Sanctorum...»*, Barcelona, 1594, fol. 24.
21. S. de Nieva Calvo, *La mejor Muger, Madre y Virgen: sus excelencias, vida y grandezas repartidas por sus fiestas todas*, Madrid, 1625, fol. 54-60.
22. Diego Contes, Madrid, 1592, citado por F. López Estrada, «Pintura y literatura: una consideración estética en torno de la "Santa Casa de Nazaret" de Zurbarán» en *Archivo Español de Arte*, Madrid, 1966, XXXIX, p. 34.
23. F. de la Torre Farfán, *Fiestas de la Sta. Iglesia [...] de Sevilla*, Sevilla, 1671, p. 319 y 320.
24. Buen estado de la cuestión en J. Fernández López, *cit. supra*, n. 11, p. 69-73.
25. O. Delenda en J. Baticle, *Zurbarán*, París, 1988, p. 110-113 (catálogo de exposición, Nueva York, 1987 y París, 1988).
26. P. de Ribadeneyra, *Primera parte del Flos sanctorum o libro de las vidas de los santos*, Madrid, 1624 [1599], p. 683.

27. C. Frugoni, *Saint François d'Assise*, París, 1997, p. 165.

28. O. Delenda, «Zurbarán à Madrid, 1658-1664» en *L'Œil*, París, 1995, 471, p. 37 y 38.

29. P. de Ribadeneyra, *cit. supra*, n. 26, p. 684.

30. O. Delenda y L. Garraín, «Zurbarán sculpteur. Aspects inédits de sa carrière et de sa biographie» en *Gazette des Beaux-Arts,* marzo de 1997.

31. Véase M.L. Caturla y O. Delenda, *Zurbarán*, París, 1994, p. 47-53.

LOS BODEGONES DE FRANCISCO Y JUAN DE ZURBARÁN

Aunque el número de verdaderos lienzos de bodegones o de naturaleza muerta que conservamos de mano de Francisco de Zurbarán es más bien escaso, su nombre y su severa y poética visión de lo real han quedado ya como prototípicos, y cuando se habla del bodegón español, es el nombre del gran maestro de Fuente de Cantos el que viene a la memoria, sólo acompañado, quizás, por el del cartujo Sánchez Cotán.

Ambos encarnan, a los ojos de todos, las virtudes y las características del modo «español», o mejor, «castellano», de aproximarse a lo más inmediato de la realidad circundante: los objetos cotidianos, los alimentos más simples y naturales, la belleza sencilla de lo familiar, ordenada de un modo severo y casi ritual, que fascina precisamente por su inmediata y directa fuerza visual.

A propósito de Zurbarán, Rafael Alberti ha escrito versos de maravillosa hondura[1] que trasponen a la magia de las palabras, la honda emoción de los objetos abandonados a sí mismos, evidenciados por la luz, y ofrecidos a los ojos de quien los mira con toda su poderosa carga de realidad y de misterio:

«Piensa el tabique, piensa el pergamino
del volumen que alumbra la madera;
El pan que se abstrae y se ensimisma el vino
sobre el mantel que enclaustra la arpillera.
Y es el membrillo un pensamiento puro
que concentra el frutero en claroscuro.

Ora el plato, y la jarra, de sencilla
humildemente persevera muda,
y el orden que descansa en la vajilla
se reposa en la luz que la desnuda.
Todo el callado refectorio reza
Una oración que exalta la certeza.»

Desde fecha muy temprana, en las obras perfectamente documentadas del maestro, se advierte en sus composiciones religiosas la presencia de objetos complementarios, tratados con amorosa complacencia, que podrían sin dificultad alguna, aislarse de la escena a la que pertenecen y constituir, a nuestros ojos, perfectos «bodegones». Piénsese, sobre todo, en el exquisito plato de metal con una taza y una rosa que aparece junto a una manzana sobre la modesta mesa de madera que llena el ángulo inferior derecho en el lienzo –por otra parte tan desmañado– de la *Curación milagrosa del beato Reginaldo de Orleáns*, pintado en 1626 para el sevillano convento dominico de San Pablo, los libros y bonetes que acompañan, apoyados en suntuosas telas rojas, a los mercedarios de la Academia de San Fernando de hacia 1628-1630, la prodigiosa tiara papal sobre dorada bandeja ante la cual ora san Buenaventura en el prodigioso lienzo de la Gemäldegalerie de Dresde, pintado en 1629 para la misma serie a que pertenecía el destruido lienzo de *San Buenaventura y santo Tomás de Aquino ante el crucifijo*, donde la biblioteca, la imagen de Cristo en su hornacina con cortinillas y los libros sobre la mesa, constituían, por sí mismos, un soberbio bodegón de *vanitas*.

En obras posteriores –y muy especialmente en las composiciones de delicado sentido devocional como la *Educación de la Virgen*, la *Virgen niña*, o la *Sagrada Familia*–, los delicados fruterillos, los floreros, las vasijas de barro, los cestillos de labor o las flores derramadas, ocupan siempre un lugar destacadísimo y muestran una muy especial complacencia por parte del artista, que parece recrearse en esos delicados primores.

Y no puede olvidarse, tampoco, la importancia que tales accesorios tienen en las grandes composiciones del momento más afortunado en torno a 1635-1640, en los grandes lienzos de la Cartuja de Jerez, hoy en el Musée de Grenoble, o en los de la Sacristía de Guadalupe. La mesa de escritorio del *Padre Gonzalo de Illescas*, el cesto de panes del *Padre Martín de Vizcaya*, o la mesa de altar de la *Misa del padre Pedro de Cabañuelas* (véase reproducción en la ficha cat. núm. 8) son, por si solos, soberbios bodegones, que cuentan entre lo más sólido de la historia de nuestra pintura.

Esa maestría en el tratamiento de las cosas inmóviles de la «vida quieta» de los objetos lleva, necesariamente, a la consideración de los lienzos que sólo son eso: bodegones, y de Francisco de Zurbarán son bien pocos los que pueden, con absoluta seguridad, considerarse tales.

Uno sólo, firmado y fechado, puede servirnos para conocer y definir el modo en que el pintor se aproxima al género: el bellísimo que fue de la colección Contini Bonacossi y se conserva hoy en la Norton Simon Foundation en Pasadena. Firmado en 1633, muestra, alineados sobre una mesa o tablero de madera, un cesto de mimbre con naranjas y, a ambos lados, platos metálicos que soportan, a la derecha, una taza y una rosa análogas a las que ya usó en el lienzo de la *Curación milagrosa del beato Reginaldo de Orleáns*, y a la izquierda, unos rotundos limones, o mejor cidras, visto todo bajo una intensa luz dirigida y modeladora, que viene de la izquierda y acentúa el severo y escultórico volumen de los objetos.

La disposición, tan simétrica y equilibrada, recuerda vivamente a los bodegones que Juan Van der Hamen pintaba en la corte pocos años antes. Zurbarán no parece que hubiese viajado a Madrid antes de esa fecha –lo haría precisamente el año siguiente, en 1634–, pero es posible que hubiese tenido ocasión de conocer obras del pintor madrileño en alguna casa sevillana.

La nobleza de la disposición y su severidad ritual, han hecho en más de una ocasión ver en él algo de religioso, e incluso se ha querido interpretarlo[2] como una explícita ofrenda a María. Quizás los contemporáneos del artista asimilaran mentalmente el significado simbólico de los elementos del lienzo, como podrían hacerlo los teólogos o los poetas ante los objetos mismos en la realidad, pero no parece, a través de los testimonios literarios contemporáneos, que este lienzo, o los de análogo carácter fuesen concebidos de otro modo que como ejercicios de prodigioso virtuosismo técnico y quizás como desafío a los pintores de la antigüedad, que, según Plinio, habían logrado con su perfecta imitación de la realidad, engañar, incluso, a los pájaros con sus frutas fingidas.

En este maravilloso lienzo está como hemos dicho, el plato con la taza y la rosa que ya había pintado en 1626 en un lienzo para los dominicos de San Pablo. Pero también lo encontramos en el cuadro de la *Familia de la Virgen*, hoy en la colección Abelló, e incluso en un pequeño lienzo que fue de la colección del historiador Kenneth Clark, recientemente adquirido por la National Gallery londinense, donde se muestra aislado. Como ha supuesto Jordan[3] es casi seguro que Zurbarán disponía de pequeños estudios del natural que le servían de modelos para insertarlos luego en sus grandes composiciones, con ligerísimas variantes.

La radiografía del gran *Bodegón con cesto de naranjas* de Pasadena, ha revelado bajo lo que hoy se ve, la presencia de un plato con dulces o frutas confitadas, que fue luego cancelado para subrayar mejor la solemne simetría comentada. Curiosamente, también se conoce un pequeño lienzo, hoy de propiedad privada, que presenta, aislado, ese mismo plato de dulces, tratado con exquisito refinamiento y frescura de ejecución, confirmando así la existencia de esos modelos directos, luego variamente combinados.

Otro bodegón con un cesto de manzanas, en cuya atribución a Zurbarán se ha insistido recientemente, repite el esquema de simetría del gran lienzo Contini, que acabamos de comentar, con más rigor si cabe. De proporciones más cuadradas, presenta el cesto en el centro y a cada lado una manzana, pintados con absoluta precisión. El estado de conservación de la tela, que ha sufrido limpiezas excesivas que le han hecho perder buena parte de su refinado acabado, no permite afirmación rotunda respecto a su atribución a Zurbarán, pero es evidente que refleja su sensibilidad. Una intervención reciente, ha «restaurado la poderosa plasticidad de las frutas tan sutilmente modeladas y restablecido la equilibrada relación entre las formas de la mesa y el espacio circundante» según Jordan,[4] para el cual no hay duda en la atribución a Zurbarán. Sin conocer directamente el alcance de esta intervención, se hace preciso recordar que, sin embargo, Pedro de Camprobín retoma años más tarde motivos zurbaranescos en obras firmadas en las que se repiten textualmente motivos presentes aquí, obligando a mantener una prudente reserva.

Distinto parece ser el caso de la composición conocida por dos ejemplares análogos en todo, uno en el Museo del Prado y otro en el Museu Nacional d'Art de Catalunya (cat. núm. 18), procedentes ambos de la colección Cambó. La continua exhibición de uno de ellos en el Prado ha favorecido su difusión y conocimiento, en perjuicio del ejemplar de Barcelona que, en realidad, nada tiene que envidiar al otro. Exhibidos juntos, en la exposición de 1988,[5] se evidenció la identidad de carácter entre ambos, y se apuntó la hipótesis, seguramente la más verosímil, de que nos hallemos ante un caso de repetición puntual de una obra, a requerimiento de una clientela privada y caprichosa, en los años finales de su carrera, en su último período madrileño entre 1658-1664.

Son desde luego obras tardías, muy distantes del Bodegón con cesto de naranjas de 1633, pues carecen de la rotundidez y monumentalidad de aquél, aunque existen evidentes analogías en la disposición horizontal y en el sentido y dirección de la luz.

Ha desaparecido, sin embargo, el severo sentido de simetría respecto a un eje, que subrayaba allí el gran cesto central. Aquí son cuatro los objetos representados, simples vasijas de mesa y de cocina que contraponen sus calidades y colores con un cierto ritmo alternante. Metal, barro blanco, barro rojo y barro blanco sobre plato metálico, se ordenan con una simplicidad casi ritual que, según la admirable intuición de Longhi, evoca la disposición de los objetos litúrgicos sobre la mesa del altar. Si en el Bodegón Contini podía verse, forzando la interpretación, una ofrenda mariana, aquí se hace dificilísimo buscar un sentido simbólico ante tan sencillos elementos. Sólo su belleza plástica los justifica, y su presencia se impone «sin dramatismo ni opulencia», como decía Camón Aznar,[6] que añade: «Con serena quietud, digamos que símbolos del sosiego castellano. Irradiantes sólo de paz, de conceptual calma y espíritu.»

La presencia de la vasija de barro rojo, análoga a otra que aparece en un bodegón de Francisco Palacios, firmado en 1648[7] y que no aparece en bodegones andaluces, refuerza la hipótesis de que se trate de una composición concebida en Madrid y allí repetida, y a ello contribuye la presencia de la vasija de la derecha –la única que no

es idéntica en los dos ejemplares– que aparece en la Virgen de la Anunciación de la colección March de Palma de Mallorca, obra, sin duda, también de su período final.

Nada más puede atribuirse con seguridad al pintor extremeño, entre los muchos bodegones que le han sido atribuidos. El hermoso Bodegón de membrillos (cat. núm. 19) del Museu Nacional d'Art de Catalunya que es, desde luego, suyo, no es sino un fragmento de otra composición mayor, como parece asegurar la presencia del paño blanco cortado de modo tan abrupto en el ángulo inferior derecho.

Y los Corderos o Agnus Dei conocidos por varios ejemplares, difícilmente pueden, en rigor, considerarse «naturalezas muertas», pues el animal –con decidida significación religiosa (como en el ejemplar del San Diego Museum of Art), o como simple modelo del natural para ser utilizado luego en el obrador en diversas ocasiones (como es, seguramente, el ejemplar del Museo del Prado)– está lejos de lo que solemos, habitualmente, considerar bodegón aunque sirva, también, una vez más, para subrayar la maestría del pintor en la representación de la textura de las cosas en abandono y reposo.

Pero junto a Francisco de Zurbarán ha ido tomando cuerpo en los últimos años la personalidad de su hijo Juan de Zurbarán, muerto en plena juventud, antes de cumplir los treinta años, con ocasión de la terrible epidemia de 1649.

Hasta hace pocos años, Zurbarán «hijo», era apenas un nombre enigmático al que sólo se le podían atribuir dos obras firmadas, una en 1639 y otra en 1640.[8] La primera, un plato metálico con unas uvas (cat. núm. 20), y la segunda un Bodegón con servicio de chocolate (cat. núm. 22), muestran la huella de su padre de modo claro, aunque se advierten ya suficientes diferencias para evidenciar una sensibilidad algo distinta que se ha ido perfilando con posterioridad, aunque es preciso reconocer que las atribuciones se han ido encadenando una a otras y quizás de modo algo apresurado en los últimos tiempos.

El Bodegón con plato de uvas (cat. núm. 20) de 1639, de colección particular, está pintado con una minucia y preciosismo casi nórdicos, a lo que contribuye también el hecho de estar realizado sobre cobre. Las turgentes uvas y el modo en que se anotan las grietas y los golpes en la repisa de piedra en que se apoya el plato son, como señala Jordan, ajenos a la sensibilidad de su padre.

En el Bodegón con servicio de chocolate (cat. núm. 22) de 1640 del museo de Kiev, se advierte una disposición de los elementos bien diversa al modo de Zurbarán padre, buscando –frente a la sencilla ordenación frontal y paralela de éste– una agrupación escalonada en profundidad y en vertical, rompiendo totalmente con el sentido de simetría e introduciendo, con

el molinillo de chocolate que sobresale de la mesa, un elemento de trampantojo, que rompe el espacio pintado y se introduce en el espacio real, al modo de ciertos caravaggistas romanos y nórdicos. También las sombras son más duras y más secos los contornos, y aunque quizás se hayan alterado los tonos oscuros del fondo, el efecto es de un más violento tenebrismo que carece de la refinada sutileza del gran Bodegón con cesto de naranjas de Francisco, en la Norton Simon Foundation de Pasadena.

Un tercer Bodegón con cesto de fruta y cardos (cat. núm. 23), propiedad de la fundación finlandesa Gösta Serlachius, en Mänttä, aparecido en la exposición de La Natura Morta italiana, celebrada en Nápoles en 1964, atribuido entonces al romano Michelangelo di Campidoglio (1610-1670) tras haberlo sido al napolitano Luca Forte (documentado hacia 1625-1655), reveló la existencia de una firma de Juan de Zurbarán y la fecha de 1643 (leída a veces como 1645).

Este nuevo bodegón subraya un cierto cambio en la sensibilidad del pintor, que se muestra en él como un decidido admirador del modo napolitano de concebir la naturaleza muerta, con un tenebrismo de dramático énfasis, y una composición acumulativa que tiene muy poco que ver con el sereno equilibrio de las de su padre.

Este modo, nuevo y efectista, de componer y su poderosa y naturalista manera de tratar la materia pictórica, a través de una pincelada pastosa y densa que acentúa aún más la plasticidad de los elementos, se aleja definitivamente de la serenidad poética y misteriosa de su padre.

El lienzo finlandés ha permitido a Jordan atribuir de modo convincente a Juan de Zurbarán algunas otras obras de técnica y carácter semejante que no habían encontrado hasta ahora un adecuado emplazamiento.

Ante todo, el gran Bodegón con cesto de manzanas, membrillos y granadas (cat. núm. 24) del Museu Nacional d'Art de Catalunya, obra de noble belleza que parece situarse en un punto intermedio entre la serena mesura de Francisco y su sentido de la organización plástica –visible en el ritmo mesurado de la composición, tendiente a la compensación de masas–, y el intenso dramatismo luminoso, la robusta plasticidad y un cierto barroquismo en la disposición de los elementos que se organizan en distintos términos y ofrecen planos iluminados en diversos grados.

Tras el Bodegón de Barcelona, se han incorporado al catálogo de Juan otros dos, de dimensiones próximas y muy semejante carácter: uno, de la colección Masaveu, exhibido en Sevilla, Madrid y Oviedo en 1996-1997,[9] y otro adquirido recientemente para la colección Várez Fisa (cat. núm. 25),[10] concebidos ambos de modo semejante, aunque el segundo resulte algo más complejo por su disposición en varios planos, que curiosamente, remontan su esquema compositivo a modelos de Van der Hamen, aunque el tratamiento de frutas y flores sea enteramente el que reconocemos como propio de Juan de Zurbarán.

Los tres bodegones se ordenan en torno a un gran cesto de mimbre que rebosa frutas de rotunda consistencia. En el que centra el lienzo de Barcelona, aparecen manzanas, membrillos y granadas; en el de Várez Fisa sólo manzanas, y en el Masaveu, manzanas, membrillos, albaricoques y brevas. Los elementos que acompañan a estos cestos varían también. En Barcelona se advierten, caídos, unos membrillos, una manzana partida y, a la derecha, unas granadas, una de ellas mostrando, abierta, sus rojos granos. En el de la colección Várez aparecen una manzana caída junto al cesto, y a ambos lados de éste, unos dados de piedra, sobre los cuales se ven, a la izquierda un plato de estaño con granadas abiertas, y a la derecha un florero de cristal con flores (rosas y lirios especialmente) de una exquisita calidad y movimiento enteramente nuevos. En el de la colección Masaveu, hay, en el mismo plano que el cesto, a la izquierda, un plato de metal con una taza o bernegal de porcelana decorada; delante, en primer término, cuatro albaricoques y, a la derecha, tres granadas abiertas unidas aún a una rama de granado.

En los tres la iluminación procedente de la izquierda es de una intensidad que subraya el carácter fuertemente tenebrista del conjunto y en ellos aparecen unas ramitas de hojas verdes que se intercalan entre las frutas del cesto central y animan la composición.

A estos bodegones tan semejantes de carácter, se une también otro, de tono más refinado, pero pintado con análoga técnica: el exquisito conservado en el Art Institute de Chicago que muestra un *Bodegón con peras en un cuenco de porcelana china*,[11] que estuvo antes atribuido a Francisco. La intensidad de la luz, el enérgico modelado de las frutas y el modo delicado en que se delinean las flores que las acompañan, recortándose elegantísimamente sobre el oscuro y denso fondo, permiten atribuirlo con cierta seguridad al joven maestro malogrado.

Otras obras atribuidas a Juan de Zurbarán lo son quizás con menor seguridad, aunque pueden insertarse con cierta probabilidad en lo que podemos imaginar fue su breve carrera de apenas diez años.

En relación con el *Bodegón con servicio de chocolate* de Kiev (cat. núm. 22), de 1640, se han puesto algunas obras como el *Bodegón con chocolatera* de la barcelonesa colección Bertran, el *Bodegón de vajilla* del Musée des Beaux-Arts de Besançon, y el *Bodegón de postre* que fue de la colección Brossa, todos ellos muy próximos al firmado en 1640, aunque también algo más rudos y secos que aquél, pero inscribibles, sin duda, si son suyos, en un primer momento en que, dentro de los modos de su padre, intenta una composición independiente y más libre en las disposiciones espaciales.

A una etapa más avanzada en su brevísima carrera ha de corresponder una serie de pequeños bodegones que muestran platos de metal –plata o peltre– con frutas, que parecen prolongar la composición del *Bodegón con plato de uvas* (cat. núm. 20) de 1639, pero que van dando paso a una técnica más segura y de más intenso efecto modelador, lograda con los recursos de fuerte influencia napolitana ya comentados. En el *Bodegón con fruta y jilguero* (cat. núm. 21) del Museu Nacional d'Art de Catalunya, cuyas uvas se hermanan con las del cuadro del *Plato de uvas*, pero en el que las restantes frutas (el membrillo, la granada abierta, brevas, manzanas y otras) se modelan con fuerza e intensidad nuevas, aparecen unos elementos no habituales, como el pajarillo que picotea las uvas, la mariposa que liba en las flores, o la diminuta avispa que se posa en las uvas, que serán luego esenciales en las obras de Pedro Camprobín. Este último, sin duda alguna, tuvo que aprender mucho del joven Zurbarán, pues en algunas de sus piezas firmadas repite y retoma motivos que aparecen en obras de éste y aún de su padre Francisco, pero con otra sensibilidad, de menos énfasis tenebrista, resuelto con una delicada y casi aterciopelada interpretación de la luz, como corresponde a un artista que vive hasta 1674, en un momento en que los intensos contrastes de luz y sombra de la primera mitad del siglo han cedido paso a una más difusa iluminación y a una más libre y gozosa interpretación del espacio.

Las últimas obras de Juan, pintadas necesariamente entre 1643 (fecha del lienzo de Mänttä) y su muerte en 1649, tendrán que ser, quizás, los pequeños platos metálicos con higos, ciruelas, o manzanas, de diversas colecciones particulares, que se van dando a conocer en estos últimos años y que pueden aceptarse como suyos de modo provisional, siguiendo las reflexiones de Jordan. Un *Plato de higos*, otro de ciruelas y otro con membrillos, uvas, higos y ciruelas (cat. núm. 26), todos de colección particular y dimensiones muy próximas, tratados con técnica muy semejante a la de los lienzos comentados, permiten suponer que buena parte de la actividad del malogrado joven Zurbarán tuvo que volcarse en esta dirección del lienzo pequeño, bien propicio para la decoración del ambiente acomodado en que parece haberse desenvuelto su autor.

Con todo ello, ambos zurbaranes, padre e hijo, se integran en la historia de la naturaleza muerta española en un lugar absolutamente excepcional, y la evidente precocidad del hijo, que seguramente tuvo que trabajar ampliamente en el taller paterno, quizás obligue a reconsiderar, a la luz de los estudios recientes que tienden a señalar la colaboración de muy diversas manos en la producción salida del obrador de Francisco, la posibilidad de que ciertos pormenores de naturaleza muerta del carácter de los comentados al comienzo de este texto, integrados en las composiciones posteriores a 1629-1639, cuando Juan contase los dieciocho o diecinueve años, pudieran ser de la mano de este último. Pienso, sobre todo, en el prodigioso cesto de panes del hermano Vizcaíno en el lienzo de Guadalupe de 1639, tratado ya con la fuerza e intensidad que se advierte en los cestos ya comentados del joven maestro.

Quizás nunca pueda llegar a saberse con precisión el volumen de la colaboración de ambos en esos años anteriores a la breve independización de Juan que, desposado en 1641, quizás comenzase entonces a trabajar por su cuenta. En 1644 contrataba ya lienzos religiosos para Carmona y sería en esas fechas cuando lograba su lenguaje independiente, pues el *Bodegón* de Finlandia es, como hemos visto, de 1643.

En esos años se reforzaba la presencia en España de obras napolitanas que pudieron despertar en él el deseo de acentuar los recursos tenebristas. Se ha recordado que en 1647 dos *Fruteros* de Luca Forte se describen en el inventario del almirante de Castilla. Eran «un cuadro de cidras, naranjas y flores de mano de Lucas Fuerte» y «un cuadro de cestas de uvas y otras [frutas] sin marco, de mano de Lucas Forte». Diríanse, sin esa precisión atributiva, obras de nuestro artista. En obras semejantes tuvo que tomar impulso para despegar de la lírica y serena poética de su padre, que se movió, con toda su grandeza, en la línea algo más arcaica de Van der Hamen y, a lo lejos, de Sánchez Cotán. E incluso en los modelos lombardos de los primeros años del siglo que, no se olvide, sirvieron seguramente también de punto de partida a Caravaggio.

ALFONSO E. PÉREZ SÁNCHEZ

1. R. Alberti, *A la pintura (Poema del color y la línea)* en *Obras completas II. Poesía 1939-1963*, Madrid, 1988, p. 333 (edición, introducción, bibliografía y notas de L. García Montero).

2. J. Gállego, *Visión y Símbolos en la pintura española del Siglo de Oro*, Madrid, 1972, p. 239.

3. W.B. Jordan y P. Cherry, *El bodegón español de Velázquez a Goya*, Londres, 1995, p. 101-105 (catálogo de exposición, Londres, 1995) y W.B. Jordan, *An Eye on Nature. Still-Life Paintings from Sánchez Cotán to Goya*, Londres, 1997, p. 92-98 (catálogo de exposición, Londres y Nueva York, 1997).

4. W.B. Jordan, *cit. supra*, n. 3.

5. A.E. Pérez Sánchez, en el catálogo *Zurbarán*, Madrid, 1988, p. 440-446, cat. núm. 117 y 118 (catálogo de exposición, Madrid, 1988).

6. J. Camón Aznar, *La pintura española del siglo XVII*, Madrid, 1977, p. 261-265 (Summa Artis, XXV).

7. Véase W.B. Jordan y P. Cherry, *cit. supra*, n. 3, p. 95, núm. 34; Pérez Sánchez 1983a.

8. La personalidad de Juan de Zurbarán, ha sido trazada en lo biográfico a partir de diversos documentos, y especialmente a través de la investigación de Caturla («Don Juan de Zurbarán» en *Boletín de la Real Academia de la Historia*, Madrid, CXLI, 1, 1957, p. 269-286). La reconstrucción de su obra la ha intentado Jordan en *Spanish Still Life in the Golden Age 1600-1650*, Fort Worth, 1985, p. 222-234 (catálogo de exposición, Fort Worth/Toledo (Ohio), 1985).

9. A.E. Pérez Sánchez y B. Navarrete Prieto, *Pintura española recuperada por el coleccionismo privado*, Sevilla, 1996, p. 146-147, núm. 52 (catálogo de exposición, Sevilla, 1996-1997 y Madrid, 1997); A.E. Pérez Sánchez, *Pinturas recuperadas*, Oviedo, 1997, núm. 33.

10. A. Crichton-Stuart, «A Zurbarán masterpiece» en *Christie's International Magazine*, enero-febrero de 1997, p. 18-19.

11. Fue de las colecciones de José de Madrazo, el marqués de Salamanca y el conde de Montarco, y está desde 1947 en Chicago. Fue Pemán el primero que lo atribuyó a Juan de Zurbarán, aunque creyendo en la colaboración del padre (C. Pemán, «Juan de Zurbarán» en *Archivo Español de Arte*, Madrid, XXXI, 1958), p. 201-202.

1. FRANCISCO DE ZURBARÁN
La Inmaculada Concepción

Desgraciadamente desconocemos el emplazamiento primitivo de este magnífico cuadro, conocido desde hace menos de cien años y cuya iconografía original obedece, sin duda, a un encargo muy preciso. Esta *Inmaculada Concepción* apareció por primera vez, citada y reproducida, en la monografía de Cascales y Muñoz en 1911. Estaba por entonces en Jerez de la Frontera, en la colección de don Pedro Aladro, «príncipe de Albania», de ahí el nombre de *Virgen de Aladro* en la literatura antigua. El cuadro pasó luego a la colección Almocadén Domecq también en Jerez y fue adquirida por Santiago Espona de Barcelona, quien a su muerte en 1958 lo legó al MNAC.

Pemán, atraído por la particularidad de los dos muchachos rezando presentados como donantes, imaginó que el cuadro había podido ser encargado por dos huérfanos de una familia de la aristocracia bien acomodada, que había hecho representar al mayor en traje civil a la izquierda, y al pequeño con hábitos religiosos a la derecha. Aparte de la gran dificultad para distinguir las vestiduras de los jóvenes, el gran formato de la tela (uno de los más grandes de Zurbarán con este tema abordado a menudo por él) debe corresponder seguramente a un cuadro de altar, probablemente ejecutado para la iglesia de un colegio sevillano.

Soria, uno de los primeros que se interesó por el papel desempeñado por las estampas en las composiciones de Zurbarán, había comparado el cuadro de Barcelona con una *Inmaculada Concepción* grabada en 1605 por Rafael Sadeler que parece ser el origen de la pequeña *Inmaculada Concepción* del Museo del Prado ligeramente anterior. El artista retoma aquí la posición de la Virgen rodeada de símbolos marianos, pero la composición general está modificada por los ropajes, menos voluminosos y sobre todo por la presencia simétrica de los dos orantes abajo, y arriba por dos ángeles que sostienen sendas placas de mármol con inscripciones extraídas del Cantar de los Cantares.

La Purísima, muy joven, se ciñe perfectamente a los criterios ortodoxos definidos por Pacheco (véase mi artículo «El pensamiento religioso del Siglo de Oro y Francisco de Zurbarán» en el presente catálogo). Adolescente, de rostro cándido; lleno de inocencia y recogimiento, une sus manos y alza su mirada al cielo, al contrario que otras Inmaculadas contemporáneas que inclinan suavemente su cabeza con la mirada baja, como las de Pacheco y Velázquez. Esta posición propia de Zurbarán, ilustra el texto que aparece en manos de los angelitos: «QUAE EST ISTA» y «AURORA CONSURGENS», del versículo «quae est ista quae progeditur quasi aurora consurgens» (quién es ésta que surge como el alba) del Cantar (8, 6). Su vestido, de un rosa pálido violáceo, y su manto azul verdoso, están dispuestos sobriamente con pliegues almidonados que evocan claramente el arte del escultor. El cuello, cuidadosamente bordado con una rica pasamanería adornada de perlas, se cierra con un impresionante colgante, símbolo de la firmeza, en el que las piedras preciosas forman las iniciales AVM del saludo mariano. La Virgen reposa sobre una luna transparente que deja entrever un grupo de querubines formando un pedestal y está bien «vestida de sol» (Apocalipsis 12, 1). Excepcionalmente, Zurbarán reparte las estrellas de la corona «entre resplandores», es decir, entre rayos, como lo desea Pacheco[1] y, en su aplicación por seguir las consignas de sus comitentes, pinta hasta trece y no doce estrellas. Destaca en cambio la representación del nimbo formado por cabezas de angelitos esbozadas, pintadas en diversas tonalidades doradas.

Los símbolos marianos están cuidadosamente repartidos a ambos lados de la Virgen, como en los grabados del siglo XVI y del principio del siglo XVII. En 1632 no siempre se representaban los atributos celestes, pero en aras de una mejor comprensión por parte del pueblo, los exegetas recomendaron que los símbolos de las letanías marianas fueran representados a cada lado de la Virgen. Por ejemplo, cuando se celebraron en 1615 las fiestas solemnes de la Limpia Concepción por los frailes del monasterio de San Francisco en Sevilla, se instaló en el altar mayor una imagen de la *Inmaculada Concepción*. Vestida de seda blanca y azul, se apoyaba sobre pequeños serafines y un cuarto creciente de luna con los cuernos hacia arriba (el tratado del padre Alcázar recomendando que los cuernos apuntasen hacia abajo no se publicó hasta 1618). Aparecía coronada por doce estrellas, y llevaba suelta su cabellera. A ambos lados se disponían cinco de sus atributos y llevaba suntuosas joyas como en el cuadro de Zurbarán.[2]

En este lienzo, sostenidos por ángeles, aparecen primero la Rosa sin espinas y el Lirio sin mancha (formado por tres flores que simbolizan la virginidad antes, durante y después de la maternidad divina). Entre las nubes aparecen la Puerta del cielo, la Escalera de Jacob (Génesis 28, 12 y 17), la Estrella matutina (Eclesiástico 50, 6) y el Espejo inmaculado (Sabiduría 7, 26). Bajo los pies de la Virgen, en un paisaje pintado a contraluz, se distinguen la Torre de David (Cánticos 4, 15), el Ciprés y la Palmera (Eclesiástico 24, 13-14), finalmente el Jardín cerrado, la Fuente sellada y el Pozo de aguas vivas (Cantar 4, 12 y 15).

Siempre para ceñirse a un encargo preciso, Zurbarán inscribe textos saliendo de la boca de los dos muchachos, a la manera medieval. A la izquierda, el joven reza «MOSTRA TE ESSE MATREM» (Mostrad que sois mi madre), a la derecha el otro implora «MITES FAC ET CASTOS» (Vuélvenos castos y buenos). Los versículos están extraídos del antiguo himno *Ave Maris Stella*, atribuido a Fortunato, obispo de Poitiers en el siglo VI. Estas oraciones se recitaban en las Vísperas del oficio de la Virgen, mientras que los versículos sostenidos por los angelitos se recitaban en el oficio de Prima. Por tanto, se ven aquí reunidas múltiples indicaciones de devoción mariana, con gran acierto poético, a pesar de las restricciones impuestas por los comitentes. Aunque esta presentación simétrica con los cuatro niños (donantes y ángeles) formando un cuadrado alrededor de María pueda parecer arcaica en 1632, la composición alcanza una gran fuerza de comunicación. Zurbarán acierta magníficamente en la expresión de candor de lo infantil. La potente volumetría del traje de la Virgencita de pie con sus pliegues escultóricos, se suaviza por la delicadeza de la túnica rosa, acentuada por el color de las rosas y la banda de los angelitos. Las miradas de los donantes elevadas hacia la niña pura, unidas a la de ésta, forman un triángulo ascendente. Todo ello es obra observada del natural cotidiano y trascendente. Aquí, como siempre, Zurbarán se muestra el intérprete ideal de una imagen de pureza que no cae en lo amanerado.

ODILE DELENDA

1. Pacheco 1649 (ed. Bassegoda 1990), p. 576-577.
2. Lugones 1616, fol. 8-9.

2. FRANCISCO DE ZURBARÁN
La Inmaculada Concepción

Esta *Inmaculada Concepción* fue publicada por primera vez en la monografía de Gállego y Gudiol de 1976. Se desconoce el emplazamiento original de este gran lienzo, seguramente un retablo importante por sus dimensiones. Estuvo en un castillo francés como muchas de las pinturas traídas por los oficiales de Napoleón. Parece posible, como lo hemos sugerido ya en 1995, que *La Inmaculada Concepción*, firmada y fechada en 1636, formara parte del retablo encargado a Zurbarán para Nuestra Señora de la Granada de Llerena, precisamente en 1636. El contrato, descubierto por Caturla en 1953, firmado el 19 de agosto de 1636 por el mayordomo de la fábrica, precisa que Zurbarán «como Hijo desta Ciudad y tan deboto de la Virgen, se ha ofrecido a hacer toda la pintura sin yntereses». En las «condiciones que se han de guardar y cumplir en la obra del retablo de nuestra señora de la Granada de la Yglesia mayor de la ciudad de Llerena» se fijan varias obligaciones entre las cuales: «Yten la Pintura de quadros a de ser la que fuera pedida y toda de mano del Insigne Pintor Francisco de Zurbarán el qual a de poner en ella su nombre dandole memoria de los santos que ayan de ser».[1] Por desgracia desapareció la memoria, pero en una iglesia bajo la advocación de la Virgen no debe extrañar la presencia de una Inmaculada y tanto la firma como la fecha convienen bien. También se sabe que las tropas del mariscal Soult estuvieron en Llerena en la primavera de 1811.[2] El *Cristo con la cruz*, pintado en la puerta del sagrario, hoy conservado en el Museo de Bellas Artes de Badajoz, perteneció al retablo y su estilo alargado se puede comparar con el de esta *Purísima*.

Zurbarán pinta este tema desde sus primeros años sevillanos hasta sus últimos años madrileños siendo, con anterioridad a Murillo, «el pintor de las Inmaculadas». La primera fechada es precisamente la que se conserva en el Museu Nacional d'Art de Catalunya, de 1632 (cat. núm. 1), esta versión que comentamos es la segunda, pintada cuatro años más tarde. En estos pocos años, se evidencian las diferencias tanto estilísticas como iconográficas. El pintor abandona ya en estas fechas el riguroso tenebrismo de sus primeros años. El estilo, más alargado como hemos dicho, también deja la presentación estrictamente frontal y geométrica de las *Inmaculadas* del Museo del Prado (véase reproducción en la ficha cat. núm. 1) y del MNAC (cat. núm. 1). El cuerpo de la Virgen se inclina levemente, estando armoniosamente circunscrito en el arco de un círculo, las manos, más finas, se juntan con elegancia y la cabeza se inclina sobre el hombro derecho, mirando hacia abajo como la *Inmaculada*, conocida como la *Cieguecita* de Martínez

Montañés (1629-1631, Sevilla, catedral) y la mayoría de las Inmaculadas anteriores a 1635.

Zurbarán intenta aquí variar la presentación de los atributos marianos que ya no aparecen tan definidos como en sus tempranas Purísimas, deudoras de las de Pacheco donde pinta los «atributos de tierra se acomodan, acertadamente, por país y las del cielo, si quieren entre nubes».[3] La composición es menos geométrica que las anteriores: el pintor utiliza aquí, para presentar las advocaciones a María, dos grupos de angelitos juguetones situados a cada lado. Este tipo de niños se inspira en el arte italiano como lo apuntó Pérez Sánchez en dos otros lienzos la *Adoración de los pastores* del Musée de Grenoble de 1639 y la *Inmaculada Concepción* de 1656 (cat. núm. 3). La relación entre el grupillo de los cuatro niños sentados y los de la *Coronación de la Virgen* de Guido Reni, que Zurbarán pudo ver en el Alcázar de Madrid en 1634, es evidente.[4]

Los símbolos de las letanías en las artes visuales permanecen casi constantes en número y carácter, pero los exegetas inmaculistas siguieron desarrollando la panoplia de las alabanzas a María. Es el caso de Alonso Bonilla, cuyo tratado *Nombres y atributos de la impecable siempre Virgen María, Nuestra Señora*, publicado en Baeza el año 1624, muestra el éxito popular de estas letanías. En este cuadro los ángeles de la izquierda presentan la Rosa sin espinas y el Ramo de olivo, símbolo de paz (Génesis 8, 11) y también figuración del árbol de Jesé de donde salía Cristo (Isaías 11, 1) en las representaciones de la *Tota Pulchra* del siglo XVI. Un detalle gracioso, utilizado anteriormente por Roelas, más tarde por Murillo y Valdés Leal en sus Inmaculadas, es el niño mirándose extrañado en el Espejo sin mancha. A la derecha una pareja de angelitos abrazados sostiene el Lirio de tres flores y una palma que irá reemplazando a la Palmera de los cuadros anteriores. A su lado un niño conmovedor reza con sus manitas juntas; otro intenta subirse a lo que será la Escalera de Jacob. Por debajo de María, Zurbarán pintó un bello paisaje donde aparecen la Torre de David, la carabela Socorro de los navegantes y la Ciudad de Dios.

Aquí la Virgen luce un vestido blanco con su escote adornado de piedras preciosas. Hasta la década de 1630, los artistas sevillanos solían representar a la Purísima con una túnica de color rosa. Este traje fue gradualmente sustituido por «la vestidura blanca [...] y encima un manto color de cielo», ropaje que llevaba María cuando se aparecía a finales del siglo XV a la beata Beatriz de Silva, fundadora de la Orden de la Concepción de Nuestra Señora, de regla franciscana, destinada a honrar la Inmaculada.[5] Justamente en 1636 el proceso de beatificación de doña Beatriz recordaría a los fieles sus visiones. Esto permite a Zurbarán entregarse a un maravilloso ejercicio de policromía con los tonos blancos y

azules de la Virgen destacando en el fondo dorado. El sol parece situado detrás de María por lo cual parece irradiar la luz que ilumina el fondo. Presentado al público por primera vez, este magnífico lienzo resulta un hito interesantísimo en la historia de las pinturas de la Inmaculada Concepción, no sólo de Zurbarán, sino de toda la escuela andaluza del siglo XVII.

ODILE DELENDA

1. Caturla/Delenda 1994, p. 299-300, doc. 72.
2. Gotteri 1991, p. 349-350.
3. Pacheco 1649 (ed. Bassegoda 1990), p. 577.
4. Pérez Sánchez 1965c, p. 273; Pérez Sánchez 1993, p. 126.
5. Bivar 1618, fol. 3.

3. FRANCISCO DE ZURBARÁN
La Inmaculada Concepción

En las Casas Reales del Señor Infante D. Luis en Villaviciosa (Madrid) apunta Ponz entre las principales «obras apreciables» «de Zurbarán, es una Concepción Niña»;[1] Baticle, en el catálogo de la exposición *Zurbarán* de 1987-1988 se preguntó si podía ser esta *Inmaculada niña* la que perteneció a la famosa colección del canónigo sevillano don Manuel López Cepero. Figuró en el catálogo de dicha colección entre el 15 y el 30 de mayo de 1860 (núm. 66) pero quedó en posesión de su familia. Fue vendido en 1911 por doña Dolores Muñi, viuda de López Cepero, al académico de Bellas Artes Fernando Labrada de quien lo adquirió el coleccionista bilbaíno Félix Valdés. En 1985 la compró Plácido Arango para su colección madrileña.

Desde la exposición *Zurbarán* de 1905 en la cual figuró bajo el número 31 como «*La Concepción*; primera obra (conocida) de Zurbarán», el cuadro no fue examinado por muchos estudiosos. Hasta la exposición de 1987-1988 se consideró este lienzo como la primera obra realizada por Zurbarán porque una deplorable restauración repintó un 1 sobre el 5 de la fecha reproducida con la firma en el catálogo de Madrid de 1905. Debemos a Baticle la clara demostración de la fecha tardía de esta *Inmaculada niña* que apareció en todos los corpus al principio del catálogo de las pinturas de Zurbarán. Algunos especialistas como Angulo Íñiguez o Gudiol, expresaron sus dudas en cuanto a la fecha de 1616 por razones estilísticas. Veremos que la iconografía del cuadro, muy peculiar, es también imposible en fechas tan tempranas.

La Virgencita, muy niña, de seis o siete años, que bien pudiera ser el retrato de la hija de Zurbarán y Leonor de Tordera, María Manuela, nacida en 1650 está representada con los ojos alzados como la prometida del Cantar de los Cantares. Es la «Que sube del desierto» (3, 6) «que surge como el alba, bella como la luna, esplendorosa como el sol» (6, 10). Para expresar la misma idea hemos visto como en 1632 el pintor tiene que presentar angelitos portando unas tablillas en las que aparecen fragmentos del Cantar. Entre nubes se veían también, muy evidentes, los símbolos de la letanía mariana (cat. núm. 1). Aquí el fondo de brillo solar, con su gloria oval de oro puro, basta para expresar la idea esencial: eternamente presente en el pensamiento de Dios, María existió antes de que la creación emergiera de nada. «Fui formada en un pasado lejano, antes de los orígenes de la tierra» (Proverbios 8, 23), como reza este texto en la epístola de la misa de la Inmaculada.

Las últimas Purísimas de Zurbarán son niñas, exquisitas imágenes de candor y sensibilidad, adoptadas más tarde por Murillo. La que admiramos aquí es, como hemos visto, la más infantil de todas para expresar la purísima idea divina. Estática y recogida, cruza sus manitas sobre el pecho suspendida en una nube de angelitos dorados apenas esbozados en el cielo. Como de costumbre se apoya en un pedestal de cabecitas de niños, sin alas (¿serán los santos inocentes?) sobre una luna llena; flota encima de un friso de ángeles niños músicos.

La Iglesia celebró en Sevilla por primera vez en 1654 la Gran octava de la Purísima Concepción. Desde hacía medio siglo los pintores venían multiplicando las representaciones del misterio predilecto del pueblo andaluz. Los fieles lo conocían bien y ya no necesitaban ver los laudos marianos para comprenderlo. La imagen pura de la infancia resultaba en estas fechas suficientemente explícita. San Bernardo, en su *Sermo Domenica intra octavam Assumptionis* identificó a la mujer apocalíptica descrita por san Juan en Patmos con la misma Virgen y consideró que el versículo «Una gran señal apareció en el cielo: una mujer vestida de sol, con la luna a sus pies y una corona de doce estrellas sobre su cabeza» (Apocalipsis 12, 1) representaba la victoria de María sobre el pecado. El resplandor del sol ilumina aquí a la Virgencita y su túnica de un blanco argenteo, casi lunar, destaca sobre su manto de un azul pizarra. Las referencias a la corona de doce estrellas proliferan en los escritos piadosos del siglo XVII. Aquí los astros resaltan como puntos brillantes sobre un halo gris azulado más pálido que forma una aureola circular. Stratton indicó como los términos *corona* y *rosarium* se consideraban como sinónimos todavía en los siglos XVI y XVII, por lo cual la devoción inmaculista se manifestó por la práctica de la recitación del rosario delante de las imágenes de este tipo.[2]

Esta virgencita, infantil e ingenua, flotando en el aire dorado sobre un coro angélico de *putti* firmemente asentado en la tierra, no admite parangón con ninguna de las representaciones conocidas del tema. Resulta seguramente de un encargo específico. El friso de niños músicos alados, ha sido a menudo puesto en relación con modelos italianos. Soria aconseja la comparación con la *Bacanal* de Tiziano del Museo del Prado y un grabado de 1517, *Doce niños danzantes*, de Domenico Campagnola. También Zurbarán se pudo inspirar en el monumental xilograbado de Tiziano, *El triunfo de Cristo*, fechado por Vasari en 1508, pero que la crítica moderna cree algo posterior.[3] Para los angelitos sentados en el centro, Zurbarán utilizó un detalle de la *Coronación de la Virgen* de Reni que se conserva en el Museo del Prado, como apuntó Pérez Sánchez (véase el comentario de la ficha cat. núm. 2). Cuando Zurbarán utiliza modelos recogidos en pinturas y, sobre todo, en grabados, no trabaja como un mero copista, sino que insufla una vitalidad muy personal a las figuras, una fuerza y una realidad inconfundibles. Esta *Inmaculada niña* es un ejemplo entre muchos de cómo acierta el extremeño a convertir en algo propio la utilización de modelos ajenos.

ODILE DELENDA

1. Ponz 1772-1794, VI, p. 151.
2. Stratton 1989, p. 97-107.
3. Muraro/Rosand 1976, p. 74-76, fig. 6.

4. FRANCISCO DE ZURBARÁN
Cristo crucificado

Ingresó en el Museo en 1966 formando parte del legado de Agustí Montal. Según Gudiol[1] antes había pertenecido a la colección Antonio Suárez Inclán de Madrid, indicación con la que rectificaba implícitamente a Guinard,[2] en cuyo catálogo ambos coleccionistas aparecen registrados como propietarios de sendos *Crucifijos*, como si fuesen piezas diferentes. Gudiol catalogó lacónicamente el cuadro Montal entre las obras de Zurbarán pertenecientes al período 1641-1658, sin justificar tal colocación cronológica, que no resulta convincente; el prototipo de esta versión de Cristo vivo con la cabeza inclinada a su izquierda encuentra a mi juicio mejor acomodo en los años treinta, como han señalado ya otros estudiosos. Guinard y Cuyás[3] estiman con razón que el cuadro barcelonés es una obra de taller, puesto que ciertamente su calidad de factura, aunque estimable, queda distante del nivel de las pinturas indiscutiblemente autógrafas del maestro. Se conocen media docena de ejemplares zurbaranianos de distinto valor que reiteran esta misma invención con ligeras divergencias en la disposición anatómica, el paño de pureza, el *titulus* y otros detalles. El mejor cuadro de esta serie es seguramente el del Museo de Bellas Artes de Sevilla, al que Guinard propone situar poco después de 1630, e Izquierdo y Muñoz[4] hacia 1630-1640.

Otros especímenes son los de la catedral de Sevilla; Museo Thyssen-Bornemisza, actualmente expuesto en el monasterio de Pedralbes; y los que hay o ha habido en colecciones privadas de Cádiz, Lima, Barcelona (este último al parecer inédito). En los dos lienzos sevillanos la penumbra del fondo se entreabre a un paisaje muy bajo, en el que asoman fantasmales algunas arquitecturas (Jerusalén). También en el cuadro de Barcelona se atisba un horizonte de traza imprecisa que se quiebra bajo un cielo cárdeno. Es cuando «desde la hora de sexta se extendieron las tinieblas sobre toda la tierra hasta la hora de nona», en el instante cumbre que aquí vemos representado en el que Jesús exclama «Dios mío, Dios mío, ¿por qué me has desamparado?» (Mateo 27, 45-46).

JOSÉ MILICUA

1. Gudiol/Gállego 1976, núm. 303.
2. Guinard 1960a, núm. 100 y 102; Guinard/Ressort 1988, núm. 100 y 102.
3. Guinard 1960a, núm. 100; Guinard/Ressort 1988, núm. 100; Cuyàs 1996, núm. 17.
4. Izquierdo/Muñoz 1990, p. 136.

5. FRANCISCO DE ZURBARÁN
Cristo en la cruz con la Virgen, la Magdalena y san Juan al pie

Esta importante obra de Zurbarán es inédita, ha permanecido hasta hoy completamente desconocida en la bibliografía especializada. Según nos comunica el prestador del cuadro a la presente exposición, proviene de la colección del marqués de Almeida, de Río de Janeiro, sin acompañamiento de datos acerca de su trayectoria anterior. Esta ubicación en tierra sudamericana plantea automáticamente la conjetura de si tal vez se tratará de alguna de las muchas pinturas que Zurbarán realizó con destino a la América española, en especial a Perú; pero en los envíos suyos de los cuales tenemos documentación no consta ningún cuadro que por su tema o por cualquier otra razón permita proponer la identificación con éste. Por otro lado, como es sabido, en nuestro siglo, Brasil se ha enriquecido, sobre todo después de la Segunda Guerra Mundial, con no poca pintura antigua venida de Europa, incluidas piezas de gran importancia de escuela española. La procedencia, en suma, no es remontable por ahora más allá de su localización última en la capital brasileña.

El lienzo ha sido limpiado y restaurado recientemente en Nueva York por Marco Grassi. Esta operación ha permitido comprobar que los menoscabos que ha sufrido la capa pictórica afectan sobre todo al manto de la Virgen en la parte que cubre la cabeza, a algunos puntos del manto de san Juan y a zonas irrelevantes del fondo y de los bordes, mientras que las carnaciones, excepto algunos trozos del tórax y de las piernas de Cristo, se han mantenido sin gastamientos considerables de materia. El estado de conservación permite así en conjunto una lectura satisfactoria de la obra.

De Francisco de Zurbarán, realizados en parte con la colaboración de su taller o incluso enteramente por discípulos siguiendo modelos del maestro, se conocen actualmente no menos de unos 25 *Crucifijos* (el número exacto no es fácil de determinar, ya que no todos han sido objeto de una publicación adecuada, y hay ejemplares citados en la bibliografía antigua que no son identificables a ciencia cierta con alguno de los hoy conocidos). Es el tema de mayor frecuencia en la producción total del artista. Y puede afirmarse que ningún otro pintor español ni ninguno de los pintores europeos destacados de su época produjo una cantidad tal de *Crucifijos*, que además, salvo alguna excepción, son de dimensiones grandes, con la figura más o menos de tamaño natural. No cabe analizar aquí el contexto sociológico, devocional y de mercado artístico que propició la excepcional demanda a Zurbarán de cuadros de gran medida con la representación del símbolo mayor de la fe cristiana, pero sin duda el punto de arranque de este éxito residió en la calidad artística, en la tremenda fuerza impactante que el realismo zurbaraniano imbuyó a estas imágenes. Presentados sobre un fondo de negrura total, atacados por una poderosa ráfaga de luz de tipo caravaggiesco que taja las formas en contrastes de claro y oscuro, sus mejores Cristos crucificados poseen una fulgurante fuerza de presencia. En ellos concuerdan la convincente visión directa de lo real y el empaque monumental. Todo ello con un efecto volumétrico que parece un reto a las imágenes de talla (recuérdese que son tiempos de gran florecimiento de la escultura sevillana, los de Martínez Montañés, «el dios de la madera», de Juan de Mesa, de Alonso Cano; y que la vieja controversia desarrollada en la Italia manierista del siglo anterior en torno al «Paragone», a la disputa sobre la supremacía entre la escultura y la pintura, estaba viva en Sevilla, como acredita la larga disertación que dedica a este asunto el libro de Pacheco).

El primer *Crucifijo* de Zurbarán fue realizado en 1627 para la iglesia del convento de San Pablo de Sevilla y hoy se encuentra en el Art Institute de Chicago. Se trata a la vez de la primera obra conocida en la que el extremeño puso firma y fecha, y es indiscutiblemente una de sus creaciones más excelsas, digna de entrar en la antología más exigente del realismo europeo del siglo XVII. En ese soberbio ejemplar, nuestro pintor representó a Cristo clavado con cuatro clavos y con subpedáneo, como hará siempre en lo sucesivo (con alguna excepción), según vemos también en el *Cristo* de 1655 que aquí se publica. Como

expone ampliamente en su *Arte de la pintura*, Pacheco había promovido en Sevilla una amplia encuesta entre teólogos de diversas órdenes religiosas acerca de la iconografía de la Crucifixión, encuesta en la que se llegaba al parecer mayoritario de que Jesús debió de ser clavado a la cruz con cuatro clavos. El propio Pacheco pintó varios *Crucifijos* de pequeño tamaño (el primero de ellos fechado en 1614) siguiendo esa opinión. Sobre la influencia que estos *Crucifijos* de Pacheco ejercieron en el área sevillana, y concretamente en los de Velázquez, Cano y Zurbarán, acerca de lo cual llamó la atención por primera vez Gómez Moreno,[1] son importantes las puntualizaciones y limitaciones hechas últimamente por Navarrete Prieto,[2] quien entre otras cosas ha demostrado que Pacheco se había basado para esos *Crucifijos* en una estampa de Alberto Durero. Por lo que concierne al *Crucifijo* de 1627 de Zurbarán es de observar que, un año antes, nuestro artista había recibido el encargo de pintar para el mismo convento una extensa serie de lienzos, algunos de los cuales eran de asunto extraordinariamente infrecuente, como el de *Santo Domingo en Soriano* y *La muerte del beato Reginaldo de Orleáns*, cuadros ambos que se conservan todavía en la misma iglesia y que narran dos episodios milagrosos de la vida conventual dominicana muy raramente representados en arte, especialmente el segundo; sin duda, los frailes hubieron de asesorar iconográficamente al pintor para el planteamiento de tales escenas, en las cuales desempeñan papeles principales la Virgen y varias santas. Y en principio es de creer que también el *Crucifijo* lo pintaría Zurbarán acordadamente con quienes se lo encargaban, teniendo en cuenta la singularidad del trance concreto que se eligió para la representación: el Redentor ha muerto, del bajo vientre para arriba su cuerpo se desvía del eje de la cruz inclinándose marcadamente hacia su derecha, y la cabeza, con palidez de muerte, también ha caído hacia ese lado, con inclinación aún mayor. Es un momento culminante de la meditación del cristiano, plasmado con unas soluciones formales concretas que el artista no volverá a utilizar (salvo en derivaciones directas de este original, como la de pequeño tamaño que se conserva en el Hospital de la Caridad de Sevilla) en ninguna de las versiones posteriores del Crucificado, lo que parece indicio de que, en efecto, aquí hubo de seguir decisiones de quienes se lo encargaron. Pero a este propósito, excepcionalmente, contamos con un elemento informativo externo que ayuda decisivamente a la lectura del cuadro. El Maestro fray Vicente Durango, prior del convento de San Pablo, escribió en abril de 1629 a Pacheco una aprobación que éste transcribe en su *Arte de la pintura*; en ella se razona en torno a la cuestión de los cuatro clavos, llegando a la conclusión de que ésta es la solución iconográfica más aconsejable, añadiendo además el

siguiente pasaje de san Bernardo: «La Cruz fue el peso de dos balanzas, en la una estaba nuestra miseria y cuando Cristo estuvo levantado en la Cruz, el cuerpo derecho, estaban las balanzas iguales, que ni colgaban más a una parte que a otra; llegó a inclinar la cabeza y, entonces, inclinó el peso a la parte donde estaba la balanza de nuestra miseria y cayó.» Son palabras que nos revelan de golpe el sentido profundo de este *Crucifijo*. Pocas dudas pueden caber de que el mismo fray Vicente Durango o algún otro teólogo de la comunidad debió de indicar al artista como pauta espiritual de la imagen ese escrito de san Bernardo. Lamento no haberme percatado del interés de esa aprobación del padre Durango cuando en el ya lejanísimo 1953 tuve el privilegio de dar a conocer este *Crucifijo*, cuyo paradero se ignoraba desde principios del siglo XIX; es dato que también ha escapado a la atención de quienes después se han ido ocupando de esta espléndida obra de arte.

Aparte de la sujeción con cuatro clavos (decisión iconográfica que era también, como hemos visto, la que favorecía el prior Durango, y que por tanto bien pudo ser que Zurbarán la adoptara por indicación del convento), ningún otro particular en el *Crucifijo* de San Pablo apunta como fuente a los ejemplos de Pacheco. Las divergencias, en cambio, son muy importantes. Mientras Pacheco corona la figura con una aureola de disco calado vista en perspectiva (y, Velázquez, en su célebre *Cristo de San Plácido*, lo hará con un halo luminoso), Zurbarán prescinde de ése y de cualquier otro atributo convencional alusivo a la naturaleza divina del Crucificado, con todo lo que ello supone para la comunicación emocional con el espectador. Y en lugar de la cruz de tableros de carpintería perfectamente escuadrados que adopta Pacheco (en lo que le seguirá su ilustre yerno), el maestro extremeño prefiere la rústica cruz de troncos, que hace memoria del Árbol de la Vida.

Con escasas excepciones, Zurbarán se atendrá siempre a los rasgos iconográficos fundamentales de su primera versión. Sólo una vez efigiará a Cristo clavado con tres clavos, y ello no en un lienzo autónomo, sino como representación de una imagen de talla que se incluye en la escenificación de una historia religiosa, *San Buenaventura y santo Tomás ante el Crucifijo* (1629; cuadro del museo de Berlín destruido en 1945), es decir, como un *Crucifijo* formulado «arqueológicamente», como cosa perteneciente al pasado.

El conjunto de los *Crucifijos* que irán saliendo del taller de Zurbarán con mayor o menor participación de su mano puede dividirse en dos grupos. Uno de estos nos presenta a Cristo muerto, con el cuerpo sin apartarse de la vertical y la cabeza hundida hacia adelante sin desviaciones laterales, algo muy diferente al cuadro de San Pablo y que en cambio está emparentado con el modelo de Pacheco y con la estampa de Durero. De esta composición se conocen no menos de siete ejemplares, que pueden calificarse de repeticiones con pequeñas variantes de una misma invención, entre los cuales hay que destacar por su calidad de factura las adquiridas recientemente por el Museo del Prado (antes colección Valdés), que incluye la figura de un donante, y por la colección Masaveu (antes colección Lezama-Leguizamón); ambas están firmadas y fechadas, la primera en 1640, la segunda en año no legible a mi ver con seguridad. El segundo grupo es el de los Cristos vivos, de expresión angustiada, la boca entreabierta, la cabeza inclinada a un lado, la mirada suplicante dirigida a lo alto; de todos ellos es quizá el más hermoso el del Museo de Bellas Artes de Sevilla procedente del convento de Capuchinos. De esta clasificación sumaria escapa el emocionante *Crucifijo con san Lucas* del Museo del Prado, el único que representa a Jesús en diálogo espiritual con un adorante, en este caso un pintor con la paleta en la mano (el evangelista san Lucas, patrón de los pintores, en el que se ha querido ver, con escasa verosimilitud, un autorretrato del maestro); sin subpedáneo, con los pies cruzados y el paño de pureza muy abierto, refleja el ascendiente de Martínez Montañés.

El espléndido *Crucifijo* de Zurbarán ahora descubierto aporta interesantes novedades. Es la cuarta y última obra de este asunto que lleva firma y fecha, después de las ya citadas de 1627, 1640 y el año no bien descifrable del cuadro de la colección Masaveu (que en todo caso reitera una invención de hacia mediados de los años 30). Los hitos temporales seguros de este sector temático zurbaraniano quedan así muy considerablemente ampliados. Se trata por otra parte del único ejemplar de Cristo en la cruz con asistencia de la Virgen, la Magdalena y san Juan al pie, lo que suele denominarse un Calvario.

La fecha 1655, que se lee con toda claridad, es confirmable además aproximadamente por comparación estilística con otros cuadros del mismo decenio, en los que se encuentran buenos paralelos para los rostros de la Virgen y la Magdalena (por ejemplo en la *Inmaculada Concepción* de 1656, colección Plácido Arango, cat. núm. 3) y para la descripción delicadísima de la patética cabeza de Jesucristo en luces y sombras y medias tintas. La iconografía se atiene aquí a los usos ya comentados: cuatro clavos con subpedáneo, en este caso con los pies muy estirados hacia abajo, casi ocultando el apoyo; cruz de troncos con los extremos del travesaño rebajados en bisel; el *titulus* blanco rectangular sujeto por dos clavos y con inscripción en hebreo, latín y griego también según lo habitual (hay que decir que las inscripciones del *Crucifijo* de San Pablo, en las que falta la línea de hebreo, fueron rehechas sin demasiadas contemplaciones en el Art Institute de Chicago).

La figura de Jesús entra por su expresión de congoja infinita y clamante al cielo en el grupo segundo arriba indicado, pero sin repeticiones puntuales de lo anterior, con una formulación de nuevos matices en la postura y la definición anatómica. El fondo ya no es un muro de negro cerrado sino que se mueve en parte como deshaciéndose en nubarrones y, en la zona baja, con una tenue iluminación rojiza de anochecer contra la que se insinúa el perfil de un paisaje. De esta dramática iluminación se vale el autor para perfilar mejor el flanco izquierdo del cuerpo del Nazareno, y para despegar del fondo las figuras de san Juan y de las dos llorosas mujeres. La Magdalena se envuelve en un chal de color ocre claro ornado de franjas y flecos, de neto sabor popular, muy al gusto de Zurbarán, mientras san Juan viste un manto rojo a tono con su arrebatada actitud orante. Este rojo y el azul de la Virgen (ahora bastante amortiguado) cierran por ambos extremos la base del cuadro. Mientras en el centro exacto del lienzo relumbra el blanco del paño de pureza.

JOSÉ MILICUA

1. Gómez Moreno 1916.
2. Navarrete Prieto 1995.

6. FRANCISCO DE ZURBARÁN
San Francisco de Asís postrado esperando quieta y ansiosamente la muerte

El arte contrarreformista convirtió al Francisco de Asís de las *Fioretti*, al santo todo amor que se complacía predicando a las aves, al santo lleno de ardor seráfico que según Dante (*La Divina Comedia. El Paraíso*, canto 11) fue enviado a la tierra por la Providencia para que la Iglesia caminase hacia su Amados y se sintiera más segura y más fiel, en un asceta trasijado que apartado de la vida meditada a la vista de una calavera sobre el destino final del hombre, la muerte, y sobre la grandeza y el amor de Dios.

El tipo del tierno y humano san Francisco creado por Giotto y los pintores italianos del Trecento dejó paso al *alter Christus*, un ser distinguido entre todos los humanos por las señales divinas, un ser solitario y visionario que mirando no veía ni escuchando oía, que transitaba por la vida sin vivir y por la muerte sin morir, que tenía a Cristo en todo el cuerpo, un cuerpo en ruinas, un ser en continuo rapto, como escribe (1246-1247) fray Tomás de Celano en la *Vida Segunda de san Francisco* (LXIV): «Sentíase con frecuencia cautivado por tal dulcembre en la contemplación que, arrebatado fuera de sí, a nadie podía revelar lo que sentía, pues era superior a cuanto el humano sentido puede experimentar», y como se lee en *Actus Beati Francisci et*

Sociorum eius, las famosas *Florecillas*: «Luego que recibió esta revelación se recogió inmediatamente en sí mismo y se aplicó a meditar el misterio que encerraba. Desde entonces comenzó a gustar con más frecuencia las dulzuras de la divina contemplación, dado a la oración continua, en la que muchas veces era arrebatado en Dios, de modo que los compañeros le veían corporalmente levantado de la tierra y arrobado fuera de sí (Consideración segunda).»

Ese verle «corporalmente levantado de la tierra», es decir, lo que se podía entender como verdadero éxtasis de san Francisco, no lo pintó, que conozcamos, Zurbarán ni el tema es habitual en la pintura española barroca, aunque en alguna ocasión, como hace Vicente Carducho (capilla de la Orden Tercera de Madrid), se acerque a él. Sin embargo, Mayer[1] consideró de Zurbarán un *San Francisco* que había pertenecido a la colección madrileña de Francisco Javier Quinto y Cortés, conde de Quinto, atribuido a Murillo, atribución que conservó al ingresar (1862), con otros muchos cuadros de la colección madrileña, en los fondos del museo que John y Josephine Bowes tenían previsto fundar en Barnard Castle («Le Nº 107 —escribe a principios de julio de 1862 Benjamin Gogué a John Bowes desde París refiriéndose al mencionado *San Francisco*— est ré ellement très beau de peinture bien coonservé et [vraiment] de Murillo. Il a pour défaut n'être pas un sujet très gracieux.») La atribución a Murillo se mantuvo al inaugurarse el museo en 1892, si bien en el catálogo de 1939 aparece ya como de Zurbarán. Con posterioridad, Harris y Soria pusieron en duda esta última atribución, volviendo al entorno de Murillo e incluso planteando el de Ribera. Angulo en su *Catálogo crítico de Murillo*[2] situa el lienzo en el apartado de obras discutibles, considerándolo «posiblemente napolitano; no imposible madrileño» y Young en el *Catalogue of Spanish Paintings in the Bowes Museum*[3] lo inscribe de nuevo en el círculo de Francisco de Zurbarán.

Si tuviésemos en consideración ese «círculo de Zurbarán» mantenido por Young, podría pensarse en un *San Francisco* en éxtasis o en levitación del pintor extremeño desconocido en la actualidad. Aunque no sea así, dado lo difícil que es aceptar como de Zurbarán la invención de Barnard Castle, este cuadro sirve para advertir el abismo iconográfico que separa el «éxtasis» del san Francisco «corporalmente levantado de la tierra» del tema del cuadro que nos ocupa, el a veces llamado *San Francisco en éxtasis*, que la National Gallery de Londres adquirió pocos años antes que los Bowes comprasen el suyo (1853).

En el *San Francisco* de la National Gallery de Londres, Zurbarán concibe una estancia de casi inexistente arquitectura determinada por la línea del suelo, el muro del fondo y la luz, en la cual esta última no sólo configura en lo mínimo un espacio de absoluta austeridad geométrica, fruto del encuentro entre lo perpendicular y lo paralelo, sino que rescata de la oscuridad a un fraile capuchino postrado, en quien por los estigmas reconocemos a san Francisco.

La figura del santo, que con su sola presencia llena el denso y matizadamente negro vacío de la tela, que se ilumina tenuemente en la parte derecha, rompe la ortogonalidad del espacio. El hincarse de sus rodillas en el suelo crea una línea, que se adentra oblicuamente en el fingido espacio, sobre la que se alza el potente, por sus recias formas, cuerpo de san Francisco. Zurbarán enfrenta ese cuerpo a la oscuridad, a la nada de lo inmediato y al todo de lo trascendente, un trascendente que hace girar la cabeza del pobrecillo de Asís, enclaustrada con singular invención en la profunda hornacina que es el capucho, en dirección al espectador. Pero éste, a diferencia del *San Francisco según la visión del papa Nicolás V* (cat. núm. 7), está ausente de la obra, ya que la cabeza anhelante, en su giro sobre el eje del cuerpo, se detiene antes de alcanzar la frontalidad.

San Francisco levanta sus ojos, que según fray Marcos de Lisboa los tenía negros y apacibles y que aquí aparecen oscurecidos por la sombra del quebrado capucho, y los eleva solícitos y ansiosos hacia lo alto en diálogo con los de Aquél que lo ha recibir en la Gloria. Su boca entreabierta parece recitar el *Infelix ego, ¿quis me liberabit de corpore mortis hujus?* del carmelita descalzo y exquisito historiador contemporáneo (1587-1589) de Zurbarán fray Jerónimo de San José:

«¡Triste infeliz de mí!, ¿quién, oh Dios mío, me librará del cuerpo de esta muerte? ¿Quién del lazo cruel, del yugo fuerte con quien oprimido gime el albedrío?

¡Ay Dios!, ¿y quien podrá del desvarío con que a su ley la carne me convierte ponerme en libertad, y a su mejor suerte reducir su pasión, domar su brío?

Más ¿quien ha de poder, sino la gracia de Dios, por Jesucristo merecida, por Jesucristo dada en eficacia?

Cese, pues, tu dolor, alma afligida, cese el temor, pues cesa la desgracia, y en ti, mi Dios, espere agradecida».

Como un «Narciso a lo divino» que huye de los placeres de la vida en la verdad de que sólo el Amado es digno del pensamiento del hombre, el monje de Zurbarán se enamora sin fuente alguna de por medio, sino es la de la fe, pura en las verdades, fuerte y clara, limpia de errores y formas naturales como anota san Juan de la Cruz en su *Cántico* (B 12, 3), se enamora, decimos, de la imagen de su rostro que no es otra que la calavera –calavera propia

y calavera de Adán– que con sus manos entrelazadas apreja contra el pecho.

No hay resquicio de temor alguno ante la muerte en la figura pintada por Zurbarán; sólo hay queja de la duración de la vida corporal y cansancio de este mundo. Es el reverso del dubitativo Hamlet de William Shakespeare ante la alternativa del vivir o el morir: «Ser o no ser, esa es la cuestión/ si es más noble para el alma soportar/ las flechas y pedradas de la áspera Fortuna/ o armarse contra un mar de adversidades/ y darles fin en el encuentro. Morir: dormir,/ y nada más [...].»[4]

El *San Francisco* de la National Gallery de Londres desea con ardiente devoción la condición de la muerte pues, muriendo el cuerpo, el alma alcanza la clara visión de Dios: «arrebatado en el fervor de su espíritu en aquella enfermedad tan grave, que parecía compendiar toda suerte de dolencias –escribe san Buenaventura en la *Leyenda de san Francisco* (14, 3)–, se postró desnudo en el suelo [...]. Postrado así en tierra, y despojado de su tosco hábito, elevó, según su costumbre el rostro hacia el cielo, y puesto su pensamiento en la gloria celestial, cubrió con la mano izquierda la llaga del lado derecho».

Zurbarán no pinta, como no lo hizo antes El Greco ni ninguno de los que le siguieron, a san Francisco desnudo, pero sí fiel a su Señora, la Santa pobreza, la pobreza de su túnica y cordón predicada por los capuchinos en su voluntad de remontarse a las fuentes franciscanas: «Y todos los frailes se vistan de vestiduras viles –se lee en la *Primera regla de los frailes menores* (cap. II)–, y puedan remendarlas de saco y otras piezas con la bendición de Dios.»

La procedencia de este *San Francisco postrado esperando quieta y ansiosamente la muerte* no se conoce, aunque probablemente lo adquirió en España el barón Taylor para Luis Felipe, rey de Francia, entre finales de 1835 y principios de 1837 ya que fue una de las ciento diez obras que bajo la autoría de Zurbarán se presentaron el 7 de enero de 1838 en la galería de Luis Felipe expuesta en las salas de la Colonnade del Musée du Louvre.

La fortuna crítica de la obra desde el momento de su «descubrimiento», marcado por el interés que despertó en literatos como Théophile Gautier, que le dedicó encendidos y significativos versos («*Tes moines Le Sueur près de ceux-là sont/ fades/ Zurbaran de Séville à mieux rendu que toi/ Leurs yeux plombés d'extase et leurs têtes/ malades*») y por la polémica entre acérrimos defensores, como Richard Ford, y no menos tenaces detractores que despertó en Londres al ser adquirida por la National Gallery (1853), hasta mediados del siglo XX es lo suficientemente conocida y escasamente significativa para insistir en ella.

Tan sólo destacar al respecto que el *San Francisco* de la National Gallery no representó lo mismo para los estudiosos extranjeros que para los españoles. La

postura de los primeros queda perfectamente reflejada en el comentario que hace del cuadro Gillet en *La Peinture. XVIIe et XVIII Siècles:*[5] «*Zurbaran est une gloire récente. Son nom, avant 1838, était à peu près inconnu. C'est alors que s'ouvrit le musée espagnol, prête au Louvre par Louis-Philippe. On y voyait ce Moine en prières, aujourd'hui à Londres, et qui, une tête de mort entre les mains, dans son froc rapiécé, dan le jour souffrant de sa cellule, du fond de l'entonnoir plein d'ombre de sa cagoule, lève au ciel ses regards dilatés et sa face phtisique. C'était, dans une gamme triste, sévère jusqu'à l'austerité, sans nulle mise en scène sans l'ombre d'un ornement, une apparition d'un autre âge et d'un autre monde. Du jour au landemain, Zurbaran fut célèbre.*»

De la noche a la mañana, para la generalidad de los estudiosos foráneos, Zurbarán se hizo célebre gracias al monje de la National Gallery de Londres. Para los españoles, sin embargo, el monje se convirtió en una de las causas de que la pintura del extremeño y, por ende, de buena parte de los pintores del Siglo de Oro, se considerase sombría y terrible: «El famoso *Monje en meditación* [...] de la National Gallery de Londres –escribe Araújo y Sánchez en *Los Museos de España*–,[6] es también una figura sentida que impresiona y sirve a los extranjeros para afirmar el concepto que tienen de lo sombrío y taciturno del misticismo de nuestros pintores; pero no deja de ser una excepción en la obra del autor. Zurbarán no se complace, como Ribera, en escenas horribles de martirio; pinta la vida del claustro, que es grave y reposada: éxtasis y visiones de santos ante apariciones celestiales; pero no busca nunca ni lo dramático ni lo que tenga gran movimiento.»

Inútil la pretensión de Araújo de hacer excepción del monje de la National Gallery de Londres en la obra de Zurbarán. Cuando en 1947 Sérullaz publica una correcta pero tópica *Evolution de la peinture espagnole des origines a nos jours* lo primero que cita al hablar de la belleza de las visiones monacales del pintor extremeño son los recurrentes versos de Gautier: «*Moines de Zurbaran, fantômes qui dans l'ombre/ glissez silencieux sur les dalles des morts/ murmurant des pater et des Ave sans nombre...*»

Como se ha apuntado, a pesar de ese importante aunque, por la fijación de su interpretación romántica, distorsionador papel jugado por el *San Francisco* de la National Gallery de Londres en el reconocimiento del arte de Zurbarán, el cuadro apenas fue tenido en cuenta como problema crítico en las monografías –pocas y escasamente afortunadas ciertamente– y estudios puntuales que se publicaron del pintor en la primera mitad del siglo XX.

En la segunda mitad de siglo, los análisis ya olvidan las apreciaciones del siglo XIX y se centran en lo crítico. En 1953, Soria recuerda brevemente el papel que desempeñó la obra (núm. 166) en la consideración de su autor («*For the past hundred years the picture, more than any other, has represented Zurbarán's art, giving critics and the public the impression thas his mood was sinister, tormented, dark, unhappy and morose»*) y la centra, relacionándola con el otro *San Francisco de Asís en meditación* que posee la National Gallery de Londres, obra ésta firmada y fechada («*Fran^{co} Dezurbará / faciebat / 1639*»), en torno a 1639. Poco variará esta fecha en los estudios posteriores, ampliándose en cualquier caso su cronología al período 1635-1640, es decir a la época de plenitud del artista. Excepción en este sentido es Caturla[7] que retrasa la obra, aun reconociendo su evidente tenebrismo, hasta 1659.

La cuestión del tenebrismo o del caravaggismo no es menor para intentar situar la pintura en la trayectoria artística de Zurbarán. En la correspondiente ficha del catálogo de la última gran exposición de Zurbarán celebrada hasta el momento, la que tuvo lugar, entre 1987 y 1988, en Nueva York, París y Madrid, Baticle afirma que no «se puede hablar de tenebrismo propiamente dicho, ya que San Francisco está representado de rodillas en la penumbra de una iglesia o de una celda. Esta penumbra es transparente, casi azulada y deja adivinar la profundidad. Al contrario de las obras del primer período que muestran violentos contrastes de negras sombras opacas y de lívida claridad, el cuadro de Londres ostenta un modelado, ya en *sfumato*, que degrada sutilmente los colores desde la sombra a la claridad».

Ciertamente, en el *San Francisco* de Londres hay penumbras transparentes y degradaciones, pero lo que conforma la composición y la presencia del santo en el espacio vacío es el fuerte y, en algún instante, muy atrevido contraste entre luz y sombra. La luz que ilumina la figura de Londres no es luz mística o espiritual, como suele acontecer en los éxtasis o visiones del santo de Asís, desde el san Francisco socorrido por un ángel que transita entre la vida y la muerte en el momento que recibe los estigmas de Cristo pintado con singular invención por el primerizo Caravaggio (Wadsworth Atheneum, Hartford) hasta el que pintó Ribera en 1642 (monasterio de San Lorenzo de El Escorial, Madrid) pasando por el *San Francisco* confortado por un ángel músico que Francesc Ribalta realizó hacia 1620 (Museo del Prado, Madrid).

El *San Francisco* de Londres no está iluminado por la luz del espíritu, sino por la de la materia, una luz que irrumpe bruscamente desde la izquierda en la oscuridad de la estancia –pudiera ser la luz de una ventana baja– y en su recorrido sorprende al santo arrodillado en espera de que le sea concedida la gracia de la muerte. La luz ilumina con intensidad el capucho, convierte su quiebro casi en línea y su ausencia talla el profundo y quieto vacío en el que se empota, tan sólo adivinándose, la cabeza. Zurbarán hace surgir de la

oscuridad un atrevido triángulo de luz que descubre la nariz, la boca y la barbilla de santo. La luz rescata de las tinieblas, con menor intensidad al convertirse sus rayos en oblicuos, el ocre terroso de la hombrera derecha del hábito e, intensamente, los remedos de saco beige claro, casi blancos, de la manga y el faldón.

Sin duda, Zurbarán juega con la propia luz del color blanco para acentuar el contraste entre lo claro y lo oscuro, contraste que se vuelve absolutamente modelador del volumen en la correspondiente bocamanga y que estalla con calidad caravaggesca en las manos que entrecruzan sus dedos como entrecruzan la luz y la penumbra hasta que se esconden en la densa sombra del hábito. En esa sombra tan sólo la calavera, como en la capucha lo hace el triángulo que tiene por vértice la nariz, adquiere paradójica presencia acariciando los huesos iluminados y perdiéndose en los huesos y oquedades que restan en el silencio, casi quietismo a lo Miguel de Molinos, de la nada.

En el faldón del sayal la luz retorna a la geometría de la capucha pero si en ésta el corte sigue la precisión de lo curvo, en el faldón es la linea vertical de la plomada la que separa lo que se ve de lo que se adivina, un verse que tiene su punto más intenso en el quebrar de la rodilla y se pierde hacia los pies ayudado por el juego de los pliegues, el más intenso de los cuales corre casi en paralelo a la línea del suelo, el cual de la oscuridad de la zona de la izquierda pasa a la alternancia de franjas de sombra y tenue luz para recibir el cordón franciscano, ejemplo humilde de lo que puede hacer la pintura para animar lo inanimado.

Difícilmente se puede asociar este tratamiento caravaggesco de la luz a la última etapa de Zurbarán, la del *San Francisco* que fue de la colección Aureliano de Beruete fechado en 1659, ni tan siquiera al quinquenio de esplendor, en el que se incluye el *San Francisco* fechado en 1639 de la propia National Gallery de Londres. Creemos que hay que retroceder hasta las primeras obras sevillanas del artista para encontrar algo parecido.

Las pinturas para San Pablo el Real de Sevilla, especialmente el *Cristo crucificado*, hoy en el Art Institute de Chicago (véase reproducción en la ficha cat. núm. 5) identificado con el tan elogiado en las fuentes documentales de la época por el profesor Milicua, las del colegio francisco de San Buenaventura, las de la Trinidad Calzada y las de la Merced Calzada –entre ellas, el *San Serapio* del Wadsworth Atheneum de Hartford– constituyen el marco cronológico en el que seguramente se ha de situar el *San Francisco postrado* de la National Gallery de Londres, marco que tendría su límite en el bodegón de la colección Contini Bonacossi (*Bodegón con cesto de naranjas*, véase reproducción en el artículo «Los bodegones de Francisco y Juan de Zurbarán» en el presente catálogo), hoy

en la Norton Simon Foundation de Pasadena fechado en 1633. En cualquier caso nos inclinamos más hacia el límite alto de este marco, es decir, hacia 1630.

JOAN SUREDA I PONS

1. Mayer 1911.
2. Angulo 1981, II, núm. 1911.
3. Young 1988.
4. Shakespeare 1603 (ed. Oliva 1986), p. 83.
5. Gillet 1913.
6. Araújo y Sánchez 1875, p. 6.
7. Caturla/Delenda 1994, p. 225.

7. FRANCISCO DE ZURBARÁN

San Francisco de Asís según la visión del papa Nicolás V

El concilio de Trento aportó al arte de finales del siglo XVI y al de la época barroca una nueva religiosidad en la que el sufrimiento, el martirio y la muerte del cuerpo se entendían como camino de salvación y de luz para el ser humano. La figuración de los santos, cuya honra y veneración habían denostado «los herejes», debía mostrar a los fieles el anhelo ardiente de aquéllos por Dios, su deseo de dolor en el vivir cotidiano y su vivir con el Amado tras que la muerte les hubiese asaeteado, una muerte que no convertía su cuerpo en huesos secos, en polvo y en cenizas, sino en reliquias de la vida verdadera.

Los sepulcros de la oscura muerte no eran abismos en los que los despojos de la carne yacían encerrados para siempre ni lagos tenebrosos y sombríos dejados de la mano de Dios, sino templos que convenían a la resurrección que se espera. La contrarreforma abrió los sepulcros y mostró incorruptos los cuerpos de los santos, como incorrupto vio el cuerpo de san Francisco el papa humanista y reformador Nicolás V, según relató el cardenal Austergius, asistente al acontecimiento, al abad Jacopo de Cavallina, luego obispo de Ariano, cuando el pontífice descendió en 1449 a la cripta de la basílica de Asís para contemplar los estigmas del santo, los cuales, por humildad, éste nunca había mostrado en vida.

Al parecer, Jacopo de Cavallina dio a conocer por carta la noticia del descubrimiento del cuerpo incorrupto al duque de Adria y éste a Gonzalo Fernández de Córdoba, el Gran Capitán. La carta del abad, sin embargo, tardó en ser difundida. Lo hizo fray Marcos de Lisboa en su *Chronica* (1562): «[el santo] estaba en pie –se lee en la *Chronica*–, derecho, no allegado ni recostado a parte alguna, ni de mármol ni de pared, ni en otra cosa. Tenía los ojos abiertos, como de persona viva, y alzados contra el cielo moderadamente. Estaba el cuerpo sin corrupción alguna de ninguna parte, con el color blanco y colorado, como si estuviera vivo. Tenía las manos cubiertas con las mangas del hábito delante de los pechos, como las acostumbran a traer los frailes menores; y viéndole así el Papa [...] alzó el hábito de encima de un pie, y vio él y los que allí estábamos que en aquel santo pie estaba la llaga con la sangre tan fresca y reciente, como si en aquella hora se hiciera». El episodio milagroso fue posteriormente propagado por Luis de Rebolledo en su *Chronica de nuestro seráfico padre San Francisco* (1598), por el jesuita Pedro Ribadeneyra en el *Flos sanctorum o Libro de las vidas de los santos* (1599) y por el franciscano escotista Luke Wadding en sus *Annales Ordinis Minorum* (1625). La familia franciscana, dividida desde 1517, por gracia de la bula *Ite et vos* del papa Médici León X, en diversas ramas, entre ellas la de los capuchinos –que obtuvo la definitiva independencia de los conventuales en 1619–, vio en esta narración cumplido su anhelo de mostrar al mundo a su fundador como un nuevo Cristo, como aquel que vive entre los vivos después de muerto, y desde finales del siglo XVI y, sobre todo a lo largo del siglo XVII, grabadores como Thomas de Leu (véase reproducción en el artículo «El pensamiento religioso del Siglo de Oro y Francisco de Zurbarán» en el presente catálogo), a principios de siglo, y pintores, como el valón Gérard Douffet (1627) y el parisino Laurent de La Hyre (1630), se aprestaron a representarlo.

En estas representaciones del milagro, lo que más importa a los artistas es el hecho de la invención del cuerpo-reliquia de san Francisco y no su significado o su posible interpretación religiosa. Así, en la tela de considerables dimensiones que Laurent de La Hyre realizó para la capilla de San Francisco de la iglesia de los capuchinos de Marais (Musée du Louvre) el grupo formado por el papa Nicolás V y sus acompañantes –entre ellos el cardenal Austergius– e incluso el entorno arquitectónico recaban más la atención del espectador que la imagen-estatua del santo de Asís del que apenas el pintor destaca con emoción contenida el rostro, las manos y un pie iluminados por la antorcha que porta un fraile.

Por lo que respecta al arte español, Pacheco en su *Arte de la pintura* (edición póstuma, 1649) al hablar de qué manera debe pintarse al «seráfico padre San Francisco» cita un *San Francisco* «aventajadamente pintado de mano de Eugenio Cajés» en la primera estación del claustro de San Francisco el Grande en Madrid «como está milagrosamente en Asís, en pie después de tantos años, como si estuviera vivo». Este *San Francisco* debió de ser anterior a 1613 ya que en ese año Pedro Rens obligó a Eugenio Cajés a pintar un *San Francisco* según la visita de Nicolás V al sepulcro del santo, tal como lo había hecho para el claustro de San Francisco de Madrid. Perdidas ambas obras, se conserva un dibujo, seguramente preparatorio de la primera, en la Graphische Sammlung Albertina de

Viena. Según Pérez Sánchez,[1] podría ser copia de la pintura de Cajés, un *San Francisco* de la parroquia del pueblo madrileño de Fuente del Saz y derivación con variantes del mismo, una pintura conservada antaño en la catedral de Wloclaw (Polonia).

Derivado del de Cajés pudiera haber sido también el *San Francisco* que pintó Alejandro de Loarte para los capuchinos de Toledo (1626). Pero a juzgar por el dibujo de la Graphische Sammlung Albertina, ambos pintores interpretan el tema de manera muy distinta. Mientras Cajés representa en sentido estricto el episodio del papa Nicolás V –como lo habían hecho o lo harían, entre otros, Thomas de Leu y Laurent de La Hyre, aunque con la diferencia con respecto a éstos de figurar el santo en posición frontal– Loarte pinta tan sólo la efigie de san Francisco. El santo emerge de una oscuridad apenas iluminada por dos lámparas; cubierto con un sayal harapiento eleva su mirada hacia lo alto y muestra ostensiblemente los estigmas con que Cristo le distinguió.

Cuando se enfrenta al tema, Zurbarán sigue el modelo de Loarte y no el de Cajés. No escenifica el descubrimiento del cuerpo de san Francisco por Nicolás V, representa única y exclusivamente el cuerpo incorrupto del santo, sin ninguna parafernalia, sin ninguna anécdota. El pintor extremeño convierte el fiel en papa, ve lo que aquel vio. Como hacen los místicos españoles del siglo XVII, Zurbarán no distingue entre cuerpo y espíritu, entre lo natural y lo sobrenatural, entre lo humano y lo divino; como hacen los literatos no separa la realidad de la ilusión, lo fingido de lo verdadero.

Quien alumbra la que debería ser momia de san Francisco, y no es sino su todo, su alma y su cuerpo, no es el papa; es el fiel, somos todos nosotros quienes lo hacemos con nuestras ansias, y la luz de éstas es la que hace, que en el muro del fondo, la sombra de la materia rasgue la nada del tenebroso vacío de la muerte, y el humilde sayal se convierta en dura piedra tallada:

«Para venir a gustarlo todo,
no quieras tener gusto en nada;
para venir a poseerlo todo,
no quieras poseer algo en nada;
para venir a serlo todo,
no quieras ser algo en nada [...]
para venir a lo que no eres,
has de ir por donde no eres.»

Concluyen los avisos y reglas de san Juan de la Cruz en el Libro I de *Subida al Monte Carmelo*.

La momia, que no es nada sino todo, de san Francisco pintada por Zurbarán está gobernada por la perfección del orden de lo geométrico. El eje de la pintura, que es el del cuerpo, divide la materia y el espíritu en luz y en penumbra. La reciedad formal del sayal, sólo asaltada por la flojedad del cordón de cuatro nudos (la ortodoxia

dicta tres como símbolo de los votos de pobreza, castidad y obediencia) y que apenas deja ver el pie derecho que se adelanta tímidamente a la caída del hábito para mostrar el último sello que recibió de Cristo, no es distinta de la que modela, alternando claridad y oscuridades, el rostro del santo. Surgiendo de la oquedad del nicho pétreo que parece ser la capucha, cuyo perímetro triangular es dibujado por un hilillo que pasa de la luz a la oscuridad, el rostro del santo no es el de una momia sino el de un ser que entrega su existencia al más allá; la boca entreabierta exhala un suplicante suspiro que se hace eterno; los ojos vueltos hacia lo alto, tocados quizá por el reflejo de luz divina, son signos patentes de la gloria de san Francisco que se presenta al fiel como el nuevo Cristo en el instante supremo de su cruz.

En la historiografía contemporánea española, la correcta interpretación iconográfica del tema de san Francisco momificado fue llevada a cabo por Sánchez Cantón[2] quien se extendió sobre la significación del mismo con relación al *San Francisco* de Pedro de Mena del tesoro de la catedral de Toledo, que, ciertamente, como señala Sánchez Cantón, parece transcripción escultórica del *San Francisco* pintado por Zurbarán que conoce a través de la versión del Musée des Beaux-Arts de Lyon.

Con anterioridad, el tema se había interpretado como san Francisco en éxtasis como hace, entre otros, Orueta[3] en *La Vida y la Obra de Pedro de Mena y Medrano* acudiendo a las fuentes de la mística española: «[...] el santo se encuentra en un momento de éxtasis absoluto, abstraído de cuanto le rodea, transportado a otras regiones, en este estado en el que al decir de Santa Teresa, el amor suavísimo de nuestro Dios se entra en el alma y es con gran suavidad y la contenta y satisface y no puede entender cómo ni por donde entra aquel bien: QUERRÍA NO PERDERLE, QUERRÍA NO MENEARSE, NI HABLAR, NI AUN MIRAR, porque no se le fuese».

El *San Francisco* de Pedro de Mena había también provocado sentidas descripciones que sin entrar en la precisión del momento o del asunto representado resultan muy cercanas al sentido original de éste: «Sentí casi escalofríos –relata el pintor y escritor Santiago Rusiñol en *Impresiones de arte*–.[4] A la impresión de la obra maestra que teníamos delante, juntábase el vago terror que me inspiraba aquel raro consorcio de místico realismo [...]. Aquella figura sufría, se moría, sentía el estorbo de un cuerpo sirviendo solamente de mortaja a un espíritu queriendo huir de la tierra; su boca tenía ya las ansias de la otra vida, y sus ojos clavados y abiertos de un modo vago miraban hacia un más allá deseado ardientemente, de un más allá que se lanza a lo infinito, con toda la angustia del que atraviesa una llanura de espinas esperando encontrar al final de la jornada el limbo de gloria soñado, el imán que atrae su fuego, la calma definitiva.»

Se conservan tres versiones del tema que se atribuyen a Zurbarán: la del Museu Nacional d'Art de Catalunya, la del Musée des Beaux-Arts de Lyon y la del Museum of Fine Arts de Boston. Aparte de estas versiones, se pueden citar dos réplicas de buena calidad, quizá del taller del maestro. Una de ellas pertenece al castillo de Villandry (colección Carvallo) y la otra al convento de las Descalzas Reales de Madrid, si bien en este caso el rostro está visto ligeramente de tres cuartos, mirando hacia la izquierda.

La primera versión conocida por la crítica fue la de Lyon, que recién entrada en el museo a principios del siglo XIX[5] fue tenida por obra de Ribera. En el catálogo del museo de 1847, quizá por el conocimiento que se tuvo de Zurbarán gracias a las pinturas de la galería de Luis Felipe, era ya atribuida al pintor extremeño. Si bien el nombre de Zurbarán se silenció en los catálogos del museo de Lyon correspondientes a 1852 y 1870, la autoría de Zurbarán ya no fue seriamente puesta en duda. La versión de Boston fue comprada como de Zurbarán en 1823 por el embajador inglés en Madrid, el barón Heytesbury, junto con dos lienzos de similares dimensiones dedicados a san Benito y a san Jerónimo, lo cual hizo pensar a algunos historiadores que la obra pudiera pertenecer a un ciclo de pinturas de fundadores de órdenes, en el que la visión de san Francisco sustituyese a la más característica del santo en oración o éxtasis. La versión de Barcelona, ingresada en el Museu d'Art de Catalunya en 1905, fue tenida durante largo tiempo como réplica de taller, hasta que una oportuna restauración le devolvió su carácter de autógrafa.

Comparando las tres versiones del *San Francisco momificado* con el *San Francisco arrodillado* (véase reproducción en la ficha cat. núm. 8), primero de la colección de Aureliano de Beruete (Madrid) y posteriormente de la de Plácido Arango, Guinard[6] opinó que su cronología debía centrarse en torno a 1659, datación que posteriormente ha sido aceptada por diversos estudiosos, entre ellos, con matizaciones (1650-1660), por Baticle.[7] Sin embargo, la concepción escultórica del santo no concuerda con el tratamiento que reciben las últimas obras del pintor concebidas con formas más dinámicas y menos densas pictóricamente. La serie de los *San Francisco según la visión del papa Nicolás V*, creemos que está cercana al *San Francisco arrodillado* de la National Gallery de Londres, fechado en 1639, y con otras pinturas de este período, como las de la cartuja de Nuestra Señora de la Defensión en Jerez de la Frontera y las del monasterio de Guadalupe. Aunque no necesariamente las tres versiones deben considerarse de la misma fecha, la de 1640 parece la más adecuada para centrar su cronología.

JOAN SUREDA I PONS

1. Angulo/Pérez Sánchez 1969, p. 247, núm. 169.
2. Sánchez Cantón 1926, p. 38 y ss.
3. Orueta 1914.
4. Rusiñol s.d. p. 23.
5. Artaud 1808, p. 16.
6. Guinard 1960a, p. 85.
7. Baticle 1987b.

8. FRANCISCO DE ZURBARÁN
San Francisco de Asís

San Francisco de Asís (1181-1226) ocupa un lugar de excepción en la obra de Francisco de Zurbarán que fue, después de Doménikos Theotokópoulos, El Greco (1540/1541-1614), el mejor intérprete español del *poverello* a lo largo del Siglo de Oro. El pintor extremeño representó a su patrón repetidas veces y de muchas maneras: solo, acompañado de un hermano, en episodios que siguen literalmente la leyenda de su vida y también cultivando aspectos abstractos que son una ayuda inestimable para comprender la doctrina franciscana.

En el bello cuadro que se expone hoy y que nos ocupa, Francisco aparece de edad joven sin alcanzar la treintena (murió a la edad de cuarenta y cinco años) tal y como lo describen sus biógrafos: de cara angulosa y huesuda, barba y bigote negros poco poblados. Está arrodillado en un suelo rocoso y junto a él, un grueso libro cerrado apoyado en una calavera preside el centro inferior de la composición, mientras la esfinge impertérrita de un hermano encapuchado permanece ajena a lo que ocurre. Como escenario, un paisaje con vegetación y, al fondo, casi oculta en una arboleda, se erige una minúscula capilla o eremitorio. El santo de Asís henchido de Amor divino y con las manos extendidas en un gesto de generosidad y disposición incondicional se dirige hacia el cielo con expresión absorta. El espectador sólo percibe su vivencia espiritual a través de la atmósfera misteriosa impregnada de una luz que incide particularmente en el rostro y las manos del santo, en la figura de su compañero y en el tronco que se yergue a su espalda. Tiene la boca entreabierta pero su mirada no se pierde en el vacío, no parece estar sufriendo los efectos de un éxtasis, ni de la locura, es una mirada humana y generosa que va más allá de la súplica, un gesto de candor y confianza absoluta hacia el Amado.

No estamos ante un episodio concreto de la vida del santo, ni puede asegurarse exactamente que se trate de la «Impresión de las llagas», el hecho maravilloso que tuvo lugar el 14 de septiembre de 1224, en el día de la fiesta de la Exaltación de la Cruz, cuando Francisco retirado en el Monte Alvernia se convirtió en el *Alter Christus*: la imagen viva de Jesucristo. Zurbarán estaría dibujando aquí la personalidad global del santo a partir de la fusión de los temas de la «Estigmatización» y del «Éxtasis», haciendo desaparecer los rayos estigmáticos para insistir en el efecto dramático de la luz. Si hubiera que buscar la fuente argumental que inspiró al pintor en su discurso, ésta se podría situar en un relato de fray Tomás de Celano (m. 1260), en su *Vida Primera* escrita entre 1228-1229:[1] «En cierta ocasión, admirando la misericordia del Señor en tantos beneficios como le había concedido y deseando que Dios le mostrase cómo habían de proceder en su vida él y los suyos, se retiró a un lugar de oración, según lo hacía muchísimas veces. Como permaneciese allí largo tiempo con temor y temblor ante el Señor de toda la tierra, reflexionando con amargura de alma sobre los años malgastados y repitiendo muchas veces aquellas palabras: *!Oh Dios sé propicio a mí pecador!*, comenzó a derramarse poco a poco en lo íntimo de su corazón una indecible alegría e inmensa dulcedumbre. Comenzó también a sentirse fuera de sí; contenidos los sentimientos y ahuyentadas las tinieblas que se habían ido fijando en su corazón por temor al pecado, le fue infundida la certeza del perdón de todos los pecados y se le dio la confianza de que estaba en gracia. Arrobado luego y absorto enteramente en una luz, dilatado el horizonte de su mente, contempló claramente lo que había de suceder.»

Se trata, sin duda, de transmitir un encuentro personal con Dios, un momento único de emoción intensa, en medio de una quietud espiritual que se acentúa con la presencia de la luz mágica tal como la define el cronista. El artista parece entender a la perfección el contenido del texto literario y se comporta como el intérprete idóneo del mensaje franciscano.

Por otra parte, el aspecto de san Francisco dista mucho de aquel embobado de otras creaciones zurbaranescas como el del rostro enajenado del protagonista de la *Misa del padre Pedro de Cabañuelas* en la sacristía del monasterio de Guadalupe de 1638, o el del *San Bruno en éxtasis* del mismo momento, hoy en el Museo de Cádiz; en su misticismo san Francisco es aquí un santo humanizado, es de nuevo el *poverello* medieval y no un asceta contrarreformista; alejándose del gusto postridentino, el pintor le restituye aquí su tradicional condición de juglar.

Hay que señalar, además, algunos signos inequívocos de la iconografía franciscana que enfatizan el significado de esta hermosa creación, como la minúscula ermita que aparece al fondo símbolo de la conocida iglesia de Santa María de los Ángeles, denominada en italiano *Porziuncula* (porcioncita) restaurada por las propias manos de san Francisco, dos años antes de abrazar la vida evangélica en 1208 y que fue su morada predilecta y a la que quiso ser trasladado antes de su traspaso desnudo sobre la tierra, una señal que recuerda el origen y el final de la misión de Francisco de Asís. Este humilde eremitorio envuelto de matorrales es frecuente en las representaciones del santo salidas de la mano de Zurbarán, como el del *San Francisco de Asís en meditación*, firmado y fechado en 1639 de la National Gallery de Londres (véase reproducción en la ficha cat. núm. 6) o el del posterior, firmado y fechado en 1659 que fue propiedad de Aureliano de Beruete y actualmente forma parte de la colección Arango. Y a todo ello se añade el libro, testimonio de la Revelación, a cuyo lenguaje acceden solamente los limpios de corazón como Francisco.

La ambientación del paisaje es un entorno natural partícipe del evento sagrado que enlaza con la espiritualidad franciscana del *Cántico a las Criaturas2* y puede sugerir un nuevo paralelismo de Francisco con el propio Cristo, por analogía al escenario de la oración de Jesús en el Huerto de los Olivos en Getsemaní el día de la víspera de su Pasión. Y a propósito de este asunto parece adecuado señalar una estampa de Nicolo Boldrini (siglo XVI) siguiendo una invención de Tiziano (1488/1490-1576), una idea que fue a su vez interpretada por Doménikos Theotokópoulos, El Greco, en el período italiano y por Jusepe Ribera (véase reproducción en la ficha cat. núm. 6).

De procedencia desconocida la tipología del hábito de ambos monjes indica una comitencia por parte de algún miembro franciscano de la rama capuchina. El cuadro fue publicado por vez primera por Guinard (1960a) cuando era propiedad de Lluís Plandiura en Barcelona y desde entonces nadie ha cuestionado su autoría; el estudioso francés propuso una cronología alrededor de 1639. El lienzo pasó luego al mercado de arte y fue adquirido por el coleccionista Álvaro Gil, se expuso al público por primera y última vez en Madrid en 1965, conservándose actualmente en la colección particular que generosamente lo ha cedido para la presente exposición. Gállego y Gudiol (1976) señalaron que la postura y las facciones de este *San Francisco* eran similares al *San Buenaventura orando* pintado en 1629, hoy en la Gemäldegalerie de Dresde. Alcolea (1989) propuso un margen de ejecución entre 1631 y 1640, a lo que hay que añadir alguna semblanza estilístico-conceptual con el *San Antonio de Padua* del Museu de Arte de São Paulo (véase reproducción en la ficha cat. núm. 10) de una fecha próxima a 1629.

María Margarita Cuyàs

1. Véase, fray Tomás de Celano, *Vida Primera* (26, 10) en Guerra 1980, p. 157-158.
2. Véase, *Escritos de San Francisco. Oraciones: Cántico a las criaturas* en Guerra 1980, p. 48-50.

Aparición de la Virgen con el Niño a san Francisco de Asís en Santa María de los Angeles de la Porciúncula

Dos fueron las apariciones que tuvo san Francisco en la capilla de la Porciúncula que él mismo había hecho construir; la primera de ellas aconteció en el verano de 1216, cuando Cristo y la Virgen le concedieron una indulgencia plenaria que se aplicaría a todos aquellos que, confesados y contritos, visitasen la capilla. Esta escena fue representada por Zurbarán en la pintura realizada en 1630 y que hoy pertenece al Museo de Cádiz.

La segunda visión tuvo lugar en enero de 1217; en ella Cristo y la Virgen confirmaron a san Francisco la concesión de la indulgencia, fijando para obtenerla el día 2 de agosto, festividad de la liberación de san Pedro.

En esta pintura son la Virgen y el Niño quienes aparecen a san Francisco, siendo otra de las muchas visiones que el santo tuvo en la capilla de la Porciúncula; en ella fue reconfortado por la divina presencia de María y su hijo, configurándose una escena llena de gozo místico y de una intensa emoción espiritual.

Al corresponder esta pintura a la madurez de Zurbarán y estar realizada ya durante su estancia madrileña, se advierten en ella particulares características que son propias de la época en que fue ejecutada; en principio se constata que su dibujo es mucho más refinado que el que el pintor utilizaba en décadas anteriores, aspecto que se refleja claramente en las figuras de la Virgen con el Niño de la misma manera que en la de san Francisco. En el año en que está firmada esta pintura ha desaparecido ya en Zurbarán todo tipo de sobriedad volumétrica, característica de su periodo sevillano, y las formas son más dulces y amables desde el punto de vista expresivo. También su colorido se ha tornado más fluido y es menos contundente en los matices de sus tonos. En el vestuario de la Virgen aparecen los tradicionales tonos azules y rojos para la túnica y el manto y en ellos se advierten sutilísimos contrastes. Por otra parte, la aureola de tonos dorados que envuelve a las figuras de la Virgen y el Niño marca un señalado contraste con la atmósfera en penumbra que reina en la capilla. Igualmente es muy apurado el tratamiento del humilde hábito franciscano que lleva el santo.

Destaca en la pintura la expresión vehemente del rostro de san Francisco con sus ojos levantados hacia las figuras celestiales. Una inmensa complacencia espiritual se refleja en él, coincidiendo su gesto con la actitud de sus manos, que indican con humildad la inmerecida recompensa de la aparición.

No faltan en la composición detalles típicamente zurbanescos como las rosas salpicadas en el estrado que habrían de perfumar el ámbito de la visión.

Habitual en Zurbarán es la utilización de una columna al fondo, dispuesta sobre un alto pedestal, efecto que el artista utiliza para solemnizar el ambiente de la escena y también para marcar un segundo plano detrás de sus protagonistas. De esta manera contribuye a crear un efecto de marcada profundidad que se refuerza con el paisaje en lejanía que se percibe a través del arco que aparece al fondo, inundado por las luces melancólicas del atardecer.

Caturla señaló la relación de esta pintura con el estilo que detentaba Murillo en estas fechas, advirtiendo sin embargo que no hay en ella influencia de este maestro. En efecto, las dos apariciones de la Porciúncula pintadas por Murillo son varios años posteriores a esta versión de Zurbarán. En este sentido señalaremos que si bien es posible afirmar que el espíritu murillesco influyó en la última época de la vida de Zurbarán, fue también el ambiente más abierto y amable que imperaba en el espíritu religioso de la corte el que repercutió en el maestro de Fuente de Cantos.

Enrique Valdivieso

San Antonio de Padua

El santo aparece arrodillado, de perfil, con la cabeza inclinada hacia el Niño Jesús, al que sostiene en sus brazos. Su figura se recorta sobre un fondo dividido en dos zonas: un paisaje luminoso en la mitad derecha del cuadro —en el que se aprecia en la lejanía una construcción conventual, de fachada con remate barroco y alta torre medieval, quizás como alusión imaginaria al primitivo monasterio de Padua donde residió san Antonio—, y una zona rocosa, más oscura, en la que aparece un ramo de azucenas y un libro apoyado en el suelo, cerca de las rodillas del santo.

San Antonio de Padua es el santo franciscano más popular, después del propio san Francisco. Nació en Lisboa en 1195, aunque su nombre está unido a la ciudad italiana de Padua, donde pasó los dos últimos años de su vida y murió en 1231, a los treinta y seis años. Estudió en Coimbra, en el convento de Santa Cruz, e ingresó en 1220 en la orden de los Hermanos Menores. Famoso taumaturgo y gran predicador, enseñó teología en Bolonia y asistió en 1227 al Capítulo General de Asís y en 1230 al traslado de los restos de san Francisco. Fue canonizado en 1232, un año después de su muerte. Se le representa siempre con el hábito de su orden, pardo o grisáceo, y joven e imberbe, con amplia tonsura monacal. Suele ir acompañado, como en este caso, por un ramo de azucenas, símbolo de pureza, y por un libro y el Niño Jesús, en alusión a su aparición milagrosa en la celda del santo. La iconografía del santo con el Niño fue especialmente utilizada desde finales del siglo XVI, a partir de la Contrarreforma.

Los franciscanos fueron frecuentes protagonistas de la obra monástica de Zurbarán, quien entró en contacto con la orden en 1629, cuando recibió el encargo de continuar la serie sobre la vida de san Buenaventura, que había iniciado Herrera el Viejo para el colegio de franciscanos de Sevilla. Desde ese momento hasta los últimos años de vida pasados en Madrid, donde pintó hacia 1658 a san Jacobo de la Marca (Museo del Prado, Madrid, núm. 2472), sus representaciones de santos franciscanos fueron numerosas, aunque no especialmente en el caso de san Antonio de Padua, quizás uno de los menos tratados por el artista.

La imagen del santo, monumental y estática como es habitual en el mejor estilo del pintor extremeño, presenta una expresión llena de dulzura y una apariencia blanda, de técnica algo lamida, a pesar del perfil anguloso de la figura y del diseño quebrado de los pliegues. En su concepción es evidente la existencia de una voluntad «dulcificante» por parte del artista, relacionada sin duda con el deseo de renovar su lenguaje pictórico para adecuarlo a la evolución de la pintura de los años centrales del siglo, más amable y luminosa, olvidados ya los rigores contrarreformísticos, y dar así respuesta al arte de Murillo, quien con una fórmula estética plena de dulzura y delicadeza le fue desplazando paulatinamente del favor público a partir de la década de los cuarenta. Este cuadro, que Guinard fechó entre 1635 y 1640, es considerado en la actualidad como obra tardía si se siguen las opiniones de Soria y Gudiol que lo fechan hacia 1650, período en el que el arte de Zurbarán, aunque mantuvo la sencillez y el carácter devocional propios de su estilo habitual, evolucionó desde un naturalismo tenebrista interesado por la plasticidad formal al lenguaje más dulce y delicado que se aprecia en esta obra.

Uno de los primeros ejemplos conocidos dentro de la producción de Zurbarán dedicado a este tema es el *San Antonio de Padua en éxtasis* (Museu de Arte de São Paulo), de hacia 1630, publicado por Longhi y Guinard, aunque en esta ocasión el santo no aparece acompañado por el Niño Jesús. En la colección Émile Huart de Cádiz sitúan Guinard y Angulo otra obra del mismo asunto, con el Niño representado de pie sobre el libro, y es ésta una de las representaciones más habituales de la iconografía del santo. También Guinard dio a conocer una composición similar a ésta, con algunas variantes de mayor tamaño, existente en Sevilla en la colección Gómez Castillo, que él considera réplica posterior de la obra del Museo del Prado.

Procedente de alguna iglesia o convento de Manzanilla (Huelva), este cuadro permaneció al parecer en esa localidad

hasta el siglo XIX, y es poco probable, como se ha supuesto en alguna ocasión, que sea el *San Antonio y el Niño* que Amador de los Ríos cita en su *Sevilla pintoresca* (1844) perteneciente a la colección sevillana de Julian Williams. En 1905 se encontraba en la colección de Salvador Cumplido, también en la ciudad hispalense, para pasar posteriormente a la de Alfonso Grosso. Fue adquirido para el Museo del Prado en 1958 por el Ministerio de Educación Nacional a Russel B. Steerluss de Boston.

TRINIDAD DE ANTONIO

11. FRANCISCO DE ZURBARÁN

San Diego de Alcalá y el milagro de las flores

San Diego de Alcalá, nacido en San Nicolás del Puerto (Sevilla) hacia 1400, fue un hermano lego que sirvió como hortelano, limosnero, enfermero y, sobre todo, como cocinero y portero en los conventos franciscanos de frailes menores de Arruzafa (Córdoba) y Alcalá de Henares (Madrid), lugar en donde murió en 1463. El rey Felipe II sintió una especial devoción por él y le atribuyó la curación de un accidente que tuvo su primogénito don Carlos. A instancias del monarca español el papa franciscano Sixto V lo elevó a los altares el 2 de julio de 1588. Muy popular en Castilla a lo largo del siglo XVI y posteriormente en Andalucía, Canarias y en todo el continente americano, dio su nombre a ciudades como la californiana San Diego. Su vida es rica en milagros, ocurridos mayoritariamente cuando era cocinero y portero de su convento y, entre los que gozan ya de una iconografía propia merece citarse, el de la metamorfosis que sufren las viandas convertidas en flores y que corresponde a la escena de la pintura que aquí se expone. Se trata de un milagro muy común en las leyendas de vidas de santos como los que experimentaron santa Isabel de Hungría o de Turingia (1207-1231), su sobrina nieta santa Isabel de Aragón, reina de Portugal (1271-1326) y santa Casilda (siglo XI), hija del rey moro de Toledo, figuras todas ellas inmortalizadas por los pinceles de Zurbarán con su atributo floral en el regazo.

El asunto de la presente obra ilustra el instante preciso en que el Padre Guardián del monasterio sorprende a san Diego en flagrante delito en la portería del convento cuando, tras desobedecer sus órdenes, llevaba a escondidas la comida a los pobres; en aquel justo momento el superior le ordena que le enseñe el contenido del delantal y aparecen milagrosamente unas rosas. Zurbarán presenta la humilde figura de san Diego en tres cuartos, la cabeza ligeramente inclinada, la mirada hacia el espectador, aunque ausente y una tenue aureola de santidad por encima de su

cabeza; muestra las flores a un Padre Guardián que contempla atónito el milagro y hace un ademán con su mano derecha para verificar la realidad táctil de lo que ven sus ojos. Ambas figuras, el pequeño paisaje de montañas y árboles y el amplio cielo del fondo están inmersos en una atmósfera de luz dorada. A espaldas del Padre Guardián, como si quedaran fuera de la escena y casi en la penumbra, aparecen tímidamente las cabezas de dos compañeros de convento. Zurbarán está transmitiendo el hechizo del milagro, un momento mágico que respira un clima de absoluta tranquilidad, como si nos encontráramos ante un *flash* fotográfico, un ejercicio exquisito de quietud poética que sólo el pintor de Fuente de Cantos es capaz de conseguir.

Si bien la autoría del cuadro no ha sido cuestionada por parte de la crítica, sí que existen discrepancias a propósito de su cronología. Soria (1944) lo consideró de 1628-1633; Guinard (1960a) lo creyó de hacia 1640; Gállego y Gudiol (1976) de 1658-1664 y Serrera (1988b) propuso considerarlo de hacia 1658. Se desconoce la procedencia de la obra, cuyo origen pudo ser el banco o ático de un retablo y la primera noticia que de ella se tiene es su presencia en 1902 en una colección gaditana, ciudad en donde permaneció hasta su ingreso en 1932 en el Museo del Prado.

Existen otras representaciones del lego de Alcalá de Henares con las flores en el regazo, salidas de la mano de Zurbarán si bien ésta es la única conocida en la que aparecen el Padre Guardián y sus compañeros. En la que se encuentra hoy en la iglesia madrileña de Las Maravillas de 1633-1634 y que estuvo en la antigua iglesia de los Santos Justo y Pastor el santo lego figura de cuerpo entero al estilo de las santas arriba mencionadas. La del Museo Lázaro Galdiano es una obra tardía que fue atribuida en otro tiempo a Bartolomé Esteban Murillo (1616-1682) y el santo aparece también aislado pero esta vez de medio cuerpo.

Serrera (1988b), hizo notar la posibilidad de una fuente grabada para el rostro de san Diego según una estampa de un tal Pena o Pegna.[1] Y recordando modelos para la iconografía de san Diego parece adecuado citar uno que fue especialmente significativo para su difusión, nos referimos a los frescos que Annibale Carracci (1560-1609) diseñó para la capilla que Juan Enríquez de Herrera quiso dedicar a san Diego de Alcalá en 1602 en la iglesia de San Giacomo degli Spagnoli de Roma y que arrancados de su emplazamiento original y traspasados a tela se encuentran hoy repartidos entre el Museo del Prado de Madrid y el Museu Nacional d'Art de Catalunya.[2] La totalidad de las escenas con los hechos más destacados de la vida del santo de esta capilla fue dibujada y grabada por Simon Guillain en Roma en 1646. Del *Milagro de las flores* se conoce, además, un aguafuerte de Giovanni

Andrea Podestà (activo en 1630-1640) abierto en Roma hacia 1630 y que sirvió a Alonso Cano (1601-1667) para el compartimiento cimal del retablo y altar relicario que proyectó para la capilla que había de acoger las reliquias de san Diego en el convento de Alcalá de Henares.[3] También Murillo utilizó la fuente grabada de Podestà para el lienzo del *Milagro de las flores* que perteneció a la serie de la vida de san Diego del claustro chico del convento de San Francisco de Sevilla y que Angulo dio a conocer en la colección Rohl de Caracas.[4] El italiano Giovanni Francesco Guerrieri (1589-1657) se inspiró directamente en la escena del *Milagro de las flores* de los frescos romanos dedicados a san Diego para representar a san Nicola da Tolentino viviendo la misma experiencia que san Diego (el cuadro pintado en 1614 se encuentra en la iglesia de Santa Maria del Ponte del Piano. Capilla de San Nicolás de Tolentino, Sassoferrato).

Es casi probable que Francisco Zurbarán conociera las estampas de los frescos de Carracci, si bien no se detecta un seguimiento literal de las mismas en la pintura que aquí se comenta. A diferencia de Guerrieri, Cano y Murillo que sí las utilizaron, Zurbarán en este *Milagro de las flores* obvia los fondos arquitectónicos y los detalles de crónica social, como el grupo de pobres a la puerta del convento, para crear un entorno que podría calificarse de abstracto con las figuras de medio cuerpo en donde lo que predomina es la sorpresa y la fascinación de un encantamiento.

MARIA MARGARITA CUYÀS

1. La reproducción de la estampa aparece en el libro editado con motivo de la canonización del santo, *De vita et miraculis*, Roma, 1589 fue dada a conocer por Angulo 1961a, p. 1-23, lám. 5, fig. 8 y en Angulo 1981, III, lám. 651.
2. Sobre las pinturas murales de la capilla Herrera, dedicada a san Diego de Alcalá, de Annibale Carracci y colaboradores conservadas en el Museo del Prado y el Museu Nacional d´Art de Catalunya, véase Cuyàs 1992, p. 361-369.
3. El dibujo preparatorio para el retablo de hacia 1649-1650 se encuentra en una colección particular florentina y fue mencionado por Pérez Sánchez 1986, p. 224 y posteriormente publicado por el mismo autor en 1988 (Pérez Sánchez 1988b), p. 330-331.
4. Angulo 1961b, p. 324.

12. FRANCISCO DE ZURBARÁN
El Niño de la Espina

Se viene identificando este lienzo con uno que, recogido en un inventario conservado en la antigua biblioteca del duque de T'Serclaes, describió Ceán Bermúdez en el vestíbulo de la celda del prior de la cartuja sevillana de Santa María de las Cuevas.

Además del cuadro que fue de la colección Sánchez Ramos hay numerosas variantes y copias, entre otras, una del Museo de Bellas Artes de Sevilla que procede de la misma cartuja; ésta era propiedad en 1837 de Aniceto Bravo.[1]

La mejor réplica es, sin duda, la de colección particular que figuró en la exposición de Granada con el número 3,[2] la cual se diferencia del lienzo expuesto por carecer de fondo arquitectónico. Tal arquitectura fue copiada por Zurbarán de un grabado de *Las bodas de Caná* de Cornelis Cort (1577), según una composición del boloñés Lorenzo Sabatini.[3]

Se ha querido ver tanto en los Niño de la Espina como en las Casa de Nazaret un tema de origen cartujo[4] que estaría inspirado en la *Vita Christi* de Ludolfo el Cartujano (hacia 1295-1371), obra traducida en 1537 y publicada en Sevilla por fray Ambrosio Montesinos. Una de las meditaciones que propone el Cartujano ofrece la figura del Niño Jesús jugando con los símbolos de la Pasión y aludiendo a la belleza de Cristo, «mozo elegante y muy hermoso», idea que refuerza López Estrada con unos versos de Sebastián de Nieva Calvo. Por su parte, Delenda como Rodríguez G. de Ceballos citan como posible origen literario el poema de J. de Valdivieso *Vida, excelencias y muerte del gloriosísimo patriarca San José*.[5] El maestro Valdivieso en el canto XXII de su poema épico-religioso, titulado *De algunas alabanzas de San Josef y de la pasión de nuestro Redentor*,[6] nos presenta a san José meditando sobre la futura pasión del Señor mientras trabaja en su banco de carpintero:

«La mujer fuerte, madre de la vida,
Que buscó cuidadosa lino y lana,
En tejer y labrar entretenida,
Redime el tiempo y la comida gana;
Guisa a los dos humildes la comida,
Y con amor y gracia más que humana
Sirve y regala a los que trabajando
Dulcemente le están enamorando.

Ase un cuarton el rico carpintero
Y ase del luego el Hijo que le ayuda,
Y puesto al hombro del hombre verdadero,
Donde le manda el cuarton muda;
Asierran luego el rígido madero
Suda Josef y el Hijo eterno suda;
Josef, aunque trabaja no se cansa,
Y Cristo trabajando en él descansa.

....

Si hace el oficial santo alguna cama,
De la cruz se le acuerda, en que deshecho
Ha de morir el que sirve y ama,
A su esposa sacando de su pecho;
Si alguna mesa labra, en Dios se inflama,
Y un horno regalado de amor hecho,
La del altar contempla en que su amado
Hará el amor de amor dulce bocado.»

Como en estas estrofas, en las demás del canto, es san José quien presagia la Pasión y no el Niño como sucede en Zurbarán. Sólo en los cuatro versos que espigó Rodríguez G. de Ceballos podemos intuir alguna lejana relación:

«Cual voz porque su Madre no le vea
Della y de Joseph se aparta y vase luego
A los maderos, donde se recrea,
Que son leña de su dulce fuego...»

El *Taller de Nazaret* o la *Casa de Nazaret*, sería el cuadro del que Zurbarán, según Caturla,[7] tomaría una parte de la composición para realizar su *Niño de la Espina*.

El tema del Taller de Nazaret ha sido tratado ampliamente en la pintura española[8] y, especialmente en la escuela valenciana.

En un principio nada nos hace suponer el aspecto trágico que adquirirá en Zurbarán. Es una escena de familia gracias a la cual san José va cobrando lentamente protagonismo. Al principio, está, con su banco, situado al fondo del cuadro, como sucede en la tabla de Miguel Esteve[9] del Museo de Bellas Artes de Valencia; posición que mantiene en la obra la *Sagrada Familia con santa Ana* de Nicolás Borrás del mismo museo.[10] El Niño Dios aparecerá trabajando en el banco con el patriarca en el *Taller del carpintero*, de Joan de Joanes de la Gemäldegalerie de Berlín. Una verdadera escena doméstica en la cual vemos a Jesús jugando en primer término seguido, desde su banco, por la atenta mirada del santo mientras María, al fondo, cose. Ésta es la representación que hace Cristóbal Lloréns en el *Retablo de Alacuás*, de 1612, lejos también del hondo sentimiento religioso del pintor de Fuente de Cantos.

Ésta parece ser la manera más habitual de representar el tema como viene a aseverarlo el lienzo de Orrente de las Salesas Nuevas de Madrid, del que hay una variante de taller en el Museo Lázaro Galdiano.[11] Según Angulo y Pérez Sánchez tendría su antecedente en dibujos de Cambiasso.

También Ribera pintó este «sereno» *Taller de Nazaret* en los años 1632-1639 (Museo de Santa Cruz, Toledo; Sovrana Militare Ordine di Malta, Roma).[12] Existe un grabado de J. Wierix con el mismo asunto que, copiado en América, insiste también en el aspecto apaciblemente doméstico de la *Casa de Nazaret*.[13]

El tema se difundió con la Contrarreforma y lo pintaron artistas del entorno del Caravaggio. Buena prueba de ello es la *Sagrada Familia en el taller del carpintero*, del Wadsworth Atheneum, Hartford, Connecticut, que ha sido atribuido a Carlo Saraceni y a Jean Le Clerc.[14] Pero hasta ahora no conocemos grabado ni texto que explique satisfactoriamente los aspectos hondamente religiosos que se aprecian en Zurbarán. Su Casa de Nazaret así como los Niños de la Espina o sus Vírgenes niña en meditación o éxtasis, no parecen responder a las fuentes aludidas.[15]

El profundo ensimismamiento en que, tanto Jesús como María, se nos muestran podría responder a nuevas formas de espiritualidad derivadas de santa Teresa y, más probablemente, de sus seguidores franceses. Quizás de algún escrito de Quintanadueñas o de Bérulle pueda proceder el impulso literario que subyace en estos lienzos de Zurbarán.[16] Viendo a Jesús y María en los cuadros del extremeño parece hallarse el eco de lo que santa Teresa llama *oración de recogimiento*, a medio camino entre la meditación y la quietud: «Llámase recogimiento, porque recoge el alma todas las potencias y se entra dentro de sí con su Dios, y viene con más brevedad a enseñarla a su divino Maestro, y a dar la oración de quietud, que de ninguna otra manera. Porque allí metida consigo misma, puede pensar en la Pasión, y representar allí al Hijo, y ofrecerle al Padre, y no cansar el entendimiento andándole buscando en el monte Calvario, y al Huerto y a la Columna.»[17]

Según la santa la quietud puede llegar a durar largo tiempo, incluso en las ocupaciones ordinarias. En las *Relaciones* dirá: «Desta oración suele proceder un sueño que llaman de las potencias, que ni están absortas, ni tan suspensas que se pueda llamar arrobamiento... Está empleada toda (la voluntad) en Dios, y que ve el alma la falta de poder estar ni obrar en otra cosa; y las otras dos potencias están libres para negocios y obras del servicio de Dios. En fin, andan juntas Marta y María.»[18]

Las palomas, flores y objetos que aparecen en Zurbarán tienen también su correspondiente explicación teresiana.

El conocimiento que la santa llama «pura contemplación» está fundado en el amor de la voluntad y ésta puede ver turbada su quietud como «palomas que no se contentan con el cebo que les da el dueño del palomar sin trabajarlo ellas.»[19]

Zurbarán, posiblemente ayuno de conocimientos místicos, pudo seguir, a través de las láminas, las explicaciones que sus clientes –¿monjas carmelitas?– le dieran sobre el texto de la *Idea vitae teresiane iconibus symbolicis expressa, in quinque partes divisa. Prima figurat sui cognitionem, secunda sui mortificationem, tertia virtutum acquisitionem, quarta mentalem orationem, quinta divina contemplationem*, libro anónimo publicado en Amberes a principios del siglo XVII.[20]

En el libro se plasma en imágenes elocuentes el acervo místico de la doctrina teresiana. Señalaremos entre ellas las más próximas a la obra de Zurbarán como son las alegorías de la oración de recogimiento, la oración de quietud, la penetración divina, los olores celestes y el desmayo del alma.[21] En ellas vemos actitudes, siluetas, objetos y las flores que luego encontraremos en los lienzos del extremeño.

JUAN JOSÉ JUNQUERA

1. Hernández Díaz 1967, núm. 176. Guinard 1960a, p. 216-217, recoge nueve variantes (núm. 63-70).
2. Lienzo, 123 x 83 cm. Procede de Jerez de la Frontera donde lo adquirió el padre del propietario actual. Caturla 1953, p. 49.
3. Serrera 1988b, p. 317-318.
4. López Estrada 1966, p. 25-50.
5. Delenda s.d., p. 38-40; Rodríguez Gutiérrez de Ceballos 1989, p. 97-105.
6. Valdivieso 1604 (ed. Rivadeneyra 1864), p. 229-234.
7. Caturla 1953, p. 28-29, opinión compartida por Guinard (Guinard 1960a).
8. Sánchez Cantón 1948, p. 167-174.
9. Madrid 1996, p. 40-41.
10. Garín 1955, núm. 433.
11. Angulo/Pérez Sánchez 1972, p. 310, núm. 237 y 237a, lám. 224 y 225.
12. Pérez Sánchez/Spinosa 1992, p. 344-345.
13. Debo su conocimiento a B. Navarrete. La copia, atribuida a Diego Quispe Tito, pertenece a la colección Orihuela, Lima.
14. Spear 1975, p. 161.
15. Sí parece acertada la suposición de Pita Andrade de un posible origen de la composición de la Virgen en meditación en el grabado de la *Melancolía* de Durero. Pita Andrade 1965, p. 242-248; Moyssén 1975, p. 49-58.
16. Junquera 1976, p. 79.
17. Cepeda 1565-1570 (ed. Santullano 1942), p. 288-289.
18. Cepeda 1560-1579 (ed. Santullano 1942), p. 208.
19. Cilveti 1974, p. 212-213. La explicación de los símbolos de la *Casa de Nazaret* está en Francis 1961, p. 48-52.
20. Sebastián López 1982, p. 15-68. Las ilustraciones, que también publica íntegras S. Sebastián, utilizan los símbolos contenidos en la *Iconología* de Ripa (Ripa 1603).
21. Fig. 81, 83, 89, 90 y 93, respectivamente.

13. FRANCISCO DE ZURBARÁN
La Virgen niña dormida

14. FRANCISCO DE ZURBARÁN
La Virgen niña dormida

Ejemplo singularísimo de intimismo y delicada dulzura es el que muestran estas dos versiones de la *Virgen niña dormida*, realizadas por Zurbarán en diferentes etapas de su producción, y representando a la Virgen sumida en un profundo sueño y apoyada en una silla de anea. Sobre su regazo reposa su mano y en ella un libro, con toda seguridad las Sagradas Escrituras, que leía constantemente como vehículo en su unión con Dios. El hecho de que el libro esté cerrado ejemplifica, según Francis,[1] el recordatorio de las profecías de la Biblia, y las prefiguraciones del futuro sufrimiento de su hijo y la posterior redención.

A la derecha de la Virgen aparece una mesilla o bufete con cajón abierto, sobre la que reposa un tazón de porcelana china de Jingdezhen (Jiangxi) en azul y blanco, perteneciente al grupo de obras conocido como Kraak-porselein, ejecutada en la época del emperador Wanli (1573-1619).[2]

Esta porcelana, de paredes finas y con revestimiento muy vitrificado, aparece decorada en su exterior e interior y reparte la decoración en paneles segmentados y divididos por filetes azules, entre ellos e inscritos en círculos se encuentran cabezas de cervatillos o gamos, y ramas floreadas, elementos habituales en este tipo de porcelana china de hacia 1580-1600. Estas piezas eran artículos preciados y objetos comerciales que fabricados en China se importaban desde Manila, pasando por América y con destino a Sevilla. Se han localizado piezas muy similares a la que acompaña a la Virgen de Zurbarán en el galeón San Diego, corroborando el interés en este tipo de cerámica y la existencia de la misma en la Sevilla del momento, pues este mismo tipo de porcelana es utilizado también por Zurbarán en su obra de *San Hugo visitando el refectorio*.

Estas dos versiones de la *Virgen niña dormida*, ahora reunidas por primera vez, nos ofrecen la posibilidad de estudiar la mecánica de trabajo de Zurbarán y de apreciar la calidad de su pintura. Probablemente el modelo primigenio que siguió el artista para configurar el esquema iconográfico de la Virgen niña es el de la estampa de Anton Wierix que representa al Niño Jesús durmiendo plácidamente dentro de un corazón asaltado por una tormenta y perteneciente a la serie del *Corazón humano conquistado por el Niño Jesús*.[3] El citado grabado, además, es una reflexión sobre el poder del verdadero amor que no es destruido ni por la fuerza del viento ni por las tempestades. Ese mismo carácter, ausente y reflexivo, que muestra el modelo de la estampa es el que sirve a Zurbarán para su imagen, siendo idéntica tanto la postura como la actitud. Lo más interesante es señalar que este modelo, pero invertido, es el usado por el pintor de Fuente de Cantos para realizar a la Virgen que acompaña al niño en las versiones existentes del *Taller de Nazareth*, de ahí que se hermanen estas pinturas, no sólo en el aspecto formal sino también por el espíritu melancólico que evidencian.

Se ha señalado también[4] un posible simbolismo en la presencia de unas flores en el tazón de porcelana china: la rosa el amor, la azucena la pureza y el clavel la fidelidad.

Probablemente la primera versión ejecutada por Zurbarán sería la conservada en el Banco Central Hispano, recientemente dada a conocer por Pérez Sánchez.[5] Esta obra presenta la particularidad de evidenciar más el almohadón sobre el que se sitúa la Virgen, además de tener una mayor precisión en el dibujo y un modelado más preciso de las facciones. La iluminación parece ser más tenebrista y los plegados de las telas se acusan aún más quebrados, lo que hace pensar en fecha próxima a los años 1630-1635. La obra de la catedral de Jerez, sin embargo, presenta un modelado mucho más suave y vaporoso, característico de la obra de Zurbarán más avanzada e incorpora la característica aureola de querubines y una mayor luminosidad, lo que sin duda alguna redunda en una mayor serenidad y trascendencia. Los plegados de las telas no están tan acusados y en el manto azul de la Virgen se advierten detalles de extremo refinamiento como son las puntillas de hilo de oro que reafirman la mayor calidad y finura en esta segunda pintura.

Como en el caso de la *Virgen niña rezando* (cat. núm. 15) del Instituto Gómez-Moreno de la Fundación Rodríguez-Acosta, es frecuente la repetición de modelos por el maestro, bien por deseo de la clientela ante el éxito de ciertas obras, bien por un expreso deseo de perfeccionamiento y superación del propio artista que con nuevas versiones nos ayuda también a ver la paulatina fluidez y suavidad de su pincelada. El éxito de estos temas llevó a artistas e imitadores a copiar los modelos más sobresalientes. Prueba de que esta obra fue conocida en su época y que fue copiada, es la torpe imitación existente en la casa Teresiana de Madrid, realizada por un modesto imitador del maestro que se queda tan sólo con el esquema y es incapaz de infundir el candor y serenidad presentes en estas dos versiones.

BENITO NAVARRETE PRIETO

1. Francis 1961, p. 46-50.
2. Desroches 1995, p. 310 y ss.
3. Mauquoy-Hendrickx 1978-1984, I, núm. 438.
4. Pérez Sánchez 1996, p. 54.
5. Pérez Sánchez 1996, p. 54-55.

15. FRANCISCO DE ZURBARÁN
La Virgen niña rezando

Uno de los temas más personales en la producción de Francisco de Zurbarán

y sin duda donde más se evidencia su ternura y primor –en palabras de Caturla– es en las Vírgenes niñas, tema predilecto del artista y del que conservamos diferentes variantes, que reflejan todas ellas la completa soledad de la madre de Cristo, que tan sólo encuentra refugio en la oración y en su relación con Dios.

Suele Zurbarán acompañar a la Virgen de elementos cotidianos como el canastillo de costura, algún utensilio cerámico o un jarrón con flores, y cortinajes que, a modo de los de un escenario, encuadran y descubren el hecho místico o la visión íntima y recogida. Así se muestra en la variante que conserva el Metropolitan Museum of Art de Nueva York y en una versión inédita de colección particular, que se diferencia de su modelo en su mayor dureza y colorido. Sin embargo en la obra ahora estudiada lo que hace el artista es reducir la escena a la visión de la Virgen niña rezando y sentada en una sillita de anea, con la simple añadidura del husillo con su

costura. De esta obra se conserva otra versión, probablemente más antigua por su mayor precisión y claroscurismo, conservada en el Staatliche Ermitage de San Petersburgo. Esta última obra presenta los ojos de la Virgen más bajos que los de la versión de Granada y diferencias en el bordado de la cenefa del cuello. La obra del Instituto Gómez-Moreno de la Fundación Rodríguez-Acosta presenta además una mayor intensidad en la expresión del rostro de la Virgen. En las radiografías realizadas a este lienzo cuando fue restaurado en el Museo del Prado, con ocasión de la exposición de 1988, se apreció un arrepentimiento del pintor al elevar la altura de los ojos de la Virgen. Esta obra, fechable hacia 1655-1660, refleja de manera magistral, como se ha señalado más arriba, la completa soledad de la Virgen que según se nos indica en el *Apócrifo de la Natividad* fue dejada en el templo por sus padres y tomada consigo por Dios con quien tenía diario trato. Tanto en *La leyenda dorada* como en el *Pseudo-Mateo* se insiste en narrar cual fue la actividad de la Virgen desde los tres años en que fue presentada al templo a los catorce en que contrajo matrimonio. En *La leyenda dorada* se nos dice:

«Terminado el ofrecimiento, Joaquín y Ana dejaron a su hija en el templo incorporada al grupo de las doncellas que en él moraban, y regresaron a su casa. De día en día crecía la Virgen en santidad y virtudes asistida por los ángeles que diariamente la visitaban, y gozando cotidianas visiones.

»Dice San Jerónimo en una carta que escribió a Cromacio y a Heliodoro, que la Bienaventurada María se trazó a sí misma este plan: Desde el amanecer hasta la hora de tercia, oración continua; desde la hora de tercia a la nona, trabajo manual que consistía en tejer; a la hora de nona reanudaba la oración y perseveraba en ella hasta que un ángel le traía la comida.»

Aunque estas leyendas sobre la vida de los santos fueron desautorizadas por el Concilio de Trento, muchos fueron los comitentes que desearon tener pinturas que reflejaran estos hechos, reafirmando, por otro lado, tanto el deber de la oración como la dedicación al trabajo. Así no es extraño que esta pintura proceda de un convento de Medina del Campo, pues es este tema especialmente predilecto a la sensibilidad monástica femenina, que en la soledad y oración se identifican fácilmente con esta iconografía.

López Estrada[1] vincula estos asuntos con una religiosidad popular patrocinada por los cartujos, quienes potenciaron estos temas. Por otro lado, Juan Miguel Serrera relacionó estas representaciones de Zurbarán con una estampa de Vouillemont, sobre composición de Guido Reni, fechada en 1606 que refleja precisamente este instante pero en el momento del trabajo manual. Es probable que el grabado, como en tantas otras ocasiones, diera el

esquema iconográfico, pero Zurbarán expresa el momento en que la Virgen permanece en directa unión con Dios mediante la oración.

Destaca en la pintura la suavidad del rostro de la Virgen, así como lo primoroso del bordado de la cenefa del cuello y mangas y, sobre todo, la aureola dorada que inunda la composición y baña a la Virgen niña que se encuentra en contacto directo con Dios. Resalta en el lienzo el empleo de una pincelada luminosa y sedosa característica de Zurbarán en su postrero periodo madrileño, donde emplea unos modelos dulcificados y delicados tomados probablemente de modelos italianos y de la pintura madrileña de su tiempo y no de Murillo, con quien erróneamente se le ha querido identificar en este tipo de obras.

BENITO NAVARRETE PRIETO

1. López Estrada 1966, p. 41.

16. FRANCISCO DE ZURBARÁN
San Miguel Arcángel

Ángeles y arcángeles fueron objeto de gran devoción en la Contrarreforma y toma muy frecuente en la plástica, muy especialmente en el mundo hispánico. En la América española se convirtieron, dada su asimilación a las fuerzas de la naturaleza y a los mitos indígenas, en un medio de evangelización utilísimo al potenciar su valor sincrético.

Presentes ya en la Biblia,[1] san Pablo es de los primeros en hablar de las jerarquías angélicas. De ellos se ocupan san Agustín y Dionisio Areopagita quien en su tratado *La Jerarquía celeste*, los clasifica en nueve coros compuestos por tres órdenes diferentes. Especialmente venerados por la Iglesia de Oriente, san Gregorio Magno divulgó su culto en Occidente.

Por medio del Seudo-Dionisio se introdujeron algunos apócrifos que se representaron frecuentemente en América.[2] Santo Tomás de Aquino les dedicó un tratado en su *Summa Theologica*. Pero fue el padre Nieremberg quien, gracias a su *Devoción y Patrocinio de San Miguel Arcángel, Príncipe de los Ángeles*, divulga en la Contrarreforma española el culto al santo patrón de los godos. De su iconografía se ocupa Pacheco[3] y, modernamente, Mâle refleja la extensión de su devoción.[4]

Dionisio el Areopagita los había agrupado en tríadas que, en el medievo, se hicieron corresponder con cada una de las tres divinas personas de la Santísima Trinidad. En el siglo XVI, Wierix representó en el grabado a los siete arcángeles y Gérard de Jode abrió en el XVII tres estampas con tres ángeles cada una.

En el cuadro expuesto se representa a san Miguel como jefe de las milicias celestes vencedoras de Lucifer y los suyos:

atuendo guerrero y una espada flamígera en la que se recogen las palabras de san Juan: «*Quis sic tu Deus*».[5]

Díaz Padrón[6] señala la semejanza de sus pómulos pronunciados y correcta nariz con los de la Virgen de la *Adoración de los pastores* y *Epifanía*, hoy en el Musée de Grenoble; confirmando los rasgos con los del *San Juan Bautista* y el *Arcángel* del Museo de Cádiz.

Caturla-Delenda señalan su semejanza con el *San Miguel* «zurbaranesco» hoy en la catedral de Jaén. Éste forma parte de una serie de diez arcángeles de procedencia desconocida y que se atribuye, con reservas, a José Cobo de Guzmán (Jaén 1666-Córdoba 1746).

Se podría relacionar con el *San Miguel*, desaparecido, pintado en 1646 para el retablo de la capilla de los Ángeles del monasterio de Guadalupe que fray Arturo Álvarez identificó con la de San Jerónimo,[7] aunque se ha señalado cómo el modelo parece anterior a las fechas de lo pintado para el cenobio. En cualquier caso, fue modelo de éxito ya que encontramos otros ejemplares semejantes en el monasterio de la Concepción de Lima[8] y otros, anónimos, en el Ayuntamiento de Sevilla, Robledo de Chavela (Madrid) y el Hospital del Pozo Santo de Sevilla. En América del Sur sirvió como modelo, a veces muy lejano, a numerosos cuadros populares del Cuzco.

Entre las derivaciones americanas hay que señalar el pintado por Gregorio Vázquez de Arce y Ceballos (1638-1771) (Tunja, Colombia, iglesia de San Miguel), los arcángeles de Sopó y los de Subachoque. Adscritos los de estas dos iglesias colombianas a un apodado «Maestro de Sopó», son obra, sin duda, sevillana, de un colaborador o continuador del maestro extremeño.[9] Pintados en lienzo europeo de lino, los ropajes son más tardíos que los de Zurbarán; sus rostros guardan cierto parecido con los del Pozo Santo mientras que sus piernas presentan el ritmo curvilíneo que Díaz Padrón señala en el expuesto al compararlo con el *San Fernando* de la iglesia de San Esteban de Sevilla.[10]

Los lienzos colombianos recelan una preparación de ocre rojizo a la que se superpone una capa, más delgada, de color negro-gris[11] y en el reverso la inscripción B G a.[12]

Juan José Junquera

1. Tobías XII, 15; Enoc; Esdras; Apocalipsis I, 4.
2. Gamboa 1993; Gamboa 1996; Madrid 1997.
3. Pacheco 1649 (ed. Sánchez Cantón 1956), II, p. 201.
4. Mâle 1932, p. 302; Díaz Vaquero 1989, p. 265 y ss.
5. San Juan XII, 7-9.
6. Díaz Padrón 1996, p. 53.
7. Caturla/Delenda 1994, p. 150; Fernández López 1995, p. 157-173, fig. 3.
8. Sevilla 1983a, cat. núm. 10. El del Pozo Santo fue atribuido por Hernández Díaz a Bernabé de Ayala: Hernández Díaz 1973, p. 63-71. Para el de Lima, véase Caracas 1988, p. 82, fig. 29; AA.VV. 1989, p. 76.
9. Véase n. 2.
10. Madrid 1991, p. 40.
11. Gamboa 1996, p. 135.
12. Gamboa 1996, p. 138.

17. FRANCISCO DE ZURBARÁN

La Virgen con el Niño Jesús y san Juanito

Aparece documentado desde mediados del siglo XIX en colecciones particulares de Madrid, algunas muy importantes, como la de José de Madrazo, que fue director del Museo del Prado, y la del marqués de Salamanca, hasta su ingreso en el Museo en 1940. Está firmado y fechado en un papel en *trompe-l'oeil* que simula haber sido adherido a la superficie del lienzo, según un uso frecuente en Zurbarán. En la bibliografía moderna sobre el artista está considerado unánimemente con razón como un original excelente, y de especial interés histórico-crítico por ser el último de fecha segura de toda su producción conocida, pintado dos años antes de su muerte en Madrid.

En 1658 Zurbarán había abandonado Sevilla para trasladarse a la capital del reino. No sabemos a ciencia cierta lo que le decidió a mudar de residencia cuando ya contaba 60 años de edad. Pero una de las causas de ello, probablemente la principal, debió de ser de orden profesional, una preocupante disminución de demanda para su arte en la ciudad a la que había enriquecido con tantas pinturas maravillosas, y en la que venía viviendo con pocas ausencias durante los últimos treinta años. Era una caída de los encargos achacable a la confluencia de dos factores: por un lado la crisis económica que últimamente se hacía sentir en Sevilla; por otro, la paulatina transformación del gusto pictórico, transformación que tenía allá su impulsor más inmediato en el ascenso de una nueva estrella, Bartolomé Esteban Murillo, quien desde la segunda mitad de los años cuarenta se venía afirmando crecientemente como el pintor dominante de Andalucía. En el ambiente madrileño, el arte último de Zurbarán parecería sin duda a estas alturas impregnado de sabor arcaico, no alineado con las direcciones por las que evolucionaba la pintura local. Era en efecto el momento en el que la escuela madrileña se estaba abriendo decididamente a la fase del Barroco final, seducida por el color y la suntuosidad matérica de los grandes maestros venecianos y por la exuberancia formal y la pompa de Rubens, además del ejemplo magistral de Velázquez (téngase presente que cuando Zurbarán llegó a Madrid su amigo Don Diego había alcanzado ya las cimas de *Las Meninas* y *Las hilanderas*). Toda esa riquísi-

ma cultura pictórica, cargada de un potencial fecundador infinito, había hallado muy escaso eco en la inventiva y el hacer del maestro extremeño, salvo ciertas soluciones compositivas que con frecuencia había tomado sin disimulo de estampas flamencas. No obstante, si bien la información fehaciente de la que disponemos sobre su última etapa es escasa, hay motivos para creer que en Madrid no le faltó la estimación de los aficionados. Entre los cuadros que realizó en este tiempo los hay que, por su tema y su tamaño, podemos inferir que probablemente fueron realizados para alguna institución religiosa, como acontece por ejemplo con *La Porciúncula* de 1661 que figura en esta exposición (cat. núm. 9); y ciertamente para un convento, el de San Diego de Alcalá de Henares, hizo el *San Jacobo de la Marca* y el *San Buenaventura*, ahora del Museo del Prado, y quizás también el *San Diego de Alcalá* (cat. núm. 11) del mismo museo. Pero lo más significativo de la producción de Zurbarán fechada o fechable entre 1658 y 1664 es el considerable aumento, en comparación con la época anterior, de pinturas de devoción destinadas sin duda a compradores privados: de 1658 son la *Virgen de la leche* del Museo Puschkin de Moscú y la *Virgen con el Niño y san Juanito* del San Diego Museum of Art (EEUU), esta última inspirada en parte en una composición de Murillo de la década anterior;[1] en 1659 pinta la *Virgen con el Niño dormido* de la colección Antonio Barnuevo, Madrid, y la *Sagrada Familia* del Szépművészeti Múzeum de Budapest; y aunque en su firma no indiquen la fecha, a este período pertenecen indudablemente la *Virgen con el Niño* que fue de la colección Cintas y la *Virgen con el Niño y san Juanito* antes de la colección Berliz. Y aún hay que añadir que entre los catorce cuadros dejados por Zurbarán a su muerte, el correspondiente inventario-tasación registra uno de los *Desposorios místicos de santa Catalina* y otro de una *Virgen con el Niño, san Juan y san José* que entran dentro del mismo grupo. Por cierto que este último lienzo, de cuyo paradero no hay rastro, tenía dos varas de alto y se tasó en 440 reales, el segundo precio más alto de todo el inventario (el primero fue una *Asunción de la Virgen* valorada en 550 reales); ello nos indica cual era aproximadamente la valoración crematística coetánea del cuadro del Museo de Bellas Artes de Bilbao, el cual mide igualmente dos varas de alto, siendo el mayor de todos los de esta clase que hoy conocemos.

Los catálogos de Zurbarán solamente dan cabida a un cuadro que sea anterior a 1658 e incluya la representación conjunta de los dos Santos Niños: *La Sagrada Familia con san Juan, santa Isabel y san Zacarías* (según se ha repetido últimamente, creo que con menos fundamento, los dos últimos personajes serían santa Ana y san Joaquín) de la colección Perinat, pintado probablemente a principios de los años treinta. Ello pone de relieve hasta qué punto eran un rasgo novedoso en su producción esos lienzos del último tiempo madrileño que inciden sobre uno de los asuntos más amables de la iconografía cristiana. Será Murillo quien, en el ámbito sevillano, dejará más y más variadas visiones pictóricas de esa relación infantil y, como ya he recordado, su ejemplar más temprano encontró resonancias en el de Zurbarán de 1658. Pero este tema tenía detrás una larga historia dentro del repertorio del arte europeo.

Los Evangelios nada en absoluto dicen acerca de un encuentro de Jesús con Juan que hubiera acontecido antes del Bautismo en el Jordán. Pero, parientes como eran y destinados desde su nacimiento a converger en virtud de sus respectivas misiones sobrenaturales, no era ilógico, para la reflexión devota, suponer que hubo de existir entre ambos algún trato ya en la niñez. Y a partir de finales del siglo XIII la literatura religiosa y el arte figurativo van a ir imaginando el episodio con variedad de circunstancias, desde una reunión de santa Isabel y su hijo Juan con la Virgen y Jesús, que al parecer fue la idea iconográfica primera, a manera de una Visitación invertida, hasta la ampliación o reducción de participantes (pueden intervenir incluso ángeles), la diversificación de acciones concretas, los cambios de escenario (en casa, en el taller de carpintero, en plena naturaleza) o la reducción al núcleo esencial de los dos Niños. Es en la Florencia del Cuatrocientos donde este tema se había desarrollado profusamente, como consecuencia «del amor de los toscanos por sus alegres putti y, a la vez, del culto al Bautista, su santo patrón. Reducirlo a niño y, en cuanto niño, acercarlo al pequeño Jesús, satisfacía ciertos deseos que los florentinos fueron los primeros europeos del Renacimiento en sentir».[2] Los altísimos modelos de Rafael y de otros maestros del pleno Renacimiento, muy difundidos por copias y reproducciones grabadas, extendieron largamente el tema por Europa. Es probable que Zurbarán viera algunas de las interpretaciones más o menos influidas por el círculo de Leonardo que de esta iconografía hizo el Divino Morales, el más ilustre pintor que antes de él había dado Extremadura. Pero si vio tales obras, ninguna huella apreciable le dejaron en su arte. En el siglo XVII, algunos de los maestros italianos que abrieron a la pintura horizontes estilísticos de gran seguimiento, tales como Annibale Carracci y Guido Reni, también realizaron diversas composiciones de esta historia que fueron multiplicadas por los grabadores, y de las que Zurbarán, demostradamente gran aprovechador de estampas, pudo tener conocimiento, al menos de algunas. Pero de cualquier modo, y por lo que respecta al cuadro del Museo de Bellas Artes de Bilbao, muy poco hay en él que no se nos explique desde el lenguaje mismo del maestro.

En los lienzos de asunto dramático, como atestigua sin ir más lejos el Crucifijo de 1655 que aquí se expone (cat. núm. 5), el pintor mantenía en gran medida con propósitos expresivos la antigua crudeza de la partición de luces. Pero en una historia de intimidad doméstica y afable como ésta, entendida con una ternura típicamente suya, el tratamiento luminoso se ablanda de contrastes, se hace ahora más envolvente y acariciador en la definición de las carnes. En los pliegues de la túnica de la Virgen que vienen a primer término, y en la cartela de la firma, se potencia la iluminación, generadora de sombras fuertes; en tanto que el humilde bodegón de manzanas y peras nos fascina con su maravillosa simplicidad estructural, el roce de la luz, los reflejos sobre el metal del plato. Pero sería injusto insistir en la belleza de este fragmento, tan zurbaraniano, tan del gusto moderno. Es en la totalidad de esta pintura donde se nos patentiza que al final de su vida el autor seguía siendo un gran maestro.

Vestido con una zalea ceñida por un cinturón, que es el ropaje habitual del Bautista adulto, el niño Juan se ha acercado a su primo. En la mano izquierda tiene una cruz pequeña, anuncio de la pasión que el futuro reserva a Jesús, a quien besa la mano. A su vez, Jesús le coloca la mano sobre la cabeza en signo de bendición. La Madre, que estaba leyendo un libro, les mira pensativa: ha captado el presagio. El precioso corderito que está a los pies de Juan, su atributo corriente, confirma el cruento sacrificio venidero: es el «Cordero de Dios». Tal es el significado iconográfico sustancial de la escena. Ese intercambio de ósculo y bendición entre los Niños, y el mirar entristecido de María, es decir, el sentido básico de la invención, tiene precedentes en la versión de Guido Reni, fechada en 1606, del Musée du Louvre, de la que se hicieron numerosos tirajes de estampas,[3] pero que está desarrollada con soluciones de detalle diferentes (Jesús bendice a mano alzada; el beso es en el pie), como diferente es totalmente la composición general. Es de advertir por otro lado que el beso en la mano y la contrapartida de la imposición de la diestra sobre la cabeza, un rito heredado del rendimiento de vasallaje medieval, no es raro en otro contexto muy frecuente, la Adoración de los reyes. Así lo vemos, sin salir de lo sevillano, en la versión de este último episodio por Juan de las Roelas (1619).[4] Y también en el propio Zurbarán, en una obra fechable hacia 1630.[5]

Las frutas del plato, especialmente las manzanas, aluden a la Virgen como «nueva Eva», que nos redime del mal originado por la primera mujer. Sureda[6] ha señalado que el libro que María tiene en su mano izquierda será el Antiguo Testamento, en correlación con la acción de la diestra, que sujeta al Niño, el protagonista del Nuevo Testamento; la Madre de

Dios quedaría así efigiada como perno entre ambos tiempos de la Historia Sagrada.

La escena acontece en un interior carente de elementos arquitectónicos que ayuden a definirlo espacialmente. En tanto que el plano más cercano está afirmado vigorosamente mediante la presencia en línea del cordero, la cartela y el rojo trozo de manto, la función de establecer el alcance de la profundidad del lugar queda confiada a la dimensión de la mesa, sobre la cual luce, solitario, el frutero. Notable es aquí, en comparación con otras escenas suyas de interior, el efecto ambiental creado por la amplia irradiación luminosa que emana de la Virgen. Angulo[7] advirtió que, sorprendentemente, la posición de la cabeza de esta última se basa en la estampa de Alberto Durero llamada la Virgen del mono. Sospecho que también puede ser dependiente de alguna invención ajena ese movimiento vivaz y desequilibrado del Niño Jesús, no muy acorde con las preferencias de nuestro artista. En todo caso es un movimiento compositivamente eficaz que acompaña en paralelo y refuerza la disposición inclinada del cuerpo materno. Con la masa oblicua así constituida converge la figura de san Juan, en un esquema de totalidad triangular, de cariz clásico, rematado en el vértice por la cabeza de la Madona.

José Milicua

1. Angulo 1981.
2. Berenson 1947; Aromberg 1955.
3. Pepper 1984, fig. 20.
4. Valdivieso/Serrera 1985, fig. 115.
5. Gállego/Gudiol 1976, fig. 32.
6. Sureda 1991.
7. Angulo 1981.

18. FRANCISCO DE ZURBARÁN
Bodegón de cacharros

El Bodegón de cacharros de Francisco de Zurbarán es una de sus obras más famosas. Su principal atractivo radica, en la actualidad, en los valores aparentemente «modernos» que al parecer motivaron al artista. Los objetos autónomos se muestran en una composición clara, al estilo de un friso, que permite una mayor concentración en sus propiedades formales y un reconocimiento de la variedad de recipientes de diferentes tipos, formas, tamaños y materiales. El fondo oscuro y la potente luz tenebrista dramatiza sus formas y el punto de vista bajo les otorga una cierta monumentalidad. Se diría que estos objetos corrientes han sido sacados de su contexto mundano, cotidiano, y se han convertido en un pretexto para mostrar el artificio del pintor. Si se mira hacia atrás desde el siglo XX, incluso podría parecer que Zurbarán tiene afinidades con los artistas modernos, para los cuales el modesto bodegón se convirtió en un vehículo experimental en la pintura de vanguardia.

La datación tardía de la pintura se basa en su estilo y en la prueba circunstancial de que encontramos un recipiente de cerámica blanco muy parecido al que se encuentra a la derecha del *Bodegón de cacharros* en el cuadro de Zurbarán *Virgen de la Anunciación* (Palma de Mallorca, Colección March), pintura que por su parte deriva de *La Anunciación* (Museum of Art de Filadelfia), firmada y fechada en 1650. El tema de la pintura es un tanto inusual para la época, por cuanto se centra en los cacharros artesanales, sin fruta ni otros elementos comestibles que normalmente se incluían en los bodegones. Zurbarán poseía la extraordinaria capacidad de pintar lo que tenía ante los ojos. En sus pinturas religiosas incluye detalles de bodegón observados directamente de la vida, y a veces pintó bodegones aparte, que se sitúan entre las principales obras maestras del género en España durante el siglo XVII (*Bodegón con cesto de naranjas*, Francisco de Zurbarán, 1633, hoy en la Norton Simon Foundation de Pasadena; véase reproducción en el artículo «Los bodegones de Francisco y Juan de Zurbarán» en el presente catálogo). Los recipientes ofrecieron, sin duda, a un pintor de bodegones atento y meticuloso como Zurbarán el tiempo suficiente para alcanzar un alto nivel de acabado. Probablemente Zurbarán los pintó tan sólo por su atractivo visual y no pretendió ninguna interpretación simbólica del tema. No obstante, a pesar de que Zurbarán elige unos recipientes atractivos para su bodegón, nuestra admiración no se centra en el tema *per se* sino en la habilidad del pintor para la representación. En la vida real, fueron alfareros y plateros quienes elaboraron los objetos del cuadro, mientras que la pintura que admiramos es de Zurbarán, y se trata de la obra de un artista y no de un artesano.

Los cacharros que escoge Zurbarán son los relativamente corrientes, de uso cotidiano en las casas de la época. Encontramos entre ellos dos alcarrazas blancas, una jarra de arcilla roja sudamericana o portuguesa, un bernegal (taza) de plata dorada y dos platitos de peltre pulido. Todos estos recipientes se utilizaban para guardar y beber agua. La achaparrada alcarraza de la derecha está llena de agua hasta el borde. Tales vasijas se elaboraban con arcilla blanca y fina y a veces no se vidriaban a fin de que su cuerpo poroso pudiera «sudar» y permitir que el agua se mantuviera fresca, como se hace hoy en día con el botijo. Los reflejos que pinta Zurbarán en sus dos alcarrazas sugieren que éstos son dos ejemplares vidriados y que no se ha acumulado agua en el platillo sobre el que se encuentra uno de los recipientes. Parte del sentido del cuadro procede probablemente de la cultura del

agua de la época en Andalucía, tema también básico en *El aguador* de Velázquez. En las regiones calurosas de España, el agua siempre ha tenido fama como elemento refrescante, puro y necesario.

Zurbarán fue un gran pintor de relieves, muy hábil en la creación de una ilusión de tridimensionalidad en sus pinturas. Su *Bodegón de cacharros* constituye una muestra perfecta de su capacidad en este sentido. El estilo tenebrista de Zurbarán es básico para la consecución de este tipo de efectos, al utilizar una fuerte iluminación lateral y un modelado de las formas basado en contrastes pronunciados de luz y sombra. A pesar de ello, Zurbarán también ha potenciado al máximo la impresión de volumen de los recipientes de otras formas. Zurbarán ha conseguido, por ejemplo, un contrapunto en formas iluminadas y oscuras, una estrategia visual elemental para la creación del relieve que utiliza él habitualmente en la pintura de figuras; de este modo, la parte izquierda fuertemente iluminada de la vasija de la derecha queda contrastada con el interior oscuro del plato de peltre que tiene debajo, mientras que la parte sombreada de la derecha de la vasija contrasta con el interior iluminado del plato. Las texturas de la superficie y la decoración de los recipientes subrayan, asimismo, los efectos de relieve de la pintura; Zurbarán ha observado atentamente, por ejemplo, el juego de luz en la decoración grabada con curvas del recipiente de la derecha, a fin de expresar la ilusión de volumen del objeto. Todos los recipientes tienen dos asas que están orientadas hacia direcciones distintas, y no sólo por razones de variedad, sino para permitir al observador imaginar cómo giran en el espacio ficticio que ocupan. Los cacharros pintados son de tamaño natural y, evidentemente, una parte importante del atractivo de la pintura radica en la impresión de que hace creer que el observador puede extender el brazo y cogerlos. En este sentido, Zurbarán evoca la lección de *El aguador* de Velázquez, donde las vasijas de barro quedan tan destacadas y donde la jarra de agua pintada constituye un sorprendente detalle *trompe-l'oeil*.

Unos aspectos desconcertantes de la representación nos demuestran que es imposible que Zurbarán hubiera pintado el *Bodegón de cacharros* a partir de esta disposición exacta de las vasijas en una repisa o mesa situadas delante de él. Las claras contradicciones en el punto de vista, la posición y la iluminación de los elementos sugieren que cada motivo se terminó por separado, tanto si era a partir del natural como de un modelo pintado. Sería algo muy fácil de hacer en una composición tan formal de elementos independientes. A pesar de que los objetos reciben la luz de la izquierda, no proyectan sombras entre sí. Y lo más claro es que la sombra proyectada por el amplio y rotundo cuerpo de la alta alcarraza no incide en la jarra de barro roja que tiene al lado. Los recipientes situa-

dos a ambos lados, sobre los platillos, se ven desde un punto de vista más elevado que los del centro. El dibujo de los elementos también es algo raro en términos reales. La alta alcarraza se aparta del centro. Los dos platillos no están dibujados en una perspectiva correcta y su escorzo no se corresponde con el de formas circulares. El platillo de la derecha parece demasiado «plano» y el otro se inclina de una manera extraña hacia la izquierda. La elipse del recipiente del extremo derecho apunta hacia los «lados» de la abertura y también se inclina hacia abajo por la izquierda, lo cual, en realidad, comportaría el riesgo de verter el agua.

Francisco de Zurbarán pintó dos veces el *Bodegón de cacharros* y en ninguna de las dos versiones se corrigen las incoherencias que hemos citado. No conocemos las razones que le movieron a repetir la pintura. Quizás realizó una segunda versión para él mismo o, todavía más probable, para algún admirador de su obra. Las copias de bodegones eran corrientes en el siglo XVII. Además, era una práctica artística normal de los pintores copiar en los bodegones motivos de otras pinturas. Aunque estos motivos se habían tomado en un principio del natural, se reciclaban en otras pinturas sin pérdida de convicción en cuanto a su naturalismo evidente.

Resulta imposible saber qué pintura constituye la primera versión. Son idénticas en cuanto a tamaño y motivos. Encontramos entre ellas ligerísimas diferencias en la situación relativa de los objetos; la distancia entre la alcarraza alta blanca y la vasija roja, por ejemplo, es un poco mayor en la pintura del Museu Nacional d'Art de Catalunya de Barcelona y la forma de las sombras proyectadas es algo diferente en una y otra. Sin embargo, la pintura de los objetos es exactamente la misma en cada una de ellas. El examen técnico ha demostrado que las dos pinturas fueron ejecutadas de la misma forma y que las dos son obra de Zurbarán. Un estudio de las radiografías de cada pintura descubre el método de Zurbarán de pintar directamente los objetos, a través del cual se trazan con vigor los contornos precisos con el pincel y se modelan firmemente las formas. Ningún documento revela la existencia de *pentimenti*, lo que no resulta sorprendente en una composición de una simplicidad como ésta y en el caso de un artista tan seguro de sí mismo.

La versión más expuesta y reproducida del *Bodegón de cacharros* es la del Museo del Prado. A pesar de ello, la mejor conservada es, sin duda, la del Museu Nacional d'Art de Catalunya de Barcelona. La superficie de esta pintura está en mejor estado, y ello obviamente implica que se puedan apreciar mejor los sutiles efectos de luz y el modelado de las formas. La luz no parece tan cruda como en la pintura del Prado y cae con más suavidad. En el modelado de las formas, los tonos medios que se han conservado en la versión de

Barcelona, que le confieren una rica tonalidad, han desaparecido en la pintura del Museo del Prado, lo cual ha tenido como consecuencia la pérdida de la ilusión de volumen y una impresión mucho más esquemática del intrincado juego de luz en las superficies opacas y reflectantes de los objetos. El relativamente buen estado de conservación de la pintura de Barcelona significa, asimismo, que la decoración de la superficie de los recipientes continúa bien definida. La dirección del motivo grabado de la alcarraza de la derecha es bastante diferente en las dos pinturas, aunque ello se debe al cubrimiento de los vacíos y a las nuevas capas de pintura de la parte deteriorada de la tela de la versión de Madrid, como se ve claramente en la radiografía. La aparente «modernidad» del *Bodegón de cacharros* del Museo del Prado, que observaron de nuevo los críticos cuando se expuso en la National Gallery de Londres en 1995, seguro que tiene más que ver con su estado de conservación de lo que se había supuesto. Su composición a modo de friso, su relativa monotonía y la pronunciada definición de los «bordes» de los objetos en la pintura del Prado son rasgos que no parecen ser intencionados, al contrario, que se han exagerado por el mal estado de la pintura.

PETER CHERRY

19. FRANCISCO DE ZURBARÁN
Bodegón de membrillos

Este bodegón es un fragmento extraído de una pintura mayor, tal como puede verse en la radiografía. En una fecha sin especificar se le añadieron unas tiras de tela en los cuatro extremos para dar a la pintura sus dimensiones actuales. La tira que sigue en la parte inferior fue pintada para que diera la impresión de ser el borde delantero de una mesa, y se amplió una parte de la ropa blanca del extremo derecho inferior de la tela original (que parece ser de mano de Zurbarán) para dar la impresión de que se dobla sobre el canto de la mesa. La pintura en la actualidad está enmarcada de forma que hace que la mayor parte de estas tiras de tela queden disimuladas.

Se ha aceptado universalmente su atribución a Zurbarán desde que se publicó por primera vez en 1954. Se ha reconocido en general la naturaleza fragmentaria de la obra (aunque Guinard[1] no se refiere a ella en ningún momento), lo cual ha dificultado su datación. La mayoría de expertos la sitúan cerca del único bodegón firmado y fechado de Zurbarán, el *Bodegón con cesto de naranjas* de 1633 (véase reproducción en el artículo «Los bodegones de Francisco y Juan de Zurbarán» en el presente catálogo), que se encuentra en la Norton Simon Foundation de Pasadena, y señalan la similitud entre la disposición de

los membrillos en el plato y la de los grandes limones en la pintura americana. Aquí se propone una fecha diferente.

Las frutas representadas son, sin duda, unos grandes membrillos, a pesar de que un eminente estudioso los identificara como «zamboas» (o cidratos).[2] Ésta es la única representación de membrillos que conocemos de Francisco de Zurbarán, aunque su hijo, Juan, los incluye en algunos de sus bodegones. El membrillo es una fruta de invierno, y en general en España no se comía crudo sino que con él se hacían compotas, jalea o carne de membrillo y mermelada. El famoso pastelero Juan de la Mata, que describía el membrillo como «una de las frutas más caseras» presenta una serie de recetas en su *Arte de repostería*.[3] En pinturas religiosas, se utiliza el membrillo como símbolo de la Resurrección (pues, según Plinio, si se planta un esqueje de membrillero puede producir otro membrillero, y Giovanni Bellini, por ejemplo, lo incluye en diversas pinturas de la Virgen y el Niño).[4] Resulta imposible responder a la cuestión de si los membrillos, en la obra que nos ocupa, se pretendía que se interpretaran de manera simbólica, puesto que no sabemos a qué obra corresponde el fragmento.

Pemán señala que Zurbarán utiliza motivos parecidos en obras como *La Virgen y el Niño con san Juan Bautista* de 1658, del San Diego Museum of Art y Pérez Sánchez[5] plantea que es muy probable que la pintura sea un fragmento de una composición de este tipo. Es interesante resaltar que es sobre todo en las últimas obras religiosas pintadas durante los años de permanencia del artista en Madrid (1658-1664) donde se encuentran detalles de bodegones de frutas en un plato metálico, las cuales habitualmente juegan algún tipo de papel simbólico o alusivo.[6] El carácter monumental de los membrillos se puede comparar con el de las manzanas en primer plano de la pintura de San Diego, y la tonalidad cálida que utiliza aquí Zurbarán le aleja algo de los tonos más fríos y de la resolución más compacta de la fruta en el bodegón de 1633. Una comparación de la radiografía de la obra que nos ocupa con las de los bodegones pintados al final de la década de 1620 y comienzos de la de 1630 (la pintura de la Norton Simon Foundation de Pasadena, la *Taza y rosa en un plato* de la National Gallery [véase reproducción en el artículo «Los bodegones de Francisco y Juan de Zurbarán» en el presente catálogo], así como el *Cesto de manzanas y melocotones sobre una mesa*, antes en la colección Lafitte, restaurada recientemente y expuesta en Nueva York)[7] muestra que aquí las formas no están tan densamente modeladas y que el artista ha abandonado la utilización de las líneas de contorno trazadas con gran cuidado alrededor de las formas. Esto nos sugiere una fecha más tardía en cuanto a la ejecución de la obra, posiblemente durante el último período madrileño.

Se ha dicho[8] que la monumentalidad de los membrillos es tal que nos permite contemplar la posibilidad de que sea un fragmento de un bodegón mayor. Sin embargo, la yuxtaposición del plato y la tela blanca no tiene parangón con ninguno de los bodegones puros de Zurbarán; en efecto, los motivos de estos bodegones nunca se sobreponen. Por lo tanto, lo más probable es que el motivo haya sido cortado de una pintura devocional, quizás de medio cuerpo o tres cuartos. La radiografía muestra que se ha cortado la tela lo más cerca posible de los objetos, probablemente con la intención de eliminar todo rastro de las formas que había al lado y haciéndola pasar por un bodegón independiente. El rectángulo blanco del extremo superior a la derecha de la radiografía no representa una parte de la tela original que haya sido eliminada con precisión, sino una parte de la tela original que ha sido repintada con pigmento blanco de plomo, opaco a los rayos X, quizá para encubrir parte de una forma que podría indicar que la pintura era un fragmento. La ropa blanca en el primer término se dejó allí, ya que podía pasar como parte de un bodegón independiente, aunque originariamente podía haber sido parte de la vestimenta de una figura.

GABRIELE FINALDI

1. Guinard 1960a, p. 280.
2. Gállego 1984, p. 201.
3. Mata 1755.
4. Levi 1977, p. 324-325.
5. Pérez Sánchez 1983a y Pérez Sánchez 1988a.
6. Gállego/Gudiol 1976, núm. 513, 515, 518, 525, 538, 540.
7. Jordan 1997, p. 98-103, cat. núm. 12.
8. Sureda 1988a, p. 188-191 y Sureda 1990b, p. 50-51.

20. JUAN DE ZURBARÁN
Bodegón con plato de uvas

Este importante cuadro, perteneciente a la misma colección desde mediados del siglo XIX, no fue conocido por los estudiosos hasta que se mostró en la exposición *L'Âge d'Or espagnol* celebrada en Burdeos en 1955. Su calidad es tan elevada que por lo menos un especialista[1] afirmó que en realidad lo había pintado el padre, a pesar de que en la firma consta claramente el nombre del hijo. Juan lo pintó a sus diecinueve años, es la primera de sus tres obras firmadas y constituye, al mismo tiempo, un poderoso testimonio de la rigurosa formación del joven artista recibió de su padre y de la independencia intelectual y de espíritu que el joven presenta a la sombra de un padre famoso.

Si bien a simple vista tiene una similitud con el motivo de los platos del famoso *Bodegón con cesto de naranjas* (véase reproducción en el artículo «Los bodegones de Francisco y Juan de Zurbarán» en el presente catálogo), pintado por Francisco de Zurbarán en 1633, y posee detalles análogos en sus composiciones historiadas en las que el bodegón es una parte de la composición general, el *Bodegón con plato de uvas* de Juan de Zurbarán revela una visión bastante distinta. Pérez Sánchez[2] observó que, a sus ojos, el carácter terrenal y sensual del tema viene destacado a la manera de los pintores holandeses. Pero la obra, en su preciosismo, quizá esté más próxima al espíritu de los artistas lombardos como Panfilo Nuvolone (documentado en 1581-1631), cuyas pequeñas naturalezas muertas con frutas empezaban a hacer acto de presencia en esta época en colecciones españolas. En la pintura del joven Zurbarán, la atenta observación del detalle en la fruta y su reflejo en el borde del plato de metal tiene su paralelismo en el esmero que tuvo que poner el artista para representar las grietas y las muescas en el extremo de la repisa de piedra en que descansa el plato. Tal concentración en los detalles accidentales era totalmente ajena a la sensibilidad del padre, cuyas formas y composiciones tienden hacia lo puro y lo conceptual. En efecto, si la pureza formal de los bodegones del padre ha inducido a algunos a buscar en ellos un significado religioso, la rica y matizada visión del detalle en la obra del hijo no hace más que poner de relieve la profanidad esencial que el género tiene para él. Tal vez no existiera tal abismo en la intención entre ambos, antes bien un cambio generacional que se refleja en la atracción que siente Juan por las obras de moda en Italia, que en su realismo parecían encarnar un mayor sentido de modernidad.

Se tiende a vincular la utilización del cobre como soporte para las pinturas al óleo con otras escuelas aparte de la española –especialmente la flamenca–, aunque dicha utilización era corriente en Italia (en efecto, lo era entre los pintores de naturalezas muertas lombardos como Nuvolone), y a los españoles les resultaba más atractiva de lo que en general se cree. Las pinturas sobre cobre atraían básicamente a sofisticados coleccionistas que se recreaban en la superficie suave y acabada de las obras como ésta. Sin embargo, el cobre constituía un soporte ideal para un uso más sensual tanto de la pintura como de las veladuras. Artistas como El Greco, Maino, Ribera, Caxés, Van der Hamen, Murillo, Claudio Coello y muchos otros trabajaron en alguna ocasión sobre cobre, aunque en España se pintaron pocos bodegones sobre metal. Ello constituía un lujo, y en este pequeño *Bodegón con plato de uvas*, Juan de Zurbarán pintó, sin lugar a dudas, un artículo de lujo que cualquier coleccionista asociaría mentalmente con obras similares procedentes de Flandes e Italia.

WILLIAM B. JORDAN

1. Pemán 1958.
2. Pérez Sánchez 1983a.

21. JUAN DE ZURBARÁN
Bodegón con fruta y jilguero

Este bello bodegón se ha atribuido recientemente con acierto a Juan de Zurbarán por su similitud con el *Bodegón con plato de uvas* firmado y fechado en 1639 de colección particular (cat. núm. 20) y al parecer pertenece aproximadamente a la misma época. Las dos obras se expusieron juntas en la National Gallery de Londres en 1995 y, a pesar de tener soportes distintos (el del *Bodegón con plato de uvas* es cobre), su factura es idéntica. Las uvas presentan el mismo grado de translucidez, ya que parece que la luz quede encerrada en sus pálidos volúmenes y los reflejos en el plato de plata están cuidadosamente estudiados en cada pintura.

Los cuadros de frutas son los primeros bodegones que se conocen en España y en toda Europa, y la elección de este tema se hacía como emulación de las obras legendarias de la antigüedad clásica. Francisco de Zurbarán pintó como mínimo un pequeño bodegón de productos comestibles en un plato de plata, el *Bodegón con dulces* (colección particular, España), fechado hacia 1633 y Juan, en la escala y el formato, parece haber seguido las obras de este tipo de su padre. La pintura se ha oscurecido con el tiempo, y ello ha exagerado el tenebrismo pronunciado. Juan de Zurbarán aprendió este estilo tenebrista de su padre, así como un elevado sentido de los contornos de los objetos, un rasgo característico de la obra de ambos artistas. A pesar de ello, si se compara su pintura con el *Bodegón con cesto de naranjas* (The Norton Simon Foundation de Pasadena; véase reproducción en los artículos «Los bodegones de Francisco y Juan de Zurbarán» en el presente catálogo) de Francisco, vemos que Juan alcanza un intenso sentido del volumen en el modelado de sus objetos, al oscurecer las sombras, y que manipula la pintura con más fruición que su padre.

Bodegón con fruta y jilguero es una pintura de pequeñas dimensiones, a pesar de que la fruta se representa a tamaño natural y cerca del observador, siguiendo las convenciones predominantes en los bodegones de la época. A pesar del tamaño, se representa una gran variedad de fruta. Una granada madura se ha rajado para mostrarnos su jugoso interior, y su flor acaba de intensificar el atractivo de la imagen. La atenta mirada del observador se ve recompensada con los exquisitos detalles, como por ejemplo la mariposa que se acerca a la flor de la granada i la avispa que se ha posado sobre el racimo de uva blanca. Esta predilección por el detalle nos recuerda los bodegones flamencos, como los de Jan Bruegel llamado «del Terciope-

lo» (1568-1625). Pacheco cita a Bruegel como uno de los más famosos pintores de flores en su *Arte de la pintura*,[1] y probablemente se conocían en Sevilla algunas pinturas suyas y de sus seguidores, sobre todo entre la colonia de mercaderes flamencos que residían en la ciudad.

En primer plano se presenta un jilguero que come uvas, con la cola que se traslapa de manera ilusionista en el borde frontal de la superficie de la mesa. Este destacado detalle alude a la conocida historia del antiguo pintor de bodegones Zeuxis, que pintaba unas uvas tan naturalistas que se les acercaban los pájaros para intentar comerlas. Zurbarán, en un espíritu de competición con los antiguos, convence al observador sobre cuál de estos bodegones es el más destacado, ya que incluye de hecho un pájaro comiéndose el racimo. A pesar de la condición relativamente modesta del bodegón en España, donde constituía en general un género decorativo, queda claro que Juan de Zurbarán contaba con que el observador contemplaría más de cerca su obra, estudiaría minuciosamente los detalles y admiraría el amplio abanico de cualidades visuales que constituye un *tour de force* de su técnica de representación.

PETER CHERRY

1. Pacheco 1649.

22. JUAN DE ZURBARÁN
Bodegón con servicio de chocolate

Este consumado bodegón, pintado por Juan de Zurbarán cuando contaba veinte años, quizás unos meses después del *Bodegón con plato de uvas* (cat. núm. 20) de 1639, es asimismo la obra de un artista completamente formado, con una personalidad bastante independiente de la de su padre. Sin embargo, cuando se publicó por primera vez en 1916, aún en la colección Khanenko de San Petersburgo, se consideraba obra de Francisco de Zurbarán. Hasta 1938, a raíz de la limpieza de la pintura, no se publicó una transcripción completa de la firma. Antes de ello nadie había tenido conciencia de que el hijo de Zurbarán fuera un pintor de bodegones, de suerte que el descubrimiento marcó un hito en la historia del género. De todas formas, hasta después de unas cuantas décadas no se comprendieron todas sus implicaciones. En 1958, Pemán publicó por primera vez un facsímil de la firma. Durante la preparación del catálogo de la exposición *Spanish Still Life from Velázquez to Goya*, celebrada en Londres en 1995, el museo de Kiev indicó que la firma ya no se distinguía, detalle que se publicó en la primera edición del catálogo. Sin embargo, cuando la pintura llegó a Londres y tras un examen bajo una potente luz, la firma quedó perfectamente visible en la parte inferior izquierda, como lo había sido desde 1938. Se efectuó la corrección en las posteriores ediciones del catálogo.

Mientras en el caso de su pequeño *Plato de uvas* (cat. núm. 20) comprendemos la independencia estilística de Juan de Zurbarán únicamente desde el punto de vista de la delicada y sensual técnica de la pintura y de su soporte de cobre, la ambiciosa composición del *Bodegón con servicio de chocolate* de Kiev nos brinda una oportunidad mucho mejor para valorar la personalidad del joven artista. La escena es exageradamente oscura. La brillante luz que confiere relieve a las formas no penetra en las sombras ni define un espacio luminoso, como ocurre en el *Bodegón con cesto de naranjas* de Francisco de Zurbarán, de 1633 (véase reproducción en el artículo «Los bodegones de Francisco y Juan de Zurbarán» en el presente catálogo). Los objetos del bodegón de Kiev –un plato de plata, unas tazas de porcelana de importación, una jarrita de plata y otra de cerámica vidriada blanca, una cajita de madera de confitura, un vistoso mantel, un cuenco de calabaza mejicano, una chocolatera y una cuchara– surgen de la oscuridad en una disposición que parece más bien intuitivamente equilibrada que ajustada al orden de simetría predeterminado y jerárquico. Las formas quedan traslapadas, consiguiendo un diseño global cohesionado que proporciona al artista la oportunidad de estudiar los reflejos y las sensuales características superficiales de una serie de motivos y materiales muy próximos entre sí. El artista lo consigue con unas pinceladas cortas, contundentes, llevadas a cabo con pincel bastante rígido que deja la superficie del pigmento con ricas texturas. Los reflejos en las tazas de porcelana y las jarritas se indican por medio de pinceladas aisladas, audaces, de denso *impasto* blanco. El delicado juego colorista del azul con blancos fríos y cálidos, la plata, el latón y la madera otorga al cuadro una sobria elegancia.

El joven Juan de Zurbarán jamás habría llegado a este coherente y precoz estilo basándose únicamente en sus conocimientos de la pintura española de bodegones de épocas anteriores. El único artista español que se acercó a dicho estilo antes de 1640 fue Antonio de Pereda, aunque éste no alcanzó en realidad su plenitud hasta la década de 1650. A pesar de que Juan a buen seguro conoció naturalezas muertas italianas y flamencas de este tipo, que acaso influyeron también en Pereda, la talla del artista nos la da el hecho de no poder afirmar a ciencia cierta cuáles podían haber sido. Lo que nos ofrece a una edad tan temprana parece ser el resultado de su propia y compleja respuesta al cambiante mundo que le rodea.

Se ha atribuido a Juan de Zurbarán una serie de bodegones de este tipo sin firma, aunque la mayor parte tiene una ejecución seca y ninguno de ellos consi-

gue la riqueza y la calidad que se evidencia aquí. Ciertos críticos se inclinan por la indulgencia ante la debilidad de dichas obras, imputándola a la irregularidad de un pintor joven. Sin embargo, ningún bodegón firmado por el artista revela debilidad o falta de técnica algunas. Hay que reconocer que la obra que nos ha llegado de Juan sigue siendo reducida en número, aunque a todas luces nos encontramos ante un talento singular, cuya técnica e inventiva como pintor de bodegones supera las de la mayoría de coetáneos suyos. Cabe esperar que tuviera imitadores, como los tuvo el joven Velázquez. Al fin y al cabo, los bodegones del joven Zurbarán eran algo tan nuevo e imitable en la Sevilla de 1640 como lo habían sido los de Velázquez en 1617.

WILLIAM B. JORDAN

23. JUAN DE ZURBARÁN
Bodegón con cesto de fruta y cardos

El reconocimiento general de esta pintura como obra de Juan de Zurbarán, en la exposición de naturalezas muertas españolas celebrada en Fort Worth en 1985, constituyó un paso adelante que podría compararse con el descubrimiento de la firma en el bodegón de Kiev (cat. núm. 22). La pintura se había exhibido y publicado, no obstante, veinte años antes, atribuyéndola a Michelangelo da Campidoglio (1610-1670). Tan tardío reconocimiento de su verdadero autor refleja cuán poco se conocía sobre Juan de Zurbarán hasta hace poco.

El coleccionista finlandés Gösta Serlachius compró la pintura en 1938 al marchante de Estocolmo Louis Richter. Al parecer, la firma era visible a la sazón, si bien, a pesar de que en el mismo año se descubrió la firma completa del bodegón de Kiev, no se publicó un facsímil de la misma hasta veinte años más tarde.[1] La firma se consideró falsa a causa de los rasgos italianizantes de la pintura, y el Nationalmuseum de Estocolmo la atribuyó al pintor napolitano Giovanni Battista Ruoppolo (1629-1693). En un intercambio de correspondencia entre el propietario de la obra y Causa en 1958, el renombrado historiador del arte napolitano opinaba que la pintura era obra de Luca Forte (activo entre 1625 y 1655). En 1964, Causa incluyó el bodegón en la exposición *La natura morta italiana*, que organizó en el Palazzo Reale de Nápoles, la cual viajó asimismo a Zurich y Rotterdam. Por aquel entonces, Causa había rechazado la atribución a Luca Forte y propuesto el nombre de Campidoglio, de quien no tenemos noticia de que haya sobrevivido ninguna naturaleza muerta firmada. Causa no citaba en su ficha del catálogo –ni siquiera para cuestionarlo–, que en la pintura figura una inscripción con el nombre de Juan de

Zurbarán y una fecha perteneciente a la década de 1640. En 1972, Causa había reconocido ya la existencia y la autenticidad de la firma, aunque los historiadores del arte españoles no recogieron su publicación hasta 1987, cuando la anota Pérez Sánchez. Sin embargo, dos años antes, en el catálogo de la exposición de Fort Worth, se publicó un detalle de la firma. Partiendo de una fotografía, había resultado imposible leer con precisión la fecha, y se estableció provisionalmente la de 1645. No obstante, en un minucioso examen llevado a cabo bajo una luz más intensa durante la exposición se descubrió que la fecha era, sin lugar a dudas, 1643.

Disponiendo de una fecha exacta de la pintura, podemos empezar a comprender el desarrollo estilístico de Juan de Zurbarán. No cabe duda de que durante unos años el artista había centrado su mirada en Italia, aunque de todas las obras que firmó o se le atribuyeron, ésta es la que nos ofrece la huella más marcada de la influencia napolitana. Las sombras sumamente oscuras de las que emergen las sensuales formas tan sólo podían haberse inspirado en los seguidores de Caravaggio. La analogía que establece Causa con la obra de Luca Forte resulta acertada por esta utilización de la luz y la sombra. Además, tenemos noticia de que las naturalezas muertas de Forte y de otros napolitanos empezaron a figurar en las colecciones españolas por lo menos hacia la década de 1640. La técnica empleada en la ejecución de la pintura, sin embargo, difiere bastante de la relativamente suave aplicación de pigmento utilizada por Forte. El pigmento se aplica a base de gruesas capas y en él quedan patentes las minúsculas y repetidas pinceladas con las que el artista trabajó la superficie. Los reflejos, como los de la manzana y la granada en la cesta, se indican por medio de gruesas pinceladas de *impasto* blanco, del mismo modo que en la obra de Kiev (cat. núm. 22). En el *Bodegón con cesto de manzanas, membrillos y granadas* (cat. núm. 24), encontramos una forma casi idéntica de pintar la fruta y la misma utilización de la luz y la sombra en una pintura cuyo origen nacional jamás se ha cuestionado.

Hoy en día nos resulta difícil apreciar cuál debió de ser el aspecto original del *Bodegón con cesto de fruta y cardos* de Juan de Zurbarán. Las sombras se han intensificado a causa de cambios químicos, y las veladuras ricas en óleo con las que se modela la fruta han adquirido un tono más bien parduzco. Así pues, se ha alterado el equilibrio original de luz y sombra. De todas formas, por la monumentalidad de su composición, por los contornos de la fruta tan perfilados y por el modelado extremadamente rico de las formas, su calidad se asemeja a la de las obras napolitanas que debieron de inspirarla. Conociendo el interés que sentía el joven Juan por lo que estaba de moda o en boga, no nos sorprende que se sintiera atraído por un estilo más «moderno» que el de su padre. Tal vez lo más interesante que ello nos revela, sin embargo, es la idea de la atmósfera cosmopolita de Sevilla en una década durante la cual esta ciudad se convirtió en la cuna de los principales pintores barrocos, que alcanzarían el mayor y definitivo esplendor de la Escuela de Sevilla durante el Siglo de Oro. Sin duda, el efímero aunque brillante Juan de Zurbarán tuvo más que ver con todo ello de lo que habíamos sospechado.

WILLIAM B. JORDAN

1. Pemán 1958.

24. JUAN DE ZURBARÁN
Bodegón con cesto de manzanas, membrillos y granadas

Esta composición monumental desconcertó durante años a los estudiosos, siendo atribuida a distintos artistas que trabajaron en Andalucía. No obstante, ninguna de las atribuciones resultó convincente y en la exposición de bodegones que se celebró en Madrid entre 1983-1984 fue atribuida a un artista sevillano anónimo.

Soria[1] relacionaba la pintura con la obra de Pedro de Camprobín (1605-1674) por el parecido que guardaba con el espectacular *Bodegón con peras en un cuenco de porcelana china* del Art Institute de Chicago (véase reproducción en el artículo «Los bodegones de Francisco y Juan de Zurbarán» en el presente catálogo), obra que a la sazón atribuyó a Camprobín. Si bien la observación de que las dos pinturas guardaban cierta similitud resultaba válida, el estilo de Camprobín, tal como lo entendemos ahora, no encierra el dramático naturalismo de ninguna de estas obras.

Soria apuntaba asimismo que la pintura podía ser obra del artista sevillano Pedro de Medina Valbuena (hacia 1620-1691). Tal hipótesis se basaba en una comparación con otro bodegón de mayor tamaño, firmado y fechado en 1682, que incluye un gran frutero de porcelana rodeado de platos y otras frutas, con un paisaje al fondo. Dicha pintura, cuyo paradero se desconoce, se reproducía en una mala fotografía de Cavestany.[2] En su compleja composición, nada guarda relación alguna con la sencilla grandiosidad de *Bodegón con cesto de manzanas, membrillos y granadas*. El estilo de las pinturas conocidas y firmadas por Medina, tampoco guarda parecido alguno con el sombrío naturalismo de la obra en cuestión.

El punto clave para la atribución de *Bodegón con cesto de manzanas, membrillos y granadas* lo constituye el descubrimiento de la obra firmada *Bodegón con cesto de fruta y cardos* (cat. núm. 23). Ambas obras se exhibieron una al lado de otra en la exposición celebrada en Fort Worth en 1985, donde se atribuyó por primera vez a Juan de Zurbarán. Tal atribución fue aceptada por Pérez Sánchez en 1987 y desde entonces por todos los especialistas. Pese a que los dos bodegones tienen una organización similar, aunque tan sólo en cuanto a los trazos más generales, la pintura de Barcelona está ejecutada con una técnica casi idéntica de modelado con ricas veladuras. La intensa luz y las oscurísimas sombras de ambas pinturas confieren una enfática plasticidad a la fruta; difícilmente podrían ser más similares los membrillos de la parte inferior izquierda de cada una de las composiciones. La definición de las granadas y la forma en que se refleja la luz en la superficie de las hojas poseen una sorprendente congruencia. Ambas pinturas comparten una visión terrenal de la realidad, propia de Juan de Zurbarán.

A causa de la similitud de las citadas pinturas, podríamos suponer que el bodegón de Barcelona debería datar aproximadamente de la misma época dentro de la carrera del artista, o algo después, es decir, entre 1643 y 1645. Una vez identificada como obra de Juan de Zurbarán, la pintura constituye una gran ayuda para atribuir a su autor otras imponentes obras como el *Bodegón con peras en un cuenco de porcelana china* del Art Institute of Chicago y el *Bodegón con cesto de manzanas, albaricoques, membrillos, brevas y bernegal* de la colección Masaveu (véase reproducción en el artículo «Los bodegones de Francisco y Juan de Zurbarán» en el presente catálogo); así como el *Bodegón con cesto de manzanas, un plato de granadas y jarrón* (cat. núm. 25), actualmente en la colección Várez Fisa. Todas ellas, en especial las dos últimas, representan probablemente una etapa posterior dentro de la carrera del artista, es decir, entre 1645 y 1649.

WILLIAM. B. JORDAN

1. Soria 1959a.
2. Cavestany 1936.

25. JUAN DE ZURBARÁN
Bodegón con cesto de manzanas, plato de granadas y florero

Este noble bodegón, virtualmente inédito hasta su salida al mercado de arte de Nueva York, puede considerarse, sin ningún tipo de reservas, como una de las más notables obras ejecutadas por Juan de Zurbarán, del que, como es sabido es muy escasa la producción conservada. Su importancia reside, además de su evidente belleza, en el excelente estado de conservación en el que se encuentra.

Gracias a las investigaciones de Jordan con ocasión de la exposición *Spanish Still Life in the Golden Age 1600-1650*, Fort Worth y Toledo (Ohio), 1985, pudo ser precisada la firma y fecha del bodegón de la Gösta Serlachius Fine Arts Foundation en Mänttä, Finlandia (cat. núm. 23), obra clave en la producción del artista, que había sido atribuida previamente al pintor napolitano Luca Forte (hacia 1625-1655) y al romano Michelangelo di Campidoglio (1610-1670). Tras saber que la firma de esta obra era la de Juan de Zurbarán, y que estaba fechado en 1643, Jordan atribuyó a este artista, de manera totalmente convincente, el *Bodegón con cesto de manzanas, membrillo y granadas* (cat. núm. 24) del Museu Nacional d'Art de Catalunya, obra que, junto a la recientemente dada a conocer de la colección Masaveu (véase reproducción en el artículo «Los bodegones de Francisco y Juan de Zurbarán» en el presente catálogo),[1] reafirma aún más la seguridad en la atribución de este tipo de bodegones de evidente paternidad zurbaranesca, aunque mucho más modernos en su tratamiento y composición.

El bodegón ahora estudiado presenta en el centro un cesto de mimbre con manzanas, idéntico al que aparece en el de la colección Masaveu; a la derecha, sobre un murete similar a los utilizados por Van der Hamen, se levanta un majestuoso florero de cristal con lirios, rosas y espuelas de caballero. A la izquierda y sobre otro murete similar, reposa un plato de peltre con unas granadas abiertas de calidad muy parecida a las del bodegón firmado de Finlandia.

Elementos comunes con los otros bodegones del artista son las granadas citadas abiertas con sus granos rojos y brillantes, así como las manzanas y las hojas que se recortan en el espacio oscuro, al fondo, y que en el primer término, sobresalen del filo del murete y la cesta creando un inteligente efecto de trampantojo. El tratamiento lumínico, de una gran violencia claroscurista, es otro elemento clave para estos bodegones realizados entre 1643-1649, en la última etapa del malogrado artista, que como se sabe fue víctima de la epidemia de peste que asoló Sevilla en 1649.

El efecto de luz dirigida, el tipo de hojas turgentes recortadas en el espacio y la manera de realizar las frutas, hermanan fuertemente este tipo de obras con el *Bodegón con peras en un bol de porcelana china* (véase reproducción en el artículo «Los bodegones de Francisco y Juan de Zurbarán» en el presente catálogo) del Chicago Art Institute, obra también de Juan, y recuerdan a modelos napolitanos como los de Luca Forte que estaban presentes en las colecciones españolas[2] y que sin duda serían estudiados por Juan de Zurbarán. Es precisamente este tono napolitano, unido a su más compleja disposición de elementos, lo que distancia al pintor de la obra de su padre, mucho más equilibrada, ordenada y sin la complejidad compositiva que muestran algunos bodegones de Juan. Ejemplo de esta barroquización de los elementos es la que se apprecia en el florero de cristal, al compararlo con el que aparece en la obra de su padre del *Niño de la Espina* (cat. núm. 12) del Museo de Bellas Artes de Sevilla. En esta última pintura las flores se ordenan de una manera totalmente simétrica y rítmica, mientras que el florero de la obra de Juan, es todo un precedente del vibrante espíritu que mueve las flores del madrileño Juan de Arellano, que por esos mismos años iniciaba su actividad.

Alfonso E. Pérez Sánchez

Benito Navarrete Prieto

1H Pérez Sánchez/Navarrete Prieto 1996b, p. 146-147, cat. núm. 52.
2H Jordan/Cherry 1995b, p. 108.

26. JUAN DE ZURBARÁN
Bodegón con membrillos, uvas, higos y ciruelas

Este bodegón se encuentra extraordinariamente bien conservado, puesto que no sufrió restauraciones agresivas en el pasado y las texturas de la superficie se mantienen en un estado excepcionalmente impecable. La pintura presenta una tonalidad global dorada a causa de la veladura pardusca que utilizó Zurbarán para el modelado de las formas, que se ha mantenido intacta en la obra. Vemos claramente el cuidado con que el artista modeló con precisión la fruta, con una espesa trama de pinceladas cortas. El extraordinario estado de conservación de la pintura nos permite apreciar plenamente la sutileza de la factura y el detalle, rasgos distintivos de la obra.

Juan de Zurbarán compuso este modesto tema en una disposición simétrica sobre el plato y estudió a fondo la fruta para plasmar sus observaciones con un notable grado de naturalismo descriptivo. Los zarcillos de la vid, la gota en la hoja superior, los nervios y los bordes dentados de las hojas han sido pintados con una minuciosa atención en los detalles. Además, las hojas que todavía están adheridas a la fruta insinúan que ésta está recién cogida. Las características de la superficie de las diferentes frutas han sido detalladas al extremo, y el artista, por ejemplo, ha representado el vello azul de una ciruela en contraste con la translucidez de la uva. Juan de Zurbarán ha establecido la diferencia entre los tres membrillos pequeños en cuanto a forma y posición e incluso en cuanto a macas, magulladuras y piel descolorida, específicas de cada una de las piezas de fruta. Sin embargo, los colores de ésta se reflejan en el borde brillante del plato de plata como juego de luz abstracto.

El contraste de estilo entre el *Bodegón con fruta y jilguero* (cat. núm. 21) y el intensificado tenebrismo del *Bodegón con membrillos, uvas, higos y ciruelas* insinúa una fecha posterior de la pintura, cuando el interés del artista por las naturalezas muertas napolitanas estaba en su apogeo. Zurbarán situó el racimo blanco a la izquierda del plato, más cerca de la fuente de luz, y el racimo negro al otro lado, perdido gradualmente en la sombra, como medio adecuado de articular la profundidad ilusionista en la pintura. Zurbarán consigue un sentido convincente de profundidad en su disposición de la fruta; el observador es consciente del espacio que se encuentra en medio del plato entre los tres membrillos y de la posición relativa de los elementos, evidenciados por las sombras que proyectan las uvas sobre el membrillo del fondo y una fruta sobre la otra. Consiguió la intensa ilusión del volumen en los membrillos mediante la fuerza de los contrastes claroscuros y con el afianzamiento de las sombras con el añadido del negro. A pesar de la utilización de unas sombras oscurísimas y de la mínima luz reflejada en el modelado de la fruta, Zurbarán no pierde de vista los contornos de sus formas. En el membrillo situado en primer plano a la izquierda del plato, por ejemplo, Zurbarán yuxtapone un tono de luz contrastado con la parte que queda a la sombra, a fin de mantener la claridad de la forma e intensificar el efecto del relieve. El modelado interno de la fruta le confiere el contundente aspecto tridimensional, y ello, al mismo tiempo, queda claramente limitado mediante un «perfil» preciso y claro, rasgos que caracterizan asimismo la obra de su padre (Francisco de Zurbarán, *Bodegón con cesto de naranjas* de la Norton Simon Foundation de Pasadena, véase reproducción en el artículo «Los bodegones de Francisco y Juan de Zurbarán» en el presente catálogo).

Peter Cherry

ENGLISH TRANSLATION

PRESENTATION

On the occasion of the fourth centenary of the birth of Francisco de Zurbarán, the Museu Nacional d'Art de Catalunya wishes to render a tribute to the Extremaduran master who was once referred to as a «Gothic painter of the seventeenth century» and who figures amongst the great names in the Spanish painting of the so-called Golden Age. Our collection, known throughout the world for its wealth of Catalan Medieval Art and *Modernisme*, is also privileged in being the only one in the world to own, out of a total of seven Zurbaráns, two still lifes by Francisco and two more by his son Juan, an exceptional fact which honours us and adds to the value of the Renaissance and Baroque collections. Almost a century ago now, in the far-off years of 1904 and 1905, the first two Zurbaráns entered the Museum thanks to the intelligent policy of acquisitions practised by the old Junta de Museus, which purchased Francisco de Zurbarán's «monk», as it was then called, and the *Still Life with Fruit and a Goldfinch*, recognized today as undoubtedly the work of Juan de Zurbarán. Over the years and thanks to the acquisitions from the Gil collection and the generous bequests by Santiago Espona, Francesc Cambó and Agustí Montal, we are now an essential place of reference for any scholar or enthusiast of Zurbarán, which is why we are offering the public the exhibition *Zurbarán al Museu Nacional d'Art de Catalunya*. An anthological exhibition of Zurbarán would not have been in line with the Museum's approach; what is, however, is an exhibition centering on those themes which provide the subject matter for his works in our Museum.

I would like to take this opportunity to express our most sincere gratitude to the Cathedral Chapter of San Salvador in Jerez de la Frontera, the Instituto Gómez-Moreno of the Fundación Rodríguez-Acosta in Granada, Museo de Bellas Artes in Bilbao, Museo del Prado in Madrid, Museo de Bellas Artes in Seville, Kieskij Musej in Kiev, The Gösta Serlachius Fine Arts Foundation in Mänttä, The National Gallery in London, Wildenstein Institute in Paris, Plácido Arango, Helena Cambó de Guardans, Banco Central Hispano, Emilio Ferré, Enrique G. de Calderón, Antonia Gil Arias, Michel and Francine Lung, the heirs of Santiago Espona, of Agustí Montal, Conchita Romero, José Antonio de Urbina, José Luis Várez Fisa and all the collectors in Spain, the United States, France and Switzerland who prefer to remain anonymous and who have so generously loaned us their works, as well as all those people without whose help our project would not have been possible.

EDUARD CARBONELL I ESTELLER
General Director of the Museu Nacional d'Art
de Catalunya

THE MUSEU NACIONAL D'ART DE CATALUNYA AND FRANCISCO AND JUAN DE ZURBARÁN

From the days of Francisco de Zurbarán's revaluation during the first half of the last century by the French Romantics and the first exhibition dedicated to him in 1905 by the Museo del Prado, his diffusion and critical fortunes have grown so much that today he enjoys a universal status. To date, more than twenty monographs on Zurbarán have been published in France, Germany, Great Britain, Spain and the United States, some of them practically *catalogues raisonnées*. To all this must be added the exhibitions held, first of all, in 1953 at the Palacio de Carlos V in Granada, the commemorative exhibitions for the third centenary of the artist's death held in 1964-1965 at the Real Academia de Bellas Artes de Santa Isabel de Hungría in Seville and at the Casón del Buen Retiro in Madrid, and more recently, ten years ago, in 1987-1988, the exhibitions organised by the Metropolitan Museum of Art in New York, the Galeries Nationales du Grand Palais in Paris and the Museo del Prado in Madrid.

In the spring of 1965, as an extension to the Madrid exhibit, an anthological selection of twenty-five of the master's paintings were shown in Barcelona in the incomparable setting of the Saló del Tinell and the next-door chapel of Santa Àgata. The Museu d'Art de Catalunya, as it was then, took part with its pictures as it had already done in the exhibitions mentioned above. Now it is the Museu Nacional d'Art de Catalunya itself that has succumbed to the fascination of the artist from Fuente de Cantos and is housing in its renovated premises a series of works by him and by his son Juan de Zurbarán along with those it owns and that are part of the Catalan heritage. The present selection forms an exhibition of twenty-six items intended to provide aesthetic pleasure to the general public and facilitate scientific work and comparative studies of use to connoisseurs on the basis of specific aspects to be found in the Catalan pictures. The selection avoids anthological criteria and centres on stylistic, iconographic or chronological coincidences with our works, at the same time as it attempts to enlarge on the commonplace of Zurbarán as an austere painter of monastic life following a connecting thread based on five themes. The first three illustrate his role as an interpreter of the religious thinking of the Counter-Reformation in Spain, neither courtly nor official, and are devoted to **The Virgin of the Immaculate Conception**, the **Christ on the Cross** and the **Franciscan Images**. Another more general concept is directed at the so-called **Poetry of Quietudes**, which takes in those aspects in which Francisco de Zurbarán appears as a painter of abstract and natural plastic qualities, as an illustrator of intimate devotions, of everyday life, and as an exceptional painter of still lifes, and the father and master of one of the best still life painters to have come out of the Peninsula: **Juan de Zurbarán**, who died at the peak of his career during the plague epidemic of 1649, the sole protagonist of the fifth and final section of our exhibition.

The Virgin of the Immaculate Conception

One of the emblematic items in the Museum's collections is the *Virgin of the Immaculate Conception* (cat. no. 1) with two young collegians praying, signed and dated 1632, one of the first and loftiest creations on this theme to have come from the brush of Francisco de Zurbarán, a bequest in 1958 from the Catalan maecenas Santiago Espona. Mary is portrayed as an adolescent, her eyes raised in intercession to the heavens, in the manner of a static column, symbolizing the woman described by John in the Apocalypse and dressed in pink according to the Sevillian tradition. This canvas can be compared with two more exemplars on the same theme, of great beauty, both signed and dated by the master. The *Virgin of the Immaculate Conception* (cat. no. 2) dated 1636 could have been painted for the church of Nuestra Señora de la Granada in Llerena and could be one of the works seen by Marshall Soult during the Napoleonic invasion; it now belongs to a private collection and is being shown in public for the first time. This version differs considerably from the previous one; in it, Mary, who looks almost adult, is dressed in white and blue and her mantle is ruffled by a breeze that carries her along, while from her ethereal flight she directs her gaze over the earth. The third and last *Immaculate Conception* (cat. no. 3) is signed 1656 and belongs to the Arango collection. As in the picture in the Museum, Mary is almost a child, her eyes upturned, though in this version she is dressed in white and blue, while a multitude of little angels, completely naked and with a profane look about them, play at her feet on the ground.

Christ on the Cross

The *Christ Crucified* (cat. no. 4) bequeathed to the Museum in 1966 by Agustí Montal is a one-off replica of the exemplar kept in the Museo de Bellas Artes in Seville. In a violent *chiaroscuro*, with a sculptural flavour and following the four-nail model, Christ raises his head imploringly. The existence of this picture amongst the Museum's collections allows the inclusion of what can be considered one of the stars of the exhibition. The splendid *Christ on the Cross with the Virgin, Mary Magdalene and Saint John at the Foot* (cat. no. 5) from a private collection is a hitherto unknown canvas whose discovering enriches the master's catalogue and which is on show for the first time. Of magnificent facture, it is signed and dated 1655 and thus crowns the brilliant series of *Crucifixions* by one of the greatest painters of this subject matter.

Franciscan Images

Saint Francis of Assisi has a special place in the work of Francisco de Zurbarán, who was, after *El Greco*, the best Spanish interpreter of the *poverello*. A work dedicated to this Saint was in fact the first of his paintings to form part of the Museum's collections. It was purchased in 1905 as «a monk», the result of a wise decision by the old Junta de Museus. It is in fact an awe-inspiring item known today as *Saint Francis of Assisi According to the Vision of the Pope Nicholas V* (cat. no. 7), a Franciscan image from about 1640 representing the corpse of the Saint according to the description by the Jesuit Pedro de Ribadeneyra: «*estava de pie, derecho... tenía los ojos abiertos como de persona viva y alzados hacia el cielo*». The existence of this disturbing work in the Museum collections in

turn allows the presence of five more works dedicated to the figure of the Saint from Assisi and his followers, all of which reveal the immense richness of the Franciscan message, as in the case of *Saint Francis of Assisi Praying*, in the National Gallery in London (cat. no. 6), a painting whose temporary transfer to Barcelona is a source of pride for the exhibition and the Museum.

The two altar paintings of widely differing dates but which provide two images of the Saint are also of marked interest. Both belong to private collections and there is no indication of their having been publicly exhibited in the last thirty years. The *Saint Francis of Assisi* (cat. no. 8) which was in Barcelona in the home of Lluís Plandiura and which was acquired during the sixties by Álvaro Gil now returns to Barcelona on loan thanks to the generosity of its present owners. This is an exquisite work providing a global view of the figure of Saint Francis as the «Alter Christus», set in a landscape impregnated with a mysterious atmosphere and light which evoke the parallel scene from the life of Christ himself on the eve of the Passion in the Garden of Olives in Gethsemany. The *Apparition of the Virgin and Child to Saint Francis in Santa Maria degli Angeli of the Porziuncola* (cat. no. 9), signed and dated 1661, is being exhibited for the first time in public. This picture has a number of elements in common with other works, such as the note with the scattered flowers on the step on which Saint Francis is kneeling. The Child Jesus is an example of the painter's frequent clumsiness, and the model for it seems to be the same as the one for the *Virgin and Child Jesus with the Infant Baptist* (cat. no. 17), signed and dated 1662. The Franciscan works go on to include two oils from the Museo del Prado representing well-known saints from the order's Conventual branch, the theologian *Saint Anthony of Padua* (cat. no. 10) and the humble lay brother *Saint Didacus of Alcalá and the Miracle of the Flowers* (cat. no. 11), which relives the supernatural episode in which the food for the poor is converted into flowers, a photographic snap containing all the primitive magic and charm of Zurbarán.

Poetry of Quietudes

This group of works centres on Francisco de Zurbarán's love of intimate scenes and everyday things, the beauty of all things inanimate and the accessory details, aspects existing in his works but which can be isolated to the point of abstraction without lessening their effect. This is the case of the fruit modelled between light and shade in the fragment from another larger composition known as *Quinces on a Plate* (cat. no. 19), one of the emblems of this exhibition and the property of the Museum, which acquired it in 1922 as part of the Gil collection. Until now it was thought to be contemporary

with the one signed by the master in 1633, at present in the Norton Simon Foundation in Pasadena, although here it is given a later chronology embracing the period 1658-1664, putting it close to the painter's Madrid period. Along with this work, the so-called «poetry of quietudes» can be very fully sensed in the devotional scene of a domestic nature in the *Virgin and Child with the Infant Baptist* (cat. no. 17), owned by the Museo de Bellas Artes in Bilbao, which shows a similar plate with pears and apples, a delicate canvas whose composition is derived from Dürer and which encloses a profound meaning full of symbolism.

Not far off is the *Jesus Child with the Thorn* (cat. no. 12), meditating on the mystery of his suffering after pricking himself while weaving a crown of thorns, a very popular subject matter throughout Spanish America and inspired by teachings of Saint Theresa of Jesus. The images dedicated to the young Virgin are no less tender. Of these, three have been selected: two twin exemplars of the *Young Virgin Asleep* (cat. nos. 13 and 14) dressed in deep red, the property of the Central Hispano collection and of the Cathedral Chapter of San Salvador in Jerez de la Frontera, respectively, exhibited together for the first time and allowing a comparative study of something we are already familiar with in Zurbarán's production –that is, the analogous versions or repetitions from the hand of the master for market reasons, an exercise in virtuosity which puts the artist's own powers to the test. These themes of intimate worship are filled with candour and allow the painter to include still lifes such as the china cup with flowers resting on the metal dish or the sewing abandoned on the young Mary's lap as she stops in her work to pray (cat. no. 15), loaned by the Instituto Gómez-Moreno of the Fundación Rodríguez-Acosta de Granada.

Quite another thing is the world of fantasy surrounding the *Saint Michael the Archangel* (cat. no. 16) belonging to the Central-Hispano. Bombastically portrayed as warrior-in-chief of the celestial forces and the vanquisher of Lucifer dressed in a suit of armour with exquisite metallic qualities, its charm captivated the native and mestizo population of Spanish America, opening the way for the production of series of the famous Creole harquebusier archangels.

Zurbarán has very few free-standing still lifes, though the ones we know of show him to be an exceptional creator. The *Still Life with Four Vessels* (cat. no. 18), part of Francesc Cambó's bequest to the Museum, nowadays placed somewhere between 1658 and 1664 has a mysterious feel to it: without any trace of life and in the midst of an intense silence, the artist arranges the vessels in an orderly line, in a way that has been compared to the liturgical ritual of an altar.

The Still Lifes of Juan de Zurbarán

Juan de Zurbarán developed a personality of his own which, while vouching for the family inheritance, shows a sensuality with a profane flavour, in a more avantgarde, independent style than his father's. The *Still Life with Dish of Grapes* (cat. no. 20) signed and dated 1639 has belonged to the same private collection for over a century. Furthermore, it is the first signed work by an adolescent who made his name as a true virtuoso at the age of eighteen. Its presence in Spain is a memorable event as for the first time it is accompanied by the only other two still lifes signed by the artist, the *Still Life with Chocolate Service* (cat. no. 22), from the Kieskij Musej, Kiev, Ukraine, signed and dated 1640, and the *Still Life with Basket of Fruit and Cardoon* (cat. no. 23), signed and dated 1643, owned by the Gösta Serlachius Fine Arts Foundation, Mänttä, Finland. Accompanying it are the *Still Life with Fruit and a Goldfinch* (cat. no. 21), the first Juan de Zurbarán of the Museum, acquired by the old Junta de Museus in 1904, a beautiful painting recently attributed to the artist on the basis of its similarity with the one signed in 1639, and the *Still Life with Basket of Apples, Quinces and Pomegranates* (cat. no. 24), a late work from a time when the young Zurbarán was already an independent professional. Beside it, the *Still Life with Basket of Apples, Dish of Pomegranates and Vase of Flowers*, recently auctioned at Christie's in New York (cat. no. 25) and acquired by the Várez Fisa collection, and the *Still Life with Quinces, Grapes, Figs and Plums* (cat. no. 26), which also belongs to a private collection. This monographic section closes the exhibition in the hope that it will shed new light on the catalogue of the young Zurbarán.

Finally, let me add a few lines regarding the volume accompanying the exhibition, a book containing introductory studies and catalogue details by an extensive group of Zurbarán scholars of the first order, at the same time as it includes a chronology of the life and times of the artist, an account of parallel artistic events taking place in Catalonia and an updated bibliography of the artist. With this publication, we wish not only to render a tribute to Francisco de Zurbarán on the fourth centenary of his birth, but also to remember the work of all the experts who are not present and who directly or indirectly have made and are still making possible a knowledge and understanding of his art.

MARIA MARGARITA CUYÀS

THE RELIGIOUS THINKING OF THE SPANISH GOLDEN AGE AND FRANCISCO DE ZURBARÁN

The Ideal Interpreter of the Catholic Reformation

Bastion of the Catholic Reformation laid down in the Council of Trent (1545-1563), the Spain of the Golden Age yearned to incarnate heavenly Jerusalem in her towns and cities. Countless churches, oratories, chapels, convents and monasteries made genuine «convent-cities» of the urban communities. With its sixty-six religious institutions, Seville followed immediately after Madrid.[1] Scholars in the main, the monks were anxious to endow their churches and convents with new decoration more in keeping with post-Tridentine pedagogical rulings. The importance of Andalusian altarpieces, genuine homilies in pictures directed at clergy and faithful, not only occupies space but also fulfills an obvious instructional function. Conceived as a frontispiece or holy theatre stage, the baroque altarpiece shows an often complex design, enriched with stucco and plasterwork, sculptures and paintings intended both to beautify it and to instruct the common people. In other parts of the monasteries, such as the cloisters, sacristies or libraries, important series of paintings can be found which depict scenes from the lives of the founding saints or the glories of the order. This wish to renew the painted decoration of the institutions materialized in commissions to Seville's many artists, especially from the male convents, which were better off. An outsider who furthermore, at the end of his apprenticeship in Seville with Pedro Díaz de Villanueva (1614-1617), had not sat the exam required by the guild, Zurbarán was to comply masterfully with the commissions of almost all the religious orders of the Andalusian capital between 1626 and 1655.

Dominicans, Franciscans, Mercedarians, Trinitarians, Jesuits, Carthusians and Hieronymites provided him with important contracts, thereby justifying his nickname as the «painter of monks». His well known obedience to clients' instructions[2] does not entirely explain his success with the monks. In studying the scriptural sources for his works, we were able to demonstrate, on the occasion of the exhibition *Zurbarán* of 1987-1988,[3] how the Extremaduran painter stands out as the most faithful interpreter of the religious thinking of his country and his time and for his understanding of the allegorical language which adds to and amplifies the «reading» of a picture. Systematic comparison of available textual sources and the subjects painted by Zurbarán shows the extent to which his compositions conform perfectly to contemporary hagiographic or mystic writings. Very often, this artist is the best, and also (especially when dealing with scenes for which there were

no iconographic precedents) the most innovative of the interpreters of the Catholic Reformation.[4] His clear, legible and monumental painting and his simple naturalism are so completely at the service of his didactic discourse as to explain his extraordinary success in the Seville of the second quarter of the seventeenth century. On the basis of the works presented here, we would like to stress the remarkable impact of his religious painting.

The Immaculate Conception

During the years of Zurbarán's apprenticeship in Seville, the Andalusian capital was immersed in an all-consuming Marian cult which could not fail to profoundly impress the young man. The entire city was devoted to defending and honouring the «glorious privilege» of the Virgin Mary, thereby contributing to the creation of a new image: the transcription on canvas of a pure concept, the dogma of the immaculate conception of the Virgin, so dear to the people of Seville, two and a half centuries before its official proclamation by the Pope.[5]

After the Middle Ages, Spain was far ahead of other Catholic countries in its zealous defence of the Virgin of the Immaculate Conception. As early as 1398, John I, King of Aragon, placed his kingdom under the protection of the Virgin in a solemn charter. Queen Isabella the Catholic, in 1489, patronized the founding of a religious order, that of the Concepción de Nuestra Señora, created in honour of the Virgin of the Immaculate Conception by the mystic Beatrice of Silva. Meanwhile, in Seville, Zurbarán, Velázquez and Cano, three of the most important painters of the century, were continuing their training. King Philip III and, later, Philip IV took endless measures to obtain from the Holy See the Pope's proclamation of the dogma. In fact, the declaration by the Council of Trent in favour of Mary's exemption from original sin (1546, 5th session, 1st decree) had not defined the dogma, in spite of the insistence of the Spanish fathers. The old quarrel between defenders of the Immaculate Conception of Mary and the Dominicans, who maintained the doctrine of the *sanctificatio in utero* (like the Baptist, the Holy Virgin had been absolved, but not exempted from original sin, in her mother's womb), was rekindled in Spain, especially in Seville, with a verve and violence which are difficult to imagine today. It was necessary to erase the affront to the Virgin, attacked from the pulpit by a Dominican on 8 September 1613 in the convent Regina Angelorum. In the course of 1614, various demonstrations of popular fervour were held, including processions, holidays or visits to the sanctuaries. Artists —painters or poets— took part in this popular reaction, with the Franciscans, the chief defenders of the Marian privilege, leading the way.

A large *Apotheosis of the Virgin of the Immaculate Conception* (Museo de la Pasión, Valladolid) painted for Philip III by Juan de las Roelas in 1616 commemorates the acts of reparation organised by the majority of Seville's convents on 29 June 1615. This picture provides an account in painting of an event which Zurbarán probably took part in and recreates the climate of Marian fervour in which Seville was immersed. All of Seville's communities, associations and brotherhoods were united in their oath of allegiance to the doctrine of the Immaculate Conception.

The Spanish Crown asked the Pope to pass sentence and Paul V published the constitution *Sanctissimus* on 13 September 1617, which prohibited the public assertion of the Dominican thesis. On 4 June 1622, Gregory XV ordered that this thesis was not to be taught even in private. The dogma had not yet been proclaimed but the Spanish, especially the people of Seville, considered that it had and they devoted themselves to transcribing this pious concept in painting.[6]

The iconography of the theme had developed slowly during the course of the sixteenth century on the basis of the apocalyptic vision of Saint John: a woman clothed with the sun, her feet resting on the moon, a crown of twelve stars on her head,[7] surrounded by the Marian symbols taken from the *Letanías de la Virgen de Loreto*, which in their present form date from 1576. The most complete iconographic prototype appeared simultaneously in France and Spain in about 1500 in the form of carvings distributed throughout the sixteenth century.[8] Zurbarán's contemporaries found easy inspiration in them since a similar engraving illustrates the chapter of the Conception of Mary in Villegas's famous *Flos Sanctorum* of 1589. In his *De picturis et imaginibus sacris*, the erudite exegete Molanus calls this artistic interpretation a «beautiful discovery».[9] Like all the Sevillian painters, the ageing Pacheco, who was on close terms with the Holy Office, painted many Virgins of the Immaculate Conception, in keeping, of course, with the instructions he proclaimed in his *Arte de la pintura*: «Hase de pintar [...] en la flor de su edad, de doce a trece años, hermosísima niña, lindos y graves ojos, nariz y boca perfectísima y rosadas mexillas, los bellísimos cabellos tendidos, de color de oro; [...] vestida de sol, un sol ovado de ocre y blanco, que cerque toda la imagen, unido dulcemente con el cielo; coronada de estrellas, doce estrellas compartidas en un círculo claro entre resplandores, sirviendo de punto la sagrada frente [...]. Una corona imperial adorne su cabeza que no cubra las estrellas; debaxo de los piés, la luna que, aúnque es un globo solido, tomó licencia para hacello claro, transparente sobre los países; por lo alto, más clara y visible la media luna con las puntas abaxo [...]. Los atributos de tierra se acomodan acertadamente, por país y los del cielo, si quieren entre nubes. Adornase con serafines y con angeles enteros que tienen algunos de los atributos.»[10]

In his early Virgins of the Immaculate Conception, painted between 1616 and 1621, Pacheco usually portrays the Virgin dressed in the traditional cardinal red of the Seville school, a model brilliantly reworked by Velázquez around 1619-1620. When Zurbarán, in turn, deals with this theme after 1630, the anti-Dominican controversy had died down. In 1631 the Friars Preachers commissioned the splendid, colossal *Apotheosis of Saint Thomas Aquinas* («alegoría triunfal del Doctor angélico, con todos los ingredientes gloriosos de la Contrarreforma»).[11] Long before Murillo and throughout a career perfectly attuned to the religious thinking of the time, the painter from Fuente de Cantos was to produce a mass of varied examples of the theme of the Immaculate Conception so dear to the Andalusians.

In her fundamental thesis on *La Inmaculada Concepción en el Arte Español*, Stratton has quite rightly noted that «A Zurbarán, cuya obra habitualmente se considera conservadora desde los puntos de vista iconográfico y compositivo, se deben de hecho las variaciones más audaces sobre el tema durante este período.»[12] One of Zurbarán's first versions, *The Virgin of the Immaculate Conception* of 1632 (cat. no. 1), which is analysed in detail in the catalogue, exquisitely expresses the personal tone of Andalusian devotion marked chiefly by the desire for direct communication, intimacy and sensitive approach between the worshipper and the object of his or her devotion. This iconographic peculiarity is undoubtedly due to a precise commission, the same as the surprising presence of a heart instead of the Moon beneath the Virgin's feet in the canvas for the altarpiece of Saint Peter, in Seville cathedral. We already know that the little *Virgin of the Immaculate Conception* in the Museo del Prado (see reproduction in cat. no. 1) was painted by Zurbarán for the former school of the Esclavas Concepcionistas del Sagrado Corazón. Elsewhere we have shown that in Europe the cult of the Sacred Hearts of Jesus and Mary existed long before the apparitions to Margaret Mary Alacoque in Paray-le-Monial (1675). The Society of Jesus already vaunted this devotion.[13]

In a later version, the *Virgin of the Immaculate Conception with two Allegorical Figures*, in the National Gallery of Ireland in Dublin, Mary, dressed in white, is surrounded by, on the left, a woman whose eyes are covered by a piece of blue mantle –probably an allusion to the blindness of those who rejected the Marian privilege– and, on the right, an image of Hope –traditionally leaning on an anchor– of those who awaited the proclamation of the dogma.

Usually adolescent, as advocated by Pacheco, sometimes more mature women (cat. no. 2), Zurbarán's later Virgins of the Immaculate Conception become delicate little girls (cat. no. 3) to whom there is no need to add the symbols of the litanies. For Spain, portrayal of the immaculate conception was definitively established: a simple image of childhood, the symbol of purity, dressed in blue and white, haloed in sunlight and quite enough to illustrate the inexpressible.

The Holy Infancies

Zurbarán emphasizes in his portrayal of children their intimate, tense aspect, opposed and complementary to the realistic and «manly» portrayals of the austere masculine monastic communities.

From the beginnings of the Christian era, the touching curiosity of the faithful in everything to do with Christ's childhood and the Virgin's life was not satisfied with the short passages from the canonical texts. This is why the sparingness of the Gospels was remedied with apocryphal writings and religious stories with details of their own to feed painters' imaginations. In the sixteenth and seventeenth centuries, the mystic writers revived these writings, taken from the *Apocryphal Gospels of the Infancy*, written in the first centuries, *The Golden Legend* by Jacobus de Voragine (thirteenth century), the *Meditations on the Life of Christ* by the Pseudo-Bonaventure (end of the thirteenth century) and also the *Vita Christi* by Ludolphus the Carthusian (fourteenth century), reinforced them, sometimes adding new episodes able to nourish piety. The fervour of the devout for editions reduced to anecdotes about the childhood, in which the engraved illustrations, which meant so much to the Spanish painters, supplements the meagreness of the texts.[14]

Following the post-Tridentine orientations and pastoral instructions, mainly fostered by the Jesuits, manifestations of baroque art in Spain are reflected in the imitation of texts and moralizing allegories, making the rhetoric of the double-meaning easier. Meditation of the Passion through the sufferings of the Child Jesus thus became a considerable cult in the seventeenth century: «Not wishing to wait until adulthood to suffer, he started from his Birth», wrote the Seville Jesuit Arias.[15] In the moving representation of the *Adoration of the Shepherds* (Musée de Grenoble), the idea of the sacrifice needed for Redemption already appears. In contrast to the Jewish woman who covers her child with clothes, Mary separates herself from Him immediately: she presents him to the world, naked, reclining on a white sheet, a prefiguration of the Holy Shroud. In 1633, the painter Vicente Carducho recommends representations of the lamb as a metaphor for Christ.[16] Hence the lamb with fettered legs symbolically placed at the feet of Jesus, the true *Agnus Dei* sent to save us.

Post-Tridentine art invented other images from religious meditation. «Mary, Jesus, Joseph. This is a Trinity on earth which in no way shows the representation of the Holy Trinity», according to Francis of Sales. Artists have succeeded in capturing this idea in painting excellently: Jesus the child walks between Mary and Joseph; above the Holy Family, God the Father as an old man (Dn 7, 9) and the Holy Spirit, in the form of a dove, represent the heavenly Trinity protecting the earthly Trinity. Associated with the Redemption as husband of Mary and protector of Jesus, Saint Joseph came to be one of the favourite saints of reformed Catholic art. The image painted by Zurbarán in 1644 for the altarpiece of Zafra is very common and illustrates a passage from the epic poem dedicated to the «patriarch» by José de Valdivieso:

«Vera una nueva Trinidad que admira,
De un solo Dios y tres personas bellas,
De quien la Trinidad de dios se mira,
Gozosa en la beldad que mira en ellas.»[17]

The cult to the Child Jesus seems linked to the cult of his earthly father. Arising from the earthly Trinity, the *Child Jesus Walking* (Church of Saint-Médard, Paris), in which we see the child Jesus, trusting, holding the hand of a young and handsome Saint Joseph, an image typical of the Spanish Golden Age, similar to the representations of the guardian angel. The startling likeness of Jesus's earthly father with the adult Christs painted by Zurbarán at the same time can be explained by the descriptions of the Mother of God by the Discalced Carmelite Jerónimo Gracián, who states that Saint Joseph was «el hombre más semejante a Cristo [...] en rostro, habla y complexión».[18]

The Gospel gives us barely a glimpse of Jesus between the return from Egypt (Matt 2, 19-21) and the moment when they go to look for him in the temple at the age of twelve (Luke 2, 40-52). Nevertheless, artists liked to paint him in childhood, like Ana de Sant Agustín, a Carmelite reformed by Saint Teresa of Ávila, blessed with visions of the Child Jesus between the ages of three and seven, who insisted in her meditations on the «favores conseguidos gracias a las imagenes del Niño Jesús». She herself, «cada día más prendada del Señor», composed hymns for Him very like the precious literature of the seventeenth century:

«Niño no esteis descuidado
Del corazón que heristeis
Pues amando lo rompisteis
Amando ha de ser curado.»[19]

The exegetes of the seventeenth century were very keen to involve Mary in the sufferings accepted by her holy Son. For this theme, Zurbarán conceived a picture of enormous success, to go by the number of replicas, copies or interpretations of the *House of Nazareth*, in the Cleveland Museum of Art, in which the Child, now a young boy, weaves a crown of thorns with which he pricks himself, while the Virgin leaves off her embroidery before such an omen and a tear runs down her face. Various objects give even more force to the symbolism of this masterpiece of religious painting, evoking the Redemption (fruit), the immaculate purity of Mary (white lily, jar of pure water), love and the rosary (roses), study and labour (book, sewing basket). Two doves bring to mind the presentation of Jesus in the temple, when Mary hears from the old man Simeon that «a sword will pierce your own soul too» (Luke 2, 35). In his commentaries on the Gospel, Villegas, a member of the erudite Seville academy, of which Pacheco was an eminent academic, specifies that the pious Simeon prefers to die rather than see «estas manitas atravesadas por clavos y la cabeza malherida por espinas».[20] Zurbarán's Virgin, who «pondered these things in her heart» (Luke 2, 19 and 51), meditates melancholically on the Martyrdom of her Son prefigured in the wound. The Child, bathed in a beam of golden light, is undoubtedly the «light that will illuminate nations» announced by Simeon himself (Luke 2, 32). In a liberal interpretation of a meditation undoubtedly put forward by a devout client, the painter transcribes a very realistic vision in a naturalistic scene with a strong evocative power. The success of this work was considerable. In this way images of the *Jesus Child with the Thorn* (cat. no. 12) portrayed alone were produced in large numbers by Zurbarán's workshop, copied shortly afterwards by Murillo and widely distributed in the American colonies.

The subject matter of the holy infancy is not limited to Christ for the Extremaduran painter, who produced numerous Young Virgins praying, in ecstasy or sleeping, which were infinitely moving and earned great popular success. *The Young Virgin with Saints Anne and Joachim* (private collection, Madrid) must have been the origin of this delicate theory of little Virgins. The oldest writings referring to Mary's childhood told that her parents consecrated her to God and took her to the Temple when she was just three years old, a tradition upheld by the exegetes of the Catholic reformation. The position of old Joachim, his head resting on his elbow, reflects a threefold meaning: «sleep» inspired by God, «meditation» on the virtues of Mary and «melancholy» at the forthcoming separation. Anne, perhaps more resigned, embraces the child and offers her fruit, a symbol of Redemption, on a fine pewter plate. At the child's feet, the basket full of white clothes which often accompany the Virgin in Zurbarán, complementing the meaning of the symbolic still life, placed on a little table as though it were an altar: on a metal plate with bright highlights, a delicate rose with a two-handled cup, a true Marian symbol, included by the painter in the *Miraculous Cure of the Blessed Reginald of Orléans* (Church of la Magdalena, Sevilla) and used again in the sublime *Still Life with Basket of Oranges* of 1633 (The Norton Simon Foundation, Pasadena). The intimist nature of this *Family of the Virgin* seems to be indissolubly linked to the painter's magnificent still lifes and the pewter plate turns up again with fruit in all the later Virgins with Child (cat. no. 17).

From this poetic representation, Zurbarán represents the child alone in the *Young Virgin in Ecstasy* in the Metropolitan Museum of Art in New York. Interrupted at her work, she lifts a touching little face to the heavens, as imagined by the mystic poet Nieva Calvo «en belleza de Niña pura [...] bordando del Templo los sagrados ornamentos [...] no impedía el tiempo así gastado el meditar con alma santa y pura, gran rato en la lección de la Escritura».[21] She is framed by the heavy temple curtains, eyes half-closed in meditation, and surrounded by various symbolic objects (sumptuous vase with roses and white lilies, basket of white linen, goblet filled with virginal water). The *Young Virgin Praying* (Hermitage, Saint Petersburg) (see reproduction in cat. no. 15) simplifies this representation without lessening the infinite poetry: in a deliberatley abstract background, the pretty young girl seems to communicate with heaven through her prayer, her little hands together in a gesture of piety above the abandoned work. The *Young Virgin Sleeping* in the cathedral of Jerez (cat. no. 14), perhaps the most delicate, seems to come from one of the many hymns or poems composed in Seville in the sixteenth and seventeenth centuries in honour of the Virgin:

«Soy niña morena
Y soy más hermosa
Que lirio ni rosa
Ni flor de azucena.»[22]

Here we have a fine illustration of the Song of Songs: «We have a young sister» (8, 8) and also «slept but my heart was awake» (5, 2). The other girls divided their time between their embroidery and ecstatic prayer, in this picture, Mary is all fire of divine love in her crimson red dress. Three kinds of flower complement the meaning of the image: the white lily, innocence and purity; the rose, pure love; and the carnations, the symbol of filial love. In composing this exquisite image, he is unhesitatingly inspired in a model taken from a series of eighteen pictures of great beauty engraved around 1585-1586 by Antoine Wierix and published with the title *Cor Iesu amanti sacrum* (see reproduction in cat. no. 14). These illustrations also figure in the religious meditations of the French Jesuits Luzvic and Binet in their work *Le Coeur dévot*, Douai, 1627, referring to the preparation of the soul for the holy guest, a widely circulated little book, translated into Latin in 1628.

The *Saint Gabriel* in Montpellier, probably painted by the Dominicans, also belongs to the series of the «holy infancies». Like the Little Virgins, he raises his eyes to the heavens to contemplate the mysteries of the faith. His youthful aspect, related by the mystics and imposed by Pacheco, may be inspired in the *Corpus Dei* processions in Seville, when choirboys, disguised as angels, danced: «*Los niños Seyses lucidamente adornados de vistosas galas y plumas [...] a trecho ivan repartidas las danças que unas graves y otras festivas discurían por todo el cuerpo de la procesión.*»[23]

Many attractive saints have been attributed to Zurbarán, but in fact few of them were painted entirely by the master. *Young Saint Casilda* (private collection, Barcelona), undoubtedly by his own hand, also belongs to the world of infancy, painted by the artist with true devotion. This young girl walking, frozen for a moment by the picture, may be modelled on one of the painter's daughters. With exquisite elegance, she wears a sumptuous red dress, theatrical pomp, probably copied from a procession or religious event and in her wide rolled-up dress she is holding the miraculous roses whose pictorial quality shows, once again, Zurbarán's mastery of the field of still life.

Franciscan Themes

Are these infinitely poetic images of grace and childhood really opposed to the poor Franciscan monks so often portrayed by Zurbarán? Possibly not, if one remembers the part played by Saint Francis and his disciples in the renovation of medieval iconography, which originated in the tender devotion to Christ's humanity. Except for the representations of the *poverello* isolated in ecstasy, most of the scenes from his life painted by Zurbarán are full of precious flowers which we find once again in the portraits of the popular saints Anthony of Padua and Didacus of Alcalá.

In their primordial desire to fit their lives to the evangelical ideal of poverty, the Friars Minor attached no importance to study as the predicant monks did. Nevertheless, the Council of Trent had decided to reinstate the ecclesiastical sciences to impose the authority of the Church in face of the Protestants. In Seville, the Conventuals therefore founded a college under the advocacy of Saint Bonaventure exalted to the rank of Doctor of the Church by Sixtus V in 1588. This College of the Sacred Scripture and Theology of the Franciscan Order, founded in 1603, unfortunately disappeared and all that remains is the church built between 1622 and 1626.[24]

Having just arrived in Seville in 1629, Zurbarán was commissioned to complete the decoration which had originally been entrusted to Herrera the Elder, who in the end only painted four pictures, located on the left of the nave. A further four paintings by Zurbarán were hung on the right. It is interesting at this point to stress that both artists were faced with subjects with no known iconographic antecedents and unavoidably subject to the approval of the supervisors of the Holy Office. The limited choice of the desired episodes (youth of the saint for Herrera, maturity and death for Zurbarán) did not come about by chance and is taken from the Lessons of the Roman Breviary for the celebrations of the seraphic Doctor. An attractive character on account of his purity, the painter portrays a very young Bonaventure because of his innocence praised by his master, Alexandre de Hales.[25] One of the paintings was destroyed in Berlin in 1945 and was dated 1629; two are at present in the Musée du Louvre, and the last is in the Gemäldegalerie in Dresden.

The numerous branches of the Franciscan family, Conventuals, Observants, Capuchins, Recollects and Clares, the most common in Spain, all looked to Saint Francis. Though receiving no more important commissions from the Franciscans, Zurbarán was repeatedly asked to paint their patron saint dressed in the prescribed habit, but always portrayed in the form newly introduced from Italy by El Greco and characteristic of the Catholic Reformation. At the end of the sixteenth century, an innovative concept brought a new iconography to Saint Francis, «*porque se conforme mejor con lo que dice la historia*», in the words of Pacheco. The kindly, joyful poet who could speak to the birds gave way to a lean, sallow-skinned ascetic hermit, worn out by his mystical experiences. The Franciscans, and especially the reformed branches, expected a *poverello* of the painters as an invitation to strict penitence. Zurbarán painted him as described by Ribadeneyra, author of the *Flos sanctorum*, which had displaced the *Golden Legend* so popular beforehand. «*Aviendo sido en vida algo moreno y consumido por muchos trabajos, asperezas y enfermedades.*»[26] This post-Tridentine appearance thus comes closer to the descriptions by his first biographer, Tomás de Celano.

From the impressive *Saint Francis of Assisi in Prayer* in the National Gallery in London (cat. no. 6) to the more peaceful saint in the Arango collection, dated 1659, Zurbarán used several different postures and modes of dress for the saint alone. At first, the Friars Minor wore an ashen tunic in the form of a cross, which was tied at the waist with a knotted rope, and from which hung a pointed hood. Later the hood became more rounded and was separated from the habit, for which it forms a round collar known as an amice. When the Capuchins appeared (1525), artists began to dress Saint Francis in a tunic without an amice, but with the characteristic sharply pointed hood, bearded and barefoot, like this reformed branch. In Spain, the Alcan-tarines, Friars Minor «of the strictest observance», wore «a narrow, patched tunic». The *Saint Francis* in London, dressed in a coarse patchwork tunic, would undoubtedly have been painted for a community of Discalced Alcantarines, reformed by Saint Peter of Alcántara (died 1562) who had returned to the original, tremendously austere observance. It is surprising that the saint's eyes should be covered by the hood, but this may be a reference to the trachoma he contracted in Egypt, which forced him to protect his eyes from the light.[27]

Saint Bonaventure, like the *Saint Francis of Assis with a Skull* in the Alte Pinakothek in Munich, is wearing the Conventuals' grey-brown tunic with amice, while the various *Saint Francis of Assisi in the Porziuncola* (Museo de Cádiz) are wearing the pointed hood of the Capuchins. This episode from the life of the saint from Assisi was not painted very often prior to the Council of Trent. By the seventeenth century it was common, as though to justify the indulgences, the target of the Reformation. Zurbarán dealt marvellously with the apparitions of the celestial world, bathed in golden light and contrasting with the earthly world where light and shade are furiously opposed. In the version in Cádiz, undoubtedly painted at the end of the thirties for the Capuchins of Jerez, the adult Christ hands Francis the text of the indulgence, in the presence of the Virgin, on her knees, and of a host of angels sketched in a cloud of gold behind the kneeling saint (the chapel of the *Porziuncola* was called Our Lady of the Angels). Zurbarán proceeds in the same way in the *Vision of the Blessed Alonso Rodríguez*, deliberately, I think, and not for want of skill, as some people have said, with the object of stressing the unrealness of the vision. In the later *Porziuncola* (cat. no. 7), of 1661, the apparition is very different: the Virgin Mary holds the Baby Jesus in her arms as he blesses, both of them in the golden cloud, but this time the dialogue between the saint and the divinity becomes much closer and more intimate. It therefore seems that Zurbarán, com ja ho hem demostrat, towards the end of his career, created a new iconographical type.[28]

The famous scene of Saint Francis of Assisi's wounds is rarely portrayed by the artist, for which reason the little-known picture in a private collection, apparently commissioned for a Capuchin convent and exhibited here for the first time (cat. no. 8), serves to complement the series on the saint's life. As always, Zurbarán leaves all the suggestive charge to the mystery, with the barely insinuated presence of the crucified seraph in the top left-hand corner of the picture. On the side opposite to the apparition, the dead tree flowering once more in the celestial light is further evidence of the painter's skill in the use of ancient symbols.

One of the most startling pictures to spring from Zurbarán's brush is the *Saint Francis of Assisi* in the Musée des Beaux-Arts in Lyon (see reproduction in cat. no. 7), of which several versions are known, including the excellent one in the Museu Nacional d'Art de Catalunya in Barcelona (cat. no. 7). This picture of the saint, found intact in his tomb by the Pope (the subject of a marvellous engraving by Thomas de Leu at the very beginning of the seventeenth century) was in the eighteenth century confined to the attic by the Colinettes sisters of Lyon, as «a horrifying object». Ribadeneyra also describes it in detail: «*Estava en pié derecho [...] tenía los ojos abiertos como de persona viva y alçados hazia el cielo moderadamente [...] Tenía las manos cubiertas con las mangas del hábito delante de los pechos como las acostumbran traer los frayles menores.*»[29]

Obviously, Zurbarán also portrayed the sweet *Saint Anthony of Padua* conversing tenderly with the Baby Jesus he holds in his arms (cat. no. 10). In addition, he was commissioned to paint other popular Spanish figures from the Minorite order. The humble *Saint Didacus of Alcalá* (cat. no. 11), a lay brother canonized in 1588, shares with *Saint Elizabeth of Portugal*, then recently canonized (1625), the miracle of the roses (both in the Museo del Prado). Both saints are devoted to the destitute and secretly bring them bread turned into roses so as to escape the wrath of the guardian father of the convent or Saint Elizabeth's regal husband.

Christ on the Cross

Zurbarán's earliest known signed picture, *Christ on the Cross*, of 1627 (The Art Institute, Chicago; see reproduction in cat. no. 5), painted for the Dominicans of San Pablo la Real, is without a doubt the most impressive of the many Crucifixions painted by the artist. We now know, thanks to the recent exciting discovery by Garraín in the Llerena archives, that in 1624 Zurbarán was commissioned with a carved *Christ on the Cross* for the Mercedarians of Azuaga.[30] This theme was to return endlessly in Zurbarán's work and that of his workshop. Unfortunately, the scarcity of dated or documented Crucifixions provided little to go by in establishing a chronology. On the other hand, these Christs on the Cross can be classified, according to their typology, essentially reduced to two iconographic models, excluding the very early ones, archaic even when compared with Pacheco's models, which established orthodoxy on this subject in the Sevillian school for a long time to come.

The first *Christ on the Cross*, documented in 1624, now turns out to be the sculpture for Azuaga, followed by the one in Chicago from 1627, which Palomino says was taken for a sculpture. The crucifix discovered in the large canvas of *Saint Bonaventure and Saint Thomas Aquinas before the Crucifix*, destroyed in Berlin, feet

crossed and nailed to the wood with a single nail, the body contorted and the face disfigured by suffering, also seems to portray a carved Christ executed in an archaic fashion as early as 1629.

There then follows a series which has its prototype in the beautiful *Christ* in the Church of Motrico, painted in about 1630, and to which the one in the Museu Nacional d'Art de Catalunya, exhibited here (cat. no. 25), belongs. The «four nail» Christ, with legs straight on the support, corresponds to the posture advocated by Pacheco, in keeping with criteria of decency dear to the ageing theorist. The dying Christ lifts his eyes to the heavens in a last prayer to his father. We know of several versions, but none of them of the same quality.

A little later, another group of Crucifixions is also represented in various canvases. The Museo del Prado has just purchased a *Christ on the Cross with Donor* in this style, dated 1640. Having accepted and made an offer of his own death, Christ, «hanging his head, gave up his soul» (John 19, 30).

Both prototypes have been frequently copied[31] as they are perfectly suited to the wishes of the commendators of the Catholic Reformation and show, once again, to what extent Zurbarán, a brilliant interpreter of the instructions he was given, was a quarter of a century ahead of the religious painters of his time.

Odile Delenda

1. A. Domínguez Ortiz, *La Sevilla del siglo XVII*, 3rd ed., Seville, 1991, pp. 68 and 69.

2. In his first Sevillian contracts, the young Zurbarán shows himself humbly prepared to interpret the commissions as the commendatory fathers conceive them: on 17 January for the twenty-one pictures for the Dominican convent of San Pablo el Real (C. López Martínez, *Notas para la historia del arte: Desde Martínez Montañés hasta Pedro Roldán*, Seville, 1932, p. 217); on 28 August 1628 for the twenty-two pictures for the Merced Calzada (C. López Martínez, *Notas para la historia del arte: Desde Martínez Montañés hasta Pedro Roldán*, Seville, 1932, pp. 221 and 222).

3. Exhibition *Zurbarán*, New York, Metropolitan Museum of Art, 22 September - 13 December 1987; Paris, Galeries Nationales du Grand Palais, 14 January - 12 April 1988; and Madrid, Museo del Prado, 3 May - 30 July 1988.

4. O. Delenda, «Zurbarán interprète idéal de la Contre-Réforme» in *Revue du Louvre et des Musées de France*, Paris, February 1988, pp. 117-126.

5. The dogma of the Immaculate Conception was proclaimed on 8 December 1858 by Pope Pius IX in the encyclical *Innefabilis Deus*.

6. O. Delenda, «L'art au service du dogme. Contribution de l'école sévillane et de Zurbarán à l'iconographie de l'Immaculée Conception» in *Gazette des Beaux-Arts*, Paris, April 1988, CXI, pp. 239-248.

7. Revelation 12, 1.

8. S. Stratton, «La Inmaculada Concepción en el Arte Español» in *Cuadernos de Arte e Iconografía*, Madrid, 1988, I, 2, pp. 3-127.

9. J. Molanus, *De historia SS. imaginum et picturarum*, Paris, 1996 [1568], p. 472.

10. F. Pacheco, *Arte de la pintura*, Seville, 1649 (ed. B. Bassegoda, Madrid, 1990), pp. 576 and 577.

11. J. Fernández López, *Programas iconográficos de la pintura barroca sevillana del siglo XVII*, Seville, 1991, p. 67.

12. S. Stratton, *cit. supra*, n. 8, pp. 76 and 77.

13. O. Delenda, *Velázquez peintre religieux*, Paris, 1993, pp. 129-132.

14. See for example *Iesu Christi Dei Domini Salvatoris NRI Infantia*, by J. Wierix (see reproduction in cat. no. 14) (M. Mauquoy-Hendrickx, *Les Estampes des Wierix conservées au Cabinet des Estampes de la Bibliothèque Royal Albert 1er* Brussels, 1978, I, no. 407-414).

15. F. Arias, *Traicté de l'Imitation de Jésus-Christ*, Paris, 1625, p. 77.

16. V. Carducho, *Diálogos de la Pintura: su defensa, su origen, esencia, definición, modos y diferencias*, Madrid, 1633 (ed. F. Calvo Serraller, Madrid, 1979), p. 348.

17. J. de Valdivieso, *Vida, excelencias y muerte del gloriosísimo patriarca San Joseph*, Madrid, 1604 (ed. Rivadeneyra, 1864), p. 223.

18. J. Gracián de la Madre de Dios, *Josephina, summario de las excelencias del Glorioso S. Joseph, esposo de la Virgen María, recopilado de diversos autores*, Brussels, 1609 [1957], p. 128. See, also, O. Delenda, «Les Représentations de Saint Joseph et l'Enfant Jésus dans l'art de la Contre-Réforme» in *Sedes Sapientiae*, 1990, 31, pp. 3-14.

19. Alonso de San Gerónimo, *Vida, virtudes y milagros de la prodigiosa Ana de san Agustín, carmelita descalza...*, Madrid, 1668, fol. 34 v.

20. A. de Villegas, *Quinta parte de «Flos Sanctorum...* », Barcelona, 1594, fol. 24.

21. S. de Nieva Calvo, *La mejor Muger, Madre y Virgen: sus excelencias, vida y grandezas repartidas por sus fiestas todas*, Madrid, 1625, fol. 54-60.

22. Diego Contes, Madrid, 1592, quoted by F. López Estrada, «Pintura y literatura: una consideración estética en torno de la "Santa Casa de Nazaret" de Zurbarán» in *Archivo Español de Arte*, Madrid, 1966, XXXIX, p. 34.

23. F. de la Torre Farfán, *Fiestas de la Sta. Iglesia [...] de Sevilla*, Seville, 1671, pp. 319 and 320.

24. A good account in J. Fernández López, *cit. supra*, n. 11, pp. 69-73.

25. O. Delenda and J. Baticle, *Zurbarán*, Paris, 1988, pp. 110-113 (exhibition catalogue, New York, 1987 and Paris, 1988).

26. P. de Ribadeneyra, *Primera parte del Flos sanctorum o libro de las vidas de los santos*, Madrid, 1624 [1599], p. 683.

27. C. Frugoni, *Saint François d'Assise*, Paris, 1997, p. 165.

28. O. Delenda, «Zurbarán à Madrid, 1658-1664» in *L'Oeil*, Paris, 1995, 471, pp. 37 and 38.

29. P. de Ribadeneyra, *cit. supra*, n. 26, p. 684.

30. O. Delenda and L. Garraín, «Zurbarán sculpteur. Aspects inédits de sa carrière et de sa biographie» in *Gazette des Beaux-Arts*, March 1997.

31. See M. L. Caturla and O. Delenda, *Zurbarán*, Paris, 1994, pp. 47-53.

THE STILL LIFES OF FRANCISCO AND JUAN DE ZURBARÁN

Although the number of genuine still-life canvases by Francisco de Zurbarán that have been preserved is in fact small, his name and his starkly poetic view of reality have gone down as prototypes, and in any talk of Spanish still-life painting, it is the name of the great master of Fuente de Cantos that comes to mind, accompanied, if at all, by that of the Carthusian Sánchez Cotán.

The two incarnate, for everybody, the virtues and characteristics of the «Spanish», or rather «Castilian» way of looking at everything in the immediately surrounding reality: everyday objects, the simplest and most natural food, the simple beauty of all things familiar, starkly and almost ritualistically arranged, which is fascinating precisely for its immediate and direct visual force.

On the subject of Zurbarán, Rafael Alberti has written poems of a marvellous profundity[1] which translate to the magic of words the inner emotion of objects left to themselves, picked out by the light and offered to the eyes of the observer with all their powerful charge of reality and mystery:

«Piensa el tabique, piensa el pergamino
del volumen que alumbra la madera;
El pan que se abstrae y se ensimisma el vino
sobre el mantel que enclaustra la arpillera.
Y es el membrillo un pensamiento puro
que concentra el frutero en claroscuro.

Ora el plato, y la jarra, de sencilla,
humildemente persevera muda,
y el orden que descansa en la vajilla
se reposa en la luz que la desnuda.
Todo el callado refectorio reza
una oración que exalta la certeza.»

From very early on, in the master's perfectly documented works, one notes in his religious compositions the presence of complementary objects, treated lovingly and with pleasure, which could perfectly well be taken out of the scene they form part of and make up, to our eyes, perfect still lifes. One should think, especially, of the delightful metal plate with a cup and a rose which appears alongside an apple on the humble wooden table filling the lower right-hand corner of the otherwise clumsy canvas of the *Miraculous Cure of the Blessed Reginald of Orléans*, painted in 1626 for the Dominican convent of San Pablo in Seville, the books and birettas, resting on their sumptuous red cloths, which accompany the Mercedarians of the Academia de San Fernando of about 1628-1630, the prodigious papal tiara on a golden tray before which Saint Bonaventure is praying in the marvellous canvas in the Gemäldegalerie in Dresden, painted in 1629 for the same series as the destroyed canvas of *Saint Bonaventure and Saint Thomas Aquinas before the Crucifix*, in which the library, the image of Christ in its curtained niche and the books on the table in themselves make up a marvellous *vanitas* still life.

In later works –and very especially in the compositions with a delicate devotional sense, like *The Education of the Virgin*, *The Young Virgin* or *The Holy Family*–, the delicate little fruit bowls, the flower vases, the pottery, the little work baskets or the scattered flowers always feature prominently and reflect a special pleasure on the part of the artist, who seems to enjoy these delicate details.

We must not forget, either, the importance these accessories have in the large compositions of his best moment around 1635-1640, in the large canvases of the Carthusian Monastery of Jerez, today in the Musée de Grenoble, or in those of the Sacristy at Guadalupe. The writing desk in *Father Gonzalo de Illescas*, the basket of bread in *Father Martín de Vizcaya* and the altar table in *The mass of Father Pedro de Cabañuelas* (see reproduction in cat. no. 8) are in themselves marvellous still lifes which belong amongst the solidest in the history of our painting.

This mastery in the treatment of the unmoving things of the «still life» of objects necessarily leads to a consideration of those canvases that are just that: still lifes, and very few of those by Francisco de Zurbarán can safely be considered as such.

Just one, signed and dated, can serve to understand and define the way in which the painter approaches the genre: the beautiful painting which used to be in the Contini Bonacossi collection and is today kept in the Norton Simon Foundation in Pasadena.

Signed in 1633, it depicts, lined up on a table or wooden board, a rushwork basket with oranges and, on either side, metal plates containing, on the right, a cup and a rose analogous to those he had used in the canvas of the *Miraculous Cure of the Blessed Reginald of Orléans*, and on the left, some rotund lemons, or rather citrons, all modelled by an intense directed light which comes from the left and emphasizes the stark, sculptural volume of the objects.

The symmetrical, balanced arrangement immediately brings to mind the still lifes painted by Juan Van der Hamen in the court a few years earlier. Zurbarán does not seem to have travelled to Madrid before that date –in fact, he did so the following year, 1634–, but he may have had occasion to see the work of the Madrid painter in Seville.

The nobility of the arrangement and its stark ritualism have on more than one occasion suggested something religious about it, and it has even been interpreted as an explicit offering to the Virgin Mary.[2] Perhaps this artist's contemporaries assimilated the symbolic meaning of the elements in the canvas mentally, the same as theologians or poets did before the objects themselves in real life, but it does not seem, from contemporary written accounts, that this canvas, or those like it, were conceived as anything other than an exercise of prodigious technical virtuosity and perhaps as a challenge to the painters of antiquity, who had, according to Pliny, with their perfect imitation of reality, managed to deceive even the birds with their imitation fruits.

This marvellous canvas contains, as we have already seen, the plate and cup and the rose which he had already painted in 1626 in a canvas for the Dominicans of San Pablo. But we also find it in the picture of the *Family of the Virgin*, now in the Abelló collection, and even in the small canvas which used to be in the collection of the historian Kenneth Clark and was recently acquired by the National Gallery in London, where it is exhibited alone. As Jordan supposes,[3] it is almost certain that Zurbarán had small studies from nature which he used as models for later insertion in his large compositions with very slight variations.

The X-ray of the large *Still Life with Basket of Oranges* in Pasadena has revealed beneath what can be seen today the presence of a plate with sweetmeats or preserved fruits, subsequently eliminated so as to place more emphasis on this solemn symmetry. Curiously, we also know of a small canvas, at present privately owned, which portrays this same dish of sweetmeats by itself treated with exquisite refinement and freshness of execution, thereby confirming the existence of these direct models, which he then variously combined.

Another still life with a basket of apples, whose attribution to Zurbarán has recently been insisted on, repeats the symmetrical pattern of the large Contini canvas, mentioned above, even more rigorously still. The proportions are squarer and the basket appears in the centre with an apple on either side painted with absolute precision. The state in which the canvas has been preserved, having suffered excessive cleaning and thereby lost a large part of its refined finish, does not allow it to be conclusively attributed to Zurbarán, but it obviously reflects his sensitivity. A recent intervention has «restored the powerful plasticity of the subtly modelled fruits and re-established the balanced relationship between the forms of the table and the surrounding space», according to Jordan,[4] who is in no doubt about attributing it to Zurbarán. Without a direct knowledge of the extent of this intervention, it is nevertheless important to remember that years later Pedro de Camprobín returned to some of Zurbarán's motifs in signed works in which motifs present here are repeated verbatim, so that we have to maintain certain reservations.

A seemingly different case is that of the composition known from two examples which are analogous in every way, one in the Museo del Prado and the other in the Museu Nacional d'Art de Catalunya (cat. no. 18), both of them from the Cambó collection. The continued exhibition of one of them in the Museo del Prado has helped to publicise it and make it known, to the detriment of the one in Barcelona which in fact has nothing to envy it. Exhibited together in the exhibition of 1988,[5] their identical nature became apparent and a hypothesis was put forward, probably the most likely, that this was a case of one-off repetition of a work, at the request of a private, capricious clientele, in the last years of his career, in his final Madrid period between 1658 and 1664.

They are certainly late works, a far cry from the *Still Life with Basket of Oranges* of 1633, since they lack its rotundity and monumentality, although there are obvious analogies in the horizontal arrangement and the direction of the light.

However, what has disappeared is the stark sense of symmetry around an axis, which is underlined by the large central basket. Here four objects are represented, simple tableware and kitchenware, their qualities and colours arranged with a certain alternating rhythm. Metal, white pottery, red pottery and white pottery on a metal dish, arranged with an almost ritualistic simplicity which, according to Longhi's admirable intuition, evokes the arrangement of the liturgical objects on the altar table. While the Contini *Still Life* can, if we force the interpretation, be seen as a Marian offering, here it becomes extremely difficult to find a symbolic meaning for such simple elements. All that justifies them is their plastic beauty, and their presence comes about «sin dramatismo ni opulencia», as Camón Aznar says,[6] who adds, «Con serena quietud, digamos que símbolos del sosiego castellano. Irradiantes sólo de paz, de conceptual calma y espíritu.» The presence of the red tableware, similar to that which appears in a still life by Francisco Palacios signed in 1648[7] and not appearing in Andalusian still lifes, strengthens the hypothesis that this composition was conceived in Madrid and repeated there. This is backed up by the presence of the vessel on the right –the only one that is not identical in the two versions– which appears in the *Virgin Annunciate* in the March collection in Ciutat de Palma in Mallorca, undoubtedly also a work from his final period.

Nothing more can be safely attributed to the Extremaduran painter of the many still lifes attributed to him. The beautiful *Quinces on a Plate* (cat. no. 19) in the Museu Nacional d'Art de Catalunya, which is certainly his, is only a fragment of a larger composition, as the white cloth abruptly cut off in the bottom right-hand corner seems to confirm.

And the Lambs or *Agnus Dei*, known to us from various exemplars, can hardly be considered, strictly speaking, «still lifes», since the animal –with its unquestionable religious significance (like in the example in the San Diego Museum of Art), or as a simple model from nature for subsequent use in the studio on various occasions (as the exemplar in the Museo del Prado undoubtedly is)– is a far cry from what we usually call still life, although once again it serves to emphasize the painter's mastery in representing the texture of things left at rest.

But alongside Francisco de Zurbarán, the figure of his son, Juan de Zurbarán, who died as a young man before reaching the age of thirty as a result of the terrible epidemic of 1649, has in recent years come to the fore.

Until a few years ago, Zurbarán «the son» was no more than an enigmatic name to whom only two signed works could be attributed, one dated 1639 and the other 1640.[8] The first, a metal dish with some grapes (cat. no. 20), and the second a *Still Life with Chocolate Service* (cat. no. 22), clearly show the mark of his father, although sufficient differences can be appreciated that speak for a rather different sensitivity to the one outlined up till now, although there is no denying that attributions have perhaps followed one after the other somewhat hastily in recent times.

The *Still Life with Plate of Grapes* (cat. no. 20), of 1639, from a private collection, is painted with almost Nordic refinement and attention to detail, enhanced by the fact that it is executed on copper. The plump grapes and the way the cracks and chips are visible in the stone ledge on which the plate rests are, as Jordan points out, alien to his father's sensibility.

In the 1640 *Still Life with Chocolate Service* (cat. no. 22) in the museum of Kiev, one notes an arrangement of elements very different to that of Zurbarán the father, in search of a grouping stepped in depth and vertically –rather than his simple frontal and parallel arrangement–, completely breaking with the sense of symmetry and, with the chocolate mill projecting from the table, introducing an element of *trompe-l'oeil* which breaks out of the painted space to occupy real space in the manner of certain Roman and Nordic Caravaggists. The shadows, also, are harder and the outlines drier, and although perhaps the dark tones of the background have been altered, the effect is of a more violent tenebrism lacking the refined subtlety of the large *Still Life with Basket of Oranges* by Francisco in the Norton Simon Foundation in Pasadena. A third *Still Life with Basket of Fruit and Cardoon* (cat. no. 23), owned by the Finnish foundation Gösta Serlachius, in Mänttä, appeared in the exhibition *La Natura Morta italiana* in Naples in 1964. Attributed at the time to the Roman Michelangelo di Campi-

doglio (1610-1670), and before that to the Neapolitan Luca Forte (documented *circa* 1625-1655), it revealed the presence of a signature by Juan de Zurbarán and the date 1643 (sometimes read as 1645).

This new Still Life emphasizes a certain change in the painter's sensibilities, which shows itself in his decided admiration for the Neapolitan concept of still life, with a dramatically emphatic tenebrism and an accumulative composition which has very little to do with the serene balance of those of his father.

This new, effect-seeking way of composing and his powerful, naturalistic treatment of the pictorial material, with thickly laid-on brushstrokes emphasizing even more the plasticity of the elements, makes a definitive break with his father's mysterious, poetic serenity.

The Finnish canvas has led Jordan to convincingly attribute to Juan Zurbarán other works of a similar character and technique which until now had not found a suitable placement.

Above all, the large *Still Life with Basket of Apples, Quinces and Pomegranates* (cat. no. 24) in the Museu Nacional d'Art de Catalunya, a work of noble beauty which seems to belong to a halfway point between the measured serenity of Francisco and his feel for plastic organisation –visible in the measured rhythm of the composition, which tends towards a compensation of masses–, and the intense dramatism of the light, the robust plasticity and a certain baroque touch in the arrangement of the elements, which are arranged at different distances and create planes with differing degrees of illumination.

Following the Barcelona *Still Life*, two more of comparable size and very similar nature have been included in Juan's catalogue, one from the Masaveu collection, exhibited in Seville, Madrid and Oviedo in 1996-1997,[9] and another one recently acquired for the Várez Fisa collection (cat. no. 25).[10] Both are conceived along similar lines, although the second is rather more complex because of its arrangement in different planes, a compositional pattern which, curiously, goes back to models by Van der Hamen, although the treatment of fruit and flowers is fully recognizable as Juan de Zurbarán's.

The three still lifes are each arranged around a large wicker basket overflowing with firm, round fruits. In the one in the centre of the Barcelona canvas, there are apples, quinces and pomegranates; in Várez Fisa's only apples, and in Masaveu's there are apples, quinces, apricots and figs. The elements accompanying these baskets also vary. In Barcelona, we see some quinces and part of an apple that have fallen out, and on the right, some pomegranates, one of them open and showing its red seeds. In the one in the Várez Fisa collection an apple is lying next to the basket and on either side of it are some stone dice, above which can be seen, on the left, a pewter dish containing opened pomegranates, and on the right, a glass vase with flowers (roses and lilies especially) of an exquisite quality and movement that are totally new. In the one in the Masaveu collection, there is, in the same plane as the basket, on the left, a metal plate with a decorated porcelain cup; in front, in the foreground, four apricots and, on the right, three opened pomegranates still attached to a pomegranate branch.

In all three of them, the light from the left is of an intensity which emphasizes the powerfully tenebrist nature of the whole, while sprigs of green leaves appear amongst the fruits in the central basket, bringing the composition to life.

To these still lifes, so similar in nature, can be added another, in a more refined tone, but painted in an analogous technique: the exquisite picture kept in the Art Institute of Chicago *Still Life with Pears in a China Bowl*,[11] previously attributed to Francisco. The intensity of the light, the energetic modelling of the fruit and the delicate way in which the flowers accompanying them are outlined, standing out elegantly against the dense, dark background, allow us safely to attribute it to the ill-fated young master.

We may not have the same certainty with regard to other works attributed to Juan de Zurbarán, though they can probably be included in what we can imagine was his brief career of barely ten years.

The *Still Life with Chocolate Service* (cat. no. 22) in Kiev, of 1640, has been associated with certain works such as the *Still Life with Chocolate Mill* in the Bertrán collection in Barcelona, the *Still Life with Pottery* in the Musée des Beaux-Arts in Besançon and the *Still Life with Dessert* which used to be in the Brossa collection. All of them are very like the one signed in 1640, though they are coarser and drier, but, if they are his, they undoubtedly belong to an early moment when, within the ways of his father, he attempts an independent composition with greater freedom in the spatial arrangements.

Another series of still lifes showing metal plates –silver or pewter– with fruit must correspond to a later stage in his brief career. These paintings seem to continue the composition of the *Still Life with Plate of Grapes* (cat. no. 20) of 1639, but gradually give way to a surer technique with a more intense modelling effect achieved through strongly Neapolitan-influenced resources already mentioned. In the *Still Life with Fruit and a Goldfinch* (cat. no. 21) of the Museu Nacional d'Art de Catalunya, whose grapes are the same as those in the *Plate of Grapes* but in which the rest of the fruit (the quince, the opened pomegranate, figs, apples and others) are modelled with new strength and intensity, unusual elements appear, such as the little bird pecking at the

grapes, the butterfly sipping at the flowers, or the tiny wasp settling on the grapes, which later became essential elements of Pedro Camprobín's paintings. Camprobín must undoubtedly have learnt a lot from the young Zurbarán, as in many of his signed works he repeats and resumes motifs appearing in works by him and even by his father Francisco, but with another sensibility, with less emphasis on tenebrism, handling everything with a delicate and almost velvety interpretation of light characteristic of an artist who died in 1674, at a time when the harsh contrasts of light and dark of the first half of the century had given way to a more diffuse lighting and a freer and more joyous interpretation of space.

The last works by Juan, necessarily painted between 1643 (the date of the Mänttä canvas) and his death in 1649, must possibly have been the little metallic plates with figs, plums or apples in various private collections, which have been appearing in recent years and which can be provisionally accepted as his, in keeping with the reflections of Jordan. A *Plate of Figs*, another of plums and another with quinces, grapes, figs and plums (cat. no. 26), all privately owned and very similar in size, treated with a technique almost identical to that of the canvases mentioned, suggest that a large part of the activity of the ill-fated younger Zurbarán must have centred on these small canvases, which were highly suited to the well-off atmosphere in which the artist seems to have moved.

All in all, the two Zurbaráns, father and son, have a prominent place in the history of Spanish still life painting and the obvious precocity of the son, who must have had to work extensively in the paternal studio, could force us to reconsider, in the light of recent studies tending to indicate collaboration by many hands in the work produced by Francisco's workshop, the possibility that certain details of still life of the sort discussed at the beginning of this text and forming part of the compositions subsequent to 1629-1639, when Juan was eighteen or nineteen years old, could have been by him. I am thinking, especially, of the wonderful basket of bread in the 1639 Guadalupe canvas of Father Vizcaíno, handled with the strength and intensity already noticeable in the young master's baskets mentioned above.

We may never know for sure the extent of the partnership between the two in the years prior to Juan's brief independence, when, having married in 1641, he perhaps began to work for himself. In 1644 he was already carrying out canvases for Carmona and it would be at that time that he achieved a language of his own, since the *Still Life* in Finland, as we have seen, dates from 1643.

In those years, there was a renewed presence in Spain of Neapolitan works which could have roused in him the desire

to emphasize tenebrist resources. It has been pointed out that in 1647 two *Fruit Bowls* by Luca Forte were described in the inventory of the Admiral of Castile. They were « *un cuadro de cidras, naranjas y flores de mano de Lucas Fuerte* » and « *un cuadro de cestas de uvas y otras [frutas] sin marco, de mano de Lucas Forte* ». Without the detail of the attribution, we might have said they were works by our artist. In similar works he had to make an effort to shake off the lyrical and serene poetry of his father, who, in all his grandeur, followed the rather more archaic line of Van der Hamen and, at a remove, of Sánchez Cotán, and even the Lombardic models of the first years of the century, which, we must remember, also served as the point of departure for Caravaggio.

ALFONSO E. PÉREZ SÁNCHEZ

1. R. Alberti, *A la pintura (Poema del color y la línea)* in *Obras completas II. Poesía 1939-1963*, Madrid, 1988, p. 333 (edition, introducction, bibliography and notes by L. García Montero).
2. J. Gállego, *Visión y Símbolos en la pintura española del Siglo de Oro*, Madrid, 1972, p. 239.
3. W.B. Jordan and P. Cherry, *Spanish Still Life from Velázquez to Goya*, London, 1995, pp. 101-105, and W.B. Jordan, *An Eye on Nature. Still-Life Paintings from Sánchez Cotán to Goya*, London, 1997, pp. 92-98 (exhibition catalogue, London and New York, 1997).
4. W.B. Jordan, *cit. supra*, n. 3.
5. A.E. Pérez Sánchez, in the catalogue *Zurbarán*, Madrid, 1988, pp. 440-446, cat. nos. 117 and 118 (exhibition catalogue, Madrid, 1988).
6. J. Camón Aznar, *La pintura española del siglo XVII*, Madrid, 1977, pp. 261-265 (Summa Artis XXV).
7. See W.B Jordan and P. Cherry, *cit. supra*, n. 3, p. 95, no. 34; Pérez Sánchez 1983a.
8. The figure of Juan de Zurbarán has been outlined biographically on the basis of several documents, and especially through the research of Caturla («Don Juan de Zurbarán» in *Boletín de la Real Academia de la Historia*, Madrid, CXLI, 1, 1957, pp. 269-286). A reconstruction of his work has been attempted by Jordan in *Spanish Still Life in the Golden Age. 1600-1650*, Fort Worth, 1985, pp. 222-234 (exhibition catalogue, Fort Worth/Toledo [Ohio], 1985).
9. A.E. Pérez Sánchez and B. Navarrete Prieto, *Pintura española recuperada por el coleccionismo privado*, Seville, 1996, pp. 146-147, no. 52 (exhibition catalogue, Seville, 1996-1997 and Madrid, 1997); A.E. Pérez Sánchez, *Pinturas recuperadas*, Oviedo, 1997, no. 33.
10. A. Crichton-Stuart, «A Zurbarán masterpiece» in *Christie's International Magazine*, January-February 1997, pp. 18-19.
11. It previously formed part of the collections of José de Madrazo, the Marquis of Salamanca and the Count of Montarco, and has been in Chicago since 1947. Pemán was the first person to attribute it to Juan de Zurbarán, believing in the father's collaboration (C. Pemán, «Juan de Zurbarán» in *Archivo Español de Arte*, Madrid, XXXI, 1958, pp. 201-202).

ENGLISH TRANSLATION

THE VIRGIN OF THE IMMACULATE CONCEPTION

1. FRANCISCO DE ZURBARÁN
The Virgin of the Immaculate Conception

Unfortunately, we do not know the original location of this magnificent picture, known to us for less than a hundred years, whose original iconography undoubtedly obeys a very precise commission. This *Virgin of the Immaculate Conception* first appeared, commented and reproduced, in the monograph by Cascales y Muñoz in 1911. By that time it was in Jerez de la Frontera, in the collection of Pedro Aladro, «Prince of Albania», hence the name of the *Virgin of Aladro* in the early literature. The picture then passed into the Almocadén Domecq collection, also in Jerez, and was purchased by Santiago Espona of Barcelona, who, on his death in 1958, left the picture to the MNAC.

Pemán, attracted by the detail of the two children praying presented as donors, imagined that the picture could have been commissioned by two orphans from a well-off aristocratic family, who had the older of the two represented in civil clothes on the left, and the younger one in religious habit on the right. If we leave to one side the great difficulty of distinguishing the children's clothes, the large format of the canvas (one of the largest by Zurbarán on this subject dealt with so often by him) must correspond to an altar painting, probably carried out for the church of a Seville school.

Soria, one of the first people to take an interest in the part played by religious images in Zurbarán's paintings, had brought the Barcelona picture with a *Virgin of the Immaculate Conception* engraved in 1605 by Rafael Sadeler, which, it seems, is the origin of the small, slightly earlier *Virgin of the Immaculate Conception* in the Museo del Prado. The artist here retrieves the position of the Virgin Mary surrounded with Marian symbols, but the overall composition has been altered, in the clothing, which is less voluminous, and, especially, by the symmetrical presence of the two figures praying at the bottom and, at the top, by two angels holding marble tablets with inscriptions taken from the Song of Songs.

The very young Virgin conforms to the orthodox criteria described by Pacheco (see my article «Zurbarán and the religious thinking of the Spanish Golden Age» in this catalogue). Adolescent, with her ingenuous face, full of innocence and withdrawal, she puts her hands together and lifts up her eyes to heaven, unlike other contemporary Virgins which gently bend the head with the eyes downcast, like those of Pacheco and Velázquez. This position characteristic of Zurbarán illustrates the text which appears in the angels' hands: «*QUAE EST ISTA*» and «*AURORA CONSURGENS*», from the verse «*quae est ista quae progeditur quasi aurora consurgens*» (who is this that looks out like the dawn) from the *Song of Songs* (8, 6). Her purplish pale pink dress and her greeny blue mantle are soberly arranged with starched folds which clearly bring to mind the sculptor's art. The collar, carefully embroidered with rich trimmings of pearls, is closed by an impressive pendant symbolizing firmness, in which the precious stones form the initials AVM of the Marian greeting. The Virgin is resting on a transparent moon which affords a glimpse of a group of cherubim forming a pedestal and is well «clothed with the sun» (Revelation 12, 1). Exceptionally, Zurbarán distributes the stars «*entre resplandores*», that is, between rays, as Pacheco would have it[1] and, in his efforts to follow the instructions of his patrons, paints thirteen rather than twelve stars. On the other hand, the representation of the nimbus formed by lightly sketched angels' heads painted in different shades of gold is outstanding.

The Marian symbols are carefully distributed on either side of the Virgin, as in sixteenth-century and early seventeenth-century engravings. In 1632 the heavenly attributes were not always represented, but for the sake of easier understanding by the common people, the exegetes recommended that the symbols of the Marian litanies should be represented on either side of the Virgin. For example, in 1615, when the friars of the monastery of San Francisco in Seville celebrated the solemn celebrations of the «*Limpia Concepción*», an image of the Virgin of the Immaculate Conception was set up on the high altar. Dressed in white and blue silk, she rested on little seraphim and a crescent quarter moon with the horns pointing upwards (the treatise by Father Alcázar recommending that the horns should point downwards was not published until 1618). She appeared crowned by twelve stars and her hair hung loose. Five of her attributes were arranged on either side and she wore sumptuous jewels like those in Zurbarán's painting.[2]

In this canvas angels appear holding the Rose with no thorn and the Flawless lily (formed by three flowers symbolizing virginity before, during and after the divine maternity). Amongst the clouds appear the Gate of Heaven, Jacob's Ladder (Genesis 28, 12 and 17), the Morning Star (Ecclus. 50, 6) and the Flawless mirror (Wisd. 7, 26). Beneath the Virgin's feet, in a landscape painted against the light, can be seen the Tower of David (Songs 4, 15), the Cypress and the Date-palm (Ecclus. 24, 13-14) and finally the Garden inclosed, the Fountain sealed and the Spring of running water (Song of Songs 4, 12 and 15).

Always obeying a precise commission, Zurbarán writes words that come out of the two boys' mouths, in the medieval manner. On the left, one boy prays «*MOSTRA TE ESSE MATREM*» (Show that you are my mother); on the right the other one implores «*MITES FAC ET CASTOS*» (Return us chaste and good). The verses are taken from the old hymn *Ave Maris Stella*, attributed to Fortunato, Bishop of Poitiers in the sixth century. These prayers were recited in the Marian vespers, while the verses held by the angels were recited at prime. We therefore see a number of signs of Marian devotion united here, with great poetic success, in spite of the restrictions imposed by the patrons. Although this symmetrical presentation with the four children (donors and angels) forming a square around Mary might seem archaic in 1632, the composition achieves great strength of communication. Zurbarán succeeds magnificently in the expression of candour in all his children. The powerful volumes of the little standing Virgin's dress with its sculptural folds is softened by the delicacy of the pink tunic, accentuated by the colour of the roses and the band of the little angels. The eyes of the donors raised up to the pure child, with her eyes, form an ascendant triangle. All of this is work observed from everyday, transcendent nature. Here, as always, Zurbarán reveals himself the ideal interpreter of an image of purity which avoids affectedness.

ODILE DELENDA

1. Pacheco 1649 (ed. Bassegoda 1990), pp. 576-577.
2. Lugones 1616, fol. 8-9.

2. FRANCISCO DE ZURBARÁN
The Virgin of the Immaculate Conception

This *Virgin of the Immaculate Conception* was mentioned for the first time in the monograph by Gállego and Gudiol in 1976. The original location of this large canvas, probably an important altarpiece, to judge by its size, is not known to us. It was once in a French castle like many of the paintings taken by Napoleon's officials. It seems possible, as we suggested in 1995, that *The Virgin of the Immaculate Conception*, signed and dated in 1636, formed part of the altarpiece commissioned from Zurbarán for Nuestra Señora de la Granada in Llerena, precisely in 1636. The contract, discovered by Caturla in 1953, signed on 19 August 1636 by the church steward, states that Zurbarán, «*como Hijo desta Ciudad y tan deboto de la Virgen, se ha ofrecido a hacer toda la pintura sin yntereses*». In the «*condiciones que se han de guardar y cumplir en la obra de retablo de nuestra señora de la Granada de la Yglesia mayor de la ciudad de Llerena*», various obligations are established, amongst them, «*Yten la Pintura de quadros a de ser la que fuera pedida y toda de mano del Insigne Pintor Francisco de Çurbarán el qual a de poner en ella su nombre dandole memoria de los santos que ayan de ser».*[1] Unfortunately the account has disappeared, but in a church under the advocacy of the Virgin the presence of a Virgin of the Immaculate Conception comes as no surprise and both the signature and date coincide closely. We also know that Marshall Soult's troops were in Llerena in the spring of 1811.[2] The *Christ with the Cross*, painted on the door of the sanctuary, now kept in the Museo de Bellas Artes in Badajoz, belonged to the altarpiece and its elongated style can be compared with that of this *Virgin*.

Zurbarán painted on this theme from his first years in Seville until his last years in Madrid and was, before Murillo, «the painter of the Virgins of the Immaculate Conception». The first dated is in fact the one kept in the Museu Nacional d'Art de Catalunya, from 1632 (cat. no. 1); the version under discussion is the second, painted four years later. In this short space of time, we can see the changes in both style and iconography. The painter had by this time abandoned the rigorous tenebrism of his early years. The style –more elongated, as we have seen– also leaves behind the strictly frontal, geometric presentation of the *Virgins* of the Museo del Prado (see reproduction in cat. no. 1) and the MNAC (cat. no. 1). The Virgin's body is slightly inclined and is harmoniously inscribed in the arc of a circle, the hands, more delicate, are elegantly joined and the head is inclined over the right shoulder looking down, like *The Virgin of the Immaculate Conception* known as *The Little Blind Girl* by Martínez Montañés (1629-1631, Seville, cathedral) and the majority of the Virgins of the Immaculate Conception prior to 1635.

Zurbarán here is trying to vary the presentation of the Marian attributes, which are no longer as defined as in the earlier Virgins, which owe something to those by Pacheco, where he paints «*atributos de tierra se acomodan, acertadamente, por país y las del cielo, si quieren entre nubes*».[3] The composition is less geometrical than in the previous ones: the painter here, to present the advocations to Mary, uses two groups of playful little angels on either side. This sort of child is inspired in Italian art, as Pérez Sánchez pointed out in two other canvases, *The Adoration of the Shepherds* in the Musée de Grenoble dated 1639 and *The Virgin of the Immaculate Conception* of 1656 (cat. no. 3). The relationship between the little group of four seated children and those in Guido Reni's *Coronation of the Virgin*, which Zurbarán could have seen in the Alcázar in Madrid in 1634, is obvious.[4]

The symbols of the litanies in the visual arts remain almost constant in number and character, but Marian exegetes continued to develop the panoply of praise for Mary. This is so of Alonso Bonilla, whose treatise *Nombres y atributos de la impecable siempre Virgen María, Nuestra Señora*, published in Baeza in 1624, demonstrates the success of these litanies with the common people. In this picture the angels on the left present the Rose With no Thorn and the Olive Branch, symbol of peace (Genesis 8, 11) as well as a figuration of the stem of Jesse from which Christ emerged (Isaiah 11, 1) in sixteenth-century representations of the *Tota Pulchra*. One curious detail, already used by Roelas and later by Murillo and Valdés Leal in their Virgins of the Immaculate Conception, is the child looking in surprise at the Flawless Mirror. On the right a pair of embracing angels hold the three-flowered Lily and a palm frond which was gradually to replace the Date-palm of the earlier pictures. Next to them, a child prays movingly with his little hands together; another tries to climb what will be Jacob's ladder. Beneath Mary, Zurbarán painted a beautiful landscape in which can be seen the Tower of David, the caravel Sailor's Aid and the City of God.

Here the Virgin Mary is wearing a white dress and her throat is adorned with precious stones. Until the 1630s, artists in Seville used to represent the Virgin with a pink tunic. This was gradually replaced by the «*la vestidura blanca [...] y encima un manto color de cielo*», the clothes worn by Mary when she appeared at the end of the fifteenth century to the mystic Beatriz de Silva, founder of the Order of the Conception of Our Lady, of the Franciscan rule, devoted to honouring the Virgin.[5] Precisely in 1636 the process of beatifying Beatriz reminded the faithful of her visions. This led Zurbarán to engage in a marvellous exercise of polychromy with the white and blue of the Virgin Mary standing out against the golden background. The sun seems to be behind Mary, so that she seems to radiate the light that illuminates the background. Presented to the public for the first time, this magnificent canvas is a fascinating milestone in the history of paintings of the Virgin of the Immaculate Conception, not only by Zurbarán, but by the whole of the Andalusian school of the seventeenth century.

ODILE DELENDA

1. Caturla/Delenda 1994, pp. 299-300, document 72.
2. Gotteri 1991, pp. 349-350.
3. Pacheco 1649 (ed. Bassegoda 1990), p. 577.
4. Pérez Sánchez 1965c, p. 273; Pérez Sánchez 1993, p. 126.
5. Bivar 1618, fol. 3.

3. FRANCISCO DE ZURBARÁN
The Virgin of the Immaculate Conception

In the Royal Residence of the Señor Infante Don Luis in Villaviciosa (Madrid), says Ponz, amongst the chief «*obras apreciables*» «*de Zurbarán, es una Concepción Niña*»;[1] Baticle, in the catalogue for the exhibition *Zurbarán* of 1987-1988, wondered whether this *Young Virgin* could be the same one belonging to the famous collection of the Seville canon Manuel López Cepero. It figured in the catalogue of this collection between 15 and 30 May 1860 (no. 66) but remained in his family's possession. It was sold in 1911 by Dolores Muñi, widow of López Cepero, to the Fine Arts academician Fernando Labrada, from whom it was purchased by the Bilbao collector Félix Valdés. In 1985 it was bought by Plácido Arango for his Madrid collection.

Since the *Zurbarán* exhibition of 1905, in which it figured as no. 31 «La Concepción; primera obra (conocida) de Zurbarán», the picture was not examined by many researchers. Until the exhibition of 1987-1988, this canvas was considered Zurbarán's first work because a deplorable restoration had painted a 1 over the 5 in the date reproduced with the signature in the Madrid catalogue of 1905. We are indebted to Baticle for a clear demonstration of the later date for this *Young Virgin* which appeared in all the corpuses at the beginning of the catalogue of Zurbarán's painting. Some specialists, such as Angulo Íñiguez or Gudiol, expressed their doubts as to the 1616 date on stylistic grounds. We shall see that this picture's very particular iconography is also impossible at such an early date.

The young Virgin, a child of no more than six or seven years, who could well be a portrait of María Manuela, the daughter of Zurbarán and Leonor de Tordera, born in 1650, is depicted with her eyes raised like the bride in the Song of Songs. She is the one «coming up from the wilderness» (3, 6), who «looketh forth as the morning, fair as the moon, clear as the sun» (6, 10). We have seen how in 1632, to express the same idea, the painter had to present angels carrying little tablets on which appear fragments of the Song. The symbols of the Marian litany could also be seen standing out quite clearly amongst clouds (cat. no. 1). Here, the background of sunlight, with its oval glory of pure gold, suffices to express the essential idea: eternally present in God's thoughts, Mary existed before the creation emerged out of nothing. «She was formed in a distant past, before the origins of the earth» (Proverbs 8, 23), as this text says in the epistle of the Marian mass.

Zurbarán's last Virgins are children, delightful images of candour and feeling, later adopted by Murillo. The one we are admiring here is, as we have seen, the most childish of all to express the pure divine idea. Static and withdrawn, she crosses her little hands on her breast suspended in a cloud of golden angels lightly sketched against the sky. As usual, she is leaning on a pedestal of little children's heads, without wings (the Holy Innocents?), against a full moon; she floats above a frieze of musician angel children.

In 1654 the Church celebrated the Grand octave of the Immaculate Conception in Seville for the first time. For half a century painters had been multiplying their representations of the Andalusian people's favourite mystery. Saint Bernard, in his *Sermo Domenica intra octavam Assumptionis*, identified the apocalyptic woman described by Saint John in Patmos with the Virgin herself and considered that the verse «And there appeared a great wonder in heaven: a woman clothed with the sun, and the moon under her feet and upon her head a crown of twelve stars» (Revelation 12, 1) represented Mary's victory over sin. The sun, here, lights up the little Virgin and her silvery white, almost lunar tunic stands out against her slate-blue mantle. References to the crown of twelve stars proliferate in religious writings of the seventeenth century. Here the stars stand out as bright dots against a paler blue-grey halo which forms a circular aureole. Stratton has pointed out that the terms *corona* and *rosarium* were still considered synonyms in the sixteenth and seventeenth centuries, for which reason worship of the Virgin Mary showed itself in the practice of reciting the rosary before images of this sort.[2]

This childish, innocent Virgin Mary, floating in the golden air on an angelic choir of *putti* with their feet firmly on the ground, admits of no comparison with any known representation of this theme. It must in all certainty be the result of a specific commission. The frieze of winged children has often been related to Italian models. Soria advises comparison with Titian's *Bacchanal* in the Museo del Prado and a 1517 engraving by Domenico Campagnola, *Twelve Dancing Children*. Zurbarán could also have been inspired in Titian's monumental woodcut *The Triumph of Christ*, dated 1508 by Vassari, although critics today believe it to be a little later.[3] For the little angels seated in the centre, Zurbarán used a detail from Reni's *Coronation of the Virgin* kept in the Museo del Prado, as Pérez Sánchez has pointed out (see commentary on cat. no. 2). When Zurbarán uses models taken from paintings and, especially, engravings, he is not working as a mere copyist but infuses the figures with a very personal vitality, an unmistakable force and reality. This *Young Virgin of the Immaculate Conception* is one example among many of this Extremaduran's success in making other people's models his own.

ODILE DELENDA

1. Ponz 1772-1794, VI, p. 151.
2. Stratton 1989, pp. 97-107.
3. Muraro/Rosand 1976, pp. 74-76, fig. 6.

CHRIST ON THE CROSS

4. FRANCISCO DE ZURBARÁN
Christ Crucified

This picture entered the museum in 1966 as part of the bequest of Agustí Montal. According to Gudiol,[1] it had previously formed part of the Antonio Suárez Inclán collection in Madrid. This implies a rectification of Guinard,[2] in whose catalogue both collectors are registered as owners of respective *Crucifixions* as though they were different items. Gudiol laconically catalogued Montal's picture amongst work by Zurbarán from the period 1641-1658, without justifying this unconvincing chronological placement. The prototype for this version of Christ alive with his head inclined towards his left is in my opinion better placed in the sixteen-thirties, as other scholars have pointed out. Guinard and Cuyàs[3] rightly consider that the Barcelona picture is a workshop production, since it is true that the quality of the facture, though considerable, is a long way from the standard of the paintings we know for sure to be by the master's own hand. We know of half a dozen exemplars by Zurbarán of different value which repeat this invention with slight differences in the anatomical arrangement, the loincloth, the *titulus* and other details. The best picture in this series is probably the one in the Museo de Bellas Artes in Seville, which Guinard suggested placing a little after 1630, and Izquierdo and Muñoz[4] towards 1630-1640. There are further specimens in the Cathedral in Seville, in the Museu Thyssen-Bornemisza, now exhibited in the monastery of Pedralbes in Barcelona; and those that are or have been in private collections in Cádiz, Lima and Barcelona (the last, apparently, unknown until today). In the two Sevillian canvases the background gloom allows a glimpse of a flat landscape in which appear some ghostly buildings (Jerusalem). In the Barcelona painting a vague horizon can also be glimpsed which is broken by a purplish sky. This is the moment when «from the sixth hour there was darkness over all the land unto the ninth hour», the culminating moment we see represented here when Jesus cries out, «My God, my God, why hast thou forsaken me?» (Matt 27, 45-46).

JOSÉ MILICUA

1. Gudiol/Gallego 1976, no. 303.
2. Guinard 1960a, nos. 100 and 102; Guinard/Ressort 1988, nos. 100 and 102.
3. Guinard 1960a, no. 100; Guinard/Ressort 1988, no. 100; Cuyàs 1996, no. 17.
4. Izquierdo/Muñoz 1990, p. 136.

5. FRANCISCO DE ZURBARÁN
Christ on the Cross with the Virgin, Mary Magdalene and Saint John at the Foot

This important work by Zurbarán is unpublished; until today it was totally unknown to specialist bibliography. We are told by the loaner of the picture for this exhibition that it comes from the collection of the Marquis of Almeida, in Rio de Janeiro, without any accompanying details about its previous background. The fact of its coming from South America automatically raises the question of whether this is one of Zurbarán's paintings destined for Spanish America, especially Peru, though in his dispatches, of which we have documentation, there is no mention of a picture which in its subject matter or for any other reason could be identified with this work. Apart from this, as is well-known, Brazil has profited during this century, and especially after World War II, from the amount of ancient painting arriving from Europe, including many important items from the Spanish school. Its history, in short, can not be traced beyond its last placement in the Brazilian capital.

The canvas has been recently cleaned and restored in New York by Marco Grassi. This operation has revealed that the damage suffered by the pictorial surface mainly affects the part of the Virgin's mantle covering the head, certain points in Saint John's mantle and irrelevant areas of the background and the edges, while the flesh-tints, except for a few patches on Christ's thorax and legs, have survived without much loss of material. Its overall condition therefore allows a satisfactory reading of the work.

We know at present of at least 25 *Crucifixions* by Francisco de Zurbarán (the exact number is difficult to determine, since not all of them have been the object of adequate study and there are exemplars mentioned in ancient books which can not be reliably identified with those we know today), painted partly with the collaboration of his workshop or even entirely by pupils following the master's models. It is the most frequent subject matter in the artist's whole production and no other Spanish painter, nor any other of the leading European painters of his time, produced so many *Crucifixions*. Furthermore, apart from the odd exception, they are all large paintings, with the figure more or less life-size. It is impossible here to analyse the sociological, devotional and market context which made for this exceptional demand for large pictures by Zurbarán depicting the chief symbol of the Christian faith, but the point of departure for this success undoubtedly lay in the artistic quality, in the tremendous striking force that Zurbarán's realism brought to these images. Presented against a totally black background, attacked by a powerful burst of Caravaggesque light which carves the forms in contrasts of light and dark, his best Christs crucified possess a stunning force of presence. They combine a convincing direct vision of everything real with the monumental aspect. All of this with a volumetric effect which seems to challenge carved images (this, of course, was the time of Martínez Montañés, «el dios de la madera», of Juan de Mesa, of Alonso Cano, of the great flourishing of Sevillian sculpture, while the old controversy which grew up in the mannerist Italy of the previous century over «Paragone», over the disputed supremacy of sculpture or painting, was alive in Seville, as is vouched for by the lengthy dissertation Pacheco devotes to this subject in his book).

Zurbarán's first *Crucifixion* was painted in 1627 for the conventual church of San Pablo in Seville and is today in the Art Institute in Chicago. It is both the first known painting to which the Extremaduran put signature and date and undoubtedly one of his sublime creations, worthy of a place in the most exacting anthology of seventeenth-century European realism. In this superb example, our painter portrayed Christ nailed by four nails and with a foot support, as he was always to do from that moment on (with some exceptions), something we also see in the 1655 Christ published here (cat. no. 4). Pacheco, as he relates at length in his *Arte de la pintura*, had promoted an extensive survey in Seville amongst theologians of various religious orders on the iconography of the Crucifixion, in which the majority conclusion was, so it seems, that Jesus had to be nailed to the cross with four nails. Pacheco himself painted various small *Crucifixions* (the first of which is dated 1614) following this opinion. As regards the influence these *Crucifixions* by Pacheco had in Sevillian circles, and particularly in those of Velázquez, Cano and Zurbarán –something Gómez Moreno[1] drew attention to for the first time–, the observations and limitations recently drawn by Navarrete Prieto[2] are important. Amongst other things, he has demonstrated that Pacheco based these *Crucifixions* on an engraving by Albrecht Dürer. As regards Zurbarán's *Crucifixion* of 1627, it is significant that, the year before, our artist had been commissioned to paint an extensive series of pictures for the same convent, some of which were on extremely rare themes such as *Saint Dominic in Soriano* and *The Death of the Blessed Reginald of Orléans*. Both paintings are still kept in the same church and relate two miraculous episodes in Dominican conventual life very rarely represented

in art, especially the second. Undoubtedly, the friars had to advise the painter as regards the iconographical approach to these scenes, in which the Virgin Mary and various female saints play a principal role. In theory, there is reason to believe that Zurbarán also painted the *Crucifixion* as instructed by his clients, in view of the unusual transit chosen for the picture: the Redeemer has died; from the stomach upwards his body departs from the axis of the cross and is markedly inclined to the right, and the head, the face as pale as death, also slumps to this side, even more inclined. This is a culminating moment in Christian meditation, captured with specific formal solutions the artist never again used in any subsequent version of the *Crucifixion* (except in direct derivations from this original, like the small painting kept in the Hospital de la Caridad in Seville), which seems to indicate that here he indeed had to follow the decisions of the person commissioning it. But in this case we happen to have outside information which is a decisive help in our reading of the picture. The Master Fray Vicente Durango, prior of the convent of San Pablo, wrote a letter of approval to Pacheco in April 1629, which the latter transcribed in his *Arte de la pintura*. In it he discusses the issue of the four nails and comes to the conclusion that this is the most advisable iconographic solution, adding furthermore the following passage by Saint Bernard: «The Cross was the weight of two balances, in one was misery and when Christ was raised on the Cross, with his body straight, the balances were equal, and hung neither one way nor the other; he inclined his head and at that point he inclined the weight towards the balance of our misery and fell». These words reveal immediately the profound meaning of this *Crucifixion*. Obviously, Fray Vicente Durango or some other theologian in the community must have pointed out to the artist this passage by Saint Bernard as the spiritual pattern for the image. I regret not having realised the importance of Father Durango's approbation when I had the privilege, back in 1953, of making known this *Crucifixion*, whose whereabouts had been unknown since the beginning of the nineteenth century; this detail has also escaped the attention of those who have subsequently dealt with this splendid work of art.

Leaving to one side the use of the four nails (an iconographic decision which, as we have seen, was also favoured by Prior Durango and therefore probably adopted by Zurbarán at the request of the convent), nothing else in the *Crucifixion* in San Pablo suggests Pacheco's examples as its source. On the other hand, there are very considerable divergences. While Pacheco crowns the figure with an aureole in the form of a perforated disc seen in perspective (and Velázquez, in his famous *Christ in San Plácido*, does so with a luminous

halo), Zurbarán dispenses with this and any other conventional attribute alluding to the divine nature of the crucified, with all that this implies for emotional communication with the spectator. And instead of the cross made from perfectly squared carpenter's planks adopted by Pacheco (in which he was to be followed by his famous son-in-law), the Extremaduran master prefers the rustic cross made from logs, an allusion to the Tree of Life.

With few exceptions, Zurbarán always keeps to the basic iconographic features of his first version. Only once does he portray Christ nailed with three nails, and this was not in an independent canvas but as a representation of a carved image included in the staging of a religious scene, *Saint Bonaventure and Saint Thomas before the Crucifix* (1629; picture in the Berlin museum destroyed in 1945) –in other words, as a *Crucifixion* formulated «archaeologically», as something belonging to the past.

The entire production of *Crucifixions* from Zurbarán's workshop, with more or less involvement on his part, can be divided into two groups. In one of these Christ is portrayed dead, his body maintains a vertical position and the head is slumped forward without any lateral deviation, something very different from the picture in San Pablo, and in line with Pacheco's model and Dürer's engraving. We know of more than seven exemplars of this composition, which we can take as repetitions of the same invention with minor variations, of which I would single out for the quality of their facture the one acquired recently by the Museo del Prado (previously Valdés collection), which includes the figure of a donor, and the one acquired by the Masaveu collection (previously Lezama-Leguizamón collection). Both are signed and dated, the first in 1640, the second in a year which, in my opinion, can not be read with certainty. The second group is that of the living Christs, with their anguished expression, the mouth half-open, the head inclined towards one side, the eyes upturned, suppliant; of these, the one in the Museo de Bellas Artes de Sevilla, from the Capuchin convent, is perhaps the most beautiful of all.

This summary classification does not include the moving *Crucifixion with Saint Luke* in the Museo del Prado, the only one depicting Jesus in spiritual dialogue with a worshipper, in this case a painter with his palette in his hand (Luke the evangelist, patron saint of painters, which has been interpreted, unconvincingly, as the master's self-portrait); without the foot support, with feet crossed and the loincloth open, it reflects the influence of Martínez Montañés.

This splendid, newly discovered *Crucifixion* by Zurbarán contains interesting novelties. It is the fourth and last work on this theme that is signed and dated, after the already mentioned paintings of 1627, 1640 and the not altogether decipherable date on the painting in the Masaveu collection (which is nevertheless a repetition of a creation from about the mid sixteen-thirties). The definite temporal landmarks from this field of Zurbarán's work are thus considerably extended. At the same time, this is the only exemplar of a Christ on the cross attended by the Virgin Mary, Mary Magdalene and Saint John, something generally referred to as a Calvary.

The date of 1655, which is clearly legible, can be further confirmed approximately if we compare the style with other pictures from the same decade, in which there are obvious parallels for the faces of the Virgin Mary and Mary Magdalene (for example in the *Virgin of the Immaculate Conception* of 1656, Plácido Arango collection, cat. no. 3) and in the painstaking depiction of Jesus Christ's head in light and shade and half-tones. The iconography here is in line with the usage mentioned above: four nails with foot support, in this case with the feet extending low down, almost hiding the support; a log cross with the ends of the crosspiece cut at an angle; the rectangular white *titulus* held in place by two nails and with the inscription in Hebrew, Latin and Greek, also according to custom (the inscriptions in the *Crucifixión* in San Pablo, in which the line in Hebrew is missing, were rather carelessly redone at the Art Institute in Chicago).

The figure of Jesus comes across as infinitely anguished and pleading to the heavens in the second of these groups above mentioned, but nothing earlier is repeated and with a new formula in the bodily posture and anatomical definition. The background is no longer a solid black wall, but moves in places as though breaking up into clouds and, at the bottom, there is a faint red glow of evening, against which the outline of a landscape can just be seen. The artist makes use of this dramatic lighting to pick out the left-hand-side of the Nazarene's body and to make the figures of Saint John and the two weeping women stand out from the background. Mary Magdalene is wrapped in an ochre-coloured shawl decorated with fringes and tassels, with a fully popular air, much to Zurbarán's liking, while Saint John is wearing a red mantle in keeping with his attitude of enraptured prayer. This red and the blue of the Virgin Mary (now much less intense) close the base of the picture at the sides, while the exact centre of the canvas shines with the white of the loincloth.

JOSÉ MILICUA

1. Gómez Moreno 1916.
2. Navarrete Prieto 1995.

FRANCISCAN IMAGES

6. FRANCISCO DE ZURBARÁN

Saint Francis of Assisi Awaiting Death in Prayer

The art of the Counter-Reformation changed the Francis of Assisi of the *Fioretti*, the saint who was all love and who enjoyed preaching to the birds, the saint full of seraphic ardour, who, according to Dante (*Divina Commedia* «Paradiso», canto 11), was sent to earth by Providence so that the Church could advance towards its Loved One and feel surer and more faithful, for an emaciated ascetic withdrawn from life, who meditated next to a skull on man's final destiny, death, and on God's greatness and love.

The tender, human Saint Francis created by Giotto and the Italian painters of the thirteen-hundreds gave way to the *alter Christus*, a being distinguished amongst all humans by the divine signs, a solitary visionary who looked without seeing and listened without hearing, who went through life without living and death without dying, who had Christ in all his body, a ruined body, a being in constant rapture, as the mystic Tomás de Celano writes (1246-1247) in his *Vida Segunda de san Francisco* (LXIV): «He often felt captivated by such a sweetness in contemplation that, entirely carried away, he could not reveal what he felt to anyone, as it was greater than anything human feeling can experience», and as we read in *Actus Beati Francisci et Sociorum eius*, the famous *Fioretti*: «After receiving this revelation he immediately withdrew into himself and turned to meditating on the mystery it enclosed. From that moment, he began more frequently to enjoy the sweetness of divine contemplation, tending to constant prayer, in which very often he was carried away by God, so that his companions saw him lifted bodily from the ground and transported out of himself (Second consideration).»

The sight of him «lifted bodily from the ground» –in other words, what can be understood as the true ecstasy of Saint Francis– was not, as far as we know, painted by Zurbarán, nor is the subject common in Spanish baroque painting, although it is occasionally touched on, as, for example, by Vicente Carducho (chapel of the Orden Tercera in Madrid). Even so, Mayer[1] believed Zurbarán to have painted a *Saint Francis* which had belonged to the Madrid collection of Francisco Javier Quinto y Cortés, Count of Quinto, attributed to Murillo, an attribution it preserved when in 1862 it and other pictures from the Madrid collection joined the collections in the museum John and Josephine Bowes intended to found at Barnard Castle («*Le N° 107*», writes Benjamin Gogué

to John Bowes from Paris in July 1862 in reference to this *Saint Francis*, «est réellement très beau de peinture bien coonservé et [vraiement] de Murillo. Il a pour défaut n'être pas un sujet très gracieux.») The attribution to Murillo was maintained when the museum was inaugurated in 1892, although in the 1939 catalogue it appeared as being by Zurbarán. Subsequently, Harris and Soria cast doubt on this attribution, turning once again to Murillo, and even suggesting Ribera. Angulo, in his *Catálogo crítico* of Murillo,[2] places the picture under the heading of disputable works and considers it «possibly Neapolitan; not impossibly Madrid», while Young, in the *Catalogue of Spanish Paintings in the Bowes Museum*,[3] inscribes it once more in the circle of Francisco Zurbarán.

If we take into consideration this «circle of Zurbarán» maintained by Young, we could imagine a *Saint Francis* in ecstasy or levitating by the Extremaduran painter which is currently unknown. Even if this is not the case, in view of the difficulty of accepting the Barnard Castle invention as being by Zurbarán, this picture serves to indicate the iconographic gap separating the «ecstasy» of Saint Francis «lifted bodily from the ground» from the picture in question, the one sometimes referred to as *Saint Francis in Ecstasy*, which the National Gallery in London acquired a few years before the Bowes bought theirs (1853).

In the *Saint Francis* in the National Gallery in London, Zurbarán builds up a room out of the bare minimum of architectural elements –the line of the floor, the wall in the background and the light– in which this light not only outlines a geometrically austere space through the meeting of perpendicular and parallel lines, but also rescues from the darkness a prostrate Capuchin friar, who can be recognized as Saint Francis by the stigmata.

The figure of the Saint, whose sole presence fills the dense, gradated black void of the canvas, faintly lit from the right, breaks the squareness of the space. The fact that he is kneeling on the ground creates a line which obliquely penetrates the simulated space, against which Saint Francis's body stands out, powerful in its heavy forms. Zurbarán confronts this body with darkness, with the nothingness of immediacy and the everything of transcendence, a transcendence which makes the poor boy of Assisi turn his head, cloistered with unusual inventiveness in the deep niche of the cowl, towards the spectator. But the spectator, unlike in the case of the *Saint Francis According to the Vision of the Pope Nicholas V* (cat. no. 7), is absent from the work, and the anxious face, as it turns about the axis of the body, stops before arriving at a frontal position.

Saint Francis lifts his eyes, which according to Fra Marcos de Lisboa are black and peaceful and which here are darkened with the shadow of the irregular cowl, and raises them solicitously and anxiously upwards in a dialogue with those of He who is to receive him into His Glory. His half-open mouth seems to recite the *Infelix ego, ¿quis me liberabit de corpore mortis hujus?* of the Discalced Carmelite and delightful historian and contemporary (1587-1589) of Zurbarán, Fra Jerónimo de San José:

> «¡Triste infeliz de mí!, ¿quién, oh Dios mío,
> me librará del cuerpo de esta muerte?
> ¿Quién del lazo cruel, del yugo fuerte
> con quien oprimido gime el albedrío?
>
> ¡Ay Dios!, ¿y quién podrá del desvarío
> con que a su ley la carne me convierte
> ponerme en libertad, y a su mejor suerte
> reducir su pasión, domar su brío?
>
> Más ¿quién ha de poder, sino la gracia
> de Dios, por Jesucristo merecida,
> por Jesucristo dada en eficacia?
>
> Cese, pues, tu dolor, alma afligida,
> cese al temor, pues cesa la desgracia,
> y en ti, mi Dios, espere agradecida.»

Like a «Holy Narcissus» fleeing the pleasures of life in the truth that only the Loved One is worthy of a man's thought, Zurbarán's monk falls in love without the need for a spring, except the spring of faith, pure to truth, strong and clear, clean of errors and natural forms as Saint John of the Cross says in his *Cántico* (B 12, 3). He falls in love with the image of his own face which is no more than the skull –his own and Adam's–, which he presses forcibly against his chest with clenched hands.

There is no trace of the fear of death in the figure painted by Zurbarán, only a protest at the duration of bodily life and at the weariness of this world. This is the opposite to Shakespeare's Hamlet doubting over the alternative of living or dying:

«To be, or not to be, that is the question: / Whether 'tis nobler in the mind to suffer / The slings and arrows of outrageous fortune, / Or to take arms against a sea of troubles, / And by opposing them end them? To die: to sleep; / No more [...].»[4]

The *Saint Francis* in the National Gallery in London desires with ardent devotion the condition of death, since if the body dies the soul attains a clear vision of God: «carried away in the fervour of his spirit in that severe illness, which seemed to consist in all sorts of suffering», wrote Saint Bonaventure in his *Leyenda de San Francisco* (14, 3), «he prostrated himself naked on the ground. Thus prostrated on the ground, and stripped of his coarse habit, he raised his face to the heaven as he was accustomed, and turning his thoughts to celestial glory, covered the wound in his right side with his left hand».

Zurbarán, like El Greco before him and all those who came after, does not paint Saint Francis naked but faithful to his Lady, Divine Poverty, the poverty of his tunic and rope preached by the Capuchins in their wish to return to the Franciscan origins: «And all the friars shall dress in coarse clothes», we read in the *First rule of the Friars Minor* (Chap. II), «and may mend them with sackcloth or other patches with God's blessing».

The origin of this *Saint Francis of Assisi Awaiting Death in Prayer* is unknown, though it was probably acquired in Spain by Baron Tyler for King Louis Philippe of France, between the end of 1835 and the beginning of 1837, as it was one of the one hundred and ten works by Zurbarán which were presented on 7 January 1838 at Louis Philippe's gallery, exhibited in the Colonnade rooms of the Musée du Louvre.

The work's critical fortunes from the moment of its «discovery» until the mid-twentieth century, marked by the interest it roused amongst learned figures such as Théophile Gautier, who devoted fiery, meaningful poems to it («*Tes moines Le Sueur près de ceux-là sont / fades / Zurbaran de Sévilla à mieux rendu que toi / Leurs yeux plombés d'extase et leurs têtes / malades*»), and by the controversy stirred up in London following its acquisition by the National Gallery (1853) –with staunch defenders like Richard Ford and no less tenacious detractors–, are sufficiently familiar and insignificant to go into here.

What is important here is that the *Saint Francis* of the National Gallery did not represent the same for foreign students as it did for Spanish students. The formers' attitude is perfectly reflected in the comment Gillet makes of the picture in *La Peinture. XVIIe et XVIII Siècles:*[5] «*Zurbaran est une gloire récente. Son nom, avant 1838, était a peu près inconnu. C'est alors que s'ouvrit le musée espagnol, prête au Louvre par Louis-Philippe. On y voyait ce* Moine *en prières, aujourd'hui à Londres, et qui, une tête de mort entre les mains, dans son froc rapiécé, dan le jour souffrant de sa cellule, du fond de l'entennoir plein d'ombre de sa cagoule, lève au ciel ses regards dilatés et sa face phtisique. C'était, dans une gamme triste, sévère jusqu'à l'austerité, sans nulle mise en scène sans l'ombre d'un omement, une aparition d'un autre âge et d'un autre monde. Du jour au landemain, Zurbaran fut célèbre.*»

Overnight, for foreign students in general, Zurbarán became famous thanks to the monk in the National Gallery in London. For Spanish students, though, the monk became one of the reasons why the Extremaduran's painting and, therefore, that of a large part of the painters of the Golden Age was thought of as gloomy and terrible: «*El famoso* Monje en meditación [...] *de National Gallery de Londres*», writes Ceferino Araújo y Sánchez in *Los Museos de España*,[6] «*es también una figura sentida que impresiona y sirve a los extranjeros para afirmar el concepto que tienen de lo sombrío y taciturno del misticismo de nuestros pintores; pero no deja de ser una excepción en la obra del autor. Zurbarán no se complace, como Ribera, en escenas horribles de martirio; pinta la vida del claustro, que es grave y reposada: éxtasis y visiones de santos ante apariciones celestiales; pero no busca nunca ni lo dramático ni lo que tenga gran movimiento.*»

Araújo's wish to make an exception of the monk in the National Gallery in London in Zurbarán's work is in vain. When, in 1947, Sérullaz publishes a correct but clichéd *Evolution de la peinture espagnole des origines a nos jours*, the first thing he mentions when speaking of the beauty of the Extremaduran painter's monastic visions are Gautier's recurrent verses: «*Moines de Zurbaran, fantômes qui dans l'ombre/ glissez silencieux sur les dalles des morts / murmurant des pater et des Ave sans nombre...*»

As has already been pointed out, in spite of the important, but –in the fixation of its romantic interpretation– distorting role played by the *Saint Francis* in the National Gallery in London in the recognition of Zurbarán's art, the picture was hardly taken into account as a critical problem in the infrequent and generally infelicitous monographs published during the first half of the twentieth century.

By the second half of the century the analyses had forgotten nineteenth-century appreciations and centred on criticism. In 1953, Soria briefly recalled the part played by the work (no. 166) in the painter's reputation («For the past hundred years this picture, more than any other, has represented Zurbarán's art, giving critics and the public the impression that his mood was sinister, tormented, dark, unhappy and morose») and he relates it to the other *Saint Francis of Assisi in Meditation* owned by the National Gallery. This work was signed and dated («*Franco Dezurbará / faciebat/ 1639*»), some time around 1639. This date has not varied much in subsequent studies and at most the chronology extends to the period 1635-1640, that is the height of the artist's career. Caturla[7] is an exception in this respect, since she postpones the work, while recognizing its obvious tenebrism, to 1659.

The question of tenebrism or Caravaggism is no minor matter in trying to place the painting within Zurbarán's artistic career. In the corresponding details of the catalogue for the last big exhibition of Zurbarán held to date, held between 1987 and 1988 in New York, Paris and Madrid, Baticle says «we cannot speak of tenebrism as such, since Francis is represented kneeling in the half-light of a church or cell. This half-light is transparent, almost blue and lets us make out the depth. Unlike the works from the first period, which show violent contrasts of solid black shadows and livid clarity, the picture in

London shows a *sfumato* modelling which subtly grades the colours from shadow to light.»

Certainly, in the *Saint Francis* in London there are transparent shadows and gradations, but the composition and the presence of the Saint in the empty space are a result of the powerful and, at times, daring contrast between light and shade. The light illuminating the figure in London is not mystical or spiritual light, as tends to be the case with the Saint's ecstasies or visions in Assisi –from the Saint Francis aided by an angel who hovers between life and death at the moment he receives the stigmata, painted with unusual inventiveness by the young Caravaggio (Wadsworth Atheneum, Hartford), to the one painted by Ribera in 1642 (Monastery of San Lorenzo de El Escorial, Madrid) and the *Saint Francis* comforted by a musician angel painted by Francesc Ribalta in about 1620 (Museo del Prado, Madrid).

The *Saint Francis* in London is not illuminated by the light of the spirit, but by the light of matter, a light that bursts into the darkness of the room from the left –it could be the light from a low window–, surprising on its way the Saint as he kneels waiting to be conceded the grace of death. The hood is brightly illuminated, the rim reduced almost to a line, while the absence of light sculpts the profound silent void in which is embedded, just visible, the head. Zurbarán makes a daring triangle of light emerge from the gloom, revealing the nose, mouth and chin of the Saint. The light, with less intensity as its rays become oblique, picks out from the shadows the earthy ochre of the right shoulder of the habit and, intensely, the patches of beige, almost white sackcloth on the sleeve and body.

Undoubtedly, Zurbarán plays with the very brightness of the white to emphasize the contrast between light and dark, a contrast which models the corresponding cuff and which bursts with Caravaggio-like quality on the hands, the fingers intertwined, just as light and shadow are intertwined, until they are hidden in the dense shadow of the habit. In that shadow, only the skull, like the triangle in the hood whose apex is the nose, takes on a paradoxical presence caressing the illuminated bones and disappearing amongst the bones and hollows which remain in silence, almost quietism after Miguel de Molinos, of nothingness.

On the body of the tunic the light returns to the geometry of the hood, but while on that occasion it follows the precision of the curves, on the body it is the vertical line that separates what is seen from what is guessed at. This seeing is at its most intense in the fold of the knee and is lost towards the feet, helped by the play of folds, of which the most marked runs almost parallel to the line of the floor, which goes from the darkness on the left to the alternating bands of shade and faint light to receive the Franciscan rope, a humble example of what painting can do to bring to life the inanimate.

We can hardly associate this Caravaggian treatment of light with Zurbarán's last period, that of the *Saint Francis* dated 1659 which was in the collection of Aureliano de Beruete, nor even with the five years of splendour which include the *Saint Francis* dated 1639 in the National Gallery in London. I believe we have to go back to the artist's first Sevillian works to find anything comparable.

The paintings for San Pablo el Real in Seville, especially the *Christ on the Cross*, today in the Art Institute in Chicago (see reproduction in cat. no. 5), identified with the one praised in the documentary sources for the period by Professor Milicua, those in the Franciscan school of San Buenaventura, the ones in the Trinidad Calzada and the Merced Calzada –amongst them the *Saint Serapion* in the Wadsworth Atheneum in Hartford–, provide the chronological framework in which the *Saint Francis Awaiting Death in Prayer* in the National Gallery in London should probably be placed. This chronology closes with the still life dated 1633 from the Contini Bonacossi collection (*Still Life with Basket of Oranges*, see reproduction in the article «The Still Lifes of Francisco and Juan de Zurbarán» in this catalogue) and today in the Norton Simon Foundation in Pasadena. Whatever the case, I would be inclined to accept the upper limit to this chronology, that around 1630.

JOAN SUREDA I PONS

1. Mayer 1911.
2. Angulo 1981, II, no. 1911.
3. Young 1988.
4. Shakespeare 1903 (ed. Oliva 1986), p. 83.
5. Gillet 1913.
6. Araújo y Sánchez 1875, p. 6.
7. Caturla/Delenda 1994, p. 225.

7. FRANCISCO DE ZURBARÁN

Saint Francis of Assisi According to the Vision of the Pope Nicholas V

The Council of Trent brought a new religiosity to the art of the late sixteenth century and the baroque period, in which suffering, martyrdom and the death of the body were understood as the way of salvation and light for human beings. The figuration of saints, whose honour and veneration had been affronte by «the heretics», had to convey to the faithful their ardent yearning for God, their desire for pain in everyday life and their life with the Loved One once death had brought them down, a death which did not convert their bodies to dry bones, dust and ash, but to relics of the true life.

The graves of dark death were not abysses in which the remains of the flesh were enclosed for ever, nor black and gloomy, God-forsaken pools, but temples suitable for the awaited resurrection. The Counter-Reformation opened tombs and showed the bodies of saints uncorrupted. Thus the humanist and reformist Pope Nicholas V saw the uncorrupted body of Saint Francis, as recounted by Cardenal Austergius, who witnessed the event, to abbot Jacobo de Cavallina, later Bishop of Ariano, when the Pope in 1449 visited the crypt in the chapel in Assisi to contemplate the Saint's stigmata, which through humility he had never exhibited in life.

It seems that Jacobo de Cavallina made known the news of the discovery of the uncorrupted body in a letter to the Duke of Adria, who in turn informed Gonzalo Fernández de Córdoba, the Gran Capitán. The abbot's letter, though, was not circulated until some time later. It was published by Fray Marcos de Lisboa in his *Chronica* (1562): «[the saint] *estaba de pie, derecho, no allegado ni recostado a parte alguna, ni de mármol ni de pared, ni en otra cosa. Tenía los ojos abiertos, como de persona viva, y alzados contra el cielo moderadamente. Estaba el cuerpo sin corrupción alguna de ninguna parte, con el color blanco y colorado, como si estuviera vivo. Tenía las manos cubiertas con las mangas del hábito delante de los pechos, como las acostumbran a traer los frailes menores; y viéndole así el Papa [...] alzó el hábito de encima de un pie, y vio él y los que allí estábamos que en aquel santo pie estaba la llaga con la sangre tan fresca y reciente, com si en aquella hora se hiciera».* This miraculous episode was subsequently propagated by Luis de Rebolledo in his *Chronica de nuestro seráfico padre San Francisco* (1598), by the Jesuit Pedro Ribadeneyra in the *Flos sanctorum* or *Libro de las vidas de los santos* (1599) and by the Scotist Franciscan Luke Wadding in his *Annalis Ordinis Minorum* (1625).

The Franciscan family, which thanks to the bull *Ite et vos* by the Medici Pope Leo X, had, since 1517, consisted of various branches –amongst them the Capuchins, who achieved definitive independence from the Conventuals in 1619–, saw this story as the fulfillment of their wish to show their founder to the world as the new Christ, he who lives amongst the living after death, and from the end of the sixteenth century, and especially during the seventeenth century, engravers like Thomas de Leu (see reproduction in the article «The Religious Thinking of the Spanish Golden Age and Francisco de Zurbarán» in this catalogue), at the beginning of the century, and painters such as the Walloon Gérard Douffet (1627) and the Parisian Laurent de La Hyre (1630), all set to to portray him.

In these representations of the miracle, what mattered most to artists was the actual discovery of the relics of Saint Francis and not their meaning or possible religious interpretation. Thus in the sizeable canvas painted by Laurent de La Hyre for the chapel of Saint Francis in the Capuchin church of Marais (Musée du Louvre), the group formed by Pope Nicholas V and his entourage −amongst them Cardinal Austergius−, and even the architectural surroundings draw the spectator's attention more than the image-statue of the Saint from Assisi, of whom the painter barely picks out with restrained feelings the face, hands and one foot lit up by the torch held by a monk.

As regards Spanish art, Pacheco, in his *Arte de la pintura* (posthumous edition of 1649), in describing how the «*seráfico padre San Francisco*» should be painted, mentions a *Saint Francis* «*aventajadamente pintado de mano de Eugenio Cajés*» in the first station of the cloister of San Francisco el Grande in Madrid «*como está milagrosamente en Asís, en pie después de tantos años, como si estuviera vivo*». This *Saint Francis* must have been earlier than 1613, as in this year Pedro Rens obliged Eugenio Cajés to paint a *Saint Francis* according to the visit of Nicholas V to the saint's sepulchre, the same as he had done for the cloister of San Francisco in Madrid. Both works have been lost, but a drawing has been preserved, probably a sketch for the former, in the Graphische Sammlung Albertina in Vienna. According to Pérez Sánchez,[1] it could be a copy of the painting by Cajés, a *Saint Francis* in the parish church of the village of Fuente del Saz in Madrid and a derivation with variants, a painting previously kept in the cathedral at Wloclaw (Poland).

The *Saint Francis* painted by Alejandro de Loarte for the Capuchins in Toledo (1626) could also have been derived from the painting by Cajés, but to judge by the drawing in the Graphische Sammlung Albertina, the two painters interpret the theme in very different ways. While Cajés portrays strictly the episode of Pope Nicholas V −as had been done or was to be done by, amongst others, Thomas de Leu and Laurent de La Hyre, though unlike these he portrayed the Saint frontally−, Loarte paints only the effigy of Saint Francis. The Saint emerges from the gloom barely illuminated by two lights; covered by a ragged tunic, he raises his eyes and ostensibly shows the stigmata with which Christ distinguished him.

Zurbarán, in his treatment of the subject, follows Loarte's model rather than Cajés's. He does not stage the discovery of Saint Francis by Nicholas V, he simply represents the Saint's uncorrupted body, without any extras, without any anecdote. The Extremaduran painter converts the believer in Pope, sees what he saw. Zurbarán, like the Spanish mystics of the seventeenth century, does not distinguish between body and spirit, between the natural and the supernatural, between the human and the divine; like the learned, he does not separate reality from illusion, the pretended from the real.

It is not the Pope who illuminates what should be Saint Francis's corpse but is him in his entirety, soul and body; it is the believer, it is all of us with our torches, and the light from these is what makes the shadow of matter, on the wall in the background, tear aside the empty nothingness of death, while the humble tunic becomes hard cut stone:

«*Para venir a gustarlo todo,
no quieras tener gusto en nada;
para venir a poseerlo todo,
no quieras poseer algo en nada;
para venir a serlo todo,
no quieras ser algo en nada* [...]
*para venir a lo que no eres,
has de ir por donde no eres.*»

Thus end the warnings and rules of Saint John of the Cross in Book I of the *Subida al Monte Carmelo*.

The corpse −which is nothing if not everything− of Saint Francis painted by Zurbarán is governed by the perfection of geometrical order. The axis of the painting, which is the axis of the body, divides matter and spirit into light and shade. The formal strength of the tunic, challenged only by the looseness of the four-knotted rope (orthodoxy dictates three knots as a symbol of the vows of poverty, chastity and obedience) and which almost hides the right foot timidly emerging from the hang of the tunic to show the last mark received from Christ, is no different from that which, alternating light and shadow, models the face of the Saint. Emerging from the cavity in the stone niche of the cowl, whose triangular outline is sketched by a fine thread going from light to darkness, the face of the Saint is not that of a corpse but of a being giving up its existence to the beyond; the half-open mouth exhales a suppliant sigh that becomes eternal; the upturned eyes, perhaps touched by the reflection of divine light, are obvious signs of the glory of Saint Francis, standing before the believer like the new Christ at the supreme moment of his crucifixion.

In contemporary Spanish historiography, correct iconographic interpretation of the theme of Saint Francis's corpse was carried out by Sánchez Cantón,[2] who has dwelt on its significance in relation to Pedro de Mena's *Saint Francis* in the treasures of Toledo Cathedral. This, as Sánchez Cantón rightly says, is like a transcription in sculpture of the *Saint Francis* painted by Zurbarán, familiar to him from the version in the Musée des Beaux-Arts in Lyon.

Previously, the theme had been interpreted as Saint Francis in ecstasy, as Orueta, amongst others, had done in *La Vida y la Obra de Pedro de Mena y Medrano*,[3] in which he turns to the sources of Spanish mysticism: : «*[...] el santo se encuentra en un momento de éxtasis absoluto, abstraído de cuanto le rodea, transportado a otras regiones, en este estado en el que al decir de*

Santa Teresa, el amor suavísimo de nuestro Dios se entra en el alma y es con gran suavidad y la contenta y satisface y no puede entender cómo ni por donde entra aquel bien: QUERRÍA NO PERDERLE, QUERRÍA NO MENEARSE, NI HABLAR, NI AUN MIRAR, porque no se le fuese».

Pedro de Mena's *Saint Francis* had also provoked heartfelt descriptions which, without going into the exact moment or subject matter represented, come close to its original meaning: «*Sentí casi escalofríos* – says the painter and writer Santiago Rusiñol in *Impresiones de arte*–.[4] *A la impresión de la obra maestra que teníamos delante, juntábase el vago terror que me inspiraba aquel raro consorcio de místico realismo [...]. Aquella figura sufría, se moría, sentía el estorbo de un cuerpo sirviendo solamente de mortaja a un espíritu queriendo huir de la tierra; su boca tenía ya las ansias de la otra vida, y sus ojos clavados y abiertos de un modo vago miraban hacia un más allá deseado ardientemente, de un más allá que se lanza a lo infinito, con toda la angustia del que atraviesa una llanura de espinas esperando encontrar al final de la jornada el limbo de gloria soñado, el imán que atre su fuego, la calma definitiva.*»

Three versions of the theme have been preserved that are attributed to Zurbarán: the one in the Museu Nacional d'Art de Catalunya, the one in the Musée des Beaux-Arts in Lyon and the one in the Museum of Fine Arts in Boston. As well as these versions, we could mention two replicas of good quality, maybe from the master's workshop, one of which belongs to Villandry Castle (Carvallo collection) and the other to the Convent of the Descalzas Reales in Madrid, although in this case the face is seen slightly turned towards the left.

The first version known to the critics was the one in Lyon, which on its arrival at the museum at the beginning of the nineteenth century[5] was taken for the work of Ribera. By the time of the museum catalogue of 1847, perhaps because of a knowledge of Zurbarán through the paintings in the gallery of Louis Philippe, it had been attributed to the Extremaduran painter. While the name of Zurbarán was silenced in the catalogues of the museum in Lyon for 1852 and 1870, there was never any serious doubt that the painting was his. The version in Boston was acquired as being by Zurbarán in 1823 by the British ambassador in Madrid, Baron Heytesbury, along with two similar canvases dedicated to Saint Benedict and Saint Jerome. This, for some historians, suggests that it could belong to a series of paintings of founders of religious orders, in which the vision of Saint Francis replaced the more characteristic one of the Saint praying or in ecstasy. The version in Barcelona, which entered the Museu d'Art de Catalunya in 1905, was for a long time taken as being a workshop replica, until an opportune restoration showed it was the master's own work.

Comparing the three versions of the *Mummified Saint Francis of Assisi* with the *Saint Francis Kneeling* (see reproduction in cat. no. 8), first from the collection of Aureliano de Beruete (Madrid) and then from the Plácido Arango collection, Guinard[6] believed that the chronology had to centre around 1659, a date which has subsequently been accepted by several researchers, amongst them, with some variation (1650-1660), by Baticle.[7] Nevertheless, the sculptural conception of the Saint is not in keeping with the treatment given in the painter's late works, conceived in more dynamic forms and pictorially less dense. The series of *Saint Francis According to the Vision of the Pope Nicholas V* we believe to be close to the *Saint Francis Kneeling* in the National Gallery in London, dated 1639, and other paintings of this period, such as those in the Carthusian monastery of Nuestra Señora de la Defensión in Jerez de la Frontera and those in the monastery of Guadalupe. Although the three versions need not necessarily be considered as having the same date, that of 1640 seems the most appropriate for centering their chronology.

JOAN SUREDA I PONS

1. Angulo/Pérez Sánchez 1969, p. 247, no. 169.
2. Sánchez Cantón 1926, p. 38 *et seq.*
3. Orueta 1914.
4. Rusiñol n.d., p. 23.
5. Artaud 1808, p. 16.
6. Guinard 1960a, p. 85.
7. Baticle 1987b.

8. FRANCISCO DE ZURBARÁN
Saint Francis of Assisi

Saint Francis of Assisi (1181-1226) occupies a special place in the work of Francisco de Zurbarán, who was, after Doménikos Theotokópoulos, El Greco (1540/1541-1614), the best Spanish interpreter of the *poverello* during the Spanish Golden Age. The Extremaduran painter represented his patron saint many times and in many ways: alone, with a brother, in episodes which follow the legend of his life literally and also cultivating abstract aspects which are of inestimable help in understanding the Franciscan doctrine.

In this beautiful picture exhibited here and now under discussion, Saint Francis appears as a young man of less than thirty (he died at the age of forty-five) as his biographers describe him: pointed, bony face, light, black beard and moustache. He is kneeling on stony ground and, beside him, a thick closed book leaning against a skull presides the middle bottom of the picture, while the undaunted sphinx of a hooded brother remains aloof from events. The setting is a landscape with vegetation and, in the distance, almost hidden amongst some trees, is a tiny chapel or hermitage. The Saint of Assisi, swollen with Divine Love and with his hands extended in a gesture of generosity and unconditional willing, looks up at the heavens with an absorbed expression. The spectator only senses his spiritual experience through the mysterious atmosphere impregnated with quiet light which particularly lights up the saint's face and hands, the figure of his companion and the tree trunk standing behind him. His mouth is half open but he is not staring into space, he does not seem to be suffering the effects of ecstasy, or madness; his gaze is human and generous and goes beyond supplication, a gesture of candour and absolute trust in the Loved one.

This is not a particular episode from the life of the Saint, neither can we say with certainty that it is the «Stigmatization», the miraculous event that took place on 14th September 1224, on the feast day of the Exaltation of the Cross, when Saint Francis, withdrawn on Mount Alvernia, the *Alter Christus*: the living image of Jesus Christ. Zurbarán here portrays the Saint's global personality by blending the two themes of «Stigmatization» and «Ecstasy», dispensing with the stigmatic rays to strengthen the dramatic effect of the light. If we were to search for the source which inspires the painter's discourse, we could turn to the story by Tomás de Celano (d. 1260), in his *Vida Primera*, written between 1228 and 1229:[1] «*En cierta ocasión, admirando la misericordia del Señor en tantos beneficios como le había concedido y deseando que Dios le mostrase cómo habían de proceder en su vida él y los suyos, se retiró a un lugar de oración, según lo hacía muchísimas veces. Como permaneciese allí largo tiempo con temor y temblor ante el Señor de toda la tierra, reflexionando con amargura de alma sobre los años malgastados y repitiendo muchas veces aquellas palabras: ¡Oh Dios sé propicio a mí pecador!, comenzó a derramarse poco a poco en lo íntimo de su corazón una indecible alegría e inmensa dulcedumbre. Comenzó también a sentirse fuera de sí; contenidos los sentimientos y ahuyentadas las tinieblas que se habían ido fijando en su corazón por temor al pecado, le fue infundida la certeza del perdón de todos los pecados y se le dio la confianza de que estaba en gracia. Arrobado luego y absorto enteramente en una luz, dilatado el horizonte de su mente, contempló claramente lo que había de suceder.*»

The idea is undoubtedly to convey a personal meeting with God, a unique moment of intense emotion, in the midst of a spiritual quiet emphasized by the presence of the magical light as described by the chronicler. The artist seems to have a perfect understanding of the contexts of the literary text and acts as the ideal interpreter of the Franciscan message.

Furthermore, Saint Francis's face is a far cry from the gawping figures painted by Zurbarán, such as the crazed expression of the central figure in *The Mass of Father Pedro de Cabañuelas* (1638), in the sacristy of the Monastery of Guadalupe, or the *Saint Bruno in Ecstasy*, of the same time, now in the Museo de Cadiz. Saint Francis here is, in his mysticism, a humanized saint, he is once again the medieval *poverello* rather than a counter-reforming ascetic; turning his back on post-Tridentine taste, the painter here returns to him his traditional condition of minstrel.

Furthermore, there are certain unmistakable signs in Franciscan iconography which emphasize the meaning of this beautiful creation, with the tiny church visible in the distance symbolizing the well-known church of Santa Maria degli Angeli, called the *Porziuncola* (little portion) in Italian, which Saint Francis restored with his own hands two years before embracing the evangelical life in 1208 and which was his favourite home and to which he asked to be moved before dying naked on the ground, a sign which evokes the origin and the end of the mission of Francis of Assisi. This humble hermitage surrounded by bushes is common in portrayals of the Saint by the hand of Zurbarán, such as the *Saint Francis in meditation*, signed and dated 1639 in the National Gallery of London (see reproduction in cat. no. 5), or the next, signed and dated 1659, once the property of Aureliano de Beruete and now part of the Arango collection. To all this is added the book, testimony of the Revelation, to whose language only the pure of heart, like Saint Francis, have access.

The landscape is placed in a natural setting forming part of the sacred event with links in with the Franciscan spirituality of the *Canticle of the Creatures*[2] and could suggest a new parallel between Saint Francis and Christ himself, by analogy with the scene of Jesus praying in the Garden of Olives in Gethsemany on the eve of his suffering. And while on the subject it is worth mentioning an illustration by Nicolo Boldrini (sixteenth century) after an original theme by Titian (1488/1490-1576), an idea interpreted in turn by Doménikos Theotokópoulos, El Greco, in the Italian period, and by Jusepe Ribera (see reproduction in cat. no. 6).

Of unknown origin, the type of habit worn by the two monks points to a commission by a Franciscan member of the Capuchin branch. The picture was first published by Guinard (1960a) when it belonged to Lluís Plandiura in Barcelona and since then no-one has questioned its autorship; the French scholar suggested a date of about 1639. The canvas then came on to the art market and was acquired by the collector Álvaro Gil, was exhibited for the first and last time in Madrid in 1965 and today forms part of the private collection from which it has kindly been loaned for this exhibition. Gállego andGudiol (1976) pointed out that the position and features of this *Saint Francis* were similar to the *Saint Bonaventure Praying* painted in 1629, today in the Gemäldegalerie in Dresden. Alcolea (1989) proposes a date for it somewhere between 1631 and 1640, to which must be added a certain stylistic and conceptual similarity with the *Saint Anthony of Padua* in the Museu de Arte de Sao Paulo of circa 1629 (see reproduction in cat. no 10).

MARIA MARGARITA CUYÀS

1. See Fray Tomás de Celano, *Vida Primera* (26, 10) in Guerra 1980, pp. 157-158.
2. See *Escritos de Sant Francisco. Oraciones: Cántico a las criaturas* in Guerra 1980, pp. 48-50.

9. FRANCISCO DE ZURBARÁN

Apparition of the Virgin and Child to Saint Francis of Assisi in Santa Maria degli Angeli of the Porziuncola

Saint Francis experienced two apparitions in the chapel of the Porziuncola which he himself had had built. The first took place in the summer of 1216, when Christ and the Virgin granted him a plenary indulgence to be applied to all those who visited the chapel confessed and contrite. This scene was depicted by Zurbarán in the painting done in 1630, which today belongs to the Museo de Cádiz.

The second vision took place in January 1217; in it, Christ and the Virgin confirmed to Saint Francis the granting of the indulgence, establishing 2nd August, the feast of the liberation of Saint Peter, as the day for obtaining it.

In this picture it is the Virgin and Child who appear to Saint Francis, being one more of the many visions the saint had in the chapel of the Porziuncola. Here he was comforted by Mary and her son, forming a scene filled with mystic joy and intense spiritual emotion.

This painting corresponds to Zurbarán's mature period and was painted during his stay in Madrid, for which reason it can be seen to contain details which are characteristic of this period. First of all one notices that the drawing is far more refined than that used by the painter in earlier decades, something which is clearly reflected in the figures of the Virgin and Child and of Saint Francis. By the year in which this painting is signed, all the volumetric sobriety characteristic of Zurbarán's Seville period has disappeared from his work and the forms are sweeter and more congenial from the point of view of expressiveness. The colouring has also become more fluid and the shading of the tones is softer. The Virgin's clothes contain the traditional blue and red tones for the tunic and cloak, which show extremely subtle contrasts. Similarly, the aureole of golden tones surrounding the figures of Virgin and Child show a marked contrast

with the atmosphere of half-light which reigns in the chapel. The way he treats the humble Franciscan habit worn by the Saint is also very precise.

The painting stands out for the intense expression on Saint Francis's face, with his eyes raised towards the celestial figures. An immense spiritual joy is reflected in him, his gesture coinciding with the position of his hands, which humbly indicate the undeserved recompense of the apparition.

The composition is not lacking in details typical of Zurbarán, such as the roses scattered over the stage, intended to perfume the field of vision.

The use of a column in the background, set on a high pedestal, is common in Zurbarán, who uses the effect to create an atmosphere of solemnity as well as to establish a middle distance behind the central characters. In this way he contributes to create an effect marked by depth, reinforced by the distant landscape which can be glimpsed through the arch in the background, inundated by the melancholy light of dusk.

Caturla has pointed out this painting's relationship with the style Murillo was using at this time, though warning that there is no influence here of this master. In fact, the two apparitions in the Porziuncola painted by Murillo are some years later than this version by Zurbarán. In this respect, while one can say that Murillo's spirit influenced the last period of Zurbarán's life, the more open and congenial atmosphere ruling the religious spirit of the Court also influenced the master of Fuente de Cantos.

ENRIQUE VALDIVIESO

10. FRANCISCO DE ZURBARÁN

Saint Anthony of Padua with the Jesus Child

The Saint appears kneeling, in profile, with his head bowed towards the Baby Jesus he is holding in his arms. The figure is set against a background divided into two parts: a luminous landscape on the right half of the picture –in which we see a conventual construction in the distance with a façade with baroque crowning and a tall medieval tower, perhaps as an imaginary allusion to the primitive monastery in which Saint Anthony lived–, and a darker rocky area in which there is a bunch of white lilies and a book lying on the ground, close to the Saint's knees.

Saint Anthony is the most popular of the Franciscans, after Saint Francis himself. He was born in Lisbon in 1195, though his name is linked to the Italian city of Padua, where he spent the last two years of his life and died in 1231 at the age of 36. He studied in Coïmbra, at the convent of the Holy Cross, and entered the order of

the Friars Minor in 1220. A famous miracle-worker and a great preacher, he taught theology in Bologna and in 1227 attended the Chapter General in Assisi and in 1230 transferred the remains of Saint Francis. He was canonized in 1232, a year after his death. He is always portrayed with the order's grey habit and young and beardless, with an ample monastic tonsure. He is usually accompanied, as in this case, by a bunch of white lilies, the symbol of purity, and by a book and the Baby Jesus, in allusion to the miraculous apparition in the Saint's cell. The iconography of the Saint with the Child was especially used from the end of the sixteenth century, following the Counter-Reformation.

The Franciscans frequently featured in the monastic work of Zurbarán, who came into contact with the order in 1629, when he was commissioned to continue the series on the life of Saint Bonaventure, begun by Herrera the Elder for the Franciscan college in Seville. From that moment until the last years of his life spent in Madrid, where in about 1658 he painted Saint James of the Marches (Museo del Prado, Madrid, no. 2472), his portrayals of Franciscans are numerous, though not especially so in the case of Saint Anthony of Padua, perhaps one of the figures least often painted by the artist.

The monumental, static image of the Saint, in the best style of the Extremaduran painter, has an expression filled with sweetness and a soft appearance, in a rather delicate technique, in spite of the jagged outline of the figure and the broken design of the folds. There is an obvious desire for «sweetness» in the artist's conception, undoubtedly related to the wish to renew his pictorial language and adapt it to developments in the painting of the middle years of the century, which was lighter and more congenial –the rigours of the Counter-Reformation were a thing of the past–, and thus reply to the art of Murillo, who, with an aesthetic formula full of sweetness and delicacy gradually edged him out of the public's favour after the forties. This picture, which Guinard dated between 1635 and 1640, is today considered a late work if we accept the opinions of Soria and Gudiol, who date it 1650, a period in which Zurbarán's art, while maintaining the simplicity and devotional nature of his usual style, developed from tenebrist naturalism concerned with formal plasticity to the sweeter and more delicate language we can appreciate in this work.

One of the first known examples from Zurbarán's production on this theme is the *Saint Anthony of Padua in Ecstasy* (Museu de Arte de São Paulo), of about 1630, published by Longhi and Guinard, although on this occasion the Saint is not accompanied by the Baby Jesus. Guinard and Angulo place another work on the same subject, with the Child portrayed standing on a book, in the Émile Huart collection in Cádiz. This is one of the most usual representations of the iconography of the Saint. Guinard also made known a similar composition to this one, with some variants of a larger size, in the Gómez Castillo collection in Seville, which he considers a later replica of the work in the Museo del Prado.

This picture, which was in a church or convent in Manzanilla (Huelva), apparently remained in the town until the nineteenth century, and it is unlikely, as has been suggested on some occasion, that it is the *Saint Anthony and Child* that Amador de los Ríos mentions in his *Sevilla pintoresca* (1844) from Julian Williams's Sevillian collection. In 1905 it was in the collection of Salvador Cumplido, also in Seville, and subsequently passed into that of Alfonso Grosso. In 1958 it was purchased from Russel B. Steerluss of Boston for the Museo del Prado by the Spanish Ministry of Education.

TRINIDAD DE ANTONIO

11. FRANCISCO DE ZURBARÁN

Saint Didacus of Alcalá and the Miracle of the Flowers

Saint Didacus of Alcalá, born in San Nicolás del Puerto (Seville) in about 1400, was a lay brother who acted as gardener, almoner, nurse and, especially, cook and porter in the Franciscan convents of Friars Minor in Arruzafa (Cordoba) and Alcalá de Henares (Madrid), where he died in 1463. King Philip II felt a special devotion for him and attributed him with the curing of his heir Carlos after an accident. At the request of the Spanish king, the Franciscan Pope Sixtus V canonized him on 2nd July 1588. His popularity in Castile throughout the sixteenth century and subsequently in Andalusia, Canaries and the whole of the American continent gave rise to cities named after him, such as San Diego, in California. His life is rich in miracles which took place mainly when he was cook and porter in his convent and, amongst those which already have their own iconography, it is worth mentioning the metamorphosis of the food transformed into flowers, which is the scene portrayed in the painting on exhibit here. This is a very common miracle in the legends of the lives of saints and was experienced by Saint Elizabeth of Hungary or of Thuringia (1207-1231), her great-niece Saint Elizabeth of Aragon, Queen of Portugal (1271-1326), and Saint Casilda (eleventh century), daughter of the Moorish King of Toledo, all of them figures immortalized by Zurbarán's brush with the floral attribute in their lap.

The subject of this work illustrates the precise moment when the Guardian Father suprises Saint Didacus red-handed at the entrance to the convent when, dis-obeying his orders, he was secretly taking food to the poor. At that moment the superior orders him to show him the contents of his overall, in which appear, miraculously, roses. Zurbarán portrays the humble figure of Saint Didacus three-quarter-length, his head slightly inclined, looking towards the spectator, though absent and with a faint aureole of holiness above his head. He shows the flowers to a Guardian Father who contemplates the miracle astonished and makes a move with his right hand to check by touch what his eyes are seeing. The two figures, the little landscape of hills and trees and the expanse of sky in the background are bathed in an atmosphere of golden light. Behind the Guardian Father, as though left out of the scene and almost in shadow, the heads of two fellow monks show timidly. Zurbarán is conveying the charm of the miracle, a magical moment which breathes an atmosphere of absolute calm, as though we were before a photographic flash, an exquisite exercise in poetic quietude which only the painter of Fuente de Cantos is able to achieve.

While the identity of the painter has not been questioned by the critics, there have been discrepancies over the date. Soria (1944) considered it to be from 1628-1633; Guinard (1960) placed it in about 1640; Gállego/Gudiol (1976) dated it from 1658-1664 and Serrera (1988b) proposed a date around 1658. We do not know where the work came from, though it could originally have belonged to the bench or top of an altarpiece, and the first account we have of it is its presence in 1902 in a collection in Cádiz where it remained until it entered the Museo del Prado in 1932.

There are other representations by the hand of Zurbarán of the lay brother of Alcalá de Henares with flowers in his lap, though this is the only one we know of in which the Guardian Father and his companions appear. In the one now in the church of Las Maravillas in Madrid, which dates from 1633-1634 and used to be in the old church of Santos Justo y Pastor, the lay saint appears full-length in the style of the female saints mentioned above. The one in the Museo Lázaro Galdiano is a later work which was at one point attributed to Bartolomé Esteban Murillo (1616-1682) and the saint also appears isolated but this time half-length.

Serrera (1988b) pointed to a possible source for Saint Didacus's face in an engraving by a certain Pena or Pegna.[1] And while on the subject of models for the iconography of Saint Didacus it seems only right to mention one which was particularly significant in making him known: the frescos designed by Annibale Carracci (1560-1609) for the chapel Juan Enríquez de Herrera dedicated to Saint Didacus of Alcalá in 1602 in the church of San Giacomo degli Spagnoli in Rome and which, torn from their original location and transferred to canvas, are today divided up between the Museo del Prado in Madrid and the Museu Nacional d'Art de Catalunya.[2] All these scenes with the most important events from the life of the saint of this chapel were drawn and engraved by Simon Guillain in Rome in 1646. The *Miracle of the Flowers* is also known from an etching by Giovanni Andrea Podestà (active between 1630-1640) opened in Rome in about 1630 and which Alonso Cano (1601-1667) used for the uppermost compartment of the altarpiece and the reliquary altar he planned for the chapel which was to house the relics of Saint Didacus in the convent of Alcalá de Henares.[3] Murillo also used Podestà's engraved source for the canvas of the *Miracle of the Flowers* belonging to the series on the life of Saint Didacus in the little cloister of the convent of San Francisco in Seville and which Angulo brought to light in the Rohl collection in Caracas.[4] The Italian Giovanni Francesco Guerrieri (1589-1657) took his inspiration directly from the scene of the *Miracle of the Flowers* in the Roman frescos dedicated to Saint Didacus for his representation of Saint Nicola da Tolentino undergoing the same experience as Saint Didacus (the picture painted in 1614 is now in the church of Santa Maria del Ponte del Piano. Saint Nicola da Tolentino chapel, Sassoferrato).

Francisco Zurbarán was probably familiar with the images in Carracci's frescos, though they do not seem to be followed literally in the picture under discussion here. Unlike Guerrieri, Cano and Murillo, who did use them, in this *Miracle of the Flowers* Zurbarán does away with the architectural backgrounds and the social commentary details, such as the group of poor people at the door of the convent, to create a setting which could be described as abstract, with the half-length figures in which the surprise and fascination of a spell are predominant.

MARIA MARGARITA CUYÀS

1. The reproduction of the illustration appears in the book *De vita et miraculis*, Rome, 1589, published on the occasion of the Saint's canonization, it was reproduced in Angulo 1961a, pp. 1-23, pl. 5, fig. 8 and in Angulo 1981, III, pl. 651.
2. On the murals in the Herrera chapel, dedicated to Saint Didacus de Alcalá, by Annibale Carracci and collaborators, kept in the Museo del Prado and the Museu Nacional d'Art de Catalunya, see Cuyàs 1992, pp. 361-369.
3. The preparatory drawing for the altarpiece of about 1649-1650 is in a private collection in Florence and was mentioned by Pérez Sánchez 1984, p. 244 and subsequently reproduced by the same author in 1988, Pérez Sánchez 1988b, pp. 330-331.
4. Angulo 1961b, p. 324.

POETRY OF QUIETUDES

12. FRANCISCO DE ZURBARÁN
Jesus Child with the Thorn

This canvas is identified as one included in an inventory of the old library of the Duke of T'Serclaes and described by Ceán Bermúdez in the vestibule of the cell of the prior of the Carthusian Monastery of Santa María de la Cuevas in Seville.

As well as the picture forming part of the Sánchez Ramos collection, there are numerous variants and copies, amongst others one in the Museo de Bellas Artes in Seville which came from the same monastery. This copy was in 1837 the property of Aniceto Bravo.[1]

The best replica is, without doubt, the one in the private collection which figured in the exhibition in Granada with the number 3,[2] which differs from the canvas exhibited since it lacks the architectural background. This architecture was copied by Zurbarán from an engraving of *The Weddings of Cana* by Cornelis Cort (1577), according to a composition by the Bolognese Lorenzo Sabatini.[3]

Both in the paintings of the Jesus Child with the Thorn and those of The House of Nazareth, people have seen a theme of Carthusian origin[4] inspired in the *Vita Christi* of Ludolph of Saxony (*circa* 1295-1371), translated in 1537 and published in Seville by Fra Ambrosio Montesinos. One of the meditations proposed by the Carthusian offers the figure of the Child Jesus playing with the symbols of the Passion and alludes to the beauty of Christ, «an elegant and very beautiful child», an idea López Estrada backs up with some lines by Sebastián de Nieva Calvo. For their part, Delenda and Rodríguez G. de Ceballos both mention as a possible literary origin the poem by J. de Valdivieso *Vida, excelencias y muerte del gloriosísimo patriarca San José*.[5] The master Valdivieso in canto XXII of his epic religious poem, titled *De algunas alabanzas de San José y de la pasión de nuestro Redentor*,[6] presents Saint Joseph meditating on the future suffering of the Lord as he works at his carpenter's bench:

«*La mujer fuerte, madre de la vida,*
Que buscó cuidadosa lino y lana,
En tejer y labrar entretenida,
Redime el tiempo y la comida gana;
Guisa a los dos humildes la comida,
Y con amor y gracia más que humana
Sirve y regala a los que trabajando
Dulcemente le están enamorando.

Ase en cuarton el rico carpintero
Y ase del luego el Hijo que le ayuda,
Y puesto al hombro del hombre verdadero,
Donde le manda el cuarton muda;
Asierran luego el rígido madero

Suda Josef y el Hijo eterno suda;
Josef, aunque trabaja no se cansa,
Y Cristo trabajando en él descansa.

Si hace el oficial santo alguna cama,
De la cruz se le acuerda, en que deshecho
Ha de morir el que sirve y ama,
A su esposa sacando de su pecho;
Si alguna mesa labra, en Dios se imflama,
Y un horno regalado de amor hecho,
La del altar contempla en que su amado
Hará el amor de amor dulce bocado.»

In these verses, as in the rest of the canto, it is Saint Joseph who presages the Passion rather than the Child, as happens in Zurbarán's work. Only in the four lines gleaned by Rodríguez G. de Ceballos can we sense some remote connection:

«*Cual voz porque su Madre no le vea*
Della y de Joseph se aparta y vase luego
A los maderos, donde se recrea,
Que son leña de su dulce fuego...»

The *Workshop of Nazareth* or *House of Nazareth* is, according to Caturla,[7] the picture from which Zurbarán took part of the composition to produce his own *Jesus Child with the Thorn*. The theme of the Workshop of Nazareth has been amply dealt with in Spanish painting[8] and, in particular, by the Valencian school.

At first sight there is nothing to suggest the tragic air it acquires in Zurbarán's work. It is a family scene thanks to which Saint Joseph gradually acquires a central role. At first he is in the background of the picture, at his bench, as in the panel by Miguel Esteve[9] in the Museo de Bellas Artes in Valencia, a position he maintains in the work *The Holy Family with Saint Anne* by Nicolás Borrás in the same museum.[10] The Holy Child can be seen working at the bench with his father in *The Carpenter's Workshop*, by Joan de Joanes in the Gemäldegalerie in Berlin. A genuine family scene in which we see Jesus playing in the foreground, followed from his bench by the watchful gaze of the Saint, while Mary, in the background, sews. This is the way Cristobal Lloréns represents it in the *Altarpiece of Alaquàs*, of 1612, also a long way from the profound religious sentiment of the painter from Fuente de Cantos.

This seems to be the most frequent way the theme is presented, as confirmed by Orrente's canvas in the Salesas Nuevas in Madrid, of which there is a studio variant in the Museo Lázaro Galdiano.[11] According to Angulo and Pérez Sánchez it has a forerunner in drawings by Cambiasso.

Ribera also painted this «serene» *Workshop of Nazareth* in the years 1632 and 1639 (Museo de Santa Cruz, Toledo; Sovrana Militare Ordine di Malta, Rome).[12] There is an engraving by J. Wierix on the same theme, which, copied in America, also stresses the quietly domestic side of the *House of Nazareth*.[13]

The theme became widespread with the Counter-Reformation and was painted by artists associated with Caravaggio. Evidence of this is the *Holy Family in the Carpenter's Workshop*, in the Wadsworth Atheneum, Hartford, Connecticut, which has been attributed to Carlo Saraceni and to Jean Leclerc.[14] But so far we know of no engraving or text which will satisfactorily explain the profoundly religious aspects to be seen in Zurbarán's work. His House of Nazareth, like his paintings of the Jesus Child with the Thorn or his Young Virgins in meditation or ecstasy, do not seem to respond to the sources mentioned.[15]

The profound abstraction in which we see both Jesus and Mary could respond to new forms of spirituality derived from Saint Teresa and, more probably, from her French followers. Perhaps the literary impulse underlying these canvases by Zurbarán comes from some text by Quintanadueñas or Bérulle.[16] Seeing Jesus and Mary in the Extremaduran's paintings, one seems to find the echo of what Saint Teresa calls «prayer of recollection», halfway between meditation and quiet: «*Llámase recogimiento, porque recoge el alma todas las potencias y se entra dentro de sí con su Dios, y viene con más brevedad a enseñarla a su divino Maestro, y a dar oración de quietud, que de ninguna otra manera. Porque allí metida consigo misma, puede pensar en la Pasión, y representar allí al Hijo, y ofrecerle al Padre, y no cansar el entendimiento andándole buscando en el monte Calvario, y al Huerto y a la Columna*».[17] According to the Saint, quiet can come to last a long time, even in ordinary occupations. In the *Relaciones* she says, «*Desta oración suele proceder un sueño que llaman las potencias, que ni están absortas, ni tan suspensas que se pueda llamar arrobamiento... Está empleada toda (la voluntad) en Dios, y que ve el alma la falta de poder estar ni obrar en otra cosa; y las otras dos potencias están libres para negocios y obras del servicio de Dios. En fin, andan juntas Marta y María.*»[18]

The doves, flowers and objects which appear in Zurbarán's work also have their corresponding Teresian explanation.

The knowledge the Saint calls «pure contemplation» is founded in the love of free will, which can have its calm disturbed like «*palomas que no se contentan con el cebo que les da el dueño del palomar sin trabajarlo ellas.*»[19]

Zurbarán, possibly starved of mystic knowledge, was able, through the plates, to follow the explanations his clients –Carmelite nuns?– gave him on the text of the *Idea vitae teresiane iconibus symbolicis expressa, in quinque partes divisa. Prima figurat sui cognitionem, secunda sui mortificationem, tertia virtutum acquisitionem, quarta mentalem orationem, quinta divina contemplationem*, an anonymous book published in Antwerp at the beginning of the seventeenth century.[20] The book's eloquent images reflect the mystical heritage of the Teresian doctrine. Those that have most bearing on the work of Zurbarán are the allegories of prayer of recollection, prayer of quiet, divine penetration, celestial scents and the swooning of the soul.[21] Here we see attitudes, silhouettes, objects and flowers which we later find in the Extremaduran's canvases.

JUAN JOSÉ JUNQUERA

1. Hernández Díaz 1967, no. 176. Guinard 1960a, pp. 216-217, contains new variants (nos. 63-70).
2. Canvas, 123 x 83 cm. Formerly in Jerez de la Frontera, where it was purchased by the father of the present owner. Caturla 1953, p. 49.
3. Serrera 1988b, pp. 317-318.
4. López Estrada 1966, pp. 25-50.
5. Delenda s.d., pp. 38-40, Rodríguez Gutiérrez de Ceballos 1989, pp. 97-105.
6. Valdivieso 1604 (ed. Rivadeneyra 1864), pp. 229-234.
7. Caturla 1953, pp. 28-29, an opinion shared by Guinard (Guinard 1960a).
8. Sánchez Cantón 1948, pp. 167-174.
9. Madrid 1966, pp. 40-41.
10. Garín 1955, no. 433.
11. Angulo/Pérez Sánchez 1972, p. 310, nos. 237 and 237a, pls. 224 and 225.
12. Pérez Sánchez/Spinosa 1992, pp. 344-345.
13. I am indebted to B. Naverrete for this information. The copy, attributed to Diego Quispe Tito, belongs to the Orihuela collection, Lima.
14. Spear 1975, p. 161.
15. What does seem accurate is Pita Andrade's supposition of a possible origin for the Virgin in meditation in Dürer's engraving Melancholia. Pita Andrade 1965, pp. 242-248; Moyssén 1975, pp. 49-58.
16. Junquera 1976, p. 79.
17. Cepeda 1565-1570 (ed. Santullano 1942), pp. 288-289.
18. Cepeda 1560-1579 (ed. Santullano 1942), p. 208.
19. Cilveti 1974, pp. 212-213. The explanation of the symbols of the House of Nazareth is from Francis 1961, pp. 48-52.
20. Sebastián 1982, pp. 15-68. The illustrations, which S. Sebastián also publishes in their entirety, use the symbols in Ripa's Iconología.
21. Figs. 81, 83, 89, 90 and 93, respectively.

13. FRANCISCO DE ZURBARÁN
The Young Virgin Asleep

14. FRANCISCO DE ZURBARÁN
The Young Virgin Asleep

A unique example of intimism and of delicate sweetness is shown in these two versions of the The Young Virgin Asleep, painted by Zurbarán in different periods of his production, and which represent the Virgin Mary sunk in a deep sleep and reclining in a rush-bottomed chair. Her hand rests on her lap, and there is a book on it, almost certainly the Holy Scriptures, which she read constantly as a vehicle for her union with God. The fact that the book is closed, according to Francis,[1] exemplifies the remembrance of the prophecies of the Bible and the prefiguration of her child's future suffering and subsequent redemption.

To the right of the Virgin is a little table or buffet with an open drawer, on which rests a blue and white Jingdezhen (Jiangxi) China bowl belonging to the group of works known as Kraak-porselein, made in the time of the Emperor Wanli (1573-1619).[2] This fine-walled porcelain with its vitrified coating has decoration on the outer and inner surfaces distributed in segmented panels divided by blue fillets. In between there are heads of fawns or fallow deer contained in circles and sprigs of blossom, common elements in this sort of china from around 1580-1600. These items were prized articles and commercial objects manufactured in China and imported from Manila, via America and eventually Seville. Pieces very similar to those accompanying Zurbarán's Virgin have been found in the Galleon San Diego and show the interest in this sort of ceramics and its existence in Seville at that time, as Zurbarán also uses porcelain of this sort in his work Saint Hugh in the Refectory.

These two versions of the Young Virgin Asleep, now exhibited together for the first time, offer an opportunity to study the mechanics of Zurbarán's work and appreciate the quality of his painting. The original model followed by the artist in putting together his iconographic scheme for the young Virgin was probably Anton Wierix's image representing the child Jesus sleeping placidly in a storm-tossed heart from the series of the Human Heart Conquered by the Child Jesus.[3] This engraving, furthermore, is a reflection on the power of true love which is not destroyed by either the force of the wind or by storms. The same far-away, reflexive character the image shows is the one used by Zurbarán in his picture and is identical in both pose and attitude. The most interesting point to make is that this model, but inverted, is the one used by the painter of Fuente de Cantos for the Virgin accompanying the child in the versions of The House of Nazareth, which is why these pictures are twinned, not only in the formal aspect but also in the melancholy spirit they show.

Attention has also been drawn[4] to a possible symbolism in the presence of flowers in the china bowl: the rose of love, the white lily of purity and the carnation of loyalty.

Zurbarán's first version is probably the one preserved in the Banco Central Hispano, recently made known by Pérez Sánchez.[5] A particularity of this work is that it shows more of the cushion on which the Virgin is situated, as well as having a greater precision in the drawing and more precise modelling of the features. The lighting seems more tenebrist and the folds of the cloth even more abrupt, which suggests a date somewhere around 1630-1635. The work in the Cathedral of Jerez, however, has softer, more vaporous modelling, characteristic of Zurbarán's later work, and incorporates the characteristic aureole of cherubim and greater luminosity, which undoubtedly makes for greater serenity and transcendence. The folds in the cloth are not so marked and in the Virgin's blue mantle extremely refined details can be made out, such as the trimming of gold thread, which emphasizes the better quality and finesse in this second painting.

As in the case of the Young Virgin Praying (cat. no. 15) of the Instituto Gómez-Moreno de la Fundación Rodríguez-Acosta, the master frequently repeats models, either at the wish of clients in view of the success of certain works, or else through an express wish for perfection and improvement on the part of the artist himself, who in new versions also helps us to see the gradual fluidity and softness of his brushstrokes. The success of these themes led artists and imitators to copy the most outstanding models. The clumsy imitation that exists in the Casa Teresiana in Madrid is proof that this work was well-known in its day and was copied by a modest imitator of the master who only preserves the scheme and is unable to infuse the candour and serenity present in these two versions.

BENITO NAVARRETE PRIETO

1. Francis 1961, pp. 46-50.
2. Desroches 1995, p. 310 et seq.
3. Mauquoy-Hendrickx 1978-1984, I, no. 438.
4. Pérez Sánchez 1996, p. 54.
5. Pérez Sánchez 1996, pp. 54-55.

15. FRANCISCO DE ZURBARÁN
The Young Virgin Praying

One of the most personal subjects in Francisco de Zurbarán's production and, undoubtedly, where we see most clearly his tenderness and delicacy, in the words of Caturla, is in his Young Virgins, a favourite theme of the artist, of which several variants have been preserved, all of them reflecting the utter solitude of the Mother of Christ, whose sole refuge is prayer and her relationship with God.

Zurbarán usually surrounds the Virgin with everyday elements such as the sewing basket, some item of pottery or a vase of flowers, and curtains which frame and set off the mysticism or the intimate, withdrawn vision like a theatre stage. This is how she appears in the variant kept in the Metropolitan Museum of Art of New York and in an unknown version in a private collection, which differs from its model in that it is harder and more colourful. Nevertheless, in the work now under study, what the artist does is to reduce the scene to the vision of the young Virgin praying and sitting on a little rush-bottomed chair, with the simple addition of the little spindle with her sewing. Another version of this scene has been preserved, probably an older one to go by the greater precision and chiaroscuro effect, in the Staatliche Ermitage in Saint Petersburg. In this work the Virgin's eyes are lower than in the Granada version and there are differences in the embroidered edging of her collar. The work in the Instituto Gómez-Moreno de la Fundación Rodríguez-Acosta also shows greater intensity in the expression on the Virgin's face. In X-rays taken of this canvas when it was restored in the Museo del Prado on the occasion of the 1988 exhibition, it can be seen that the artist had second thoughts about the Virgin's eyes and decided to raise them. This work, which can be dated to about 1655-1660, masterfully reflects, as has been said above, the utter solitude of the Virgin, who, as we are told in the *Apocryphal Nativity*, was left in the temple by her mother and father and taken up by God, with whom she had daily dealings. Both *The Golden Legend* and the *Pseudo-Matthew* insist on giving an account of the Virgin's activities between the ages of three, when she was presented in the temple, and fourteen, when she married. In *The Golden Legend* we are told:

«Following the offering, Joachim and Anna left their daughter in the temple with the group of girls who resided there, and went home. Day by day the Virgin grew in holiness and virtue helped by the angels who visited her every day, and enjoying daily visions.

»Saint Jerome says, in a letter he wrote to Cromacius and Heliodorus, that the Blessed Mary designed this plan for herself: From dawn until terce, continuous prayer; from terce until none, manual work consisting in weaving; at none she resumed her prayer and continued until an angel brought her food.»

Although these legends about the lives of the saints were forbidden by the Council of Trent, many patrons wanted to have paintings reflecting these events and, at the same time, reaffirming both the duty of prayer and devotion to work. It is therefore not surprising that this painting should have come from a convent in Medina del Campo, since this theme is a special favourite of female monastic sensibility, which in solitude and prayer can easily identify with this iconography.

López Estrada[1] links these affairs to a popular religiosity sponsored by the Carthusians who encouraged these themes. At the same time, Juan Miguel Serrera associated these representations by Zurbarán with an image by Vouillemont on a composition by Guido Reni dated 1606 reflecting precisely this moment but

at the moment of the manual work. The engraving, as on so many other occasions, probably provided the iconographic scheme, but Zurbarán expresses the moment when the Virgin comes into direct union with God through prayer.

The painting stands out for the softness of the Virgin's face and in the delicate embroidery of the edging on the collar and sleeves and, especially, the golden aureole which floods the composition and bathes the young Virgin who is in direct contact with God. The canvas reflects the use of a light, silky brushstroke characteristic of Zurbarán's later Madrid period, where he uses sweetened, delicate models probably taken from Italian models and from the Madrid painting of his time and not from Murillo with whom he has been mistakenly associated in this sort of work.

BENITO NAVARRETE PRIETO

1. López Estrada 1966, p. 41.

16. FRANCISCO DE ZURBARÁN
Saint Michael the Archangel

Angels and archangels were the object of special devotion for the Counter-Reformation and figured frequently in the arts, especially in the Hispanic world. In Spanish America, where they were assimilated into the forces of nature and native mythologies, they became extremely useful as a means of evangelization by increasing their syncretic value.

They were already present in the Bible;[1] Saint Paul is one of the first people to speak of the angelic hierarchies. They are dealt with by Saint Augustine and Dionysius the Areopagite, who in his treaty *On the Celestial Hierarchy* classifies them in nine choirs made up of three diffrent orders. Especially venerated in the Eastern Church, Saint Gregory the Great spread their worship in the West.

By means of the Pseudo-Dionysius, some apocrypha were introduced which were frequently represented in America.[2] Saint Thomas Aquinas devoted a treatise to them in his *Summa Theologicae*. But it was Father Nieremberg who, thanks to his *Devoción y Patrocinio de San Miguel Arcángel, Príncipe de los Ángeles*, spread the worship of the patron saint of the Goths in the Counter-Reformation. His iconography is dealt with by Pacheco[3] and, more recently, Mâle has reflected the extent of his worship.[4]

Dionysius the Areopogite had grouped them in triads which in the Middle Ages were made to correspond with each of the three divine personages of the Holy Trinity. In the sixteenth century, Wierix portrayed seven archangels in engravings and

in the seventeenth century Gérard de Jode opened three images with three angels each.

In the picture exhibited Saint Michael is represented as the commander of the celestial forces overcoming Lucifer and his followers: warrior attire and a flaming sword on which are inscribed the words of Saint John: «*Quis sic tu Deus*».[5] Díaz Padrón[6] points out the similarity of the pronounced cheeks and correct nose with those of the Virgin in the *Adoration of the Shepherds* and the *Epiphany*, today in the Musée de Grenoble, confirming the features with those of *Saint John the Baptist* and the *Archangel* in the Museo de Cádiz.

Caturla-Delenda point out the likeness with the «Zurbaranesque» *Saint Michael* today in the Cathedral of Jaén. This forms part of a series of ten archangels of unknown origin attributed, not without reserve, to José Cobo de Guzmán (Jaén 1666-Cordoba 1746).

It could be related to the lost *Saint Michael*, painted in 1646 for the altarpiece of the Chapel of Angels in the monastery of Guadalupe, which Fray Arturo Álvarez identified with Saint Jerome,[7] although it has been pointed out that the model seems earlier than the dates of the paintings for the monastery. Whatever the case, the model was a successful one as we find other similar examples in the monastery of la Concepción in Lima[8] and other, anonymous versions in Seville City Hall, Robledo de Chavela (Madrid) and the Hospital del Pozo Santo in Seville. In South America it served as a sometimes very remote model for various popular paintings in Cuzco.

Amongst the American derivations is one painted by Gregorio Vázquez de Arce y Ceballos (1638-1771) (Tunja, Colombia, Church of Sant Miguel), the archangels of Sopó and those of Subachoque. Ascribed to a so-called «Master of Sopó», the ones in these two Colombian churches are undoubtedly the Sevillian work of a collaborator or continuer of the Extremaduran master.[9] Painted on European linen canvas, the clothes are later than those of Zurbarán; their faces show a certain likeness to those in the Pozo Santo, while their legs show the curving rhythm which Díaz Padrón points out in the painting on show when he compares it with the *Saint Ferdinand* in the church of Sant Esteban in Seville.[10]

The Colombian canvases reveal a preparation of reddish ochre over which is a thinner layer of a grey-black colour[11] and the inscription B G a[12] on the back.

JUAN JOSÉ JUNQUERA

1. Tobit XII, 15; Enoch; Esdras; Revelation, I, 4.
2. Gamboa 1993; Gamboa 1996; Madrid 1997.
3. Pacheco 1649 (ed. Sánchez Cantón 1956), II, p. 201.

4. Mâle 1932, p. 302; Díaz Vaquero 1989, p. 265 et seq.

5. John XII, 7-9.

6. Díaz Padrón 1996, p. 53.

7. Caturla/Delenda 1994, p. 150; Fernández López 1995, pp. 157-173, fig. 3.

8. Seville 1983a, cat. no. 10. The one in Pozo Santo was attributed by Hernández Díaz to Bernabé de Ayala: Hernández Díaz 1973, pp. 63-71. For the one in Lima, see Caracas 1988, p. 82. fig. 29; AA. DD. 1989, p. 76.

9. See note 2.

10. Madrid 1991, p. 40.

11. Gamboa 1996, p. 135.

12. Gamboa 1996, p. 138.

17. FRANCISCO DE ZURBARÁN
The Virgin and Child Jesus with the Infant Baptist

This picture is documented since the mid-nineteenth century in private collections in Madrid, some of them very important, such as that of José de Madrazo, who was director of the Museo del Prado, and that of the Marquis of Salamanca, until it entered the museum in 1940. It is signed and dated on a *trompe-l'oeil* label painted to look as though it is attached to the surface of the canvas, following a common practice by Zurbarán. In the modern bibliography on the artist it is unanimously and rightfully considered an excellent original of particular interest to historians and critics as it is the last definitely datable painting of all his known production, painted two years before his death in Madrid.

In 1658 Zurbarán had left Seville and moved to the capital of the realm. We do not know for sure what it was at that made him move at the age of 60, but one of the causes, probably the main one, must have been of a professional nature, a worrying decline in the demand for his art in a city he had enriched with so many wonderful paintings and in which he had been living for the last thirty years. The fall-off in commissions could be put down to a combination of two factors: for one thing, the economic crisis which had recently been making itself felt in Seville, and, for another, the gradual change in pictorial tastes, a change whose most immediate mover in Seville was the rise of a new star, Bartolomé Esteban Murillo, who from the mid-sixteen-forties had increasingly been making a name for himself as the dominant painter in Andalusia. In Madrid circles, Zurbarán's latest work would undoubtedly at this stage have seemed old-fashioned, not in line with developments in local painting. It was in fact the moment when the Madrid school was decidedly embracing the final phase of Baroque, seduced by its colour and the material sumptuousness of the great Venetian masters and by the formal exuberance and pomp of Rubens, as well as

the masterly example of Velázquez (when Zurbarán got to Madrid, his friend Don Diego had already reached the peaks of *Las Meninas* and *Las hilanderas* or the *Fable of Arachne*). All this rich and infinitely fertile pictorial culture, filled with infinite possibilities of creativeness, had met with little response in the Extremaduran master's inventiveness and work, except for certain compositional solutions he had frequently and undisguisedly taken from Flemish engravings. However, while we have little reliable information about his last period, there is reason to believe that he was not short of appreciation on the part of his followers. Amongst the pictures he painted during this period are some whose subject matter and size suggest they were for some religious institution, as for example the 1661 *Porziuncola* included in this exhibition (cat. no. 9) and –definitely for a convent, that of San Diego in Alcalá de Henares– the *Saint James of the Marches* and the *Saint Bonaventure*, now in the Museo del Prado, and perhaps also the *Saint Didacus of Alcalá and the Miracle of the Flowers* (cat. no. 11) in the same museum. But the most significant point about Zurbarán's production dated are datable between 1658 and 1664 is the considerable increase, in comparison with earlier periods, of devotional paintings obviously meant for private buyers: the *Virgin Suckling the Child* in the Pushkin Museum in Moscow and the *Virgin and Child with the Infant Baptist* in the San Diego Museum of Art (USA), the latter inspired in part in a composition by Murillo in the previous decade,[1] the 1659 *Virgin with the Child Asleep* in the collection of Antonio Barnuevo in Madrid, and the *Holy Family* in the Szépművészeti Múzeum in Budapest; and although the signature indicates no date, there is no doubt that the *Virgin and Child* which was in the Cintas collection and the *Virgin and Child with the Infant Baptist* formerly in the Berliz collection are both from this period. And add to this the fact that the inventory and valuation of the fourteen pictures Zurbarán left at his death includes one of the *Mystic Marriage of Saint Catherine* and another of the *Virgin and Child with Saint John and Saint Joseph* which belong to the same group. This last canvas, whose whereabouts is a complete mystery, measured two *varas* in height and was valued at 440 *reales*, the second highest price in the whole inventory (the highest was an *Assumption of the Virgin* valued at 550 *reales*). This indicates more or less the financial value for the time of the picture in the Museo de Bellas Artes in Bilbao, which also measures two *varas* in height, and is the largest of all the ones in this group known to us today.

Catalogues of Zurbarán only include one painting earlier than 1658 depicting the two Holy Children: *The Holy Family with Saint John, Saint Elizabeth and Saint Zacharias* in the Perinat collection (recent

and, in my opinion unfounded opinions identify the last two figures as Saint Anne and Saint Joachim), probably painted at the beginning of the sixteen-thirties. This shows the extent to which these canvases from his last Madrid period on one of the most charming aspects in Christian iconography were a novel feature in his production. Murillo is going to be the one who, in the area of Seville, is going to leave most and the most varied pictorial views of this childhood relationship and, as I have already pointed out, his earliest exemplar is echoed in that by Zurbarán of 1658. But this theme had a history going back a long way in the repertory of European art. The Gospels say nothing at all about a meeting between Jesus and John before the Baptism in the Jordan. But, being related and destined from birth to converge by virtue of their respective supernatural missions, it was only normal that religious reflection should have imagined that they knew each other as children. As from the end of the thirteenth century, religious literature and figurative art picture the episode in a variety of circumstances, ranging from a meeting of Saint Elizabeth and her son John with the Virgin and Jesus –apparently the first iconographic idea, like an inverted Visitation– to greater or smaller numbers of participants (even angels appear at times), diversification of certain actions, changes in the setting (home, the carpenter's workshop, the midst of nature) or a reduction to the essential nucleus of the two Children. In fifteenth-century Florence this theme had been profusely developed as a result of «the Tuscans' love for their cheery *putti* and, at the same time, of the cult of the Baptist, their patron saint. Reducing him to a child and, as a child, putting him beside the young Jesus satisfied certain desires which the Florentines were the first Europeans of the Renaissance to feel».[2] The towering models of Raphael and other masters from the height of the Renaissance, widely circulated in copies and engraved reproductions, spread the theme far and wide in Europe. Zurbarán probably saw some of the interpretations of this iconography –with greater or lesser influence from Leonardo's circle– by Morales, until Zurbarán the most illustrious painter to come out of Extremadura. But if he did see them, they left no appreciable mark on his painting. In the seventeenth century, some of the Italian masters who opened up widely followed stylistic horizons for painting, such as Annibale Carracci and Guido Reni, also produced various compositions of this story which were multiplied by the engravers and some at least of which could have been familiar to Zurbarán, who is known frequently to have taken advantage of engravings. However, as regards the picture in the Museo de Bellas Artes in Bilbao, there is very little in it which can not be explained through the master's own language.

In the canvases on dramatic themes, as we can see in the *Crucifixion* of 1655 exhibited here (cat. no. 5), the painter preserved, largely for expressive purposes, the antique directness of the division of light. But in such a moving, domestic scene as this, interpreted with his typical tenderness, his treatment of the light softens the contrasts and at the same time makes it more enveloping and caressing in the definition of the flesh. In the folds of the Virgin Mary's tunic that figure in the foreground, and in the label with the signature, the lighting is stronger and creates powerful shadows, while the humble still life with apples and pears fascinates us with its marvellous structural simplicity, the gentle touch of the light, the highlights in the metal dish. But it would be unfair to stress the beauty of this fragment so characteristic of Zurbarán and so attuned to modern tastes. It is the totality of this painting that makes it clear that at the end of his life the painter was still a great master.

Dressed in a camel skin tied with a belt, which is the usual dress of the adult Baptist, the young John approaches his cousin. In his left hand he has a small cross, a sign of the Passion the future holds in store for Jesus, whose hand he kisses. Jesus, for his part, places his hand on John's head as a sign of blessing. The Mother, who was reading a book, looks at them pensively: she has seen the omen. The pretty little lamb at John's feet, his usual attribute, confirms the cruel sacrifice to come –this is the «Lamb of God». This is substantially the iconographic meaning of the scene. The exchange of kiss and blessing between the Children and Mary's sorrowful expression –that is, the basic meaning of the invention– has precedents in the version by Guido Reni in the Musée du Louvre dated 1606, of which various print runs were made,[3] but which is developed with differences in the details (Jesus blesses with his hand raised; the kiss is on the foot), and the general composition is totally different. It is also worth noting that the kiss on the hand and the counterpart of the right hand placed on the head –a ritual inherited from the rendering of vassalage in the Middle Ages– is not rare in another very frequent thematic context, the *Adoration of the Magi*. We see this, without leaving Sevillian circles, in the version of this episode by Juan de las Roelas (1619),[4] as well as in Zurbarán himself, in a work datable to about 1630.[5]

The fruit on the dish, especially the apple, allude to the Virgin as the «new Eve», our redeemer of the evil caused by the first woman. Sureda[6] has pointed out that the book in Mary's left hand must be the Old Testament, in correlation with the action of the right hand, which is holding the Child, the protagonist of the New Testament. In this way the Virgin Mary is portrayed as a pivot between the two ages of the Holy Scripture.

The scene takes place in an interior lacking architectural elements to define the space. While the foreground plane is vigorously asserted through the line formed by the lamb, the label and the piece of red mantle, the function of establishing the true depth of the place is left to the size of the table, on which stands the solitary fruit bowl. It is remarkable that, in comparison with his other interior scenes, the ample rays of light emanating from the Virgin in this case create a striking atmospheric effect. Angulo[7] points out that, surprisingly, the position of the Virgin's head is based on Albrecht Dürer's engraving of the *Virgin and Child with a Monkey*. I suspect that the vigorous and unbalanced movement of the Child Jesus, not very in keeping with our artist's preferences, is also the result of some alien invention. It is, at all events, a compositionally effective, parallel movement accompanying and reinforcing the inclined position of the mother's body. The figure of Saint John combines with this oblique mass, forming a completely triangular pattern of a classical type, crowned at its apex by the Virgin's head.

JOSÉ MILICUA

1. Angulo 1981.
2. Berenson 1947; Aromberg 1955.
3. Pepper 1984, fig. 20.
4. Valdivieso/Serrera 1985, fig. 115.
5. Gállego/Gudiol 1976, fig. 32.
6. Sureda 1991.
7. Angulo 1981.

18. FRANCISCO DE ZURBARÁN
Still Life with Four Vessels

Francisco de Zurbarán's *Still Life with Four Vessels* is one of his most famous paintings. Its great appeal rests today on the apparently «modern» values which seem to have motivated the artist. The autonomous objects are displayed in a simple freize-like composition which allows a greater concentration on their formal properties and an appreciation of the variety of vessels of different type, shape, size and material. The dark background and strong tenebrist lighting dramatises their forms and the low viewpoint endows them with a certain monumentality. These ordinary objects appear to have been removed from their mundane, everyday context and have become a pretext for a display of the artifice of the painter. Looking back from the twentieth century, it could even appear that Zurbarán has affinities with modern artists, for whom the humble still life became an experimental vehicle in avant-garde painting.

The late date of the painting is based on its style and the circumstantial evidence that a white pottery vessel which is very similar to the one on the right of the *Still Life with Four Vessels* appears in Zurbarán's painting of the *Virgin Annunciate* (Ciutat de Palma, March Collection), a painting which is itself derived from the *Annunciation* (Philadelphia Museum of Art) which is signed and dated 1650. The subject matter of the painting is somewhat unusual for the period, concentrated as it is on man-made vessels, without fruit or other foodstuffs which were normally included in still-life paintings. Zurbarán possessed an extraordinary ability to paint what was before his eyes. He included still-life details in his religious paintings which are directly observed from the life and occasionally painted independent still lifes which are among the greatest masterpieces of the genre in seventeenth-century Spain (Francisco de Zurbarán, *Still Life with Basket of Oranges*, 1633, today in the Norton Simon Foundation in Pasadena; see reproduction in the article «The Still Lifes of Francisco and Juan de Zurbarán» in this catalogue). For a still-life painter of the care and meticulousness of Zurbarán, the vessels certainly allowed him the time necessary to arrive at a high degree of finish. Zurbarán probably painted them purely for their visual appeal and did not intend any symbolic interpretation of the subject matter. Despite Zurbarán's choice of attractive vessels for his still life, however, our admiration is not for the subject matter per se, but for Zurbarán's skill in representation. In real life, the objects in the painting were produced by potters and silversmiths, while the painting we admire is by Zurbarán and is the work of an artist, not an artisan.

The vessels chosen by Zurbarán are relatively ordinary ones which were in everyday domestic use at the time. There are two white pots (*alcarrazas*), a South-American (or Portuguese) red clay bottle, a silvergilt cup (*bernegal*) and two polished pewter saucers. The vessels were all used for containing and drinking water. The squat, right-hand *alcarraza* is filled to the brim with water. These pots were made of a fine white clay and were sometimes left unglazed in order that their porous bodies could «sweat» and allow the water to remain cool, as with the *botijo* today. The highlights painted by Zurbarán on his two *alcarrazas* suggest that these are glazed examples and no water has gathered in the saucer in which one of the vessels stands. Part of the meaning of the picture probably derives from the culture of water in the period in Andalusia, something which is also central to Velázquez's *Waterseller*. In hot regions of Spain, water always enjoyed prestige as a refreshing, pure and necessary element.

Zurbarán was a great painter of relief, highly skilled in the creation of an illusion of three-dimensionality in his paintings. His *Still Life with Four Vessels* is a consummate display of his abilities in this regard. Zurbarán's tenebrist style of painting is essential to the achievement of such effects, using strong lateral lighting and modelling of forms based on pronounced contrasts of light and shade. However, Zurbarán has also maximised the impression of volume of the vessels in other ways. Zurbarán has, for instance, counter-pointed light and dark forms, which is an elementary visual strategy for creating relief which he habitually used in figure painting; thus, the highly lit left part of the right-hand pot is contrasted with the dark interior of the pewter plate on which it rests, while the shaded right-hand part of the pot contrasts with the lit interior of the plate. The surface textures and the decoration of the vessels also emphasise the effects of relief in the picture; Zurbarán has, for instance, carefully observed the play of light on the curving embossed decorations of the vessel on the right in order to articulate the illusion of volume of this object. The vessels are all two-handled and their handles point in different directions, not only for reasons of variety, but to enable the viewer to imagine these turning in the fictive space they occupy. The painted vessels are life-sized and surely an important part of the appeal of the painting was the impression that the viewer could reach out and grasp the vessels. In this respect, Zurbarán recalled the lesson of Velázquez's *Waterseller*, in which ceramic vessels are so prominent and in which the painted water jug is a startling *trompe-l'oeil* detail.

Puzzling aspects of the representation prove that it is impossible for Zurbarán to have painted the *Still Life with Four Vessels* from this exact arrangement of vessels on a ledge or table in front of him. The marked inconsistencies in viewpoint, position and lighting of the elements suggest that each motif was finished separately, either from the life or another painted model. This would be very easy to do in just such a formal composition of independent elements. Although the objects are all illuminated from the left, these do not cast shadows on one another. Most obviously, the shadow cast by the large, rotund body of the tall *alcarraza* does not impinge on the red pottery bottle beside it. The flanking vessels on the saucers are seen from higher viewpoint than the central ones. The drawing of the elements is also somewhat odd in real terms. The tall *alcarraza* leans off centre. The two saucers are not drawn in correct perspective and these are not truly foreshortened circular forms. The right-hand saucer appears too «flat» and the left-hand one inclines to the left in an odd way. The elipse of the vessel at the far right comes to a point at the «sides» of the aperture and also leans downwards to the left, which, in reality, would risk the water spilling from it.

Francisco de Zurbarán painted *Still Life with Four Vessels* twice and in neither version are the inconsistencies noted above corrected. His reasons for repeating

the painting are unknown. He may have painted a second version for himself, or, perhaps more likely, for an admirer of his paintings. Copies of still lifes were common in the seventeenth century. It was, moreover, normal artistic practice for painters to copy motifs into still lifes from other paintings. Although such motifs were perhaps originally taken from nature, they were recycled in other paintings without any loss of conviction in terms of their apparent naturalism.

It is impossible to know which painting was the first version. The paintings are identical in size and motifs. There are some very slight differences in the relative placement of the objects; for instance, the distance between the tall white *alcarraza* and the red pot is a little wider in the Museu Nacional d'Art de Catalunya, Barcelona painting and the shape of the cast shadows is somehat different in both pictures. However, the painting of the objects is exactly the same in each. Technical examination has shown that both paintings were executed in the same way and that both are by the hand of Zurbarán. A study of the X-radiographs of each painting reveals Zurbarán's method of directly painting the objects, in which the precise contours are boldly drawn with the brush and the forms strongly modelled. Neither document reveals the existence of *pentimenti*, which is not surprising in a composition of such simplicity and in the case of an artist so sure of himself.

The more often exhibited and reproduced version of *Still Life with Four Vessels* is that of the Museo del Prado. However, the best preserved painting is undoubtedly the one in the Museu Nacional d'Art de Catalunya, Barcelona. The surface of this painting is in better condition, with the obvious consequence that the subtle lighting effects and modelling of the forms can be better appreciated. The light does not appear to be as harsh as the Prado painting and falls more softly. In the modelling of the forms, the half tones which have been preserved in the Barcelona version and which lend it a rich tonality have all but disappeared from the Prado painting, which has resulted in a loss of the illusion of volume and a much more schematic impression of the intricate play of light on the opaque and reflective surfaces of the objects. The relatively good condition of the Barcelona painting also means that the surface decoration of the vessels remains well defined. The direction of the embossed pattern of the right-hand *alcarraza* is notably different in the paintings, but this is due to the infilling and repainting of a large damage to this area of the canvas of the Madrid picture, which is clearly seen in the x-radiograph. The apparent «modernity» of the *Still Life with Four Vessels* from the Museo del Prado, which was again noted by reviewers when it was exhibited in the National Gallery, London in 1995, may have more to do with

its condition than is realised. The freize-like quality, relative flatness and the pronounced definition of the «edges» of objects in the Museo del Prado painting are features which appear not to have been intentional, but have been exaggerated by the poor condition of the painting.

PETER CHERRY

19. FRANCISCO DE ZURBARÁN
Quinces on a Plate

This still life is a fragment cut out of a larger painting, as may seen in the X-radiograph. Strips of canvas have been added to all four sides at an unspecified date to give the painting its present dimensions. The strip along the bottom has been painted by a later hand so as to resemble the front edge of a table top and the section of a white cloth in the lower right-hand corner of the original canvas (which appears to be original) has been extended to look as if it folds over the table edge. The painting is now framed in such a way that most of these canvas strips are masked.

The attribution to Zurbarán has been universally accepted since the painting was first published in 1954. The fragmentary nature of the painting has been generally recognised (although Guinard[1] makes no reference to it), and this has made it difficult to date. Most commentators locate it close to the only signed and dated still life by Zurbarán, the *Still Life with a Basket of Oranges* of 1633 (see reproduction in the article «The Still Lifes of Francisco and Juan de Zurbarán» in this catalogue) in the Norton Simon Foundation, Pasadena, and point out the similarity between the arrangement of the quinces on the plate and that of the large lemons in the American painting. A different dating is proposed here.

The fruits represented are undoubtedly large quinces, in spite of one distinguished scholar's identification of them as «zamboas» (a kind of citron).[2] This is the only known representation of quinces by Francisco de Zurbarán, although his son, Juan, included them in several of his fruit still lifes. Quinces are a winter fruit and generally speaking in Spain they were not eaten raw but used to make compotes, jellies, and marmalades. The famous patissier Juan de la Mata, who described the quince as «one of the most rustic of fruits» («*una de las frutas más caseras*») provides several recipes in his *Arte de repostería*.[3] In religious paintings the quince is employed as a symbol of the Resurrection (since according to Pliny a cutting from the quince treee could form another tree when planted in the ground) and Giovanni Bellini, for example, shows it in several of his pictures of the Virgin and Child.[4] The question of whether the quinces in the present work were intended to be interpreted symbolically is impossible to answer since we do not know what it is a fragment of.

Pemán drew attention to the use by Zurbarán of similar motifs in works like the San Diego Museum of Art *Virgin and Child with Saint John the Baptist* of 1658, and Pérez Sánchez[5] has argued that it is very likely that the painting is a fragment from just such a composition. It is interesting to note that it is particularly in the late devotional works painted during the artist's Madrid years (1658-1664) that still-life details of fruit on a metal plate, usually playing some kind of symbolic or allusive role, are to be found.[6] The monumental character of the quinces is closely comparable to that of the apples in the foreground of the San Diego picture, and the warm tonality Zurbarán has employed here distances it somewhat from the cooler tones and tighter handling of the fruit in the still life of 1633. A comparison of the X-radiograph of the present work with those of the still lifes painted in the late 1620s and early 30s (the Norton Simon picture, the National Gallery's *Cup of Water and a Rose on a Silver Plate* (see reproduction in the article «The Still Lifes of Francisco and Juan de Zurbarán» in this catalogue, and the ex-Lafitte *Basket of Apples and Peaches on a Table-top*, recently restored and exhibited in New York)[7] shows that here the forms are less densely modelled and the artist has abandoned the use of carefully drawn contour lines around the forms. This suggests a late date for the execution of the work, possibly in the Madrid period.

It has been argued[8] that the monumentality of the quinces is such that one must also allow for the possibility that it is a fragment of a larger pure still-life painting. However, the juxtaposition of the plate and the white cloth is not paralleled in any of Zurbarán's pure still-life paintings, indeed the motifs in his still lifes never overlap. It is more likely, therefore, that the motif has been cut from a figure painting, perhaps a half- or three-quarter length devotional painting. The X-radiograph shows that the canvas has been cropped as close to the objects as was possible, perhaps with the intention of removing any trace of the forms which were nearby and making it pass for an independent still life. The white rectangle in the upper right corner does not represent an area of original canvas which has been neatly cut away, but an area of original canvas which has been painted over in a lead-white pigment, opaque to X-rays, perhaps to mask a part of a form which would indicate that the painting was a fragment. The white cloth in the foreground was left, as it could pass as part of an independent still life, but it may originally have been part of the drapery of a figure.

GABRIELE FINALDI

1. Guinard 1960a, p. 280.
2. Gállego 1984, p. 201.
3. Mata 1755.
4. Levi 1977, pp. 324-325.
5. Pérez Sánchez 1983a and Pérez Sánchez 1988a.
6. Gállego/Gudiol 1976, nos. 513, 515, 518, 525, 538 and 540.
7. Jordan 1997, pp. 98-103, cat. no. 12.
8. Sureda 1988a, pp. 188-191 and Sureda 1990b, pp. 50-51.

THE STILL LIFES OF JUAN DE ZURBARÁN

20. JUAN DE ZURBARÁN
Still Life with Plate of Grapes

Belonging to the same collection since the mid-nineteenth century, this important picture was unknown to scholars until it was shown in the exhibition *L'Âge d'Or espagnol* at Bordeaux in 1955. It is of such high quality that at least one scholar[1] argued that it was actually painted by the father, despite the fact that it is clearly signed with the son's name. Painted when Juan was only nineteen years old and the earliest of his three signed works, it is at once a powerful testimony to the rigorous training the young artist received from his father and to the independence of mind and spirit that a young man could exhibit in the shadow of a famous father.

Although superficially similar to the motif of plates in Francisco de Zurbarán's famous *Still Life with Basket of Oranges*, of 1633 (see reproduction in the article «The Still Lifes of Francisco and Juan de Zurbarán» in this catalogue), and to analogous details in his figural compositions, Juan de Zurbarán's *Still Life with Plate of Grapes* reveals a quite distinct vision. Pérez Sánchez[2] remarked that to his eye, the earthy, sensuous character of the subject is underscored in the manner of Dutch painters. But in its preciosity, this work is perhaps even closer to the spirit of Lombard artists like Panfilo Nuvolone (documented 1581-1631), by whom small still lifes of fruit were beginning to appear in Spanish collections around this time. In the young Zurbarán's painting, the attentive observation of detail in the fruit and its reflection in the flange of the metal plate is paralleled by the great pains the artist took to render the cracks and chips in the edge of the stone ledge on which the plate rests. This focus on accidental details was entirely alien to the sensibility of the father, whose forms and compositions tend toward the pure and the conceptual. Indeed, if the formal purity of the father's still lifes has led some to seek religious significance in them, the rich and nuanced vision of detail in those of the son merely underscores the essential profanity of the genre for him. It may be that there was not such a gulf of intent between the two, but rather a generational shift evidenced by Juan's attraction to modish works from Italy that seemed in their realism to embody a greater sense of modernity.

One tends to associate the use of copper as a support for oil paintings with other schools than the Spanish (especially the Flemish) but it was common in Italy (indeed, it was common among Lombard still-life painters like Nuvolone), and it was far more attractive to Spaniards than is normally realized. Works on copper appealed mostly to sophisticated collectors who savoured the smooth, highly finished surface of paintings like this one. But copper provided an ideal ground for the more sensuous use of paint and glazing as well. Such artists as El Greco, Maino, Ribera, Caxés, Van der Hamen, Murillo, Claudio Coello, and many others worked occasionally on copper, but few still lifes were painted on metal in Spain. It was a luxury, and in this small *Still Life with Plate of Grapes* Juan de Zurbarán was clearly painting a luxury item that would be associated in the mind of a collector with similar works from Flanders and Italy.

WILLIAM B. JORDAN

1. Pemán 1958.
2. Pérez Sánchez 1983a.

21. JUAN DE ZURBARÁN
Still Life with Fruit and a Goldfinch

This beautiful still life was recently correctly attributed to Juan de Zurbarán on the basis of its similarity to the *Still Life with Plate of Grapes* signed and dated 1639 belonging to a private collection (cat. no. 20) and must date from around the same time. Both paintings were exhibited together in the National Gallery London in 1995, and, despite their different supports (the *Still Life with Plate of Grapes* is on copper), their facture is the same. The grapes show the same degree of translucency, with the light appearing to be trapped within their pale bodies, and with the reflections in the silver plate carefully studied in each painting.

Paintings of fruit are the earliest still lifes known in Spain and elsewhere in Europe and the choice of this subject matter was in emulation of fabled works from classical antiquity. Francisco de Zurbarán painted at least one small still life of foodstuffs on a silver plate, the *Still Life with Sweetmeats* (private collection, Spain), which is dated *circa* 1633 and in scale and format Juan may have followed his father's works of this type. The painting has darkened with time, which has exaggerated its pronounced tenebrism. Juan de Zurbarán had learned this tenebrist style from his father, as well as a heightened sense of the contours of objects, which is such a characteristic feature of both artists' paintings. However, compared to Francisco's *Still Life with Basket of Oranges* (the Norton Simon Foundation in Pasadena; see reproduction in the article «The Still Lifes of Francisco and Juan de Zurbarán» in this catalogue), Juan achieves an intense sense of volume in the modelling of his objects by deepening the shadows and handles paint with greater relish than his father.

Still Life with Fruit and a Goldfinch is a small painting, but the fruit is represented life-sized and close to the viewer, according to the prevailing conventions of still-life painting at the time. Despite its size, a great variety of fruit is represented. A ripe pomegranate has split open to reveal its juicy insides and its flower further enhances the attractiveness of the image. The viewer's close attention to the painting is rewarded with exquisite details, such as the butterfly drawn to the pomegranate flower and the wasp which has alighted on the bunch of white grapes. This love of detail is reminiscent of Flemish still lifes, such as those of Jan «Velvet» Brueghel (1568-1625). Pacheco mentioned Brueghel as one of the most famous painters of flowers in his *Arte de la pintura*[1] and paintings by him and his followers would have been known in Seville, particularly among the colony of Flemish merchants resident in the city.

In the foreground, a goldfinch is depicted eating grapes, with its tail illusionistically overlapping the front edge of the table top. This prominent detail alludes to the well-known story of the ancient still-life painter Zeuxis, whose grapes were painted so naturalistically that the birds flew down to try to eat them. In a spirit of competition with the ancients, Zurbarán leaves the viewer in no doubt as to whose still life is the greater, since a bird is shown actually eating his grapes. Despite the relative lowliness of still life in Spain which generally made it a decorative genre, Juan de Zurbarán clearly expected viewers to look closely at this work, to pore over its details and admire the full range of visual qualities which makes it a tour de force of his representational skills.

PETER CHERRY

1. Pacheco 1649.

22. JUAN DE ZURBARÁN
Still Life with Chocolate Service

Painted perhaps only months after the *Still Life with Plate of Grapes* (cat. no. 20) of 1639, this consummate still life by the twenty-year-old Juan de Zurbarán is like-

wise the work of a completely formed artist whose personality is quite independent of his father's. Yet, when it was first published in 1916, while still in the Khanenko collection in Saint Petersburg, it was believed to be by Francisco de Zurbarán. Only in 1938, following the painting's cleaning, was a complete transcription of the signature published. No one had previously been aware that Zurbarán's son had been a still-life painter, and this discovery was one of the epochal moments in the history of the genre. Nevertheless, its full implications were not realized for many decades. A facsimile of the signature was published for the first time by Pemán, in 1958. During the preparation of the catalogue of the 1995 London exhibition *Spanish Still Life from Velázquez to Goya*, the staff of the Kiev museum sent word that the signature was no longer visible, and notice of this was published in the first printing of the catalogue. Upon examination with strong light when the painting arrived in London, however, the signature was perfectly visible at the lower left, as it had been since 1938. A correction was made in subsequent printings of the catalogue.

Whereas in the case of his small *Plate of Grapes* (cat. no. 20) one can discern Juan de Zurbarán's stylistic independence only in terms of the painting's delicate and sensuous technique and its copper support, the ambitious composition of the Kiev *Still Life with Chocolate Service* provides a much better opportunity to assess the young artist's personality. The setting is exceedingly dark. The bright light that gives relief to the forms neither penetrates the shadows nor defines a lucid space, as in Francisco de Zurbarán's *Still Life with Basket of Oranges*, of 1633 (see reproduction in the article «The Still Lifes of Francisco and Juan de Zurbarán» in this catalogue). The objects in the Kiev still life –a silver plate, Chinese export cups, a silver pitcher and another of white faïence, a wooden box of preserves, a colorful napkin, a Mexican gourd bowl, a chocolate mill and a spoon– emerge from the darkness in a grouping that seems intuitively balanced, rather than conforming to the predetermined, hierarchical order of symmetry. The forms overlap one another, achieving a cohesive overall design that gives the artist an opportunity to study the reflections and sensuous surface characteristics of a variety of patterns and materials in close proximity. He does so with short, decisive strokes of a rather stiff brush that leave the surface of the pigment richly textured. Highlights on the porcelain cups and the pitchers are indicated by single, bold strokes of heavy, white impasto. The delicate coloristic play of blue with cool and warm whites, silver, brass and wood endows the picture with a restrained elegance.

The young Juan de Zurbarán could not have arrived at this coherent and pre-

cocious style on the basis alone of his familiarity with earlier Spanish still-life painting. The only Spanish artist to approximate this style prior to 1640 was Antonio de Pereda, but Pereda did not really achieve its full potential until the 1650s. Although Juan must have known Italian and Flemish still lifes of the sorts that may also have influenced Pereda, it is a measure of the artist's stature that we cannot say which ones they might have been. What he wrought at so young an age seems to be the result of his own sophisticated response to the changing world around him.

Several unsigned still lifes of this type have been attributed to Juan de Zurbarán, but most are rather dry in their execution and none achieves the richness and quality evident here. Some critics may be inclined to make allowances for the weaknesses of these works, imputing them to the unevenness of a young painter. But no signed still life by this painter betrays any weakness or lack of skill. Admittedly, Juan's surviving oeuvre is still very small, but we are obviously confronting a major talent, whose skill and inventiveness as a still-life painter exceeded those of most of his coevals. It is to be expected that he had imitators, just as the young Velázquez had. After all, the young Zurbarán's still lifes were just as new and imitable in Seville in 1640 as Velázquez's *bodegones* were in 1617.

WILLIAM B. JORDAN

23. JUAN DE ZURBARÁN
Still Life with Basket of Fruit and Cardoon

The general recognition of this painting as a work by Juan de Zurbarán in the 1985 Fort Worth exhibition of Spanish still-life painting, was an advance comparable to the discovery of the signature on the Kiev still life (cat. no. 22). The picture had been exhibited and published twenty years earlier, however, with an attribution to Michelangelo da Campidoglio (1610-1670). The very tardy recognition of its true author reflects how little was known about Juan de Zurbarán until quite recently.

The painting was bought in 1938 by the Finnish collector Gösta Serlachius from the Stockholm dealer Louis Richter. Its signature was presumably visible at the time, but, even though the complete signature on the Kiev still life was discovered in the same year, a facsimile of it was not published until twenty years later (Pemán 1958). Because of the painting's Italianate qualities, the signature was presumed to be false, and the picture was attributed by members of the staff of the Nationalmuseum in Stockholm to the Neapolitan painter Giovanni Battista Ruoppolo (1629-1693). In an exchange of letters between the owner of the painting and the late

Causa in 1958, the noted Neapolitan art historian expressed the view that the painting was by Luca Forte (active c. 1625-1655). In 1964 Causa included the still life in the exhibition *La natura morta italiana*, which he organized at the Palazzo Reale in Naples and which also traveled to Zurich and Rotterdam. By that point, Causa had rejected the attribution to Luca Forte and proposed the name of Campidoglio, by whom no signed still lifes are known to have survived. Causa failed to mention in his catalogue entry, if only to dispute it, that the painting bears an inscription with the name of Juan de Zurbarán and a date in the 1640s. By 1972 Causa had recognized the existence and authenticity of the signature, but his publication of this was not picked up by Spanish art historians until 1987, when noted by Pérez Sánchez. Two years before, however, in the catalogue of the Fort Worth exhibition, a detail of the signature was published. On the basis of a photograph, it had been impossible to read the date precisely, and it was tentatively given as 1645. But careful examination with strong light during the exhibition revealed the date unquestionably to be 1643.

Having a precise date for this painting makes it possible to begin to forge an understanding of Juan de Zurbarán's stylistic development. Obviously, he had had his eye on Italy for several years, but of all the paintings signed by or attributed to him, this one bears the most marked imprint of Neapolitan influence. The extremely dark shadows from which the sensuous forms emerge could only have been inspired by the followers of Caravaggio. Causa's analogy to the works of Luca Forta is apt in terms of this use of light and shadow. Furthermore, it is known that still lifes by Forte and other Neapolitans were beginning to appear in Spanish collections at least by the 1640s. But the technique with which the painting is executed is quite different from the relatively smooth application of pigment used by Forte. The pigment is thickly applied and bears the marks of repeated, tiny brush strokes with which the artist worked the surface. Highlights, such as those on the apple and the pomegranate in the basket, are indicated by thick strokes of white impasto, in the same manner as in the Kiev painting (cat. no. 22). In *Still Life with Basket of Apples, Quinces and Pomegranates* (cat. no. 24), the nearly identical way of painting the fruit and the same use of light and shadow is found in a painting whose national origin has never been questioned.

It is hard for us to appreciate today what must have been the initial appearance of Juan de Zurbarán's *Still Life with Basket of Fruit and Cardoon*. The shadows have intensified, due to chemical changes, and the oil-rich glazes with which the fruit is modeled have taken on a somewhat brownish tone. Thus the original balance of light and dark has been altered. But in the monumentality of its composition, the firmly drawn contours of the fruit and the extremely rich modeling of forms, it is the equal in quality of the Neapolitan works that must have inspired it. Knowing of the young Juan's interest in modish or fashionable things, it is not surprising that he would have been attracted to a style more «modern» than his father's. Perhaps the most interesting thing this tells us, however, is something of the cosmopolitan atmosphere of Seville in a decade that was the cradle of the major baroque painters who would achieve the final and greatest flowering of the School of Seville in the golden century. Surely the short-lived but brilliant Juan de Zurbarán had more to do with this than we have suspected.

WILLIAM B. JORDAN

24. JUAN DE ZURBARÁN

Still Life with Basket of Apples, Quinces and Pomegranates

This monumental composition puzzled scholars for years and was attributed to various artists who worked in Andalucía. None of the attributions, however, was convincing, and it was exhibited as by an anonymous Sevillian artist in the still-life exhibition in Madrid during 1983-1984.

Soria[1] related the painting to the work of Pedro de Camprobín (1605-1674) because of the painting's resemblance to the spectacular *Still Life with Pears in a China Bowl* in the Art Institute of Chicago (see reproduction in the article «The Still Lifes of Francisco and Juan de Zurbarán» in this catalogue), which at the time he believed was by Camprobín. While the observation that the two paintings are quite similar was a valid one, the style of Camprobín as we now understand it shares none of the dramatic naturalism of either picture.

Soria also suggested that the painting might be by the Sevillian artist Pedro de Medina Valbuena (*circa* 1620-1691). This hypothesis was based on comparison to a large, signed still life dated in 1682 containing a great china fruit bowl surrounded by plates and other fruits, with a landscape vista in the background. That painting, whose whereabouts is unknown, was reproduced in a bad photograph by Cavestany.[2] There is nothing about its complex composition that bears any relation to the simple grandeur of *Still Life with Basket of Apples, Quinces and Pomegranates*. Nor does the style of the known, signed paintings by Medina resemble the sombre naturalism of this painting.

The breakthrough in attributing *Basket of Apples, Quinces and Pomegranates* was the discovery of the signed *Still Life with Basket of Fruit and Cardoon* (cat. no. 23). Both paintings were exhibited side by side in the 1985 exhibition in Fort Worth, where the attribution to Juan de Zurbarán was first proposed. The attribution was accepted by Pérez Sánchez in 1987 and by all scholars since that time. Although the two still lifes are similarly organized only in the most general terms, the Barcelona painting is executed with a nearly identical technique of modeling with rich glazes. The strong light and very dark shadows in both paintings lend an emphatic plasticity to the fruit; the quinces at the lower left of each composition could hardly be more similar. There is a striking congruity in the definition of the pomegranates and in the way the light reflects off the surface of the leaves. Overall, both pictures share an earthy vision of reality that was uniquely Juan de Zurbarán's.

Because of the similarity of these two paintings, one would suppose that the Barcelona still life must date from roughly the same period in the artist's development, or slightly later –that is to say, around 1643-1645. Once identified as a work by Juan de Zurbarán, this painting proves extremely useful in helping to establish the attribution to him of such other imposing pictures as the Art Institute of Chicago *Still Life with Pears in a China Bowl*; the Masaveu *Still Life with Basket of Fruit* (see reproduction in the article «The Still Lifes of Francisco and Juan de Zurbarán» in this catalogue); and the *Still Life with Apples in a Wicker Basket, a Plate of Pomegranates and a Vase of Flowers* (cat. no. 25), today in the Várez Fisa collection. All of these, especially the latter two, probably represent a later moment in the artist's development –that is to say, about 1645-1649.

WILLIAM B. JORDAN

1. Soria 1959a.
2. Cavestany 1936-1940.

25. JUAN DE ZURBARÁN

Still Life with Basket of Apples, Dish of Pomegranates and Vase

This noble still life, virtually unknown until its appearance on the New York art market, can without any doubt whatsoever be considered one of the finest works to have been painted by Juan de Zurbarán, of whose production very little, as is known, has been preserved. Its importance lies, as well as in its obvious beauty, in its excellent state of preservation.

Thanks to Jordan's research on the occasion of the exhibition *Spanish Still Life in the Golden Age 1600-1650*, Fort Worth, Toledo (Ohio), 1985, it has been possible to fix the signature and date of the still life in the Gösta Serlachius Fine Arts Foundation in Mänttä, Finland (cat. no. 23), a key work in the artist's production which had previously been attributed to the Neapolitan painter Luca Forte (c.1625-1655) and the Roman Michelangelo di Campidoglio (1610-1670). Having discovered that the signature on this work was that of Juan de Zurbarán and that it was dated 1643, Jordan quite convincingly attributed to this artist the *Still Life with Basket of Apples, Quinces and Pomegranates* (cat. no. 24) in the Museu Nacional d'Art de Catalunya, a work which, along with that made known in the Masaveu collection (see reproduction in the article «The Still Lifes of Francisco and Juan de Zurbarán» in this catalogue),[1] offers even greater certainty in the attribution of this sort of still life, which are evidently by Zurbarán, although far more modern in their treatment and composition.

The still life now under study features a rushwork basket with apples in the centre, identical to that in the still life in the Masaveu collection; on the right, on a parapet like the ones used by Van der Hamen, stands a majestic glass vase with lilies, roses and larkspur. On the left, on another similar parapet, is a pewter dish with some opened pomegranates whose quality is very like those in the signed still life in Finland.

These opened pomegranates with their shiny red seeds are common elements in this and the artist's other still lifes, as are the apples and the leaves that can be made out in the dark area in the background and which, in the foreground, stand out against the edge of the parapet and the basket, creating a clever *trompe-l'oeil* effect. The way the light is treated, with violent chiaroscuro, is another key element of these still lifes painted between 1643 and 1649, in the last period of this ill-fated artist who is known to have died a victim of the plague epidemic that swept Seville in 1649.

The directed light effect, the type of turgid leaf set against the space and the way the fruit is painted are a strong link between works of this type and the *Still Life with Pears in a China Fruitbowl* (see reproduction in the article «The Still Lifes of Francisco and Juan de Zurbarán» in this catalogue) in the Chicago Art Institute, also the work of Juan, and bring to mind Neapolitan models like those of Luca Forte which were present in Spanish collections[2] and which would certainly have been studied by Juan de Zurbarán. It is precisely this Neapolitan feel, along with the more complex arrangement of the elements, which sets this painter apart fom his father's work, which is much more balanced, ordered and lacking in the compositional complexity which some of Juan's still lifes show. An example of this baroque treatment of the elements can be appreciated in the glass vase, as compared with the one in his father's work *The Child with the Thorn* (cat. no. 12) in the Museo de Bellas Artes in Seville. In the latter painting the flowers are arranged entirely symmetrically and rhythmically, while the vase in Juan's work is an obvious forerunner of the vibrant spirit that moves the flowers of the Madrid painter Juan de Arellano, who was beginning his activity in that same period.

ALFONSO E. PÉREZ SÁNCHEZ

BENITO NAVARRETE PRIETO

1. Pérez Sánchez/Navarrete Prieto 1996b, pp. 146-147, cat. no. 52.
2. Jordan/Cherry 1995b, p. 108.

26. JUAN DE ZURBARÁN
Still Life with Quinces, Grapes, Figs and Plums

This still-life painting is unlined and in a remarkably well-preserved state, having been spared harsh restorations in the past and with the paint surface textures in an unusually fresh condition. The picture has an overall golden tonality which is due to a brownish glaze which Zurbarán has used in modelling the forms and which has been preserved intact on the painting. One can see clearly the care with which the artist has finely modelled the fruit, with a dense tissue of short brushstrokes. The excellent condition of the painting allows a full appreciation of the subtlety of facture and detail which are distinguishing features of the painting.

Juan de Zurbarán has composed his humble subject matter in a symmetrical arrangement on the plate and scrutinised the fruit carefully to record his observations with a remarkable degree of descriptive naturalism. The vine-leaf tendrils, a tear in the upper leaf and the veins and serrated edges of the leaves have all been painted with paintstaking attention to detail. Moreover, the leaves which are still attached to the fruit suggest that these have been freshly picked. The surface qualities of the different fruits have also been particularized to a fine degree and the artist has, for instance, represented the blue bloom on a plum in contrast with the translucency of the grapes. Juan de Zurbarán has differentiated between the three small quinces in terms of shape and position, and not least by means of the blemishes, bruises and discolouration on the skins which are particular to each of the fruits. The colours of the fruit are, however, reflected back in the polished flange of the silver plate as an abstract play of light.

The contrast in style between *Still Life with Fruit and a Goldfinch* (cat. no. 21) and the increased tenebrism of *Still Life with Quinces, Grapes, Figs and Plums* suggests a later date for this painting, when the artist's interest in Neopolitan still-life paintings was at its height. Zurbarán placed the white grapes on the left of the plate nearest to the light source and the black grapes on the other side, gradually lost in shadow, as an appropriate means of articulating illusionistic depth in the painting. Zurbarán has achieved a convincing sense of depth in his arrangement of the fruit, the viewer is conscious of the space in the middle of the plate between the three quinces and the relative position of the elements, shown by the shadows cast by the grapes on the background quince and one fruit on another. The intense illusion of volume in the quinces has been achieved by force of the chiaroscuro contrasts and Zurbarán's strengthening the shadows with the addition of black. Despite the use of very dark shadows and a minimum of reflected light in modelling the fruit, Zurbarán has not lost sight of the contours of his forms. In the foreground quince on the left of the plate, for instance, Zurbarán has juxtaposed a contrasting light tone with its shaded side in order to maintain clarity of form and increase the effect of relief. The internal modelling of the fruit gives it its powerful three-dimensional appearance and this is also clearly circumscribed by a precise, clear «outline», which are also features which characterise his father's painting (Francisco de Zurbarán, *Still Life with Basket of Oranges*, The Norton Simon Foundation in Pasadena; see reproduction in the article «The Still Lifes of Francisco and Juan de Zurbarán» in this catalogue).

PETER CHERRY

ÍNDEX

AGRAÏMENTS

Queda constància del nostre agraïment a tot el personal del Museu Nacional d'Art de Catalunya i a tots aquells que ens han ajudat de diferents maneres, especialment a:

Emilia Aglio Mayor, Santiago Alcolea Blanch, Trinidad de Antonio, Manuel Barbié Gilabert, Manuel Barbié Nogaret, Montserrat Blanch, Agustí Boadas, Ignacio Cano Rivero, Rosalie Cass, Josep Duran i Alberch, José Fernández López, Gabriele Finaldi, Perry Ford, Sarah Frances, Ana Galilea Antón, José María García, Pasqual Girona, Malen Gual, Ay-Whay Hsia, Michel Hilaire, Rocío Izquierdo, Tomàs LLorens, Charo López, Elena López Gil, M. Dolores Muruzábal Irigoyen, Marilyn Orozco, Peter Osborne, Claudie Ressort, Rita Robbins,Sofía Rodríguez Vernís, Cristina Rodríguez-Acosta Fernández-Figares, Sari Saikkonen, José Saldaña, Ana Sánchez Lasa, Gracia Sánchez, Julia Segovia, Jaume Socias, Juan Várez, Xavier Vila, Lucila Yáñez Anlló.